国家哲学社会科学成果文库

NATIONAL ACHIEVEMENTS LIBRARY
OF PHILOSOPHY AND SOCIAL SCIENCES

重新认识中华法系

龙大轩　著

中国人民大学出版社
·北京·

策划编辑：方　明
责任编辑：黄丽娟
装帧设计：彭莉莉

图书在版编目（CIP）数据

重新认识中华法系/龙大轩著 . -- 北京：中国人
民大学出版社，2023.5
　（国家哲学社会科学成果文库）
　ISBN 978-7-300-31564-5

Ⅰ . ①重… Ⅱ . ①龙… Ⅲ . ①法律体系—研究—中国
Ⅳ . ① D909.2

中国国家版本馆 CIP 数据核字（2023）第 051940 号

重新认识中华法系
CHONGXIN RENSHI ZHONGHUAFAXI

龙大轩　著

中国人民大学出版社　　出版发行
（100080　北京中关村大街 31 号）

涿州市星河印刷有限公司　新华书店经销
2023 年 5 月第 1 版　2023 年 5 月第 1 次印刷
开本：720 毫米 × 1000 毫米 1/16　印张：39.25
字数：514 千字　印数：0,001-2,000 册
ISBN 978-7-300-31564-5　定价：198.00 元

邮购地址 100080　　北京中关村大街 31 号
中国人民大学出版社读者服务部　电话（010）62515195　82501766

《国家哲学社会科学成果文库》
出版说明

为充分发挥哲学社会科学优秀成果和优秀人才的示范引领作用，促进我国哲学社会科学繁荣发展，自 2010 年始设立《国家哲学社会科学成果文库》。入选成果经同行专家严格评审，反映新时代中国特色社会主义理论和实践创新，代表当前相关学科领域前沿水平。按照"统一标识、统一风格、统一版式、统一标准"的总体要求组织出版。

全国哲学社会科学工作办公室

2023 年 3 月

序 言

　　中华法系作为世界五大法系之一，是一套卓然不群且数千年传承不息的国家治理体系，涵盖了整个古代中国法律的制度、思想和文化。它起自三代，发展于秦汉，定鼎于《唐律》，沿袭至清末，有着自身独特的演进规律和精神气质，展示了中华民族的伟大创造力和深厚的法制文明，曾经对日本、朝鲜、安南等周边国家产生了深远影响。党的二十大报告指出要传承中华优秀传统法律文化，坚持走中国特色社会主义法治道路。值此之际，对中华法系进行重新认识，挖掘其间的经验智慧以继承创新，既是时代的重任，亦是学者的使命。

　　早在 2013 年，我牵头申报的国家社科基金重点项目"重新认识中华法系"得以立项，遂组织西南政法大学行政法学院梁健、秦涛讲师，洛阳师范学院法学与社会学院邓长春副教授，石家庄学院法学院朱祥海副教授，共同对课题内容进行研究，并按期顺利结项。通过长期的研习、思考，我们对承载着丰富优秀传统法律文化元素的中华法系，有了更为深入的心得体会，形成了一些新认识。

一、重新认识中华法系的缘由

　　"法系"一词，乃由日本学者穗积陈重首倡。1884 年，他率先提出了"法族"的概念，后又改称"法系"，盖为日语中"法律系统"的缩略语。20世纪初，中国学者始以"法系"之说展开学术研究，现有史料显示，当以一位笔名为"攻法子"的留日学生为最早。1903 年，他在《政法学报》第 2

期刊发《世界五大法系比较论》的文章，且在文中提到中国法系是世界五大法系之一。[1] 法系的研究视角，就是将一套为多个国家和地区共同使用的法律系统视为同一法律家族。在这一家族中，此国和彼国的法律有着相同的文化基因。在中外学者的研究成果之中，无论是将世界上的法律系统分为五大法系，还是七大法系，抑或十六大法系，中华法系都傲居其一。

到 20 世纪 20—40 年代，国内出现了研究中华法系的热潮，涌现出一批代表性论著，甚至提出了"复兴中华法系"的主张，意图通过弘扬传统法文化的优点和长处，以增强中华民族的自信心和凝聚力。自 80 年代以来，学界对中华法系的研究给予了更高程度的重视，出现了前所未有的兴盛繁荣，相关的论著云涌蜂出，可谓成果丰硕、异彩纷呈，对中华法系的渊源流变、时空范围、指导思想、制度建设、社会成因、实质特征等问题，进行了多角度、全方位的探究，为更进一步厘清中华法系的面相、撷取其间的精华做出了不可磨灭的学术贡献。

然则，潮起宜勇破风浪，潮落当静付沉思。仔细笆梳百余年来关于中华法系的思与想、述与著，其中似乎也有些遗珠之憾、可商之论。由此引发我们对一些既有观点产生疑问：中华法系是以律令为中心的法律系统吗？"诸法合体"是中华法系的形式特征吗？中华法系真是一套不具有确定性的"卡迪式"法律体系吗？如此等等，虽然持论者自有其理据，但在如今看来，仍然还有可商榷的余地。尤为紧要的是，法系注重的是法律内在的文化基因问题。是什么样的基因使得中华法系如此"长寿"，以至传承数千年而不绝？这些基因能不能被相对准确地探寻出来，能不能进行细分，以便剖析出其中所包含的文化元素？如何将中华法系固有的文化基因传承到当代法律系统中

---

1 参见攻法子：《世界五大法系比较论》，《政法学报》1903 年第 3 期，第 41 页。至于攻法子究为何人，或以为是吴振麟，或以为是章宗祥。参见陈灵海：《攻法子与"法系"概念输入中国——近代法学史上的里程碑事件》，《清华法学》2017 年第 6 期，第 196 页；杨瑞：《清季民初法系知识的东学背景及其传衍》，《近代史研究》2022 年第 2 期，第 96 页。

来，从而构建起古今一贯的法治文脉？凡此种种，现有研究成果似乎着墨不多、用力不足。围绕这些问题的反思，引领我们对中华法系逐渐形成了一些相对统一的看法。虽然不免有自以为是之嫌，但敝帚也需自珍。故愿呈奉于兹，以就教于方家。

譬如，在时间范围上，我们以为中华法系主要经历了三个大的历史时段：（1）夏商西周的"礼·刑"时代。"礼"乃行为规范，"刑"为制裁手段。此时的法律由这两大板块构成，形成"出礼入刑"的施运模式，具有罪刑非法定的特征。（2）春秋战国秦的"法·律"时代。面临礼崩乐坏的时代格局，春秋战国时将以前的"刑"修改发展成"刑书"，后来又演变为"法"，商鞅再改法为"律"。其进步之处在于将犯罪与刑罚之间做了一一对应的规定，出现了罪刑法定主义的倾向。"法""律"出现之后，遂与"礼"分离，形成法律与道德分而治之的模式，所谓"弃礼任法"，并被统一后的秦朝推广到全中国。（3）汉朝到清末的"礼法"时代。此一时期，将曾经被抛弃的礼重新引入法当中来，实则开启了法律与道德结合的进程。礼的精神、原则甚至相应的具文，都纷纷渗入法律之中。经两汉的引礼入法，历魏晋南北朝之礼法结合，到隋唐的礼法合一，形成"德法合治"的治理模式，中华法系至此得以定型。宋元明清相沿不改，直到清末仿行西法、修订新律方始解体。

又譬如，在实质特征上，我们以为中华法系是以"和合"为总体特征的。《说文》曰："和，调也。"所有看似对立的事物都可以通过"和调"而彼此勾连，形成对立统一关系。周太史史伯称之为"和实生物"[1]，孔子谓之"和而不同"[2]。"和合"是中华文化最重要的思维方式之一。中华法系作为中华文化的一部分，其创设运行也无不体现出这样的思维特征：（1）其体系构织不是单纯的律令体系，而是以礼法为统率的"礼（仪）

---

[1]《国语·郑语》。
[2]《论语·子路》。

典体系"、"律（令）典体系"与"习惯法体系"彼此之间的"和合"。（2）其在国家制定法层面，也不是"诸法合体"的编纂模式，而是"律"与"令""格""式""敕""例"等的和而不同。"天子诏所增损，不在律上者为令。"[1] 律与其他各种法律形式，原本就没有编在一起，何谈"合体"？而是通过刑的方式将彼此链接起来，形成一个有机的法律系统。或许称作"诸法和合"更为恰当。（3）其罪刑关系不是"卡迪式"法所谓的没有确定性，也不是单纯的罪刑非法定。如果说夏商西周表现为单纯的罪刑非法定主义，春秋战国秦转向了单纯的罪刑法定主义，那么成熟之后的中华法系则是二者的和而不同。"法欲必奉，故令主者守文；理有穷塞，故使大臣释滞；事有时宜，故人主权断。"[2] "主者守文"指主管官吏严格依照律令条文办案，是罪刑法定的原则。"大臣释滞""人主权断"则是比附类推的做法，是罪刑非法定的原则。两种不同的法律原则以"和合"的态势共存于同一套法律系统之中。

二、探寻中华法系的文化基因

诚然，厘清中华法系中的上述种种问题非常重要，但更重要的是去发现潜藏于深处的文化密码与遗传基因。这也是学术之所以令人心驰神往的魅力所在。

《道德经》云："不失其所者久，死而不亡者寿。"[3] 自近代以来，虽然中华法系外显的形式载体已逝，但其内含的文化基因犹存。多有论者反复申言，孝悌忠信、礼义廉耻、仁者爱人等理念，"至今仍然深深影响着中国人的生活"。忠孝信义一类的价值观，在传统社会既是妇孺皆知的道德观念，也是身体力行的法律准则。依法律演进史的眼光观之，这些就是中华法系的文化基因。它不因朝代更迭便戛然断裂，亦不因制度变革就戛然而止，而如

---

1 《汉书》卷8《宣帝纪》引文颖曰。
2 《晋书·刑法志》。
3 《道德经》第33章。

春雨润物般化入民众心灵深处，代代相传。在这种道德元素和法律元素同构的法文化模式中，道德所褒扬的，法律必予维护；法律所制裁者，道德则予贬斥。这与西方强调法律与道德应当有明确边界的法文化迥异其趣。

传统道德名目众多，但可以用一个总概念"仁"来加以统揽。著名哲学家冯友兰先生说："《论语》中亦常以仁为人之全德之代名词……惟仁亦为全德之名，故孔子常以之统摄诸德。"[1]认为忠孝节义悌礼智信廉耻等各种德目，全都包含在"仁"的范畴之中。何为仁？孟子曰："仁，人心也。"[2]"仁"即人心，指人内在的心智，也就是判断是非、善恶、真假的能力。依朱熹之言，仁乃是"天理""人情"；用王阳明的话来表达就是"良知"；用今天的话说即常情、常理、常识。将这种心智推运到人与人、人与物的关系上，便是梁启超先生所说的"同类意识"[3]，你希望别人怎样对待你，你就应该怎样去对待别人；你希望自然万物怎样回报你，你就应该怎样去对待自然万物，这就是老百姓常说的"将心比心"。虽然现在的人认为自然物象没有"心"的意识活动，但古人并不这样看。

将"仁"这种同类意识推运于人与人的关系上，就产生了"孝悌忠信礼义廉耻"等伦理道德，或曰人伦道德。正如《说文·人部》所释："仁，亲也，从人从二。"其字形构造为"人"与"二"的结合，意指用亲的态度去处理人与人的关系。运用于父子之间，便有了"父慈子孝"的要求；运用于夫妻之间，便有了"夫妇以义"的要求；运用于君臣上下之间，便有了"君仁臣忠"的要求；运用于长幼之间，就有了"兄友弟恭"的要求；运用于普通社会关系之间，则有了"朋友有信"的要求。同理，将仁这种同类意识推运到人与物的关系上，就产生了"仁民爱物""民胞物与"[4]的自然道德。先

1　冯友兰：《中国哲学史》上册，中华书局，1961，第101页。
2　《孟子·告子章句上》。
3　梁启超：《先秦政治思想史》，东方出版社，1996，第82页。
4　《孟子·尽心上》："仁民而爱物"；（宋）张载《西铭》："民吾同胞，物吾与也。"

秦思想家慎到说:"法,非从天下,非从地出,发于人间,合乎人心而已。"[1]
人伦道德抑或自然道德,都不过是人心的外化;要维护这些道德,就得有相
应的法律制度。欲维护人伦秩序,就有了伦理法律制度;要维护自然秩序,
就有了生态法的规范。或者说,只有根据这些道德要求来制定和实施的法律
制度,才能符合人心、激发良知,才是良法;反之则不然。中华法系的演变
发展,正体现了这样的思维逻辑和实践逻辑。故简而言之,"仁"就是中华
法系的文化基因(见图 0-1)。

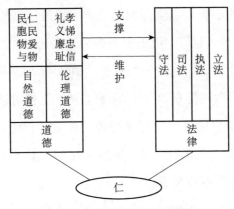

图 0-1 中华法系文化基因示意图

我们的祖先将"仁"视为法律的核心基础,并将其孕育成为一套法律系
统的文化基因,也不是一蹴而就的,而是经历了漫长的时光和广泛的实践,
才逐渐发展成熟,最终生长出特立于世、独具风采的中华法系。

纵向考察,中华法系的文化基因从孕育、生长到成熟,经历了漫长的历
史过程。吕思勉先生在《先秦史》中说:"古有礼而已矣,无法也。"[2]夏商西
周以"礼"为治,并用"刑"来保障其实施,礼既具备道德的特征,又具有
法律的功用。这一千余年的治理实践,培育了法律元素与道德元素同构的基
因坯胎,且已具雏形。降至春秋战国礼崩乐坏,原有的礼失去了构建秩序的

1《慎子·逸文》。

2 吕思勉:《先秦史》,上海古籍出版社,2005,第 391 页。

功能，各诸侯国纷纷进行法制改革。约在公元前 6 世纪下半叶，郑国、晋国等将以前的刑从礼中剥离出来，进行专门立法，制定"刑书"，铸"刑鼎"；后来魏国李悝以此为基础，"撰次诸国法，著《法经》"[1]。"法"作为一种崭新的行为规范登上历史舞台；商鞅变法时，又"改法为律"[2]。当"法""律"出现之后，礼逐渐被抛弃在法律之外，不再由国家强制力保障实施而变为道德，中国的道德与法律从此分离。对这种变化，孔子曾痛惜不已，力求恢复三代的礼治，然而往者不可谏，来者犹可追，于是他提出了"仁"的概念，用以补救礼治失落的不足。据统计，作为孔子语录的《论语》一书中，仁字出现了 109 次。他说："人而不仁，如礼何？"[3] 人若是缺乏内心的仁，光有礼乐制度也难以约束。换言之，礼作为具象的制度易变，仁作为抽象的精神却长久；只要能抓住仁这一核心，并用以指导制度设计与改造，人间法制必将获得永不枯竭的生命力。孟子承其旨趣，大力倡扬"仁政"。到孔孟这里，"仁"作为法律制度赖以存续与发展的文化基因的这一奥秘，首次得到揭示和强调。后世学者对此给予高度评价，郭沫若先生在《十批判书》中誉之为"人的发现"[4]。

然而扫平先秦乱世、一统中国的秦朝并未采用儒家的主张，而是推行"弃礼任法"的法制政策，最终出现了贾谊所说"仁义不施""本末并失"[5] 的困境，导致二世而亡。徵于前朝得失，自汉武帝"罢黜百家，独尊儒术"之后，历代王朝皆采"礼法并用""德主刑辅"之策，"仁"的文化基因被重新激活，且得到大力呵护，到唐朝形成礼法合一的施运模式，凡是道德所反对的，法律必给予制裁；道德所赞扬的，法律则予以维护。诚如《明史·刑

1《晋书·刑法志》。

2《唐律疏议·名例》。

3《论语·八佾》。

4 郭沫若：《十批判书·孔墨的批判》，东方出版社，1996，第 82 页。

5（汉）贾谊：《过秦论》上、下。

法一》所言："唐撰律令，一准乎礼以为出入。"中华法系的文化基因至此定型、成熟，宋元明清遗传不休。由汉到清的两千年间，在自身基因的支配下，中华法系生发出一系列颇具传承价值的思想、原则和制度。如"法尚简略""以民为本""情法两平""世轻世重"的法律思想；强化道德与法律衔接的"亲属相隐""准五服以制罪""矜恤折狱""刑罚用中"的法制原则；追求天理国法人情相统一的"存留养亲""轻重相举""录囚""虑囚"，以及死刑"覆奏"等制度，无不展现了"仁"的精神，推动了法律和道德的有机融合，从而使中华法系铸就出卓然不群的禀赋。正如清末大理院正卿张仁黼所说："数千年来礼陶乐淑，人人皆知尊君亲上，人伦道德之观念，最为发达，是乃我国之国粹，中国法系即以此。"[1]

　　横向剖析，中华法系既以仁所统率的道德为基因，其运行机制主要表现为两大价值取向。一方面，法律制度的设计创制以仁义道德为指导。当法律中出现背离常情常理的内容，则依道德对之进行立改废释。如秦朝有强制告奸的法律规定，父子夫妻之间也不例外。云梦秦简《法律答问》载："夫有罪，妻先告，不收。"汉承秦制，早期亦有"重首匿之科"的单行法，严重伤害亲属伦理。到汉宣帝时，便以诏令形式予以废改："父子之亲，夫妇之道，天性也。虽有患祸，犹蒙死而存之。诚爱结于心，仁厚之至也，岂能违之哉！"[2]规定父子、夫妇、祖孙之间相互包庇犯罪不追究法律责任，形成"亲亲得相首匿"原则，唐朝袭之而为"同居相为隐"。法乃人定规则，不可能对社会现状包罗无遗，当法律条文出现与天理人情相对立的状况，更需要用道德情理进行解释，做出合理变通。《太平御览》载，汉代一女子的丈夫死于海难，母亲将其改嫁。汉律有文："夫死未葬，法无许嫁。以私为人妻，当弃市。"若机械依照律文将其处死，虽然合法却大悖情理。董仲舒引用礼义加

---

1 《清末筹备立宪档案史料》，中华书局，1979，第834–835页。

2 《汉书·宣帝纪》。

以变通："妇人无专制恣擅之行，听从为顺"。该女为"尊者所嫁"，非私为人妻，"不当坐"[1]。这种以道德诠释作为有效司法解释的审判方式，史称"《春秋》决狱"，又曰"仁义法"，取得了良好社会效果。唐朝出现严格的罪刑法定原则之后，"《春秋》决狱"淡出法制舞台，但对情法不符的案件，仍然会在"断由"部分用道德进行说理，以引导判决，所谓"屈法以伸情"是也。

另一方面，法律制度的实施运行以维护仁义道德为追求。古代法皆依道德而立，通常情况下，违反道德的行为，自然会违反法律，径依律令规定处置，便能达到维护道德的目的。然则"法之设文有限，民之犯罪无穷。为法立文，不能网罗诸罪"[2]。一旦出现社会危害性大而法律又无规定的行为，便会给司法机关带来难题：制裁则有损法律权威，放任则妨害道德尊严。如南朝刘宋时张江陵骂母，致其上吊自杀，当处弃市之刑，结果刚好遇到大赦。按照当时的制文，殴打父母处枭首，遇大赦也不予赦免；但骂詈父母遇大赦能否赦免，没有明确规定。朝廷讨论该案时，大臣孔渊之认为："夫题里逆心，而仁者不入，名且恶之，况乃人事。故殴伤咒诅，法所不原，詈之致尽，则理无可宥。"[3]建议按殴打父母的规定处张江陵枭首，不予赦免，得到皇帝认可。实践中摸索的经验到唐朝积淀为定制，《永徽律疏·贼盗律》疏议曰："金科虽无节制，亦须比附论刑。岂为在律无条，遂使独为侥幸"，对此类疑难案件，不能任其逍遥法外，而应逐级上报，由高级官员"量情为罪"。"道之以德，齐之以礼，有耻且格。"[4]法律评价服从于道德评价，长期置身于这种法律生活中，民众养成"德法同物"的法心理，莫不视道德为最低行为底线而不敢越雷池半步，在不知不觉中形成自律习惯，循规守法便内化为人生信条。以至法国启蒙思想家伏尔泰就说："中国人最深刻了解、最

---

1 《太平御览》卷 640，《刑法部》6。

2 《春秋左传正义》卷 43，《昭五年》，孔颖达疏。

3 《宋书》卷 54《孔渊之传》。

4 《论语·为政》。

精心培育、最致力完善的东西是道德和法律。"[1]

三、重提"复兴中华法系"的意义

20世纪20—40年代，从学者到政要皆描绘出复兴中华法系的美好愿景，但受限于国力与时局，这种愿景虽然美好但并不现实。时隔数十年后，中国已彻底解决了绝对贫困问题，全面建成小康社会，经济总量长期稳居世界第二，已从"富起来"向"强起来"的宏伟目标奋力迈进。但"强"绝不仅仅是经济上的强大，也包括文化、法律等各方面的强大。因而，重提复兴中华法系的话题，正当其时。

法律归根到底是文化的一个方面。中华文化是世界上绝无仅有且数千年一脉相承的文明奇迹，中华法系也应该成为数千年传承不绝的法治奇观。复兴中华法系，建设中国特色社会主义法治体系正是时代赋予今人的历史使命。但复兴不是复古，而是在传承中创新、在继承中发展，使中华法系成为古今一贯、继往开来的法治文脉。如果说复兴前的中华法系，体现为中国古代长期凝聚而成的有机法律系统，包括夏商西周的"礼·刑"体系，春秋战国秦的"刑·律"体系和由汉到清的"礼法"体系，可称作"传统中华法系"；那么复兴后的中华法系，则表现为日臻完善的中国特色社会主义法治体系，可称作"新时代中华法系"。

首先，复兴中华法系是传承中华优秀传统法律文化的需要。习近平总书记指出："中华法系凝聚了中华民族的精神和智慧，有很多优秀的思想和理念值得我们传承。"[2]复兴中华法系不是照搬故有的典章制度和法律条文，而是将其中的优秀思想和理念运用于当代法治建设之中，用以推动中国特色社会主义法治体系不断完善。

1〔法〕伏尔泰：《风俗论》上册，商务印书馆，1996，第216页。

2 习近平：《坚定不移走中国特色社会主义法治道路 为全面建设社会主义现代化国家提供有力法治保障》，《求是》2021年第5期，第8页。

比如，传承中华法系的"大一统"思想，对深入理解"坚持党对全面依法治国的领导"有着文化支撑意义。大一统思想主张"法权出一""画一之法"，并用自然之道来论证其合理性，认为自然界以"一"作为权威，"道生一，一生二，二生三，三生万物"[1]，建构起自然秩序；人世间的法律也应该以"一"为权威，在法制建设上要保持集中统一领导，如此才能符合自然天道，表现出强烈的自然哲学意蕴。当代社会要做到政令畅通，同样需要有一个强有力的统治中心，中国共产党就是这个中心。"古人讲的'六合同风，九州共贯'，在当代中国，没有党的领导，这个是做不到的。"[2]落实到全面依法治国中，"党的领导是中国特色社会主义法治之魂"[3]，必须贯彻到党领导立法、保证执法、支持司法、带头守法上，这是我国法治同西方资本主义国家的法治最大的区别。

再比如，传承中华法系的"德主刑辅"思想，对贯彻"依法治国和以德治国相结合"的治理方略有着文化涵养意义。西汉董仲舒提出："天道之大者在阴阳。阳为德，阴为刑"[4]；"刑者，德之辅；阴者，阳之助也"[5]。这是"德主刑辅"的理论原型。该理论在两千年治国理政的实践中得到了一贯的应用，正如朱元璋所说："朕仿古为治，明礼以导民，定律以绳顽。"[6]对善良民众用道德礼义加以引导，对刁顽之徒则用法律制度予以制裁。这是典型的两手抓、两手都要硬的治理策略，效果也是显而易见的。"尽管古人对德法的地位和作用认识不尽相同，但绝大多数都主张德法并用。通观我国古代历

---

1 《道德经》第 42 章。

2 习近平：《严明党的组织纪律，增强组织纪律性》（2014 年 1 月 14 日），见中共中央文献研究室编《十八大以来重要文献选编》上，中央文献出版社，2014，第 772 页。

3 中共中央宣传部、中央全面依法治国委员会办公室：《习近平法治思想学习纲要》，人民出版社、学习出版社，2021，第 13 页。

4 《汉书·董仲舒传》。

5 《春秋繁露·天辨在人》第 46。

6 《明史·刑法志》一。

史，法治和德治运用得当的时期，大多能出现较好的治理和发展局面。"[1] 将这样的智慧运用到当代法治实践中，一方面，用道德滋养法律，推动法治建设健康发展，最大限度满足人民群众对公平正义的诉求；另一方面，用法律保障道德，促进以德治国深入落实，引导全社会崇德向善。二者综合为用，道德与法律的合力就能充分发挥出来。德法合治不但是"中国特色社会主义法治道路的一个鲜明特点"[2]，也必将成为"新时代中华法系"区别于其他法系的亮点。

此外，中华法系的优秀文化元素还有很多，如民本、无讼、和合、恤刑、慎罚、情理法相统一等思想理念，都值得我们去传承创新。只有牢记并弘扬自己的文化根本，才能为中国特色社会主义法治体系塑造出更鲜明的中国形象、中国智慧和中国精神。

其次，复兴中华法系是构建中国特色法学体系的需要。欲将中国特色社会主义法治体系建设成"新时代中华法系"，还需要法学理论的支撑。尽管我国已基本形成了具有中国特色的法学体系，但目前仍存在着学科设置克隆西方的情况比较突出、学术原创能力还不强、法学话语言必称西方等现象，"学科体系、学术体系、话语体系建设水平总体不高"[3]。复兴中华法系对建设中国特色的法学学科体系、学术体系、话语体系有着重要意义。

以话语体系为例来分析，早在百余年前，严复在翻译西方法学文献时，就注意到"法"字在中西方语言中存在着重大差异："西文'法'字，于中文有理、礼、法、制四者之异译"[4]。连"法"这个法学领域使用频率最高的词汇，中西话语差异都如此巨大，足见构建中国特色法学话语体系的重要

1　习近平：《论坚持全面依法治国》，中央文献出版社，2020，第178页。

2　中共中央宣传部、中央全面依法治国委员会办公室：《习近平法治思想学习纲要》，人民出版社、学习出版社，2021，第40页。

3　习近平：《在哲学社会科学工作座谈会上的讲话》（2016年5月17日），习近平：《论党的宣传思想工作》，中央文献出版社，2020，第218页。

4　〔法〕孟德斯鸠：《孟德斯鸠法意》上册，严复译，商务印书馆，1981，第3页。

性。又如"执法"和"司法"这两个词汇，由于近代以来受西方法学话语的影响，将行政机关执行法律称作"执法"，将司法机关施行法律称作"司法"。在人民群众看来，两者都是对法律的实施，无法分清执法和司法有什么区别。当学者将法院、检察院界定为司法机关时，老百姓会问：在司法活动中承担了大量工作的公安机关算不算司法机关？当学者将公安机关定性为执法机关时，老百姓又会问：各级政府部门中都有"司法局（部、厅）"，它们究竟是司法机关还是执法机关？这一系列法治实践中的困惑，都是由缺乏中国特色法学话语体系带来的。

要厘清这些给民众带来困惑的法治话语，还需要回到中华法系的语境中去汲取文化营养。如现行刑法将犯罪分为故意犯罪和过失犯罪两类。人民群众对"故意犯罪"的概念能够理解，对"过失犯罪"就难以理解。学理上将过失分为"疏忽大意的过失"和"过于自信的过失"，但在民众看来，不管是"疏忽大意"还是"过于自信"，前提都是"应当预见"；既然是应当预见，就不能叫"过失"。因为在大多数普通群众心目中看来，过失就是不能预见，怎么会构成犯罪呢？这不是因为他们法治意识低下，而是因为他们对过失的理解运用的是中国文化固有的思维。《唐律疏议》对"过失"的解释："耳目所不及，思虑所不到"[1]，即不可抗力、不可预见，相当于现代刑法中的"意外"。对诸如此类不符合中国文化传统的法学话语，需要用中华法系积淀的思想智慧去改造重构，让广大民众能够听得懂、信得过、用得上，才能做到"以人民为中心"，真正建立起中国特色的法学话语体系。

最后，复兴中华法系是实现中华民族伟大复兴的需要。习近平法治思想指出："要传承中华优秀传统法律文化，从我国革命、建设、改革的实践中探索适合自己的法治道路，同时借鉴国外法治有益成果，为全面建设社会主

---

1 《唐律疏议·斗讼》。

义现代化国家、实现中华民族伟大复兴夯实法治基础。"[1] 这一经典论述表明两层重要含义。

其一，中华民族的伟大复兴需要有坚实的法治基础。从历史上看，一个国家和民族的繁荣昌盛，不仅需要有强大的政治、经济、文化基础，也需要有先进的法治作为支撑。唐朝作为中国帝制时代的鼎盛时期，综合国力居亚洲之首，也是当时世界上最强大的国家之一，来唐朝觐见的国家有七十多个，长期居住在长安的外国商客不下十万人；唐诗更是文学史上的千古绝唱。同时唐朝法制也很先进，传承了历代法制文明成果，形成礼（仪）典体系、律（令）典体系与习惯法体系和合共生的法律系统，实现了礼与法的完美结合，中华法系至此定型。其从时间上影响及于后世长达一千余年，宋、元、明、清基本沿袭了这一套法律体系，只有量的微调，而无质的改变；从空间上影响了周边诸多国家，日本、朝鲜、安南等国的法律制度，大都是学习、仿行大唐而来，其文化基因与唐朝法制保持着高度的相似性。由此可见，传统中华法系既是大唐王朝走向辉煌的标志，又是华夏民族保持荣光的法制基石。以此可推，新时代中华民族的伟大复兴也必须有坚实的法治基础作为支撑。

其二，要夯实中华民族伟大复兴的法治基础，必须探索出适合自己的法治道路。中国共产党成立以来的一百年，我国在政治、经济等各方面取得了举世瞩目的可喜成绩，国家文化软实力明显提升，法治建设在走向现代化的同时，也逐渐摆脱西方法系的窠臼，建立起中国特色社会主义法治体系。值此向第二个一百年建设现代化强国的目标奋进之际，也到了复兴中华法系的大好时机。具体的方法就是从传统、革命、建设、改革等不同历史时期中，去探索出一条适合中国自身的法治道路，这既是建设中国特色社会主义法治国家的必由之路，也是复兴中华法系的必由之路。走自己的道路，使社会主

---

1 习近平：《论坚持全面依法治国》，中央文献出版社，2020，第3页。

义法治体系形成鲜明的中国特色；同时借鉴国外法治的有益经验，使中国法治体系保持开放性。只有建成这样的法治体系，做到了"不忘本来，吸收外来"，兼具民族性和世界性的特征，才能够形成一种不同于世界其他法系的新型法系，那就是"新时代中华法系"。

书不尽言，言不尽意。以上所列者三，既为心得体会，亦为心路历程，以重新认识中华法系之反思始，以寄托复兴中华法系之梦想终。徘徊求索，或有所得，冀望对学术进步有所贡献。

斯为序，亦以为愿！

龙大轩

2022 年 12 月 3 日

目　录

CONTENTS

第一章
重新认识中华法系总论

第一节 中华法系研究范式的形态与变迁

自清末以来，中国法律史研究已历百年。回顾和反思一百多年来的法律史学研究历程，不难发现：学术研究深受时代命题的影响，而在不同时期呈现出了不同的旨趣与特色，中国法律史学的研究范式亦屡经变迁。所谓"范式"，又译"规范认识"，即法律史学者"自觉或不自觉引以为据的一套不容置疑的理论或信念，这套理论或者信念支配了历史家的工作，决定了他们提问的方式、范围乃至最后的结论"[1]。中国法律史学脱胎于清末考证学，受近代西方法理学，尤其是大陆法系法理学的刺激而诞生，因政权鼎革而先后呈现出革命法学、现代法学的面貌，目前正在从革命法学转向治理法学、从移植法学转向特色法学的过程之中。以下将逐一论及。

---

1 梁治平：《法律史的视界：方法、旨趣与范式》，《中国文化》2002 年第 19、20 期。关于"范式"的概念，邓正来所著《中国法学向何处去》一书有着很好的讨论，并将其定义为"彼此不同的理论模式或彼此冲突的理论模式所共同信奉的一整套或某种规范性信念"，所以近代以来中国法学均受制于一个"现代化范式"。不过这并不排斥在一个总的范式之下，也可以有不同的阶段性形态，如邓书中就有"阶级斗争范式"等提法。有关中国法学"范式"的界定和讨论，参见邓正来：《中国法学向何处去——建构"中国法律理想图景"时代的论纲》，商务印书馆，2006，第38—46页。

一、考证学外衣下的托古改制范式

近代以前，法律史的记述集中见于正史"刑法志"及政书。[1] 宋代以降，史学中的"史考"一门勃兴，学者遍考群经诸史之余，也会偶尔涉及对古代法制的考证，如王应麟《汉制考》即是其例。不过这种考证是零散的、附庸性质的，尚不足以言"法律史学"。

清朝末年，中国人对西方的了解由科技领域进而至于政法制度。同治、光绪之间，律家薛允升对汉律进行考证、辑佚，撰《汉律辑存》。[2] 1881年，美国传教士、同文馆总教习丁韪良著《中国古世公法论略》并发表于柏林东方学者大会，1884年该书由汪凤藻翻译，在同文馆印书处出版。[3] 这两种著作，是笔者目力所及最早的具有中国法律史学性质的论著。此后，杜贵墀《汉律辑证》（1897年）、孙荣《古今法制表》（1906年）、章震福《古刑法质疑》（1907年）、张鹏一《汉律类纂》（1907年）、《两汉治律家表》与《晋令辑存》（1936年）、沈家本《历代刑法考》、程树德《九朝律考》（1927年）等，均系以清代考证学的余力进行法律史学研究。

这一类的研究，时代普遍较早，且属于清代学术之延续。梁启超曾概括清代学术说："有清一代学术，可纪者不少，其卓然成一潮流，带有时代运动的色彩者，在前半期为'考证学'，在后半期为'今文学'，而今文学又

---

1 张维新《中国古代法制史学史研究》（上海人民出版社，2012）以"史学史"的眼光对此作了详尽的梳理，唯"中国古代法制史学史"的提法能否成立，尚需研讨。

2 沈家本《寄簃文存》云："同治、光绪之间，长安薛大司寇曾纂《汉律辑存》一书"，载《历代刑法考》，中华书局，1985，第2230页。又：《汉律辑存》一书存亡情况较复杂，可参见张忠炜：《〈汉律辑存〉稿本跋》，见《中国古代法律文献研究》第6辑，社会科学文献出版社，2012。

3 参见丁韪良：《中国古世公法论略》序，见梁启超编《西政丛书》第7册，光绪丁酉（1897年）仲夏慎记书庄石印本。按：本文发表年份见丁韪良著《西学考略》[《续修四库全书》子部西方译著类第1299册，据复旦大学图书馆藏清光绪九年（1883年）同文馆铅印本影印]。他在本文中译本序言中称"迨光绪八年余在欧洲著为是篇"，盖记忆之误。该文收入王健主编《西法东渐：外国人与中国法的近代变革》（中国政法大学出版社，2001）时，编者注"此文系丁韪良1884年写成"（第31页）亦误，后遂致学界以讹传讹，特表出之。关于此文比较准确的考证，可参见曾涛：《近代中国的国际法附会论》，见《法史学刊》2007年卷，社会科学文献出版社，2008。

实从考证学衍生而来。"[1]"今文学"的大宗为公羊学,其基本手段为"托古",基本目的为"改制"。早期法律史学的研究范式,即承清代学术之余脉,以考证学的手段,蕴托古改制的微意。以下分别论之。

第一,以清代考证学方法研究中国法律史。

这一期的法律史研究者,所处时代较早,大多自幼即接受严格的考证学术训练,具有积蓄厚重的国学功底。梁启超概括清代考证学的十条特色,如"凡立一义,必凭证据""选择证据,以古为尚""孤证不为定说""喜专治一业,为'窄而深'的研究"等[2],早期法律史的研究也莫不如此。《汉律辑存》《汉律辑证》《汉律类纂》《汉律摭遗》《九朝律考》《晋令辑存》等著作,均以辑佚为基本手段,以竭泽而渔的办法遍搜群籍,钩沉出一条条律令佚文,而后校勘异同,以按语间下己见,并在分门别类的基础上归纳其条例。"学尚搜讨,铢积寸累"是其共同特点。[3]

第二,寻求历史的本土资源以"托古改制"。

早期法律史研究的"考证学外衣"很容易蒙蔽人。因此有学者在评价沈家本《历代刑法考》、程树德《九朝律考》时说:"沈氏尚未超越传统的历史观和法律观,其学术贡献仍在传统律学的框架之内","这书(引者按:指《九朝律考》)的写法完全是传统样式"[4]。实际上,以辑佚考证为主要特征的早期法律史成果,在"传统法律史样式"的旧瓶之内,也装有新酒。这可以从两个方面来说明。

一是"托古改制"的微意。

如前所述,中国传统史学,包括清代考证学,都并不特别关注对历代法制的考证,为什么清末以来法律史研究会以附庸而蔚为大观呢?这当然是

---

1 梁启超:《清代学术概论》自序,上海古籍出版社,1998,第2页。

2 参见梁启超:《清代学术概论》自序,上海古籍出版社,1998,第47页。

3 参见钱穆:《国学概论》第九章"清代考证学",商务印书馆,1997,第268页。

4 梁治平:《法律史的视界:方法、旨趣与范式》,《中国文化》2002年第19、20期。

由于西政西法的"冲击"而产生的"回应"。为了让中国对现代政法理论这类外来事物不加排斥，而产生一种"似曾相识"的亲切感，早期研究者们苦心孤诣地搜讨往古典籍，从中寻觅"古已有之"的证据。这应当是法律史研究兴起的最早动因。如丁韪良《中国古世公法论略》序言谓："盖中国文教之兴，先于泰西……公法之学亦肇端于西国未兴之始"，他这样说的表意在于让西方人"益敬慕中国之声名文物"，而深意实在于让中国人知道"公法萌芽于古之中国、希腊，而渐扩渐充，至于今日而大备"，从而学习和接纳西方世界通行的"万国公法"[1]，不至于产生抵触心理。张鹏一的《晋令辑存》序称"以期稍窥一朝行政之法规云"[2]，似乎中立客观，而其《两汉治律家表》序言则直陈研究目的："以为审时医国研究之助"[3]。孙荣撰《古今法制表》则是为当时学校提供教材，而"复以泰西相印证"[4]才是原初动机。由此可见，此期法律史成果无不是对西政西法强势入侵的起而回应，但其目的并非单纯论证"古已有之"以满足虚荣心，而是为引进西法寻求本土资源的接合点。

二是西方法理的问题意识。

早期法律史学者的研究对象，绝非清代考证学内部产生的问题，而是带有西方法理的问题意识。如章震福《古刑法质疑》，表面上所写都是上古三代之事，细按其目如"古无重刑说""古重读法说""春秋时有律师有证人说""古司法行政官与司法官分职说"等，都不难看出其问题意识是来自近代西方法理学。[5]再如相对晚出的程树德《九朝律考》，尽管程氏在"凡例"中云"是书体例，专以考证为主，不涉论断"，但他在《汉律考》"律名考"卷首引言中提及的正律与单行律的概念、礼律关系、律令转换、经义效力等

---

1 〔美〕丁韪良：《中国古世公法论略》序，见梁启超编《西政丛书》第 7 册。
2 张鹏一编著，徐清廉校补《晋令辑存》，三秦出版社，1989，第 5 页。
3 〔清〕张鹏一：《两汉律学考》，何勤华点校，见何勤华编《律学考》，商务印书馆，2004，第 60 页。
4 〔清〕孙荣编《古今法制表》序，清光绪三十二年（1906 年）四川泸州学正署刻本。
5 参见（清）章震福撰《古刑法质疑》，清光绪三十四年（1908 年）铅印本。

问题，都显示其具有法理学的知识背景。[1]

要之，此期的法律史学研究范式可名之为"考证学外衣下的托古改制范式"。这一范式以清代考证学为方法，重视对史料的搜集考证；不具有明显的理论预设和理论建构的野心；对中国古代法制，不进行立场性的批判；客观考证之间隙，常流露出"古已有之"的骄傲和"托古改制"的微意。此期的法律史研究"虽然处于'拓荒'阶段，但却达到了一个起点很高的高度"[2]。后来法律史研究的理论范式虽在不断转换，而所借重的材料和成果却多未超过此期的高度。

考证学作为法律史学研究的重要方法而言，在此下的百年间并没有消亡，而是为各范式倚为研究之利器。直到近年来，法史学的"描述"与"解释"之别[3]，"史学化"与"法学化"之争[4]，仍然可以依稀辨出考证学在其中的身影。

二、大陆法系法理学范式

几乎与考证学派同一时期或略晚，日本学者已经率先成立了"中国法制史"的名目，并展开研究。1904年，浅井虎夫出版《中国历代法制史》（中译本于1906年出版）；1911年，浅井虎夫又著《中国法典编纂沿革史》（中译本于1919年印行）。[5]有学者认为浅井氏的研究"坚守历史考证的基本立场，只是冷静的描述，不多加评论"[6]，这恐怕是不确切的观察。据《中国历

1　参见程树德：《九朝律考》卷一《汉律考》，中华书局，2006，第1—2页。

2　徐世虹：《秦汉法律研究百年（一）——以辑佚考证为特征的清末民国时期的汉律研究》，见《中国古代法律文献研究》第5辑，社会科学文献出版社，2012，第22页。

3　参见胡旭晟：《解释性的法史学》，中国政法大学出版社，2005。

4　参见胡永恒：《法律史研究的方向：法学化还是史学化》，《历史研究》2013年第1期；魏建国：《法律史研究进路的法学化：重申与再构——兼与胡永恒先生商榷》，《法学评论》2015年第6期等文。

5　参见范忠信：《反思与超越——中国法制史学"革命史观"之初省》，《中国法律评论》2014年第3期。

6　〔日〕浅井虎夫：《中国法典编纂沿革史》点校序言，陈重民译，李孝猛点校，中国政法大学出版社，2007，第2页。

代法制史》译者"例言",浅井虎夫的研究是"本德国、罗马各法制史体裁,搜辑祖国数千年文献制度编纂成书"。由此可见,浅井氏的研究虽然方法上仍是"搜辑"而近似考证学,但其所"本"却是德国、罗马法制史,亦即大陆法系的法制史。再看浅井氏两本著作,诸如法源、身体刑、诉讼法、裁判所、民法、人之法、物之法、成文法、法典、习惯法等术语充斥其间,可以看到鲜明的大陆法系法理学的色彩。

清末中国的法制变革,效仿的对象即大陆法系。而日本则是大陆法系法理学的一个重要中转站。中国法律史研究的开端,亦是如此。早期考证学范式的问题意识,虽然因西法的冲击而激发,但并没有明显的理论预设,研究手段、术语亦属传统的。浅井氏的研究,则通过梁启超的引介发挥,对中国法律史研究范式的更新起到了"教外别传"的直接作用。

1906年,旅居日本的梁启超发表《中国法理学发达史论》《论中国成文法编制之沿革得失》。这两篇长文,被目为中国法律思想史与法制史学科的开山,也被学界誉为"具有革命性"的"中国现代法律史学的奠基"(梁治平语),而有别于沈家本的"传统法律史样式"。

梁启超在《论中国成文法编制之沿革得失》"自叙"中,提到该文的参考书目,其中除中国古籍外,另有七种"日本人所著书",包括织田万《清国行政法》、广池千九郎《东洋法制史序论》、田能村梅士《世界最古之刑法》、穗积陈重《法典论》、奥田义人《法学通论》、梅谦次郎《民法原理》,以及当时尚无中译本的浅井虎夫《中国历代法制史》。这些日人著作,无一例外信用大陆法理学。梁启超素以"治学速成,作文急就,又多剽袭西洋乃至东洋的成说以为己用"[1]而著称,所以他的两篇中国法律史开山之作自始便具有浓厚的欧陆法理学色彩。如他将法分为社会法与国家法,国家法又分成

---

1 胡文辉:《现代学林点将录》,广东人民出版社,2010,第111页。按:该书虽有游戏性质,但梁氏亦每自谓"务广而荒,每一学稍涉其樊,便加论列",见氏著《清代学术概论》,上海古籍出版社,1998,第89页。

文法与不成文法，成文法又分单行法与法典等[1]，其中实际包含有非常鲜明的价值导向。按中国法学自 19 世纪末以来，就崇尚国家法、成文法、系统的法典，而认为社会法（习惯法）、不成文法、单行法是落后的形态，直到 20 世纪八九十年代以来引进英美法系法理学及历史法学派、社会法学派等观点后，才有所转变，梁任公与有责焉。

梁启超的弟子杨鸿烈，接踵写作了《中国法律发达史》。诚如梁治平所评价的，"杨氏则不过是梁启超之后，在沿梁氏所开创的方向对法律史作进一步发展的众多学者中比较有代表性的一位罢了"[2]。除了杨鸿烈而外，民国时期如程树德、丁元普、朱方等许多学者都撰有《中国法制史》一书[3]，其思路都已与此前考证学派大异其趣，而多沿袭梁氏的路子，以现代法学理论框架（严格来讲是大陆法系法理学框架）容纳中国古代典籍的材料。

大陆法系法理学范式的主要特点体现于如下方面。

第一，相比起考证的手段来，更重视组织材料的法学理论框架。同出自清代考证学的历史学，当时因受西方历史科学的影响而走上了追求纯粹客观、重视史料的科学史学之路，而法史学则与之分道扬镳，自诞生之始就带有浓厚的法学色彩。

第二，以大陆法系法理学的立场，观察并批判中国古代法制。相比起考证学派的去理论化和探索法理的倾向，此期的法律史研究者多带有较为明显的理论预设，并以之观察和批判中国古代法制，提出"诸法合体，民刑不分""司法与行政不分""道德与法律混杂不清""儒家人治，法家法治"等结论。这些并非出自史实考证，而是经由范式转换得出的结论，至今都有着不可低估的影响力。包括 21 世纪初"中国古代有没有民法""中国古代司法

---

1 参见梁启超：《中国成文法编制之沿革得失》，见范忠信选编《梁启超法学文集》，中国政法大学出版社，2004，第 123 页。

2 梁治平：《法律史的视界：方法、旨趣与范式》，《中国文化》2002 年第 19、20 期。

3 相关书目可参见赵九燕、杨一凡编《百年中国法律史学论文著作目录》下册，社会科学文献出版社，2014，第 1007—1010 页。

的确定性问题"等争论，也是此种思维的延续。

第三，研究者多具有较深厚的法学理论功底和理论自觉。此期的法律史著作，对其所引用的西方法学理论大多会进行专门解释，而后再引中国古代法制史材料以佐证之。如果说考证学派的研究方法是"归纳"的，那么大陆法系法理学范式的方法则具有相当的"演绎"色彩。值得注意的是，虽然此下现代法学范式也有"以今例古"的倾向，但对其所用的现代法学概念却往往"日用而不知"。

大陆法系法理学范式是新的中国法律史研究范式，从某种意义上说，后续的革命法学、现代法学范式，也是这一范式的不同变种而已。其共同特点，即都是以现代的、西方的法学概念去组织古代的、中国的法律史料，而其不同不过是各人理想中的"西方"是不一样的。但由于大陆法系法理学（尤其是古代的罗马法学和当代的德国法学）之高度发达，至今中国法律史研究仍然深受此范式的影响，并以彼之是非标准来衡量此之是非。

另外，因深受大陆法系影响，我国台湾地区的法制史著作至今仍然带有相当浓厚的大陆法系法理学范式。祖国大陆的法制史著作多以朝代为序，而台湾地区的法制史著作则多以部门法和法学概念为经，由此即可见一斑。[1]

三、革命法学范式

"清末民国开创的法制史学术研究取向，自 1949 年开始发生了重大变化。"[2] 这一消长变化发生在 1949 年，当然是政权鼎革的结果。但追溯其原因，还有不可忽略的两点。

首先，这是清末以来社会思潮不断求新求变的必然结果。自清末以来，

1　如戴炎辉《中国法制史》（三民书局，1966），分"法源史""刑事法史""诉讼法史""身分法史""财产法史"五篇，每篇之下又全以现代法学概念如动产物权、不动产物权等为目。林咏荣《中国法制史》（永裕印刷厂，1976）主体部分为法典、刑制、民事、官制、审判，而民事部分又分为"亲属与继承之法例""物权与债之法例"等。

2　范忠信：《反思与超越——中国法制史学"革命史观"之初省》，《中国法律评论》2014 年第 3 期。

时代的主题始终是救亡图存。而救亡图存的主要手段，则是引进西方的先进理论。在当时理论大量输入的情况下，学术界来不及进行甄别和消亡，社会思潮一味求新求变，甚而至于到了新就是好、变就是好的地步。那么，革命史观、革命法学的出现，就是事理发展之必然了。

其次，这是当时政治局势影响的结果。清末以来的法律史学，不是书斋的法律史学，而是必须学以致用的。新民主主义革命的兴起，要求有一种法律学说能够为之服务，所以法律史学也跟着一转百转，进入革命法学的研究范式。

唯物史观虽然在新中国成立以前就已经异军突起，且取得了巨大的成就，成为20世纪上半叶的重要历史流派之一，但对法学取径的法律史学几乎没有发生影响。所以新中国成立以后，法律史学科直接受苏联专家的影响，改建为"国家与法权通史"课程，"完全阻断了清末以来中国法制史学的教学与研究传统"[1]。1956年，戴克光先生在《人民日报》发表《关于研究中国法制史的几个问题》。该文是比较早地适应时势、运用唯物史观讨论中国法制史的成果。文章建议沿用"中国法制史"的旧称，重视法律史的文化遗产，重视法律史料的保存和整理工作，重视社会意识形态对法制的作用，重视一般性规律基础上的特殊性规律等。[2]这其实是对生搬硬套苏联法学和学科体系的反思，是值得注意的一种好的倾向。可惜的是，学术的探讨跟不上政治风云变幻的速度，"1958年掀起批判旧法观点运动，法律继承性遂成为批判的重点。此后中国法制史的教学中对古代法制全面否定"[3]。70年代末拨乱反正以后，革命史观并未就此消退，反而成为《中国法制史》教科书的基本范式。梁治平在回顾法律史发展的历程时，曾以《中国大百科全书》（1984年）"中国法制史"词条和《中国法制通史》十卷本作为范例进行了

1　张晋藩：《中国法制史学研究六十年》，《中国社会科学报》2009年9月5日。

2　参见戴克光：《关于研究中国法制史的几个问题》，《人民日报》1956年12月30日。

3　张晋藩：《中国法制史学研究六十年》，《中国社会科学报》2009年9月5日。

精辟的讨论，此处不再赘述。[1]

革命法学范式下的中国法律史研究，固然有"政治斗争取代了学术研究，把学术当成政治的附庸、政治的论证"的弊端[2]，但这不过是其极端化的表现形态。对革命法学范式的极端形态进行批判，往往会让我们忽略其一般形态潜移默化的影响力。革命法学范式的特点，其实是从大陆法系法理学范式之下一脉相承而来的。比如：两者都认同法律、法学的一元单线进化，且中国法制均处在落后于西方法制的状态；两者都以西方某种法学理论作为衡量、评判中国古代法制的标准。正因为如此，即便在 70 年代末政治上拨乱反正之后，革命法学作为一种研究范式也迟迟没有退潮。直到 2002 年倪正茂等学者撰成《批判与重建：中国法律史研究反拨》一书，仍认为当时法律史研究的最大问题是："长期以来'阶级斗争工具'论成了中国法律史研究的指导性理论，中国法律史被简化为阶级压迫史、阶级斗争史。"[3]而许多《中国法制史》教科书也仍以五阶段社会形态论为贯穿法律史的基本线索。

一方面，革命法学范式潜移默化地影响了后续法律史的研究；另一方面，革命法学范式也成为后续研究群起批判和反思的对象。老一代学者常致力于重新厘清革命法学范式所提出的问题，如人治法治论、阶级斗争工具论等，而年青一代的学者则更多表现为一种去意识形态化的留白和遗忘。

四、现代法学范式

20 世纪 80、90 年代的法律史研究，既对革命法学范式心有余悸，又对考证学、大陆法系法理学范式隔阂已久，所以表现出一种新的研究范式，即现代法学范式。

所谓现代法学范式，即以当代中国的法律体系和法学理论作为框架，来

---

1 参见前引梁治平：《法律史的视界：方法、旨趣与范式》，《中国文化》2002 年第 19、20 期。
2 参见曾宪义、范忠信编著《中国法律思想史研究通览》，天津教育出版社，1989，第 44 页。
3 倪正茂主编《批判与重建：中国法律史研究反拨》，法律出版社，2002，第 3 页。

安放中国古代法律史料。如《中国法制通史》（十卷本）的写作，"各卷分别撰写了行政法律、民事法律、经济法律、刑事法律、诉讼法律等"[1]。与此同时，各"部门法史"也如雨后春笋般冒了出来，如民法史、刑法史、法医学史、监狱史、司法制度史、律师制度史、商法史、行政法制史、警察史、经济法制史、军事法制史、矿业法制史、财政法制史、教育法制史、诉讼法史、商标法律史、版权法制史、报刊法制史等等，不一而足。[2]甚至很多导师在辅导硕博士论文时，都通过"朝代＋部门法＋研究"的方式来确定选题。

从表面上看，这种范式与大陆法系法理学范式很接近，实际上却有着显著的区别。

首先，现代法学范式使用的框架是当代中国自己的法律体系；而大陆法系法理学范式使用的框架则是欧陆法系的法学理论。换言之，现代法学范式的本质是"以今例古"，而大陆法系法理学范式的本质是"以西例中"。尽管在古今中西之变完成以后的今天，"西"与"今"往往是一回事，但在清末民国时期并非如此。所以，现代法学范式是以自己熟悉的法学理论来理解自己所陌生的古代法制，而大陆法系法理学范式则是以自己陌生的法学理论来解释自己所熟悉的传统法制。两者之间的此一区别显而易见。

其次，现代法学范式相比之前的革命法学范式，带有去理论化的目的；而大陆法系法理学范式相比之前的考证学范式，则带有较强的理论色彩。从考证学的归纳方法、史学进路，到大陆法系法理学范式的演绎方法、法学进路，其理论预设和理论色彩的增强是不难想见的。而现代法学范式对自身的理论预设并非自觉选择的结果，而是出于对革命法学范式的抛弃，不得已采用了"日用而不知"的现代法律体系与法学概念，是一种姑且权宜之计。

最后，现代法学范式对现代法学的概念、术语，纯属借用其躯壳而已；

1　张晋藩：《中国法制通史》总序，法律出版社，1999。

2　此类断代法制史著作数量庞大，难以一一具列。参见赵九燕、杨一凡编《百年中国法律史学论文著作目录》下册，社会科学文献出版社，2014，第1012-1028页。

而大陆法系法理学范式则在运用欧陆法理学的内蕴。我们翻开一本民国时期的法制史论著，可以看到著者对其中使用的法学理论、名词都会进行相应阐释。而当代的法制史教科书则默认读者明知其含义，不加解释。甚至有的著作在借用一些富有较强理论预设的概念时，会专门说明只借用其字面意思，并非在严格意义上使用。如许多法制史教科书偏爱使用含义较宽泛的"民事法律"一词，而非"民法"一词，盖因"民法"（civil law）一词在法理学上别有含义的缘故。

所以，现代法学范式只能成为法律史研究中的一种过渡形态。在找不到更合适、更贴切的概念、语词的情况下，姑且借用当代正在使用的法学概念。在现代法学概念、语词的"掩护"之下，法律史研究取向正朝着多元化的方向蔓延开去。从这个意义上说，现代法学范式虽然貌似最不具有个性的范式，却已经代表了一种反思的倾向。

五、从移植法学到特色法学

现代法学范式难以满足法律史研究的需要，也不可能是最终的理想形态。尤其是姑且"借用"的现代法学概念，不可能只具备法律史研究者所需要的躯壳，而必然如影随形地具有相应内涵。例如，"法律"一词在中国古代难以找到对应的概念。21世纪初期，许多法律史学界的争论都是因"正名"问题没有解决而造成的。

对现代法学范式的不满，使得法律史研究者开始寻求新的研究思路。曾经被革命法学所掩盖和弃用的考证学、大陆法系法理学范式，也借由不同途径而重新复活。

首先是考证学范式的复兴。

考证一直都是历史学，包括法律史学研究的基本方法。考证学范式的复兴，大体上有三条途径：其一，法律史代际的薪火相传与隔代遗传。即便在革命法学最火热的年代，也有一批法律史学者能够娴熟使用考证学的方法。

他们通过师徒授受，使之发扬光大。20世纪80年代以来，沈家本、程树德等考证学派的著作得到整理和重新出版，成为学界必备的参考用书。许多年轻一代的学者由此开始学步，完成隔代遗传。其二，新法律史料的出现与整理。20世纪下半叶以来，随着城市化的进程和科技发展，考古发现日新月异。以秦汉法制史料为例，1975年睡虎地秦简、1983年张家山汉简、1989年龙岗秦简、2002年里耶秦简、2007年岳麓秦简的发现[1]，使得注重"解释"的革命法学、现代法学无用武之地，而不得不重新倚重擅长"描述"的考证学。另外如南部县档案、徽州文书等新史料的发现，都促成了考证学的复兴。其三，史学界的介入。历史学者转行或友情客串法律史研究，也给法律史学界带来了巨大的冲击。法律史研究者在佩服历史学者扎实的研究手段之余，也会借鉴、效仿。目前许多高校中的法律古籍所，即多有历史学、文献学背景的学者在其中起到支柱作用。

目前法律史学界偏重考证学的研究，如社科院法研所杨一凡先生主编的《中国法制史考证》及《续编》，以及多种大型法律古籍整理成果；徐世虹、李雪梅教授主持的中国政法大学古籍所，张伯元、王沛先生主持的华东政法大学古籍所则偏重于出土法律文献的整理与研究。考证学的取向，很大程度上消解了此前近百年西方或现代法学理论对法律史的主宰作用，也引起了部分法律史学者的警惕与反思，引发了法律史究竟应该"法学化"还是"史学化"的争论。诚然，考证学的复兴是现代法学范式之下的多元化取向之一，对法律史学研究有利无害。

其次是大陆法系法理学范式的复活。

随着革命法学范式的兴起，大陆法系法理学范式渐失市场。但此一范式在我国台湾地区仍得到持续发展，在大陆法系法理学范式的发祥地日本也仍

1　参见徐世虹、支强：《秦汉法律研究百年（三）——1970年代中期至今：研究的繁荣期》，见《中国古代法律文献研究》第6辑，社会科学文献出版社，2012，第95–96页。

在中国法制史研究领域占据主流地位。20世纪80年代以来，随着海内外学术交流的增加，对海外法律史研究范式的引进，自属理所必然。北京大学张建国教授在20世纪末引进日本学者的"律令说"，厦门大学周东平教授自2013年起持续推出《法律史译评》以主要译介日本法律史学，中国政法大学古籍所也在此方面不遗余力。这些研究和译介，都有效推进了学术交流，打破了现代法学范式下"无路可走"的尴尬窘境。

除此之外，一些法律史研究者引进西方先进的社会科学方法，对中国法制史料进行全新的解读，也是一种新的取向。其实，早在民国时代，瞿同祖先生的《中国法律与中国社会》即已进行类似尝试。不过由于革命法学的一统天下，这一尝试戛然而止。近年来，黄宗智以"历史社会法学"的域外学术方法治法制史，取得了令人瞩目的成就，也当属于此一取径。值得注意的是，这一取径与大陆法系法理学范式的根本不同在于：只取西学之工具，而不取其观点。

其实，上述考证学、大陆法系法理学范式的"复活"并非单纯复制，引进西方社会科学方法的取径也非"以西例中"，在这多元化的发展之中，可以看到一个一以贯之的取向：从移植法学转向特色法学。

中国法律史研究从诞生至今，一直都在"以今例古""以西例中"，唯独很少"以古观古""以中观中"[1]。随着现代学术走向后现代学术，以往学界对"现代""西方"的迷思得以反省，"普世价值"衰微而"地方性知识"崛起[2]，"在中国发现历史"构成对西方中心主义的强有力挑战。[3]这些学术思潮都对法律史学界产生了相应的影响，尤其是对年轻一代的学者构成冲击。

1　借用《老子》"以X观X"句式。赵汀阳先生对此有精辟的阐释："抽象地说就是'以X观X'，即如果准备有效地分析X，就不得不在X的立场上去理解X为什么这样做而不是那样做，这样才能形成'知识'，而如果从自己的偏好去分析X，那么永远只能生产出'批评'。"参见赵汀阳：《没有世界观的世界》（第二版）"序言：关于方法论的一个说明"，中国人民大学出版社，2005，第4页。

2　参见〔美〕克利福德·吉尔兹：《地方性知识》，王海龙译，中央编译出版社，2000。

3　参见〔美〕柯文：《在中国发现历史（增订本）》，林同奇译，中华书局，2002。

过去借用西方、现代法学概念的做法，已经无法满足法律史研究的需求。正如历史学者侯旭东指出："史学研究不能止步于考证事实，还需要构建解释，这条路很漫长。对中国而言，目前恐怕首先要从基本概念的重新厘定开始。这些概念不应是盲目照搬西方，而要立足过去的事实潜心归纳与定名，'到最基本的事实中去寻找最强有力的分析概念'。"[1]不唯历史学如此，法律史学更当如此。事实上，有一些学者已经进行了先期的探索，开始寻求中国法律史的自我。

早在民国时期，陈顾远先生的《中国法制史》就已经针对中国古代法制的独特性进行了个别归纳，而集中的更具理论性的论述见氏著《中国文化与中国法系》。[2] 21世纪初，俞荣根等编著的《中国传统法学述论——基于国学视角》按照国学的思路将传统法学劈划为礼法学、刑名学、律学、唐律学、刑幕学、宋（慈）学、沈（家本）学七大类，七篇之前特冠以"中华法系学"以综罗之，书后附"简牍学"以伸延之。[3]这是中国法律思想史领域的新尝试。杨一凡提出"中国古代的法律体系与现代中国的法律体系的基本组成要素不同，它不是以诸如宪法、行政法、民法、商法、经济法、刑法、诉讼法等法律部门为基本组成要素构成法律体系，而是以不同内涵和功能的法律形式表述法律的产生方式、适用范围、效力等级和法律地位"[4]，并通过多种作品作出示范、推进研究。[5]这是中国法制史领域对现代法学范式的突破。

1　侯旭东：《近观中古史：侯旭东自选集》，中西书局，2015，第2页。

2　参见陈顾远：《中国文化与中国法系》，三民书局，1969。

3　参见俞荣根、龙大轩、吕志兴编著《中国传统法学述论——基于国学视角》，北京大学出版社，2005。

4　杨一凡：《中国古代法律形式和法律体系》，见氏著《重新认识中国法律史》，社会科学文献出版社，2013，第25页。

5　系列作品如《中国法制史考证续编》（十三册），社会科学文献出版社，2009；汇编文集如《中国古代法律形式研究》，社会科学文献出版社，2011；论著如《历代例考》，社会科学文献出版社，2012。这些作品，都是以"法律形式"而非"法律部门"为线索进行考证式研究的。

通过以上归纳，我们不难发现：法律史学的发展，必须能认识到范式自身的优长与局限，否则将事倍功半。当此范式交替的关键时刻，对于新理论、新范式的提出，我们必须慎之又慎，以免行差踏错。在多元化的发展路径之中，日本学者提出的"律令说"是一种相当具有解释力且富有特色的新理论。以下将着重针对"律令说"的来龙去脉与得失进行剖析，以此观察和把握未来法律史研究的走向。[1]

第二节 "律令说"之由来与流行

认识中国法律史的自我，破解中国古代法的遗传密码，是几代法律史学人孜孜以求的目标。[2] 研究范式的转换与推进，对此一目标的达成起到至关重要的作用。半个多世纪来，中国法律史研究已由"阶级分析法"[3]，转向以现代部门法体系认识中国古代法制[4]，并进一步朝着更为多元的方向发展。在最近二三十年的研究动向中，"律令体制"的认识框架尤其值得关注。"律令体制"认识框架的由来是什么？此一概念的内涵、外延为何？以"律令体制"认识中国古代法制和中华法系是否准确？对这些问题予以厘清和省思，

---

1 中国法律史学的研究历程，还可参见俞荣根、秦涛：《改革开放四十年中国法思想史研究》，《孔学堂》2018 年第 3 期。

2 本章第二、三、四、五节建基于俞荣根、秦涛近年合作的一系列学术成果。承蒙俞老师慨允授权，敬致谢忱！请参见俞荣根、秦涛：《律令体制抑或礼法体制？——重新认识中国古代法》，《法律科学》2018 年第 2 期；《礼法之维：中华法系的法统流变》，孔学堂书局，2017。最新的论述还可参见俞荣根：《礼法中国：重新认识中华法系》，孔学堂书局，2022。

3 如《中国法律史学的新发展》对新中国成立以来的法制史研究进行回顾后指出："但在 20 世纪中期以后……社会形态论和阶级分析法几乎成了法史学科唯一可以使用的理论和方法"（中国社会科学院法学研究所法制史研究室编《中国法律史学的新发展》，中国社会科学出版社，2008，第 27-28 页）。

4 这一点从 20 世纪 80 年代以来众多《中国法制史》教材的目录中可以看得很清楚，其中最具代表性、也是集大成者，即《中国法制通史》（十卷本），全书系以朝代为经、以部门法为纬进行组织的。有趣的是，其中第一卷的编撰者已经认识到"以部门法总结归纳各代法律内容与制度是西方法律及法学传入中国以后才出现的"，但是"为了便于读者掌握，也为了与全书的体系保持一致，我们采用了以部门法归纳三代法律内容的写法"（蒲坚主编《中国法制通史》第一卷《夏商周》绪言，法律出版社，1999）。

应该会对今后的研究工作具有积极的意义。

"律令体制"，在相关论著中还有"律令制""律令法""律令法系""律令法体系"等称谓。本书为叙述简便起见，权且以"律令说"统而名之。[1]以"律令说"的概念来认识中国古代法和中华法系，在学界一般有两种用法：其一，以"律令说"来概括全部中国古代法，乃至整个中华法系；其二，以"律令说"来概括中国古代法的部分，即以律、令为代表的国家制定的成文法。本书着重探讨前一种情况。

一、"律令说"创自日本学者

以"律令说"研究中国古代法的整体，乃至整个中华法系，这一范式始于日本学者。

要想了解日本学者为什么会使用"律令说"来研究中国，我们先要知道"律令制"在日本的情况。日本的历史上，有两次重大的转折。第一次，叫"大化改新"。话说隋唐时代，中国国力强盛，声威远播海外，日本人也慕名而来，派出了大量的遣隋使、遣唐使，一趟又一趟地跑到中国来学习先进的制度和文化。他们发现，当时的唐朝有一部《唐律》，律之下还有令、格、式这些法律形式。整个官僚系统就在律、令的框架之内有效运作，非常先进，行政效率很高，他们就把这套"律令"制度引进了日本。公元645年，日本的孝德天皇模仿中国使用年号纪年法，定年号为"大化"，第二年颁布诏书，开始改革，这就是历史上的"大化改新"。大化改新以后，日本就从以前大贵族垄断政权的局面，一跃而进入了中央集权的君主制国家。律令制度，就是完成这一转变的重要制度建设，所以日本人对律令制是很有感情的。他们将大化改新以后的以律令制度作为基础制度的国家形态，叫作"律令国家"。竹内理三博士主编的《日本史小辞典》中设有"律令国家"条目，

---

[1] 在"律令"后面加上一个"说"字，意在提醒研究者：这只是一种带有理论预设的学说而已，未必是对历史事实的纯客观描述。

对此作了比较清晰的说明："大化革新时建立，一直延续到平安时代的日本古代国家，以律令为基本法典，故称律令国家。"[1] 日本早期的学者也往往以"律令"的名目认识其本国的这一体制，并进行日中法制比较研究。举其著者，如佐藤诚实《律令考》（1899 年）[2]、桑原骘藏《王朝之律令与唐之律令》（1917 年）[3] 等。但这些研究中所使用的"律令"一词，还只是对两种法律形式的列举而已，并不具有特别的理论内涵，也没有以之涵盖整个中国古代法律体系。

但是，近代以来，这一现象发生了改变。前已述及，日本史上有两次重要转折，第一次是"大化改新"，第二次就是"明治维新"。19 世纪，西洋人仗着坚船利炮，到处殖民、通商，打破了很多东方国家原本封闭的格局。日本人"睁眼"比较早，他们发现，原先大化革新的时候，学习了一套中国的制度和文化，本来是非常先进的，但是到了现在，已经落后了。西方人的科技、制度更加先进，所以还得接着改！日本人是非常善于学习的民族，他们在明治天皇的时代，以巨大的魄力和行动力，学习西方人的科技、制度、文化，完成了近代化的转型。这就是"明治维新"。

在法律制度方面，西方有两个大的法系，一个是英美法系，一个是大陆法系。日本人学习的是大陆法系。大陆法系最重要的特征就是非常看重"法典"的编纂，所以又叫"法典法系"。法典，是把整个法律体系分成若干法律部门，比如宪法、行政法、民法、刑法……然后把每个法律部门的所有法律文件都整理、审定一遍，去掉其中矛盾的部分，系统编纂成一部基于共同原则、内容协调一致、有机联系的统一法律。日本人觉得，法典是非常先进

---

1 〔日〕竹内理三等编《日本历史辞典》，沈仁安、马斌等译，天津人民出版社，1988，第 22 页。据前言，该书选译自竹内理三主编《日本史小辞典》与《日本近现代史小辞典》。

2 佐藤诚实《律令考》一文，连载于《国学院杂志》第 5 卷第 13 号（1899 年 11 月）至第 6 卷第 3 号（1900 年 3 月）。其内容可参见赵晶：《近代以来日本中国史研究的源流》，《比较法研究》2012 年第 2 期。

3 该文于 1917 年 11 月载《历史与地理》第 6 卷第 5 号，收于《桑原骘藏全集》第 3 卷，岩波书店，1968，第 228-241 页。

的一种法律编纂形式，是法律进化的产物。所以当时很多法学学者，比如穗积陈重，都写了《法典论》这样的著作，来推崇法典。

但是，日本人在学习西方的时候，也不免伤到自尊心。他们觉得，西方人有这么先进的法典，我们为什么没有呢？我们历史上有没有类似法典的东西呢？找来找去，他们找到了律、令。他们想要构建一个概念，在古代的律令制和近代的法典之间，建起一座桥梁，这个概念就是"律令说"。

浅井虎夫《中国法典编纂沿革史》（1904年）是研究中国古代法律体系的名作。此书虽然并没有明确提出"律令说"的概念，但值得注意的是，它把中国古代法统统分装在"律""令"两个筐内："中国法典体裁上之特色，在其略有一定。养（原文如此，疑误——引者按）中国法典，得大别之为刑法典及行政法典二者。刑法典，则律是也。行政法典，则令及会典（包含《六典》在内）是也。"[1]在浅井氏的书中，"律令说"已是呼之欲出。这可视为"律令说"的前身。

最早明确提出"律令说"的，应该是日本著名的法律史学家中田薰。1933年，中田薰在为仁井田陞《唐令拾遗》作序时写道："大概依据可否属于刑罚法规，而把国家根本法分成律和令两部分，这是中国法特有的体系。"[2]到了20世纪50年代初，中田薰发表了三篇有关中国律令体系沿革的文章[3]，系统阐发了"律令说"。他认为："所谓律令法系，是指由律和令两种

---

1 〔日〕浅井虎夫：《中国法典编纂沿革史》，陈重民译，李孝猛点校，中国政法大学出版社，2007，第262页。

2 序文中译见〔日〕仁井田陞：《唐令拾遗》，栗劲等编译，长春出版社，1989，第887页。

3 三篇文章分别是：《古法杂观》，《法制史研究》1951年创刊号；《关于中国律令法系的发展》，《比较法研究》1951年第1卷第4号；《〈关于中国律令法系的发展〉补考》，《法制史研究》1953年第3号。三文后均收入氏著《法制史论集》第4卷（补遗），岩波书店，1964。参见徐世虹：《秦汉法律研究百年（二）》，见中国政法大学法律古籍整理研究所编《中国古代法律文献研究》第6辑，社会科学文献出版社，2012，第82页。

法典形式组成之国家统治的基本法的独特的法律体系。"[1]大庭脩说,"律令法"的概念是"中田博士在其晚年著作《关于中国律令法系的发展》一文中,根据唐代法律提出来的"[2]。池田温则进一步探索此概念的起源,认为中田薰"早在比较日本国固有法时,就将此作为概念使用",而在战后又将之移作中国法律史的研究,"也就是说,在 20 世纪初,由日本法制史学之父中田薰氏创造出了'律令法'这一名词,在第二次世界大战后它作为法制史术语广为普及"[3]。

中田薰提出"律令说"的概念,是大刀阔斧的开辟工作,来不及对一些问题进行仔细的论证和推敲。比如:将研究日本法制史的术语移治中国法制史,用隋唐断代法制史的术语移治"上起汉代,下迄清王朝"的法制通史,其有效性与准确性如何,有没有局限性,中田氏都没有进行细致的论证。不过,这并不影响"律令法"的概念对此后中国法制史的研究者们产生的巨大吸引力。

中田薰于"律令说"有首创之功,但没有来得及细致考察"律令法"在中国漫漫两三千年法制史长河中的变化情况,以及"律"与"令"的区别究竟何在。继续这一工作的,是滋贺秀三。他的《关于曹魏新律十八篇篇目》(1955 年)一文,在主体部分考证了魏律 18 篇的篇目,在该文结尾部分根据唐代律令的情况,他明确提出了"律令法体系"作为"法典编纂技术"的两大特征:第一,"法规根据刑罚(指律典——引者按)、非刑罚(指令典——引者按)的观点分类编纂";第二,"全部律或者令,作为单一不可分的法典

1 〔日〕中田薰:《论律令法系的发达》,何勤华译,见何勤华编《律学考》,商务印书馆,2004,第76 页。此文即前注所述《关于中国律令法系的发展》之节译。
2 〔日〕大庭脩:《秦汉法制史研究》,林剑鸣等译,上海人民出版社,1991,第 1 页。
3 〔日〕池田温:《律令法》,见〔日〕谷川道雄主编《魏晋南北朝隋唐史学的基本问题》,中华书局,2010,第 195 页。

（律典、令典）编纂施行"[1]。按照滋贺氏的观点，律令法体系的成立当始于魏晋。在中田薰提出"律令法"概念短短数年后，滋贺氏就作出如此精致的考证并对之进行修正与响应，让学界来不及对"律令法"概念本身进行省思，就开始了更加具体的细部考证。

随后的20世纪60年代，西嶋定生提出了"东亚世界"的概念。他认为，"构成这个历史的文化圈，即'东亚世界'的诸要素"主要有四项，即汉字文化、儒教、律令制、佛教。其中，"律令制，是以皇帝为至高无上的支配体制，通过完备的法制加以实施，是在中国出现的政治体制。此一体制，亦被朝鲜、日本、越南等采用"[2]。西嶋定生的论说，使得草创未久、尚应争议的"律令制"概念跨出了法制史的研究圈子，超越了国界，具有了更广泛的文化与文明意义。

在此之后，堀敏一、大庭脩、冨谷至等学者对中国的"律令制"进一步精耕细作，取得了丰硕的成果。[3]如今，"律令制"已成为日本学界研究中国法制史乃至中国史的基础性概念与前提。其最新表述，可以从"讲谈社·中国的历史"的《绚烂的世界帝国：隋唐时代》中看到："所谓'律'，是指刑罚法规，'令'则是指有关行政、官僚组织、税制等与刑罚无关的法令"，"以律、令作为两个基轴来宣示权力的普遍性及统治的正统性，这样的时代就被称为律令制时代"[4]。

---

1 该文原刊《国家学会杂志》第69卷7、8号，1955。中译文载杨一凡总主编《中国法制史考证》丙编第2卷，中国社会科学出版社，2003，第265-266页。

2 西嶋定生在1962年发表的《6—8世纪的东亚》一文即提出了这一观点，此引自氏著《东亚世界的形成》，见刘俊文主编《日本学者研究中国史论著选译》第2卷，高明士等译，中华书局，1993，第89-90页。

3 如堀敏一：《律令制与东亚世界》，汲古书院，1994；大庭脩：《秦汉法制史研究》，创文社，1982；冨谷至：《通往晋泰始律令之路》，《东方学报》第72、73册，2000-2001年，中译文载中国政法大学法律史学研究院编《日本学者中国法论著选译》上册，中国政法大学出版社，2012。

4〔日〕气贺泽保规：《绚烂的世界帝国：隋唐时代》，石晓军译，广西师范大学出版社，2014，第28、159页。

二、日本学者对"律令说"局限性的反思

值得注意的是，"律令说"在日本虽然拥有很大的市场，但也有部分学者对之展开了冷静的反思。

最早进行反思的是宫崎市定。他在面向一般读者的普及读物《中国史》（1977）中写道："对事实进行抽象并制造出抽象用语后，这些词语就算没有事实的佐证也会有独立行走的危险。例如，从日本模仿中国制定律令这件事，有了'律令国家'这个词。……要是从日本的情况来推测中国的情况，那就非常危险。……就算都有'律令'这个名称，在自发产生的地方和将之引进的地方，其存在基础不一样，存在形态也不一样。"[1]这段深刻的阐论，发人深省，至今仍值得研究者再三体味。

1985 年出版的日本《大百科事典》，收录了"律令格式""律令制""律令法"的词条。"律令格式"词条由宫崎市定、早川庄八、井上秀雄执笔，分中国、日本、朝鲜三项记述；而镰田原一执笔"律令制"和石母田正执笔"律令法"两个词条，则专就日本加以解说，未涉及中国和朝鲜。[2]由此可以看出，《大百科事典》的主编者和撰写这两个词条的学者对"律令制""律令法"这样富含特定理论内涵的概念，究竟适用范围如何，仍然持较为谨慎的态度。

池田温的《律令法》（1997 年）一文，论及中日"律令制"更为具体的一些区别。他说："虽然用同一个名词来概括律令法、律令制，也应当牢记律与令的比重在中国和日本是有很大不同的。"文中进一步指出，日本学者普遍认为"令可以说是国家根本法中的根本法。……所以从法令的重要性而言，律令当称令律"，"只有令才是第一意义上的根本法典，律莫如说是它派

---

1 〔日〕宫崎市定：《宫崎市定中国史》，焦堃、瞿柘如译，浙江人民出版社，2015，第10页。
2 转引自〔日〕池田温：《律令法》，见〔日〕谷川道雄主编《魏晋南北朝隋唐史学的基本问题》，中华书局，2010，第200页。

生出来的第二意义上的法典"[1]，而在中国则情况完全相反。

以上的反思，主要是在"律令说"内部展开的，告诫学者们要注意到中国的律令与日本的律令有所不同。

青年一代的学者，也开始在"律令说"之外有所探索。例如，渡边信一郎认为："为了理解中国古代专制国家的政治秩序或者上层建筑的特质，必须没有偏颇地从整体上认识以律令为代表的法制与礼乐制度。"并在"礼入于法的结构分析"的思路下，展开了一系列古代中国礼乐制度的研究。[2]又，1992年池田温先生主编的论文集《中国礼法与日本律令制》出版。[3]该书的书名，似乎显示了对以往"律令说"某种反省的自觉，而其以"中国礼法"与"日本律令制"相提并论，亦隐隐然表现出对中、日两国古代法有所区别的认知。

三、"律令说"在中国的流行

中国法律史学起步于清末。沈家本撰《历代刑法考》，其中有"律令"九卷，分别考证律、令、科、法等法律形式的名称及自上古至明代的法律。继承沈家本的法律史研究传统的还有程树德《九朝律考》（1925年），该书对已亡佚的汉律至隋律进行辑佚考证。这两种著作代表了擅长于辑佚考证的"汉学"传统和古代律学的传统方法研究趋向。它们对"律"或"律令"之名的选择，都不过是列举式的，并不带有建构理论的企图。

清末民初法制史研究的新潮流，是以现代法理学概念"整理国故"。其中开创之作，当属梁启超《论中国成文法编制之沿革得失》（1904年）；而后续踵武的代表作，则有杨鸿烈《中国法律发达史》、陈顾远《中国法制史》

---

1 〔日〕池田温：《律令法》，见〔日〕谷川道雄主编《魏晋南北朝隋唐史学的基本问题》，中华书局，2010，第198—200页。

2 参见〔日〕渡边信一郎：《隋文帝的乐制改革》，周东平译，见中国政法大学法律史学研究院编《日本学者中国法论著选译》上册，中国政法大学出版社，2012，第237页。

3 参见〔日〕池田温编《中国礼法と日本律令制》，东方书店，1992。

等。[1]在这些著作中，律、令都只是作为一种法律形式的名称出现，并不作为组织中国古代法律体系的概念使用。

日本学界兴盛"律令说"的 1950 年代，正逢中华人民共和国鼎革之初，中国的法律史学研究也烙上了"革命法学"与阶级分析法的深深印记。由于显而易见的历史和政治原因，日本的"律令说"不可能流传到中国，更不可能对中国的法制史研究产生影响。

20 世纪 80 年代以来，越来越多的日本法史著作被译介到中国，"律令说"也随之映入了研究者的眼帘，引起了学界的青睐。

1998 年，张建国先生发表《中国律令法体系概论》，正式将"律令法体系"的概念引入中国学界。[2]张建国先生在此文中没有过多介绍日本学者对"律令说"的论述，而是对其进行了符合中国国情的修正。文中写道："律令法体系是指以律令为主体、包括众多的法形式和内容的法律体系"，"以律令法体系作为自战国（部分诸侯国）至唐代的中国法律体系的一种代称，还是比较确当的，同时也是有较高学术意义的"。值得注意的是，张先生在对自己论文修订后收入其《帝制时代的中国法》一书时，增加了一段"夫子自道"，坦陈引入这一概念的两大意义：第一，引入"律令说"可以避免"翻来覆去总是以某某为纲，靠某些定性语句构成的简单生硬的研究套路"；第二，引入"律令说""有利于展开国际间的学术交流，特别是和具有认真、严谨、扎实的学风的日本学者之间的交流"[3]。张先生的良苦用心，令人感佩。

---

1 关于近代中国法制史研究的总体情况，参见梁治平：《法律史的视界：方法、旨趣与范式》，《中国文化》2002 年第 19、20 期。

2 参见张建国：《中国律令法体系概论》，《北京大学学报（哲学社会科学版）》1998 年第 5 期。后经修订，收入氏著《帝制时代的中国法》，法律出版社，1999。刘笃才先生也说："现代法律史学界使用的'律令法'一词最早创自日本学者。它于 1998 年被张建国介绍到中国"（《律令法体系向律例法体系的转换》，《法学研究》2012 年第 6 期）。由此可见张建国先生此次引介工作的影响之大。

3 张建国：《帝制时代的中国法》，法律出版社，1999，第 16–17 页。

一经张建国先生的引入，"律令说"便迅速在国内学界占领了巨大的市场。具有较高学术权威性的《北京大学法学百科全书》的"法律史卷"也收录了"律令制"的词条："律令制，以律、令为法的基本渊源的制度。以这种法律制度为基础的国家体制为律令制国家。律令制起源于中国汉晋，并为周边国家所模仿。"[1]有趣的是，该词条除上引寥寥两句涉及中国外，剩下的主要篇幅都在讲日本的律令制。

其他以"律令说"为基本概念的论著也不胜枚举，举其重要著作如《唐代律令制研究》[2]《唐代律令法制考释》[3]《秦汉律令法系研究初编》[4]《律令时代中国的法律与社会》[5]等，举其重要论文如《律令关系、礼刑关系与律令制法律体系演进》[6]《律令格式与律令制度、律令国家》[7]《唐宋专卖法的实施与律令制的变化》[8]《宋令的变化与律令法体系的完备》[9]《以〈大明令〉为枢纽看中国古代律令制体系》[10]《律令法体系向律例法体系的转换》等。[11]粗略来看，这些研究有两个特点：第一，将"律令说"的适用范围自秦汉延至明清，贯穿整个中国帝制时代；第二，对"律令说"中诸如"律令制""律令法制""律令法系"等等概念多属拿来就用，至多略加介绍，很少对概念本身的内涵和外延进行诠释或研讨。

1 《北京大学法学百科全书》编委会编《北京大学法学百科全书：中国法律思想史、中国法制史、外国法律思想史、外国法制史》，北京大学出版社，2000，第510页。"律令制"词条的执笔者为何勤华先生。

2 郑显文：《唐代律令制研究》，北京大学出版社，2004。

3 赖亮郡：《唐代律令法制考释》，元照出版社，2010。

4 张忠炜：《秦汉律令法系研究初编》，社会科学文献出版社，2010。

5 郑显文：《律令时代中国的法律与社会》，知识产权出版社，2007。

6 范忠信：《律令关系、礼刑关系与律令制法律体系演进——中华法系特征的法律渊源角度考察》，《法律科学》2014年第4期。

7 周东平：《律令格式与律令制度、律令国家——二十世纪中日学者唐代法制史总体研究一瞥》，《法制与社会发展》2002年第2期。

8 戴建国：《唐宋专卖法的实施与律令制的变化》，《文史哲》2012年第6期。

9 吕志兴：《宋令的变化与律令法体系的完备》，《当代法学》2012年第2期。

10 霍存福、张靖翊、冯学伟：《以〈大明令〉为枢纽看中国古代律令制体系》，《法制与社会发展》2011年第5期。

11 刘笃才：《律令法体系向律例法体系的转换》，《法学研究》2012年第6期。

再进一步而言，还有很多研究以"律令说"为前提，提出了更多的推论：既然中国古代只有刑法典（律）和行政法典（令），可见中国古代没有"民法"，重刑轻民、民刑不分；既然中国古代的律令都管不到皇帝，可见中国古代是一种独裁、专制、黑暗的人治；既然律令是中国古代的成文法，而中国古代还经常引用一些律令之外的法源作为判案、行政的依据，可见中国古代是罪刑非法定主义，是任情破法……正如宫崎市定所担心的那样，"律令说"的概念脱离历史事实以后，开始"独立行走"，"结婚生子"了。

那么，"律令说"到底符不符合中国古代法的全貌呢？以"律令说"为前提的这些推论，到底能不能站得住脚呢？这就需要我们对"律令说"进行一番正本清源的辨析。仔细推敲目前中国学界使用的"律令说"的概念，至少有两个问题值得反思：

第一，"律令说"关于时间的上下限，以及刑罚法典与非刑罚法典的区分标准问题。对此，日本学者自20世纪50年代以来曾反复探讨，基本达成共识，但仍有争议，中国学者在使用这一概念时是否予以默认？

第二，以日本"律令说"移治中国法制史的有效性问题。对此，日本学者未及深入探讨，但中国移治者无法回避。尤其是，以日本学者的隋唐"律令制"说移治自秦至清的中国法制通史，它的有效性如何？局限性又如何？

对以上两个问题的澄清，是继续使用"律令说"这一概念的前提。

第三节 以"律令说"移治中国古代法的局限

实际上，以"律令说"研究中国古代法，存在着较大的局限。这一局限主要体现在两个方面：第一，中国古代法的历史；第二，中国古代法的体系。尤其就后者来讲，如果仅仅将律令为代表的成文法典定义为中国古代的

"法"，那么中华法系中最有特色和价值的一部分恐怕将无处容身。以下分别就上述两方面展开讨论。

一、"律令说"难以囊括古代中国的法历史

中国古代法萌芽于上古三代，解体于清末近代，有长达四千年的法历史。"律令说"能否用以认识中国古代法如此漫长的法历史呢？恐怕是不行的。我们先来看日本学者使用"律令说"的有效时段。

中田薰是"律令说"的最早提出者。他认为"上述律令法系，如果从时间上说，上起汉代，下讫清王朝，存续了二千余年"[1]。在持"律令说"的日本学者中，以中田薰所断的时限最长，但也只是将时间上限定在汉代。其实，在中田薰之前，小川茂树《汉律略考》（1930 年）就已提出汉代的律与令之分化"不明朗"的看法："律与令二者所含有的法规性质的区别、二者功能的分化，汉律令都还不明朗。"[2] 所以，中田薰关于"律令说"的有效时段得到了他的后续研究者的修正。滋贺秀三在考证曹魏律的篇目后认为："在魏《新律》编纂以后，历史上其实并不存在单行律。"而后，他明确提出：魏晋律令"创造律令体系的最初形态"[3]。在此之后，日本学者基本认同"律令体系"的时间上限是魏晋。例如，富谷至在《通往晋泰始律令之路》中对秦汉律令、魏晋律令进行考辨后得出结论："晋以前并不存在具有完成形态的律典及令典"[4]。非常有趣的是，日本学者并不关注"律令说"的下限，仿佛一致默认中田薰"下讫清王朝"的论断。这一点值得注意。

---

1 〔日〕中田薰：《论律令法系的发达》，何勤华译，见何勤华编《律学考》，商务印书馆，2004，第77 页。

2 转引自〔日〕仁井田陞：《唐令拾遗》，栗劲等编译，长春出版社，1989，第 802–803 页。关于小川茂树及其《汉律略考》的情况，参见徐世虹：《秦汉法律研究百年（二）》，见中国政法大学法律古籍整理研究所编《中国古代法律文献研究》第 6 辑，社会科学文献出版社，2012，第 81–82 页。

3 〔日〕滋贺秀三：《关于曹魏新律十八篇篇目》，见杨一凡总主编《中国法制史考证》丙编第 2 卷，中国社会科学出版社，2003，第 263–266 页。

4 〔日〕富谷至：《通往晋泰始律令之路》，见中国政法大学法律史学研究院编《日本学者中国法论著选译》上册，中国政法大学出版社，2012，第 189 页。

　　"律令说"引入中国以后，学者普遍忽视日本学界对时间上限的讨论，而将注意力放在时间下限。作为"律令说"的引入者，张建国先生利用出土文献把它的时间上限上推至战国（部分诸侯国），而将下限限缩至唐代。[1]他发现，"此后（指隋唐以后——引者按）律令法系嬗变的结果，与早期中华帝国律的地位已有所不同，而令更是逐渐消失了"。所以在结论部分，他写道："至少可以说，以律令法体系作为自战国（部分诸侯国）至唐代的中国法律体系的一种代称，还是比较确当的。"[2]高明士先生赞同日本学者的时间上限，而将比较严格的下限定至唐代："拙稿所谓律令法，指令典成为完整性的法典而与律典成为相对关系的法典体系……就律令法的实施而言，较具体可谈，辄为西晋及隋唐而已。"[3]

　　诚如张建国、高明士先生所言，自宋代开始，律的地位明显下降，而令更是在明洪武年间回光返照后彻底消失，所以名副其实的"律令说"时间下限只能及于唐代，而形式上的"律令说"也止于明初。鉴于这个事实，刘笃才先生提议用"律例法体系"接续"律令法体系"，作为理解明清法律体系的基本概念。[4]

　　综合以上分析可以看出，以"律令说"移治中国古代法，在其有效时段上存在长、短两种说法。依持短说者言之，"律令说"的有效时段为魏晋至隋唐，仅600多年的时间；按持长说者言之，"律令说"的有效时段为战国至明初，约1800年的时间。然无论是持短之说还是持长之说，均有掐头去尾之嫌。

　　1 需要注意的是，在这里，张建国先生所采取的"令"的标准与日本学者是完全不同的。同样在掌握出土材料的情况下，21世纪以来日本学界的动向（如冨谷至、广濑薰雄等）是基本否认秦汉"令"等同于诏书，并不作为一种法律形式而独立存在。因此，日本学者仍然坚持"律令说"时间上限为魏晋的观点。参见〔日〕宫宅潔：《近50年日本的秦汉时代法制史研究》，田旭东译，见黄留珠、魏全瑞主编《周秦汉唐文化研究》第3辑，三秦出版社，2004，第270页。

　　2 张建国：《中国律令法体系概论》，《北京大学学报（哲学社会科学版）》1998年第5期。

　　3 高明士：《律令法与天下法》，上海古籍出版社，2013，第1–2页。

　　4 参见刘笃才：《律令法体系向律例法体系的转换》，《法学研究》2012年第6期。

从"掐头"来看：传世文献记载，中国古代法律体系早在三代便有独具特色的"治之经，礼与刑"[1]的"礼刑体系"。就出土文物而言，"礼刑体系"至少在殷商已经初具规模，至周公制礼作乐、吕侯制刑，典章文物灿然大备，成为中国法制史上的礼法制度之典型。显然，"律令说"难以将之容纳。

从"去尾"来看：宋代诏敕凌驾律令，律令的地位明显下降。元代没有律典。明初《大明令》之后就没有令典。因此，无论就实质还是形式而言，"律令说"都难以容纳宋元以降，尤其是明清两代的法制。但是这并不意味着宋元以降的法制没有特色与进步。日本学者曾有倡言"唐宋变革论"者，以宋代开始为中国近世之开端[2]；中国学者也说："华夏民族之文化，历数千年之演进，造极于赵宋之世。"[3]自宋代开始，中国古代法律体系进入了新的发展阶段，而这个阶段恰是"律令说"所难以囊括的。

以"律令说"认识中国古代法的历史，不仅有"掐头去尾"之弊，而且存在曲解之嫌。潜藏于"律令说"背后的思维方式是：唐律令为"东方法制史枢轴"（仁井田陞语），而唐代律令制的模式形成于魏晋时期，所以魏晋以前的法制史不过是律令制的形成史，而隋唐以后的法制史不过是律令制的衰亡史。这种思维方式不仅容易在"律令说"光辉的掩盖下，忽视不同时段法制的自身特色，而且带有历史目的论的嫌疑，恰如一叶障目，遮蔽了古代中国博杂而自治的法体制整体。

1《荀子·成相》。

2 1910年，日本学者内藤湖南在《历史与地理》第9卷第5号发表《概括的唐宋时代观》，最早提出"唐宋变革论"（中译文载《日本学者研究中国史论著选译》第1卷"通论"，中华书局，1992，第10—18页）。经百年来学界的充分探讨，已基本达成共识，即唐宋间历史发生了巨大的飞跃。

3 陈寅恪：《邓广铭宋史职官志考证序》，见氏著《金明馆丛稿二编》，生活·读书·新知三联书店，2015，第277页。

二、"律令说"难以涵盖古代中国的法体系

古代中国的法体系博大庞杂，以往学界多用部门法体系或法律形式体系进行认识，而少有从中国古代法自身规律出发予以归纳者。"律令说"虽然采传统法制用语命名，但也只得其一端，难以涵盖中国古代法的法体系之全部。

"律令说"所谓之法体系，就其产生而言，是国家制定法；就其形式而言，是成文法；就其内容而言，是刑事法（律）和行政法（令）。这不仅是"律令说"的视野，也是近代中国法制史学科草创时期对其研究对象——"法制"的一般认识。梁启超在中国法制史的开山之作《论中国成文法编制之沿革得失》（1904年）中说："成文法之定义，谓国家主权者所制定而公布之法律也"[1]。所以"惯习法""君主之诏敕""法庭之判决例"均不属于成文法，不在其论述范围之内。同一时期浅井虎夫《中国法典编纂沿革史》也以法律编纂的最高形态"法典"为论述对象。查梁氏参考书目，除中国古籍外，均为日人著作，如穗积陈重《法典论》等。[2]可以从中看出，这一视角受日本学者影响之深，而日本学者的"法典"情结则直接来自欧陆的大陆法系。从这一层渊源来讲，"律令说"不过是为"成文法"或"法典"视角加上了中国式语词的外衣而已。进而也可以理解，为什么日本学者将"律令说"移治中国法制史时，会格外关注其时间上限而忽视其下限了。因为直至魏晋时期，"法典"的编纂形式才告成立，而明清时"法典"之存在已毋庸置疑，也就不必再管"律令"之有无了。

在这样一种"法典"的视野下，"律令说"难以看到古代中国法丰富多彩的法律样态。

首先，"律令说"难以容纳中国古代的乡规民约、家法族规。

1　梁启超：《论中国成文法编制之沿革得失》，见范忠信选编《梁启超法学文集》，中国政法大学出版社，2004，第120页。

2　参见梁启超：《论中国成文法编制之沿革得失》，见范忠信选编《梁启超法学文集》，中国政法大学出版社，2004，第120–121页。

　　持"律令说""法典论"者每谓中国古代缺少私法，这是因为中国古代的私法并不以律令、法典的形态呈现，而是大量存在于乡规民约、家法族规以及大量的习俗之中，是一种民间的、底层的"活法"。在古老久远的礼法社会中，它们无处不在、无时不有，还无人（成年人）不晓，是真正的"天网恢恢，疏而不失"的"无法之法"。梁治平在《清代习惯法》中提到，自唐律到《大清律例》，中国古代律典陈陈相因、一脉相承，没有显著变化；中国社会则发生了缓慢而巨大的变化，故而"社会的存在与发展必以一套国家法之外的法律为前提"[1]。以家法族规为例，费成康等撰写《中国的家法族规》时，仅过目的家法族规即有"上万种"，该书所附55种"江州陈氏义门家法"等家法族规，各具特色，可以窥其一豹。[2]再以契约为例，据学者"保守的估计"，截至20世纪80年代，仅"中外学术机关搜集入藏的明清契约文书的总和"，"也当在1 000万件以上"[3]。如此庞大数量的契约文书，若说其背后没有一种"私法"在起作用，是不可想象的。除此之外，中国古代的习惯法还有宗族、村落、行会、行业、宗教寺院、秘密社会、民族习惯法等。[4]清末民国时期，曾展开几次全国范围的民商事习惯调查运动，先后编纂成《民事习惯大全》《民商事习惯调查报告录》。[5]日本学者滋贺秀三在撰写《中国家族法原理》时，也对其既往方法论予以反思，说"旧中国的私法那样的研究对象本身，我认为带有不能接受法实证主义的方法论的那样的特性"[6]。而这种"法实证主义的方法论"正是"律令说"与"法典论"的基本立场。所以，处在中国古代法的法体系底层的丰富多彩的"活法"，难以入

1　梁治平：《清代习惯法：社会与国家》，中国政法大学出版社，1996，第30–31页。

2　参见费成康主编：《中国的家法族规》，上海社会科学院出版社，1998，第221–415页。

3　杨国桢：《明清土地契约文书研究》，人民出版社，1988，第3页。

4　参见高其才：《中国习惯法论》，中国法制出版社，2008。

5　参见郑定、春杨：《民事习惯及其法律意义——以中国近代民商事习惯调查为中心》，《南京大学法律评论》2005年春季号。

6〔日〕滋贺秀三：《中国家族法原理》，张建国、李力译，法律出版社，2003，第11页。

"律令说"的法眼。

其次，"律令说"难以容纳中国古代的大经大法、祖宗之法、天下之法。

前引西嶋定生说："律令制，是以皇帝为至高无上的支配体制"[1]。其实在中国传统法理中，比皇帝与律令更高的"高级法""法上法""理想法"还有天道天理、"先王之法"和"天下之法"、"经义"和礼制、祖制和祖训等等。天道天理是帝制统治和立宪定制的根本法源，故有"奉天承运""口含天宪"之说。"先王之法"和"天下之法"传自上古圣王，必要时会被抬出来作为评价当时政治法制的标准，如黄宗羲的《明夷待访录》便是典型的例子。"经义"、礼制，是以孔子为代表的儒家圣贤创法立制的成果，在中国传统语境中一般被尊为"大经大法"。祖制和祖训统称"祖宗之法"，是本朝列祖列宗创法立制的成果，在中国传统语境中又可以表述为"先祖法度""祖宗故事""祖宗家法""祖宗典制"等。[2]在律令之外，大经大法、祖宗之法也都是司法、行政的重要依据，甚至会成为终极依据。

以经义为例。经义是议政议法的重要依据，也是司法、行政中高于律令的直接依据。其最为典型的显现便是"春秋决狱"[3]。"春秋决狱"又称"经义决狱"，倡自西汉董仲舒。史载："仲舒在家，朝廷如有大议，使使者及廷尉张汤就其家而问之，其对皆有明法。"[4]两汉时代，从事"经义决狱"的代表人物除了董仲舒，还有公孙弘、兒宽、应劭等人。[5]两晋强调"主者守文，

---

1 〔日〕西嶋定生：《东亚世界的形成》，见刘俊文主编《日本学者研究中国史论著选译》第 2 卷"专论"，高明士等译，中华书局，1993，第 90 页。

2 关于"祖宗之法"，可参见邓小南的力作《祖宗之法：北宋前期政治述略》，该书第一章对两汉、唐五代和赵宋的祖宗之法进行了系统回顾。

3《春秋》是孔子修订的一部鲁国的编年史。"春秋决狱"又称"经义决狱"，即除了用法律外，可以用《春秋》《诗》《书》《礼》等儒家经典中的"微言大义"，即经义来作为判决案件的依据。凡是法律中没有规定的，司法官就以儒家经义作为裁判的依据；凡是法律条文与儒家经义相违背的，则儒家经义具有高于现行法律的效力。

4《汉书》卷 56《董仲舒传》。

5《汉书·公孙弘兒宽传》载：公孙弘少时为狱吏，"习文法史事，缘饰以儒术"。擅长治《尚书》的兒宽为奏谳掾，"以古法义决疑大狱"。据《后汉书·应劭传》，应劭总结前人及自己的"春秋决狱"经验，撰有《春秋断狱》一书。

死生以之"的同时，对"事无正据，名例不及"的疑案，允许"大臣论当，以释不滞"。大臣依据什么"论当"？东晋主簿熊远在奏议中说："凡为驳议者，若违律令节度，当合经传及前比故事，不得任情以破成法。……诸立议者皆当引律令经传，不得直以情言，无所依准，以亏旧典也。"[1]北魏"经义决狱"进一步制度化："诏诸有疑狱，皆付中书，以经义量决。"[2]可见，在"律令体制"成形之后，"经义决狱"遗风尚存。法史学界有一种比较通行的看法，"春秋决狱"至唐而式微。作为一种定谳依据，这种看法不无道理，但若从议刑议法的理论依据上看，经义仍然发挥着权威依据的作用。以唐代翻来覆去争议的是否允许复仇为例，韩愈的《复仇状》、柳宗元的《驳复仇议》，无不征引经义来证明自己观点的正确性。如康买得复仇案，最后宣判"减死一等"，而依据就是"《春秋》之义，原心论罪"[3]。

礼制在中华法系的法体系中也据有很高的地位。清末立宪，一度试图将部分"礼"改造为宪法。有学者认为，宪法是对"礼"的最合适定性。这对我们反思中华法系不无启迪。

再看"祖宗之法"。从广义上讲，列祖列宗制定的"律令"也当属于祖宗之法的范畴。但这里强调的祖宗之法，主要是本朝开国君主制定、以约束包括后代君主在内的最高统治者的"家法"。比如汉高祖刘邦曾刑白马为盟："非刘氏不得王，非有功不得侯。不如约，天下共击之。"据学者考证，这是一项"以言辞定约束"的口头誓约[4]，曾被引来反对吕氏封王、封王氏外戚侯、封匈奴降者侯等，在两汉历史上起到了强有力的规范作用。再如宋代有"不杀士大夫"的祖宗家法："艺祖有约，藏于太庙，誓不诛大臣、用宦官，

---

1 《晋书》卷30《刑法志》。

2 《魏书》卷1《世祖太武帝纪》。

3 《旧唐书》卷50《刑法志》。

4 参见李开元：《汉帝国的建立与刘邦集团：军功受益阶层研究》，生活·读书·新知三联书店，2000，第180–195页。

违者不祥。"[1]这样的家法也非律令所能容纳，而是立誓碑藏于太庙。[2]又如清顺治帝曾"命工部立内十三衙门铁牌"，严禁宦官干政，否则凌迟处死、决不宽贷。[3]类似于这样的祖训、祖宗之法，史不绝书，其效力位阶高于一般律令，后世君主非但不能违背，且轻易不得修改，否则会遭受巨大的压力。

另外，中国在对外关系上也有一套规则体系，非"律令说"所能容纳，有学者称之为"天下法"[4]。从宋《册府元龟·外臣部》体例而言，其内容包括封册、朝贡、助国讨伐、和亲、盟誓、纳质、责让、入觐等。"天下法"以政、刑、礼、德为基本要素，由此而展开结合、统治、亲疏、德化诸原理的运作，从而建立天下体系。违反"天下法"的制裁手段，即为"大刑用甲兵"的刑。[5]

综上所述，来自日本、流行于中国的"律令说"难以囊括中国古代法的法历史，难以涵盖中国古代法的法体系，以"律令说"认识中国古代法存在难以克服的局限。笔者指出这些，并非要弃"律令说"而不用，而是试图对其适用范围加以限制，从而更好发挥其功用；同时探索更符合中国法律史实际的概念体系，为中华法系正名。

第四节　中华法系是礼法体系

综上所述，中国古代法不仅仅有"律令法""律令体制"，还有"大经大法""祖宗之法""天下之法"，以及规范普罗百姓民事生活时空的大量民间

---

1 （宋）曹勋：《北狩见闻录》，商务印书馆，1939，第5页。

2 自民国学者张荫麟以来，对此誓约、誓碑的真伪多有争议。但宋代实际的政治、法律生活中确实存在着这样的祖宗之法，是没有疑义的。参见李峰：《论北宋"不杀士大夫"》，《史学月刊》2005年第12期。

3 参见《清实录·顺治朝实录》卷92，顺治十二年（1656年）六月辛巳。

4 台湾大学高明士教授的《律令法与天下法》，上海古籍出版社，2013。

5 以上关于"天下法"的论述，主要参考高明士：《律令法与天下法》，上海古籍出版社，2013，第250-292页。

"活法"。中国古代法不能归结为"律令法""律令体制""律令体系""律令法系",而是"礼法"。"律令"生于"礼法",合于"礼法","礼法"统摄"律令",包含"律令"。借用"律令说"的话语方式,它是一种"礼法"法,是"礼法体制""礼法体系"。

一、"礼法"释义

"礼法"不是"礼"和"法",或"礼"加"法",也不是指"纳礼入法",或"礼法融合"。"礼法"是一个双音节词汇,一个名词,一个法律学上的法概念,一个法哲学上的范畴,也是古代"礼乐政刑"治国方式的统称。

"礼法"一词古而有之,并非新造,更无臆断。《尔雅·释诂》云:"典、彝、法、则、刑、范、矩、庸、恒、律、戛、职、秩,常也。"宋邢昺疏曰:"皆谓常,礼法也。"[1]司马光《温公易说·系辞上》释"形而下者谓之器"云:"有形可考,在天为品物,在地为礼法。"[2]"礼法"作为一个法律词汇,最早见于《荀子》。[3]如《修身》篇之"故学也者,礼法也"。《王霸》篇有"礼法之大分也""礼法之枢要也"等论述。近代学人吴寿彭在翻译亚里士多德《政治学》的"诺谟"(nomos)一词时提到:"在近代已经高度分化的文字中实际上再没有那么广泛的名词可概括'法律'、'制度'、'礼仪'和'习俗'四项内容;但在中国经典时代'礼法'这类字样恰也常常是这四者的浑称。"[4]正是在这个意义上,只有"礼法"一词才能将中国古代法概而统之,才能比较准确地作为表达中国古代法的名词。由于古汉语的语言特点,中国古代典籍使用双音节的"礼法"一词较少,而往往以"礼""法"

1（清）阮元校刻:《十三经注疏》,中华书局,1980,第2569页。

2（宋）司马光:《温公易说》卷5,四库全书本。

3 参见《荀子》之《王霸》《修身》诸篇。

4〔古希腊〕亚里士多德:《政治学》卷3章16译注1,吴寿彭译,商务印书馆,1965,第170页。

"律""刑""宪""典""彝""谟""诰""则""范"之类单音节词汇代之，在阅读时需结合具体语境加以辨析。诚如邢昺所解释的，这些表示"常"的名词，实质上都是"礼法"。

质言之，"礼法"即法。确切地说："礼法"是古代中国的法。

庞德曾有过这样一段著名论述："社会控制的主要手段是道德、宗教和法律。在开始有法律时，这些东西是没有什么区别的，甚至在像希腊城邦那样先进的文明中，人们也通常使用同一个词来表达宗教礼仪、伦理习惯、调整关系的传统方式、城邦立法，把所有这一切看作一个整体；我们应该说，现在我们称为法律的这一名称，包括了社会控制的所有这些手段。"[1] 在古代中国，这种"道德、宗教和法律"浑然不分的行为规范体系，名之曰"礼"，从而有"夏礼""殷礼""周礼"之说。荀子揭示其实质，指出它们就是"法"，并称之为"礼法"。

《左传》中说："国之大事，在祀与戎。"[2]"祀"是祭祀，包括祭天、祭地、祭祖宗、祭社稷、祭泰山、祭百神等等。祭祀过程就是行祭祀之礼仪的过程。"戎"，泛指各种军事活动，战时出兵征讨，平时军队演习，都有一套军礼。出兵打仗有誓师之礼，要杀牲衅鼓祭旗。《左传》记载有晋国"被庐之蒐""夷之蒐""绵上之蒐"的情形。蒐是类似阅兵、军事演习一类的活动。蒐有蒐礼，亦属军礼，在"戎"的范围内。祀礼和军礼，所要昭示的是统治的合法性、正当性、神圣性和不可侵犯性，这样的"礼法"，当然是头等重要的"国之大事"。

庞德并没有告诉我们，应用哪一个词来表述"宗教礼仪、伦理习惯、调整关系的传统方式、城邦立法"如此含混庞杂的内容。有趣的是，首创"世

---

1 〔美〕罗斯科·庞德：《通过法律的社会控制》，沈宗灵译，商务印书馆，1984，第9页。
2 《左传·成公十三年》。

界五大法系之说"的日本著名法学家穗积陈重[1]在"表达"古希腊、罗马的"宗教、礼仪、伦理习惯"这种混沌一体的行为规范体系时，所"使用同一个词"竟然选择的是汉字中的"礼"字。据他考证，希腊、罗马的法也是从"礼"中分化出来的，其古代法也包含于"礼典"之中。国王即位有"即位礼"，婚姻有"婚姻礼"，养子有"收养礼"，相续"丧祭礼"等，一切制度都是关于祭祀天地、山川、祖宗、族神的宗教礼典的一部分。他指出，《梭伦法典》中，祭祀礼占其最重要的部分。罗马最古老的法令——王法（Leges Regiae）中遗存的都是宗教典礼。[2]

庞德和穗积陈重的研究表明，像"礼"一类的综合性行为规范形态曾广泛存在于不同的古代国家。按我们现在的法律理论被定义为"法律"的行为规范是逐渐从这样的"礼"中分离出来的。在古代中国，最早分离出来的是刑事法律，也就是秦律、汉《九章律》[3]、曹魏《新律》、晋《泰始律》、隋《开皇律》、唐《贞观律》和《永徽律》之类的历朝正律。其他诸如关于"国之大事"的宪法性规定、规范民商事行为的私法等，多还留在礼制中未加分离。帝制时代的历朝正律是"引礼入律"的成果，无不以礼为魂。也就是说，律是礼法的一种载体。而大量未加分离的律外之礼，则是礼法的又一载体。终帝制时代，中国古代法依然是一种"礼法"。

前文说到，由于古汉语的语法特点与表达习惯，多为单音节词汇，因而所见古文献中，"礼法"一词不多，而"礼"字则常见。于是又生出一个问

1　穗积陈重，日本首批法学博士五人之一。曾任东京帝国大学教授、法学部长、名誉教授，英吉利法律学校（中央大学的前身）的创立者，贵族议院的议员、枢密院的议长。男爵。主要著作有《法典论》（1890 年）、《法国民法的未来》（1894 年）、《日本民法典：比较法学研究》（1920 年）及《法律进化论》（1924 年）等。他于 1884 年系统地提出了法律进化论的思想，认为世界上的法律制度，一般可以分为五大族：印度法、中国法、伊斯兰法、英国法和罗马法；1904 年，他又在原先五大法族基础上，增补了斯拉夫法和日耳曼法，从而划分为七大法系。

2　参见〔日〕穗积陈重：《祭祀及礼与法律》，岩波书店，昭和三年（1928 年）八月版，第 199–200 页。

3　从传世文献与出土文献来看，秦汉律中还包含着相当部分的非刑事法律，这是先秦"礼 – 刑"体系崩溃、帝制时代礼法体制重建的过渡性现象。

题:"礼"是否可以理解为"礼法"?

荀子是"礼法"一词的首创者。查阅《荀子》书,"礼"字到处可见,"礼法"仅四见。[1]以下两段文字是他最具代表性的"礼法"之论,都在《王霸》篇中。其一云:"传曰:农分田而耕,贾分货而贩,百工分事而劝,士大夫分职而听,建国诸侯之君分土而守,三公总方而议;则天子共己而已矣。出若入若,天下莫不平均,莫不治辨,是百王之所同也,而礼法之大分也。"另一则曰:"君臣上下,贵贱长幼,至于庶人,莫不以是为隆正。然后皆内自省以谨于分,是百王之所以同也,而礼法之枢要也。然后农分田而耕,贾分货而贩,百工分事而劝,士大夫分职而听,建国诸侯之君分土而守,三公总方而议,则天子共己而止矣。出若入若,天下莫不均平,莫不治辨,是百王之所同,而礼法之大分也。"这里讲的全是政事、农工商事的分工和责任问题。

在春秋战国时代,人们所理解的法就是"分"或"定分"。"分""定分"是权利与义务、权力与责任的划分和界定,从而收到"定分止争"的功能。如《管子》书中说:"法者所以兴功惧暴也,律者所以定分止争也,令者所以令人知事也。"[2]慎到举了一个十分形象的例子来说明"定分止争"的道理:"一兔走,百人追之;积兔于市,过而不顾。非不欲兔,分定不可争也。"[3]《商君书》的作者重复这个兔子有主无主的故事后,作了些理论提升:"一兔走,百人逐之,非以兔为可分以为百,由名之未定也。夫卖兔者满市,而盗不敢取,由名分已定也。故名分未定,尧、舜、禹、汤且皆如骛焉而逐之;名分已定,贪盗不取。……名分定,则大诈贞信,民皆愿悫,而各自治也。故夫名分定,势治之道也;名分不定,势乱之道也。"[4]

荀子强调"礼法之大分",正是以"分"来界定"礼法"的。那么,荀

---

1 《修身》篇1处,《王霸》篇3处。

2 《管子·七臣七主》。

3 王天海、王韧撰《意林校释》卷2引《慎子》佚文,中华书局,2014,第198页。

4 《商君书·定分》。

子的"礼"呢？他说："礼者，法之大分，类之纲纪也。"[1]又说："故非礼，是无法也。"[2]其认为违礼就是违法。可见，在荀子那里，"礼法"与"礼"并无明显的区别。"礼"就是"礼法"，反之亦然。所以，荀子的"礼"和"礼法"，与慎到这些早期法家的"法""律"有相通之处，都蕴含"分"的内涵。不过，在荀子看来，"礼"和"礼法"之"分"是"枢要"性、根本性的"分"，是指导兔子有主无主之类的"法"之"分"的"大分"。

在清末西法入华之前，国人对"礼法"和"礼"就是"定分"的认知大体上不存在什么疑问。自"法律"一词作为外来名词译入中国，有了中西文化的差异和冲突，疑问也就产生了。于是需要有深谙中西文化的智者来打通中西，重新诠释。

这样的任务只有最早向西方寻找真理的"先进的中国人"担当得起。首先是严复，他在《法意》按语中指出："西文'法'字，于中文有理、礼、法、制四者之异译，学者审之。"[3]精通六经又敏于时势的梁启超认为："故凡礼制之著于竹帛者，皆可认为一种之成文法。"[4]不过，在《论中国成文法编制之沿革得失》一文中，他却将"礼"一概屏除在成文法之外。梁著堪称中国法制史的开山之作，其"成文法"中有律无礼的体例对后来治法制史者的影响不可谓不大。陈顾远先生耕耘中国法制史学半个多世纪，值得注意的是，其晚年名著《中国法制史概要》一书中专设"法与礼"一目，指出："礼由儒家言之，实为一切规范之总称。有劝人为善之道德律，有出礼入刑之社会律，有安邦治国之政事律，其规范之内容及作用，更较法家所认为的

---

1 《荀子·劝学》。

2 《荀子·修身》。

3 〔法〕孟德斯鸠：《孟德斯鸠法意》，严复译，商务印书馆，1981，第3页。严复于1904年开始翻译是书，1909年译完最后一册（第七分册）在上海商务印书馆出版问世。

4 梁启超：《论中国成文法编制之沿革得失》，见范忠信选编《梁启超法学文集》，中国政法大学出版社，2000，第125页。《论中国成文法编制之沿革得失》作于1904年。

法而广泛，而显著。"[1]

前贤创榛劈莽，其先见之明，终究会启迪后学。1987 年，著名法学家、法史学家栗劲教授和他的高足王占通携手在《中国社会科学》上发表长文《略论奴隶社会的礼与法》，对于礼为什么具有法的属性，以及怎样实现其法的属性等给出了详尽的答案，认为："礼既具备道德规范的形式，又具备法律规范的形式；既符合道德规范的结构，又符合法律规范的结构，因此，'礼'具有道德与法律的双重属性。"其结论是：在夏、商、周"三代"，"'刑'仅仅是刑罚而没有法律内容；礼才是普遍适用的行为规范"[2]。该文富有说服力地论析了"三代"时期"法在礼中，礼外无法"的礼法制度。由于其论题所限，未涉及秦汉以后的礼法制度问题。

新近的法律史研究成果与趋向，对于礼的法律性质多有发明。论者以为：礼不仅对律令产生影响，并且礼自身也是一种具有规范功能的法度。[3]有学者指出："礼与法是中国传统法不可或缺的组成部分，对礼缺乏必要的探讨，我们就无从知晓中国传统法的精神，无法解释中国传统法的所以然。"[4]

这些研究成果对《中国法制史》教科书的编写体例不能不产生有力的挑战。通行法制史教科书对"礼"的态度出奇地一致：在夏、商、西周三代将"礼"作为与"刑"并列的一种法律形式，而从春秋战国以后直至清末，"礼"都只是作为对律令产生影响的一种存在而已。细究此种编写模式背后的研究态度，其实与当年梁启超对"礼"的态度如出一辙，很难说未受"法典论"和"律令说"的潜在影响，也反映出编写者对"礼"究竟是否属于"法"的

---

1 陈顾远：《中国法制史概要》，商务印书馆，2011，第 324 页。
2 栗劲、王占通：《略论奴隶社会的礼与法》，《中国社会科学》1985 年第 5 期。
3 这方面比较重要的研究有马小红《礼与法——法的历史连接》、丁凌华《五服制度与法律传统》、吕丽《论中国古代的礼仪法》、朱腾《为礼所缚的汉代皇权——有关礼之规范功能的一个考察》等。
4 曾宪义、马小红：《中国传统法的结构与基本概念辨正——兼论古代礼与法的关系》，《中国社会科学》2003 年第 5 期。

态度仍然在依违之间、暧昧不明。

诚然，"礼"是一个比较浑杂的概念。从其分类而言，有"五礼""六礼""九礼"之说[1]；从其构成来说，有"礼义""礼仪""礼制"之辨；从其内容来看，有道德、法律、宗教、习俗之分。若将礼全部纳入法律史研究对象，既不可能，也无必要。相比之下，作为中国法律史学的范畴，还是荀子创始的"礼法"一词比较适当。"礼法"的外延，若与礼相比，则小于礼，仅限于庞大的礼家族中具有行为规范性质并须承担违礼责任的部分；若与律令相比，又大于律令，包含律令。"礼法"就是中国古代法，是中国古代文化之"道统"在法制上的体现，是中国古代法之"法统"载体，涵盖了中国古代"礼乐政刑"之"治统"的原则和方法，承载了志士仁人追求"良法善治"的美好设计与愿景。借用"律令说"的话语体例，中国古代法是"礼法"法；中国古代法制是"礼法体制""礼法制度"或"礼法体系"[2]。

二、"礼法"的构成

前文已有所说明，中国古代"礼法"是一个复杂的构成体。从法律形式上说，有成文法和不成文法、法典法和非法典法；从法的层级上说，有居于"法上法"的理想法、正义法，有相当于宪法的"国之大事"之祭礼和军礼等等，有体例完整的历朝刑事法"正律"，有大量的民间"活法"。总之，礼

1　"五礼"即吉、凶、军、宾、嘉五种，祭祀之事为吉礼，丧葬之事为凶礼，军旅之事为军礼，宾客之事为宾礼，冠婚之事为嘉礼。"六礼"为冠礼，婚礼，丧礼，祭礼，乡饮酒礼，相见礼。"九礼"见《大戴礼记·本命》，指冠、婚、朝、聘、丧、祭、宾主、乡饮酒、军旅九类礼。

2　细心的读者可能已经发现，"律令说"的话语中有"律令法""律令体制""律令制度""律令法系"等。本书借用其话语来表达"礼法"说时，没有贸然使用与"律令法系"相对应的"礼法法系"一词。这是缘于这样一种考虑："法系"作为一个比较法学说中的核心概念，有一定的时空内涵。一个世界性法系的形成，不但应有其久远的历史可考，而且有其超越一国的空间范围。中华法系之成为世界性法系，在于其创自中国而流播于日本、朝鲜、越南等国。前文已述，据日本学者研究，中华法系在日本曾表现为"律令法"，但此说并不适合于中国古代法。因此，谓日本古代法为"律令体制"则可，称中华法系为"律令法系"则不可。故"律令法系"之说不能成立。同理，尽管日本、朝鲜、越南等国同属中华法系，但其古代法是否表现为"礼法体制"，还缺乏可信的研究。为慎重起见，本书未使用"礼法法系"概念，而把"礼法""礼法法""礼法制度""礼法体制""礼法体系"等概念的适用范围限于中国古代法。

法是一个博大的系统，略作析分，内含三个子系统。

其一是礼典子系统，即以成文礼典为主干的"礼仪法"系统。

"礼典"是由朝廷编纂、颁布的礼仪大典。在"礼法体系"中，礼典的地位最高。

"礼典"一词出自《周礼》："大宰之职，掌建邦之六典，以佐王治邦国：……三曰礼典，以和邦国，以统百官，以谐万民。"[1]现存儒家经典"三礼"中的《仪礼》堪称礼典之祖。据考古材料及古文献所知，商、周统治者有名目繁多的典礼、繁缛复杂的仪节。《仪礼》是对这些古礼的整理和记载。历朝礼典的制定，大多以《仪礼》为重要依据，对后世社会生活影响至深。

历代王朝无不重视制颁礼典。刘邦建立汉王朝，命叔孙通制定朝仪制度，施行之后，刘邦大悦："吾乃今日知为天子之贵也！"[2]但叔孙通所撰礼仪，被认为驳杂不纯，未得流传。终两汉之世，议而不决，没能成功制定出礼典。帝制时代的第一部礼典是晋惠帝元康元年（公元291年）颁行的《新礼》，后世称《晋礼》。自此，《晋礼》之体例成为后代礼典依照的轨式，发展到唐代而有《大唐开元礼》这样的集大成之礼典，成为礼典的典范。

礼典首先要解决的是一代王朝的正统性、合法性的问题。中国传统政治统治需要四重合法性："天命"的神圣合法性；"以德配天"的德性合法性；以祭祀天地、山川、祖宗为主的礼仪程序合法性；以建筑、印玺、钟鼎、服饰、仪仗为载体的器物合法性。这四重合法性都通过礼表达，并由礼典规范。[3]

礼典的另一个重要功能是确定王朝内部内朝外朝、省部院寺、中央和地方，以及中央王朝和藩邦属国的权力与责任（即前所谓"天下之法"），规范君臣使佐、文武百官、士庶百姓的尊卑秩序。

1《周礼·天官·大宰》。

2《汉书》卷22《礼乐志》。

3 参见徐燕斌：《礼与王权的合法性建构——以唐以前的史料为中心》，中国社会科学出版社，2011。

除成文礼典外，礼典系统还包括：经典以及记载于经典中的古代制度、事例；祖宗之法、故事、旧典，即在王朝运作过程中逐渐形成的零散礼仪惯例或行政惯例。

在古代中国，礼典是经国安邦的"大经大法"，是相当于近现代宪法地位的法上之法。尽管王朝更迭不断，宫廷政变频仍，但其合法性论证，都得依礼而行。合礼即合法，非礼即非法，自天子以至于庶人，无不在其约束之列。

现代法理学给出了一个何为法律的定式：一切法律规范都须具备"假定、指示和制裁"三个要素。礼典对各种礼仪的规格、程序规定极为具体，可以称得上是不厌其繁，但无一不是"肯定的、明确的、普遍的"规定。这些规定具备"假定"和"指示"两个要素，唯独缺乏一个"制裁"要素。确实，礼典本身不附有罚则，其法律效力主要体现为一种行政上的规范效力，对违礼行为的制裁是由律典去完成的。"维护礼典运作之角色，必须透过法典来扮演"[1]。西晋以后，"纳礼入律、令，违礼、令入律"的原则得以确立[2]，也就形成了"礼（礼典）主刑（律典）辅、出礼入刑"的礼法原则。这就是说，礼典、律典同属于礼法系统中的两个相须为用、相辅相成的子系统，应从"礼法"整体上去考量礼典是否具备"三个要素"，而不是将它从"礼法体系"中割裂出来。而这正是"礼法体制"的奥妙。

其二是律典子系统，即以成文律典为主干的"律令法"系统。

"律典"，是由朝廷编纂、颁布的刑律大典。[3]律的前身，可能是三代的"刑"、春秋战国时的"刑书"。从出土文献来看，战国时代的部分诸侯国已

1　张文昌：《制礼以教天下——唐宋礼书与国家社会》，台大出版中心，2012，第368页。
2　参见高明士：《从律令制的演变看唐宋间的变革》，《台大历史学报》第32期，2003年12月。
3　日本学者的"律令法"理论中，"律典"之"典"具有特定含义，即"法典"（Code）之义。这样的律典，是在魏晋时期才形成的。本书所称律典，取典之本义。《说文解字》解释"典"的字形说："从册在丌上，尊阁之也。"地位较普通图书为高的图书，均可被称为典。律典，即律典系统中效力位阶最高的刑律。

经有律了，《法经》《秦律》《汉律》都是较早的律典。近代"法典"意义上系统编纂的律典，则自曹魏《新律》始。除律典外，令、格、式、例等成文法，也属于律典系统。

律典系统是具有国家强制力的刚性规范，所以在礼法体系中显得最为夺目。不过，律典系统必须以礼典系统为依归，不得违反礼典系统的精神原则与具体规范。换言之，中国古代法中的律典系统，是礼法统摄下的律令。

从立法来看，自汉代开始"引礼入法"，礼的精神性原则和具体规范进入律典，至唐律已经实现礼法合一。仅以礼制中的"五服制度"为例，今本《唐律疏议》502条中直接以服叙等级表述者达81条；涉及家族主义法、服叙法条文共154条，占全律条文的31%。[1]若再算上其他礼制，则"一准乎礼"绝非虚言。

从法律的实施来看，如果律、令与礼的规定发生冲突，则往往"以礼为主""改令从礼"[2]。以"复仇"案件的处理为例，因为存在礼、律冲突问题，唐代多不依律处断，即是其证。[3]

还需要注意的是：中国古代的礼和律，并不是并用的两种手段，而是有先后之分、本末之别，礼先律后，礼本律末。先用礼来预防、引导、规范，可以使绝大多数的行为都纳入常轨。还有极少数难以为礼所化的行为，再动用律的强制力加以制裁。如果单独动用律，那就是儒家所反对的"不教而诛"，是陷害老百姓的表现。而最好的治理状态，就是礼能够预防几乎全部的犯罪行为，使得律典、刑罚不起作用，这叫"刑措"——措，就是放在一边的意思，刑罚放在一边不用了，这在中国历史上是清平盛世才能达到的理想境界。

---

1 参见丁凌华：《五服制度与法律传统》，商务印书馆，2013，第218页。

2 霍存福：《论礼令关系与唐令的复原——〈唐令拾遗〉编译余墨录》，《法学研究》1990年第4期。

3 参见桂齐逊：《国法与家礼之间——唐律有关家族伦理的立法规范》，龙文出版社，2007，第192–207页。

武王灭商以后，殷商遗老箕子曾经传授给武王一篇统治心法，叫《洪范》。《洪范》把一个国家的制度分为八类，叫"八政"，排列顺序是：食、货、祀、司空、司徒、司寇、宾、师。其中，内政是前六项，也就是先要让老百姓有饭吃（食），有钱花（货），有精神生活（祀），有房子住（司空），受教育（司徒），如果还有人铤而走险犯罪的，再加以刑事制裁（司寇）；外交方面，也是先礼（宾）后兵（师）。唐朝有一部政书叫《通典》，一共包括九个分典，分别是：食货、选举、职官、礼、乐、兵、刑、州郡、边防。排列顺序也是：先让百姓有吃有用（食货），再通过推举考试的方式（选举），组成政府（职官），以礼、乐进行教化，用军队保障安全（兵），如果还有人铤而走险，那么用"刑"来制裁。这是律典子系统在礼法体系中的位置。脱离了礼法体系的律典系统，就会变成专任刑法的暴政；礼法系统统摄下的律典系统，才是天鹅绒手套中的铁拳，"以生道杀人"，使老百姓"虽死不恨"。

其三是习惯法子系统，即以礼义为旨归、礼俗为基础的乡规民约、家法族规等民间"活法"。

习惯法虽然起于民间习俗，但一方面这与礼的起源相同，所谓"礼从俗"[1]"礼俗以驭其民"[2]，另一方面历来主其事者多为缙绅先生，所以家法族规的第一原则就是"合乎礼教"[3]，以礼义为旨归。自宋代以降，名臣大儒如司马光、朱熹、方孝孺、曾国藩等皆热衷于家礼、家法的制订，使得习惯法系统愈加成熟地圆融于礼法体系之内。习惯法位于礼法系统的底层，规范着老百姓日用常行的方方面面。

古代礼法社会的维系，仅靠礼典和律典自上至下的规范和强制是远远不够的，在相当程度上得助于习惯法。正是这些民间"活法"，使得礼法精神扎根于社会之土壤、渗入百姓之心田，成为一种信仰，成为一种行为习惯，

---

1 王斯睿：《慎子校正》，商务印书馆，1935，第17页。

2 《周礼·天官·大宰》。

3 费成康主编《中国的家法族规》，上海社会科学院出版社，1998，第26~27页。

成为一种生活的常理、常情、常识。由于习惯法的规定与当时人们的信念和古老的传统相一致，人们从幼年开始就接受老人的言传身教，并在实际生活中反复训练。因此，他们成年后，便能成为合格的礼法社会之社会人，都能清楚地知道，依据自己的身份地位、年龄、性别，应该怎样视听言动。同时，他们都能预计得到，如果自己有违礼行为，肯定会受到制裁，而且大体上知道将面临什么样的制裁。

礼典、律典、习惯法三个子系统互相之间关系紧密。从立法精神来看，律典子系统、习惯法子系统均须取于礼义、礼制，如有不合，则不具备合法性。从积极规范来看，礼典子系统、习惯法子系统构成了上和下两道防线，为天子以至庶人提供了行为规范。从消极制裁来看，礼典子系统一般不具有自身的罚则，而须以律典子系统为保障；习惯法子系统虽然有一些惩戒措施，但须符合礼法原则，并得到国家的认可，且只能作为律典子系统之补充。三者各司其职、相辅相成，共同构成了多层次、多面相、多功能的礼法体系。

三、"礼法"的历史

从原始习俗到礼仪、礼制的初成，再到"礼法"的提出和"礼法体系"的成熟，又最终走向衰微，曲折跌宕，贯穿整部中国法律史，撷其大要，或可分为四个阶段。

第一阶段：原型期（夏商西周）。

夏、商、西周，史称"三代"，法的形式为"礼与刑"，"礼"即夏礼、殷礼、周礼；"刑"即禹刑、汤刑、九刑。"礼与刑"的运作模式为"违礼即违法，出礼则入刑"。这是礼法的原型期。其特点为：礼刑一体、礼外无法、法在礼中、出礼入刑（罚）。当时还没有发展出后世精密的礼典、律典系统，礼法的法体系尚处于萌生阶段。

第二阶段：重组期（春秋—秦汉）。

惯习的说法是，春秋战国时代，礼崩乐坏。这是以儒家为视角从负面进行的评价。若从整个礼法体系的形成和发展来看，这一阶段是旧的"礼与刑"结构的礼法形式的崩坏，而律典系统则开始生长壮大，从而催生着新的礼法结构和帝制时代的"礼法体制"。

汉代开始尊崇儒术，陆续重拾礼仪。由于春秋战国至秦代的律典系统规模初现，一时成为法律思维定式，以至于其复兴之礼典无处安放，统统以"律"名之。如叔孙通制定的"礼仪"称为《傍章律》，赵禹制定的"礼仪"叫做《朝律》。正如章太炎所说："汉律之所包络，国典官令无所不具，非独刑法而已。……汉世乃一切著之于律。"[1]与礼、律在形式上相混同的同时，是礼、律在精神上的分离。"引礼入法"只能通过司法领域的"春秋决狱"、律家的律章句等方式从侧面切入，个案地进行，而无力制定一部真正的礼典和渗透礼义精神的律典。故两汉时代，仍然只能称之为礼法的重组期。

第三阶段：成熟期（魏晋—明清）。

"儒家有系统之修改法律则自曹魏始。"[2]所以曹魏《新律》既是中国历史上第一部系统编纂的律典[3]，也是第一部儒家化的律典。曹魏后期司马氏执政，开始制定《新礼》，至晋惠帝时颁行天下。西晋《新礼》是"中国第一部依据儒家学说体系编撰，而且是由国家所正式颁行之礼典"[4]。自西晋《新礼》与《泰始律》开始，此后的王朝在开创之初，多要同时并举礼典与律典

1 章太炎：《检论》卷3《原法》附《汉律考》，见《章太炎全集》（三），上海人民出版社，1984，第438页。

2 瞿同祖：《中国法律之儒家化》，见氏著《中国法律与中国社会》附录，中华书局，2003，第362页。

3 参见〔日〕滋贺秀三：《关于曹魏新律十八篇篇目》，见杨一凡总主编《中国法制史考证》丙编第2卷，中国社会科学出版社，2003，第263–266页。

4 张文昌：《制礼以教天下——唐宋礼书与国家社会》，台大出版中心，2012，第50页。

两项大规模的立法活动，而有雄心壮志的帝王也多要重修前代的礼典、律典，如南梁《普通礼》与《天监律》，隋朝《开皇礼》与《开皇律》，《仁寿礼》与《大业律》，唐朝《贞观礼》与《贞观律》，《显庆礼》与《永徽律》，《开元礼》与《开元律》，宋朝《开宝通礼》与《宋刑统》[1]，明朝《大明集礼》与《大明律》，清代《大清通礼》与《大清律》等。[2] 总之，这些王朝无不以"制礼作律"为功成治定的标志。所以，自魏晋至明清，是礼法法系的成熟期。

第四阶段：衰落期（清末以来）。

穷变通久，久则不免于僵化。自明清以来，专制集权加强，君主自毁礼法之精神，墨守礼法之形式，致使"制礼作乐"沦为粉饰太平的道具。遭遇西方法系的强势入侵，保守派不知变通而固守成规，错失变法良机。在三千年未遇之大变局下，中华法系走向解体，礼法也就此湮没不彰。

近现代中国，列强欺凌，战乱频仍，内忧外患，民不聊生。其所遭受的"礼崩乐坏"远甚于孔子时代。中华文化数千年之道统毁损，法统断裂。为护持华夏国权国域祖产和民族血统文脉，从"师夷长技"到洋务运动，从君主立宪到共和立宪，从开明专制到军政、训政、宪政的建国方略，从实业救国到主义救国，从维新改良到共和革命，从三民主义到社会主义和共产主义，从师法欧美到"以俄为师"……志士仁人不避血雨腥风，不懈探索，从未停滞推进民主、科学、宪政、法治的步伐。

剥极必复，贞下起元。我们终于等来了复兴中国传统文化，加快建设"法治中国"的宣告。它意味着法制和法学领域迎来了根本性的转型：从过去崇尚以维护阶级专政为目标的革命工具型法制，转向构建"良法善治"的治理型法制；从过去着重于移植欧美或苏俄的移植型法制，转向与人类民主

---

1 以上参见张文昌：《制礼以教天下——唐宋礼书与国家社会》表5-4-1，台大出版中心，2012，第366页。

2 以上参见杨志刚：《中国礼仪制度研究》，华东师范大学出版社，2001，第223-237页。

法治文明相向而行又富有中国范儿的特色型法制。实现这两个方面转型需要上上下下的齐心协力。道统绍续,法统维新,政统重建,时不我待。就其学术层面而言,还是本章第二节开头说的那句话:"认识中国法律史的自我,破解中国古代法的遗传密码"。非此,无从有效吸纳传统法文化"良法善治"之智慧,而特色型法制如果不能得到中华五千年传统法文化的支撑,也无疑会成为一句空话。

那么,这个"自我",这个"遗传密码",可从礼法传统中寻求乎?!这便是求教于方家之处。

第五节　礼法视野下的法律史成说再审视

因为中国法律史研究范式的局限,尤其在"大陆法系法理学"范式的影响之下,形成了若干为后来的研习者坚信不疑的成说。其实,仔细审视这些成说即可发现,其形成的原因主要不是史实如此,而更多是研究范式的转换,易言之,即以西方(尤其是大陆法系)法律体系为参照系而导致的结果。此处对"成文法与不成文法""罪刑法定与非法定""人治与法治""情胜法与法胜情"的若干问题进行再探讨,以期得出合乎中国法律史自身特点的结论。唯此处的讨论只是范式转换后的初步审视,坚实结论的得出尚待后来之士。

一、成文法与不成文法?

自中国法制史和中国法律思想史学科创设以来,其著作、教材大多论述到中国古代成文法的公布问题。不少中国通史类著作和其他一些专门史著作也往往涉及这一问题。[1]它们阐论的角度、方法和详略各有千秋,但有两点

---

[1] 本节主要参考俞荣根:《中国成文法公布问题考析》,见杨一凡总主编《中国法制史考证》乙编第1卷,中国社会科学出版社,2003,第95-132页。

看法则是基本相同的——

第一，中国成文法的公布始自郑刑书、晋刑鼎；

第二，儒家，尤其是孔子是公布成文法的反对派。

比如，杨鸿烈《中国法律发达史》（1930年）写道：

> 《左传》"昭六年三月，郑铸刑书……"由此可知子产是中国首先打破法律秘密主义的第一人。[1]

陈顾远《中国法制史概要》（1964年），重申这一观点：

> 盖春秋以前，有法而无典也……降至春秋以后，始有法而有典也……其最初公布成文法典者，为郑子产铸刑书、晋赵鞅铸刑鼎，颇似罗马法之十二铜表法。[2]

林咏荣《中国法制史》（1960年）说：

> 降及春秋时代，各国大抵皆有其法，郑铸刑书与晋铸刑鼎，其尤著者。刑书与刑鼎，以公布式宣示于民，就形式之要件言，固亦足媲美罗马十二铜表法也。[3]

陈著和林著中提到刑书刑鼎与罗马十二铜表法"颇似""媲美"的说法值得重视。进入1980年代以后，中国出版的论及此一问题的著作、教材、工具书、论文不胜枚举，这里仅以最早推出的高等学校法学试用教材《中国法制史》和十卷本巨著《中国法制通史》作为代表。高等学校法学试用教材《中国法制史》是这样写的：

> 成文法的公布，是新兴地主阶级同没落奴隶主阶级、上升的封建制度同衰败的奴隶制度激烈斗争的结果……公元前536年，郑国的执政子产作刑书，是最早公布的成文法……公元前513年，晋国继郑国之后"铸刑鼎"……郑国"铸刑书"后，晋国的奴隶主贵族守旧势力的

1　杨鸿烈：《中国法律发达史》，商务印书馆，1933，第51页。
2　陈顾远：《中国法制史概要》，三民书局，1964，第61-62页。
3　林咏荣：《中国法制史》，修订六版，著者自兼发行人，1960，第50页。

代表叔向便表示坚决反对……晋"铸刑鼎"又同样遭到了守旧势力的顽抗……儒家创始人孔丘对此发表了强烈的反对意见……[1]

《中国法制通史》是 20 世纪末中国法制史学界以集体力量完成的鸿篇巨著。其夏商周卷之第五章"春秋时期的法律制度"的第一、二节集中阐述了中国成文法问题。指出：

> 春秋末期，郑、晋两国相继"铸刑书（鼎）"，公布了成文法，这是一件具有划时代意义的重大事件，标志着中国古代奴隶制法律形态转变为封建制法律形态。
>
> 春秋战国的成文法运动表明，中国古代的成文法是封建社会特有的产物，奴隶社会并没有成文法。[2]

此外，许多中国通史、断代史和其他专史著作中关于刑书、刑鼎的观点也与此类似，不再赘述。[3]

要知道，"铸刑书"和"铸刑鼎"的事件，在中国古代的评价是非常一致的。以"铸刑书"为例。鲁昭公六年（前 536）三月，郑国执政子产把法律铸造在铜器上公布，史称"铸刑书"。晋国大夫叔向给子产写了一封信，批评他这个做法不妥当，虽然能解决一时的问题，但是从长远来看会造成不良影响。子产回信说："侨不才，不能及子孙，吾以救世也。既不承命，敢忘大惠？"[4] 从子产和叔向双方的意见来看，他们都认为铸刑书并不是一件值得提倡的事情。

从史书的记载来看，铸刑鼎和铸刑书都不是什么值得宣扬的好事。尤

1　法学教材编辑部：《中国法制史》，群众出版社，1982，第 57-60 页。

2　张晋藩总主编，蒲坚主编《中国法制通史》第 1 卷《夏、商、周》，法律出版社，1999，第 409-418 页。

3　代表性的论述可参见白寿彝主编《中国通史》第 1 卷《导论》，上海人民出版社，1989，第 234-235 页；杨宽：《战国史》，上海人民出版社，1980，第 214 页；王宇信、杨升南《中国政治制度通史》第 2 卷《先秦》，人民出版社，1996，第 454-456 页。

4　《左传·昭公六年》。

其是铸刑鼎，遭到了孔子的强烈批评。儒家思想后来成为中国古代的统治思想，被孔子批评过的事情，那就算是定了性了，很难再翻案。所以在中国古代史上，铸刑书、铸刑鼎并没有引起人们的关注，更不可能受到追捧。但是，近代以来，这两个事件的命运发生了一百八十度的大转折。史实本身并没有任何的变化，对史实的评价却有天壤之别，怎么回事呢？这就是研究范式转变的效果。

近代以来，中华法系解体。中国人在移植西方法律文明的时候，选择的学习对象是大陆法系，又称罗马法系。在系统学习法律制度的同时，学者们发现：罗马法的源头是《十二铜表法》。

公元前 451 年，罗马的十人委员会制定了一部法典，刻在十块铜板上，树立在市场上的元老院前。第二年，又增加了两块铜板。这就是罗马最早的法典——《十二铜表法》。英国法律史学家梅因的《古代法》说：法律文明一般都要经过一个秘密法时代，然后经过公布成文法的运动，再进入成文法时代。《十二铜表法》的意义就在这里。

熟读古书的学者就发现："公布成文法"的事件，中国古代好像也有啊！铸刑书、铸刑鼎也是把法律刻在金属器物上面，再公布出来，这不就好像中国版的《十二铜表法》吗？而且，铸刑书、铸刑鼎的时间还比《十二铜表法》早了好几十年。秉持这个思路的，比如前引陈顾远、林咏荣的著作，再比如杨鸿烈在《中国法律发达史》中，同样谈到了他将"郑铸刑书"确定为中国公布成文法之始的理由和思维方法：

> 春秋时代……已由周代的习惯法时期进而为成文法时期；又根据一般历史法学派的人如梅因（H. Maine）在所著《古代法律》（Ancient Law）中说一切国家在未有法典以前，大都经过了一个秘密法时期，换句话说，法律仅为极少数人所掌握，绝不令一般人民识其内容；罗马及其他民族，在未有法典以前，便皆如此；我们中国到春秋时才有法典，

所以也是方由秘密法的阶段蜕变。[1]

有了这个发现，铸刑书、铸刑鼎的地位就发生了翻天覆地的变化——从孔子、叔向批评的劣政，变成了法律史上的里程碑式革命，变成了"中国古代最早的公布成文法运动"。既然铸刑鼎变成正面的事件了，那么批评刑鼎的孔子、叔向当然就成了反面人物。铸刑书、刑鼎是法治，所以孔子、叔向就变成礼治、人治的鼓吹者；铸刑书、刑鼎是进步事件，所以孔子、叔向就变成捍卫奴隶主统治的落后分子……甚至不需要检验历史的细节，一切的推论都可以水到渠成。正好近代以来孔子正在受批判，"反对公布成文法"就成了一条新的罪状，扣在了孔子的头上。

那么，事情的真相到底是怎样的呢？铸刑书、刑鼎是不是中国最早的"公布成文法"呢？让我们来追问三个问题。

第一个问题：刑书、刑鼎之前，有没有"成文法"？

根据古文字学家的研究，我国文字产生于夏代末朝，成文历史至少已经有 3 700 多年。[2] 有文字就有了编纂成文法典的条件。古籍所载的黄帝《李法》[3]、《政典》[4]、"皋陶造律"[5] 等，由于文献不足征，固然不可以遽认为信史。但有的学者也以为，叔向所说的《禹刑》《汤刑》《九刑》以及

---

1 杨鸿烈：《中国法律发达史》，商务印书馆，1933，第 50 页。此外如冯友兰论及郑铸刑书时也说："西方的历史提供一个明显的类似的例子。在罗马的奴隶社会中，原来有习惯法，没有成文法。……于公元前 451 年把成文法典刻于十二个铜牌之上，树立在城市中的主要广场。"冯友兰：《中国哲学史新编》第 1 册，人民出版社，1982，第 175 页。

2 朱正武《识字五十年——访古文字学家于省吾》（《新观察》1983 年第 4 期），内称：于省吾先生通过对甲骨文所记商人祖先庙号的研究，明确提出我国成文历史开始于 3 700 多年前的夏末。

3 见沈家本的《历代刑法考·律令一》"黄帝李法"条。

4 《尚书·胤政》载："《政典》曰：'先时者杀无赦，不及时者杀无赦。'"沈家本认为，《政典》是"夏后之军法"（《历代刑法考·律令一》）。

5 《后汉书》卷16《张敏传》注引史游《急就篇》"皋陶造狱法律存"。

《尚书》所载的《吕刑》等，已是成文的刑法。[1]这虽然并非定论，却是极有启迪性的思考。《尚书·多士》云："惟殷先人有册有典。""册""典"均为用竹简记载的文献。[2]《尔雅·释诂》云："典、彝、法、则……常也。"郭璞注："皆谓常法耳。"可见，册、典是法律性质的文献。《礼记·中庸》说："文武之政，布在方策。"方，即木牍；策，即竹简之册。[3]此记载"文武之政"的"方策"，亦当为法律文献，即"典"，即"常法"。这说明，商代和西周初期可能已有成文法典。

第二个问题：铸刑书、刑鼎之前，有没有"公布"成文法？

成文法典的存在是成文法公布的前提。成文法出现得早，成文法的公布也就有可能早一些。"布在方策"的"布"，按照"三礼"经文的用法，含有宣示、公布意义，如"布治于邦国都鄙"[4]"布刑于邦国都鄙"[5]等。诚然，这不足以证明"文武之政"已是公布了的成文法典。但依据考古学、古文字学等的新发现以及古史学者运用科学方法研究古代史的新成果来作综合估计，我国成文法产生及其公布时间，向上推移，其失小，向下推移，其失大。

具体地说，笔者以为：西周的"悬法象魏"之制，当是我国古代公布成文法的一种较早的、曾被广泛采用的方式。

---

1 如曾宪义主编的《新编中国法制史》（山东人民出版社，1987）认为：《禹刑》《汤刑》表明，夏商虽以习惯法为基本形态，但也不排除制定过不公开的刑书。张晋藩、张希坡、曾宪义著《中国法制史》（中国人民大学出版社，1981）说："周穆王时，司寇吕侯曾受命制作《吕刑》，说明当时已有成文的法律。"高等学校法学试用教材《中国法制史》（群众出版社，1982）认为：《汤刑》说明，"也许商汤在开国之初就制定过刑法，只不过是一种不公开的成文刑书"；吕侯制刑说明，"统治者的刑书，从来没有间断过"。此外，梁启超在其论著《论中国成文法编制之沿革得失》中说：《说文》"典"下的"五帝之书""即最古之一种法律"，因为中国古代"往往视法律与命令同为一物。盖君主之诏勅得称之为实质的法律"。他又引《尚书·尧典》"象以典刑"一段文字，说："此数语可谓我国成文法之最古者。"他又认为："皋陶之刑""必为一种简单的成文法"；"凡礼制之著于竹帛者，皆可认为一种之成文法"。梁说似太宽泛。

2 段玉裁：《说文解字注》，"册部"注引蔡邕《独断》云："简册，竹为之。"《说文》"丌部"云："典，五帝之书也。从册在丌上。尊阁之也。"典，即是将书写、编次好的册用"丌"字形的架支搁好。

3 《说文》"册部"段注："方，即牍也。……牍，木为之。"又云："册者，正字也；策者，假借字也。"

4 《周礼·天官·大宰》。

5 《周礼·秋官·大司寇》。

《周礼·秋官·大司寇》云：

> 正月之吉，始和布[1]刑于邦国都鄙，乃县刑象之法于象魏，使万民观刑象，挟日而敛之。

《天官·大宰》《地官·大司徒》《夏官·大司马》也有在同一时间悬"治象之法""教象之法""政象之法"于象魏的记载。象魏，是周天子或诸侯宫殿外朝门的门阙，两旁各一，筑土为台，若今之城楼，因可观望，又称"双观"，悬法于上，故谓"象魏"[2]。这很明显是法律向国人公开之意。

据《周礼》，朝廷悬法于象魏之后，有关部门的长官还要率领属员前往认真观读。如《秋官》规定，小司寇的职责之一是：

> 正岁，帅其属而观刑象，令以木铎，曰：不用法者，国有常刑。

此外，还有专门负责公布和宣喻法令的官吏——布宪：

> 布宪掌宪邦之刑禁。正月之吉，执旌节以宣布于四方，而宪邦之刑禁，以诘四方邦国，及其都鄙，达于四海。凡邦之大事合众庶，则以刑禁号令。[3]

从《周礼》的这些记载来看，西周时期公布法律的制度真是非常完备，完全用不着等到几百年后的春秋时代再来搞什么"公布成文法运动"。那么，接下来的一个疑问就是：《周礼》的记载可靠吗？根据学术界征引《周礼》史料的一般做法，只要此史料能在其他信史中得到印证，一般应认为其可靠。"悬法象魏"之制，正是如此。《左传·哀公三年》载："夏五月辛卯，司铎火。火踰公宫，桓、僖灾……季桓子至，御公立于象魏之外……命藏《象魏》，曰：'旧章不可亡也。'"杜预注曰："《周礼》，正月县教令之法于象魏，使万民观之，故谓其书为《象魏》。"杨伯峻先生亦云："此《象魏》可

---

1 "和布"，即宣布。孙诒让《周礼正义·天官》疏云："和布当读为宣布。"王引之《经义述闻·周官上》："和当读为宣。'始和布治于邦国都鄙'九字为一句。和布者，宣布也。"

2 杨伯峻：《春秋左传注》定二年经注，庄二十一年传注。

3 《周礼·秋官·大司寇》。

以藏，非指门阙……当时象魏悬挂法令使万民知晓之处，因名法令亦曰《象魏》，即旧章也。"[1]象魏，本是悬挂法令的地方，久而久之，连法令本身也称作"象魏"了。可见，悬象之制已有悠久的历史。

总之，《周礼》所记载的"悬法象魏"制度，可以得到《左传》的印证，应该认为是我国历史上远早于刑书、刑鼎的公布成文法的方式。这样一来，铸刑书、刑鼎是中国历史上最早公布成文法的说法，就站不住脚了。

第三个问题：孔子为什么反对铸刑鼎？

既然早在西周时代，就已经有成文法的公布，那么叔向、孔子反对刑书、刑鼎，当然也就不是因为反对公布成文法、维护奴隶主阶级的秘密法。孔子反对铸刑鼎的原因，他自己说得很清楚：第一，晋国原来的法是唐叔制定的良法，不应该被取消，现在"刑鼎"取代了唐叔的良法；第二，范宣子之法是恶法，不应该被实施，现在"刑鼎"实施了范宣子的恶法；第三，荀寅是晋国的下卿，没有制定法律的权力，现在"刑鼎"是由荀寅制定的，程序上不正义。[2]

基于这样三个理由，孔子反对铸造刑鼎。孔子从来不反对公布成文法，他自己就曾经说过："不教而杀谓之虐。不戒视成谓之暴。慢令致期谓之贼。"[3]意思是说：不事先教育人民，使他们明礼知法，一旦他们违法犯罪便加以杀戮，这叫做虐政。不事先谆谆告诫，临时突然检查他们成绩如何，这叫做暴政。虽有法令、法规，但不反复郑重叮咛申救，宽缓懈怠于先，却峻急刻期于后，突然限期成功，不容通融，从而致民陷于刑网，这是有意贼害人民的贼道之政。《周礼》六官悬法象魏在先，又率属员观读叮咛告诫，再遣布宪等官吏持木铎宣示全国于后，这与"慢令致期"的做法正好相反。孔

---

1 杨伯峻：《春秋左传注》哀公三年传注。
2 参见俞荣根：《中国成文法公布问题考析》，见杨一凡总主编《中国法制史考证》乙编第 1 卷，中国社会科学出版社，2003，第 95-132 页。
3《论语·尧曰》。

子谴责"不教而杀""不戒视成""慢令致期",可见他在理论体系和情感上是反对向人民隐瞒法律政令、反对秘密刑的,是主张法律政令要公开、公布、宣明,要对人民广为告诫之、教育之的,其思想深处未尝没有以《周礼》悬法、布宪、木铎等公布成文法制度为准则的意思在里边。

经过以上追问,我们可以知道:铸刑书、刑鼎的事件,并不是中国历史上最早的公布成文法运动;孔子反对铸刑鼎,绝不是反对公布成文法、主张秘密法。近代以来对刑书、刑鼎问题的解读,是以罗马法和西方法制史的价值论、方法论为路径与坐标,因而难以准确揭示中国古代法和中华法系的"自我"。

其实,在西方内部,对于成文法与不成文法也有着不同的传统和观点。作为参照系的西方,本身并非僵化的铁板一块。大陆法系以成文法为主,崇尚成文法的最高形态——法典。而英美法系的法源则主要体现为不成文法,比如说判例,崇尚"遵循先例"的原则。中国近代以来的法律移植,以大陆法系作为模仿的对象,所以会格外表彰铸刑书、刑鼎事件;那如果以英美法系为楷模,也许就会特别地提倡春秋决狱、决事比一类的判例法机制。如果不懂得自己的根底何在,完全以别人的价值为倾向,不是东风压倒西风,就是西风压倒东风,那只会"脚底无根如蓬转",成为顺风倒的墙头草罢了。

中华法系作为富有特色的一大法系,在公布成文法的时间和方式上,在成文法与习惯法的关系上,自有不同于英美法系、罗马法系的特点。从历史实际中去揭示这些特点,是我们法学工作者的责任,这也是刑书刑鼎问题的本旨。

二、罪刑法定与非法定?

关于中国古代法是否存在罪刑法定主义问题,学界真可谓是百年聚讼,迄难定论。综罗各家,大致可以分为三种观点:

第一,肯定说。

沈家本可谓持"肯定说"的第一人。他认为,"罪刑法定主义"并非西方法律独创,中国古代法中"律无正条不为罪"的规定便是"罪刑法定"之意。沈家本论证说,《周礼》大司寇的悬法象魏、小司寇的禁刑宪、士师掌五禁、布宪执旌节以宣刑禁等等,"实律无正条不处罚之明证"[1]。沈氏的观点虽蕴含"托古改制"的微意,却对后世影响深远。尤其是研究《唐律》的学者,往往引《断狱律》"诸断罪,皆须具引律令格式正文,违者笞四十",及《职制律》"诸称律令格式不便于事者,皆须申尚书省,议定奏闻;若不申议辄奏改行者,徒二年",从而盛称"以此两条的条文为例,就可知道有唐一代是怎样厉行罪刑法定主义了!"[2]

第二,否定说。

持否定说者大多观点明确、态度鲜明。如民国时期法学家王世杰认为:"所谓'无律文则无刑罪'的原则,是中国历来所无的观念。"[3]当代的研究成果如《中国刑法史新论》提出:"在中国封建社会,尽管律文中有着一些类于现代刑法关于追溯效力的规定,但是却没有也不可能形成罪刑法定主义原则。"[4]

第三,介于两者之间的第三说。

比如钱大群教授专治唐律,他认为:"从形式上看,唐律也贯彻'罪刑法定'原则,但实际上又自相矛盾而陷入罪刑无法定境地。"[5]张晋藩教授则认为,中国古代法律存在矛盾的两面,而这两面是矛盾统一的:"援法定罪是正面的法律规定,皇帝擅断是法外的专制制度使然;至于类推比附则是在法律尚不完备的情况下所不可避免的补救措施。这个矛盾统一体,恰恰说明

了中国古代'罪刑法定'的性质及其在实施中的局限。"[1]

综上所述，平心而论，所有论及这一问题的法史学者几乎都看到了中国古代法中同时存在着断罪须依法律正文、人君握有擅断之权、判案可以比附类推等制度和原则。所以，分歧主要来自价值判断的不同，而其中又涉及评价的标准及其参照系问题。探讨中国古代法的罪刑法定问题，还得从罪刑法定主义本身说起。

罪刑法定无论作为一种法学学说，还是作为法律制度中的一项原则，都确立于西方近代。从学说来讲，罪刑法定思想开始于对中世纪罪刑擅断的批判，启蒙运动以来，经过学者的理性思辨而得以确立；从制度来讲，1789年法国《人权宣言》最早确立了这一原则[2]，1791年又写进了《法国刑法典》[3]，被越来越多的国家效仿。应该说，罪刑法定是西方法律文明进步的结晶。但是，即便在西方内部，对罪刑法定的具体理解，也有着纵向的变化和横向的差异。

纵向的变化是指：在西方文明发展的不同阶段，对罪刑法定的理解是不一样的。启蒙运动的时候，为了反对神权和君权，把个人的权利和自由抬到了至高无上的地位。但是，19世纪末20世纪初，社会本位的思潮风行，对启蒙时代形成的以个人自由精神为第一价值的罪刑法定原则提出了修正。1810年《法国刑法典》取代1791年《法国刑法典》就是一个明证。

横向的差异是指：在不同的法系，对罪刑法定的肯认程度是不一样的。

1 张晋藩：《中国法律的传统与近代转型》，法律出版社，2005，第266页。
2 《人权宣言》第5条："法律仅有权禁止有害于社会的行为。凡未经法律禁止的行为即不得受到妨碍，而且任何人都不得被迫从事法律所未规定的行为。"第8条："法律只应规定确实需要和显然不可少的刑罚，而且除非根据在犯罪前已经判定和公布的且系依法施行的法律以外，不得处罚任何人。"
3 刑法史上把1791年《法国刑法典》称为绝对罪刑法定主义的刑法典，因为它对各种犯罪都规定了具体的犯罪构成和绝对确定的法定刑，不允许法官有酌情定刑的余地。与之相对应，1810年《法国刑法典》则被称为相对罪刑法定主义的刑法典，因为它除了对少数犯罪规定绝对确定的法定刑外，其余犯罪的法定刑都规定有一定幅度，允许法官依之自由裁量刑罚。参见陈兴良：《刑法哲学》，中国政法大学出版社，1992，第484-486页。

英美法系奉行判例法的机制，在这里，"正当的法律程序"可能比"法律明文规定"来得更丰富、更广泛，超越了罪刑法定必须以成文法为前提。这种超越，也并没有遭到法学学者的指摘，反而引起了另一种反思。

由此可见，即便在罪刑法定的诞生地——西方，不同法系、不同法域、不同时代，罪刑法定也都有着不尽相同的理论倾向和表现形式，不能认定为一个僵化的绝对标准。那么，对于中国古代的情况，又应该怎么理解呢？

如果先说结论的话，笔者认为：中华法系既非采取罪刑法定主义，亦非采取罪刑擅断主义，而是罪刑法定与非法定的"和合"。中华法系在儒家中道、中和、中正、和合思想的指导下，到处存在着亦此亦彼、由此达彼、由彼通此。诸如，成文法与不成文法共存共荣，任人与任法兼顾兼容，德礼与刑罚相辅相成，定罪量刑中"本其事"与"审其情"的综合运用等等，罪刑关系的既法定又非法定就是其中的又一重要表现。以下分三个方面来论述。

第一，"议事以制"的传统。

据《左传·昭公六年》，叔向听说子产铸刑书，写信严词责备："昔先王议事以制，不为刑辟，惧民之有争心也。"戴炎辉先生认为，子产铸刑书是"罪刑法定主义"的表现，而叔向反对则是主张"非法定主义"[1]。事实是否如此？关键点是如何正确理解"先王议事以制，不为刑辟"这种罪刑制度。通常的解释是，"刑辟"即刑法，子产的刑书是一部成文刑法典，其根据是《说文解字》的"辟，法也"。《说文》原文是："辟，法也。从卩从辛，节制其辠也；从口，用法者也。"可见，训辟为法，是从惩罚犯罪的意义上说的。《尔雅·释诂》："辟，辠也。"郭璞注："皆刑罚也。"郝懿行《尔雅义疏》："辟者，法也。又训罪者，出乎法即入乎罪，治其罪者亦罪也。"[2]段玉裁《说文解字注》也说："谓犯法者则执法以罪之也。"可见，古代将对犯罪的惩罚

---

1 戴炎辉：《唐律通论》，元照出版公司，2010，第9页。
2（清）郝懿行：《尔雅义疏·释诂》，郝氏遗书同治五年（1866年）重刊本。

称为"辟"。"刑辟"不是一般所谓刑法，只是有关惩罚犯罪的具体规定，类似于今之刑罚条款或曰罚则。"不为刑辟"不能理解为不制定成文法。那么，"议事以制，不为刑辟"究竟是什么意思呢？

一般的解释者往往援引杜预的注解："临时制刑，不豫设法也。"临时裁定刑罚，不预先立法。这好像是一种秘密法的意思。实际上，杜预的注解早在唐代就遭到了孔颖达的怀疑。

《左传》孔疏："圣王虽制刑法，举其大纲，但共犯一法，情有浅深，或轻而难原，或重而可恕，临其时事，议其重轻，虽依准旧条，而断有出入，不豫设定法，告示下民，令不测其浅深，常畏威而惧罪也。"孔氏的理解是：所犯之罪本有"旧条"可以"依准"，而非没有成文法；"议事以制"是因为犯罪"情有浅深"，所以"议其轻重"，这是可取的。《汉书·刑法志》注引李奇曰："先议其犯事，议定然后乃断其罪，不为一成之刑著于鼎也。"与孔颖达持相同意见。清人王引之则不同意把"议"解释为"议论"："议读为仪。仪，度也；制，断也。谓度事之轻重以断其罪，不豫设为定法也。"[1] 他把"不为刑辟"解释为"不豫设为定法也"，这和孔颖达、李奇的意见是一致的。"不豫设为定法"不等于"不豫设法"，更不等于不要刑法、没有刑法，而是指对某种犯罪行为的制裁，不作预先的硬性规定，而根据犯罪人和犯罪行为的主客观具体情节来定罪量刑。杨伯峻《春秋左传注》也取王氏之意，释"议事以制"为"度量事之轻重，而据以断其罪"[2]。

"议事以制"其实是一种很早就出现的罪刑制度。清人崔述考证："窃意三代建国之初，立法皆疏，行法者临事制宜，酌其情理而权衡之，故不至有过不及之弊，所谓'眚灾'、'怙终'者也。"[3] 因此，"议事以制"是一种依

1（清）王引之：《经义述闻》卷19"议事以制"条，江苏古籍出版社，2000，第452页。
2 杨伯峻：《春秋左传注》，中华书局，1990，第1274页。
3（清）崔述：《考古续说》卷1，见崔述撰著，顾颉刚编订《崔东壁遗书》，上海古籍出版社，1983，第453页。

犯罪的具体情节度量其轻重而适用法律的罪刑原则和制度，不是完全不顾法律、不要法律的任心裁量。"不为刑辟"即不预先规定罚罪之法。按照这种制度，法是早已制定了的，也是公开的，什么行为是犯罪有明确的规定，但罪与刑之间并不一一定死。刑的规定也是有的，而且是"常刑"，只是犯罪后处何种刑，需要"议"而后定，不是固定不变的。这种罪刑原则，类似前文说的罪刑非法定主义。

"议事以制"的传统，自上古以来即已存在，但在春秋战国时期遭遇了一次重创。春秋时期的铸刑书、刑鼎，战国时代的列国变法，都主张严格的罪刑法定，到秦朝而臻于极盛，但也在秦朝面临严重的危机。此后，"议事以制"的传统复活，汉代的"春秋决狱"即是其例。其进一步的规范化，则开始于西晋刘颂的理论设想，而完善于《唐律疏议》的制度设计。

第二，罪刑法定与非法定在不同司法层级的"和合"。

秦汉两代，在中央集权、君主专制制度相承相沿的大格局下，对基层官吏的刑事司法层面，恰好形成了两端：秦代实行严格的依律断罪，而汉代允许以经义比附、类推定罪量刑。前者属法定原则，后者属非法定原则。于是，总结两端的历史经验和司法实践，形成相反相成、和合一体的罪刑关系理论的时机成熟了。

《晋书·刑法志》辑录了晋代律家张斐、裴頠、刘颂、熊远等人有关罪刑关系的言论，以下对刘颂的理论试作分析。首先，刘颂划清了立法和司法的界限："看人设教，制法之谓也。又曰'随时之宜'，当务之谓也。然则看人随时，在大量也，而制其法。法轨既定则行之，行之信如四时，执之坚如金石，群吏岂得在成制之内，复称随时之宜，傍引看人设教，以乱政典哉！"也就是说，立法之时可以"看人设教""随时之宜"，但是法律已经出台之后，就不得擅自"议事以制"，这就把立法权和司法权划分清楚了。

其次，刘颂在司法方面划分了三个层次："法欲必奉，故令主者守文；

理有穷塞,故使大臣释滞;事有时宜,故人主权断。"第一层,"主者守文",主者指主司官吏,也就是第一线的司法官,他们执法断狱必须严格恪守法律条文;第二层,"大臣释滞",主者遇到疑难案件提交中央,由君主召集大臣集议决定,大臣可以运用法理、经义、判例"议事以制",裁决疑难案件;第三层,"人主权断",也就是皇帝可以"简在帝心",超脱于法律之外,根据具体情势进行裁判。

至此,中国古代司法中罪刑关系的理论格局基本定型:法吏、中下级官员守文据法——在这个层级上,罪刑是法定主义的;大臣、高级官员以经传、判例原情定罪、议事以制——在这个层级上,罪刑是非法定主义的;君主则可以"权道制物"——在这个层级上,接近罪刑擅断主义。

有学者认为,隋唐以后,法律儒家化已经完成,春秋决狱、"议事以制"之类的非法定主义已经退出了历史舞台,只剩下以律断罪的法定主义。其实,隋唐以后虽然许多经义原则已经制度化为法律,不再像汉代那样需要广泛的经义决狱,但诸如八议、上请、复仇等制度中,还是需要原情定罪。宋代司马光议阿云狱说:"夫执条据例者,有司之职也;原情制义者,君相之事也。分争辨讼,非礼不决。礼之所去,刑之所取也。"[1]这几乎就是刘颂言论的翻版。可见刘颂所确立的司法三层级体制,是贯彻于中国古代司法始终的。

第三,罪刑法定与非法定在听讼与断狱中的"和合"。

中国古代司法,可以分为"听讼"和"断狱",听讼处理"细故",断狱处理"重情"[2]。"细故"与"重情",不能简单理解为民事诉讼与刑事诉讼之别,其分类是基于事件的严重程度,以递进关系为分类标准,并非截然二分的。"细故"中,涉及轻微的刑案。断狱,也就是裁判"重情",需要按照前

---

1 (元)马端临:《文献通考》卷170《刑·详谳》,中华书局,1986,第1476页。
2 "细故"与"重情"的区分,参见俞江:《明清州县细故案件审理的法律史重构》,《历史研究》2014年第2期。

述的三层级司法体制，实行罪刑法定与非法定的和合。听讼的情况，则有所不同。中国古代的礼法体系，分为礼典系统、律典系统和习惯法系统，其中调整"细故"领域的，以习惯法系统为主。所以，当官员听讼时，无法找到明确的法律规则时，往往会诉诸民间的习惯法，以之作为裁判的理据。

综合以上三点，可知中华法系的一大特点是罪刑法定与非法定的和合。这个特点的形成，有着深厚的传统和复杂的历史原因，蕴含了中国古代司法的独特智慧。

三、人治与法治？

中国正在朝着法治国家的目标迈进。由于过去缺乏"依法治国"的理念，中国人曾经历过深重灾难。人们向往法治、憎恶人治。或许是社会心理使然，不断有人反复编制出这样的"历史"：法家主张"法治"，儒家主张"人治"；中国古代一直存在着"法治"与"人治"的对立斗争，这是理解中国古代政治法律思想史的一条主线。"文化大革命"时期，"四人帮"搞"评法批儒"运动，就说：三千年的历史是儒法斗争史，要害是儒家搞"人治"与法家搞"法治"的斗争，"人治"是倒退的、反动的，"法治"是进步的、革命的。

历史的真相是否如此呢？让我们先对"人治""法治"话语兴起的历史作一回顾。

人治、法治并不是中国法律史上固有的概念。"人治"与"法治"这对词语是随着近代的"西学东渐"之风，由我国学者从西方引进的。最先将人治和法治作为评价先秦儒法两家的政治法律思想的，是梁启超的《先秦政治思想史》，书中将先秦儒、墨、道、法四家政治法律学说名之为"人治主义""新天治主义""无治主义""法治主义"等等。[1]

1　参见梁启超：《先秦政治思想史》，商务印书馆，2014。

那么，用"人治"和"法治"的对立模式来评述先秦儒法两家究竟恰当不恰当？要说明这个问题，还得弄清楚"人治"和"法治"这两个概念的来龙去脉。

西方思想和文化的源头大多出自古希腊。最早提出"人治"和"法治"的，就是生活在公元前4世纪的古希腊思想家们，亚里士多德就是热烈崇尚法治的大师。他明确指出："法治应当优于一人之治。"[1]"一人之治"就是"人治"。他反对人治，说："让一个个人来统治，这就在政治中混入了兽性的因素。"什么是"法治"呢？亚氏认为："法治应包含两重意义：已成立的法律获得普遍的服从，而大家所服从的法律又应该本身是制定得良好的法律。"很明显，两者相比，"良法"是法治的先决条件。

法治成为一种比较完整系统的学说，是近代的事。西欧中世纪经历了漫长的封建王权和神权相结合的专制统治，启蒙思想家斥之为人治。法国启蒙思想家孟德斯鸠吸取亚里士多德的观点，在名著《论法的精神》中，把国家政权区分为共和、君主和专制三类。他写道："共和政体是全体人民或仅仅一部分人民握有最高权力的政体；君主政体是由单独一个人执政，不过遵照固定和确立了的法律；专制政体既无法律又无规章，由单独一个人按照一己的意志与反复无常的性情领导一切。"[2]他讴歌的共和政体实行"三权分立"的原则。有趣的是，在这段论述之中，"君主政体"与"专制政体"并非一回事。法国另一位启蒙思想家卢梭强调："法律面前人人平等"是法治的一条重要原则，反对君主凌驾于法律之上。卢梭法治学说的基点是"天赋人权""主权在民"。德国思想家康德被人们誉为"法治国家"的著名理论家。他一再肯定，人民制定法律是为了借助于客观存在的普遍法则来限制一个人对另一些人的恣意专横。

1〔古希腊〕亚里士多德：《政治学》，吴寿彭译，商务印书馆，1981，第170页。

2〔法〕孟德斯鸠：《论法的精神》上册，张雁深译，商务印书馆，1997，第8页。

在这些思想家的学说中，我们找不到可以把帝制时代的君主专制同法治联系在一起的纽带，恰恰相反，法治与专制帝制、君主独裁水火不容。

由此反观法家学说。法家主张君主"垂法而治""以法治国"等等，都是强调君主要用法律来治国、治臣、治民、治别人，并不涉及君主本人守不守法的问题。把它们说成法治，是望文生义了。实际上，法家是将君主置于法律之上的，只讲臣民应无条件地服从君主之法，所以韩非子说："尽力守法，专心于事主者为忠臣。"[1]且法家所论之法，实为刑，实为罚。商鞅、韩非都迷信严刑重罚，主张轻罪重刑。而轻罪重刑本身，就违背了"罪刑相适应"的刑事法治原则。

法家根本没有"良法"观念，认为"法虽不善，犹愈于无法"[2]。法家的宗旨是君主个人独裁专制："权者，君之所独制也"[3]，"权制独断于君则威"[4]，"独视者谓明，独听者谓聪。能独断者，故可以为天下主"[5]，"王者独行谓之王"[6]。事实也正是如此。对韩非学说佩服得五体投地的秦始皇，虽然有许多"法式"，但都是为了让他这个"始皇帝"能够一人制驭天下、役使臣民而设立的，也依他的个人意志而改废。他的"焚书坑儒"，他的"赋役三十倍于古"，有什么法律依据？没有。他的意志就是法，实际上是无法无天。这种以君主独裁专制为归宿的法律观，正是亚里士多德所批判和反对的"恶法"及"以一人为治"的人治。

法家以权势学说论证帝王专制的合法性，以法和术为"帝王之具"，强化帝王"单独一个人执政"。法家是彻头彻尾地主张"一人之治"的人治论者。

1《韩非子·忠孝》。
2《慎子·威德》。
3《商君书·修权》。
4《商君书·修权》。
5《韩非子·外储说右上》。
6《韩非子·忠孝》。

诚然，儒家也不是法治思想。从儒家赞同和维护君主制度上看，也只能将其归入人治。

儒、法两家确有分歧，但不是"人治"与"法治"的对立。他们在赞成君主制度上没有原则的不同，分歧只是君主集权程度上，法家属于绝对的个人独裁专制的君主制度，儒家主张民本的开明的君臣共治的君主制度。但是从治国理论上说，君主集权制度都属于人治学说类型。因此，用儒家"人治"、法家"法治"对立斗争作为一条主线来贯通、来描述中国法律史和法律思想史就失去了根据。这条主线是虚构的。

要之，儒、法两家在治国主张上的分歧，可归纳为：儒家民本位的相对君主主义，与法家君本位的绝对君主专制主义的分歧；儒家贤人与良法兼重互补的礼法之治主张，与法家严刑重罚、专任刑治主张的分歧。

以上这些，本来都是非常明晰的史实。但是，如果不顾中外政治法律思想在体系上的不同，把外国政治法律学说中的一些名词、概念简单地套用到中国来，甚至以西方法律史来改铸中国法律史，那就会把本来可以搞清楚的问题弄得更加复杂，以至于得出错误的结论。

像人治和法治这对概念刚引入时，中国的学者就出现了两种截然相反的情绪，得出了两个截然相反的结论。一种因为自己的祖先没有提出法治思想而深深地自惭形秽，最后把人治说成是中国落后的根本原因："中国之弱于欧美者，原因不止一端，而其相反之至大者，则曰中国人治，欧美法治。"[1]还有一种，则力图把法治的发明权夺到自己的祖先手中，为中华文明添上新的桂冠："通五洲万国数千年间，其最初发明此法治主义以成一家之言者谁乎？则我国之管子也。"[2]

其实，前者的自惭形秽，固然出于文化自卑；后者的妄自尊大，又何尝

---

1 麦孟华：《商君评传》，见《诸子集成》第5册，世界书局，1935。
2 梁启超：《管子评传》，见《诸子集成》第5册，世界书局，1935。

不是根因于自卑？因自卑而自我否定者固无足取，因自卑而自蔽双目者更会阻挡学习先进文明的动力。

中外思想家基于各自不同的经济和政治条件、文化传统、民族心理、社会习俗，创立了不同形式的政治法律思想体系，在人类文明史上都有其不可替代的价值，值得互相交流与借鉴。费孝通先生说："各美其美，美人之美，美美与共，天下大同。"这才是文明交流之时，所应抱有的文化自信与虚怀若谷的合理态度。

四、情胜法与法胜情？

古代中国社会，要说老百姓有什么法律意识，就是六个字："天理""国法""人情"。它们是普罗大众伸张正义、讨取公道的精神支撑。在正义终于得到伸张时，会说"天理昭昭"；在谴责特别恶劣的罪犯时，会说"伤天害理""天理难容""国法难容"；在讥讽死抱法律条文不懂变通时，会说："不通人情"。中国历史上的立法者都说，他们制订的礼法是"明天理，顺人情"的。"天理""国法""人情"成了官方和民众在政治法律生活中的常用词汇。中国人评价一桩案件、事件或人物，其中一个重要方面，就是看"天理""国法""人情"之间的关系是否摆得平、摆得合理。

"天理""国法""人情"三个价值，在今天往往只认一个"国法"，另外两个都出了点问题。"天理"，在中国古代曾经起到过检验政治合法性、制约君权的作用，但是近代以来，"天理"在科学领域被当成"封建迷信"的象征而打倒；在法律领域，被当成"道德"，道德当然不应该高于法律。所以，尽管今天的老百姓仍然会把"老天爷""天理"挂在嘴边，但是司法工作者好像不大感冒。

"人情"更不是什么好字眼。在今天的话语系统中，"人情"往往是"私情"的代名词，拉关系、走后门，搞"人情大于王法"，是个十足的贬义词。基于这种理解，有人就说，传统中国社会是一个"人情社会"，凡事只讲情面，不讲法律。这种认识，对"情"在中国传统法理结构中的真实意思和地位，存在很大的误会。

我们首先来了解一下"情—理—法"结构中的"情"。

古代"天理""国法""人情"话语链中的"人情"，并不是"私情"，而是指"民情"，也就是民心、民意。儒家伦理法具有"法先王"的运思模式。"先王"就是"圣王"，上顺天理，下应民情，沟通天与人。"圣王"都具有天人合一的神圣性人格，代天立法，代天治民。比如中国的人文始祖伏羲，就是这样一位圣王，《易传》写他仰头观察上天，俯身观察大地，从天地之中得到了"法"，再用这个法来治理万民。《尚书·洪范》也说大禹因为表现优秀，上帝赐予他"洪范九畴"（"大法九章"），让他用来治民。

所以，讨论"天理""国法""人情"的关系，还得从天、天子、民的关系说起。"天"是一种人力无法抗御的至高无上的存在，具有不必证明的神圣性、至上性、正当性和合理性。"天子"虽然是万民的最高统治者，但这种统治权力是"天"给的，受命于天，代天治民，遵从天意，以子道事天。"天子"是天的儿子，同时又是民即老百姓的父母，万民之主。老百姓应该以子道事君，做天子的子民，忠于君主。那么"天"和"民"之间又是什么关系呢？天化生万物，泽被万民，也从民之所欲、代表民意。从上面的比拟来看，天是民的爷爷，民是天的孙子。我们今天爷孙之间往往隔代亲，孙子怕父亲，父亲怕爷爷，爷爷宠孙子，有一种循环的服从和被服从的关系。天、天子、民之间，也是如此。

按照儒家的设计，"天子"就是王，格外优秀的天子就是"圣王"。在"天—天子—民"之间，是一种循环的服从与被服从的关系，即民从君，君从天，天从民。所以，"天理""国法""人情"之间的关系也不是线性的，而是一组循环的互生互克关系的链条：君生法，法治民；国法顺天理，天理顺民情。

但是这里有一个问题：天高高在上，不言不语，神秘莫测；或者拿今天的科学来讲，天是一个客观的自然存在，没有生命，如何表达"天理"呢？儒家的理论中，有一套专门沟通天与人的路径，这就是"天人合一"学说。儒家强调："民之所欲，天必从之。"[1]因此，天心原自民心，天意代表民意，天之情体现民之情，天之理反映民之理。天不在人类之上，也不在人类之外，就在万民之中。天是至上的，又是亲民的；天是神圣的，又是懂民情、通人性的。这样一来，至高无上的天就降到了民间，神秘莫测的"天理"其实就是民情、民心。

西方文化中，也有高于人类的"天"或者"上帝"，上帝也会赐予人类中的圣王以"律法"，用来治理万民。比如摩西在西奈山上接受上帝赐予的《十诫》，用来治理百姓。但西方文化的天是高于人、外在于人的。这和中国的"天理"有着本质的区别。王阳明有一句诗，讲"天"在"民"中，说得非常透彻："不离日用常行内，直造先天未画前。"[2]这句诗点出了中国文化的精神。

天子受命于天，代天牧民，履行天的代理人职责，治理万民、保护万民。天是最高立法者，天理是最高的法，或者说是国法、制定法的最终渊源，而天理即是民情，所以国法必须"应天理"，"应天理"就是"顺民情""从民心"。所以，是否合乎"天理""民情"，是评价"国法"好坏的标准，违背"天理""民情"的"国法"会被认为是恶法、"非法之法"。

当然，"民情"也必须得到"国法"的控制和矫正，否则一切顺着"民情"，就会导致无序状态。但是反过来，"国法"对"民情"的矫正和控制也必须顺民情而为，而不是逆民情而为，还得应民情而有所变通，即达到这个三角形关系的平衡，就是一种极高的立法、治国和执法艺术了。

---

1 《左传·襄公三十一年》引《尚书·泰誓》佚文。
2 （明）王守仁撰《王阳明全集》卷20《外集二·别诸生》，上海古籍出版社，1992，第791页。

有人可能会觉得奇怪：既然中国古代的君主是顺民情而为，为什么没有发展出一人一票的民主制度呢？如果不通过一人一票的民主制度，如何吸纳民意呢？

在中国传统法理学看来，民意并不是在老百姓中占多数的意见，而是人之所以为人的基本情感和感受。这种感受，可以通过派使者到民间"采风"的方式获取，也可以通过官员的调查、吏民的上书言事来获得，另外还有一种最简捷的方法：将心比心。

子贡曾经问孔子：怎样算是仁？孔子说："夫仁者，己欲立而立人，己欲达而达人。能近取譬，可谓仁之方也已。"[1]所谓"仁"，拆开来是"二人"，人与人之间共通的东西，就是"仁"。所以儒家的学说从"仁"出发，推而广之可以修身、齐家、治国、平天下。"仁"发端于人之所以为人的基本情感，所以作为在上位的士大夫，如果想要了解民众对于某件事情的意思，就可以内求诸己，用"己欲立而立人，己欲达而达人""己所不欲勿施于人"的办法来获得。

当然，主观的体悟，不能替代客观的了解。以上所说的方法，是对人之所以为人的通性的体会。除此之外，还应该通过多种手段来积极调查、了解具体个案中的"情势"。春秋时期的晋国公子重耳，曾经流亡国外数十年，他自称"险阻艰难，备尝之矣；民之情伪，尽知之矣"，尝遍了世间的苦，了解了民间的"情"，后来果然成为春秋五霸之一的晋文公。

所以在中国古代法律实践中的"情"，应当包含这样几层意思：首先，在"天理""国法""人情"的价值链中，是天理所源出、国法所顺应的对象；其次，是人之所以为人的通性，也就是儒家话语中的"仁心"；最后，是具体个案中的情势。第一点内涵，对中国古代立法起到了重大的作用。后面两点，则是中国古代司法除法律条文之外的主要考量因素。

1《论语·雍也》。

比如《左传》记载了军事史上著名的战例"曹刿论战"，在故事的一开头，集中体现了"情"的这两个内涵。《左传·庄公十年》记载：齐桓公刚刚即位，就派出大军进攻鲁国。鲁国上下急成一团乱麻。这时候，民间有个兵法高手叫曹刿，他找到鲁庄公，说：我可以帮你打败齐国，但是请你给我一个帮你的理由。鲁庄公说："我吃的用的，都不会独享，我会分给身边的人。"曹刿说："这是小恩小惠，你只分给身边的人，老百姓没有普遍受益，没有用。"鲁庄公说："我祭祀的时候，特别虔诚。"曹刿说："这不足以让神灵保佑你。"鲁庄公最后说："小大之狱，虽不能察，必以情。"大大小小的案件，我虽然做不到一一明察秋毫，但是我一定会"以情"断案。什么叫"必以情"呢？这里面就包含了两层意思：一是"哀矜折狱"，带着人的通性，以人之"仁心"来体谅当事人的处境，抱着一种悲天悯人的心态来判决；二是"实事求是"，在充分了解案情的基础上作出判决。曹刿听了，点点头，说：可以了。于是帮助鲁国，用"一鼓作气"的办法打败了齐国。

在"天"—"天子"—"民"和"天理"—"国法"—"民情"这两组链条中，最容易出问题的是"天子"/"国法"这个环节。"天"/"天理"是虚悬的，敬畏者有，不敬畏者无。"民"/"民情"是被治、被顺应的。实实在在有话语权，行使国家公权力的还是"天子"。儒家还是意识到这个问题的，所以，在其理论体系中，一再强调君德、政德、尊贤、敬天、畏民等等。不过，这一切都不曾把"天子"关进"天"和"天理"的笼子，因为这个笼子不是法条打造的。缺乏对君权的刚性约束机制，这可能是中国古代法文化的一个问题。

儒家关于"天理""国法""人情"的理论运用到法律实践领域，可分别从立法和司法两个层面来讲。

立法领域的情况，比较好说。经过从汉代到魏晋南北朝七百多年的努力，到隋唐时代，体现"三纲五常"的"五服""十恶""八议"制度，以及"同居相隐""秋冬行刑""存留养亲"等制度逐一法典化。如有血缘关系的人之间发生刑事案件，根据"五服"制度来处理。刑事案件中的詈骂、殴斗、杀伤之类，以卑犯尊，血缘愈亲量刑愈重；以尊犯卑，血缘愈亲量刑愈轻，直至免责。若是偷盗财物之类，则相反，血缘愈亲处罚愈轻，血缘愈疏处罚愈重。

在司法领域中，有些案件处理起来比较棘手，国法与情理之间不是那么好摆平的。其中最突出的一是"亲属相容隐"的案件，二是复仇案件。按儒家理解的"天理""民情"，同居在一个家庭内的人犯了罪可以互相包庇隐瞒，父兄被杀要不惜一切代价去复仇。这符合父慈子孝、兄友弟恭的情和理，被社会视为高尚的"孝行"。

古代法律儒家化的语境下所谓之"民情""天理"，我们叫做人道精神，并非玄妙之物。以撰写《中国科技史》闻名世界的英国汉学家李约瑟博士在其《四海之内》一书中写道：

> 中国人有一种深刻的信念，认为任何案件必须根据它的具体情况进行裁判，也就是说，就事论事。当然，这并不是说，中国历史上没有编纂过法典。相反地，从汉朝以后每个朝代都有很多的法学家，他们编订了不少的判例汇编，而且，每一朝都有钦定的法规。但是，总的说来，这些法规从来没有起过像欧洲的查士丁尼法或其他伟大法典的作用。而且，在中国人思想上，"公正"的观念比"成文法"的观念重要得多。[1]

所谓"就事论事"，所谓"中国人思想上'公正'的观念"，其实就是综合"天理""国法""民情"三个方面的因素加以折中平衡，求得三角形关系的稳定。同时，李约瑟还引用了阿瑟·韦利的说法："一个中古世纪的中国县官，如果他内心意识到自己作了不公正的判决，他退出法庭时绝不会因为自己忠实地引用了当地的法律条文而感到庆幸。"之所以中国古代的法官会

1〔英〕李约瑟：《四海之内》，劳陇译，生活·读书·新知三联书店，1987，第 77 页。

有这样的心理，就是因为"情"的因素在其中起作用。

"天理"和"民情"介入了司法，既软化了"国法"，使其植根于民心，同时也"韧化"了国法，只有顺应民意的法律才能够枝繁叶茂。中国自秦汉至清末两千多年中，政治法律层面能够保持超乎寻常的稳定，两千多年中没有一种力量能够打破它，其内在的奥秘不能不归功于"天理"——"国法"——"民情"这一三角形链条编织的周密经络，将各种政治主体、法权主体调谐其中，从而达到这一系统动态的、有机的"中和"平衡。

经过以上讨论可知，成文法问题、罪刑法定问题、人治法治问题、情与法问题的产生，大多是以西方法系为参照系，对中国古代法制进行反省的结果。这一反省是必要的，在特定的历史时期也有助于我们认识自身局限、取长补短。但是，对史实的错误认定，对中国法律史自身特点的认识误区，会对我们进一步的前行产生阻碍。以"礼法"视角对这些经典命题予以再审视，未必是唯一"正确"的；但对寻找中国法律史的"自我"、破解中国传统法文化的遗传基因，也许可以作出初步的有益尝试，激起更多讨论的声音。

第二章
重新认识中华法系的体制流变

　　自人类社会步入法律文明时代以来，创制了不同法系，就历史影响而言，主要有五大法系：大陆法系、英美法系、伊斯兰法系、印度法系，以及以中国为主体的中华法系。有文字可考的大量文献和出土文物表明，中国法制发展的历史迄今已有四五千年。中华法系以鲜明的民族特色在世界法治文明史上独树一帜。从《周易》《尚书》到历代史籍，从甲骨、金文、简牍到近现代历史档案，从帝王诏旨、榜文到乡规民约、各类契约和民事习惯资料，有关记载法律制度的文字汗牛充栋，二十四史中的《刑法志》则较为集中地记述了各代法制沿革。中华法系作为中国古代法律制度、思想、文化、心理的聚总汇合，其演变脉络可概括为礼刑、法律、礼法、法治四个时代。

　　上古夏商周作为礼刑时代，是中华法系的肇始之基。这段时期的礼具有道德与法律的双重属性，礼既具备道德规范的作用，又具备法律规范的功能。其时并不存在独立于礼的法，当时的法律形式主要是"礼"与"刑"。刑只是惩罚犯罪的手段，即刑罚。刑依赖于礼而存在，囊括在礼的范围之中。所以上古夏商周，法在礼中，礼外无法，出礼入刑，这是中华法系礼法体制的原生状态。

　　春秋战国和秦代，步入了法律时代。其时礼法毁弃，王道式微，出现了"礼崩乐坏"的状况。法家学派从儒家中脱颖出来，在法律上开始彻底改革，弃礼采律令，提出"信赏必罚""严刑峻罚""轻罪重罚""专任刑法"式的"以法治国"，将礼法中的刑和罚发挥至极端。这时的礼与法（刑）在"分离"中不断"交错"，最终在以孔子为代表的儒家推动下整合。因此，与其说当时部分的礼被统治者"抛弃"，不妨说此时的礼是在静待一次"阵痛"以迎接丧乱后的重生和回归。

汉以来，历代统治者开始复兴礼法体制、构建礼法体系，他们通过恢复礼在国家祭祀、朝仪、朝觐、民事、婚姻家庭等方面的作用，并依靠国家强制力和社会舆论，将背后的"礼义廉耻孝悌忠信"观念不断强化、固化，使得直到清末法律改革，中国传统的礼仍具有道德和法律的双重属性。可以说，礼不仅融入了当时的法律制度，也改造了当时的法律制度。这种体系，从思想体系上来说，是以儒家思想为指导，其重视家庭伦理价值的构建，以天理、国法、民情三者的相辅相成为法制运作的基本框架，定鼎于隋唐，远播于东亚；从构成体系上来说，是礼法统摄律令，律令生于礼法，合于礼法。这个时期的法虽在不断变化发展，具体来说就是以律令为中心所构建的律令法律制度随着律学观念的转型而呈现出不同的特色，但礼与法之间并未因朝代更迭或某个时间的酷刑暴政而产生天然、不可修复的断裂。相反，在礼学、礼典带动下，律（令）典系统和会典系统不断定型，也更加配合礼典系统的运行，从而为礼法体系的延续奠定了坚实基础。

近代以前，中国传统的法律思想是以礼法思想为主体的。在历史上政治、地缘分割后的弥合，民族、文化隔膜后的消除，思想、信仰体系崩溃后的重建等过程中，礼法思想起了至关重要和无可替代的作用，是历代政权维系、国家治理、社会发展、学术前进，也是中华法系延绵数千年的内生与演化动力。受西方影响，近代以来有各种政治法律主张和思想文化话题。自清末政制、法制改革后，中国持续不断地移植大陆法系和英美法系的法律制度、条款、理念、价值。在国家制定法的层面上，中国开始进入法治时代，中华法系在中国大陆走向衰亡并退出历史舞台。

第一节　礼·刑时代：上古社会到夏商西周

上古社会与夏商西周作为古代史研究中更确切的"古"，关乎中华民族的文化之根、文明之源，也催生一系列学术研究概念、命题、方法、思潮乃至工程，如传说史料、古史层累、二重证据、信古、疑古、考古、释古、证古、正古、古史新证、古史重建、考古重建、走出疑古、物质遗存及中华文明探源、夏商周断代等。对这一历史时期是否形成法律制度，是否有概念和实质意义上的"法"，其有着何种形式、内涵和特质，法律史学界存在着诸多观点。我们认为，在上古社会与夏商西周，中国已出现了最早的"法律制度"，但不称之为"法"，而应名之曰"礼"。一言以蔽之，"礼"就是上古社会与夏商西周时期的"法"。

一、礼起源于原始人的祭祀

近代以来，学界通过释读断骨残甲中的文字，考证吉金重器中的史实，不断证明祀戎二事确为三代所重，礼起源于祭祀，已成不刊之论。就目前而言，最能反映和证明此种最初形态的，是礼器、汉字这两种物质与文化遗存。从文字学来看，"礼"在甲骨文中，写作 。在后世演变成"豊"，《说文》云："豊，行礼之器也。从豆，象形。凡豊之属皆从豊。"[1]其下半部分是个高足盘；上半部分从豆，有学者释义为"玉"，是人间美物。这种在高足盘中盛放玉器，用来祭祀神灵的活动，就是"礼"[2]。基于这种行礼祭祀的活

---

1 《说文解字·豊部》。

2 王国维撰《观堂集林》卷6《释礼》考云："盛玉以奉神人之器谓之豊，推之而奉神人之酒醴亦谓之醴，又推之，而奉神人之事通谓之礼。"食物之外，最常用的祭祀手段便是玉器，但也包括其他东西，如《墨子·尚同》亦记载云："其事鬼神也，圭璧币帛，不敢不中度量。"

动,《说文》对"礼"字也释为:"礼,履也。所以事神致福也。"[1]"礼"字的演变与含义,足以说明字以藏礼,而祀也在其中。由字可见礼与祀,器亦莫不如是。礼器作为祭祀用具,其数量、规制所体现的就是礼之"精义弥伦";而刻画于其中的文字,很多都记载了当时的祭祀活动。礼器作为古人祭祀物质、文化的双重融合,足以说明器以藏礼,祀也在其中,商周青铜器即是明证,此点无须赘论。尽管商周青铜器有着较为丰富的器样与铭文,但就地理位置而言,其绝大部分都出土于黄河、长江流域,这些青铜器所反映的礼与祭祀,势必有着地域性。事实上,长江流域以南,确切说岭南一带,现今所存的诸多骆越先民祭祀器——铜鼓,至今仍在众多民族地区承载着祭祀、乐舞、婚丧嫁娶的功能。就铜鼓形制而言,刻画于鼓面中心的太阳图案,围绕四周的云雷纹以及鼓面立体蛙饰,是古人对天地山川、日月星辰、草木虫鱼等万事万物的认知、崇拜,同时也表明铜鼓是古人行"诸野"之礼、祭"诸野"之祀,乃至行"诸野"之乐、起"诸野"之舞、征"诸野"之伐的重器。可以说,铜鼓作为青铜器以外的一种祭祀重器,使得礼与祭祀的"地域起源"进一步扩大,而不仅是黄河、长江流域。稍显不足的是,岭南一带尚处于文字空白期,这使得早期铜鼓只以图案为饰而无任何文字刻画。如果说青铜器铭文是礼与祭祀的文本记载,那么礼与祭祀在岭南一带的记载则体现在图案,所谓图以藏礼。今广西左江流域两岸山壁所保存的描绘古人祭祀仪式场景的岩画壁画,也是礼起源于祀的物质与文化遗存。[2]

这种以物祭神灵的活动,在《礼记》中有着生动的记载。《礼记·礼运》中说:"夫礼,必本于天,肴于地,列于鬼神。""夫礼之初,始诸饮食。其燔黍捭豚,污尊而抔饮,蒉桴而土鼓,犹若可以致其敬于鬼神。""夫礼之初,始诸饮食"意思是礼最先来源于古人的饮食生活。早期先民要满足日常

---

1 《说文解字·示部》。
2 限于行文篇幅,所举铜鼓、岩画事例,不以实物图片直观展示。

饮食并非易事，即使获取了食物，也不敢私自进食；必是"燔黍捭豚，污尊而抔饮，蒉桴而土鼓"，先履行供奉神灵和击鼓作乐的规则和程序。故《墨子》记载："古者圣王事鬼神，祭而已矣。"[1]进行祭的活动，不仅是履行规则和程序，也是对祭祀诚敬态度及纯洁性的自我强化。早期先民的这种饮食习俗与祭祀鬼神相结合，所产生的一系列规则和程序，就是最初的"礼"，既有行为规束，也有内心约制。清代礼学大家凌廷堪曾云："是故礼也者，不独大经大法。悉本夫天命民彝而出之，即一器数之微，一仪节之细，莫不各有精义弥伦于其间，所谓'物有本末，事有始终'是也。"[2]上古文字、礼器、图案所反映的祭祀，相对"大经大法"而言，如微如细。然其所反映的"精义弥伦"也同样是礼。"礼"在上古夏商西周时期之所以成为法，是其已演变成古人日常生活所须遵守的行为规范，根源上是通过祭祀而实现的。字以藏礼，因其能体现祭祀的内涵；器以藏礼，因其能体现祭祀的程序；图以藏礼，因其能保存祭祀的仪式；所谓"本末""始终"，即礼始于祭祀，祭祀终于行礼而已。

二、"礼"即"法"之成因

"礼"在上古夏商西周时期之所以成为法，归其原因有两点：

（一）礼成为日常生活行为规范

在上古夏商西周时期，先民认识水平低下，对天地山川、日月星辰、草木虫鱼、毒蛇猛兽、洪荒地震等自然灾害，无法真正理解。大自然既是生存依赖，也是生存障碍和天敌。与此同时，先民也在无限恐惧意识下，不断思考、追索自身环境。但有限的认知范围，使得他们的认识最终停留在低下层次，即认为万事万物存在一种超自然的力量在主宰，那就是神灵；当无法克服生存环境带来的困难时，只能通过祭祀的仪式与神沟通，请神原谅，祈求

1《墨子·鲁问》。

2（清）凌廷堪撰《校礼堂文集》卷4《复礼中》。

神的庇护。这就是哲学上所说的"诸神崇拜"，是一种原始宗教。

《说文·示部》云："礼，履也，所以事神致福也。""履"，实际包括两层含义：一是名词上的解释，即行为规范；二是动词上的解释，即履行程序。因之，礼是先民通过祭祀祈求神灵以获取赐福的方法，这种"人神交易"既是他们主要的、经常性的生活行为，也是他们赖以生存的行为规范和程序。

在长期祭祀活动中，礼的内容也愈加丰富，在三皇五帝时代进行了首次系统汇编。其标志性事件是舜"修五礼"和命伯夷"典三礼"。《史记·五帝本纪》记载："于是帝尧老，命舜摄行天子之政，以观天命。舜乃在璇玑玉衡，以齐七政。遂类于上帝，禋于六宗，望于山川，辩于群神。揖五瑞，择吉月日，见四岳诸牧，班瑞。岁二月，东巡狩，至于岱宗，柴，望秩于山川。遂见东方君长，合时月正日，同律度量衡，修五礼、五玉、三帛、二生、一死为挚，如五器，卒乃复。"这里提到的舜所修"五礼"，后世学者如孔安国、马融指其为吉、凶、宾、军、嘉五者；唐人张守节《史记正义》更将其与《周礼·春官宗伯·大宗伯》所记载的"五礼"一一对应："大宗伯之职，掌建邦之天神、人鬼、地示之礼，以佐王建保邦国。以吉礼事邦国之鬼神示，以禋祀祀昊天上帝，以实柴祀日、月、星、辰，以槱祀司中、司命、飌师、雨师，以血祭祭社稷、五祀、五岳，以貍沈祭山林川泽，以疈辜祭四方百物。以肆献祼享先王，以馈食享先王，以祠春享先王，以禴夏享先王，以尝秋享先王，以烝冬享先王。以凶礼哀邦国之忧，以丧礼哀死亡，以荒礼哀凶札，以吊礼哀祸灾，以禬礼哀围败，以恤礼哀寇乱。以宾礼亲邦国，春见曰朝，夏见曰宗，秋见曰觐，冬见曰遇，时见曰会，殷见曰同，时聘曰问，殷覜曰视。以军礼同邦国，大师之礼，用众也；大均之礼，恤众也；大田之礼，简众也；大役之礼，任众也；大封之礼，合众也。以嘉礼亲万民，以饮食之礼，亲宗族兄弟；以婚冠之礼，亲成男女；以宾射之礼，亲故旧朋友；以飨燕之礼，亲四方之宾客；以脤膰之礼，亲兄弟之国；以贺庆之礼，亲异姓之国。"孔颖达亦云："帝王之名既异，古今之礼或殊，而以周之五礼为此'五礼'者，以帝王相承，事有损益，后代之礼亦当是前代礼也。且历验此经，亦有五事：此篇'类于上帝'，吉也；'如丧考妣'，凶也；'群后四朝'，宾也；《大禹谟》云'汝徂征'，军也；《尧典》云'女于时'，嘉也。五礼之事，并见于经，知与后世不异也。"[1]尧帝死后，舜帝开始统政，并以二十二位大臣辅政，各司其职。《史记·五帝本纪》记载："尧老，使舜摄行天子政，巡狩。舜得举用事二十年，而尧使摄政。摄政八年而尧崩。三年丧毕，让丹朱，天下归舜。而禹、皋陶、契、后稷、伯夷、夔、龙、倕、益、彭祖自尧时而皆举用，未有分职。于是舜乃至于文祖，谋于四岳，辟四门，明通四方耳目，命十二牧论帝德，行厚德，远佞人，则蛮夷率服。舜谓四岳曰：'有能奋庸美尧之事者，使居官相事？'皆曰：'伯禹为司空，可美帝功。'舜曰：'嗟，然！禹，汝平水土，维是勉哉。'禹拜稽首，让于稷、契与皋陶。舜曰：'然，往矣。'舜曰：'弃，黎民始饥，汝后稷播时百谷。'舜曰：'契，百姓不亲，五品不驯，汝为司徒，而敬敷五教，在宽。'舜曰：'皋陶，蛮夷猾夏，寇贼奸轨，汝作士，五刑有服，五服三就；五流有度，五度三居：维明能信。'舜曰：'谁能驯予工？'皆曰倕可。于是以倕为共工。舜曰：'谁能驯予上下草木鸟兽？'皆曰益可。于是以益为朕虞。益拜稽首，让于诸臣朱虎、熊罴。舜曰：'往矣，汝谐。'遂以朱虎、熊罴为佐。舜曰：'嗟！四岳，有能典朕三礼？'皆曰伯夷可。舜曰：'嗟！伯夷，以汝为秩宗，夙夜维敬，直哉维静絜。'"这里提到的伯夷，在尧帝时代就被举用，但其职责分工不明确，只是与禹、皋陶等共事辅助尧帝而已。至舜帝时，为使"居官相事"，伯夷被任命为"秩宗"，负责"典三礼"。关于伯夷"典三礼"事迹，还见于《尚书·舜典》所载："帝曰：'咨！四岳，有

---

[1]（汉）孔安国传，（唐）孔颖达疏《尚书正义》卷3《舜典第二》。

能典朕三礼？'佥曰：'伯夷！'帝曰：'俞，咨！伯，汝作秩宗。夙夜惟寅，直哉惟清。'"这里提到的"三礼"，马融释为："三礼，天神、地祇、人鬼之礼也"[1]；郑玄释为："天事、地事、人事之礼"[2]；孔安国释为："天、地、人之礼"[3]。"秩宗"，据孔安国解释是"秩，序；宗，尊也。主郊庙之官也"[4]；也就是后世负责礼仪的太常一职，故王莽改制时还曾恢复太常为秩宗，以遵古义。

按以往解释，尧帝时代是根据社会发展需要设置二十二位大臣的分工，它体现了生产力水平的进步。套用这种"分工"理论，更容易理解尧舜时代礼的发展。尧舜时代礼的内容，未必能与后世吉、凶、宾、军、嘉五者对应，但其"三""五"的概念，起码说明当时对礼已有初步认识、分类和概括。对某方面的礼已开始区分其具体内容和功能，礼也出现了"分工"的现象。这种"分工"势必带来行为规范的具体化，先民的行为准则也更加明确化。伯夷之所以能获得这份"分工"，除"根据社会发展需要"这一解释外，最主要的应是因为其本人对礼的了解超于常人，或说更精通于祭祀祈求鬼神之事。《国语》中说："伯夷能礼于神以佐尧者也。"[5]实际上，伯夷对礼、对祭祀的精通，是有家族渊源的。史书记载，伯夷作为炎帝后裔，其部落因崇拜天神被称为太岳部落，至伯夷一代，已分管"四岳"的祭祀。《世本》云："祝融曾孙生伯夷，封于吕，为舜四岳。"[6]《潜夫论》云："炎帝苗胄，四岳伯夷，为尧典礼，折民惟刑，以封申、吕。"[7]《新唐书·宰相世系表》云："吕姓出自姜姓，炎帝裔孙为诸侯号共工氏，有地在弘农之间，从孙伯夷佐尧掌

1《史记》卷1《五帝本纪》集解引。
2《史记》卷1《五帝本纪》集解引。
3（汉）孔安国传，（唐）孔颖达疏《尚书正义》卷3《舜典第二》。
4《史记》卷1《五帝本纪》集解引。
5《国语》卷16《郑语》。
6《世本》卷4《帝系篇》。
7（汉）王符撰《潜夫论》卷9《志氏姓》。

礼，使偏掌四岳，为诸侯伯，号太岳。又佐禹治水，有功，赐氏曰吕，封为吕侯。"这种家族渊源使得伯夷足以承担此任，并成为尧舜禹的"心吕之臣"[1]。与伯夷一起各司其职，辅助尧帝的二十二人"咸成厥功"，其中"伯夷主礼，上下咸让"，得益于这些人的辅助，"四海之内，咸戴帝舜之功"[2]。伯夷辅助尧帝，在其位勤谋其政之事，《尚书·吕刑》也记载："皇帝清问下民，鳏寡有辞于苗。德威惟畏，德明惟明。乃命三后，恤功于民。伯夷降典，折民惟刑。禹平水土，主名山川。稷降播种，农殖嘉谷。三后成功，惟殷于民。士制百姓于刑之中，以教祇德。穆穆在上，明明在下，灼于四方，罔不惟德之勤。故乃明于刑之中，率乂于民棐彝。""伯夷降典"，这个"典"，或许是伯夷所编订的较为原始的"礼典"。"降"，自上而下施之于民，即让民遵守礼典规定。但同时"折民惟刑"，即用刑罚督促民众，故孔安国释云："伯夷下典礼教民而断以法"；"伯夷道民典礼，断之以法。皋陶作士，制百官于刑之中，助成道化，以教民为敬德"[3]。伯夷"道民典礼"，是以礼法化民，先富民而后教，重在敬德，并非专行刑杀，一断以法。可以说，伯夷这种思想，是后世孔子所倡导的"齐之以礼"的本源。对《吕刑》所记伯夷、禹、稷三人施功于民的顺序，孔颖达有精辟的解释："此经先言'伯夷'者，以民为国之本，礼是民之所急，将言制刑，先言用礼，刑礼相须，重礼，故先言之也。"[4]即在尧舜时代，礼的构建是一项先期工程，"礼法既行，乃使皋陶作士，制百官于刑之中。令百官用刑，皆得中正，使不僭不滥，不轻不重，助成道化，以教民为敬德"[5]。可见，在当时礼是主导性的。

至此，对尧舜"修五礼"和伯夷"典三礼"的意义，恐怕不能局限于

---

1 《急就篇》卷 1 "偏吕张"条，颜师古注云："昔者太岳为禹心吕之臣，故封吕侯，以譬身有脊吕骨也。"

2 《史记》卷 1《五帝本纪》。

3 （汉）孔安国传，（唐）孔颖达疏《尚书正义》卷 3《舜典第二》。

4 （汉）孔安国传，（唐）孔颖达疏《尚书正义》卷 3《舜典第二》。

5 （汉）孔安国传，（唐）孔颖达疏《尚书正义》卷 3《舜典第二》。

"能礼于神""折民惟刑"那么简单。仅依靠刑罚手段，断难实现"上下咸让"，更非单靠与鬼神沟通、祭祀祈求便可解决。即使无法推断当时有着"刑礼相成以为治"的具体文字记载，但后世仍视其体现了"道之以礼，齐之以刑"的思想。因此，有理由相信，当时伯夷所主导的礼，应初步实现了教化和惩罚、"人求"和"神应"的一致"和谐"，更是"礼"与"刑"的高度统一，已出现了礼教的观念。

（二）礼具备强制力

礼作为行为规范，包含两层含义：一是告诉人们应该做什么，此为义务性规范；二是告诉人们不应该做什么，此为禁止性规范。我们认为，三代夏商西周时期，这些规范确立的标志性事件就是"禹合诸侯于涂山"，即后世所称"涂山之会"。《左传》记载："禹合诸侯于涂山，执玉帛者万国。"[1]在长期征伐中，大禹逐渐巩固王权，统领了众多邦族部落，为进一步实现天下共主，大禹决定纠合各邦族部落在涂山盟会，以求归化自己。从史书记载来看，这次盟会应该达到了目的，当时各个邦族部落"诸侯执玉，附庸执帛"[2]，共见天子，归顺大禹。按照郑玄的解释："不合，谓不朝会也"。反推之，"禹合诸侯"之"合"，即是"朝会"、朝贡大禹之意。这种理解虽将后世礼制中朝会、朝贡扩大解释（因为这是后人在对前史进行追述时所进行的概念套用，如诸侯、万国），邦族部落相聚于涂山，实际上是三代盟会制度最

---

1 《左传·哀公七年》。《后汉书·郡国志》亦云："涂山之会，诸侯承唐虞之盛，执玉帛亦有万国。"
2 （晋）杜预注，（唐）孔颖达疏《春秋左传正义》卷58《哀公七年》。又，孔颖达疏云：《周礼·大宗伯》云：'以玉作六瑞，以等邦国。公执桓圭，侯执信圭，伯执躬圭，子执谷璧，男执蒲璧。'是诸侯玉也。《典命》云：'诸侯之适子，未誓于天子，以皮帛继子男。'是世子执帛也。知附庸执帛者，以世子既继子男。附庸君亦继子男。公之孤四命，以皮帛视小国之君。附庸无爵，虽不得同于子男，其位不卑于世子与公之孤也。诸侯世子名称朝，附庸君亦称朝，是与世子相似，故知执帛也。且附庸是国，此言'执玉帛者万国'，国而执帛，唯附庸耳，知附庸执帛也。案《尚书》有三帛，公之孤、诸侯世子、附庸君。此唯言附庸者，以传云'禹合诸侯'，又云'执玉'，皆据君身言之，故不数世子及孤也。下云'万国'，故唯据附庸言之。《王制》云：'不能五十里者，不合于天子，附于诸侯，曰附庸。'郑玄云：'不合，谓不朝会也。小城曰附庸。附庸者，以国事附于大国，未能以其名通也。'如彼云，附庸不得朝会，而禹会万国有附庸者，附庸不得特达天子耳。禹会诸侯，诸国尽至，附庸从其所附之国，共见天子，故有执帛者。言万国者，举盈数耳。"

具体的表现，他们执玉帛以示敬贺，也应是三代邦族部落交往、示好、结盟的某种仪式；但在大禹的强大权威或武力之下，听命于大禹之"合"，不能不说有了后世所说的"臣服天子"之意。这个时候的执玉执帛，也开始从盟会仪式向朝会、朝贡制度过渡，成为一种义务性规定。郑玄说"不合，谓不朝会也"，这个解释应该是针对"诸侯"而言的。"合"，即参加朝会，是诸侯的义务，不合则是违反义务。

但这种仍带着"原始习惯法"性质的义务性规范甫一确立，便遭到防风氏的公然对抗。《国语》记载："昔禹致群神于会稽之山，防风氏后至，禹杀而戮之。"[1]群神，按照韦昭的解释是："群神谓主山川之君为群神之主，故谓之神也。"[2]所以这里的"神"并非神仙，而是代指各方诸侯，因为他们主管各地山川祭祀之事，故"群神"也就是"群臣诸侯"[3]。在后世史料中，禹合（会）诸侯的地址，既有记载为涂山，也有记载为会稽或茅山。如《韩非子·饰邪》云："禹朝诸侯之君会稽之上，防风之君后至而禹斩之。"《今本竹书纪年》云："帝禹夏后氏……八年春，会诸侯于会稽，杀防风氏。"《吴越春秋》云："禹三年服毕，哀民不得已，即天子之位。三载考功，五年政定。周行天下，归还打越。登茅山，以朝四方群臣，观示中州。诸侯防风后至，斩以示众，示天下悉属禹也。"[4]对于"涂山"所在，杜预曾云其在寿

1《国语》卷5《鲁语下》。《史记·孔子世家》亦载："禹致群神于会稽山，防风氏后至，禹杀而戮之。"防风氏，又称汪芒氏，其部落防风国在今浙江一带。

2《史记》卷47《孔子世家》集解引。

3《国语》卷5《鲁语下》引仲尼曰："山川之灵，足以纪纲天下者，其守为神。"《史记·孔子世家》引仲尼曰："山川之神足以纲纪天下，其守为神，社稷为公侯，皆属于王者。"《史记·夏本纪》集解引王肃曰："守山川之祀者为神，谓诸侯也。但守社稷无山川之祀者，直为公侯而已。"据此，"禹致群神"之"神"，实际是"山川之守"或"主山川之君"，是诸侯的一种。称之为"神"，是因这些诸侯"为群神之主"，掌管山川祭祀。顾颉刚曾考证古文献中的"群神"，其实是诸侯，因为古诸侯分守山川与守社稷两种，参氏著《古诸侯有守山川与守社稷二类》，收入《顾颉刚学术文化随笔》。近代以来关于"群神"的考证，可参张京华《"山川群神"初探》（《湘潭大学学报》2007年第6期）。谢维扬在《禹会涂山之意义及中国早期国家形成过程的特点》（《蚌埠学院学报》2014年第4期）一文则指出"群臣"是地方性势力首领。

4（汉）赵晔撰《吴越春秋》卷6《越王无余外传》。

春（今属于安徽）。[1] 随着安徽蚌埠禹会村遗址的发现和发掘，加上以上文献考证研究，有不少学者都认为涂山之会的"传说"可能具有真实事实的背景，而涂山所在就是今天安徽蚌埠一带。[2] 对于"会稽"，有主张在今天的浙江会稽，也有主张是"涂山"的讹误。[3] 但可以肯定，大禹诛防风应是在涂山或会稽诸侯之会这段时间。不管是涂山抑或会稽之会，对大禹而言，其目的很明确，即通过"合"诸侯而共一主。其他邦族部落均执玉帛参会敬贺以示履行义务，唯防风氏迟迟不至，这无疑损害了大禹一心统领各族的权威。因此，防风氏后至被戮，可谓中国早期国家因违反礼的义务性规定遭受制裁的典型案例。这种义务性规定，就是后世礼制朝会、朝贡制度，五礼中"宾礼"的源头。

对于禹杀防风，后世有不同理解，但是从立法建制的角度看，诛杀防风，"斩以示众，示天下悉属禹"，具有立国之纲纪、警示诸侯的重要意义。《韩非子·饰邪》评价云："禹朝诸侯之君会稽之上，防风之君后至而禹斩之。以此观之，先令者杀，后令者斩，则古者先贵如令矣。故镜执清而无

1　参见（晋）杜预注，（唐）孔颖达疏《春秋左传正义》卷58《哀公七年》。关于涂山所在，后世有在河南嵩县、浙江绍兴、重庆南岸、安徽怀远等几种说法。

2　可参谢维扬：《禹会涂山之意义及中国早期国家形成过程的特点》，《蚌埠学院学报》2014年第4期；罗琨：《禹会村遗址与"禹会涂山"的思考》，《中国社会科学院古代文明研究中心通讯》第26期。另，关于禹会村遗址的相关文章可参中国社会科学院古代文明研究中心编《禹会村遗址研究：禹会村遗址与淮河流域文明研讨会论文集》，科学出版社，2014。王吉怀《"禹会诸侯"之地：禹会村遗址的考古学解读》一文（《中国社会科学报》2014年7月4日第616期）指出："禹会村遗址位于安徽省蚌埠市西郊淮河岸边，东邻天河，北依涂山。《左传·哀公七年》及多部史书载有：'禹会（合）诸侯于涂山，执玉帛者万国。'禹会由此而得名。在中华文明探源工程中，禹会村遗址是在淮河中游地区选定的唯一一处遗址。中国社会科学院考古研究所于2006年开始对禹会村遗址进行勘察和钻探，并于2007—2011年进行了五次较大规模的发掘，揭露面积近万平方米，获得了重要的学术成果。遗址中现存的2000多平方米的大型祭祀台基，是一处经过人工实施的具有专一性功能的大型盟会场所。经过挖槽、堆筑灰土、铺垫黄土、覆盖白土，最后形成一个南北长108米、东西宽13—23米不等的巨大的白土覆盖面。祭祀台基面的中轴线上附加了一系列的相关设施，与宏大的祭坛场面浑然一体，成为不可分割的重要组成部分，如近百平方米的烧祭面、1米见方的方土台、长达50米并一字排开的35个柱坑等，证明了盟会过程中曾经进行过繁杂的具有宗教意义的礼仪性活动。"

3　张广志《禹诛防风氏的时间、地点、来由浅议》（2011年中国德清防风文化学术研讨会）一文考证云："会稽"之"会"、之"诛"，当为"涂山"之"会"、之"诛"的讹传；"涂山之会"与"会稽之会"当是一回事，"会稽山"就是"涂山"。

事，美恶从而比焉。衡执正而无事，轻重从而载焉。夫摇镜，则不得为明。摇衡，则不得为正，法之谓也。故先王以道为常，以法为本。本治者名尊，本乱者名绝。"[1] 可见，在韩非看来，防风后至是违反了"法"的强制性。防风"伏法"足以说明，如果违反礼的规定，就会遭到相应制裁。此时的礼已非彬彬有礼之"礼"，而是严酷无情之"法"。这时的礼作为一种具有强制执行力的行为规范，已初备"法"的基本要素。

"涂山之会"在一定程度上展现了当时的义务性规范和违反规范的后果，然而现代法学知识告诉我们，法是国家制定或认可的，并以国家强制力保障实施的行为规范。礼在原始社会虽也是用强制力保障实施的行为规范，由于当时尚未形成现代意义上的国家，所以只能称之为"原始习惯法"；但从文明发展或者考古学角度分析，中国早期国家正是在此阶段形成，"原始习惯法"也逐步进化为"国家的法"。大禹作为涂山之会的召集者，是建立在强势地位基础上的，如前所述，已有学者从早期国家形成的角度去探讨涂山之会的重要意义，就法律史而言，中国的"礼法"起步同样与涂山之会息息相关。《史记·外戚世家》中有这样的记载："夏之兴也以涂山。"在《史记》的文本中，这里的"涂山"是指大禹的妻子"涂山氏"。但结合前引《左传》等关于"涂山之会"的记载，则不难参悟，"夏之兴也以涂山"有着另一层含义："涂山之会"是夏王朝建立的重要标志。若站在中国早期国家形成的高度看，"涂山之会"不仅是三代社会"盟会"的终结，也是"执玉帛者万国"的"禹贡"体制的开端。孔子所能言之，但文献不足征的夏礼，也应该构建于此时（实际上《国语》《史记》中所记载的禹会诸侯、诛杀防风氏等事，都是本自孔子的见闻。）

其实，对"涂山之会"于夏王朝礼乐刑政构建的重要意义，古人早有认

1（宋）罗泌撰《路史》卷 22《夏后氏》云："防风氏后至，戮之以徇于诸侯，伐屈骜，攻曹魏，而万国定。"

识。如柳宗元《涂山铭》曾云："惟夏后氏建大功，定大位，立大政，勤劳万邦，和宁四极，威怀之道，仪刑后王。当乎洪荒方割，灾被下土，自壶口而导百川，大功建焉。虞帝耄期，承顺天历，自南河而受四海，大位定焉。万国既同，宣省风教，自涂山而会诸侯，大政立焉。功莫崇乎御大灾，乃赐玄圭，政莫先乎齐大统，乃朝玉帛，以混经制。是所以承唐虞之后，垂子孙之丕业，立商周之前，树帝王之洪范者也。呜呼！天地之道，尚德而右功。帝王之政，崇德而赏功。故尧舜至德，而位不及嗣。汤武大功，而祚延于世。有夏德配于二圣，而唐虞让功焉。功冠于三代，而商周让德焉。宜乎立极垂统，贻于后裔。当位作圣，著为世准。则涂山者，功之所由定，德之所由济，政之所由立，有天下者，宜取于此。追惟大号既发，华盖既狩，方岳列位，奔走来同；山川守神，莫敢遑宁。羽毛四合，衣裳咸会，虔恭就列，俯偻听命。然后示之以礼乐，和气周洽；申之以德刑，天威震耀。制立谟训，宜在长久。厥后启征有扈，而夏德始衰；羿距太康，而帝业不守。皇祖之训不由，人亡政坠，卒就陵替。向使继代守文之君，又能绍其功德，修其政统，卑宫室、恶衣服、拜昌言，平均赋入，制定朝会，则诸侯常至，而天命不去矣，兹山之会，安得独光于后欤。是以周穆遐追遗法。复会于是山，声垂天下，亦绍前轨，用此道也。故余为之铭，庶后代朝诸侯制于下者，仰则于此。辞曰：惟禹体道，功厚德茂，会朝侯卫，统一宪度，省方宣教。化制殊类，咸会坛位。承奉仪矩，礼具乐备。德容既孚，乃举明刑。以弼圣谟，则戮防风，遗骨专车。克明克威，畴敢以谕。宣昭黎宪，耄定混区。传祚后胤，丕承帝车。涂山岩岩，界彼东国，惟禹之德，配天无极。即山刊碑，贻后训则。"柳宗元"庶后代朝诸侯制于下者，仰则于此"，希冀"有天下者，宜取于此"，这个"此"，微观而言就是朝会诸侯的"大政"，宏观而言就是夏王朝所确立的礼乐刑政这一"大统"。"大政"与"大统"的确立，既是中国法律传统的肇始，也是后世道统所源与"大经大法"所本。

综上，礼作为习惯法，经过五帝时代传到大禹。大禹之后，启建立了中国历史上第一个国家——夏国。礼到这时变为国家法律，即"夏礼"。夏礼传至商，称之"商礼"。西周初年，周公旦将夏、商礼与周族风俗习惯结合，制定了一套完整的礼典，即"周礼"，史称"周公制礼"，这是西周第一次大的立法活动。夏商周之礼皆代代相传、一脉相承，此即礼刑时代。

三、礼的主要内容

严复在翻译孟德斯鸠《法意》时曾言："西人所谓法者，实兼中国之礼典。"[1] 说明礼就是法。礼作为夏商周三代之法，在孔子时代，已不甚知其详细，只能推其损益。后世曾将这一时期的"繁文缛礼"归为五类：一是祭祀鬼神之吉礼，因礼本由祭祀而产生，故置于首位。二是丧亡殡葬之凶礼，规定了人死后治丧时间、下葬规格，必须依循相应礼数。三是行军动众之军礼。四是朝聘盟会之宾礼，即诸侯朝见天子及不同国度间结盟、拜会的礼节仪式。五是婚冠饮宴之嘉礼。《礼记·礼器》称："经礼三百，曲礼三千。"《中庸》亦云："礼仪三百，威仪三千。"所谓"三百""三千"，虽是虚指，但具体到每一条具体规定，仍可在史籍中寻得踪迹。

《左传》记载："宋公及楚人战于泓。宋人既成列，楚人未既济。司马曰：'彼众我寡，及其未既济也，请击之。'公曰：'不可。'既济而未成列，又以告。公曰：'未可。'既陈而后击之，宋师败绩。公伤股，门官歼焉。国人皆咎公。公曰：'君子不重伤，不禽二毛。古之为军也，不以阻隘也。寡人虽亡国之余，不鼓不成列。'"[2] 此即春秋时期宋楚两国的"泓水之战"。宋国军队在对战时本已先于楚军占据地形，严阵以待，其司马也劝宋襄公及时进攻，以收以逸待劳之功。但宋襄公迟迟按兵不动，坚持等到楚军排好队形方正式开战。这种"坚持"，在军事史上被视为迂腐之举，但在法制史上确

---

1 严复：《严译名著丛刊·孟德斯鸠法意》上册，商务印书馆，1981，第2-3页。
2 《左传·僖公二十二年》。

实"奉礼"之极。当时的军事战争，其取胜不会凭借地形险要，更耻于以诈为胜。[1]"礼义之兵"，信奉的是"成列而鼓"这一军礼规则。击鼓进军，"不鼓"即不进攻。在礼崩乐坏的时代，以亡国之君商纣王的后代自居的宋襄公对"不鼓不成列"的坚持，足以反证，在没有礼崩乐坏的夏商西周三代，"成列而鼓"的作战方法本身就是"军礼"的要求，两军开战若"鼓不成列"，则非"仁义之师"，不仅师出无名，也师出无"礼"。

又如《国语》记载："恭王游于泾上，密康公从，有三女奔之。其母曰：'必致之于王。夫兽三为群，人三为众，女三为粲。王田不取群，公行下众，王御不参一族。夫粲，美之物也。众以美物归女，而何德以堪之，王犹不堪，况尔小丑乎？小丑备物，终必亡。'康公不献。一年，王灭密。"[2]恭王，即周共王，密国的诸侯康公曾随其到泾水春游，途中遇到三个女子私自投奔，诸侯康公便收归名下。康公母亲得知后，斥他有违背礼数，"何德以堪之"，指令他将三女交周共王发落。康公身为贵族，也要受"父母之命"的约束，更无论一般的民众。《诗经·齐风·南山》云："娶妻如之何？必告父母。"从这个例子可见，婚姻的成立须有"父母之命，媒妁之言"，这一婚姻缔结的原则，谁也不能违背，可见当时调整婚姻生活的嘉礼，就相当于现代法律意义上的婚姻法。

可见，礼的内容十分丰富，上至军国大事，下至婚姻生活，都可以调整。

四、礼与刑的关系

前面提及，早期先民生存的第一大天敌是大自然，外族部落则是他们的第二大天敌。当时的生存资源极其有限，单靠一般采伐难以确保自身氏族能

1（晋）杜预注，（唐）孔颖达疏《春秋左传正义》卷 15《僖公二十二年》杜预注云："耻以诈胜"。孔颖达云："军法鸣鼓以战，因谓交战为鼓。彼不成列而鼓以击之，是诈以求胜，故注云'耻以诈胜'。"

2《国语》卷 1《周语上》。

获取更多资源。因此，须不断扩大采伐资源的地盘，甚至侵占其他氏族部落的领地，不同氏族部落间的战争也就难以避免。战争胜利者不仅攫取生存资源，也俘获外族人。在生产力水平低下阶段，这些俘虏同样被视为生存资源的消耗者，剥夺其生命就成为常态。随着生产力水平提高，先民从游牧采伐向定居种植过渡，日常饮食所需都可通过劳动获取，俘虏也就成为生存资源的创造者，通过"伤其肌肤，残其肢体"来控制俘虏加快劳动创造就成为常态。这两种常态，就类似后世的死刑和肉刑。就此意义言，古代中国的刑是起源于兵，起源于氏族部落间残酷无情的战争。

早在"五帝时代"，刑罚就粗具体系。炎黄时代，"九黎"部落首领蚩尤为统治内部的苗民，创制了"五虐"之刑。《尚书》记载："若古有训，蚩尤惟始作乱，延及于平民，罔不寇贼鸱义，奸宄夺攘矫虔。苗民弗用灵，制以刑，惟作五虐之刑曰法。杀戮无辜，爰始淫为劓、刵、椓、黥。"[1]三苗之民习蚩尤之"恶"，杀戮无罪之人，开始滥用劓鼻、刵耳、椓阴、黥面之刑。杀戮、劓鼻、刵耳、椓阴、黥面五者，就是后世五刑之源。蚩尤被黄帝部落打败，所创制的五刑同样被黄帝用为部落联盟的刑罚。其后颛顼、帝喾、尧、舜至禹，皆沿用其制。至启建立夏朝，五刑也随着国家建立而成为国家的刑罚制度，但改革成墨、劓、膑、宫、大辟五者，同时也为商所承袭。

礼作为夏商周的法，如无刑加以强制，犹如无齿之虎，断难人人信从。当时的礼刑关系，实际上就是后人所称的"礼之所去，刑之所取，失礼则入刑，相为表里"的"出礼入刑"关系。礼须刑来做保障。如果一个人的行为超出礼的规范，就会受到刑的制裁，二者相辅相成，共同构成这个礼刑时代的法律体系。

1《尚书·吕刑》。

五、礼刑时代法律体系之特征

（一）道德与法律相混同

颛顼是五帝时代继黄帝之后的第二个氏族部落首领，他是黄帝的孙子，《史记》记载："黄帝居轩辕之丘，而娶于西陵之女，是为嫘祖。嫘祖为黄帝正妃，生二子，其后皆有天下：其一曰玄嚣，是为青阳，青阳降居江水。其二曰昌意，降居若水。昌意娶蜀山氏女，曰昌仆，生高阳，高阳有圣德焉。黄帝崩，葬桥山。其孙昌意之子高阳立，是为帝颛顼也。""帝颛顼高阳者，黄帝之孙而昌意之子也。静渊以有谋，疏通而知事；养材以任地，载时以象天，依鬼神以制义，治气以教化，絜诚以祭祀。"[1]在他统治时期，曾出台一些"法"的规定。《淮南子》记载："帝颛顼之法，妇人不辟男子于路者，拂之于四达之衢。"[2]颛顼规定，如果男女在路上相遇，要相互避让，如果女子遇见男子不避让，被视为带来晦气，部落还要为此专门在四通八达的交通要道，举行除凶去垢的祓禳仪式以祛除邪气。

这一规定被后世视为"男尊女卑"思想的源头，若从氏族社会转型角度分析，此论似可圆通。因为随着生产方式的转变和生产力水平的提高，男子逐渐成为氏族部落的中坚力量，女子的至高地位被取代，人类社会开始从母系氏族过渡到父系氏族，这势必要求在观念上强化男性的主导力量，也要求在日常行为中突出男性的权威。因此，妇人避男子于路的规定也就顺其自然产生。实际上，把颛顼视为"男尊女卑"的鼻祖，是将后世概念套用在先民身上。从史籍记载来看，颛顼是一个有"圣德"之人，且重视教化、祭祀，换言之，在当时他应是一个比较重视德、礼的部落首领。妇人避男子于路的规定，本意恐怕是与德和谦让相关。在考古学上，颛顼处在仰韶文化时期，这段时期大型原始社会聚落遗址，很多地方都有发掘。这些遗址不仅有殿堂

---

[1]《史记》卷1《五帝本纪》。

[2]（汉）刘安撰《淮南子》卷11《齐俗训》。《路史》卷17《高阳》亦记："（颛顼）乃勇令曰：毋慢制，毋虐民贵臣，骄而弗谏，男女不相辟于道者，拂之四达之衢。"

式建筑（用于集会、议事、祭祀），也有房址（一般居住屋），还有窑址、灰坑（填埋坑）、墓葬坑等。可以想象，这些氏族部落已初具打造一定生活聚居空间（区）的能力，所以就产生了不同功能的建筑，建筑的错落分布，所带来的结果就是连接各个建筑间道路的产生。随着男性逐渐承担更重的社会分工，终日"奔波忙碌"在这些道路间的无疑是男性而非女性，因此，女性在道路上避让承担繁重劳动任务的男性，更大程度上是在提倡"谦让"之德。这个时期的礼，是道德与法律的混同，用现代法学概念来解释，颛顼之法，是将具体的行为道德化和法律化。

（二）罪刑非法定

《左传》记载："昔先王议事以制，不为刑辟，惧民之有争心也。"[1]这里的先王，是指夏商西周三代之王。在夏商西周这一礼刑时代，对违反什么样的礼处以何种刑罚，预先并无法律明文规定，如果违礼，是以事后讨论方式来决定对当事人处以何种刑罚，因此又被称为"临事制刑"。史料记载，夏商西周的刑罚制度是"刑罚世轻世重，惟齐非齐，有伦有要"[2]。所谓"刑罚世轻世重"，是"观世而制刑"[3]，刑新国则用轻典，刑乱国则用重典，刑平国则用中典。具体到刑罚条目，也是本着世轻世重的原则，《尚书·吕刑》记载穆王命吕侯训夏赎刑，作《吕刑》之篇，其"墨罚之属千，劓罚之属千，剕罚之属五百，宫罚之属三百，大辟之罚其属二百。五刑之属三千"。《周礼·秋官·司刑》云："司刑掌五刑之法，以丽万民之罪。墨罪五百，劓罪五百，宫罪五百，刖罪五百，杀罪五百。"可见从夏到西周，刑罚已有减轻趋势，之所以如此，孔颖达认为："王者代相革易，刑罚世轻世重，殷以变夏，周又改殷。夏法行于前代，废已久矣。……此经（注：指《吕刑》）'五刑之属三千'，案刑数乃多于《周礼》，而言变从轻者，《周礼》五刑皆有

1《左传·昭公六年》。
2《尚书·吕刑》。
3（汉）孔安国传，（唐）孔颖达正义《尚书正义》卷19《吕刑第二十九》。

五百，此则轻刑少而重刑多；此经墨、劓皆千，刖刑五百，宫刑三百，大辟
二百，轻刑多而重刑少，变周用夏，是改重从轻也。然则周公圣人，相时制
法而使刑罚太重，令穆王改易之者，穆王远取夏法，殷刑必重于夏。夏承尧
舜之后，民淳易治，故制刑近轻。轻则民慢，故殷刑稍重。自汤已后，世渐
苛酷，纣作炮烙之刑，明知刑罚益重。周承暴虐之后，不可顿使太轻。虽减
之轻，犹重于夏法。成康之间，刑措不用，下及穆王，民犹易治。故吕侯度
时制宜，劝王改从夏法。圣人之法非不善也，而不以经远。吕侯之智非能高
也，而法可以适时。苟适于时，事即可为善，亦不言吕侯才高于周公，法胜
于前代。所谓观民设教，遭时制宜，刑罚所以世轻世重，为此故也。"[1]可见，
虽"王者相变，条数不同"，但刑罚设置的目的"皆是豫制刑矣"[2]。"豫制
刑"并非如今日公布成文法之意义，仅是"举其大纲"，故孔颖达又谓："圣
王虽制刑法，举其大纲，但共犯一法，情有浅深，或轻而难原，或重而可
恕，临其时事，议其重轻，虽依准旧条，而断有出入，不豫设定法，告示下
民，令不测其浅深，常畏威而惧罪也。法之所以不可豫定者，于小罪之间，
或情有大恶，尽皆致之极刑，则本非应重之罪；悉令从其轻比，又不足以创
小人也。于大罪之间，或情有可恕，尽加大辟，则枉害良善；轻致其罚，则
脱漏重辜。以此之故，不得不临时议之，准状加罪。"[3]这种临时议事、议事
以制，实际上是一种罪刑非法定的状态。

罪刑非法定的对立面是罪刑法定原则。罪刑法定是现代，包括中国在
内众多国家刑法所规定的一项基本原则，即对犯罪行为的界定、类型、构成
条件和处罚种类、范围，事先由法律加以规定，对无明文规定为犯罪的行
为，不得定罪处罚。概括而言，就是法无明文规定则不为罪、法无明文规定
则不处罚。在礼刑时代，"经礼三百，曲礼三千"，礼的种类和具体规定有

1（汉）孔安国传，（唐）孔颖达疏《尚书正义》卷19《吕刑第二十九》。
2（晋）杜预注，（唐）孔颖达疏《春秋左传正义》卷43《昭公六年》。
3（晋）杜预注，（唐）孔颖达疏《春秋左传正义》卷43《昭公六年》。

很多，但刑有五种。违反了什么样的礼，应该适用何种刑罚制裁，事先并无明文规定，或者说法律并无预先规定。礼刑之间，事先不存在一一对应的规定，当时的法律关系处于一种罪刑非法定的状态。尽管罪刑非法定与现代刑法理念背道而驰，但在礼刑时代，其产生的法律状态未必与当时社会治理理念相违。相反，这种状态在当时，更能有效避免争端。杜预云："临事制刑，不豫设法也。法豫设，则民知争端。"[1] 如果法不"豫定"，而"民皆先知"，其后果则是"倚公法以展私情，附轻刑而犯大恶，是无所忌而起争端也"[2]。临事制刑的表面是"不豫设法"，避免"民知争端""民起争端"才是最终目的。

（三）礼刑存在等级差异

等级差异是各氏族部落在进化过程中，为了构建稳定化的社会状态而出现的，这种现象不仅存在于早期的中国，也同样存在于世界上其他民族。夏商周时代的先民，已经逐渐摆脱"穴居野处""构木为巢"的状态，逐步进入"城市"社会。在构建"城市"的过程中，各类"城市"和建筑开始显现出不同的规格，如"城市"面积、城阙高度、道路宽窄、建筑色彩等等。这些规格的差异和分化，就是社会等级制度差异的具体表达，其来源就是礼制中的关于建筑等级结构的规范。具体到人本身，如官职、服饰、饮食等等，也莫不如是。

《左传》云："天有十日，人有十等，下所以事上，上所以共神也。故王臣公，公臣大夫，大夫臣士，士臣皂，皂臣舆，舆臣隶，隶臣僚，僚臣仆，仆臣台。马有圉，牛有牧，以待百事。"[3] 日有时序，故人也应有等级。人的名号、地位不同，循名求义，相应的礼也不一样，社会地位也就不平等，此

1（晋）杜预注，（唐）孔颖达疏《春秋左传正义》卷43《昭公六年》。
2（晋）杜预注，（唐）孔颖达疏《春秋左传正义》卷43《昭公六年》。
3《左传·昭公七年》。

谓"王命诸侯，名位不同，礼亦异数，不以礼假人"[1]。

礼之"异数"，最突出的表现就是"国君抚式，大夫下之，大夫抚式，士下之，礼不下庶人"[2]。国君就是诸侯国的国王，如果其乘车出行，与同样乘车出行的大夫相遇，国君则礼以"抚式"，大夫则停车"下之"行礼。若大夫与士相见，其礼亦如同国君与大夫相见之仪。但庶人与国君、大夫、士相见，则没有"抚式"之礼。这是因为庶人的经济条件不允许其享受车舆，因此"礼不下庶人"是指庶民百姓没有贵族的抚式礼，庶民之礼和贵族之礼存在差异，并非庶人无礼，更非庶人不受礼的约束。相反，"礼不下庶人"是鼓励庶人要成为受礼约束之人。庶人之礼，近代以来有不少误读，其实先儒对此已有精辟见解，如孔颖达云："'礼不下庶人'者，谓庶人贫，无物为礼，又分地是务，不服燕饮，故此礼不下庶人行也。""礼谓酬酢之礼，不及庶人，勉民使至于士也。"[3]因为庶人生活艰难，终日从事农作，经济条件和身份使其不能依照礼制举行或参加各种典礼。张逸云："非是都不行礼也。但以其遽务不能备之，故不著于经文三百、威仪三千耳。其有事，则假士礼行之。"[4]可见，庶人的日常生活仍然是需要礼的，只不过当时的礼制不能把它们包括进去，庶人行礼时是可以参照士行礼的。庶人生前因为身份不同，不能适用士以上的礼，其死后，葬礼之"异数"仍然存在。《礼记》云："天子死曰崩，诸侯曰薨，大夫曰卒，士曰不禄，庶人曰死。"[5]《春秋含文嘉》曰："天子坟高三仞，树以松；诸侯半之，树以柏；大夫八尺，树以栾；士

1《左传·庄公十八年》。王国维《殷商制度论》曾论："周人制度之大异于商者，一曰立子立嫡之制，由是而生宗法及丧服之制，并由是而有封建子弟之制、君天子臣诸侯之制；二曰庙数之制；三曰同姓不婚之制。此数者，皆周之所以纲纪天下。其旨则在纳上下于道德，而合天子、诸侯、卿、大夫、士、庶民以成一道德之团体。周公制作之本意，实在于此。"

2《礼记·曲礼上》。

3（汉）郑玄注，（唐）孔颖达疏《礼记正义》卷1《曲礼上》。

4（汉）郑玄注，（唐）孔颖达疏《礼记正义》卷1《曲礼上》。

5《礼记·曲礼下》。

四尺，树以槐；庶人无坟，树以杨柳。"[1]这种从生到死的公开化不平等，恰好可以说明"礼不下庶人"并不是说庶人没有礼，"生时尊卑著见可识，而死荫为野土，嫌若可弃而称轻亵之，故为制尊卑之名，则明其犹有贵贱之异也"[2]，所以说庶人之礼和贵族之礼是存在等级差异的。

礼之"异数"，在"刑"上的反映则是"刑不上大夫""刑人不在君侧"。所谓"刑不上大夫"，非指贵族犯罪不受惩罚，而是犯罪后会享受一些特权：第一，一般犯罪不受肉刑的制裁。肉刑作为伤人肌肤，残人肢体，"使人终身不息"的刑罚，对人所造成的伤害是终身的，受到这种刑罚之人，也就是"刑人"，未免有碍观瞻，难能继续服侍君王，这就是"刑人不在君侧"所指。贵族因为要继续服侍君王，在一定程度上保障了其不受这些残酷的皮肉之苦，但一般处罚仍要承受。《尚书·舜典》记载："鞭作官刑。"这个"官"，是指"官事"，故孔安国云此乃"以作为治官事之刑"[3]，换言之，这种刑罚是针对贵族官人而创制的，贵族在犯罪时可适用轻于肉刑的鞭刑。此外，孔颖达又释云："扑亦官刑，惟言'作教刑'者，官刑鞭扑俱用，教刑惟扑而已，故属扑于教。其实官刑亦当用扑，盖重者鞭之，轻者挞之。"[4]可见，处罚程度轻于鞭刑的扑刑，同属"治官事"之刑，可适用于贵族。第二，贵族犯死罪，也要受到优待。在夏朝，如果犯死罪，不论贵贱，皆处以"弃市"之刑，《礼记·王制》记载："刑人于市，与众弃之。"但到了周朝，一般民众若犯死罪，仍然"弃市"，对贵族则改变了这种当众行刑的制度，其"凡有爵者，与王同族。大夫以上適甸师氏，令人不见，是以云刑不上大夫"[5]。即对贵族执行死刑，是由"甸师氏"官员专门负责执行，将其押到秘密场所用绳子勒死，不予公开执行，以保留贵族的体面。

1（汉）班固撰《白虎通义》卷10《崩薨》。
2（汉）郑玄注，（唐）孔颖达疏《礼记正义》卷1《曲礼上》。
3（汉）孔安国传，（唐）孔颖达疏《尚书正义》卷3《舜典》。
4（汉）孔安国传，（唐）孔颖达疏《尚书正义》卷3《舜典》。
5（汉）郑玄注，（唐）孔颖达疏《礼记正义》卷1《曲礼上》。

后世儒家曾云："'刑不上大夫'者，制五刑三千之科条，不设大夫犯罪之目也。所以然者，大夫必用有德。若逆设其刑，则是君不知贤也。"[1]"刑不上大夫"在赋予贵族大夫一定特权的同时，实际上如"礼不下庶人"鼓励庶人要成为受礼约束之人一样，目的是鼓励贵族大夫珍重自身德行，不要以身试法；也是在警示君王要知贤用贤，不要误用小人，一旦小人犯法则有损自身权威。

第二节 法·律时代：春秋战国秦

《史记》记载：周幽王的妃子"褒姒不好笑，幽王欲其笑万方，故不笑。幽王为烽燧大鼓，有寇至则举烽火。诸侯悉至，至而无寇，褒姒乃大笑。幽王说之，为数举烽火。其后不信，诸侯益亦不至"[2]。后来西方的犬戎侵犯周境，幽王点起烽火，结果诸侯都不带兵勤王。周幽王被杀死在骊山之下，褒姒也被抢走，诸侯联合拥立周幽王的太子宜臼为天子，是为周平王，这就是历史上著名的"烽火戏诸侯"。公元前 770 年，平王迁都洛阳，西周至此灭亡，历史从此进入春秋时期。近年面世的清华简《系年》第二章记载："周幽王取妻于西申，生平王。王又取褒人之女，是褒姒，生伯盘。褒姒嬖于王，王与伯盘逐平王，平王走西申。幽王起师，围平王于西申，申人弗畀，缯人乃降西戎，以攻幽王，幽王及伯盘乃灭，周乃亡。"[3]不管是"委巷小人之谈"，还是出土文献的确证，从法制发展的历史看，西周灭亡直接推动了礼刑时代开始向法律时代转变。烽火为国家重要军事设施，周幽王身为一国之君，点烽火以戏诸侯实是小说家之言；社会的剧烈变迁，传统礼制的败坏，

1（汉）郑玄注，（唐）孔颖达疏《礼记正义》卷 1《曲礼上》。

2《史记》卷 4《周本纪》。

3 清华大学出土文献研究与保护中心编，李学勤主编《清华大学藏战国竹简（贰）》，中西书局，2011，第 138 页。

使得诸侯罔顾勤王之义务才是其真正原因。

一、礼之弱化

法律制度作为国家的上层建筑，会因经济基础变化而变化。早在西周中期，生产领域便出现了铁农具。铁农具的使用，使得生产力水平大大提高。以往的劳动力得以有更多的剩余时间去开垦新的土地，也就是"私田"。在此之前，西周诸侯是天子分封的，分封的土地叫"公田"。《礼记》记载："田里不粥（鬻），墓地不请。皆受于公，民不得私也。"[1]在当时，不管是田地里邑，还是冢墓之地，皆受之于"公"，作为天子分封的公田，诸侯只有使用权而无所有权，不能随意买卖。"田里不鬻"这项法律规定，通过土地不仅限制了经济流通，也限制了诸侯的势力范围，将平民、诸侯与周天子的依附关系稳定在可控范围内。随着奴隶开垦大量"私田"，诸侯不仅可以自行处置，还可用作买卖交易或抵债。土地作为最重要的生产资料，一旦进入流通领域，就会快速带来贫富分化。有些诸侯经营得不好，土地越来越少，甚至出现"筚门圭窦"而逐渐破落。有些诸侯通过兼并，土地越来越多，变成大诸侯，拥有了大量财富。物质条件的分化必然导致社会思想产生相应的变化，人们的行为就会突破旧有法律的一些条条框框，礼作为夏商周三代的法，也就开始遭到破坏。其体现在：

（一）生活上的礼失去了法律约束力

《左传》记载："公问羽数于众仲。对曰：'天子用八，诸侯用六，大夫四，士二。夫舞所以节八音而行八风，故自八以下。'公从之。于是初献六羽，始用六佾也。"[2]西周诸侯所用乐舞皆为六列，每列六人，凡三十六人，大夫则为四列，士为二列。其最高规格为天子才能享用，为八列，每列八人，凡六十四人。但这种只有周天子才是适格主体的"八佾"之舞，在春秋

---

1 《礼记·王制》。
2 《左传·隐公五年》。

时期被屡屡"僭而用之"。"凡舞所以象人之德"[1]，舞作为礼的仪式象征，被不堪德受之人所用，自然丧失威仪性和严肃性，而沦为娱乐工具。在孔子看来，诸侯享受"八佾"之舞，不仅是"僭舞"，更是"僭礼""僭德"。春秋时期，鲁国权贵季孙氏把持朝政，季氏作为正卿，在礼制上属于大夫等级，只能享用四佾，他却用八佾。对于这样的名分之乱，孔子愤言："八佾舞于庭，是可忍也，孰不可忍也！"[2]人之僭礼，与同"弑父与君"，皆当罪责，不可容忍。"为政之善，莫善礼乐，礼以安上治民，乐以移风易俗，得之则安，失之则危。"[3]孔子所讥，实是孔子之忧，因为传统生活中的礼已对当时社会丧失了约束作用。鲁国之亡，亡于季孙氏的八佾之舞，这也正是《论语》"八佾"开篇之义。

（二）经济上的礼失去了法律约束力

《周礼·春官·大宗伯》记载："以宾礼亲邦国：春见曰朝，夏见曰宗，秋见曰觐，冬见曰遇，时见曰会，殷见曰同，时聘曰问，殷覜曰视。"按照宾礼规定，诸侯要定期朝见天子，并敬献各种物产，不按期朝见会受到刑罚制裁，此为朝贡制度。《诗经·周颂·有客》亦云："有客有客，亦白其马。有萋有且，敦琢其旅。有客宿宿，有客信信。言授之絷，以絷其马。薄言追之，左右绥之。既有淫威，降福孔夷。"这首诗歌也表现了周天子饯送来朝诸侯的情境，其中"授絷"也表明，天子与诸侯的伦理基础是本自礼敬。《礼记·郊特牲》云："礼之所尊，尊其义也……知其义而敬守之，天子之所以治天下也。"故所谓宾礼，其核心是"宾客之礼主于敬"。周以礼治天下，天子自然要敬守宾礼"敬"之道，才能使诸侯亲附，有难勤王，维系天下。但春秋时期，因诸侯坐大，中央大权旁落，诸侯已不视这种"敬"为臣服的必须，当"双向"的礼敬沦落为主求宾敬，其结果便是"数典而忘其祖"。《左

1（晋）范宁注，（唐）杨士勋疏《春秋穀梁传注疏》卷2《隐公五年》。

2《论语·八佾》。

3（魏）何晏注，（宋）邢昺疏《论语注疏》卷3《八佾》。

传》记载："晋荀跞如周，葬穆后，籍谈为介。既葬，除丧，以文伯宴，樽以鲁壶。王曰：'伯氏，诸侯皆有以镇抚王室，晋独无有，何也？'文伯揖籍谈，对曰：'诸侯之封也，皆受明器于王室，以镇抚其社稷，故能荐彝器于王。晋居深山，戎狄之与邻，而远于王室。王灵不及，拜戎不暇，其何以献器？'王曰：'叔氏，而忘诸乎？叔父唐叔，成王之母弟也，其反无分乎？密须之鼓，与其大路，文所以大蒐也。阙巩之甲，武所以克商也。唐叔受之以处参虚，匡有戎狄。其后襄之二路，鏚钺，秬鬯，彤弓，虎贲，文公受之，以有南阳之田，抚征东夏，非分而何？夫有勋而不废，有绩而载，奉之以土田，抚之以彝器，旌之以车服，明之以文章，子孙不忘，所谓福也。福祚之不登，叔父焉在？且昔而高祖孙伯黡，司晋之典籍，以为大政，故曰籍氏。及辛有之二子董之晋，于是乎有董史。女，司典之后也，何故忘之？'籍谈不能对。宾出，王曰：'籍父其无后乎？数典而忘其祖。'"[1]周景王十八年（鲁昭公十五年，公元前527年），晋国史官籍谈出使周王室。宴席间，籍谈惑于周天子生活冷清，周天子发牢骚云："还不是你们这些诸侯不给我朝贡，才会沦落如此"。籍谈答道："我们不给你朝贡，那是因为晋国从未受过王室的赏赐，何来贡物"。周景王就叫人拿出旧典来看，一一列举出王室赐晋器物来，然后责问籍谈，身为晋国史官，如何能"数典而忘其祖"。从季孙师八佾舞于鲁庭到籍谈数典忘祖，说明当时社会早已习仪亡礼，仁义陵迟。既然天子在政治上早已丧失权威，那么"荐彝器于王"的朝贡也就成为典籍之旧谈。

（三）军事上的礼失去了法律约束力

《周礼·春官·大宗伯》记载："以军礼同邦国。""同"，是指"威其不协僭差者"，可见军礼不仅是征伐战争，同样是在确定天子与诸侯的伦理秩序，以防诸侯僭礼。春秋时期，随着周天子大权的旁落，这种"同"的功能

1《左传·昭公十五年》。

逐渐丧失。诸侯既然可以享受天子之乐舞，征伐也当会"自出"。在仁义让位于利时，也就出现了孟子所言的："万乘之国，弑其君者必千乘之家。千乘之国，弑其君者必百乘之家。"[1]

二、刑之变革

从西周末年到春秋时期，社会经历大的动荡，在周王室与诸侯之间、各诸侯之间，礼仍然艰难维系着共同的政治秩序。尽管没有完全毁弃周礼，背弃礼法，但所谓的"礼崩乐坏"，已使得传统的法律制度遭到全面破坏。正因为此，春秋时期各国诸侯纷纷进行法制改革，制定新的法律制度。这些改革的核心是打破以往礼刑不分的框架，将原来礼当中的部分条款抽出，和刑一一对应地加以规定，形成新的行为规范，并公之于众。

公元前536年，郑国执政子产将国家法典铸刻在彝器上，并向老百姓公布，史称"铸刑书"。公元前513年，晋国进行改革，赵鞅在向民众征收一鼓铁，铸了一个铁鼎，将刑书的文字刻在鼎上，公之于众，史称"铸刑鼎"。其他诸侯国也进行了类似"以救世弊""以去乱政"的改革，这就是春秋时期公布成文法的活动。需要明确的是，不管是铸刑书还是铸刑鼎，它们只是公布成文法的一种方式，绝不是古代公布成文法的主要方式，也不是最早的方式。《周礼·天官·大宰》曾记载云："正月之吉，始和，布治于邦国都鄙，乃县治象之法于象魏，使万民观治象。"《天官·大宰》《地官·大司徒》《夏官·大司马》也有在同一时间悬"治象之法""教象之法""政象之法"于象魏的记载。《左传·哀公三年》亦云："季桓子至，御公立于象魏之外，命救火者，伤人则止，财可为也。命藏象魏，曰：'旧章不可亡也。'"杜预注云："《周礼》，正月县教令之法于象魏，使万民观之，故谓其书为《象魏》。"象魏，是周天子或诸侯宫殿外朝门的门阙，两旁各一，筑土为台，若今之城楼，因可

观望，又称"双观"，悬法于上，故谓"象魏"。这很明显是法律向国人公开之意。因此，西周时期的"悬法象魏"使万人观焉的公布成文法方式，比铸刑书和铸刑鼎还是要早得多。此外，认为孔子反对法律公开公布，是对史料和史实及儒家的误读，孔子讥刑鼎并非因为刑鼎公布成文法，而是认为刑鼎制定程序上是"乱制"、内容上"非善"，是坏法、恶法，其从根本上背离了礼制精神。因此，孔子，包括儒家，绝非公布成文法之反对派。

到战国时期，法制改革得到进一步推进。法家始祖李悝，于魏文侯时期担任相国，他在搜集、整理各诸侯国公布的成文法基础上，编纂了《法经》，凡盗、贼、囚、捕、杂、具六篇。"灋"作为一种崭新的行为规范取代了夏商周三代的礼刑。礼刑发展到"灋"的脉络，如图 2-1 所示：

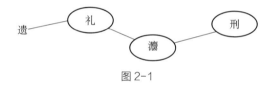

图 2-1

这样一套新的法律体系，相较于夏商周三代的礼刑体系，主要有三大变化：

（一）从道德法律混同走向道德法律分离

新制定出来的灋，把原来礼当中的部分条款抽出与刑一一对应进行规定，形成新的行为规范，代表了道德与法律的分离。从晋国铸刑鼎就可以得到印证。《左传》记载："晋赵鞅、荀寅帅师城汝滨，遂赋晋国一鼓铁，以铸刑鼎，著范宣子所为刑书焉。"[1] 但鼎的形制规格，决定了当时不能在其表面刻画太多的文字内容，也就是说其无法将礼的整体规模——"经礼三百，曲礼三千"——在鼎上一一展现。公布新法后，进入法的那些礼就变成法，用刑的手段来加以保障；未进入法的礼，可称之为"法外遗礼"，不再用刑的手段来调整，而由社会舆论、良心自律来调整。这些"法外遗礼"也就演变

1《左传·昭公二十九年》。

成道德规范，至此道德和法律开始相分离。

对铸刑鼎带来的影响，《左传》记载："民知争端矣，将弃礼而征于书。"[1]孔颖达云："今铸鼎示民，则民知争罪之本，在于刑书矣。制礼以为民则，作书以防民罪。违礼之愆，非刑书所禁，故民将弃礼而取征验于书也。刑书无违礼之罪，民必弃礼而不用矣。"[2]抛弃原来礼的规定，完全按照刑书法典来规范自己的行为，只要法中没有规定，就可为之，这类似于现代法律所认同的"法无规定即可为"。此时，道德规范又渐渐失去约束力，对于违反道德规范又没有相应的惩罚措施，人们也就渐渐只"因法而惧"，但"弃礼而驰""背德而行"。这种只追求"循法而行"，不以"遵礼而为"作配合的观念，深深影响到社会各个方面及人们具体的行为。以男女关系为例，就是可以大胆去追求爱情婚姻。男女间的关系，以前由礼调整规范，《礼记·经解》云："昏姻之礼，所以明男女之别也。夫礼，禁乱之所由生，犹坊止水之所自来也。故以旧坊为无所用而坏之者，必有水败；以旧礼为无所用而去之者，必有乱患。故昏姻之礼废，则夫妇之道苦，而淫辟之罪多矣。"所以有礼为"男女之大防"之说。"父母之命，媒妁之言"作为婚姻成立的必备条件，任何自由恋爱都是违背礼的，这不仅是道德问题也是法律问题。随着礼的破坏，新法对此没有作出规定，男女自由恋爱问题就不再是法律问题，而仅是道德问题。《诗经·郑风·褰裳》："子惠思我，褰裳涉溱。子不我思，岂无他人！狂童之狂也且！"《诗经》中这种追求爱情怨声于外而爱心于内的篇目还很多，可见"父母之命，媒妁之言"的礼，到春秋时已变成道德观念，不再具有法律约束力。道德法律分离，可以缩小法律的打击面，人的自由能得到更大程度的保障。所以由礼刑时代的道德法律混同走向道德法律分离，已成为当时法制改革的一个总的趋势和方向。

1《左传·昭公六年》。
2（晋）杜预注，（唐）孔颖达疏《春秋左传正义》卷43《昭公六年》。

（二）从罪刑非法定走向罪刑法定

新制定出来的法，把原来礼当中的部分条款抽出与刑一一对应加以规定，也就是什么样的行为会受到何种刑罚制裁，在法典中已有明文规定，这就是罪刑法定。李悝为魏国制定的《法经》，其中规定："盗符者诛"，就是这一原则的典型。据《史记·魏公子列传》记载，公元前257年，秦军进攻赵国，赵国危急，魏国派将军晋鄙率十万大军救赵。秦国使者立即来到魏国，宣称敢救赵国者亦同样讨伐之。魏安釐王惧于秦军之强，只能命晋鄙在赵国边境按兵不动。魏公子信陵君通过如姬偷得兵符，"矫魏王令代晋鄙"，从而调动大军与秦军开战，大获全胜。这就是军事史上著名的"窃符救赵"。《史记》中说："魏王怒公子之盗其兵符，矫杀晋鄙，公子亦自知也。"魏王对信陵君盗取兵符的行为非常愤怒，信陵君也明白这是非常严重的犯罪，所以他派将领率军返回魏国，自己却和门客滞留赵境将近十年，不敢回国。信陵君之所以这样做，就是因为魏国一直有"盗符者诛"的法律规定。

偷盗兵符是行为，处以死刑是后果，事先在法典中做了明确规定，这是典型的罪刑法定的立法模式。在礼刑时代，罪刑关系是非法定的，老百姓干了什么会受到什么制裁，事先是不能预知的，法律没有预测功能，得不到民众的拥护，所以要改革。由罪刑非法定走向罪刑法定，也成为当时法制改革的另一个方向。

（三）从礼有等差走向刑无等级

在礼刑时代，庶民与贵族之礼各异，在法律适用上，贵族犯罪要享受特权，这是典型的等级社会。春秋战国时的法制改革就是要打破这种不平等。晋国铸刑鼎时，孔子反对说："贵贱不愆，所谓度也。……今弃是度也，而为刑鼎，民在鼎矣，何以尊贵？"[1]需要明确的是，孔子并非反对成文法的公布，而是反对"民在鼎矣"的尊贵失序。贵贱地位不错乱，才是真正的法

---

1 《左传·昭公二十九年》。

度，这才是孔子所推崇的。如今晋国所进行的改革，是"弃礼征书"，抛弃了这个法度，什么行为受什么制裁，一律刻在鼎上。"威权在鼎"，老百姓就只关心鼎上的规定，人与人之间就没有高低贵贱之分。这就从反面说明，晋国刑鼎上公布的新法中，贵族和平民在法律适用上并无区别，这就是后世所谓的"刑无等级"，其中包含了法律面前人人平等的含义。由礼有等差走向刑无等级，成为当时法制改革的第三个方向。

由夏商西周三代的礼刑转变为春秋战国时的法，代表了当时三种先进的法治文明，成为各诸侯国进行法制改革的基本思路。在这个改革基本思路带领下，"法"自身逐渐转型成为"律"，"律"的出现，使得战国秦时期的法律体系有了更加明确和稳定的主体。

公元前4世纪，诸侯争霸愈演愈烈，为了在战争中胜出，秦孝公任用法家代表人物商鞅主持制度改革。商鞅在公元前356、前350年先后两次变法，在法律制度的变革上，商鞅最重要的举措就是把"法"改为"律"。《唐律疏议》云："周衰刑重，战国异制，魏文侯师于里（李）悝，集诸国刑典，造《法经》六篇：一、《盗法》。二、《贼法》。三、《囚法》。四、《捕法》。五、《杂法》。六、《具法》。商鞅传授，改法为律。"[1]商鞅在李悝《法经》基础上，根据秦国实际又增加了新内容，制定了《秦律》。其演变轨迹可用图2-2来表示：

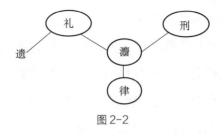

图2-2

商鞅改法为律有两个出发点：一是定"范一"。清段玉裁《说文解字注》

---

1 《唐律疏议·名例》。

中指出："律者，所以范天下之不一而归于一"。天下人的地位各有不同、行为各不统一，要用律把它们统一规范到一个模式上去。"范一"强调的是法律的统一适用：不管是什么人犯法，都要用统一的标准来制裁。《史记》记载，秦孝公的太子驷触犯了新法，商鞅认为："法之不行，自上犯之。"法律之所以难以推行，就是因为这些身处高位的人带头犯法。商鞅想处罚太子，但又碍于其是秦孝公的"君嗣"继承人而不便处罚，所以只好"刑其傅公子虔，黥其师公孙贾"[1]。公子虔、公孙贾虽贵为太子师傅，但在法律面前，上自卿相将军，下至大夫庶人，大家都是一样的，不能搞特权。这正是对前期法家"刑无等级"思想的制度化。二是制"均布"。《说文解字》云："律者，均布也。"律本指笛子，定音笛。均布指定音笛的音孔是均匀分布的。如果音孔不是均匀分布，就会五音不全。因此用律这种"定音仪器"来指代法，是强调法律的稳定性。法律一旦制定，就不能轻易改变。秦国严守法律不能朝令夕改这根红线，其"严刑少恩"，最终也使得其始作俑者商鞅"卒受恶名于秦"[2]。《史记》记载，秦孝公死后，秦惠文王即位，"公子虔之徒告商君欲反，发吏捕商君。商君亡至关下，欲舍客舍。客人不知其是商君也，曰：'商君之法，舍人无验者坐之。'商君喟然叹曰：'嗟乎，为法之敝一至此哉！'去之魏。魏人怨其欺公子卬而破魏师，弗受。商君欲之他国。魏人曰：'商君，秦之贼。秦强而贼入魏，弗归，不可。'遂内秦。商君既复入秦，走商邑，与其徒属发邑兵北出击郑。秦发兵攻商君，杀之于郑黾池。秦惠王车裂商君以徇，曰：'莫如商鞅反者！'遂灭商君之家。"[3]商鞅的逃亡之路，说明他在秦孝公时期制定的法，在秦惠文王时同样生效。他制定的法律没有因改朝换代而被破坏，依然得到了有力的推行，甚至"妇人婴儿，皆言

1《史记》卷68《商君列传》。

2《史记》卷68《商君列传》。

3《史记》卷68《商君列传》。

商君之法"[1]。故韩非有言:"及孝公、商君死,惠王即位,秦法未败也。"[2]

由上述分析可见,改法为律,目的就是要强调法律的统一适用和稳定性。从此以后,各朝的主要法典均以律名之,一以贯之,沿用至清朝末年法制改革。

三、律之崛起

史载:"公孙鞅之治秦也,设告相坐而责其实,连什伍而同其罪,赏厚而信,刑重而必,是以其民用力劳而不休,逐敌危而不却,故其国富而兵强。"[3]王充在《论衡·书解》中说:"商鞅相孝公,为秦开帝业"。韩愈《进士策问十三首》云:"秦用商君之法,人以富,国以强,诸侯不敢抗,及七君而天下为秦。使天下为秦者,商君也。"商鞅担任秦孝公的相国,通过变法实现了秦民之殷盛,国之富疆,更为秦国统一中国奠定基础。公元前221年,秦统一中国,"海内为郡县,法令由一统"[4],秦始皇继承了秦的"法统"和"治强"之术,把以律为代表的这样一套法律制度推行到全国。作为"自上古以来未尝有,五帝所不及"[5]之事,为了使这种法律体系得以全面建立,秦朝的着力点体现在三方面:

(一)治道皆法式

《史记》记载:秦始皇上台后,"治道运行,诸产得宜,皆有法式"[6]。"皆有法式",就是什么样的行为都要有相应的法律制度调整。在一统法式的推动下,"贵贱分明,男女礼顺,慎遵职事"[7],秦朝治理国家的方法得到有效运行,社会的各个产业都能得到相应保护。这种一统,不仅体现在疆土、文

1（汉）刘向撰《战国策》卷3《秦策》。
2《韩非子·定法》。
3《韩非子·定法》。
4《史记》卷6《秦始皇本纪》。
5《史记》卷6《秦始皇本纪》。
6《史记》卷6《秦始皇本纪》。
7《史记》卷6《秦始皇本纪》。

字、文化、车轨、舆服、度量衡上，也体现在国家法律形式上。秦朝所确定的法律形式主要有律、令、制、诏。律作为最基本的法典，继承了商鞅变法为律所制定的秦律。"律者，万世不变之常法"，有着最大的确定性和稳定性。为了应对新出现的问题，解决律所不能预见和包含的内容，则用令这种形式来调整，所以说令是针对新出现的问题、临时颁布的法令，具有灵活性，正好和稳定的律配合起来使用。公元前221年，李斯等大臣给秦始皇提议："命为'制'，令为'诏'。天子自称曰朕。"[1]皇帝的命就是制，"奉天承运皇帝制曰"，用的是制书，是针对人来发布的；皇帝的令就是诏，"奉天承运皇帝诏曰"，用的是诏书，是针对事而发布的。如公元前213年，李斯建议："非博士官所职，天下敢有藏诗、书、百家语者，悉诣守、尉杂烧之。有敢偶语诗书者弃市。以古非今者族。吏见知不举者与同罪。令下三十日不烧，黥为城旦。"[2]统一思想，秦律并无规定，为了达到这一目的，秦始皇颁布了"焚书令"以作临时之法。"朕"在秦朝作天子的尊称和独称，革除了秦以前"古者上下共称之，贵贱不嫌"的"同号之义"[3]。这种名称上的"异号"，实际上是确定了皇帝发布的命和令，就是制和诏作为特别法，具有最高法律效力。秦朝有律、令、制、诏种种法律形式，对任何问题都做了相应规定。桓宽《盐铁论》中说："秦法繁于秋荼，而网密于凝脂。"[4]意思是秦代法律多如秋天的野花，法网密如凝固的油脂一样，没有缝隙。任何行为都有相应的法律进行调整，就此意义言，秦朝确实做到了极端化的"有法可依"。

（二）事皆决于法

《史记》记载，秦始皇统治时期"刚毅戾深，事皆决于法"[5]，即法律是如何规定的，就应以此执行；发生纠纷，一概用法律手段解决。公元前216

1《史记》卷6《秦始皇本纪》。
2《史记》卷6《秦始皇本纪》。
3《史记》卷6《秦始皇本纪》集解引蔡邕曰。
4（汉）桓宽撰《盐铁论》卷10《刑德》。
5《史记》卷6《秦始皇本纪》。

年，秦统一中国后的第六年，专门颁布一道法令："令黔首自实田"[1]。秦朝崇尚水德，衣服旄旌节旗皆尚黑。因此平民形成以黑巾裹头的风俗，所以黔首指的是平民百姓。这道法令的意思命令占有田土者，如实向国家申报自己所占土地数额并缴纳田租，同时在土地之间堆砌土墙作为界限，这个界限被称为"封"，用来确定土地权属。凡经申报备案的土地皆得到法律保护，通过此举，秦朝在全国范围确认了土地私有制。因此，如果有侵犯他人私有土地情形出现，就可用法律手段进行解决。《法律答问》有一条律文规定："盗徙封，赎耐。"意指私自移动土地之间的界限"封"的行为属于犯罪，法律后果是"赎耐"。在秦朝，耐作为一种刑罚，是将当事人的鬓发胡须剃掉，同时加服劳役。有耐为鬼薪，即把胡子鬓发剃掉，负责砍柴供宗庙祭祀鬼神用，所以叫鬼薪，刑期为三年；还有耐为隶臣，即把胡子鬓发剃掉，被发配至官府充当奴隶。[2]古人认为"人之发肤，受之父母，不敢毁伤"，因为犯罪，被强制剃掉鬓发胡子，也是对当事人施行的一种侮辱刑。如果说"盗徙封"是普通的"民事侵权行为"，要对其依法处置；那么《法律答问》中"盗不盈一钱""牛瘦一寸""仓库鼠洞""步过六尺""履锦履"等烦琐规定，则是将法律控制力和打击力下沉到生活的方方面面。这种跋前踬后、动辄得咎的国家治理方式，也无异于极端化的"有法必依"。

（三）重法绳于世

秦朝的重法绳世，包括两层意思：对百姓而言，必须遵守法律，否则会受到追究；对执法者而言，对任何违法行为，都必须依法进行追究，核心就是要严格执法。不管对百姓还是官员都强行"深督严责"之道。《法律答问》中有条文规定："或盗采桑叶，赃不盈一钱，何论？赀徭三旬。"按照当时法律规定，盗采他人桑叶，价值不到一钱者，处以三十天徭役。"深督严责"

---

1 《史记》卷6《秦始皇本纪》集解引徐广曰。

2 《史记》卷6《秦始皇本纪》集解引应劭曰："取薪给宗庙为鬼薪也。"引如淳曰："律说鬼薪作三岁。"

之下,"重法"并没有与法律规定的"精细化"产生积极的效应,相反是"囹圄成市""褚衣塞道"。故后人评价其法"繁刑严诛,吏治刻深,赏罚不当,赋敛无度,天下多事,吏弗能纪,百姓困穷而主弗收恤。然后奸伪并起,而上下相遁,蒙罪者众,刑戮相望于道,而天下苦之。自君卿以下至于众庶,人怀自危之心,亲处穷苦之实,咸不安其位,故易动也"[1]。

从以上所论可明,秦朝以"律"为核心的法律体系的构建和推行,在历史上确实可算非常重视法制建设的王朝。秦朝自公元前221年统一,至公元前206年灭亡,在短暂的统治时期,秦法行于四海,天下之人皆侧足而立,其法虽暴,但也有陈胜、吴广这样的"敢怒之民"。杜牧《阿房宫赋》曾感叹:"族秦者,秦也,非天下也。"虽谓"商君虽死,秦法未亡",但秦的法律体系所存在的巨大漏洞和短板,决定了如同灭商鞅者是其法一样,灭秦者也是其法,正所谓:"族秦者,秦法也。"

第三节　礼法时代:汉至清

上古夏商周作为礼刑时代,是中国法律传统的肇始之基。三代之法,法在礼中,礼外无法。自周公兴事造功,制礼作乐,驯致太平开始,西周逐渐形成"礼法"制度和"礼法"文化。"礼法"作为秉承天道人情的根本大法,具有最高法、正义法的属性,统率各种国家法律形式、地方法规和家族规范;同时也是具体法、有效法、实施中的法。这段时期的礼具有道德与法律的双重属性,礼既具备道德规范的作用,又具备法律规范的功能。其时并不存在独立于礼的法,其法律形式主要是"礼"与"刑"。礼乃行为规范,刑为制裁手段,即刑罚。刑依赖于礼而存在,囊括在礼的范围内。所以上古夏商周,法在礼中,礼外无法,出礼入刑,这是古代法律体系的原

---

1 《史记》卷6《秦始皇本纪》。

生状态。夏商周礼乐刑政"大统"的确立，既是中国法律传统的肇始，也是后世道统所源与"大经大法"所本。周公所创制的礼法，为孔子和儒家所继承发扬。荀子曾云："故学也者，礼法也。"[1]"百王之所以同也，而礼法之枢要也。""百王之所同，而礼法之大分也。"[2]谭嗣同尝言："二千年来之学，荀学也。"其"学"之本，实在"礼法"，史上首提"礼法"作为"礼乐政刑"治国方式的统称之人，正是荀子。可以说，儒家所开创的"礼法"是为后世设范立制。其对礼的重视和构建，不仅立足于追求"为政以德""得乎丘民"的政治合法性，也立足于"为国以礼"的统治秩序和"非礼无法""出礼入刑"的法律强制。春秋时代，诸侯纷争，礼坏乐崩。进入战国，"法""刑""律""宪""令"等法律形式登上舞台，礼与法、礼与刑开始分离，这种趋势在秦代达到高峰。然而这种高峰，付出了"孤独"的代价。

司马迁曾云："秦离战国而王天下，其道不易，其政不改，是其所以取之守之者异也。孤独而有之，故其亡可立而待。"[3]这种"孤独"之治，实际是礼被抛弃的"孤独"，是法的"孤独"，也是礼的"孤独"。后人对秦朝法制建设的总体评价就是"弃礼任法""纯任法治"，即抛弃了传统的礼，只用法律来治理国家。虽然"精细"但却严苛，虽然"精准"但失"精益"。以今日之语言之，就是只重视法制建设，而忽略道德建设。任何时代，法律如果离开道德滋养，其运行、适用和实施必定是一场"孤独"之旅而出现"孤独"之苦，也会给社会带来难以承受的"孤独"之痛。

秦朝"孤独"的"垂法而治"，背离了"礼"的要求。其迅速灭亡，促成汉朝人对法制问题的反思。贾谊在《新语·无为》中云："事愈繁，天下愈乱；法愈滋，而奸愈炽。"秦法之专制，决定了其价值取向只能以义务本位为选择，当这种义务越多，责任越重，就会沦落为束缚民众手脚的"治

1《荀子·修身》。
2《荀子·王霸》。
3《史记》卷6《秦始皇本纪》。

道"，甚至破坏人与人之间的伦理之道。对此，贾谊"发愤而增叹"云："商君遗礼义，弃仁恩，并心于进取，行之二岁，秦俗日败。故秦人家富子壮则出分，家贫子壮则出赘。借父耰锄，虑有德色；母取箕帚，立而谇语。抱哺其子，与公并倨；妇姑不相说，则反唇而相稽。其慈子耆利，不同禽兽者亡几耳。然并心而赴时，犹曰蹶六国，兼天下。功成求得矣，终不知反廉愧之节，仁义之厚。信并兼之法，遂进取之业，天下大败；众掩寡，智欺愚，勇威怯，壮陵衰，其乱至矣。是以大贤起之，威震海内，德从天下。曩之为秦者，今转而为汉矣。然其遗风余俗，犹尚未改。今世以侈靡相竞，而上亡制度，弃礼谊，捐廉耻，日甚，可谓月异而岁不同矣。"[1]在礼刑时代，父子间的孝道，受到礼的维护。到了法律时代，礼崩乐坏，孝道被抛弃在法律之外，成为纯粹的道德。韩非曾说："君之直臣，父之暴子也……父之孝子，君之背臣也。"[2]对君王正直忠诚的大臣，在家里恰恰是暴逆的不孝子；对父母孝顺的儿子，对国家而言恰恰是背叛君王的叛臣，将忠、孝两种价值观完全对立。秦朝法制是在法家思想指导下建立的，不提倡孝道，所以才有贾谊所忧心的"借父耰鉏，虑有德色；母取箕帚，立而谇语"。这种家庭成员间的"分财而居""反唇相讥"所造成的隔膜，不仅是感情的生疏、伦理的断裂，更是日常行为与道德观念的脱钩。正因为家庭内部的亲情淡薄，所以秦朝强制告奸的法律制度才得以有效推行，父亲犯罪，儿子告发；丈夫犯罪，妻子告发。《法律答问》记载："夫有罪，妻先告，不收。"丈夫犯罪，妻子在官府还没发现前告发，就不会被没收为官奴婢，而且随妻子陪嫁的丫鬟、嫁妆也不没收。反之，若妻子隐匿不告，就与丈夫同罪。父子、夫妻间，本是用亲情来"合父子之亲""明夫妇之情"的，法律却强隔其亲、横断其情。秦朝这种违反人性、情理和规律的法律规定，在当时一定程度上有利于国家

1《汉书》卷48《贾谊传》。
2《韩非子·五蠹》。

对社会进行有效控制，但用西方自然法学派的观点来看，其即"恶法"。司马谈云："法家不别亲疏，不殊贵贱，一断于法，则亲亲尊尊之恩绝矣。可以行一时之计，而不可长用也。"[1]法家不辨亲疏贵贱，任何事情都一概用法律来解决，亲属间的亲情、上下级间的恩情，也无须构建和维系。由此建立起来的法律，虽有速效之功，但终非长治久安之大计。

秦亡的深刻教训，使得汉朝人不得不在理论上认真思考法律与道德的关系，在实践中探索法律与礼法的转化，在秦人"恶礼制之害己，去其篇籍"[2]中重拾先秦的礼治之道，礼制的益己之术。可以说，汉思秦弊，标志着中国法制第二阶段：法律时代的结束。

汉承秦制，萧何制定《九章律》源自秦律，刑罚未中。如董仲舒所论，秦之"遗毒余烈，至今未灭"[3]。经过六十多年的摸索，西汉承百王之弊而拨乱反正，至公元前134年，汉武帝接受董仲舒建议，"罢黜百家，表章《六经》"，"兴太学，修郊祀，改正朔，定历数，协音律，作诗乐，建封禅，礼百神，绍周后"[4]。在法制建设上，确立了"礼法并用""德主刑辅"的原则，成为此后两千多年的法制指导思想。董仲舒也因"稽古礼文"之功，"令后学者有所统一，为群儒首"[5]。在这种思想指导下，以前被抛弃的礼大量进入法律，礼与法不断融合，也就是道德与法律不断结合，形成一套新的法律体系（如图2-3所示），中国法律的历史进入了第三个阶段：礼法时代。

礼法时代的形成大致经历四个历史时期：一是两汉的引礼入法期。把以前被抛弃的礼引入法律，开始"法礼足礼"[6]，道德与法律相结合的运动。如果说夏商周三代道德与法律的混同，是自发形成的；那么汉代道德与法律

1《史记》卷130《太史公自序》。

2《汉书》卷22《礼乐志》。

3《汉书》卷56《董仲舒传》。

4《汉书》卷6《武帝纪》。

5《汉书》卷56《董仲舒传》。

6《史记》卷23《礼书》。

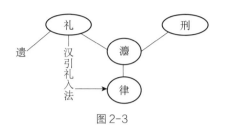

图 2-3

的结合，则是通过历史选择之后自觉形成的。二是魏晋南北朝隋的礼法结合期，更多的礼涌入法律当中，并逐步制度化、典章化。三是唐代的礼法合一期。大量的礼转化成法律，或编撰有专门礼典，同样受到法律保护，礼与法达到高度统一，也就是道德与法律合二为一。四是宋元明清的礼法延续期。基本沿袭礼法传统，没有本质上的变化，只有适当的增减。所以中国传统社会被称作礼法社会，和这一治理模式有着极大的关系。

礼法时代礼法融合的表现和成果，就是礼法体系的正式确立。礼法体系是自汉迄清中国传统法律的基本形态，最主要的特征是视礼为国家立法、司法、执法的基本原则，以礼统法，以礼帅律，"礼"和"法（刑）"相互交融，互相渗透。因此，礼法体系中"礼"与"法"的关系，不是"礼"与"法"、"礼"与"刑"、"礼"与"律"简单相加，而是礼中有法、纳法于礼。"律令"生自"礼法"，合于"礼法"，"礼法"统摄"律令"。律、令、科、比、格、式、例等，莫不唯"礼法"是从，莫不匡之以"礼法"。在这种交融、渗透中，形成了三方面的"法"：一是礼典、礼制规则本身所蕴含并为律令所维护的"法"；二是引礼入律、入令等法律形式所形成的"法"；三是与礼同源，合于礼义、礼制，得到国家律令认可、维护，行用于民间的"法"。这三方面虽言之为"法"，实是礼法融合之产物，皆为礼法之法，皆是礼法的载体，且各自独立构成体系：第一方面的"法"，可称之为礼典体系；第二方面的"法"，可称之为律（令）典和会典体系；第三方面的"法"，可称之为民间法律规则体系。这三个子体系自汉开始创建，不断发展和完善，共同构成了礼法体系，也成就了中华法系。

一、礼法时代的礼典体系

先秦作为礼的产生时期，是后世构建礼典体系的思想和制度之源，可称之为礼源时代。后人曾评价云："三代之学，皆所以明人伦，圣人之道，一礼而已。"[1] 这段时期创制礼的主体是儒家，言其创制，一是指儒家通过以六经为代表的著述明确了礼的功能与作用，二是指儒家通过以六经为代表的著述阐述了礼的原则、大义、精神，三是指儒家通过以六经为代表的著述预设了礼的类别和一系列的礼仪规则。这三方面的创制，即后世制定相关礼仪规定或构建礼典的思想和制度之源。

夏商二代，文献不足征，已难窥视当时具体的礼制规定。但作为礼制的物质表现形态，商的甲骨、青铜器及礼制建筑遗存，可以反证当时存在一定的祭祀仪式，而刻画其间的文字也多与祭祀活动相关。这些礼制物质表现形态的存在，恰可说明等级制度业已形成，一些原始的祭祀习惯和仪式已过渡为社会阶层的礼仪，并逐步转变成国家政权礼仪。这些礼仪，主要是军事征伐、巡狩、婚姻、丧葬、朝聘及祭祀方面的礼仪。后人曾有商礼"舍祭礼而外，固无所谓礼制"的推断，如果说当时存在一定的礼制构建，那么其所构建的重心仍然是解决人、神之间的关系。《论语·为政》云："殷因于夏礼，所损益，可知也；周因于殷礼，所损益，可知也。其或继周者，虽百世可知也。"这说明，夏商以后的礼，特别是周礼并非无源之水、无本之木；反推之，夏商之礼是为真实的存在。

周承袭夏商之礼，损益因革，最终构建了一套新的礼制。谓其新，一指礼的名目增多，《中庸》有"礼仪三百，威仪三千"之说；《礼记·礼器》有"经礼三百，曲礼三千"之谓。名目之增，带来的是规则、仪式之增。二指礼

---

1 曹元弼撰《复礼堂文集》卷 4《礼经会通大义论略》，1917 年刊本。

出现新的分化，不仅围绕解决人、神问题，而且着力于构建一套适用于国家或统治阶层的典章制度和适用于士民阶层的行为准则规范。这两套规范，就是周礼的主要构成，主要存于《周礼》和《仪礼》。就礼源而言，《周礼》和《仪礼》初步解决了礼的分类及礼仪规则适用层次和程序问题。当然，对《周礼》和《仪礼》的成书，自古至今都存在不同意见。支持《周礼》和《仪礼》成书于周的清代学者秦蕙田曾云："子产、叔向、晏婴、韩起诸人曾未一见《周官》《仪礼》，盖周公成文武之德，其追王郊禘六官五礼，诸大经大法皆藏于王朝，掌于柱下史官，固不得见也。"[1]《周礼》和《仪礼》虽未必是周代的原本文字，但其相关礼仪大致能反映周代礼制的面貌，而后世制礼，也基本上遵循这样的架构。即便秦氏以《周礼》和《仪礼》是"大经大法"而"藏于王朝"的推断是妄言，也无法否定当时已有编撰礼、分类礼的事实。

春秋战国以来，"缘人情而制礼，依人性而作仪"已成礼制主流。礼的功能与作用，礼的原则、大义、精神这些问题得到有效解决。孔子云："夫礼，先王以承天之道，以治人之情。故失之者死，得之者生。《诗》曰：'相鼠有体，人而无礼；人而无礼，胡不遄死？'是故夫礼，必本于天，殽于地，列于鬼神，达于丧祭、射御、冠婚、朝聘。故圣人以礼示之，故天下国家可得而正也。"[2]荀子云："故人之命在天，国之命在礼。"[3]"人无礼则不生，事无礼则不成，国家无礼则不宁。"[4]这些礼达于天地神鬼、达于人情国事之论，既是对礼制的抽象概括，也被儒家融汇在六经中。因此，能够体现礼的就不单是《周礼》《仪礼》而已。后人云："六经同归，其指在礼。《易》之象，《书》之政，皆礼也；《诗》之美刺，《春秋》之褒贬，于礼得失之迹也；《周官》，礼之纲领，而《礼记》则其义疏也；《孝经》，礼之始，而《论

1（清）秦蕙田撰《五礼通考》卷2《礼制因革上》。

2《礼记·礼运》。

3《荀子·天论》。

4《荀子·修身》。

语》则其微言大义也。故《易》之言曰，圣人有以见天下动，而观其会通，以行其典礼。《书》之言曰，天叙有典，天秩有礼。《诗》序之言曰，发乎情，止乎礼义。《春秋》宪章文武，约以周礼。所议所善，按礼以正之。《孝经》开宗明义言至德要道，要道谓礼乐。《论语》言礼者四十余章，自视听言动与凡事亲、教子、事君、使臣、使民、为国，莫不以礼。《周礼》《仪礼》，发源是一，《礼记》则七十子之徒共撰所闻，或录旧礼之义，或录变礼所由。盖圣人之道，一礼而已。三代之学，皆所以明人由。六艺殊科，礼为之体。"[1]孔子删定六经，被视为周公之后的第二次制礼作乐。但至六国争霸，"秦平天下，收其仪礼，归之咸阳，但采其尊君抑臣，以为时用"[2]。因此，就实施而言，孔子所预设的礼制并未得以全面推行。

但这并不意味着孔子的片言只语及儒家著述与现实无关。相反，其为礼制注入了德、仁等新的阐释，奠定了后世礼典构建的基本价值取向；同时为后世礼典构建指明必须处理好的两个秩序维度：一是外在的规范秩序，二是内在的精神秩序。"礼"被视为超越"律令"的"大分"和"纲纪"，成为法的渊源和纲宪。故《左传》云："礼，经国家，定社稷，序民人，利后嗣者也。"[3]"礼，上下之纪、天地之经纬也，民之所以生也，是以先王尚之。"[4]"夫礼，天之经也，地之义也，民之行也。"[5]荀子有云："礼者，法之大分，类之纲纪也。"[6]毁之"大分"，失之"纲纪"，则是"非礼"，"是无法也"[7]。故礼者，不仅是人兽之别，也是天地之序，更是"国之干"[8]"政之舆"[9]"王之大经"[10]，

---

1 曹元弼撰《复礼堂文集》卷4《礼经会通大义论略》，1917年刊本。
2（唐）杜佑撰《通典》卷41《礼一·沿革一·礼序》。
3《左传·隐公十一年》。
4《左传·昭公二十五年》。
5《左传·昭公二十五年》。
6《荀子·礼论》。
7《荀子·修身》。
8《左传·僖公十一年》云："礼，国之干也。"
9《左传·襄公二十一年》云："礼，政之舆也。"
10《左传·昭公十五年》云："礼，王之大经也。"

是为政者不可须臾或离的大经大法。"国家非礼不治，社会得礼乃安"[1]。故虽经秦火，但孔子所删定的"古礼"与"秦仪"亦同样传世，为汉代礼制的重建、整合奠定了基础。

正因为儒家提倡的礼在治乱兴衰过程中能起到"中"和"准"的关键性作用，研究礼、实践礼，成为汉以来一代代儒者的追求，也就有了"礼外无学"的说法。如曾国藩云："古之学者，无所谓经世之术也。学礼焉而已。"[2]曹元弼云："圣人所谓学者，礼也。盖圣人之仁天下万世也以学，而学之本在礼。"[3]说礼外无学，一是指礼解决了很多理论问题。古人治学，很大程度是从治经开始的，而治经又以治礼为首要，礼是解开六经的钥匙。如黄宗羲云："六经皆载道之书，而礼其节目也。"[4]王夫之云："首明六经之教，化比成俗之大，而归之于礼，以明其安上治民之功而必不可废。盖《易》、《诗》、《书》、《乐》、《春秋》皆著其理，而礼则实见于事。则五经者，礼之精意；而礼者，五经之法象也。故不通于五经之微言，不知礼之所自起。而非秉礼以为实，则难达于性情之旨，审于治乱之故，而高者驰于云虚，卑者趋于功利，此过不及者之所以鲜能知味而道不行矣。"[5]李塨指出："圣门六艺之学，总归一礼。"[6]清理学家凌廷堪《学古诗》言："儒者不明礼，六籍皆茫然。于此苟有得，自可通其全。不明祭祀制，《洛诰》何以诠？不明宫室制，《顾命》何以传？不明《有司彻》，安知《楚茨》篇？不明《大射》仪，安能释宾筵？不明盥与荐，《易》象孰究研？不明聘与觐，《春秋》孰贯穿？如衣之有领，如官之有联。稽古冀有获，用志须精专。"治经需治礼，通群经而后能通礼，如荀子所云"始乎诵经，终乎读礼"[7]，一切学问宗旨，以礼为

1（晋）杜预注，（唐）孔颖达疏《春秋左传正义》卷4《隐公十一年》。

2（清）曾国藩撰《曾文正公文集》卷3《孙芝房侍讲刍论序》。

3 曹元弼撰《复礼堂文集》卷4《礼经会通大义论略》，1917年刊本。

4（明）黄宗羲撰《黄梨洲文集》卷1《序类·学礼质疑序》。

5（明）王夫之撰《礼记章句》卷26《经解》。

6（清）李塨撰《论学》卷1。

7《荀子·劝学》。

归。此义随在可证，无俟列举。礼外无学的另一方面是指礼解决了很多实践问题。陈澧曾云："天下无一事无礼者也。"[1]在古人看来，世间之事，包括天下治乱兴衰都蕴含礼、体现礼。故又云："古今所以治天下者，礼也。"[2]"古之君子之所以尽其心、养其性者，不可得而见；其修身、齐家、治国、平天下，则一秉乎礼。自内焉者言之，舍礼无所谓道德；自外者言之，舍礼无所谓政事。"[3]换言之，古人面对修身持家、治乱兴衰等问题，推崇的是以礼治身、治家、治国、经世。这并非说礼能解决所有问题和矛盾，而是说礼为古人在国家、权力机构、社会秩序、基本价值观的构建乃至纠纷解决等方面，提供了极其重要的理论依据和制度参照。而实践问题的解决，则是以礼的精神、大义、观念、价值等制度化为前提，构建一套适用于当时社会的礼规或礼典，并使之成为经世宰物、纲维万事的标准。因之，中国古代的礼典构建，是一个从礼学走向礼治，二者相互交融、推动的过程。

礼法体系作为汉以来中国传统法律的基本形态，在此体系中，最能体现"法（刑）"的要素和因子是律（令）典和会典体系，而最能体现礼的则是礼典体系。中国古代的礼典，具有很强的操作性，也有很强的仪式性和理论性。因此，中国古代的礼典体系作为中华法系的"法统"载体，既有实用价值，也有象征意义。职是之故，礼的构建、礼典的编撰就成为历代王朝的首要大政。礼典体系，发源于三代，定型于春秋战国，毁亡于秦，复建于汉，发挥于魏晋六朝隋，定鼎在唐宋，延续至明清。自秦"弃礼任法""纯任法治"后，礼典体系的发展过程大致分为三个阶段：一是两汉的复礼阶段，二是三国至隋的礼典开创阶段，三是唐迄清的礼典成熟至消亡阶段。这样的划分，体现了礼典体系的发展脉络，也与历史客观事实、礼学思想风貌乃至典籍编撰技术水平相匹配。凡此三个阶段，就是礼从最初的习惯转变成为规则

1（清）陈澧撰《东塾读书记》卷2《论语》。

2（清）阮元撰《揅经室续集》卷3《书东莞陈氏〈学蔀通辩〉后》。

3（清）曾国藩撰《挺经》卷8《廉矩》。

仪式，规则仪式被附以特定的价值、功能作用、精神内涵而成为特定的制度，被选择为治国理政模式之一，最终制度化、系统化体现在礼典当中。

（一）复礼阶段：两汉

西汉初期，在继承秦政的同时，开始了各种典章制度的重建，不仅包括律令，也包括礼仪。《史记·叔孙通传》记载："汉五年，已并天下，诸侯共尊汉王为皇帝于定陶。高帝悉去秦苛仪法，为简易。群臣饮酒争功，醉或妄呼，拔剑击柱，高帝患之。叔孙通知上益厌之也，说上曰：'夫儒者难与进取，可与守成。臣愿征鲁诸生，与臣弟子共起朝仪。'高帝曰：'得无难乎？'叔孙通曰：'……臣愿颇采古礼与秦仪杂就之。'上曰：'可试为之，令易知，度吾所能行为之。'"汉朝建立五年，汉高祖仍然被视为"布衣昆地"，没有为王的权威，群臣在朝堂之上毫无礼数可言，甚至饮酒大醉，拔剑相向，此时才有叔孙通制礼，这是叔孙通制定汉"礼仪"的确切记载。其后叔孙通征鲁国诸生、学者及弟子百人习肄相关礼仪，并在汉七年长安宫落成，诸侯群臣朝贺时进行了西汉第一次礼仪实践。当时"竟朝置酒，无敢喧哗失礼者"，刘邦也因此而知为帝之贵，时人亦赞叔孙通"诚圣人也，知当世之要务"。《史记·叔孙通传》记载，当时的仪式是："仪：先平明，谒者治礼，引以次入殿门。廷中陈车骑步卒卫宫，设兵张旗志。传言'趋'。殿下郎中夹陛，陛数百人。功臣列侯诸将军军吏以次陈西方，东乡；文官丞相以下陈东方，西乡。大行设九宾，胪传。于是皇帝辇出房，百官执职传警，引诸侯王以下至吏六百石以次奉贺。自诸侯王以下莫不振恐肃静。至礼毕，复置法酒。诸侍坐殿上皆伏抑首，以尊卑次起上寿。觞九行，谒者言'罢酒'。御史执法，举不如仪者辄引去。"若将《史记》所记"仪"以下文字，与史籍所见汉以后各朝朝贺仪式相较，这无疑就是朝贺仪注在汉代的定本。

对叔孙通制定汉"礼仪"一事，学界已成共识。但围绕此事有几个问题最应重视：一是所定"礼仪"渊源自何处，二是所定"礼仪"的存留，三是所定"礼仪"是否为傍章。叔孙通所定"礼仪",是秦火之存,"古礼"与"秦仪"糅合的产物。对此,毋庸置疑。"古礼",当是先秦时期的礼,但恐怕更侧重于鲁国所传之礼。叔孙通本薛人,对鲁国所传之礼自然有所认识。据《史记·叔孙通传》记载,叔孙通承担制定朝仪之命后,即"通使征鲁诸生","与所征三十人西,及上左右为学者与其弟子百余人为緜蕝野外,习之月余"。"秦仪"所揭示的则是,秦代已有礼仪规定。正如《史记·礼书》云:"至秦有天下,悉内六国礼仪,采择其善,虽不合圣制,其尊君抑臣,朝廷济济,依古以来。"由于史料阙载,今已无法窥其面貌。作为秦博士的叔孙通,对秦代礼仪自然会了解,且《史记·叔孙通传》云,有三十鲁国诸生"西",那么本在"西"者,当是"上左右为学者与其弟子百余人"。又云:"叔孙通之降汉,从儒生弟子百余人"。这些本在"西"者,当有不少是本在秦朝,且对礼仪有所研习之人。汉初礼仪吸收秦仪之证还有祠四帝之事,《汉书·郊祀志》记:"二年,东击项籍而还入关,问:'故秦时上帝祠何帝也?'对曰:'四帝,有白、青、黄、赤帝之祠。'高祖曰:'吾闻天有五帝,而四,何也?'莫知其说。于是高祖曰:'吾知之矣,乃待我而具五也。'乃立黑帝祠,名曰北畤。有司进祠,上不亲往。悉召故秦祀官,复置太祝、太宰,如其故仪礼。因令县为公社。下诏曰:'吾甚重祠而敬祭。今上帝之祭及山川诸神当祠者,各以其时礼祠之如故。'"可见,汉初不仅吸收秦仪,还任用秦祀官。"古礼"与"秦仪"的糅合、创新,即西汉最初的礼仪规定。此外,在叔孙通领导诸生练习礼仪且邀刘邦观礼后,刘邦"乃令群臣习肄";在制定朝仪之后,令群臣演礼习礼,这种命令也逐渐成为礼制施行过程中的一种定制而为后世所承。

据《论衡》所云,叔孙通所定"礼仪"本六十篇之多,但在王充时,即东汉初期,仅剩十六篇。[1]《后汉书·曹褒传》云章和元年(87年),曹褒获

---

[1]《论衡·谢短》云:"高祖诏叔孙通制作仪品十六篇何在?而复定仪礼,见在十六篇,秦火之余也,更秦之时,篇凡有几?"

"叔孙通《汉仪》十二篇"；则在汉章帝时，仅存十二篇。在西汉初年，叔孙通为刘邦所定的朝仪自当在原本六十篇中。据《叔孙通传》记载，还有三次制定礼仪的事件，均在惠帝时期。其一，惠帝以"先帝园陵寝庙，群臣莫习"，便命叔孙通为太常，"定宗庙仪法"；在太常任上又"稍定汉诸仪法"，可以推断，有此职务之便且接触的都是礼仪之事，东汉所传的叔孙通"汉仪"十六篇，绝大部分应在此时成就。其二，惠帝曾"自筑复道高寝"，以致叔孙通曾建议于渭北再立新庙，以"衣冠月出游之，益广多宗庙，大孝之本也"。通过此例，或可反映叔孙通对庙堂形制应制定过一些举措。其三，惠帝曾春出游离宫，叔孙通建议："古者有春尝果，方今樱桃孰，可献，愿陛下出，因取樱桃献宗庙。"惠帝许之，"诸果献由此兴"。据此例，可知叔孙通制定了庙祭献果的礼仪。也就是说，在内容上，叔孙通所定礼仪大致有朝觐、宗庙祭祀等方面。清人王谟曾辑有叔孙通的《汉礼器制度》，内容涉及葬器、盛器、服饰、食器、乐器、仪仗、祭器等，其书形式上虽属礼器方面著作，究其本源，是反映了叔孙通在世时汉代礼器的形制规定，这些形制或许就是其在太常任上所拟定，而成为汉初"礼仪"的组成部分。

《晋书·刑法志》记载："叔孙通益律所不及，傍章十八篇。"后世有学者认为"傍章"就是《汉仪》或"礼仪"六十篇所存，此说以杜贵墀、沈家本、程树德等为代表。张家山汉简的出土，加深了我们对汉初律令的认识，史料所提及的"傍章"就是"礼仪"规定，已被一些学者所否定。《晋志》中的"傍章"是相对汉律"正律"而言，即追加律或副律，是汉初律的构成，而非礼仪制度的构成。

据《史记·礼书》所记，汉文帝即位后，喜道家之学，以儒家礼节为"繁礼饰貌，无益于治"，对有司所提议的定仪礼之事一再否定。其间，贾谊以汉承秦弊，"废礼义，捐廉耻"，提议"定制度，兴礼乐"，并"草具其仪"

以求移风易俗，"使天下回心而乡道"，但终未成事。[1] 至汉景帝时，行削藩之政，时"官者养交安禄而已"，对定礼仪之事"莫敢复议"。文景两帝虽为武帝时期的强权统治奠定基础，但毕竟耽误了制礼时机，且武帝"方征讨四夷，锐志武功，不暇留意礼文之事"[2]，加之窦太后好黄老之书，"不说儒术"，以致招揽"儒术之士，令共定仪"，竟十余年不成。其后"因民而作，追俗为制"，方以"太初之元改正朔，易服色，封太山，定宗庙百官之仪，以为典常，垂之于后云"。至此，西汉礼制终有大成。据《汉书·礼乐志》所记，叔孙通死后，"河间献王采礼乐古事，稍稍增辑，至五百余篇"。此事正好发生在武帝时期，有理由推断，献王和河间众儒对古礼文献的搜求整理、聚残补缺，为武帝时期礼制的重建提供了制度"正本"，正如班固在《礼乐志》中所称赞的："诗乐施于后嗣，犹得有所祖述"。汉宣帝时，琅邪王吉又议："愿与大臣延及儒生，述旧礼，明王制"。汉成帝时，刘向亦议："宜兴辟雍，设庠序，陈礼乐，隆雅颂之声，盛揖攘之容，以风化天下。"[3] 但这些改革均以失败告终，以致进入东汉后，"汉典寝而不著，民臣莫有言者"。虽然在光武帝时期再造了明堂、辟雍，汉明帝时也略备"威仪"，但始终"德化未流洽""礼乐未具"，以致"君臣长幼交接之道浸以不章"[4]。至汉章帝时，曹褒受命制定《汉礼》，为东汉大规模制定系统礼典之始。《后汉书·曹褒传》记载，章帝于元和二年（85年）下制定礼乐诏，曹褒上疏云："昔者圣人受命而王，莫不制礼作乐，以著功德。功成作乐，化定制礼，所以救世俗，致祯祥，为万姓获福于皇天者也。今皇天降祉，嘉瑞并臻，制作之符，甚于言语。宜定文制，著成汉礼，丕显祖宗盛德之美。"太常巢堪以为"一世大典，非褒所定，不可许"。故在章和元年（87年），章帝以班固所上叔孙通《汉

---

1 参见《汉书》卷22《礼乐志》。
2 《汉书》卷22《礼乐志》。
3 《汉书》卷22《礼乐志》。
4 《汉书》卷22《礼乐志》。

仪》十二篇敕曹褒云："此制散略，多不合经，今宜依礼条正，使可施行。于南宫、东观尽心集作。"曹褒受命后，"次序礼事，依准旧典，杂以《五经》谶记之文，撰次天子至于庶人冠婚吉凶终始制度，以为百五十篇，写以二尺四寸简"[1]。依当时习惯，简册长度视书籍性质、内容而有所区别。汉代律令都书写在二尺四寸简册上，称为"三尺法""三尺律令"。可见，曹褒所撰《汉礼》在当时就被视为与汉律同等重要之制度规范与法律文件。汉和帝即位后，曹褒又为此一百五十篇仪礼作章句，时"帝遂以《新礼》二篇冠"。这说明，曹褒所定新礼有部分内容得以施行，《宋书·礼志》也记载："汉顺帝冠，又兼用曹褒新礼。"曹褒虽受章帝旨意撰定礼仪，但一开始就受到巢堪、班固的强烈反对，在制定成功，特别是章帝去世后，又遭人弹劾。《后汉书·曹褒传》载："后太尉张酺、尚书张敏等奏褒擅制《汉礼》，破乱圣术，宜加刑诛。帝虽寝其奏，而《汉礼》遂不行。"所以当时制定《汉礼》并未得到全面施行，究其原因或有二：一是曹充、曹褒父子所持为今文学派《庆氏礼》，为古文学派所排斥；二是曹褒定礼所依据之《仪礼》就其内容而言，无法担当构建国家制度之重任。汉末应劭删定律令，以为《汉仪》。这正说明，汉代礼律杂糅，尚无独立完备之礼典。然而在此期间，已有人提出依《周礼》体系制定礼典。"好事者"樊长孙建议："汉家礼仪，叔孙通等所草创，皆随律令在理官，藏于几阁，无记录者，久令二代之业，闇而不彰。诚宜撰次，依拟《周礼》，定位分职，各有条序，令人无愚智，入朝不惑。"[2]此主张虽未为朝廷采纳，但反映出《周礼》日益受到重视之趋势，以及儒家对恢复"前圣遗制之威仪"之渴望。在曹褒奉章帝之命制汉礼之前，还发生了一次与礼制相关的大事件，即建初四年（79 年）举行的白虎观会议。会后，章帝令班固将会议的奏议整理成书，即《白虎通义》。有学者曾主张此

1《后汉书》卷 35《曹褒传》。
2《后汉书》卷 114《百官志一》注引胡广曰。

次会议是为制礼而举行，因此直接派生了曹褒所制定的《汉礼》或为《汉礼》制定奠定基础。这种推测的合理性在于，从时间和背景而言，两次重大事件都极为契合。白虎观会议是考订五经同异，统一经义，这势必会对礼制人伦产生重要影响，而曹褒在制定《汉礼》时也确实"依礼条正""不合经"之文，且"杂以《五经》谶记之文"而成。东汉末年，应劭删定律令为《汉仪》，其后又缀集所闻，成《汉官礼仪故事》。对应劭删定律令为《汉仪》一事，近代以来解释多倾向于其即"傍章"，或抽取律令中涉及礼仪规定编辑而成，非沿曹褒《汉礼》者。因此，此"《汉仪》"与"《汉官礼仪故事》"分属两书，也分属两种类别的制度。"《汉官礼仪故事》"即传世的《汉官仪》，有理由确信其是承袭叔孙通、曹褒以来的礼制规定。

纵观两汉，其礼制承先秦古礼及秦变革六国的礼仪，略有大成。就体系而言，并没有具备"典"的框架，尽管如此，两汉还是通过臣工特别是儒家的推动，围绕"礼"这一大命题，在诸多涉礼问题上确立了相关规定。

以《汉书·郊祀志》所记，西汉当时所确立或施行的祭祀之制见表2-1。

表2-1　　　　　　　　　　　　　西汉祭祀之制

时期	祭祀之制
高祖	①复置太祝、太宰，上帝之祭及山川诸神当祠者，各以其时礼祠之如秦故仪礼。 ②诏御史令丰治枌榆社，常以时，春以羊、彘之。令祝立蚩尤之祠于长安。长安置祠祝官、女巫。其梁巫祠天、地、天社、天水、房中、堂上之属；晋巫祠五帝、东君、云中君、巫社、巫祠、族人炊之属；秦巫祠杜主、巫保、族累之属；荆巫祠堂下、巫先、司命、施糜之属；九天巫祠九天：皆以岁时祠宫中。其河巫祠河于临晋，而南山巫祠南山、秦中。 ③令天下立灵星祠，常以岁时祠以牛。 ④令县常以春二月及腊祠稷以羊、彘，民里社各自裁以祠。
文帝	①复太祝尽以岁时致礼名山、大川在诸侯者。 ②增雍五畤路车各一乘，驾被具；西畤、畦畤寓车各一乘，寓马四匹，驾被具；河、湫、汉水，玉加各二；及诸祠皆广坛场，圭、币、俎豆以差加之。 ③幸雍郊见五畤，祠衣皆上赤。 ④作渭阳五帝庙，同宇，帝一殿，面五门，各如其帝色。祠所用及仪亦如雍五畤。又立五帝坛，祠以五牢。 ⑤使博士诸生剌《六经》中作《王制》，谋议巡狩封禅事。

续表

时期	祭祀之制
景帝	十六年，祠官各以岁时祠如故，无有所兴。（注："十六年"指景帝在位时间凡十六年；"如故"，即如文帝时期的祠制。）
武帝	①郊见五畤。后常三岁一郊。 ②从亳人谬忌奏祠泰一方，令太祝立其祠长安城东南郊，常奉祠如忌方。后又令祠官领之如其方，而祠泰一于忌泰一坛旁。 ③作画云气车，及各以胜日驾车辟恶鬼。 ④作甘泉宫，中为台室，画天地泰一诸鬼神，而置祭具以致天神。 ⑤从宽舒等议，立后土祠于汾阴脽上，亲望拜如上帝礼。 ⑥与公卿诸生议封禅。群儒采封祀《尚书》《周官》《王制》之望祀射牛事。后令诸儒习射牛，草封禅仪。此后封泰山下东方，如郊祠泰一之礼。 ⑦令祠官加增太室祠，禁毋伐其山木，以山下户几三百封崇高，为之奉邑，独给祠，复无有所与。 ⑧命粤巫立粤祝祠，安台无坛，亦祠天神帝百鬼，而以鸡卜。 ⑨诸所兴，如薄忌泰一及三一、冥羊、马行、赤星，五。宽舒之祠官以岁时致礼。凡六祠，皆大祝领之。至如八神，诸明年、凡山它名祠，行过则祠，去则已。方士所兴祠，各自主，其人终则已，祠官不主。它祠皆如故。甘泉泰一、汾阴后土，三年亲郊祠，而泰山五年一修封。
宣帝	①尊孝武庙为世宗，行所巡狩郡国皆立庙。 ②令祠官以礼为岁事，以四时祠江海雒水。自是五岳、四渎皆有常礼。东岳泰山于博，中岳泰室于嵩高，南岳灊山于用腄，西岳华山于华阴，北岳常山于上曲阳，河于临晋，江于江都，淮于平氏，济于临邑界中，皆使者持节侍祠。唯泰山与河岁五祠，江水四，余皆一祷而三祠云。
元帝	①遵旧仪，间岁正月，一幸甘泉郊泰畤，又东至河东祠后土，西至雍祠五畤。凡五奉泰畤、后土之祠。 ②从韦玄成议，罢郡国庙，后或复或罢。
成帝	①从匡衡等议，将甘泉泰畤、河东后土之祠宜徙置长安。 ②罢汉兴之初，仪制未及定之时所承袭的秦故祠北畤等，以其本秦侯各以其意所立，非礼之所载术也。 ③从匡衡等议，以长安厨官、县官给祠，郡国候神方士使者所祠，凡六百八十三所，其二百八所应礼及疑无明文，可奉祠如故。其余四百七十五所不应礼或复重，皆罢。 ④复甘泉泰畤、汾阴后土如故，及雍五畤、陈宝祠在陈仓者。 ⑤复长安、雍及郡国祠著明者且半。
哀帝	①博征方术士，京师诸县皆有侍祠使者，尽复前世所常兴诸神祠官，凡七百余所，一岁三万七千祠云。 ②复甘泉泰畤、汾阴后土祠如故。
平帝	①从王莽议，改祭礼，三十余年间，天地之祠五徙焉。 ②从王莽议，徙甘泉泰畤、汾阴后土皆复于南、北郊；长安旁诸庙兆畤甚盛。 ③从王莽议，于官社后立官稷，以夏禹配食官社，后稷配食官稷。稷种穀树。徐州牧岁贡五色土各一斗。

东汉时期，据《后汉书·礼仪志》所记，凡有合朔、立春、五供、上陵、冠、夕牲、耕、高禖、养老、先蚕、祓禊、立夏、请雨、拜皇太子、拜王公、桃印、黄郊、立秋、貙刘、案户、祠星立冬、冬至、腊、大傩、土牛、遣卫士、朝会、大丧、诸侯王列侯始封贵人公主薨等礼仪。《后汉书·祭祀志》亦记有即位告天、郊、封禅、北郊、明堂、辟雍、灵台、迎气、增祀、六宗、老子宗庙、社稷、灵星、先农、迎春等，"自中兴以来所修用"之祭祀。《后汉书·舆服志》记有玉辂、乘舆、金根、安车、冕冠、长冠、委貌冠、皮弁冠、爵弁冠、通天冠等君臣车舆冕服冠衣制度规定。凡此三《志》所保存每一类别的具体文字，应当是东汉所施行的相关礼仪规定。

总的来说，汉代礼制是以恢复"古礼"即先秦礼制为主导要向，但尚处在多变与驳杂不纯的时代。马端临曾云："三代之礼亡于秦。继秦者汉，汉之礼书，则前有叔孙通，后有曹褒。然通之礼杂秦仪，褒之礼杂谶纬，先儒所以议其不纯也。"[1]究其原因，是既受到统治者执政观念的影响，也会被独揽朝政的权臣所操控，更有可能受制于灾异祥瑞等自然现象，其制度构建缺乏稳定性和持续性，也正如《汉书·郊祀志》赞云："祖宗之制盖有自然之应，顺时宜矣。"尽管如此，汉代礼制构建仍然在或复或罢、或兴或废之间不断前行。

此外，两汉经学的发达，为当时礼制构建提供了强大的理论依据，而经学家的诸多经典命题和理论阐述，也成为后世礼制构建的"取水之源"。亦如马端临所云："郑康成于三书皆有注，后世之所欲明礼者，每稽之郑注，以求经之意。而郑注则亦多杂谶纬及秦、汉之礼以为说，则亦必本于通、褒之书矣。此三书者，《汉》《隋》《唐》三史《艺文志》俱无其卷帙，则其书久亡，故后世无述焉。然魏、晋而后，所用之礼，必祖述此者也。"[2]

1（元）马端临撰《文献通考》卷 187《经籍考十四·经（仪注）·曹褒汉礼》。

2（元）马端临撰《文献通考》卷 187《经籍考十四·经（仪注）·曹褒汉礼》。

（二）礼典开创阶段：三国至隋

1. 曹魏之礼

《晋书·礼志》云："汉兴，承秦灭学之后，制度多未能复古。历东、西京四百余年，故往往改变。魏氏承汉末大乱，旧章殄灭。"在战乱之间，典籍散灭之际，也不乏有识之士草创制度，试图复兴礼治，如荀彧尝建言曹操云："昔舜分命禹、稷、契、皋陶以揆庶绩，教化征伐，并时而用。及高祖之初，金革方殷，犹举民能善教训者，叔孙通习礼仪于戎旅之间，世祖有投戈讲艺、息马论道之事，君子无终食之间违仁。今公外定武功，内兴文学，使干戈戢睦，大道流行，国难方弭，六礼俱治，此姬旦宰周之所以速平也。既立德立功，而又兼立言，诚仲尼述作之意；显制度于当时，扬名于后世，岂不盛哉！若须武事毕而后制作，以稽治化，于事未敏。宜集天下大才通儒，考论六经，刊定传记，存古今之学，除其烦重，以一圣真，并隆礼学，渐敦教化，则王道两济。"[1]这种效仿"叔孙通习礼仪于戎旅之间"隆兴礼学的态度，直接功效虽是复兴儒学，但"武事毕而后制作"仍是最终目的，所谓"制度"，当是重建礼制以为治具。也有学者认为三国时期删节经书以为今用，也是制礼的表现，如甘怀真云：荀彧建议曹操"宜集天下大才通儒，考论六经，刊定传记，存古今之学，除其烦重，以一圣真，并隆礼学，渐敦教化……这是另一种形式的制礼，即每一朝根据当时的经说加以简约，定出一套定本。又如三国孙吴人阚泽，史书说：'泽以经传文多，难得尽用，乃斟酌诸家，刊约礼文及诸注说以授二宫，为制行出入及见宾仪。'这是直接采用经说与其批注作为朝廷（主要指二宫，皇帝与太子之宫）行礼的仪注。另一位三国人杜理，史书说他：'经传之义，多所论驳，皆草创未就，惟删集《礼记》及《春秋左氏传》解。'这类删集的工作与其看成是学术活动，

---

1 《三国志》卷10《魏书·荀彧传》注引《彧别传》。

不如看成是另类制礼"[1]。因此，承两汉经学遗风，对礼制问题的探讨成为当时儒家治学与实践的重要内容。如：

王粲：魏国既建，"时旧仪废弛，兴造制度，粲恒典之"[2]。

卫觊：受诏典著作，制《魏官仪》，凡所撰述数十篇。[3]《南齐书·礼志》亦云："魏氏籍汉末大乱，旧章殄灭，侍中王粲、尚书卫觊集创朝仪。"

王朗：太和年间上疏议"宜遵旧礼，为大臣发哀，荐果宗庙"。事皆施行。又议复："五日视朝之仪，使公卿尚书各以事进。废礼复兴，光宣圣绪。"[4]

王肃：所论驳朝廷典制、郊祀、宗庙、丧纪轻重，凡百余篇。

王基：王肃著诸经传解及论定朝仪，改易郑玄旧说，而王基"据持玄义，常与抗衡"[5]。

刘劭："以为宜制礼作乐，以移风俗，著《乐论》十四篇。"[6]

刘廙："著书数十篇，及与丁仪共论刑礼。"[7]

夏侯玄："准度古法，文质之宜，取其中则，以为礼度"，上《时事议》论改革车舆服章。[8]

蒋济、高堂隆：太和时，蒋济上疏"宜遵古封禅"，历经数岁，议修之，使高堂隆撰其礼仪。[9]青龙年间，又与高堂隆论郊祀之事。[10]

《三国志》记载不少曹魏采用与施行"故事"之例，有些"故事"即属

---

1 甘怀真撰《制礼观念的探析》，见《皇权、礼仪与经典诠释：中国古代政治史研究》，华东师范大学出版社，2008，第68页。

2《三国志》卷21《魏书·王粲传》。《王粲传》注引挚虞《决疑要注》亦云："汉末丧乱，绝无玉佩。魏侍中王粲识旧佩，始复作之。今之玉佩，受法于粲也。"

3 参见《三国志》卷21《魏书·卫觊传》。

4《三国志》卷13《魏书·王肃传》。

5《三国志》卷27《魏书·王基传》。

6《三国志》卷21《魏书·刘劭传》。

7《三国志》卷21《魏书·刘廙传》。

8 参见《三国志》卷9《魏书·夏侯玄传》。

9 参见《三国志》卷25《魏书·高堂隆传》。

10 参见《三国志》卷14《魏书·蒋济传》。

礼仪、礼制者，且主要沿袭汉"故事"。这些"故事"的采用与施行，实际
也是礼仪、礼制在汉末之后重建或重新得以运用，或其体现的礼制原则、精
神为人所重视的例证，如表 2-2 所示。

表 2-2　　　　　　《三国志》所见曹魏采用与施行"故事"举例

类别	材料	出处
凶礼	汉献帝亡，魏明帝使太尉具以一太牢告文帝庙曰："叡闻夫礼也者，反本修古，不忘厥初，是以先代之君，尊尊亲亲，咸有尚焉。今山阳公寝疾弃国，有司建言丧纪之礼视诸侯王。叡惟山阳公昔知天命永终于己，深观历数允在圣躬，传祚禅位，尊我民主，斯乃陶唐虞舜之事也。……今追谥山阳公曰孝献皇帝，册赠玺绶。命司徒、司空持节吊祭护丧，光禄、大鸿胪为副，将作大匠、复土将军营成陵墓，及置百官群吏，车旗服章丧葬礼仪，一如汉氏故事；丧葬所供群官之费，皆仰大司农。立其后嗣为山阳公，以通三统，永为魏宾。"	卷 3《魏书·明帝纪》注引《献帝传》
凶礼	景元元年（260 年），汉献帝夫人薨，曹奂使使持节追谥其为献穆皇后。及葬，车服制度皆如汉氏故事。	卷 4《魏书·三少帝纪》
凶礼	景初二年（238 年），司徒韩暨薨，魏明帝诏曰："故司徒韩暨，积德履行，忠以立朝，至于黄发，直亮不亏。……今司徒卒命，遗言恤民，必欲崇约，可谓善始令终者也。其丧礼所设，皆如故事，勿有所阙。特赐温明秘器，衣一称，五时朝服，玉具剑佩。"	卷 24《魏书·韩暨传》注引《楚国先贤传》
宾礼	魏兴，西域虽不能尽至，其大国龟兹、于寘、康居、乌孙、疏勒、月氏、鄯善、车师之属，无岁不奉朝贡，略如汉氏故事。	卷 30《魏书·乌丸鲜卑东夷传》
宾礼	黄初时崔林为大鸿胪，时"龟兹王遣侍子来朝，朝廷嘉其远至，褒赏其王甚厚。徐国各遣子来朝，间使连属，林恐所遣或非真的，权取疏属贾胡，因通使命，利得印绶，而道路护送，所损滋多。劳所养之民，资无益之事，为夷狄所笑，此曩时之所患也。乃移书敦煌喻指，并录前世待遇诸国丰约故事，使有恒常"。	卷 24《魏书·崔林传》。
宾礼	黄初二年（221 年），授杨彪光禄大夫。曹丕诏曰："夫先王制几杖之赐，所以宾礼黄耇褒崇元老也。昔孔光、卓茂皆以淑德高年，受兹嘉锡。公故汉宰臣，乃祖已来，世著名节，年过七十，行不逾矩，可谓老成人矣，所宜宠异以章旧德。其赐公延年杖及冯几；谒请之日，便使杖入，又可使著鹿皮冠。"黄初四年，又诏拜光禄大夫，秩中二千石，朝见位次三公，如孔光故事。	卷 2《魏书·文帝纪》注引《魏书》；卷 2《魏书·文帝纪》注引《续汉书》。

以上尤值注意的是宾礼的第二则资料，其云"录"前代对西域各国礼遇
丰厚或简约的"故事"，且"使有恒常"。录，说明当时对这方面的礼仪故事
有整理汇编之举，"使有恒常"当是整理以备曹魏礼仪之准则，作为基本礼

仪制度适用。

魏以后的史书,如《晋书》《宋书》《南齐书》在追述前代礼制时,无不追述王粲、卫觊创制朝仪典礼之事,其具体内容如何,已不得而知。但当时所发生的一些违反朝仪而被问罪之事,或可作为确有朝仪典礼之证。如:孔融有过,曹操使路粹为奏,指其"不遵朝仪,秃巾微行,唐突宫掖"云云。[1]卫尉程昱与中尉邢贞争威仪,被免官。曹丕为太子时,"尝请诸文学,酒酣坐欢,命夫人甄氏出拜。坐中众人咸伏,而(刘)桢独平视"[2],"以不敬被刑,刑竟署吏"[3]。也有不知朝仪而未被处罚者,如太和中陇西太守游楚朝觐,"被诏登阶,不知仪式。帝令侍中赞引,呼'陇西太守前',楚当言'唯',而大应称'诺'。帝顾之而笑,遂劳勉之"[4]。关于威仪的材料尚有:建安时,张时为京兆尹,杜畿为功曹,后杜畿任河东太守,"与时会华阴,时、畿相见,于仪当各持版"[5]。知时郡守相见,有互持版之礼仪,以示相尊敬之意。《魏略·勇侠传》云:延熹中,京兆虎牙都尉唐衡弟,"不修敬于京兆尹,入门不持版",为郡功曹赵息所呵。[6]知诸官吏进出宫舍殿寺皆需持版,不持者则失威仪。具体到曹魏礼制某一方面内容的损益变革及制度设立与施行,也可在史料中找到佐证。

如祀典。黄初时"新都洛阳,制度未备,而宗庙主祐皆在邺都"。太常韩暨奏请"迎邺四庙神主,建立洛阳庙,四时蒸尝,亲奉粢盛。崇明正礼,废去淫祀,多所匡正"[7]。黄初五年(224年)下诏禁淫祠云:"先王制礼,所以昭孝事祖,大则郊社,其次宗庙,三辰五行,名山大川,非此族也,不在

---

1 参见《三国志》卷21《魏书·王粲传》注引《典略》。

2 《三国志》卷21《魏书·王粲传》注引。

3 《三国志》卷21《魏书·王粲传》。

4 《三国志》卷15《魏书·张既传》。

5 《三国志》卷16《魏书·杜畿传》注引《魏略》。

6 参见《三国志》卷16《魏书·阎温传》注引。

7 《三国志》卷24《魏书·韩暨传》。

祀典。叔世衰乱，崇信巫史，至乃宫殿之内，户牖之间，无不沃酹，甚矣其惑也。自今，其敢设非祀之祭，巫祝之言，皆以执左道论，著于令典。"[1]魏明帝时，特进曹洪乳母与临汾公主侍者祭祀无涧神被系狱。青龙元年（233年），诏诸郡国山川不在祠典者勿祠。[2]禁淫祠虽属刑律方面规定，但反映了魏人对祭祀对象的重新确认，这种刑事规定的变化，是由礼制观念或祭祀规定变化所导致的。构建顺天宜时，又符合统治理念的祭祀体系，必定要从厘正祀典特别是祭祀对象开始。这种厘正，除禁淫祠外，还体现在功臣配享方面。《周礼·司勋》云："凡有功者，铭书于王之大常，祭于大烝，司勋诏之。"汉制亦祭功臣于庭，唯"生时侍谯于堂，死则降在庭位，与士庶为列"[3]。魏承此礼，于青龙元年（233年），诏祀夏侯惇、曹仁、程昱于太祖庙庭配飨云："昔先王之礼，于功臣存则显其爵禄，没则祭于大蒸，故汉氏功臣，祀于庙庭。大魏元功之臣功勋优著，终始休明者，其皆依礼祀之。"[4]正始四年（243年）、五年（244年）相继诏祀曹真等二十一人于庙庭。[5]嘉平三年（251年），以功臣应飨食于太祖庙者，更以官为次。[6]作为祭祀之礼的组成部分，魏在配享庙庭功臣方面确实施行有序。高堂隆曾议其制云："按先典，祭祀之礼，皆依生前尊卑之叙，以为位次。功臣配享于先王，像生时侍谯。……使功臣配食于烝祭，所以尊崇其德，明其勋，以劝嗣臣也。议者欲从汉氏祭之于庭，此为贬损，非宠异之谓也。"[7]晋初任茂曾云："魏功臣配食之礼，叙六功之勋，祭陈五事之品，或祀之于一代，或传之于百代。……今之功臣，论其勋迹，比咎繇、伊尹、吕尚犹或未及，凡云配食，各配食于

---

1 《三国志》卷2《魏书·文帝纪》。

2 参见《三国志》卷3《魏书·明帝纪》。

3 （唐）杜佑撰《通典》卷50《礼·吉礼·功臣配享》。

4 《三国志》卷3《魏书·明帝纪》注引《魏书》。

5 参见《三国志》卷4《魏书·三少帝纪》。

6 参见《三国志》卷4《魏书·三少帝纪》。

7 （唐）杜佑撰《通典》卷50《礼·吉礼·功臣配享》。

主也，今主迁庙，臣宜从享。"[1]从任茂所称引的"魏功臣配食之礼"，也可证明魏构建了功臣配享方面的礼制，且为晋承袭。

如宾礼。魏新律吸收《周礼》八辟之制，确立了八议制度。如果说功臣配享，既是祭祀之礼，也是八议"议功"对象体现的话，那么议宾同样如此，其既是魏引礼入律的反映，也是魏构建宾礼之证。郑玄将宾释为"所不臣者，三恪二代之后"，朝代更迭，势必产生"先代之后"。汉魏禅代，为议宾奠定了可供操作的政治环境，也"创造"了有具体所指的宾——山阳公。若将议宾置于汉魏禅代，议宾早已超出其法律意义，而不单纯是法律儒家化的体现。议宾与礼宾，皆"所以示民亲仁善邻"之意，是魏人寻求、论证、维护政权正统性、合法性的得力手段。三国鼎立，魏蜀吴都自认汉统继承者，既如此，继承汉统就须礼待汉帝及宗室；若连礼宾都做不到，一旦宾有罪，议宾就只是无稽之谈。现有史料尚未发现魏议宾例，尽管有此遗憾，但谁也不会因此否认魏律有议宾之制。相应地，基于山阳公在世，汉室的存留，也无法否定魏在待宾之礼上没有任何规定。我们也可以考察出礼制中魏宾的具体所指（也是魏律中宾的具体所指）。如宋侯（殷商之后）。汉成帝封孔子后裔孔吉为殷绍嘉侯，奉殷商天子成汤祀，又进为公爵。后以孔子先祖为宋王室支脉，平帝时改封为宋公。《晋书·荀伯子传》载泰始元年（265年）诏赐宋侯孔绍子弟一人为驸马都尉。入晋即称宋侯，则汉之宋公于魏时已降为侯，晋又承之。如卫公（周之后）。《后汉书·百官志》云："卫公、宋公。本注曰：建武二年，封周后姬常为周承休公。五年，封殷后孔安为殷绍嘉公第。十三年，改常为卫公，安为宋公，以为汉宾，在三公上。"据此知汉奉周后卫公为汉宾之列。高堂隆议云："公谓上公九命，分陕而理，及二王后也。今大司马公、大将军，实分征东西，可谓上公矣。山阳公、卫国公，则

1（唐）杜佑撰《通典》卷50《礼·吉礼·功臣配享》。

二王后也。"[1]《晋书·荀伯子传》载泰始元年（265年），诏赐卫公姬署子弟一人为驸马都尉。泰始三年（267年），博士刘嘉等议："称卫公署于大晋在三恪之数，应降称侯。"据此知魏晋皆奉卫公为宾，至泰始三年，方降爵为侯。如山阳公（汉帝之后）。黄初元年（220年），"以河内之山阳邑万户奉汉帝为山阳公，行汉正朔，以天子之礼郊祭，上书不称臣，京都有事于太庙，致胙；封公之四子为列侯。追尊皇祖太王曰太皇帝，考武王曰武皇帝，尊王太后曰皇太后。赐男子爵人一级，为父后及孝悌力田人二级。以汉诸侯王为崇德侯，列侯为关中侯"[2]。又下为汉帝置守冢诏云："朕承符运，受终革命。其敬事山阳公，如舜之宗尧。有始有卒，传之无穷。前群司奏处正朔，欲使一皆从魏制，意所不安。其令山阳公于其国中，正朔、服色、祭祀、礼乐自如汉。又为武、昭、宣、明帝置守冢各三百家。"[3]比起汉敬卫公、宋公，魏之山阳公算得上真正的先代之后。其以汉诸侯王为崇德侯，列侯为关中侯，降前代侯王之制，亦为晋宋所承。青龙二年（234年），山阳公刘协去世，明帝素服发哀，使人吊祭监丧，追谥为汉孝献皇帝，葬以汉礼。[4]时诏云："盖五帝之事尚矣，仲尼盛称尧、舜巍巍荡荡之功者，以为禅代乃大圣之懿事也。山阳公深识天禄永终之运，禅位文皇帝以顺天命。先帝命公行汉正朔，郊天祀祖以天子之礼，言事不称臣，此舜事尧之义也。昔放勋殂落，四海如丧考妣，遏密八音，明丧葬之礼同于王者也。今有司奏丧礼比诸侯王，此岂古之遗制而先帝之至意哉？今谥公汉孝献皇帝。"[5]又使太尉告文帝庙云："今追谥山阳公曰孝献皇帝，册赠玺绶。命司徒、司空持节吊祭护丧，光禄、大鸿胪为副，将作大匠、复土将军营成陵墓，及置百官群吏，车旗服章丧葬礼仪，一如汉氏故事；丧葬所供群官之费，皆仰大司农。立其后嗣为山阳公，

1（唐）杜佑撰《通典》卷75《礼·宾礼·天子上公及诸侯卿大夫士等贽》。

2《三国志》卷2《魏书·文帝纪》。

3（宋）李昉等修《太平御览》卷560《礼仪部·冢墓》。

4 参见《三国志》卷3《魏书·明帝纪》。

5《三国志》卷3《魏书·明帝纪》注引《献帝传》。

以通三统，永为魏宾。"[1] 明帝以"古之遗制"待汉献帝丧事，其不以"礼比诸侯王"，在三国正统之争中，魏礼宾之举虽不能左右政治，但尽礼崇礼总能为维护其政治运作与权力继承起到作用，这种作用就是为其权力正统寻找合法性的依据。魏依汉礼葬献帝，立其后嗣，永敬为宾的最终目的是追寻正统能在魏得到继承，即曹睿所言"以通三统"，通三王之统。《后汉书·百官志·宋卫国条》郑玄注云："王者存二代而封及五，郊天用天子礼以祭其始祖，行其正朔，此谓通三统也。"依公羊三统之说，凡新朝建立，受命于天必改正朔，在师法前代时亦损益旧制，取其善者从之，使今世之统通前代之统，使今君之道通旧王之道，从而实现新朝一统天下。为表示礼敬旧君，新朝须封赠前君后人为公，所谓"王者必存二王之后，所以通三统也"。因此曹睿的"以通三统"已超出"礼比诸侯王"抑或"礼同王者"之争，而是在礼制下践行春秋大一统的观念。魏敬刘协亦及其亲属，一如敬汉宾之礼。如黄初四年（223年）赐山阳公夫人汤沐邑，公女曼为长乐郡公主，食邑各五百户。景元元年（260年）山阳公夫人薨，曹奂追谥其为献穆皇后。及葬，车服制度皆如汉氏故事。[2] 刘协亡后，其孙刘康嗣为山阳公而成魏宾，入晋亦奉之；又历刘瑾、刘秋两任，秋亡于永嘉之乱，曾经的"永为魏宾"遂泯灭于世。如安乐公（蜀帝之后）。景元四年（263年）刘禅降魏，次年魏帝策命其为安乐县公，子孙为三都尉，封侯者五十余人。[3] 咸熙元年（264年）封刘禅为安乐公。入晋亦奉之，禅亡于泰始七年，其亦属晋宾之列。以上四者，魏所敬三恪二王之后，即议宾之"宾"。其中卫公、宋侯承汉宾之旧；山阳公为汉魏禅代所产生的"新"宾；此三者即八议入律时宾的具体所指。安乐公成为魏宾，所敬时间虽短，但在泰始三年（467年）晋律修成前，其

---

1 《三国志》卷3《魏书·明帝纪》注引《献帝传》。按：《通典》卷74《礼·宾礼·三恪二王后》引王彪之云"山阳公薨故事，给绢二百匹"。又，《后汉书·献帝纪》赞云："献生不辰，身播国屯。终我四百，永作虞宾。"按《虞书》云"虞宾在位"，指舜以尧子丹朱为宾，此喻山阳公为魏宾。

2 参见《三国志》卷4《魏书·三少帝纪》。

3 参见《三国志》卷33《蜀书·后主传》。

亦仍在魏宾之列。这些宾，既是引礼入律的产物，也是魏宾礼构建的产物。

对魏的礼制构建，《晋书·礼志》曾评价："魏氏光宅，宪章斯美。王肃、高堂隆之徒，博通前载，三千条之礼，十七篇之学，各以旧文增损当世，岂所谓致君于尧舜之道焉。世属雕墙，时逢秕政，周因之典，务多违俗，而遗编残册，犹有可观者也。景初元年，营洛阳南委粟山以为圆丘，祀之日以始祖帝舜配，房俎生鱼，陶樽玄酒，非搢绅为之纲纪，其孰能兴于此者哉！"如果说魏开创了律令分途，承担不同的功能并各自走向系统编撰、汇编成典的时代，那么我们不禁要作出这样的判断：在这样的大背景下，所谓的"遗编残册，犹有可观者"，其实也昭示着魏礼制在王粲、卫觊之徒"典定众仪"，王肃、高堂隆之徒"增损当世"的推动下，也开始向系统编撰、汇编成典的时代——礼典体系时代全面迈进。

2. 晋礼之成典

《晋书·文帝纪》记载，咸熙元年（264 年），司马昭命"司空荀顗定礼仪，中护军贾充正法律，尚书仆射裴秀议官制，太保郑冲总而裁焉"。《晋书·郑冲传》也载："文帝辅政，平蜀之后，命贾充、羊祜等分定礼仪、律令，皆先谘于冲，然后施行。"司马昭在改革律令、官制的同时，命荀顗损益"魏代前事"，主持制定礼仪，羊祜、任恺、庾峻、应贞等人参与其事。此次制定礼典活动虽始自咸熙元年，但迟至太康初年方告完成。荀顗所制成的《五礼》，凡 165 篇，15 万余言。但荀顗等人的改革过度求新，内容上引起诸多争议，篇卷又极为烦重。[1]后从尚书仆射朱整之议，将新礼交付给尚书郎挚虞讨论，此时已经时隔二十多年。经挚虞删削整理，将原有篇幅缩减三分之一，应有一百余篇。换言之，荀顗《新礼》由于尚未成熟，故而未能付诸实施。[2]此后，挚虞又加以完善，在元康元年（291 年）奏上明堂五

---

1 参见《晋书》卷 19《礼志》。另卷 51《挚虞传》载："荀顗撰《新礼》，使虞讨论得失而后施行。"
2《晋书》卷 92《文苑传·应贞传》云贞"迁散骑常侍，以儒学与太尉荀顗撰定新礼，未施行"。

帝、二社六宗及吉凶王公等礼制意见，凡十五篇；同时又指出《新礼》在丧服制度上之缺漏，认为应依准王肃之说，"使类统明正，以断疑争"，才能保证"制无二门，咸同所由"[1]。其后，又与傅咸继续进行修正。综而观之，西晋时围绕礼制内容所展开之广泛讨论，极大推动五礼制度之发展与成熟。其意义正如有学者所指出的："五礼体系是魏晋南北朝时期儒家古文经学中最有成就、最成熟的部分。它系统地反映了儒家伦理道德思想，大量地保存了儒家的理论信息。它的制度化，使儒学在玄风强劲、佛学大盛的社会环境中始终具有自己的位置，使各封建统治者以儒治国成为可能。"[2]而联系到自晋开始，也是律（令）典体系正式确立的时代，晋之新礼，同样兼具此种重大意义。其按照《周礼·春官》吉、凶、宾、军、嘉五礼体例制定而成，超越《仪礼》体例范畴，强化统一政权之国家意识形态，成为涵盖国家制度整体框架之真正礼典。其中，"吉礼"包括圜丘郊祀之礼、明堂制度、山水祭祀及皇家宗庙制度等；"凶礼"包括治丧礼仪、葬礼、丧服制度及赈济制度、恤礼制度；"宾礼"包括元会礼、朝觐礼、帝王巡狩之礼、尊崇太后太妃之礼、尊崇皇太子之礼、二望三恪之礼、拜任太傅太尉司空之礼、王公群妾与妇人相见之礼；"军礼"包括军队鼓吹之礼、讲武练兵之礼、军队誓师之礼；嘉礼包括婚礼、冠礼、会礼、尊老养老之礼。依此体系而成礼典，既符合政治统治需求，也适应伦理道德需要，因而成为后世所继承与沿用的基本礼制模式。可以说，这是中国历史上首次依《周礼》"五礼"体系大规模议定礼典。晋新礼的出现，标志着中国古代国家礼典的正式形成和礼典体系的正式确立。杨鸿烈曾对西晋律（令）典体系有高度评价，称其为"中古时代法典大备的开始"[3]，我们认为，所谓"法典"，也包括晋新礼这一礼典，否则"大备"的意义必将大打折扣。

---

1 《晋书》卷 19《礼志》。
2 梁满仓撰《魏晋南北朝五礼制度考论》，社会科学文献出版社，2009，第 176–177 页。
3 杨鸿烈撰《中国法律发达史》上，商务印书馆，1930，第 217 页。

据《晋书·礼志》记载，挚虞"讨论新礼讫，以元康元年上之。所陈惟明堂五帝、二社六宗及吉凶王公制度，凡十五篇。有诏可其议。后虞与傅咸缵续其事，竟未成功。中原覆没，虞之《决疑注》，是其遗事也"。也就是说挚虞《决疑（要）注》记载了晋礼的若干规定，而《晋书·礼志》也保存有不少"新礼"云云、"挚虞以为"或"挚虞《决疑》"云云的记载。这些材料在史源上当本自《决疑（要）注》，而究其实质，分别是荀顗所定与挚虞更定者。挚虞改定之事，《晋书·礼志》多记"诏从之"或"制可"，正与所云挚虞改定"明堂五帝、二社六宗及吉凶王公制度"凡十五篇，且"有诏可其议"相对证。从改定结果看，挚虞在礼制选择上倾向于汉魏旧制。此外，存世史料还有不少挚虞《决疑（要）注》的内容，如前所论，这是晋礼的"遗存"。此书既称"注"，恐怕体例和内容上更偏重于注解，即对晋礼的注解。这些注解或许就是其欲改革新礼某些规定而陈述的理由。但又如挚虞所指出的，新礼最大的问题是"卷烦而不典"，不能做到"文约而义举"。因此，除改革内容，挚虞对晋礼的另一贡献是使晋礼体系更为合理、完善，这说明晋人对"典"的编撰已有充分认识，其在新礼"所宜损增"表中就反复讨论到几个编撰技术问题，如篇卷烦重，应宜随类通合；某些内容疑阙较多，应行补定；某些内容异说较多，应类统明正，以断疑争，使制无二门；事同而名异者，应省文通事，随类合之，事有不同，乃列其异等等。

《宋书·礼志》云："晋始则荀顗、郑冲详定晋礼；江左则荀崧、刁协缉理乖紊。其间名儒通学，诸所论叙，往往新出，非可悉载。"《梁书·徐勉传》云："至乎晋初，爰定新礼，荀顗制之于前，挚虞删之于末。既而中原丧乱，罕有所遗；江左草创，因循而已。厘革之风，是则未暇。"《旧唐书·礼仪志》云："自晋至梁，继令条缵。鸿生钜儒，锐思绵蕝，江左学者，仿佛可观。"两晋作为礼法体系形成的重要时期，时人议论常以"礼律"并称，故程树德《晋律考》中有"晋礼律并重"一项并辑有数条例证。[1]纵观晋制礼过程，大体可分三个阶段：一是魏末咸熙至泰始年间，由荀颛等人据魏礼所制"新礼"，共 165 篇（卷），15 万余字；二是武帝太康至晋惠帝元康年间，由挚虞等人删定"新礼"，修改者有 15 篇（事），存 10 万余字；三是东渡后，由刁协、荀崧、蔡谟等所修复的晋礼。唐前史书之《经籍志》《艺文志》所见仪注类，皆相关佐证。《通典》一书，"礼典"门所占篇幅甚巨，所载亦以魏晋六朝间人礼制讨论为主，当时的一些礼典规定也赖之保存。《通典》又云："秦荡灭遗文，自汉兴以来，收而存之，朝有典制可酌而求者：……晋有郑冲、荀颛、陈寿、孙盛、羊祜、杜元凯、卫瓘、庾峻、袁准、贺循、任恺、陈铨、孔备、刘逵、挚虞、束皙、傅咸、邹湛、蔡谟、孔衍、庾亮、范宣、范汪、徐邈、范宁、刁协、荀崧、卞壸、葛洪、王彪之、司马彪、干宝、徐广、谢沈、王衷、何琦、虞喜、应贞。……或历代传习，或因时制作，粗举其名氏，列于此注焉。"[2]其所开列的晋"朝有典制可酌而求者"，即曾经参与制礼或对礼制有所讨论者凡 38 人之多。这些"礼法之士"既是晋律（令）典体系之主要构建者，亦为晋礼法之治与法律儒家化之主要推动者，如杜预、荀颛、荀勖、郑冲、羊祜等，不仅推动了礼律进一步融合，也开出后世礼律同修之先河。对此问题，已成为研究中古史学者的公论，如陈寅恪曾云："古代礼律关系密切，而司马氏以东汉末年之儒家大族创建晋室，统制中国，其所制定之刑律尤为儒家化。"[3]高明士指出："西晋泰始律、令的编纂

---

1 凡此资料分别是：《晋书·殷仲堪传》："异姓相养，礼律所不许。"《晋书·李充传》："先王以道德之不行，故以仁义化之，仁义之不笃，故以礼律检之。"《晋书·华廙传》："诡易礼律，不顾宪度。"《晋书·卫瓘传》："夜使清河王遐收瓘。左右疑遐矫诏，咸谏曰：礼律刑名，台辅大臣，未有此比，且请拒之，须自表得报，就戮未晚也。瓘不从。"《晋书·庾纯传》："纯行酒，贾充不时饮。纯曰：长者为寿，何敢尔乎？充曰：父老不归供养，将何言也。纯曰：高贵乡公何在？充惭怒，上表解职，纯惧自劾，诏免官。又以纯父老不求供养，使挞礼典正其臧否。太傅何曾、太尉荀颛、骠骑将军齐王收议曰：凡断正臧否，宜先稽之礼律，八十者一子不从政，九十者其家不从政，新令亦如之。按纯父年八十一，兄弟六人，三人在家，不废侍养。纯不求供养，其于礼律未有违也。"

2 （唐）杜佑撰《通典》卷 41《礼一·沿革一·礼序》。

3 陈寅恪撰《隋唐制度渊源略论稿》，生活·读书·新知三联书店，2009，第 111 页。

者，如贾充、杜预、裴楷等皆为士族，即连王室司马氏亦是名族，彼等编纂之中心目标虽无可考，但由泰始律、令遗文看来，相当儒家化，已是学界所公认。"[1]换言之，两晋时期，礼律兼修乃学者治学的基本风格，以上杜佑所举很多都具备了礼律兼修，或既精通礼学又参与制度构建的特性。这种特性也为南北朝和隋人继承，这是《通典》大篇幅收存其间经学、礼学之士讨论礼制材料和《隋书·经籍志》《旧唐书·经籍志》收录其间经学、礼学之士礼学著作的重要原因。如果说隋唐之基在魏晋六朝，那么推究其源，不管是律（令）还是礼制方面，都与这些礼法之士积极推动密不可分。

3. 十六国之礼

晋室南渡建立东晋政权，与之长期对峙的是十六国政权。十六国虽多数由少数民族建立，然亦开始效法中原建立国家制度。总体而言，十六国对西晋律（令）典体系采取不同取舍态度，而继承或吸收西晋律（令）典体系因素之国家，亦往往依据国情特色对之加以改造。在礼制方面亦是如此。如太兴二年（319年），石勒称赵王，"始建社稷，立宗庙，营东西宫。署从事中郎裴宪、参军傅畅、杜嘏并领经学祭酒，参军续咸、庾景为律学祭酒，任播、崔濬为史学祭酒。中垒支雄、游击王阳并领门臣祭酒，专明胡人辞讼，以张离、张良、刘群、刘谟等为门生主书，司典胡人出内，重其禁法，不得侮易衣冠华族。号胡为国人。遣使循行州郡，劝课农桑。……自是朝会常以天子礼乐飨其群下，威仪冠冕从容可观矣"。其后，石勒又制"轩悬之乐，八佾之舞，为金根大辂，黄屋左纛，天子车旗"，至此礼乐初备。[2]可见，当时投奔到北方的汉人或本是北地之人，积极参与了礼制构建。其"从容可观"之证，可参见《晋书·裴宪传》的记载，裴宪于永嘉之乱后，为石勒所用，"及勒借号，未遑制度，与王波为之撰朝仪，于是宪章文物，拟

---

1 高明士撰《律令法与天下法》，上海古籍出版社，2013，第65–66页。

2 参见《晋书》卷105《石勒载记》。

于王者"。此云裴宪所撰"三正东耕仪"当此朝仪之属。裴氏家族于西晋朝仪、律令多有建制，应有家学渊源，其"拟于王者"实拟于晋制。据史料记载，所定东耕仪规定为："直殿中监，铺席于侍臣之南，北面解匣，出御耒，跽受黄门侍中。侍中释剑，擎跽，以颖授尊。太常赞曰：皇帝亲耕籍田，一推一反，三推三反。成礼，侍中跽取耒，以授侍郎，以授殿中监，监复韬匣。"[1] 当时后赵的中书令徐光也奏议东耕仪亲耕改服不帻，改服青缣袴褶之事。[2] 又如傅畅，《三国志·魏书·傅嘏传》注引《世语》云：傅畅"没在胡中。著《晋诸公赞》及《晋公卿礼秩故事》"。《晋书·傅玄传》云其"没于石勒，勒以为大将军右司马。谙识朝仪，恒居机密，勒甚重之。作《晋诸公叙赞》二十二卷，又为《公卿故事》九卷"。傅畅所记，当是晋制，主要涉及职官设置、职掌、品秩、礼仪、待遇和赏赐等方面。[3] 傅畅为石勒所用，其著述特别是《晋公卿礼秩故事》这样保存晋礼之书，自然成为后赵建章立制的参照。

前燕慕容皝统治时期，曾赐大臣子弟为官学生者"高门生"，又"立东庠于旧宫，以行乡射之礼，每月临观，考试优劣"。史云其人"雅好文籍，勤于讲授，学徒甚盛，至千余人"[4]。北方少数民族未必能全面构建礼制，但重视儒学，应会对某一方面的礼制建设起到推动作用，要做到"每月临观"，起码应就行礼仪式订立一套可供重复使用的规则和程序。慕容皝之子慕容儁即位后，给事黄门侍郎申胤以"朝服，所以服之而朝，一体之间，上下二制，或废或存，实乖礼意"，"朝日天雨，未有定仪"，上奏改革冠服、厘定

1（宋）李昉等修《太平御览》卷 822《资产部二·耕》引《赵书》。

2 参见（唐）虞世南等撰《北堂书钞》卷 127《衣冠部上·帻四》引《赵书》，《北堂书钞》卷 129《衣冠部下·袴褶二十七》引《赵书》。

3《隋书·经籍志》职官类有《晋公卿礼秩故事》九卷，傅畅撰；《旧唐书·经籍志》职官类作《晋公卿礼秩》；《新唐书·艺文志》职官类同《隋志》。《新唐书·艺文志》职官类著录傅畅《晋公卿礼秩故事》后，有《百官名》十四卷，撰者不明。清雍正《陕西通志》卷 74 载有《百官名》十四卷，云"书丞泥阳傅畅撰"。未知孰是。

4《晋书》卷 109《慕容皝载记》。

朝仪，"以为皇代永制"[1]。史载慕容儁时期以"周礼冠冕，礼制君臣略同"，但"中世以来亦无常礼"，故"特制燕平上冠，悉赐廷尉以下，使瞻冠思事，刑断详平；诸公冠，悉颜里屈竹，锦缠作公字，以代梁处施之金琪，令仆、尚书置琪而已；中秘监令，别施珠瑱，庶能敬慎威仪，示民轨则"[2]。这些应该就是经申胤提议，损益详定之后的制度。

前秦苻坚统治时期，"修废职，继绝世，礼神祇"，又"行礼于辟雍，祀先师孔子，其太子及公侯卿大夫士之元子，皆束修释奠焉"。这些都说明，前秦对礼制是比较重视的，最为直接的证据是苻坚讨伐拓跋什翼犍后，翼犍之子"缚父请降，洛等振旅而还，封赏有差。坚以翼犍荒俗，未参仁义，令入太学习礼"。这说明前秦在礼学研究方面具备了相当人才，且充满自信。[3]

成汉李雄统治时期，"除晋法，约法七章"，但"建国草创，素无法式，诸将恃恩，各争班位"，对于官制、朝仪的混乱状态，尚书令阎式上疏云："夫为国制法，勋尚仍旧。汉、晋故事，惟太尉、大司马执兵，太傅、太保父兄之官，论道之职，司徒、司空掌五教九土之差。秦置丞相，总领万机。汉武之末，越以大将军统政。今国业初建，凡百末备，诸公大将班位有差，降而兢请施置，不与典故相应，宜立制度以为楷式。"其后，越巂太守李钊归附，继续完善了成汉的朝仪、丧制，史云："钊到成都，雄待遇甚厚，朝迁仪式，丧纪之礼，皆决于钊。"[4]

4. 南北朝之礼典

东晋灭亡，进入南北朝。南北律（令）典体系分途而行，展现出极大差异。南朝在遵循晋律（令）典体系基础上略作调整，将之推向前进。北朝则不仅继受晋律（令）典体系，且采掇汉魏乃至周秦法制因子，在民族碰

1《晋书》卷110《慕容儁载记》。
2（北魏）崔鸿撰《十六国春秋》卷27《前燕录·慕容儁下》。
3 参见《晋书》卷113《苻坚载记》。
4《晋书》卷121《李雄载记》。

撞、文化交融中呈现出多样化发展态势。国家的分土割境，法律上没有统一标准，礼制自然也陷入无所遵从的境地。重建法律制度的同时，礼制上的讨论也在兴起。《晋书·礼志》曾云："《丧服》一卷，卷不盈握，而争说纷然。"如此境况，正是南北朝乃至隋礼制讨论的最好写照，而《隋书·经籍志》等当时书目所存丧服著述、《通典·礼典》所存诸多驳论则是这些争说的最好见证。可以说，这些争说、著述就是当时礼典构建在思想观念层面的反映，而作为制度反映，则以《隋书·经籍志》所收存的仪注类书目最为典型。《隋书·经籍志》又云："仪注之兴，其所由来久矣。自君臣父子，六亲九族，各有上下亲疏之别。养生送死，吊恤贺庆，则有进止威仪之数。唐、虞已上，分之为三，在周因而为五。《周官》：宗伯所掌吉、凶、宾、军、嘉，以佐王安邦国，亲万民，而太史执书以协事之类是也。是时典章皆具，可履而行。周衰，诸侯削除其籍。至秦，又焚而去之。汉兴，叔孙通定朝仪，武帝时始祀汾阴后土，成帝时初定南北之郊，节文渐具。后汉又使曹褒定汉仪，是后相承，世有制作。然犹以旧章残缺，各遵所见，彼此纷争，盈篇满牍。而后世多故，事在通变，或一时之制，非长久之道，载笔之士，删其大纲，编于史志。而或伤于浅近，或失于未达，不能尽其旨要。遗文余事，亦多散亡。今聚其见存，以为仪注篇。"可见，唐人编撰此书时，吉、凶、宾、军、嘉五礼的相关制度被归入仪注类，其源头就是经先秦、两汉发展而来的礼仪规定。《旧唐书·礼仪志》亦云："自晋至梁，继令条缵。鸿生钜儒，锐思绵蕝，江左学者，仿佛可观。隋氏平陈，寰区一统，文帝命太常卿牛弘集南北仪注，定《五礼》一百三十篇。炀帝在广陵，亦聚学徒，修《江都集礼》。由是周、汉之制，仅有遗风。"皮锡瑞在《经学通论·三礼》"论古礼最重丧服，六朝人尤精此学，为后世所莫逮"条中论及："自汉魏至六朝诸儒，多讲礼服，《通典》所载，辨析同异，穷极深微，朱子谓六朝人多精于礼，当时专门名家有此学，朝廷有礼事，用此等人议之。"由于南北朝隋时期礼学发达，诸儒参与的"礼事"，不单是丧服制度，而且是整个制礼作乐过程，今据《隋书·经籍志》辑其"仿佛可观"者如表 2-3 所示，这些正是当时礼典的具体构成或礼典的反映。

表 2-3　　　　　　　　　《隋书·经籍志》所见六朝礼制典籍

宋	《宋仪注》10 卷，《宋仪注》20 卷，《宋尚书杂注》18 卷（本 20 卷），《宋东宫仪记》23 卷（宋新安太守张镜撰），《徐爰家仪》1 卷等
齐	《齐卤簿仪》1 卷等
梁	《东宫新记》20 卷（萧子云撰），《梁吉礼仪注》10 卷（明山宾撰），《梁宾礼仪注》9 卷（贺瑒撰），明山宾撰《吉仪注》206 卷，录 6 卷，严植之撰《凶仪注》479 卷，录 45 卷，陆琏撰《军仪注》190 卷，录 2 卷，司马褧撰《嘉仪注》112 卷，录 3 卷等，《皇典》20 卷（豫章太守丘仲孚撰），《杂凶礼》42 卷，《政礼仪注》10 卷（何胤撰），何胤《士丧仪注》9 卷，《杂仪注》180 卷，《杂嘉礼》38 卷，《国亲皇太子序亲簿》1 卷等
陈	《陈尚书杂仪注》550 卷，《陈吉礼》171 卷，《陈宾礼》65 卷，《陈军礼》6 卷，《陈嘉礼》120 卷，《陈卤簿图》1 卷等
北魏	《后魏仪注》50 卷等

六朝、隋是史学发达的时期，当时的正史有很多都是同时代人所修，其中以《宋书》《南齐书》最为典型。就《南齐书》而言，虽修于梁，但作者萧子显是齐梁皇族，是本朝人修本朝史书。《南齐书》价值最高的是其《志》，从史料来说，《南齐书》各《志》实则取自南齐典章制度编撰而成。有关这一点，在《礼仪志》中有明确表述："宋初因循改革，事系群儒，其前史所详，并不重述。（南齐）永明二年，太子步兵校尉伏曼容表定礼乐。于是诏尚书令王俭制定新礼，立治礼乐学士及职局，置旧学四人，新学六人，正书令史各一人，干一人，秘书省差能书弟子二人。因集前代，撰治五礼，吉、凶、宾、军、嘉也。文多不载。若郊庙庠序之仪，冠婚丧纪之节，事有变革，宜录时事者，备今志。其舆辂旗常，与往代同异者，更立别篇。"由此可察，齐武帝永明二年（484 年），已损益前代之制，编集了五礼，其"郊庙庠序之仪，冠婚丧纪之节"就保存在《礼仪志》中；而"舆辂旗常"，"更立别篇"，所谓"别篇"，即《舆服志》。毋庸置疑，《南齐书·礼仪志》所存

文字，就是王俭所制五礼关于"郊庙庠序""冠婚丧纪"的缩略版，当然，《礼仪志》还记有永明二年（484 年）以前的礼制改革，且王俭多参与其中，这些改革是永明二年制定五礼的先声；同时也记载许多永明二年后的改革，这些是对永明二年所定五礼的修订。萧子显在《礼仪志》末曾赞云："姬制孔作，训范百王。三千有数，四维是张。损益彝典，废举宪章。戎祀军国，社庙郊庠。冠婚朝会，服纪凶丧。存为盛德，戒在先亡。"《舆服志》中亦赞云："文物煌煌，仪品穆穆。分别礼数，莫过舆服。"作为萧齐遗民，其所记录的既是齐代礼典遗文，也是历史存亡的鉴戒。而"戎祀军国，社庙郊庠。冠婚朝会，服纪凶丧"这些礼制内容与仪注，自然为后世所参，再反观《隋书·经籍志》所记录的梁、陈五礼仪注体系如此完备、卷帙如此丰富，便也不足为怪了。《隋书·礼仪志》云："梁武始命群儒，裁成大典。吉礼则明山宾，凶礼则严植之，军礼则陆琏，宾礼则贺玚，嘉礼则司马褧。帝又命沈约、周舍、徐勉、何佟之等，咸在参详。陈武克平建业，多准梁旧，仍诏尚书左丞江德藻、员外散骑常侍沈洙、博士沈文阿、中书舍人刘师知等，或因行事，随时取舍。后齐则左仆射阳休之、度支尚书元修伯、鸿胪卿王晞、国子博士熊安生，在周则苏绰、卢辩、宇文弼，并习于仪礼者也，平章国典，以为时用。高祖命牛弘、辛彦之等采梁及北齐《仪注》，以为五礼云。"以此观之，隋礼渊源有自。然梁、陈、北齐、北周正史皆无《礼仪志》《舆服志》，《隋书·经籍志》所录梁、陈五礼仪注也不得见其全文，尽管如此，仍可在《隋书》中寻得当时礼制的一二线索。据《隋志·礼仪志》体例，在备述某一礼制时基本遵循先南朝，次北朝，后本朝之顺序；记南北朝者，多以"梁（制）""陈（制）""后（齐）""后周"等分段，所记为何朝之制一目明了。就《志》主体内容而言，《礼仪志一》《礼仪志二》所载为吉礼沿革；《礼仪志三》所载为凶礼、军礼；《礼仪志四》为嘉礼、宾礼；《礼仪志五》《礼仪志六》《礼仪志七》则为嘉礼之舆服，基本上是依五礼划分。

在历史上，梁武帝应是具有较高经学素养的君主，史载其"虽万机多务，犹卷不辍手，燃烛侧光，常至戊夜。造《制旨孝经义》，《周易讲疏》，及六十四卦、二《系》、《文言》、《序卦》等义，《乐社义》，《毛诗答问》，《春秋答问》，《尚书大义》，《中庸讲疏》，《孔子正言》，《老子讲疏》，凡二百余卷，并正先儒之迷，开古圣之旨。王侯朝臣皆奉表质疑，高祖皆为解释"[1]。在梁武帝的推动下，"修饰国学，增广生员，立五馆，置《五经》博士"[2]，梁的经学、礼学得以长足发展，"五礼"之学尤其发达。在此学术背景下，再造礼典繁盛局面也就顺理成章。与晋代修典相同的是，梁修礼也是由礼学之士担当重任，更突出五礼框架结构，且使专人分掌。据史载，"天监初，则何佟之、贺瑒、严植之、明山宾等覆述制旨，并撰吉凶军宾嘉五礼，凡一千余卷，高祖称制断疑。于是穆穆恂恂，家知礼节"[3]。《隋书·礼仪志》在记述梁礼沿革时，也频见梁武帝"称制断疑""皆为解释"之处，说明他对制礼是极为上心的。作为系统工程，梁五礼构建分司职掌，其弊端是很难实现统一的完成时间和标准。对此，梁人也有清楚认识，参与修礼的周舍在梁礼典修成后追忆云："五礼之职，事有繁简，及其列毕，不得同时。"[4]"不得同时"即说明此问题，其原因如周舍所云是"事有繁简"，各礼内容相异，篇幅自难均一；而作为共知的事实，是六朝人要解决诸多礼制难题，特别是丧服方面，因此凶礼的编撰自然大费周章，从《通典·礼典》所保存众多六朝间丧服驳议也可证明此点。据史载，梁礼典由吉礼仪注、凶礼仪注、军礼仪注、宾礼仪注、嘉礼仪注构成，凡120秩，1 176卷，8 019条，不可谓不详。其中《吉礼仪注》成于天监十一年（512年），凡26秩，224卷，1 005条；

---

1 《梁书》卷3《武帝纪》。《陈书·儒林传》亦云："梁武帝开五馆，建国学，总以《五经》教授，经各置助教云。武帝或纡銮驾，临幸庠序，释奠先师，躬亲试胄，申之宴语，劳之束帛，济济焉斯盖一代之盛矣。"

2 《梁书》卷3《武帝纪》。

3 《梁书》卷3《武帝纪》。

4 《梁书》卷25《徐勉传》。

《凶礼仪注》成于天监十一年，凡 47 秩，514 卷，5 693 条；《军礼仪注》成于天监九年（510 年），凡 18 秩，189 卷，240 条；《宾礼仪注》成于天监六年（507 年），凡 17 秩，133 卷，545 条；《嘉礼仪注》成于天监六年，凡 12 秩，116 卷，536 条。[1] 由此可观梁礼典修撰时间跨度之大，但在天监十一年《吉礼仪注》《凶礼仪注》修成后，仍不断润色，并"列副秘阁及《五经》典书各一通，缮写校定"，12 年之后，即普通五年（524 年）二月"始获洗毕"[2]。普通六年（525 年），徐勉以五礼汇集，礼典事成，上五礼表详述撰修始末、职掌人等、所成卷秩条目之数。其首先陈述五礼的次序与功能："吉为上，凶次之，宾次之，军次之，嘉为下也。故祠祭不以礼，则不齐不庄；丧纪不以礼，则背死忘生者众；宾客不以礼，则朝觐失其仪；军旅不以礼，则致乱于师律；冠婚不以礼，则男女失其时"，认为立国修身"于斯攸急"。而在追述礼典修撰始末时，也论及汉晋厘革之事。对于齐修礼事也略有记载，其云："伏寻所定五礼，起齐永明三年，太子步兵校尉伏曼容表求制一代礼乐，于时参议置新旧学士十人，止修五礼，谘禀卫将军丹阳尹王俭，学士亦分住郡中，制作历年，犹未克就。及文宪薨殂，遗文散逸，后又以事付国子祭酒何胤，经涉九载，犹复未毕。建武四年，胤还东山，齐明帝敕委尚书令徐孝嗣。旧事本末，随在南第。永元中，孝嗣于此遇祸，又多零落。当时鸠敛所余，权付尚书左丞蔡仲熊、骁骑将军何佟之，共掌其事。时修礼局住在国子学中门外，东昏之代，频有军火，其所散失，又逾太半。"据此可查，不仅梁礼框架本自齐，且齐的旧臣，如何佟之等曾参与梁礼撰修。而梁礼撰修，正起于何佟之的提议，而云齐礼"其所散失，又逾太半"，所剩之文自然成为何佟之等修礼的直接参考。据徐勉所云，天监元年（502 年），何佟之上奏修礼后，尚书参议以为朝政初建，"庶务权舆，宜俟隆平"，修礼

---

1 参见《梁书》卷 25《徐勉传》。

2《梁书》卷 25《徐勉传》。

也应"徐议删撰"，但被梁武帝否决，其认为"礼坏乐缺，故国异家殊，实宜以时修定，以为永准"，修礼是"经国所先"之事，只要确定修礼人选便可开工。随后沈约等参议"请五礼各置旧学士一人，人各自举学士二人，相助抄撰。其中有疑者，依前汉石渠、后汉白虎，随源以闻，请旨断决"。最终以何佟之总领其事，明山宾典吉礼，严植之、伏暅、缪昭等相继典凶礼，贺玚典宾礼，陆琏典军礼，司马褧典嘉礼；何佟之死后，由伏暅、周舍、徐勉、庾于陵等踵职统领。这些人中尤值一提的是伏暅，其父正是齐时提议修礼典的伏曼容，梁承齐制，也由此可见。此外，梁礼典并非完全是礼制内容规定，而是附录了解决礼制难题的奏议、圣旨裁断，据徐勉云："若有疑义，所掌学士当职先立议，通谘五礼旧学士及参知，各言同异，条牒启闻，决之制旨。疑事既多，岁时又积，制旨裁断，其数不少。莫不网罗经诰，玉振金声，义贯幽微，理入神契。前儒所不释，后学所未闻。凡诸奏决，皆载篇首，具列圣旨，为不刊之则。"徐勉上表后，梁武帝正式下诏，以"经礼大备，政典载弘，今诏有司，案以行事也"[1]。如果说晋礼初步实现了礼典编撰化，梁礼则是真正实现了系统化，正如后人所称述的："自梁以来，始以其当时所行傅于《周官》五礼之名，各立一家之学。"[2]

据《隋书·礼仪志》所记："陈武克平建业，多准梁旧，仍诏尚书左丞江德藻、员外散骑常侍沈洙、博士沈文阿、中书舍人刘师知等，或因行事，随时取舍。"陈的五礼构建基本保持梁的框架，其损益之处，《隋志》也有略载。《陈书》并无专志记载梁制礼事，考其各传可得一二，亦可与《隋志》相证。如刘师知，"博涉书史，工文笔，善仪体，台阁故事，多所详悉"，仕陈后为中书舍人，"是时兵乱之后，礼仪多阙，高祖为丞相及加九锡并受禅，其仪注并师知所定焉"[3]。沈洙，治《三礼》《春秋左氏传》，通《五经》章

1 《梁书》卷 25《徐勉传》。

2 《新唐书》卷 11《礼乐志》。

3 《陈书》卷 16《刘师知传》。

句、诸子史书。梁末陈霸先辅政时，为国子博士，与沈文阿同掌仪礼，入陈后又参与议律。[1]据此知，陈礼构建起于梁末，起用梁朝通经或礼律兼修之人参与制礼，也是沿袭前朝传统。如：宗元饶，仕陈后历任廷尉正、太仆卿、廷尉卿等，"军国务广，事无巨细，一以咨之，台省号为称职"。后迁御史中丞，"知五礼事"。史评其"性公平，善持法，谙晓故事，明练治体，吏有犯法、政不便民及于名教不足者，随事纠正，多所裨益"[2]。蔡徵，陈至德二年（584年）迁廷尉卿，后为左民尚书，与仆射江总知撰五礼事。史云："后主器其材干，任寄日重，迁吏部尚书、安右将军，每十日一往东宫，于太子前论述古今得丧及当时政务。又敕以廷尉寺狱，事无大小，取徵议决"[3]。沈文阿，治《三礼》《三传》，梁末绍泰元年（555年），入为国子博士，"兼掌仪礼"。史云："自太清之乱，台阁故事，无有存者，文阿父峻，梁武世尝掌朝仪，颇有遗稿，于是斟酌裁撰，礼度皆自之出。"入陈后，多次参与议礼。后世对其有较高评价："文阿加复草创礼仪，盖叔孙通之流亚矣。"[4]顾野王，通经学，太建二年（570年）迁国子博士，后为光禄卿，知五礼事。[5]沈不害，天嘉年间上表改定乐章，后迁国子博士，领羽林监，敕治五礼，掌策文谥议。[6]王元规，从沈文阿受业，通经学。陈后主在东宫时引为学士，亲受《礼记》《左传》《丧服》等义。史云："自梁代诸儒相传为《左氏》学者，皆以贾逵、服虔之义难驳杜预，凡一百八十条，元规引证通析，无复疑滞。每国家议吉凶大礼，常参预焉。"[7]周弘正，梁时为国子博士，通经学，仕陈后历任国子祭酒，又"领都官尚书，总知五礼事"[8]。值得注意的是，梁

---

1 参见《陈书》卷33《沈洙传》。
2 《陈书》卷29《宗元饶传》。
3 《陈书》卷29《蔡徵传》。
4 《陈书》卷33《沈文阿传》。
5 参见《陈书》卷30《顾野王传》。
6 参见《陈书》卷33《沈不害传》。
7 《陈书》卷33《王元规传》。
8 《陈书》卷24《周弘正传》。

礼典构建同样延续晋以来任命专人统理其事的传统，即上举"总知五礼事"之人。《陈书》中有一段记载，梁太清二年（548年），直散骑常侍徐陵使魏，"是日甚热，其主客魏收嘲陵曰：'今日之热，当由徐常侍来。'陵即答曰：'昔王肃至此，为魏始制礼仪；今我来聘，使卿复知寒暑。'收大惭。"这种戏谑之言，反映的却是梁陈间人对自身礼典构建的文化和制度自信。

梁、陈之礼作为六朝礼典一脉相承者，既有代代相承，也有复古损益。与之同一时空的北朝，也绝非徐陵口中"不知寒暑"之人、礼仪丧缺之地。南北思想、文化、制度之交流融合，犹如南北江河，其支流、干流总有相汇之处；即使平行不涉者，终归向东流。因此，南北两朝制度、文化、思想并无优劣之异，只有合适与否之别。今据《隋书·礼仪志》辑其所存礼制如下，从《隋志》保留的史料看，北朝之礼在汉晋经学浸淫下，复古风貌之盛，堪与南朝等量齐观，这是隋唐制度采法之源。《隋书·礼仪志》云北周时苏绰、户辩、宇文弼等并习于仪礼者也，"平章国典，以为时用"，又云"宪章姬周，祭祀之式，多依《仪礼》"。隋唐人视其复古过犹不及，杂而不纯，为礼制"异类"，故在汲取制度时较少采集，陈寅恪在论及隋唐制度渊源时也云隋礼主要源自梁、陈、北齐，而非北周。但北周能以《周礼》为宗，"思复古之道"，说明当时制礼构建并非逆潮流而行。

以五礼为框架的礼典构建，即起步于曹魏末年，至晋初制礼时初步完备，南北朝时期五礼发达，议者虽各宗所师，但所宗之下也有所制，至隋江都集议，开统一南北风气，各取所长，礼制逐渐归一。凡此过程，虽是《隋书·礼仪志》的记事顺序，实则晋隋间礼典构建过程之缩影。

5. 隋之礼典

隋作为西晋后再次统一南北的朝代，虽然时间短暂，但得统一之利，在律令、礼典方面都有所成就。《隋书·礼仪志》云："高祖命牛弘、辛彦之等采梁及北齐《仪注》，以为五礼云。"《旧唐书·礼仪志》云："隋氏平陈，寰区一统，文帝命太常卿牛弘集南北仪注，定《五礼》一百三十篇。炀帝在广陵，亦聚学徒，修《江都集礼》。由是周、汉之制，仅有遗风。"就礼制而言，隋礼主要采梁、陈、北齐之制，此点已为学者论证，且《隋书·礼仪志》中也有相关实例。就其礼典构建过程而言，大体可分两个阶段。

一是文帝开皇初期由牛弘主导的仪礼构建。《隋书·礼仪志》记："开皇初，高祖思定典礼。太常卿牛弘奏曰：'圣教陵替，国章残缺，汉、晋为法，随俗因时，未足经国庇人，弘风施化。且制礼作乐，事归元首，江南王俭，偏隅一臣，私撰仪注，多违古法。就庐非东阶之位，凶门岂设重之礼？两萧累代，举国遵行。后魏及齐，风牛本隔，殊不寻究，遥相师祖，故山东之人，浸以成俗。西魏已降，师旅弗遑，宾嘉之礼，尽未详定。今休明启运，宪章伊始，请据前经，革兹俗弊。'"此后，牛弘与南北学者会议，撰《仪礼》百卷，"悉用东齐《仪注》以为准，亦微采王俭礼"，修毕颁行天下，咸使遵用。《隋书·牛弘传》云牛弘开皇三年（583 年）拜礼部尚书，"奉敕修撰《五礼》，勒成百卷，行于当世"。《隋书·经籍志》所录"《隋朝仪礼》一百卷（牛弘撰）"，即是其证。《隋书·高祖本纪》云开皇五年（585 年）正月"诏行新礼"，即此者。

二是文帝仁寿年间牛弘与杨素、苏威等对五礼的修订。据《隋书·高祖本纪》记，仁寿二年（602 年），文帝以"礼之为用，时义大矣。黄琮苍璧，降天地之神，粢盛牲食，展宗庙之敬，正父子君臣之序，明婚姻丧纪之节。故道德仁义，非礼不成，安上治人，莫善于礼。自区宇乱离，绵历年代，王道衰而变风作，微言绝而大义乖，与代推移，其弊日甚。至于四时郊祀之节文，五服麻葛之隆杀，是非异说，踳驳殊途，致使圣教凋讹，轻重无准"，诏令牛弘等"修定五礼"。《旧唐书·礼仪志》云："文帝命太常卿牛弘集南北仪注，定《五礼》一百三十篇。"此一百三十篇"五礼"即仁寿年间所定者。

隋代礼典虽不存世，《隋书·礼仪志》等史籍尚存隋礼制损益沿革，但相关史料并未明载哪些分属开皇初年《隋朝仪礼》者或仁寿年间所修订《五礼》者，多以"开皇初"或"隋制"所标识，我们认为，标识"开皇初"或言"高祖受命"之时所设立的制度应属"隋朝仪礼"，而称"隋制"者则属仁寿"五礼"。隋初改革南北朝礼制，应反映在《隋朝仪礼》中，也就是开皇五年（585年）所颁行的"新礼"。关于开皇"新礼"，尚有一条最直接材料。《隋书·礼仪志》记开皇中，"诏太常卿牛弘、太子庶子裴政撰宣露布礼。及九年平陈，元帅晋王以驿上露布。兵部奏，请依新礼宣行。承诏集百官、四方客使等，并赴广阳门外，服朝衣，各依其列。内史令称有诏，在位者皆拜。宣讫，拜，蹈舞者三，又拜。郡县亦同"。材料中开皇九年（589年）依"新礼"宣露布，此"新礼"制定时间为"开皇中"，制定者正是牛弘，其官职也恰与上引当初上奏制礼时官职相合，都是太常卿。因此，"开皇中"所制"新礼"就是开皇五年施行者，亦即《隋朝仪礼》；其中有"宣露布礼"规定，材料中"承诏集百官、四方客使"以下云云，即其具体仪式。由此例可见，《隋朝仪礼》将一些未来有待施行的制度编入，说明牛弘等人在礼制构建上考虑还是比较全面的。

当然，也有某些制度未及建立，有待开皇五年（585年）"新礼"施行后再行完善。《隋书》中记载不少开皇五年之后、仁寿二年（602年）之前礼制损益事例。如：

开皇十三年（593年），以"郊丘宗社，典礼粗备，唯明堂未立"，命牛弘等参议其制，后检校将作大匠事宇文恺依《月令》文，"造明堂木样，重檐复庙，五房四达，丈尺规矩，皆有准凭"。但正欲建造，诸儒又起纷争，"莫之能决"。此后，牛弘等又"条经史正文重奏"，根据史载，文帝时期的明堂之制，由于非议太多，并未建立。[1]

---

1 参见《隋书》卷6《礼仪志》。

开皇十四年（594 年），群臣请文帝封禅，晋王杨广又率百官抗表固请，时"命有司草仪注"，由牛弘等"创定其礼，奏之"。此次所增者为封禅仪。[1]

开皇十四年（594 年）闰十月，诏"东镇沂山，南镇会稽山，北镇医无闾山，冀州镇霍山，并就山立祠；东海于会稽县界，南海于南海镇南，并近海立祠。及四渎、吴山，并取侧近巫一人，主知洒扫，并命多莳松柏。其霍山，雩祀日遣使就焉"。十六年（596 年）正月，又诏"北镇于营州龙山立祠。东镇晋州霍山镇，若修造，并准西镇吴山造神庙"[2]。此是对五岳四渎及名山大川之祭礼的完善。

开皇十七年（597 年）九月，文帝谓侍臣曰："礼主于敬，皆当尽心。黍稷非馨，贵在祗肃。庙庭设乐，本以迎神，斋祭之日，触目多感。当此之际，何可为心！在路奏乐，礼未为允。群公卿士，宜更详之。"十月，诏曰："五帝异乐，三王殊礼，皆随事而有损益，因情而立节文。仰惟祭享宗庙，瞻敬如在，罔极之感，情深兹日。而礼毕升路，鼓吹发音，还入宫门，金石振响。斯则哀乐同日，心事相违，情所不安，理实未允。宜改兹往式，用弘礼教。自今已后，享庙日不须备鼓吹，殿庭勿设乐悬。"[3]此次所改为享庙设乐之制。

开皇年间，还有一次与礼制相关的学术活动，即杨广为晋王时命群儒于江都议礼、集礼，整合历代礼说，汇编成典之事。据《隋书·潘徽传》记：杨广引潘徽扬州博士，"令与诸儒撰《江都集礼》一部"，并命潘徽为之作序。《旧唐书·礼仪志》亦云："炀帝在广陵，亦聚学徒，修《江都集礼》。由是周、汉之制，仅有遗风。"杨广获封晋王是在开皇二年（582 年），其为扬州总管在开皇十年（590 年）左右。此次议礼成果，即《江都集礼》。《隋书·经籍志》《日本国见在书目录》有"《江都集礼》"，皆记作 126 卷，潘徽《江

---

1 参见《隋书》卷 6《礼仪志》。

2《隋书》卷 7《礼仪志》。

3《隋书》卷 2《高祖纪》。

都集礼序》《旧唐书·经籍志》《新唐书·艺文志》记作 120 卷。《隋志》等所溢出的"六卷"，当是目录。《崇文总目》云："《江都集礼》一百四卷，原释隋诸儒撰，初炀帝以晋王为扬州总管，镇江都，令诸儒集周、汉以来礼制因袭，下逮江左先儒论议，命潘徽为之叙，凡一百二十卷，今亡阙仅存一百四卷。"说明此书宋时尚存。又，《宋史·艺文志》礼类有"《江都集礼图》五十卷"，不撰著者，夹存在宋人著述之间，或是宋人采原书图类汇编而成。《江都集礼》一书，汇辑魏晋以来礼学著作，摘其主旨，是晋以来特别是南朝礼学的集大成之作，也是唐代修礼的基本参考。此次集礼，后人评价不高，如云："隋大业中，炀帝命学士撰《江都集礼》，只抄撮礼论，更无异文。"[1]事实上，与《隋书·经籍志》几乎同时，且早于《旧唐书·艺文志》的日本皇家藏书目录《日本国见在书目录》收存了此书，说明当时其已东渡扶桑，这种思想、文化、制度东传的意义无论如何也不容低估。

据潘徽《江都集礼序》载，《集礼》一书"以为质文递改，损益不同，《明堂》《曲台》之记，南宫、东观之说，郑、王、徐、贺之答，崔、谯、何、庾之论，简牍虽盈，菁华盖鲜。乃以宣条暇日，听讼余晨，娱情窥宝之乡，凝相观涛之岸，总括油素，躬披缃缥，芟芜刈楚，振领提纲，去其繁杂，撮其指要，勒成一家"，"取方月数，用比星周，军国之义存焉，人伦之纪备矣"[2]。其体例应以五礼为纲，就性质而言，应属礼论汇编著述，缺乏施行效力。《隋书·炀帝纪》虽云杨广"每矫情饰行，以钓虚名，阴有夺宗之计"，但其未必敢推翻开皇"新礼"，重立新规。即便此次集礼是为"夺宗"做准备，《炀帝纪》中也未见此《集礼》施行的证据。抛开这些因素，单纯就礼制损益而言，此次议礼、集礼反映了开皇新礼的不足，也为仁寿修订五礼奠定了基础。就其积极影响而言，一是其东传意义，此前已述；二是成为唐人

1（宋）王溥撰《唐会要》卷 12《飨明堂议》。
2《隋书》卷 76《潘徽传》。

制礼的重要参考，今日所保存的《集礼》佚文基本上都残存在唐人议礼的奏章当中。

综上，经过开皇初年的改革，江都议礼、集礼及开皇新礼实施后的若干改革，隋在损益前制基础上，奠定了本朝礼典结构，但也暴露诸多不善，特别是诸儒"是非异说""轻重无准"，直接催生了仁寿二年（602年）修订五礼之举，《隋书·礼仪志》所存"隋制"或直接称"隋"者即是其证。

《隋书》史臣评价杨广生平曰："自肇有书契以迄于兹，宇宙崩离，生灵涂炭，丧身灭国，未有若斯之甚也。"就议礼、制礼而言，炀帝时期并非一无是处，主要原因是参与开皇、仁寿制礼的牛弘等人尚在世并继续制礼事业。

如史载，大业元年（605年），"孟春祀感帝，孟冬祀神州，改以高祖文帝配，其余并用旧礼"[1]。由此可见，炀帝时仍施行"旧礼"，也就是仁寿年间所定者。又云大业元年，"炀帝欲遵周法，营立七庙，诏有司详定其礼"，太常少卿许善心等议"依据古典，崇建七庙"[2]。大业二年（606年），杨素等"制定舆服"："备辇路及五时副车。上常服，皮弁十有二琪，文官弁服，佩玉，五品已上给犊车、通幰，三公亲王加油络，武官平巾帻，裤褶，三品已上给飚樏。下至胥吏，服色皆有差。非庶人不得戎服。"[3]大业三年（607年），诏颁"天子七庙"之制，以"王者之礼，今可依用，贻厥后昆"[4]。这些改革中，最值得关注的是"制定舆服"之事。据《隋书·礼仪志》记：大业元年，牛弘等以"宪章古制，创造衣冠，自天子逮于胥皂，服章皆有等差。若先所有者，则因循取用"，议定乘舆服合八等，于次年制毕施行。《隋书·礼仪志》所保存的大裘冕之制、衮冕之制、通天冠之制、远游冠之制、武弁之

---

[1]《隋书》卷6《礼仪志》。
[2]《隋书》卷7《礼仪志》。
[3]《隋书》卷3《炀帝纪》。
[4]《隋书》卷3《炀帝纪》。

制、弁之制、皇太子服、诸王服、皇后服、皇太后服等材料，皆述其形制沿革、采用依据等，即是其证。

《旧唐书·礼仪志》云："神尧受禅，未遑制作，郊庙宴享，悉用隋代旧仪。太宗皇帝践祚之初，悉兴文教，乃诏中书令房玄龄、秘书监魏征等礼官学士，修改旧礼"，成《贞观礼》。《新唐书·礼乐志》亦载"唐初，即用隋礼，至太宗时，中书令房玄龄、秘书监魏征，与礼官、学士等因隋之礼"云云。隋虽短寿，但其礼典体系却延绵至唐而为时人所取。究其原因，是当时国家版图的基本统一，不管是律（令）典体系还是礼典体系，都能兼采南北朝最新发展成果，这当中不仅有理论的进步，也有结构体系的完善。律（令）典体系中的律、令、格、式等法律形式逐步紧密联系，构成日渐严谨之体系；礼典体系也能兼容并包，促进其中融合的根本原因是当时经学的统一，故后人有谓："隋平陈而天下统一，南北之学亦归统一。"《北史·儒林传》也正面评价当时经学盛况："隋文膺期纂历，平一寰宇，顿天钢以掩之，贲旌帛以礼之，设好爵以縻之，于是四海九州，强学待问之士，靡不毕集焉。天子乃整万乘，率百僚，遵问道之仪，观释奠之礼。博士罄县河之辩，侍中竭重席之奥。考正亡逸，研核异同，积滞群疑，涣然冰释。于是超擢奇俊，厚赏诸儒。京邑达乎四方，皆启黉校。齐鲁赵魏，学者尤多。负笈追师，不远千里，讲诵之声，道路不绝。中州之盛，自汉魏以来，一时而已。……炀帝即位，复开庠序，国子、郡县之学，盛于开皇之初。徵辟儒生，远近毕至。使相与讲论得失于东都之下，纳言定其差次，一以闻奏焉。于时，旧儒多已凋亡，惟信都刘士元、河间刘光伯拔萃出类，学通南北，博极今古，后生钻仰。所制诸经义疏，缙绅咸师宗之。"虽隋朝国风渐坠，以至灭亡，但其开政治和经学统一之风，更开律令、礼典统一之风，此皆史不能抹杀者，唐有"文武不坠"之盛世也多赖此根基。

（三）礼典体系成熟至消亡阶段：唐至清

1. 唐之礼典体系

唐代的法律体系构建，始终围绕礼法展开，以之为精神灵魂，并延续西晋以来礼律兼修之传统。《唐律疏议·名例律》言："德礼为政教之本，刑罚为政教之用。"学界已普遍认同，唐代已实现礼法合一，即礼法制度与律令法制之间从内在精神到具体规范大体和谐一致，这自然有赖于西晋以来持续不断地以立法定制方式引礼入法之功。

唐初沿用隋礼，未遑制作。至唐太宗时，房玄龄、魏征等因隋五礼体例，增天子上陵、朝庙、养老、大射、讲武、读时令、纳皇后、皇太子入学、太常行陵、合朔、陈兵太社等内容，编成《吉礼》61篇，《宾礼》4篇，《军礼》20篇，《嘉礼》42篇，《凶礼》11篇，总138篇，100卷，史称《贞观礼》。高宗永徽二年（651年），又诏长孙无忌等增定《贞观礼》成130卷，229篇，于显庆三年（658年）奏上，史称《显庆礼》。但内容"杂以式令"，且当时人以参与编撰此礼的李义府、许敬宗为得幸之人，"多希旨傅会"，故议者皆以为非，以为不及《贞观礼》。上元三年（676年），高宗又诏复用《贞观礼》。终高宗一朝，《贞观》《显庆》二礼兼用并行。据《旧唐书·礼仪志》记，玄宗开元十四年（726年），王嵒疏请"改撰《礼记》，削去旧文，而以今事编之"。张说亦奏："《礼记》汉朝所编，遂为历代不刊之典。今去圣久远，恐难改易。今之五礼仪注，贞观、显庆两度所修，前后颇有不同，其中或未折衷。望与学士等更讨论古今，删改行用。"时有徐坚、李锐、施敬本、萧嵩、王仲丘等接踵其事，撰成150卷，凡《序例》3卷，《吉礼》75卷，《宾礼》2卷，《军礼》10卷，《嘉礼》40卷，《凶礼》20卷，史称《大唐开元礼》，于开元二十年（732年）颁所司行用。《旧唐书·玄宗本纪》亦云：开元二十年，由萧嵩等奏上，"制所司行用之"。是《开元礼》修于开元十四年（726年），成于开元二十年（732年）。今存世《开元礼》多标唐萧嵩等奉敕撰，草创者，实为徐坚、李锐、贾登、施敬本、陆善经、洪孝昌；成之者，则萧嵩、王仲丘等人。后人评价：自《开元礼》撰成后，"唐之五礼之文始备，而后世用之，虽时小有损益，不能过也"[1]。德宗贞元九年（793年），太常礼院修撰王泾，"考次历代郊庙沿革之制及其工歌祝号，而图其坛屋陟降之序"，撰成《大唐郊祀录》10卷，其中凡例 3卷，祀礼 4卷，祭礼 1卷，飨礼 1卷。是书备载历代郊庙享祀及唐代损益因革，保存了唐代众多施行祭祀制度和事迹。在礼学史中，《大唐郊祀录》是唐代最重要的礼学论著之一，虽重在探讨礼制，其书当时也并非属于诏令施行的典章；但所载确是唐代施行制度，以致入宋后成为编修《太常因革礼》等礼典的重要参考。就此价值和意义而言，《大唐郊祀录》可算为唐礼典体系的组成部分。贞元十年（794年），国子司业裴澄又表上《礼典》12卷。宪宗元和十一年（816年），秘书郎修撰韦公肃录开元以后礼文，损益为《礼阁新仪》30卷。元和十三年（818年），太常博士王彦威又集开元二十一年（733年）以来至元和十三年（818年），八十余年间的"五礼裁制敕格""奏定仪制"及新创不同者次第编录，制为《曲台新礼》30卷；又采元和以来王公士民婚祭丧葬之礼为《续曲台礼》30卷。凡此三书，为中晚唐礼典的大全，有唐一代修礼盛事亦随藩镇之乱渐告终结。

唐之礼典，能保存基本面貌存世者即《大唐开元礼》，它是对《贞观礼》《显庆礼》的折中，结构严密，载制精详，堪称古代礼典的圭臬。唐以后礼皆以之为宗；新罗、日本等国多所传鉴。近论唐代礼法关系，远述郑学、王学之争，南学、北学之传，实赖此书。故要探讨唐礼，今人亦多以之为标杆和中心。对《开元礼》甚至整个唐宋礼制研究，法史领域用力尚浅。与之相较，唐史、礼制史的学者早有卓越成果，且一些理论也值得吸收采用。因此，在对唐礼典体系进行讨论时，难免重蹈这些学者的资料论证和引用。既

1《旧唐书》卷 21《礼仪志》。

然本研究名之"重新认识"，所能做的工作确实不能面面俱到，只能从一些旁枝末节进行补充。可以补充之一是《开元礼》的行用问题，这个问题与《唐六典》一样曾有过不少学者讨论。《开元礼》在唐基本得以行用，这是最近十余年学界考证的成果，然所举例证，多以唐例为主。当然，要论证此主张，唐人适用《开元礼》，这无疑是最有说服力、最直接的证据。但是，如果我们把眼光放长远点，或者把《开元礼》视为后世礼典之圭臬成准，那么，《开元礼》的"行用"恐怕早已超出了唐的时空范围。故后人有云："惟开元皇帝，励精政治，有意太平，故能遴择儒臣，厘正钜典。惟（徐）坚等辨博通贯体上之意，故能不泥不肆，裒辑成书。自时厥后，朝廷有大疑，不必聚诸儒之讼，稽是书而可定。国家有盛容，不必蒐野外之仪，即是书而可行。世世守之，毋敢失坠，不其休哉。"[1] 这里讲的"自时厥后"，不单单是唐开元以后，也包括了五代十国时期。

今以《唐会要》《五代会要》所载，摘其参用《开元礼》之证，以明《开元礼》不仅在唐代基本得以行用且及于五代时期。（见表2-4）

表2-4　　　　　　　　《唐会要》所载开元以后参用《开元礼》事例表

类别	具体事例（以年月为序）	出处
吉礼·郊祀	元（玄）宗既定《开元礼》，天宝元年（742年），遵合祭天地于南郊。其后遵为为故事，终唐之世，莫能改也。	卷9下《杂郊议下》
吉礼·涉及	天宝元年（742年）十月戊寅，诏："社为九土之尊，稷乃五谷之长，祭官宜精洁，其社坛侧禁樵牧。"三年（744年）二月戊寅诏："社稷升为大祀，以四时致祭。"后又依《开元礼》为中祀。	卷10上《銮驾还宫（如方丘之仪）》
吉礼·祭风师、雨师	永泰二年（766年）有敕："复风师、雨师，其灵星、司中、司命等坛，宜令所司，准《开元礼》配享。"	卷23《缘祀裁制》
吉礼·释奠	建中元年（780年）二月，国子司业归崇敬上言："准制，皇太子时幸太学，行齿胄之礼者。伏请每至春秋国学释奠之时，所司先奏听进止。其释奠齿胄之礼，如《开元礼》，或有未尽，委请委礼仪使更以古议详定闻奏。"	卷4《杂录》

---

[1]（宋）周必大撰《文忠集》卷92《序·唐开元礼序》。

续表

类别	具体事例（以年月为序）	出处
嘉礼·公主、郡主、县主出降觌见之仪	建中元年（780年）十一月十六日敕：宜令礼仪使与博士及宗正卿李琬等，"约古今旧仪及《开元礼》，详定公主、郡主、县主出降觌见之仪，条件闻奏，将以化行天下，用正国风"。	卷83《嫁娶》
吉礼·郊祀	贞元元年（785年）十一月十一日，德宗亲祀南郊，有司进图，敕付礼官详酌。从博士柳冕奏请："开元定礼，垂之不刊；天宝改作，起自权制。此皆方士谬妄之说，非礼典之文，请一准《开元礼》。"	卷9下《杂郊议下》
吉礼·巡陵	贞元四年（788年）二月，国子祭酒包佶奏："每年二月八月，差公卿等朝拜诸陵。伏见礼台所由引公卿至陵前，其礼简略，因循已久，恐非尽敬。谨按《开元礼》，有公卿拜陵旧仪，望宣传所司，详定仪注，稍令备礼，以为永式。"时敕旨："宜令所司酌礼量宜，取其简敬。"此后太常"约用《开元礼》制及敕文旧例修撰"，并于同年五月敕旨施行。	卷20《公卿巡陵》
吉礼·郊祀	贞元六年（790年）十一月八日，有事南郊。诏以皇太子为亚献，亲王为终献。从吏部郎中柳冕议定誓诫之辞："准《开元礼》，献官前七日于内受誓诫。辞云：'各扬其职，不供其事，国有常刑。'今以皇太子为亚献，请改旧辞云：'各扬其职，肃奉常仪。'"	卷9下《杂郊议下》
嘉礼·时令	贞元七年（791年）十二月，从秘书监包佶奏请："开元删定《礼记月令》为《时令》，其音及义疏，并未刊正。其《开元礼》所与《月令》相涉者，请选通儒详定。"	卷77《贡举下·论经义》
军礼·救日蚀	贞元十年（794年）三月壬寅，司天奏："四月癸卯朔，太阳亏，巳后五刻，蚀既，未后五刻复满者，旧例合宜行。"太常博士姜公复状奏："准《开元礼》，太阳亏，皇帝不视事，其朝会合停。"	卷42《日蚀》
凶礼·服制	贞元十一年（795年），河中府仓曹参军萧据状称堂兄侄女子适李氏，婿见居丧，今时俗妇为舅姑服三年，恐为非礼，请礼院详定垂下。详定判官前太常博士李岩议："谨按《大唐开元礼》，五服制度，妇为舅姑，及女子适人，为其父母，皆齐衰不杖周。稽其礼意，抑有其由也。盖以妇人之道以专一，不得自达，必系于人。故女子适人，服以夫斩，而降其父母。《丧服传》曰女子以适人，为父何以周也。妇人不二斩，妇人从人，无专用之道。故未嫁从父，既嫁从夫，夫死从子，父子子之天也，夫者妻之天也。先圣格言，历代不易。以此论之，父母之丧，尚止周岁，舅姑之服，无容三年。且服者报也，虽有加降，不甚相悬。故舅姑为妇，大功九月，以卑降也。妇为舅姑，齐衰周年，以尊加也。其父母舅姑除变之节，十二月小祥，除腰经，十三月大祥，除衰裳，去经，十五月而禫，逾月复吉。"	卷38《服纪下》
嘉礼·朝仪	贞元十四年（798年）二月，从太常卿齐抗奏请："元日朝贺奏事，户部尚书、司天监奏，《开元礼》，并令于横班，同群官拜讫，然后依次奏事。自后并未拜以前，先就阶上立奏，事毕，随例便退，既无礼度，则有阙仪。今请依《开元礼》，户部尚书以上，于南班再拜讫，便随上公升于阶，就东向位立，准仪注奏事，以补旧仪。"	卷25《百官奏事》

续表

类别	具体事例（以年月为序）	出处
嘉礼·册公主	贞元十五年（799年）七月三日，从有司奏请："册公主仪注，伏准开元之仪，侍中合宣制（今仪注误以中书令宣制，则其日侍中阙行事之仪。），中书令合受册，又合以授与册使。（今仪注误以中书侍郎授册使，则其日阙中书令授册之仪。）内册案自东上阁出，诣横街北，合宣付中书门下，其侍中、中书令其日并行事（今仪注误，独宣付中书令，则侍中无凭宣付。），今欲改正。"	卷6《杂录》
嘉礼·亲谒	元和元年（806年）十二月，礼仪使高郢奏："《六典》，凡驾行幸，有夜警晨严之制。今署司所申，是并警亦呼为严，相承已久，乐官不能辨。伏奏《开元礼》，皇帝时飨太庙，及上辛祈谷于圜丘，皆于正殿致斋，第三日欲赴行宫，前七刻、五刻、二刻，有三严之仪，并无五更三点以前四严，及驾至桥一严之文。伏请勒停，准礼依时刻三严。又其时所设宫悬，悬而不作，銮驾进发，不鸣鼓吹。至祀日，太庙飨礼毕，銮驾欲发，及南郊行事，銮驾还宫之时，然後各有三严。皇帝既还大次，停一刻须槌一鼓为一严；三刻须槌二鼓为再严；五刻须槌三鼓为三严。往例仪注，皆准此礼。鼓吹署所申，并与礼文不同，又都不知准礼，是行事毕有三严之制。伏以立礼之旨，务于精诚。銮驾出宫，在祀前之日，犹悬而不作，不鸣鼓吹，况祠所斋洁，明发行事，此夜诚合清净，不应钲鼓喧哗。其鼓吹署所申四严及临上坛一严，伏请勒停。其行事毕后，南郊回，请准礼依时刻三严，太庙宿其後不严。"及南郊回，于明德门里鼓吹，引驾至丹凤门。	卷18《缘庙裁制下》
凶礼·祔祭	元和二年（807年）六月，淄青节度使李师道立私庙，追祔曾祖祖父三代，及兄师古神主。经太常议定："伏以师古虽是师道亲兄，师古身存之日，先未祔庙。今庙因师道而立，即师道便合是百世不迁之宗。谨按《封爵令》，传袭之制，皆子孙以下相继，并无兄弟相继为后之文。则明师古神主，不合入师道之庙。若师古男自有四品三品官，兼有封爵，准《开元礼》，合待三年丧终，礼祭毕后，别立庙宇，设师古神主座，行祔祭之礼，自承宗祀，庶合礼经。"	卷19《百官家庙》
嘉礼·朝仪	元和六年（811年）十月，从御史中丞窦易直奏请："臣谨案唐礼，诸册拜官与百僚相见，无受拜之文。又谏议大夫至拾遗，御史中丞至殿中侍御史，并为供奉官，不合异礼。今仆射初上之日，或答拜阶上，合拜庭中，因循循蹰驳之制，每致沸腾之议。伏请下尚书、太常礼院详议，永为定制，使得遵行。"时太常卿崔邠召礼官等参议以为："按《开元礼》：有册拜官上仪，初上者，咸与卑官答拜。今左右仆射皆册拜官也，令准此礼为定。伏寻今之所行仪注，其非典礼之文，又无格敕为据，斯乃越礼随时之法，有司寻合厘正，岂待议而后革也。伏以《开元礼》者，其源太宗创之，高宗述之，元（玄）宗纂之曰《开元礼》，后圣于是乎取则。其不在礼者，则有不可以传。今仆射初上，受百僚拜，是舍高宗、元（玄）宗之祖述，	卷57《尚书省诸司上·左右仆射》

续表

类别	具体事例（以年月为序）	出处
嘉礼·朝仪	而背开元之正文；是有司失其传，而又云礼，得无咎哉！今既奉明诏详定，宜守礼文以正之。……且约三公上仪及《开元礼》而为仪注，庶几等威之序，允归至当之论。"此后"修改旧仪，送都省，集众官详议"。至七年二月，尚书左丞段平仲奏云："谨按《开元礼》：应受册官初上仪，不合与卑官答拜。又准令文，仆射班品在三公之次。三公上议，而尝与卑僚答拜，仆射上，独受侍郎、中丞等拜，考之国典，素无明文。因循乖越，切在厘革。太常所定仪制，依据三公上仪，其间或有增损，事体深为折衷。酌为永制，可以施行。应同所见，各得连署。太常礼院仪注，及兵部尚书王诏等三十三人参议所见如前。"	卷57《尚书省诸司上·左右仆射》
嘉礼·朝仪	元和十五年（820年），以仆射上事仪注，前后不定，中丞李汉奏定，朝议未允。中书门下奏请依元和七年已前仪注，左右仆射上日，受诸司四品六品丞、郎以下拜。谏议大夫兼史馆修撰王彦威奏论曰："臣谨按《开元礼》，凡受册官，并与卑官答拜。国朝官品令，三师、三公正一品，尚书令正二品，并是册拜授官。上之日，亦无受朝官再拜之文。仆射班次三公，又是尚书令副贰之职，虽端揆之重，有异百僚，然与群官比肩事主。……况元和七年七月，已经奏议，酌为定制，编在国章。近年上仪，又有拜受之礼，物论未安，请依元和七年敕为定。"	卷57《尚书省诸司上·左右仆射》
军礼·救日蚀	长庆二年（822年）三月，大礼院奏："四月一日太阳亏，准《开元礼》，其日废务，皇帝不视事。"	卷42《日蚀》
吉礼·祔庙	开成五年（840年）五月，从太常礼院奏请："宣懿皇太后祔庙，伏惟《开元礼》，有皇后祔庙牲牢乐悬典，太庙享一室，礼同。今宣懿皇太后袝礼，伏请宣下敕旨，宜依其年六月太常礼院奏，宣懿皇太后宝册函。……臣谓合藏于庙中，宜合前事，准国朝故事，让皇帝及增诸太子宝册，并随神主于庙中安置。"	卷18《缘庙裁制下》
吉礼·诸侯士大夫宗庙	大中五年（851年）十一月，从太常礼院奏请："据中书侍郎、兼吏部尚书、平章事崔龟从奏，臣官准式合立私庙……今请夹天门街左右诸坊，不得立私庙，其馀围外远坊，任取旧庙，及择空闲地建立庙宇。应立庙之初，先取礼司详定，兼请准《开元礼》，二品以上祠四庙，三品祠三庙，三品以上不须爵者。四庙外有始封祖，通祠五庙。三品以上，不得立九架，并厦两头。其三室庙制，合造五间，其中三间。隔为三室，两头各厦一间虚之。前后亦虚之，每室中西壁三分之一，近南去地四尺，开一坎室，以石为之，可容两神主。庙垣合开南门东门，并有门屋。余并准《开元礼》及《曲台礼》为定制。其享献之礼，除依古礼用少牢特牲馈食外，有设时新，及今时熟馔者并听。仍请永为定式。"	卷19《百官家庙》

续表

类别	具体事例（以年月为序）	出处
凶礼·服制	大中十一年（857年），宣宗舅右羽林统军郑光卒，时诏辍朝三日。后从御史大夫李景俭奏请诏罢朝两日："郑光是陛下亲舅，外族之爱，诚轸圣心。今以辍朝之数，比于亲王、公主，即前例所无，纵有似不可施用。……据《开元礼》，外祖父母亲舅丧，止服小功五月，若亲伯叔亲兄弟，即服齐缞周年。所以疏其外而密于内也。有天下者，尤不可使外戚强盛。今郑光辍朝日数，望速改。诏命辍朝一日，或两日，示其升降有差，恩礼无僭，垂之百王，永播芳烈。"	卷25《辍朝》

贞元、元和年间是儒学复古运动时期，此时韩愈提出了"大经大法"的概念，无独有偶，也正在此时，自《开元礼》制定后，唐礼也迎来了一次革新与重建的高峰。从以上所列诸例可见，自开元以后，《开元礼》的适用基本集中在贞元、元和年间，其中以《开元礼》为准之举，也算是一种礼典构建的复古倾向。这种倾向，除受儒学复古大环境影响，贡举上恢复《开元礼》取士也是原因，如贞元二年（786年）六月十一日敕云："《开元礼》，国家盛典，列圣增修，今则不列学科，藏在书府。使效官者昧于郊庙之仪，治家者不达冠婚之义，移风固本，合正其源。自今已后，其诸色举人中，有能习《开元礼》者。举人同一经例，选人不限选数许习，但问大义一百条，试策三道，全通者超资与官。义通七十条，策通两道已上者，放及第。已下不在放限，其有散官能通者，亦依正官例处分。"贞元九年（793年）五月二日敕："王者设教，劝学攸先；生徒肄业，执礼为本。然则礼者务学之本，立身之端，居安之大猷，致治之要道。……其诸馆学生，愿习《三礼》及《开元礼》者，并听。仍永为常式。"[1]贞元九年（793年）五月二十日敕："其习《开元礼》人，问大义一百条，试策三道，全通者为上等。大义通八十条已上，策两道以上，为次等。余一切并准《三礼》例处分，仍永为常式。"[2]贡举重开，无疑在士人间推动《开元礼》的研习，也培养了有志于礼的人

---

[1] （宋）王溥撰《唐会要》卷76《贡举上·三礼举》。

[2] （宋）王溥撰《唐会要》卷76《贡举上·开元礼举》。

才。于贞元十七年（801 年）撰成《通典》、名垂青史的杜佑，正是当时的突出代表。章学诚曾云："第（杜）佑当建中、贞元间，有唐礼制经于三变，折衷今古，莫近乎《开元》，又为时王制度，当代所行，故其叙述沿革，特重经制文章。至于揖让跪拜之容，俎豆尊彝之位，凡所谓缛文末节者，一以《开元礼纂》为归，不特详略因时，抑亦著书之体有宜然尔。"[1]《通典·礼典》不仅详载礼制沿革，且以《开元礼》为主要材料并参详新礼，杜佑对《开元礼》之熟悉，《礼典》内容占全书之半，与其说这是个人兴趣巧合，不如说是顺礼典复古之潮流而行，且站立在潮流之巅。此外，唐德宗、宪宗对祖宗基业的崇拜，也是推动儒学和礼制复古，向贞观、开元看齐的重要原因，《旧唐书》史臣曾云：德宗"重慎祠事，动稽典礼"[2]。"宪宗嗣位之初，读列圣实录，见贞观、开元故事，竦慕不能释卷，顾谓丞相曰：'太宗之创业如此，玄宗之致理如此，既览国史，乃知万倍不如先圣。当先圣之代，犹须宰执臣僚同心辅助，岂朕今日独为理哉！'"[3]中唐的礼制改革，虽不能力挽安史之乱后社会动荡的狂澜，也难以重建贞观、开元的礼典圣章，但毕竟继承了《开元礼》的基本精神，并将其持续到晚唐五代时期。表 2-5 所辑五代适用《开元礼》事例并为明证。

表 2-5　　　　　　《五代会要》所载五代适用《开元礼》事例表

类别	具体事例	出处
嘉礼·册皇后	（后唐）同光元年（923 年）四月，太常礼院奏定行皇后册礼："谨按《开元礼》，临轩册皇后，皇后表谢，朝皇太后并如纳后之仪，不载朝谢皇帝之礼。准纳后仪，则皇帝服冕衮，降迎于门，恐礼太重。今详酌其日常服内御殿，皇后首饰袆衣尚衣引入至殿庭阶前，再拜讫，退如常仪。"	卷 1《杂录》

1　（清）章学诚撰《代拟〈续通典礼典目录〉序》，《文史通义新编新注》，浙江古籍出版社，2005，第 518—519 页。

2　《新唐书》卷 132《柳芳传》。

3　《旧唐书》卷 15《宪宗本纪》。

续表

类别	具体事例	出处
嘉礼·册诸王	（后唐）长兴元年（930年）九月，经博士段颙议定册秦王仪注："据《开元礼》，临轩册命诸王大臣，其日受册者朝服，从第卤簿与百官俱集朝堂，就次受册讫，通事舍人引，不载谒庙还第之仪。自开元以后，册拜诸王皆正衙命使诣延英门进册，皇帝御内殿高品，引王入立于位，高品宣制，读册王受册讫归院，亦无乘辂谒庙之礼。……今当司欲准《开元礼》，其日秦王服朝服，自治所乘辂车备卤簿，与群臣俱集朝堂，就次受册讫，至应天门外奉册，置于载册之车。秦王升辂出谒太庙讫归，理所仪仗卤簿如来时之仪。"	卷2《杂录》
嘉礼·公主嫁	（后晋）天福五年（940年）二月，长安公主以三月出降，诏曰："纳采之时，主人再拜，使者不答。虽《开元礼》具载其仪，今宜答拜，仍令郑王重贵主其婚礼，中外不贺。"	卷2《婚礼》
嘉礼·太子亲王见师傅礼	（后唐）长兴四年（933年）七月，太常寺奏定太子亲王见师傅礼。其一云："准《开元礼》，皇太子与师傅保相见前一日，尉卫设次于宫门外道，西南向，伶官展轩悬于庭。其日，诸卫所部屯门列仗典谒，设师傅保位于西阶之西东向，三少位次之，少退，俱东向北上。师傅保及三少至宫门，通事舍人引师傅保就次，左庶子奏中严，伶官帅工人入就位，通事舍人引师傅保及三少立于正殿门西，差退，俱东向，左庶子奏外办皇太子著从省服以出，侍卫如常承和，乐作，至东阶下，西向立，乐止，通事舍人引师傅保及三少，乐作，就位，乐止，皇太子再拜，师傅以下答拜（若三少见时则三少先拜）。通事舍人引师傅以下出，乐作，出门，乐止，左庶子跪奏称臣某言，礼毕。"	卷3《皇太子亲王见三师礼》
嘉礼·朝贺	（后晋）天福四年（939年）十二月，太常礼院申奏勅约《开元礼》重正定冬朝仪。	卷5《受朝贺》
嘉礼·册让	（后唐）天成二年（927年）八月，中书门下奏定上事日合有恩赐百官酒食："据新授尚书左仆射李琪状，准旧例上事日合有恩赐百官酒食，具载《开元礼》文者。寻下太常礼院检《开元礼》，只有从太师已下	卷14《左右仆射》
嘉礼·册让	至六部尚书、太常卿、太子詹事、诸卫大将军、京兆河南牧、上州刺史受册拜庙，各就本司，礼上，无中书门下送上之文，亦无恩赐酒食之事。……今请李琪任便赴省发遣公事，今后文武两班受恩命者，不计高卑，未领事不得擅落新授字及便请料钱，内廷学士中书舍人不在此限。"	卷14《左右仆射》
凶礼·服制	（后唐）清泰三年（936年）二月，尚书左仆射刘昫等议定令式服制与礼相违之事："伏以嫂叔服小功五月，《开元礼》《会要》皆同，其令式正文内元无丧服制度，只一本编在《假宁令》后，又不言奉勅编附年月，除此一条，又检七八条令式与《开元礼》相	卷8《服纪》

续表

类别	具体事例	出处
凶礼·服制	违者，所司行已多年，固难轻改。凡当议事，须按旧章，今若鄙宣父之前经，紊周公之往制，隳太宗之故事，废《开元》之礼文，而欲取差误之近规，行编附之新意，称制度且为大典，言令式又非正文，若便改更，恐难经久。臣等集议嫂叔服并诸服纪请依《开元礼》为定，如要给假，即请下太常，依《开元礼》内五服制度录出本编附令文。"	卷8《服纪》

以上唐礼行用之例，以五代刘昫所议最为明显，不仅是五代承用《开元礼》之证，也是唐代引礼入令的最佳注脚。

前文提及，宪宗元和十一年（816年），韦公肃录开元已后礼文，损益为《礼阁新仪》30卷，此中晚唐时期的礼典，亦可寻得其在五代施行之证。

（后唐）天成二年（927年）八月，从中书门下奏请："据新授尚书左仆射李琪状，准旧例上事日合有恩赐百官酒食，具载《开元礼》文者。寻下太常礼院……检《礼阁新仪》并不载诸品大臣上事礼例，唯仆射初上见群寮轻重之礼。……今请李琪任便赴省发遣公事，今后文武两班受恩命者，不计高卑，未领事不得擅落新授字及便请料钱，内廷学士中书舍人不在此限。"[1]

（后唐）长兴四年（933年）二月，从太常博士路航奏请："检《礼阁新仪》太微宫请卯时行事，近年依诸郊庙例五更行事，今后请依旧以卯时。"[2]

（后唐）长兴四年（933年）七月，太常寺奏定太子亲王见师傅礼。其一云："准《礼阁新仪》，皇太子受册后前二日，尚舍设次于崇明门外南向，又设师傅保中书门下，文武百官东西相向，以北为上，宫臣及皇亲陪其后。次左庶子奏外备中官褰帘，皇太子常服出，次南向立侍如常仪。次中书门下就北向位答拜讫，礼官赞，皇太子再拜讫，中书门下班首一人前进贺讫，复位再拜，皇太子答贺讫，又再拜，皇太子揖，中书门下讫相次退通事舍人，

---

[1]（宋）王溥撰《五代会要》卷14《左右仆射》。

[2]（宋）王溥撰《五代会要》卷3《缘祫裁制》。

礼官赞，皇太子再拜，师傅等少避位讫，师傅为班首者一人进贺讫，复位再拜，皇太子答贺讫，又再拜，皇太子揖师傅退出，内侍奉引皇太子就座，南向，座讫，通事舍人引文武宫臣三品以下入，就北向重行异位立定。奉礼曰再拜讫，左庶子一人进跪奏具官臣某等言贺讫，复位皆再拜，各分班东西序立，奉礼曰再拜，在位官皆再拜讫，左庶子少前跪奏具官臣某言礼毕，近侍垂帘皇太子降座宫臣侍卫仗散如仪。"又云："检开元故事、《礼阁新仪》及《会要》分析如前，其师傅见亲王不同皇太子见师傅，臣请师傅亲王对拜揖各退。"[1]

（后晋）天福四年（939 年），从左谏议大夫曹国珍奏请："于内外臣僚之中，择选才略之士，聚《唐六典》、前后《会要》、《礼阁新仪》、《大中统类》、律令格式等，精详纂集，别为一部，商议古今，俾无漏略，目之为《大晋政统》，用作成规。"[2]

（后晋）天福二年（937 年）十月，从中书门下奏请："按《礼阁新仪》，每月庆贺及诸上表，并合上公由行之。制可。今后凡有谢贺上表，望并准元敕上公行之。如三公阙，令仆已下行之，中书门下别贡表章。"[3]

（后周）显德五年（958 年）六月禘于太庙，有人议以"皇家宗庙无祧庙之主不当行禘祫之礼"，国子司业聂崇义以为"前代备庙累迁及追尊未毁者皆有禘祫"，并援引"故事九条以为其证"，其中提及："唐礼贞观九年将祔高祖于太庙，国子司业朱子奢请准礼立七庙，是时乃立六庙而行禘祫。今检《会要》及《通典》并《礼阁新仪》皆载此礼，并与实录符同，此乃庙亦未备而行禘祫，其证四也。""高宗上元三年，有司祫享于太庙，止有七室未有迁主。《通典》、《会要》及《礼阁新仪》俱明此礼，其证八也。"[4] 时从之。

1 （宋）王溥撰《五代会要》卷 3《皇太子亲王见三师礼》。
2 《旧五代史》卷 78《晋书·高祖纪》。
3 （宋）王溥撰《五代会要》卷 3《牋表例》。
4 （宋）王溥撰《五代会要》卷 3《禘祫》。

唐之礼典，从贞观首制和显庆损益，再到开元定鼎，延及贞元、元和复兴，"礼书一代之典"，世世守之，人称"三代以下言治者，莫盛于唐"[1]即此之谓。以《开元礼》为代表的礼典体系，不仅是古代礼典的圭臬衡准，更远播同时代的渤海、新罗、日本、高丽等国。以唐礼、唐律为代表的汉籍东传，所开通的不仅是一条"书籍之路"，更是思想文化交流之路，同时也是中国传统法律产生强大文化辐射的历史见证。

2. 宋之礼典体系

①北宋时期

《宋史·礼志》云："五代之衰乱甚矣，其礼文仪注往往多草创，不能备一代之典。"所以五代基本沿袭唐礼，特别是中晚唐时期的《礼阁新仪》《曲台新礼》等。作为受后周之禅的赵宋，在开国建隆、乾德时期，也曾适用唐礼或参考唐礼。如：

【祈雨之礼】宋太祖建隆二年（961年）六月，翰林学士王著上言："秋稼将登，稍愆时雨，望令近臣按旧礼告祭天地、宗庙、社稷，及望告岳、镇、海、渎于北郊，以祈雨。"时诏用其礼，惟不祀配座及名山大川，雨足则报祭如礼。[2]

【大驾车辂之制】建隆四年（963年）八月，从南郊礼仪使陶谷奏请："按礼令，大驾车辂三十六乘。今太仆寺见管只二十八乘，内玉辂等二十五乘，本寺见修饰。余安车、四（乘）望车、辟恶车三乘，望亦令修饰。所阙白鹭车一、革车一、属车六。又令文旧有副车，近代停废，望并下有司修制。又金吾将军、左右十二卫将军引驾押仗，自来只著紫衣，今请依《开元礼》，各服本色绣袍。金吾以辟邪，左右卫以瑞马，骁卫以雕威，威卫以赤豹，武卫以瑞鹰，领军卫以白泽，监门卫以狮子，千牛卫以犀牛，六军以孔

---

1 （宋）周必大撰《文忠集》卷92《序·唐开元礼序》。
2 参见（清）徐松辑《宋会要辑稿》，礼18《祈雨》。

雀为文，并下所司修制。又仪仗内所著五色画衣既法五行，合依其序。望以五行相生之色为次，黑为先，青、赤、黄、白次之。又仗中有具装人马甲，自来止以常铠甲给之，今请依式别造，用补坠典。"[1]史又云："国朝之初，将举郊礼，以五代草创，官籍散落，始命有司详定制度。惟得《长兴南郊卤簿字图》，校以令文，颇有阙略违戾者。翰林学士承旨陶谷为礼仪使，建议卤簿内金吾及诸卫将军导驾及押仗，旧服紫衣，请依《开元礼》各服本色绣袍。"[2]

【夜警晨严之制】建隆四年（963年）十一月，从卤簿使张昭奏请："准旧仪，銮驾将出宫入庙、赴南郊，斋宿皆有夜警晨严之制。唐宪宗亲郊时，礼仪使高郢奏称，据鼓吹局申斋宿夜奏严，是夜警，恐与挝鼓版奏三严事不同。况其时不作乐县，不鸣鼓吹，务要清洁，其致斋夜奏四严请不行。详酌典礼，奏严之设，本缘警备，事理与作乐全殊。况斋宿之夜，千乘万骑宿于仪仗之中，苟无鼓漏之徼巡，何警众多之耳目。望依旧礼施行。"[3]

【改卜陵之制】乾德二年（964年）二月，从太常礼院奏请："改卜陵寝，检寻礼例，只有祖奠，无虞祭。今详《开元礼》，凡改葬无祖奠。又《五礼精义》云'改葬无祖奠'者，礼设祖奠，本象平日远行，自家人相饯之义。今先葬自家，祖礼已行，从墓之墓则无祖也。《开元礼》：'凡改葬初下枢，于葬所西南设一虞祭。'《五礼精义》云：'改葬行虞祭，于墓而除之。'望依礼文，不设奠，止于陵所各设一虞祭。"[4]

【郊祀之乐】乾德四年（966年）六月，从判太常寺和岘奏请："旧制，宫县三十六设于庭，登歌两架设于殿上。请诏重造，仍令徐州采泗滨之石以为县磬。"[5]

1（清）徐松辑《宋会要辑稿》，舆服1《卤簿杂律仪仗》。
2（清）徐松辑《宋会要辑稿》，舆服5《绣袍》。
3（清）徐松辑《宋会要辑稿》，舆服3《鼓吹》。
4（清）徐松辑《宋会要辑稿》，礼39《改卜陵》。
5（清）徐松辑《宋会要辑稿》，乐4《郊祀乐》。

【祭四镇之礼】乾德六年（968 年）四月，从太常礼院奏请："唐天宝十载，封沂山为东安公，会稽山为永兴公，吴山为成德公，霍山为应圣公，医无闾山为广宁公。又《郊祀录》，四镇每岁一祭，各以五郊迎气日。《开元礼》惟祭四镇山，自天宝后始益霍山为五镇，后唐清泰初，封吴山为灵应王，其祠飨同五岳。自显德四年后，止祭东镇沂山，其诸镇不行祭飨。检礼书，亦无住祭月日。"诏自今"祭准《开元礼》"施行。[1]

【《礼阁新仪》牙盘之礼】乾德六年（968 年）十月，从判太常寺和岘奏请："按《礼阁新仪》，唐天宝五年享太庙，礼宜祭料外，每室加常食一牙盘。五代以来，遂废其礼。今请如唐故事。"诏："别设牙盘食，禘祫、时享皆用之，亦准此制。"[2]

【南北郊坛之制】"宋初，因旧制，每岁冬至圜丘、正月上辛祈谷、孟夏雩祀、季秋大享，凡四祭昊天上帝，亲祀则并皇地祇位作坛于国城之南熏门外。"[3]

前文提及《大唐郊祀录》虽重在探讨礼制，但所记为唐施行制度，以致入宋后成为编修《太常因革礼》等礼典的重要参考。今就《大唐郊祀录》在宋转换为施行制度辑例以证如下：

【祠祭祝文】宋太祖乾德四年（966 年）八月，从太常寺奏请："祠祭祝文系礼院版，秘书省书版，当寺差郊社直官请赴祠所，文多差误。欲令礼官检详《开宝礼》、《郊祀录》及诸礼例，定本录付秘书省。"[4]

【荐献】宋真宗大中祥符五年（1012 年）十月，诏："准制奉上圣祖徽号。按唐《郊祀录》，荐献玄元皇帝青词，云'嗣皇帝臣某'。今请应上圣祖青词，并依称谓。"[5]

---

1 参见（清）徐松辑《宋会要辑稿》，礼 21《四镇》。
2 （清）徐松辑《宋会要辑稿》，礼 17《时飨》。
3 （清）徐松辑《宋会要辑稿》，礼 2《南北郊坛》。
4 （清）徐松辑《宋会要辑稿》，礼 14《群祀》。
5 （清）徐松辑《宋会要辑稿》，礼 51《上玉皇圣祖徽号》。

【陪祭】宋真宗景德三年（1006 年）十二月，定："参详御史台所奏，告庙日臣有服制合立班陪位与否者。准《职制律》，庙缟有缌麻已上丧遣充掌事者笞五十，陪从者笞三十。又准唐《郊祀录》，缌麻已上丧不预宗庙之祭，以明吉事凶人不干也。又贞元初，吏部奏请，既葬公除之后，得许权改吉服，以（后）[从] 宗庙之祭。此一时之事，非旧典也。今请依礼律不陪庙庭，不预祀事。（文）[又] 准其礼，祭天地之神不禁缌麻已上丧者，示不敢以卑废尊也。今准诏，期周已上服未满，余服未卒哭，不得预祭。其立班陪位，典礼无文禁止，其祀汾阴日，望立班如仪。"[1]

【社稷二坛形制】宋仁宗天圣十年（1032 年）七月，判太常寺王随奏："社、稷二坛，数经增补，恐阔厚不如旧制，请下太常礼院检详制度。"时礼院言："按唐《郊祀录》，太社坛广五丈，高五尺，五色土为之。稷坛在西，如社坛之制。社坛以石为之主，其形如锺，长五尺，方二尺，剡其上，培其下半。其社、稷四面宫垣饰以五色，面各一屋，三门，每门二十四戟，四隅皆连饰罘罳，如庙之制，其中植槐。其坛三分宫之一，在南，无屋。"[2]

【地祇坛形制】宋仁宗皇祐三年（1051 年）九月，以地祇坛旧制狭小，诏"宜如唐《郊祀录》增广之"[3]。

【五方帝坛形制】宋因前代之制，冬至祀昊天上帝于圜丘，以五方帝、日、月、五星以下诸神从祀。又以四郊迎气及土王日专祀五方帝，以五人帝配，五官、三辰、七宿从祀。各建坛于国门之外：青帝之坛，其崇七尺，方六步四尺；赤帝之坛，其崇六尺，东西六步三尺，南北六步二尺；黄帝之坛，其崇四尺，方七步；白帝之坛，其崇七尺，方七步；黑帝之坛，其崇五尺，方三步七尺。皇祐定坛如唐《郊祀录》，各广四丈，其崇用五行

1（清）徐松辑《宋会要辑稿》，礼 28《郊祀御札》。
2（清）徐松辑《宋会要辑稿》，礼 23《社稷》。
3（清）徐松辑《宋会要辑稿》，礼 28《郊祀御札》。

八七五九六为尺数。[1]

【朝日坛形制】皇祐五年（1053 年），定朝日坛，旧高七尺，东西六步一尺五寸；增为八尺，广四丈，如唐《郊祀录》。[2]

当然，在沿用唐礼时，也有改革之例，如宋太祖建隆元年（960 年），有司以"三皇异代，不相袭礼，五帝殊时，不相沿乐"，请改乐名并"太庙四室酌献迎俎送神乐章"。随后权判太常寺事窦俨撰进新定文武二舞与祭天祭地等十二乐曲名并乐章上奏施行。[3]乾德六年（965 年）九月，南郊礼仪以"乾元殿乃正寝受朝之所，宜为斋庭"，遂改"皇帝致斋于崇先殿"之"旧制"。乾德六年十月，判太常寺和岘谏言礼院与少府监编撰郊祀燎柴仪注，亦得施行。[4]宋初除沿用损益唐礼，也有总结历代礼制之处。朱彝尊曾云："宋之初仍沿唐制，用开元礼取士，礼器则准聂崇义图，绘于论堂之上。"[5]建隆三年（962 年），聂崇义撰《三礼图》上奏，这是宋初最具代表的礼制论著。聂氏精通经旨，以礼器礼图相承传用，多有差违，故对前代《三礼图》详加考订，兼有注说；所绘器图象虽未尽如昔，仍为礼图最近于古者。宋人以其与三礼注解不合而有所指责，然其因器解礼、以图释经之例，开明清礼图之滥觞。聂氏书上后，赵匡胤"览而嘉之"褒奖云："礼器礼图，相承传用，浸历年祀，宁免差违。聂崇义典事国庠，服膺儒业，讨寻故实，刊正疑讹，奉职效官，有足嘉者。崇义宜量与酬奖。"同时令太子詹事尹拙与其研求师说，再作驳议以求精详，交窦仪裁定。窦仪随后将驳议、答义各四卷，"再加详阅，随而裁置，率用增损，列于注释"制成十五卷奏上，最终诏颁施行。[6]据史料记载，宋太宗至道二年（996 年）八月，国子监请画《三礼图》

1　参见《宋史》卷 100《礼志》。

2　参见《宋史》卷 103《礼志》。

3　参见（清）徐松辑《宋会要辑稿》，乐 4《郊祀乐》。

4　参见（清）徐松辑《宋会要辑稿》，礼 14《群祀》。

5　（清）朱彝尊撰《曝书亭集》卷 42《跋二·政和五礼新仪跋》。

6　参见《宋史》卷 431《聂崇义传》。

于壁。[1]由此可见此书在宋初的重要意义,不仅如此,其记载的一些制度,也成为宋人议礼的参考,如宋仁宗皇祐二年(1050年),从太常礼院奏请:"奉诏旨,明堂祭玉令速具尺寸制度以闻。当院检详,今来明堂行礼唯苍璧不用外,定用四圭有邸、黄琮、圭璧各二,青圭、赤璋、白琥、黝璜、两圭有邸各一,凡十一玉,并各择嘉玉,准《三礼图》,参按《周礼义疏》制造。其庆历七年(1047年)礼官所定祭玉制度尺寸,谨详录以闻。若用景表尺,即与黍尺差近。恐真玉难得大者,则请以本院先定,依聂崇义所说指尺为制制造。"[2]绍兴十六年(1146年),下诏:"依《三礼图》并《绍兴制造礼器图》制度,仍诏令礼官参酌典礼,指定臣合立家庙世数,及给赐合用祭器制度、名数,申尚书省。"[3]至南宋绍兴年间,国子监仍依太宗"至道故事",绘《三礼图》于壁。[4]由此言之,聂氏所制礼器图式绝非一般意义图谱,而是礼治思想的重要表现,礼序、行为规范的重要依据,更是宋初礼典体系的组成。

赵宋自身的礼典体系构建,始于太祖开宝年间,时命刘温叟、李昉等本唐《开元礼》损益,于开宝六年(973年)撰成《开宝通礼》200卷,此为宋所创建的第一部礼典。与之同时,又有翰林学士卢多逊等在唐《开元礼义鉴》基础上,增益为《开宝通礼义纂》100卷,与《开宝通礼》并行。此后,宋初贡举沿袭《开元礼》取士之科亦改称《通礼》本科。朱熹曾云:"《开宝礼》全体是《开元礼》,但略改动。"[5]这说明《开宝礼》承袭唐礼的印记是比较深的。宋真宗天禧年间,陈宽曾编次礼院所承新旧诏敕有关制度仪注者,

---

1 参见(清)徐松辑《宋会要辑稿》,职官28《国子监》。又,《宋史》卷105《礼志》亦记建隆中,"诏绘三礼器物、制度于国学讲论堂木壁"。《宋会要辑稿》,崇儒5《献书升秩》亦载:元祐五年(1090年),给事中范祖禹言:"太祖时,以聂崇义所撰《三礼图》画于国子监讲堂"云云。(宋)陈振孙撰:《直斋书录解题》卷2《礼类》"《三礼图》二十卷"云:是书"国子司业太常博士河南聂崇义撰,自周显德中受诏,至建隆二年奏之。盖用旧图六本参定,故题集注,诏国学图于宣圣殿后北轩之屋壁,至道中改作于论堂之上,以版代壁"。

2 (清)徐松辑《宋会要辑稿》,礼24《明堂御札》。

3 (清)徐松辑《宋会要辑稿》,礼12《臣士庶家庙》。

4 参见(宋)潜说友纂修《咸淳临安志》卷8《行在所录·诸监·国子监》。

5 (宋)黎靖德编《朱子语类》卷84《礼一·论后世礼书》。

但事未成；真宗朝又以诸祭祝辞皆临事撰进，未有定制且多违典礼，增撰旧辞 84 首，编为《正辞录》3 卷，并命知制诰李宗谔等详定以为永式。仁宗天圣初年，王皞汇辑开朝以来典礼沿革及已行之事，编成《礼阁新编》60 卷，史称："大率礼文，无著述体，而本末完具，有司便之。"景祐四年（1037年），贾昌朝在《礼阁新编》基础上编定礼文故事，至庆历四年（1044 年）成《太常新礼》40 卷，同时又撰《庆历祀仪》63 卷。皇祐年间，以明堂礼废久，诏宋祁草其仪，并命文彦博等编修《大享明堂记》20 卷，于皇祐三年（1051 年）撰成，后又精简为《纪要》2 卷。嘉祐八年（1063 年），欧阳修上奏论祠祭行事："臣近准敕，差祭神州地祇于北郊。窃见有司行事，不合典礼。……伏乞下礼院详定，依《开宝通礼》改正《礼仪》，及教习礼生，使依典礼，以上副圣朝精严礼事之意。"[1] 其后纂集《开宝通礼》与《太常新礼》，于治平二年（1065 年）定为《太常因革礼》100 卷，凡《总例》《吉礼》《嘉礼》《军礼》《凶礼》《废礼》《庙议》七部分。欧阳修在《序》中云，是书以《开宝通礼》为主，而记其变。凡变革者，皆有沿革于《通礼》中体现；无所沿革者，谓之"新礼"。《通礼》所有，太祖建隆以来不复举列者，谓之"废礼"。故时人李清臣评云："开宝已后，三辑礼书，推其要归，嘉祐尤悉。然繁简失中，讹缺不补，岂有拘而不得骋乎！"[2] 自天圣至嘉祐，是宋礼典体系的第一次总结时期，其成果即《太常因革礼》，这段时期，正是史上"远过汉唐，几有三代之风"的"仁宗盛治"。《宋史》史臣赞云："（仁宗）在位四十二年之间，吏治若偷惰，而任事蓝残刻之人；刑法似纵弛，而决狱多平允之士。国未尝无弊幸，而不足以累治世之体；朝未尝无小人，而不足以胜善类之气。君臣上下恻怛之心，忠厚之政，有以培壅宋三百余年之基。子孙一矫其所为，驯致于乱。《传》曰：'为人君，止于仁。'帝诚无愧

---

[1]（宋）欧阳修撰《文忠集》卷 113《奏议卷十七·政府进札子四首·论祠祭行事札子》。

[2]（宋）晁公武撰《郡斋读书记》卷 2《礼类》"《太常因革礼》一百卷"条。

焉。"由是言之，仁宗朝的系列礼制构建、礼典成果，既得益于"盛治"，也属"盛治"成果。这种追慕三代的"盛治"还直接催生了神宗朝熙宁、元丰年的变礼。

宋神宗熙宁三年（1070年），沈括受命考南郊礼制本末，于五年（1072年）编成《南郊式》，次年施行。[1]熙宁十年（1077年），礼院取庆历以后奉祀制度，定为《祀仪》，其一留中，其二付有司。元丰年间，曾经参撰《太常因革礼》的旧臣一再发声要改革《因革礼》讹舛之处，如枢密直学士陈襄等以"国朝大率皆循唐故，至于坛壝神位、法驾舆辇、仗卫仪物，亦兼用历代之制。其间情文讹舛，多戾于古。盖有规摹苟略，因仍既久，而重于改作者；有出于一时之仪，而不足以为法者"，请求"先条奏，候训敕以为礼式"。苏颂更以当初参修《因革礼》所负责部分举例为证，奏请重修："伏见国朝以来，制作礼乐，上采三代，下迄有唐，损益节文，简册具载，而前后礼官纂集，类无法制。或直载一时所行，或杂犊岁月条目相错，本末不伦。臣窃考之六经，在礼有三种之别，《周官》著有司典领之事，《仪礼》载升降隆杀之节，《戴记》叙古今因革之文。虽圣贤作述之不同，而语其归趣，实相为表里也。后世言礼者，皆不出此三体。汉晋洎隋，虽代有作者，而苟简一时，法制无取。……自开宝以后，百年之间，累圣躬行，声明寝盛，非有继述，后世何观？嘉祐初，太常欧阳修奏请编撰，彼时臣任博士。职预纂修，常以《恭谢》一门分为三目，其一自降御札公卿百司奉行办备之事谓之有司，其二自前期陈设至裸献礼毕谓之仪注，其三采古今曲台论议更创之制谓之沿革。以此一门为例，他悉仿之。修已议定具草，会臣罢礼官领他职，复奏姚辟、苏洵继掌其事，辟洵离析旧文，更立新体，撰成一百卷，是为《太常因革礼》。虽号简要，几同钞节，姑可以备有司之检阅，诚未足以发扬圣朝制作之盛也。臣伏觏陛下留意典章，修举废坠，前岁诏命近臣详定礼

---

1 参见《宋史》卷331《沈括传》。

文，自郊庙至于群臣朝会，与夫燕享黼服之名数，舞乐之形容，考古揆今，审求至当，皆三代之所放失，汉唐之所阙遗，断自清衷，举行殆遍。固当著于典训，与六经并行，为万世矜式也。臣不胜愿幸，欲望再命诸儒讨论国朝以来自《开宝通礼》至近岁详定礼文，以有司及仪注、沿革，依三礼随类分门，著为《大宋元丰新礼》付之太常，颁于学官，使博士弟子讲习大义，或施于科举，则数岁之后必有详练疏通之人，上副拔擢，可以为朝廷讲议之官，庶几天下向风，皆知礼教，谦恭撙节，不学而能，于变时雍，可跂而待也。"[1]随后，龙图阁学士宋敏求会同礼院等详定礼典，凡有五方面改革成果，分别为《朝会仪注》《祭祀》《祈禳》《蕃国》《丧葬》。其中，《朝会仪注》46 卷，有《阁门仪》[2]《朝会礼文》《仪注》《徽号宝册仪》等内容；《祭祀》191 卷，有《祀仪》《南郊式》《大礼式》《郊庙奉祀礼文》[3]《明堂祫享令式》《天兴殿仪》《四孟朝献仪》《景灵宫供奉敕令格式》《仪礼敕令格式》等内容；《祈禳》40 卷，有《祀赛式》《斋醮式》《金箓仪》等内容；《蕃国》71 卷，有《大辽令式》《高丽入贡仪》《女真排办仪》《诸蕃进贡令式》；《丧葬》163 卷，有《葬式》《宗室外臣葬敕令格式》《孝赠式》等。改革规模之大，超过前朝任何时期。故后世评云："祀礼修于元丰，而成于元祐，至崇宁复有所增损。其存于有司者，惟《元丰郊庙礼文》及《政和五礼新仪》而已。乃若圜丘之罢合祭天地；明堂专以英宗配帝，悉罢从祀群神；大蜡分四郊；寿星改祀老人；禧祖已祧而复，遂为始祖；即景灵宫建诸神御殿，以四孟荐

1（宋）苏颂撰《苏魏公文集》卷 18《奏议·请重修纂国朝所行五礼》。

2 按，《宋史·李宗谔传》云真宗时，李宗谔究心典礼，修定"阁门仪制"云云。《宋史·李淑传》云仁宗时，李淑尝修"《阁门仪制》"云云。（宋）陈振孙撰《直斋书录解题》卷 6《仪注类》有李淑"《阁门仪制》"十二卷"，并云是书"皆朝廷礼式"。凡此二李所修"阁门仪制"，应是此时宋敏求等人修撰"阁门仪"所本。

3（宋）陈振孙撰《直斋书录解题》卷 6《礼注类》有崇文院校书杨完撰《元丰郊庙奉祀礼文》三十卷"，当即此《文》。陈氏考云："元丰元年，诏以郊庙奉祀礼文讹舛，就太常寺置局，命陈襄、李清臣、王存、黄履等详定，完及何洵直、孙谔检讨。其后，本局乞令原检讨官杨完编类上进，至五年四月书成奏御。"

享；虚禘祭；去牙盘食；却尊号；罢入阁仪并常朝及正衙横行。此熙宁、元丰变礼之最大者也。”[1]可以说，熙宁、元丰的礼典构建是宋开国以来最大者，实际上是熙宁变法与元丰改制在制礼方面的体现。

宋的第三次礼制改革发生在徽宗时期。崇宁二年（1103年），徽宗颁诏重修典训，其云：“王者政治之端，咸以礼乐为急。盖制五礼则示民以节，谐六乐则道民以和。夫隆礼作乐，寔治内修外之先务，损益述作，其敢后乎！宜令讲议司官详求历代礼乐沿革，酌今之宜，修为典训，以贻永世。”[2]大观年间，又命议礼局详议礼制本末，编次五礼，并多次下诏御笔指挥，如大观元年（1107年）正月手诏云：“礼以辨上下，定名分，贵不以墉，贱不敢废。自三代以迄于今，宫室之度、器服之用、冠婚之义、祭享之节，卑得以踰尊，小得以陵大，国异家殊，无复防范。昔在神考，亲策多士，命官讨论，父作子述，朕敢忽哉！夫治定制礼，百年而兴，于兹其时，可以义起。宜令三（旨）[省]依旧置司，差官讲求闻奏，朕将亲览，因今之材而起追，法先王而承先志。”大观元年正月十三日御笔云：“议礼局依旧于尚书省置局，仍差两制二员详议，属官五员检讨。应缘礼制可具本末议定，进呈取旨，朕将亲览。”大观元年二月二十六日御笔云：“承平百五十年，功成治定，礼可以兴。而弥年讨论，尚或未就。稽古之制，随今之宜，而不失先王之意，斯可矣。防民范俗，在于五礼，可先次检讨来上。朕将裁成损益，亲制法令，施之天下，以成一代之典。”[3]大观四年（1110年）二月，在徽宗高度重视与催促下，议礼局“依所颁冠礼格目”，据经稽古，酌今之宜，编成《大观新编礼书》，其中《吉礼》231卷，并《目录》5卷，共236册；《祭服制度》16卷，共16册，《祭服图》1册；又别为《看详》13卷，《目录》1卷，共23册，《祭服看详》2册，同时上奏徽宗裁定。至政和元年（1111年），

1《宋史》卷98《礼志》。

2（清）徐松辑《宋会要辑稿》，职官5《议礼局》。

3（清）徐松辑《宋会要辑稿》，职官5《议礼局》。

又补充凶、军、宾、嘉等四礼，成书 497 卷施行。此后，因为籍田礼文争议较大，又御笔指挥修订仪注，经反复讨论，在政和三年（1113 年）二月修订完毕，名之《政和五礼新仪》。同年四月，知枢密院事郑居中等奏请下诏颁行："窃以礼有五经，而威仪至于三千。事为节文，物有防范，本数末度，刑名比详。遭秦变古，书缺简脱。远则开元所纪，多袭隋余；近则开宝之传，间存唐旧。在昔神考，跻时极治，新美宪章，是正郊庙，缉熙先献，实在今日。恭惟陛下德备明圣，观时会通，考古验今，沿情称事，断自圣学，付之有司，因革纲要，既为礼书，纤悉科条，又载仪注，勒成一代之典，跨越三王之隆。臣等备员参详，徒更岁月，悉禀训指，靡所建明。谨编成《政和五礼新仪》并《序例》总二百二十卷，目录六卷，共二百二十六册。辨疑正误，推本六经，朝著官称，一遵近制。上之御府，仰尘乙览。恭俟宸笔，裁定其当，以治神人，以辨上下。从事新书，其自今始。"[1]虽后世有"宋不立徽宗，金虽强，何衅以伐宋哉""玩物而丧志，纵欲而败度"等评价，朱熹更云："本朝修《开宝礼》，多本《开元》，而颇加详备。及政和间修五礼，一时奸邪以私智损益，疏略牴牾，更没理会，又不如《开宝礼》。"[2]但就礼制改革而言，徽宗朝也不失为宋朝礼典改革的重要时期，且构建了宋的第三部礼典——《政和五礼新仪》。因此，徽宗也并非绝对之"庸主"，这点古人早有公允之论，如朱彝尊在《政和五礼新仪跋》中云，是书成后，"于是铸九鼎于汴京，勒丰碑于河朔，将谓礼乐与天地同流，曾几何时而金源百万之师盟于城下，徒之冰天雪窖中，自古亡国之君所遭惨黩，未有甚于帝者。观于是书，稽古之勤，自非庸主所能断决，然则帝之亡，天实亡之，后之君子当念旧章之不可忘，无拘成败之迹以论世从而诟之，庶乎其可已"[3]。瞿镛云："北宋典章略备。自后世拘于成败之迹，并此书亦视若弁髦，以致日就零落，

1（清）徐松辑《宋会要辑稿》，职官 5《议礼局》。

2（宋）黎靖德编《朱子语类》卷 84《礼一·论考礼纲领》。

3（清）朱彝尊撰《曝书亭集》卷 42《跋二·政和五礼新仪跋》。

残编仅存，惜哉！"[1]实际上，徽宗对自己亲笔指挥，历七载而成之作的推广施用，使之不坠为虚文是极为上心的。如此礼颁行后，即诏开封尹王革"编类通行者，刊本给天下，使悉知礼意，其不奉行者论罪"[2]。政和四年（1114年）八月，又依礼部奏请，下诏令于州县召募礼生习《五礼新仪》，并于吏人内依格选补，"兼月添料钱一贯、米一石"以作激励。[3]政和八年（1118年）正月，以《五礼新仪》"州县推行未臻厥成"，诏令"诸路监司因按部考察勤惰，岁择一二以闻，当议赏罚，以劝忠厚之俗"[4]。重和元年（1118年）十一月，茂德公主下嫁宣和殿待制蔡鞗。时太师蔡京奏言："茂德帝姬下降。依《新仪》，见舅姑行盥馈之礼。乞赐寝罢。"徽宗诏答云："《五礼新仪》初颁天下，法行自近始。卿当勉此，以风天下。所乞宜不允。"待公主成婚后，徽宗又手诏云："神考治平间亲洒宸翰，洎降诏旨，以王姬下降，躬行舅姑礼。革去历代沿习之弊，以成妇道，以风天下，贻谋后世，甚盛之举也。于是崇宁、大观以来，诏有司讲求典礼，继颁《五礼新仪》，著为永法，遍行天下。近闻自降诏以来，前后帝姬下降，虽有奉行《新仪》之名，元无实迹。兼舅姑亦不端坐，及闻反有下拜之礼，甚失祖考本意。兼所降《新仪》，殆成虚文。可自今后，帝姬下降，仰恪遵《新仪》，并服褕服、花钗冠升车，并见舅姑。若帝姬沿习，不肯设拜，只责管干官司女相赞者及内谒者。如违，以违御笔论。"[5]稽古适今，制礼教民，一直是徽宗朝构建礼典的最终目的，因此后世才有《政和五礼新仪》开创礼下庶人首举的高度评价，而从茂德公主推及所有公主帝姬需恪遵妇道，奉行《新仪》之例来看，徽宗确实做到了自上而下的推行，这种态度是难能可贵的。

1（清）瞿镛撰《铁琴铜剑楼藏书目录》卷9《史部二·政书类》"《政和御制冠礼》十卷、《五礼新仪》二百二十卷"条。

2《宋史》卷98《礼志》。

3 参见（清）徐松辑《宋会要辑稿》，礼14《群祀》。

4（清）徐松辑《宋会要辑稿》，职官45《监司提举郡守转运提刑使》。

5（清）徐松辑《宋会要辑稿》，帝系8《公主》。

清四库馆臣曾云《政和五礼新仪》"颇为朱子所不取，自《中兴礼书》既出，遂格不行，故流传绝少"。这种事实从侧面告诉我们，宋南渡后，《政和五礼新仪》仍在一定程度施行或作为参照，直至淳熙年间《中兴礼书》出台，方不再以为准的。关于《政和五礼新仪》在南宋初（高宗建炎至孝宗淳熙年间）的行用问题，此辑数例以作明（以《宋史·礼志》《宋会要辑稿》等为材料，并以年月为序）：

【飨太庙】建炎二年（1128年）十月十二日，从太常寺奏请："检会《五礼新仪》，太庙三年一袷，以孟冬之月，其年以孟冬时飨前择日奉袷太庙。本寺勘会，今来即合于孟冬时飨前择日行奉袷之礼，其孟冬时飨亦合行礼。"[1]

【临奠冠服仪注】绍兴十二年（1142年）十二月八日，高宗幸秦国大长公主宅临奠，又幸杨国公刘光世宅临奠。时太常寺"比附《政和五礼新仪》，参酌修立临奠冠服仪注"，此后凡临奠率用此仪。[2]

【飨太庙】绍兴十二年（1142年）十二月十七日，从王赏等奏请："将来奉上徽宗皇帝徽号毕，是日车驾诣太庙行飨礼。今检会《五礼新仪》，礼毕，诸军振作。其来年正月十一日行礼毕，俟车驾乘舆出太庙东棂星门，仿礼例，令钧容直作乐，引驾还内。"[3]

【乐舞】绍兴十四年（1144年）始具乐舞，用政和仪，增笾豆之数。[4]

【籍田礼】绍兴十四年（1144年）十月二十九日，从礼部奏请："准都省送下太常丞王湛札子，乞讨论将来亲耕，车驾乘玉辂，以耕根车载耒耜，并乞遵用《政和新仪》等。后批送礼部看详，本部下太常寺次第取索看详指定，欲依《政和五礼新仪》，以象辂载耒耜。仍依宣和已行礼制，以仪仗

---

1 （清）徐松辑《宋会要辑稿》，礼17《时飨》。
2 参见（清）徐松辑《宋会要辑稿》，礼41《临奠》。
3 （清）徐松辑《宋会要辑稿》，礼17《亲飨庙》。
4 参见《宋史》卷100《礼志》。

二千人护卫末耕，质明先诣坛所。是日，车驾服履袍，乘平辇，诣思文殿进膳毕，服通天冠、绛纱袍，行亲耕之礼。兼勘会耕耤使依故事服朝服，乘车，本品卤簿。所有车，乞下所属制造。仪仗，乞下兵部于见管仪仗内就用。其余合行事件，乞令有司各检照《五礼新仪》并宣和礼制，参酌申请施行。"[1]

【祀高禖】绍兴十七年（1147年），高宗车驾亲祀高禖，如政和之仪。[2]

【上陵荐献】绍兴十七年（1147年）十一月，殿中侍御史余尧弼等请于春秋二仲遣官诣永祐陵欑宫荐献，经太常寺议定："依《政和五礼》依典故，令两欑宫遵依每月检举，差官行礼，其新物令逐宫预行关报绍兴府排办。"[3]

【腊祭】绍兴十九年（1149年），有司检会《五礼新仪》，腊前一日蜡东方、西方为大祀，蜡南方、北方为中祀，并用牲牢。[4]

【祭庙荐新】绍兴二十年（1150年）正月二十五日，臣僚言："陵庙之祭，月荐新，著在令典。方今宗庙久已遵奉，唯是永祐诸陵阙而未讲，望令有司讨论，举而行之。"经太常寺议定："依《政和五礼新仪》典故，令两欑宫遵依，每月检举，差官行礼。其新物，逐宫预行关报绍兴府排办。"[5]

【黄麾角仗】绍兴二十年（1150年）正月，从有司奏请："每年大金贺正旦人使到阙朝见日，依《五礼新仪》，设黄麾角仗一千五十六人，将来大金人使到日，亦乞依《新仪》设黄麾角仗。"[6]

【配享功臣】绍兴二十七年（1157年）五月二十五日，臣僚言："望诏礼官讲求配享功臣、七祀旧典。"经太常寺议定："臣僚陈请奉享，合设七祀、配享功臣，及冬享设配享功臣，腊享七祀，依仿《政和五礼新仪》合设

1（清）徐松辑《宋会要辑稿》，礼6《亲飨先农耕耤》。

2 参见《宋史》卷103《礼志》。

3《宋史》卷123《礼志》。

4 参见《宋史》卷103《礼志》。

5（清）徐松辑《宋会要辑稿》，礼37《宋缘陵裁制下》。

6（宋）熊克撰《中兴小记》卷34。

位次，差礼官行事，用牲牢、祝文、礼料、酒齐。"[1]

【皇太子冠服】乾道元年（1067年）八月十七日，从礼部等奏定皇太子冠服之制："一依《政和五礼新仪》制度名件，远游冠十八梁，金镀银花饰。博山附蝉，红丝组为缨，犀簪导。朱明服：红裳，白纱中单，方心曲领，绛纱蔽膝，白袜，黑舄。余同衮冕。"[2]

【皇太子辂】乾道九年（1075年）七月二十三日，诏："将来大礼，依《五礼新仪》，皇太子从祀，合乘金辂。令有司排办施行。"[3]

【月朔视朝仪】乾道九年（1075年）十二月十八日，从礼部等奏请："将来正旦（朔）[朝]贺拜数节次，礼部、御史台、合袍，即御座受贺。一、将来正旦，皇帝御大庆殿，皇太子、文武百僚门、太常寺已将供申朝廷外，今欲比附《政和五礼新仪》月朔视朝仪，条具下项：一、将来正旦，皇帝御大庆殿，服并服常服称贺。"[4]

【法驾卤簿】淳熙六年（1179年）四月七日，从礼部等奏请："今岁明堂大礼，检照《皇佑明堂记》并《政和五礼新仪》，明堂大礼用法驾卤簿，祀前一日，皇帝于太庙朝飨毕，乘玉辂至宣德门，入门降辂，乘舆归文德殿。卤簿中玉辂中，次大辇，次金辂，次象辂，次革辂，次木辂。今明堂大礼所用卤簿，大辇、车辂欲依上件典礼施行。"[5]

【释奠文宣王行礼仪注】淳熙六年（1179年）四月十八日，知常德府李焘奏当地春秋释奠，所陈设多不依式，经太常寺议定："将《政和五礼新仪》内州县释奠文宣王行礼仪注，及绘画尊、爵、簠、簋制度图本颁下。"[6]

1（清）徐松辑《宋会要辑稿》，礼15《缘庙裁制》。《宋会要辑稿》，礼11《配享功臣》亦载：绍兴二十七年（1157年）五月二十五日，从太常博士张廷实奏请："依《政和五礼新仪》，今后宗庙奉飨，设祫配飨功臣。"

2（清）徐松辑《宋会要辑稿》，舆服4《皇太子服》。

3（清）徐松辑《宋会要辑稿》，舆服1《皇太子辂》。

4（清）徐松辑《宋会要辑稿》，礼8《朝贺》。

5（清）徐松辑《宋会要辑稿》，舆服1《绍兴卤簿》。

6（清）徐松辑《宋会要辑稿》，礼16《释奠》。

【释奠祀祭合用祭器】淳熙六年（1179 年）十月，礼部侍郎齐庆胄言："《政和五礼新仪》旧尝给降印本，于州郡中更多，故往往失坠，郡县循习苟简，或出于胥吏一时省记。今春秋释奠，所报社、稷，祭祀风、雨、雷师，坛壝器服之度，升降跪起之节，率皆鄙野不经。乞令礼部、太常寺参稽典故，将州县合置坛壝器服制度、合行礼仪节次，类成一书，镂板颁下四方。"随后礼部等即条具诸路州县释奠祀祭合用祭器上奏。[1]

【祀祭行事官】淳熙十年（1183 年）八月八日，臣僚奏："仁宗朝，包拯因监祭九宫贵神，见以常朝官充摄行事，遂引唐天宝中故事为言，乞摄太尉者差两制以上，所贵差重其礼，以申崇奉之意。今所祀九宫贵神，三献官类皆用寺监丞簿以下摄行祭祀，虑其太轻，崇奉未至。"经礼部等议定："今检照，遵用《政和五礼新仪》差官。数内初献系以礼部尚书、侍郎；如礼部尚书、侍郎或阙，依次轮别曹长贰充初献行事。"[2]

【冠昏丧祭礼】绍熙年间，礼官黄灏、商伯于《政和五礼》内掇取品官、庶人礼，汇成《政和冠昏丧祭礼》十五卷，摹印颁之郡县施行。[3]

【常朝仪】政和详定《五礼新仪》，有《文德殿月朔视朝仪》《紫宸殿望参仪》《垂拱殿四参仪》《紫宸殿日参仪》《垂拱殿日参仪》《崇政殿再坐仪》《崇政殿假日起居仪》，中兴仍旧制。[4]

以上诸例，足证作为"后之君子"的南宋初期帝臣，对于祖先礼典旧章并非以"成败之迹以论世从而诋之"，而是真正做到了如朱彝尊所云的"念旧章之不可忘"；同时也说明北宋礼典的超强稳定性和持续性。《宋史·礼志》

1 参见（清）徐松辑《宋会要辑稿》，礼 14《群祀三》。

2（清）徐松辑《宋会要辑稿》，礼 14《祀祭行事官》。

3 参见（宋）陈振孙撰《直斋书录解题》卷 6《礼注类》"《政和冠昏丧祭礼》十五卷"条。按，同卷"《政和五礼撮要》十五卷"条云："绍兴中，有范其姓者为湖北漕，取品官、士庶冠昏、丧祭为一编，刻板学宫，不著名。"陈氏考证认为，绍熙所进并施行的《政和冠昏丧祭礼》十五卷"，实本绍兴年间《政和五礼撮要》十五卷"。

4 参见《宋史》卷 116《礼志》。案，明《文渊阁书目》卷 3《元字号第一厨书目·礼书》中有"《南宋朝仪》一部一册"，此云"中兴"仍政和朝仪之旧制，或《南宋朝仪》一书即整理政和旧制所成。

云钦宗即位，"罢《新仪》不用而未暇也。靖康之厄，荡析无余"。《政和五礼新仪》在南渡后的适用，也可证此实非确论。值得一提的是，清四库馆臣所云《政和五礼新仪》"是书颇为朱子所不取"，此"不取"非不屑而不取之意。据《朱子年谱》所记，绍兴二十五年（1155 年），朱熹为同安主簿，以县学释奠旧例，止以人吏行事，"求《政和五礼新仪》于县，无之"，乃取《周礼》《仪礼》《唐开元礼》《绍兴祀令》等更相参考，画成礼仪、器用、衣服等图，所撰成者为传世《绍熙州县释奠仪图》的初稿。可见，朱熹并非无意采用《政和五礼新仪》，而是丧乱之后，州郡尽失此书所致。实际上，《四库全书总目提要》"《绍熙州县释奠仪图》一卷"条亦云："考《朱子年谱》，绍兴二十五年乙亥，官同安主簿。以县学释奠旧例，止以人吏行事，求《政和五礼新仪》于县，无之。乃取《周礼》《仪礼》《唐开元礼》《绍兴祀令》，更相参考，画成礼仪、器用、衣服等图。训释辨明，纤微必备。此《释奠礼》之初稿也。淳熙六年己亥，差知南康军，奏请颁降礼书，又请增修礼书，事未施行。绍熙元年庚戌，改知漳州。复列上释奠礼仪数事，且移书礼官，乃得颇为讨究。时淳熙所镂之版已不复存，后乃得于老吏之家。又以议论不一，越再岁始能定议，而主其事者适徙他官，遂格不下。此《释奠礼》之再修也。绍熙五年甲寅，除知潭州。会前太常博士詹元善还为太常少卿，始复取往年所被敕命，下之本郡。吏文繁复，几不可读。且曰属有大典礼，未遑遍下诸州。时朱子方召还奏事，又适病目，乃力疾钩校，删剔猥杂，定为四条，以附州案，俾移学官。是为最后之定稿，即此本也。书首载淳熙六年《礼部指挥》一通，《尚书省指挥》一通，次《绍熙五年牒潭州州学备准指挥》一通，皆具录原文。次《州县释奠文宣王仪》，次《礼器十九图》。其所行仪节，大抵采自杜氏《通典》及《五礼新仪》，而折衷之。"可见，所谓朱熹不取《政和五礼新仪》之说并不可信。

②南宋时期

后人云"靖康之变,礼文乐器,扫荡无遗"[1]。如果说北宋的礼乐制度还有一丝残存或重建的话,那么渡江后,宋帝在礼制方面有诸多建制改革,尤以高宗朝为代表。史云:"自南巡后,庶事草创,上祀天维扬,始命即京师取祭器、法服、卤簿之属。己酉,南渡悉为金人所焚。绍兴元年,始作苍璧黄琮。十年,明堂始备大乐,饮福用金爵。十二年,将逆太母于临平,始制常行仪。十三年,始复朔日视朝之礼,又行孟飨,备五辂及建金鸡肆赦,祠祭始用牲。十四年,复教坊,建宗学,作浑天仪。十五年,初藉千亩及行大朝会礼,作新祭器。十六年,始备八宝,铸景钟,建御书院、太庙、祐室,又赐讲毕御筵。十七年,始命太常行园陵,御史监视及赐新进士闻喜宴。十八年,始绘配飨功臣像于景灵宫庭之两壁。十九年,始复蜡祭及诸陵荐新。二十七年,始复太庙功臣七祭及诸大祀。自息兵后将二十年而礼乐始备焉。"[2]除逐渐恢复五礼制度外,高宗朝还有系列制定礼典活动。如绍兴元年(1131年),从太常少卿赵子画所请,以南渡后政和、宣和续编《因革礼》皆散失,修撰建炎至绍兴二年(1132年)所定新礼为《绍兴太常因革礼》30卷,凡总例、吉礼、凶礼、嘉礼、新礼等86篇。[3]《宋史全文》亦云:时赵子画奏请续编,"明年乃成,凡八十六篇,为二十七卷。"则是书成于绍兴二年。[4]绍兴六年(1136年),成忠郎李沇奏上《皇宋大典》3卷,所定班序图次、礼容仪式、衮冕车辂、旗章册命之制、祠祭等凡40门。绍兴九年(1139年),从太常丞梁仲敏所请,续编绍兴三年以后所定礼制为《绍兴因革礼》。[5]绍兴二十七年(1157年),从校书郎叶谦亨奏请,以"祀典散逸,隆杀不当,名称或舛","酌景德故事,取祭祀之式",编成《绍兴

---

1 《元史》卷20《礼乐志》。
2 (宋)李心传撰《建炎以来朝野杂记》卷3甲集《典礼·总论南巡后礼乐》。
3 参见《宋史》卷26《高宗本纪》。
4 参见(元)佚名撰《宋史全文》卷18上《宋高宗五》。
5 参见《宋史》卷29《高宗本纪》。

正祠录》"以为恒制"[1]。在舆服和礼器方面，也有所建造，如绍兴十二年（1142年），"制常行仪仗及造玉辂"[2]；绍兴十六年（1146年），新作礼器成，高宗观其器于射殿，撞景钟并奏新乐。[3] 作为南宋人所称的中兴之主，高宗的"小朝廷"也绝非阶级分析法所认为的"投降派"，作为赵宋正统的延续，其礼制、礼典体系都与北宋一脉相传。《宋史》史臣赞云："高宗恭俭仁厚，以之继体守文则有余，以之拨乱反正则非其才也。"在当时环境和正统观念下，高宗的"偷安忍耻"确未担当拨乱反正重任，但就复兴礼制而言，"继体守文则有余"应是最公允评价，其在各方面所恢复的制度，对《政和五礼》等祖先典章的循用和本朝礼典的构建，也为孝宗朝《中兴礼书》及宁宗朝《续编》的编撰奠定基础。

孝宗乾道三年（1167年），礼部郎中李焘以中兴祭礼未备，"请以《开宝通礼》《嘉祐因革礼》《政和新仪》令太常寺参校同异，修成祭法"。然终未成事。[4] 淳熙四年（1177年），又命礼官定开宝、政和祀礼。[5] 至淳熙七年（1180年），权礼部侍郎齐庆胄以"郡县春秋祈报，社稷坛、器服之度，升降跪起之节，鄙野不经"，请以"祥符所颁《祭器图制》《元丰郊庙祀礼》《政和五礼新仪》与其沿革，及今所用冕服、坛之制，祭祀之仪，参类为书，镂版以赐"。后经福官奏请，"以《祥符图制》及郡县坛、冕服祀仪"，编为《淳熙编类祀祭仪式》颁行。[6] 同年，秘书郎范仲艺建议将中兴以来已行典

---

1 《宋史》卷31《高宗本纪》。

2 《宋史》卷30《高宗本纪》。

3 参见《宋史》卷30《高宗本纪》。

4 参见《宋史》卷147《李焘传》。(宋)周必大撰《文忠集》卷109《平园续稿二十六·神道碑六·敷文阁学士李文简公（焘）神道碑》亦云：乾道间，"公又欲参酌《开宝通礼》《政和五礼新仪》为一书，虽下礼官，亦不能成"。

5 参见《宋史》卷34《孝宗本纪》。按，(宋)王应麟撰《玉海》卷69《礼仪门·礼制下》有"太常少卿余端礼请编类，书久不上"云云，或与此相涉。

6 参见(元)马端临撰《文献通考》卷82《郊社考十五·社稷》"祀社稷仪注"条。据《宋史·艺文志》，淳熙年间尚有齐庆胄所撰《淳熙编类祭祀仪式》一卷。(宋)周必大撰《文忠集》卷109《玉堂类稿九·赐臣僚请免诏五·赐朝请郎权尚书礼部侍郎兼侍讲齐庆胄辞免除礼部侍郎恩命不允诏（淳熙七年三月二十四日）》亦云：齐庆胄"凡郊庙之祭祀，礼乐之情文，或纠正其仪，或讨论其事，俾予一代制作，不愧于古"。

礼,"讲求比次,编类成书"[1]。淳熙八年(1181年),太常簿陈贾又奏:"自绍兴初载,首行明堂,至今五十余年,大典礼制作,总为目者百十四,分门第卷不知其几,太常编类,惧难辨集,诏礼部长贰同删修。"[2]此后孝宗命太常寺编纂南渡以来建炎初至淳熙十一年(1184年)前所施行郊祀、明堂、朝献、亲飨、耕耤、高禖、内禅等典礼制度,由礼部侍郎史弥大等奏上,于淳熙十二年(1185年)成《中兴礼书》300卷,凡680门。时人评价:"《中兴礼书》者,淳熙中礼部太常寺编次中兴以来所行之礼也。其间如内禅、庆寿之类,亘古所无,可谓盛矣。"[3]《宋史》史臣赞云:"高宗以公天下之心,择太祖之后而立之,乃得孝宗之贤,聪明英毅,卓然为南渡诸帝之称首,可谓难矣哉。即位之初,锐志恢复,符离邂逅失利,重违高宗之命,不轻出师,又值金世宗之立,金国平治,无衅可乘,然易表称书,改臣称侄,减去岁币,以定邻好,金人易宋之心,至是亦寖异于前日矣。故世宗每戒群臣积钱谷,谨边备,必曰:吾恐宋人之和,终不可恃。盖亦忌帝之将有为也。天厌南北之兵,欲休民生,故帝用兵之意弗遂而终焉。然自古人君起自外藩,入继大统,而能尽宫庭之孝,未有若帝。其间父子怡愉,同享高寿,亦无有之者。终丧三年,又能却群臣之请而力行之。宋之庙号,若仁宗之为'仁',孝宗之为'孝',其无愧焉,其无愧焉!"[4]这段评价的中心虽围绕孝宗继承大统,尽孝高宗,在其治下国家趋于稳定,思想文化颇为昌盛;就"孝"这一价值观而言,在此昌明之会重建礼典,善继祖宗礼治之志,善述祖宗之礼制之事,也无愧为"孝"。前人评价《中兴礼书》"内禅、庆寿之类,亘古所无,可谓盛矣",正是对孝宗追善继孝构建礼典的高度评价。

1（宋）王应麟撰《玉海》卷69《礼仪门·礼制下》亦载,淳熙七年(1180年),"范仲艺言太祖立经陈纪为万世规,首命大臣约唐礼书,著为《通礼》,列圣相承,有《礼阁新编》《太常新礼》《因革礼》五礼分门,各以类举,自时厥後,继纂续编,中兴以来,久缺不录,望命太常编次,大臣兼领其事,以著一代弥文,考百世损益诏趣成书"。

2（宋）王应麟撰《玉海》卷69《礼仪门·礼制下》。

3（元）马端临撰《文献通考》卷188《经籍考十五·经》"《中兴礼书》"条引《中兴艺文志》。

4《宋史》卷35《孝宗本纪》。

宁宗嘉泰元年（1201年），令礼官纂集"孝宗一朝典礼"[1]。礼官叶宗鲁据礼部太常寺案牍编类，仿《中兴礼书》之例撰成《中兴礼书续编》80卷，记孝宗淳熙十一年（1184年）以来施行典礼制度，嘉泰二年（1202年）成书并于五年（1205年）奏上。[2]嘉定六年（1213年），李埴取《开宝礼》《政和礼》及通行礼制编成《公侯守宰士庶通礼》30卷。嘉定十一年（1218年），礼部员外郎李琪奏请将庆元元年（1195年）以后典礼编纂成书。叶宗鲁在《中兴礼书续编序》云："元和郅隆，礼官所续《曲台新礼》，自长庆以后莫不次第编录，是以朝仪国范，粲然复振。然则圣明继述，上以挥一代之典章，下以垂万世之法式，载之简策，倘或未备"，故有《续编》继述之作。在本质上，这仍是一种追善继孝，正如《宋史》史臣赞云："宋世内禅者四，宁宗之禅，独当事势之难，能不失礼节焉，斯可谓善处矣。初年以旧学辅导之功，召用宿儒，引拔善类，一时守文继体之政，烨然可观。"又云："宋东都至于仁宗，四传而享国百年，邵雍称为前代所无，南渡至宁宗，亦四传而享国九十有八年，是亦岂偶然哉。"[3]作为并非"偶然"的"产物"，《庆元条法事类》也是在嘉泰年间修颁。内忧外患之际，构建了两部礼典，上以挥一代典章，下以垂万世法式，不仅传承传统，因时制礼，在乱世末世制礼，比盛世更具不寻常的意义。宋南渡百年，不断的礼典构建和法制成就，或可稍稍改变我们对南宋积贫积弱、偏安一方的认识。《中兴礼书序》曾云："为国之具，曰礼曰法，二者不可弛废，此历代所以兼著二书，以垂示天下后世，有不可以已也。"《中兴礼书》及《续编》名之"中兴"，自然包含了时人重振礼法，复兴国祚之意，也可证明赵宋从开国到南渡，礼制构建、礼典编撰及礼法并用的传统未曾坠废。可惜这种"烨然可观"的礼典构建，在宁宗朝后渐告终结，《宋史·礼志》云理宗四十年间，"屡有意乎礼文之事，咸淳以

1《宋史》卷38《宁宗本纪》。

2 参见《宋史》卷39《宁宗本纪》。

3《宋史》卷40《宁宗本纪》。

降无足言者"，《中兴礼书》与《续编》也就成为两宋礼制的最终总结。

《资治通鉴》开篇有言："臣闻天子之职莫大于礼，礼莫大于分，分莫大于名。何谓礼？纪纲是也；何谓分？君臣是也；何谓名？公、侯、卿、大夫是也。夫以四海之广，兆民之众，受制于一人，虽有绝伦之力，高世之智，莫敢不奔走而服役者，岂非以礼为之纲纪哉！是故天子统三公，三公率诸侯，诸侯制卿大夫，卿大夫治士庶人。贵以临贱，贱以承贵。上之使下，犹心腹之运手足，根本之制支叶；下之事上，犹手足之卫心腹，支叶之庇本根。然后能上下相保而国家治安。故曰：天子之职莫大于礼也。"以礼评史，不仅是《通鉴》的纲领，也是时人论治的标准。欧阳修在《新唐书·艺文志》中提出"礼乐为虚名"的忧患，堪称至论。这种忧患，也是两宋礼典构建的最大特色。秦蕙田云："汉《艺文志》言礼者十三家，洎至魏焉，师传弟受，抱残守阙，厥功伟焉！至宋元诸大儒出，粹义微言，元宗统防，而议礼始有归宿。"[1]正因这种忧患，使得礼在两宋经过不断讨论、研习，并与理学相融，催生了一大批熟悉礼法、详于治礼的名士大家，也正是这些名士大家的粹义微言，深深地影响了以后诸朝的礼仪世界。

3. 辽金元之礼典

辽代礼制沿革，主要备载于《辽史·礼志》与《仪卫志》。据《辽史·礼志》云："辽本朝鲜故壤，箕子八条之教，流风遗俗，盖有存者。自其上世，缘情制宜，隐然有尚质之风。遥辇胡刺可汗制祭山仪，苏可汗制瑟瑟仪，阻午可汗制柴册、再生仪。其情朴，其用俭。敬天恤灾，施惠本孝，出于悃忱，殆有得于胶瑟聚讼之表者。太古之上，椎轮五礼，何以异兹。太宗克晋，稍用汉礼。今国史院有金陈大任《辽礼仪志》，皆其国俗之故，又有《辽朝杂礼》，汉仪为多。别得宣文阁所藏耶律俨《志》，视大任为加详。存其略，著于篇。"其一，辽礼为汉礼与辽俗的融合产物。其二，其礼典以《辽朝杂礼》为代表，《辽史·礼志》所

---

[1]（清）秦蕙田撰《五礼通考·凡例》。

载辽相关礼制，本自辽人所撰相关礼仪《志》书以及《辽朝杂礼》。

《辽朝杂礼》已不存世，遗文主要存于《辽史·仪卫志》舆服、国服、仪仗等记载。据《辽史·礼志》载，辽礼仪制度主要包括：吉仪有祭山仪、瑟瑟仪、柴册仪、拜日仪、告庙仪、谒庙仪、孟冬朔拜陵仪、爇节仪、岁除仪等。凶仪有丧葬仪、上谥册仪、忌辰仪、宋使祭奠吊慰仪、宋使告哀仪、宋使进遗留礼物仪、高丽夏国告终仪等。军仪有皇帝亲征仪、腊仪、出军仪等。宾仪有常朝起居仪、正座仪、臣僚接见仪、问圣体仪、车驾还京仪、勘箭仪、宋使见皇太后仪、宋使见皇帝仪、曲宴宋使仪、贺生辰正旦宋使朝辞太后仪、贺生辰正旦宋使朝辞皇帝仪、高丽使入见仪、曲宴高丽使仪、高丽使朝辞仪、西夏国进奉使朝见仪、西夏使朝辞仪等。嘉仪有皇帝受册仪、上契丹册仪、上汉册仪、上宝仪、册皇太后仪、册皇后仪、册皇太子仪、册王妃公主仪、皇帝纳后之仪、公主下嫁仪、亲王女封公主者婚仪、皇太后生辰朝贺仪、皇帝生辰朝贺仪、皇后生辰仪、进士接见仪、进士赐等甲敕仪、进士赐章服仪、宰相中谢仪、拜表仪、贺生皇子仪、贺祥瑞仪、贺平难仪、正旦朝贺仪、冬至朝贺仪、立春仪、重午仪、重九仪、藏阄仪、岁时杂仪、再生仪等。这些制度和《辽朝杂礼》是辽礼的重要组成，从《辽志》列举类目来看，涉及五礼诸多方面，当时若有汇编，卷帙应为数不少。后世一些《书目》在列举辽仪注或礼制类书目时，除言及《辽朝杂礼》及陈大任《辽礼仪志》、耶律俨《礼制志》外；也提到耶律庶成与萧韩家奴等编撰的《礼书》。[1]据《辽史·萧韩家奴传》记，重熙十五年（1046年）辽兴宗颁诏云："古之治天下者，明礼义，正法度。我朝之兴，世有明德，虽中外向化，然礼书未作，无以示后世。卿可与庶成酌古准今，制为礼典。事或有疑，与北、南院同议。"时韩家奴被诏，"博考经籍，自天子达于庶人，情文制度可行于世，不缪于古者，撰成三卷，进之"。此三卷本的"礼书"，也被后人视为辽之礼典。

---

[1] 参见《辽史》卷89《耶律庶成传》。

宋人有辽国"颇窃中国典章礼义以维持其政"之评价。[1]云"窃"者,一指辽太宗曾入后晋取其图书、礼器为用;二指其曾参汉礼建制。《辽史·文学传》亦云:"辽起松漠,太祖以兵经略方内,礼文之事固所未遑。及太宗入汴,取晋图书、礼器而北,然后制度渐以修举。至景、圣间,则科目聿兴,士有由下僚擢升侍从,骎骎崇儒之美。但其风气刚劲,三面邻敌,岁时以蒐狝为务,而典章文物,视古犹阙。"辽之礼俗混杂,"视古犹阙",这并非完全贬义,首先,作为具有本民族特色的礼制,其为之后金朝初期所承;其次,较同时代的宋礼简洁,"无宋代之繁";最后,与同时代追崇祖宗家法的宋代相较,其礼制极重拜祭祖先神灵,所谓"享庙一出以诚,论者嘉其章先思孝之心,足以迈宋"[2]。

金代礼制沿革,《金史·礼志》交代得较为详细,其云:"金人之入汴也,时宋承平日久,典章礼乐粲然备具。金人既悉收其图籍,载其车辂、法物、仪仗而北,时方事军旅,未遑讲也。既而,即会宁建宗社,庶事草创。皇统间,熙宗巡幸析津,始乘金辂,导仪卫,陈鼓吹,其观听赫然一新,而宗社朝会之礼亦次第举行矣。继以海陵狼顾,志欲并吞江南,乃命官修汴故宫,缮宗庙社稷,悉载宋故礼器以还。外行黩武,内而纵欲,其猷既失,奚敢议礼乐哉!世宗既兴,复收向所迁宋故礼器以旋,乃命官参校唐、宋故典沿革,开详定所以议礼,设详校所以审乐,统以宰相通学术者,于一事之宜适、一物之节文,既上闻而始汇次,至明昌初书成,凡四百余卷,名曰《金纂修杂录》。凡事物名数,支分派引,珠贯棋布,井然有序,炳然如丹。又图吉、凶二仪:卤簿十三节以备大葬,小卤簿九节以备郊庙。而命尚书左右司、春官、兵曹、太常寺各掌一本,其意至深远也。是时,宇内阜安,民物小康,而维持几百年者实此乎基。鸣呼,礼之为国也信矣夫!而况《关雎》《麟趾》之化,其流风遗思被于后世者,为何如也。宣宗南播,疆宇日

1 参见《宋史》卷 340《苏颂传》。

2 章嵚:《中华通史》,东方出版社,2014,第 529 页。

感，旭日方升而爝火之燃，蔡流弗东而余烬灭矣！图籍散逸既莫可寻，而其宰相韩企先等之所论列，礼官张暐与其子行简所私著《自公纪》，亦亡其传。故书之存，仅《集礼》若干卷，其藏史馆者又残缺弗完，姑掇其郊社宗庙诸神祀、朝觐会同等仪而为书，若夫凶礼则略焉。"据此可明以下两点：一是金初循用唐宋特别是宋礼，主要得益于收获宋的礼制书籍和实物，此点《金史·太祖本纪》也有记载：天辅五年（1121 年）十二月诏曰："若克中京，所得礼乐仪仗图书文籍，并先次津发赴阙。"《金史·舆服志》亦云："金初得辽之仪物，既而克宋，于是乎有车辂之制。"这正是《金纂修杂录》成书的基础。二是金在唐宋典故基础上，构建自身礼制体系，编有《金纂修杂录》《大金集礼》等礼典。关于《金史·礼志》构成，《四库总目提要》"《金史》"条云："《礼志》即掇韩企先等《大金集礼》，而兼及杂仪之品节修撰而成。"[1] 即谓在史源上，《金史·礼志》是以《大金集礼》为本。《金史·礼志》《大金集礼》皆传世，这是考查金礼沿革和礼典的重要材料。

《大金集礼》又称《大金仪礼》，后人尝云："数金源之掌故者，此为总汇矣。"[2]"金源一代掌故赖以证据。"[3] 今存书 40 卷，皆分类排纂，具有条理，其中卷一、卷二为帝号，收录即位仪、册礼等。卷三、卷四为追谥上尊号。卷五为尊奉皇太后、册皇后仪。卷六为追谥皇后。卷七为册、追封皇太妃。卷八为册封皇太子仪、册皇太孙仪、皇太子守国仪等。卷九为册封亲王公主等宗室仪。卷十为皇帝夏至日祭方丘、斋戒、陈设、省牲器、銮驾出宫、奠玉帛、进熟、祭五岳四镇四海四渎、銮驾还宫等仪。卷十一为皇帝祭皇地祇于方丘、斋戒、陈设、省牲器、奠玉帛、进熟、望瘗等仪。卷十二至卷十七阙文。卷十八、十九为时享摄行礼。卷二十、卷二十一为原庙奉安、

1（清）永瑢、纪昀等撰《四库全书总目提要》卷 46《史部二·正史类二》。

2（清）永瑢、纪昀等撰《四库全书总目提要》卷 82《史部三十八·政书类二》"《大金集礼》四十卷"条。

3（清）翁方纲撰《翁方纲纂四库提要稿》，上海科学技术文献出版社，2005，第 409 页。

朝拜等仪。卷二十二为别庙之制。卷二十三御名、圣节等制。卷二十四为赦诏。卷二十五为宣命。卷二十六阙文。卷二十七、卷二十八为仪仗卤簿。卷二十九、卷三十为舆服。卷三十一为班序、命妇、笺表、奏事等制。卷三十二为辍朝、废务、休假等制。卷三十三阙文。卷三十四为岳镇海渎等祀仪。卷三十五为封册礼。卷三十六宣圣庙祀仪。卷三十七、卷三十八为杂祠庙祀仪。卷三十九、卷四十为元日称贺仪、圣节称贺仪、曲宴仪、人使辞见仪、朔望常朝仪等。据《金史》，此书是金章宗明昌六年（1195年），由礼部尚书张暐等进呈。[1]《四库总目提要》云：是书"不著撰人名氏，亦不著成书年月。据黄虞稷《千顷堂书目》，盖明昌六年礼部尚书张暐等所进。今考书中纪事，断至大定，知为章宗时书"[2]。书中纪事，以大定年间为断限。以理推之，张氏进书前，金礼已初步构建，后人续修至大定年间完书。据《金史》本传，韩企先本辽进士，入金后官至尚书右丞相。天会十二年（1134年），"议礼制度，损益旧章。（韩）企先博通经史，知前代故事，或因或革，咸取折衷"。又云："本朝典章制度多出斯人之手。"[3] 这正与"韩企先等《大金集礼》"云云相对证，也就是说，《大金集礼》的编撰应起源于金太宗天会年间。《金史》史臣曾赞云："天辅草创，未遑礼乐之事。太宗以斜也、宗干知国政，以宗翰、宗望总戎事。既灭辽举宋，即议礼制度，治历明时，缵以武功，述以文事，经国规摹，至是始定。"[4] 这一评价，也直接指向金太宗时期"议礼制度"之事。当然，此时"议礼"并非完善，以致在熙宗、海陵、世宗各朝都有增益。如熙宗天会十三年（1134年），始定齐、高丽、夏朝贺、赐宴、朝辞仪。天眷二年（1139年），命百官详定仪制。[5] 海陵王贞元

---

1 参见《金史》卷28《礼志》。

2（清）永瑢、纪昀等撰《四库全书总目提要》卷82《史部三十八·政书类二》"《大金集礼》四十卷"条。

3《金史》卷78《韩企先传》。

4《金史》卷3《太宗本纪》。

5 参见《金史》卷4《熙宗本纪》。

元年（1153 年），定社稷制度。正隆二年（1157 年），初定太庙时享牲牢礼仪。[1]世宗大定四年（1164 年），初定祭五岳四渎礼。[2]大定十七年（1177 年），定皇家祖免以上亲燕飨班次，并从唐制。[3]大定二十四年（1174 年），定皇太子守国诸仪；大定二十六年（1176 年），定闵宗陵庙荐享礼。[4]其中又以世宗大定时期定制居多，也正与《大金集礼》所载制度以大定为断限相符，或可推断，金礼主体构建是在其时完成。故清人也有"大定、明昌，其制渐备"之说。[5]《金史》史臣赞云："世宗之立，虽由劝进，然天命人心之所归，虽古圣贤之君，亦不能辞也。盖自太祖以来，海内用兵，宁岁无几。重以海陵无道，赋役繁兴，盗贼满野，兵甲并起，万姓盼盼，国内骚然，老无留养之丁，幼无顾复之爱，颠危愁困，待尽朝夕。世宗久典外郡，明祸乱之故，知吏治之得失。即位五载，而南北讲好，与民休息。于是躬节俭，崇孝弟，信赏罚，重农桑，慎守令之选，严廉察之责，却任得敬分国之请，拒赵位宠郡县之献，孳孳为治，夜以继日，可谓得为君之道矣！当此之时，群臣守职，上下相安，家给人足，仓廪有余，刑部岁断死罪，或十七人，或二十人，号称'小尧舜'，此其效验也。"[6]这说明当时确有制定礼典并付诸实践的环境。[7]

1　参见《金史》卷 5《海陵本纪》。

2　参见《金史》卷 6《世宗本纪》。

3　参见《金史》卷 7《世宗本纪》。

4　参见《金史》卷 8《世宗本纪》。

5　参见（清）永瑢、纪昀等撰《四库全书总目提要》卷 82《史部三十八·政书类二》"《大金集礼》四十卷"条。

6　《金史》卷 8《世宗本纪》。

7　这其中也得益于张暐、张行信父子等礼学之士的努力，如（金）赵秉文撰《闲闲老人滏水文集》卷 11《碑文·张文正公碑》云："明昌泰和间，明天子励精政事，修饰治具，典章文物，高出近古，公（注：指张行简）之父清献公（注：指张暐）任奉常春官，朝廷典宪，皆其讨定，修《国朝仪礼》，完然为一代法。其后公继之，前后垂三十年，凡朝廷有大制度大典册大号令，至于纪世宗显章宗三朝之宏休伟烈，未尝不经公之手。"《闲闲老人滏水文集》卷 12《碑文·张左丞碑》亦云："大定明昌间，朝廷清明，天下无事，上方留意稽古礼文之事，于是御史大夫清献张公，厘正《国朝仪礼》，成一代大典，润色太平，皇矣唐矣。然犹削牍大小九十余奏，若谏田、猎巡、幸节、财用、慎法令、明德运之非古，辨正统之无定，议提刑不可罢者三章，救监察姬端修不可治罪者累奏，其余随事证谏，殆无虚日，其言明且清正而通，虽魏郑公展尽底蕴，陆宣公不负所学，未能远过也。"

在张暐等进《大金仪礼》的次年，承安元年，又命有司"祀高禖如新仪"[1]。此"新仪"当指《大金仪礼》，也是其施行之证。实际上，章宗朝在张暐等进呈《大金仪礼》并施行之时，也在不断完善制度。如明昌三年（1192年），以增修曲阜宣圣庙毕，将亲行释奠之礼，命有司检讨典故以闻。[2]明昌五年（1194年），定日月风雨雷师常祀。[3]承安五年（1200年），定本国婚聘礼制。泰和元年，改原庙春秋祭祀称朝献。泰和三年（1203年），定大臣薨百官奉慰礼。[4]泰和四年（1204年），定前代帝王合致祭者。同年，又定衣服制和本朝婚礼。泰和八年（1208年），定服饰明金象金制。[5]此外，泰和三年命吏部侍郎李炳等"详定《仪礼》"[6]，此《仪礼》即明昌年间所上进者，在泰和三年再次修订。《金史》史臣赞云："章宗在位二十年，承世宗治平日久，宇内小康，乃正礼乐，修刑法，定官制，典章文物粲然成一代治规。又数问群臣汉宣综核名实、唐代考课之法，盖欲跨辽、宋而比迹于汉、唐，亦可谓有志于治者矣！"[7]章宗朝制定颁行了《泰和律》，可以说金代礼律修撰几乎同时，在泰和年间实现了"一代治规"之大成。至于"正礼乐"之"正"，尚有一则史料可说明。《金史》记载，泰和四年，"诏拜礼不依本朝者罚"[8]。又载，章宗时，张行简言："唐制，仆射、宰相上日，百官通班致贺，降阶答拜。国朝皇太子元正、生日，三师、三公、宰执以下须群官同班拜贺，皇太子立受再答拜。今尚书省宰执上日，分六品以下别为一班揖贺，宰执坐答揖，左右司郎中五品官廷揖，亦坐答之。臣谓身坐举手答揖，近于坐受也。宰执受贺，其礼乃重于皇太子，巩于义未安。别嫌明微，礼之大节，伏请宰执上日

1《金史》卷10《章宗本纪》。

2 参见《金史》卷9《章宗本纪》。

3 参见《金史》卷10《章宗本纪》。

4 参见《金史》卷11《章宗本纪》。

5 参见《金史》卷12《章宗本纪》。

6《金史》卷11《章宗本纪》。

7《金史》卷12《章宗本纪》。

8《金史》卷12《章宗本纪》。

令三品以下官同班贺，宰执起立，依见三品官仪式通答揖。"上曰："此事何不早辨正之，如都省擅行，卿论之是矣。"行简对曰："礼部盖尝参酌古今典礼，拟定仪式，省廷不从，辄改以奏。"下尚书省议，遂用之。宰执上日，三品以下群官通班贺，起立答拜，自此始。[1] 泰和年间重申的"诏拜礼不依本朝者罚"，应该就是张行简与礼部等所拟定的答拜仪式。此后宣宗朝也沿袭此制，史载贞祐四年（1216年），"将祔享太庙，诏依世宗十六拜之礼。（张）行信与礼官参定仪注，上言宜从四十四拜之礼，上嘉纳焉"[2]。这反映了金礼的实际行用，也说明金礼参酌唐宋礼制之处。章宗之后，卫绍王大安二年（1210年），再次校定《大金仪礼》。[3] 宣宗至宁四年（1216年），张行信定祔享亲祀之仪以进。[4]

金代礼典，本国风俗与汉人礼制杂用，与辽相比，更偏向于唐宋之礼。故时人评云："大抵金国之政，杂辽宋，非全用本国法，所以支持百年。"[5] 钱曾《读书敏求记》卷二"《大金集礼》四十卷"条云：是书"首列太祖、太宗即位仪，诸凡朝家大典，舆服制度礼文，莫不班班可考。嗟乎！杞宋无徵，子之所叹。金源有人，勒成一代掌故"。金代礼典之所以能在古代礼典体系中占据一席之位，最重要的原因是对儒家较为重视，特别是世宗、章宗之世，儒风大变，学校日盛，这种氛围对消化承袭而来的华夏礼乐制度不无裨益。《金史·文艺志》又云："当时儒者虽无专门名家之学，然而朝廷典策、邻国书命，粲然有可观者矣。金用武得国，无以异于辽，而一代制作，能自树立唐、宋之间，有非辽世所及，以文而不以武也。"金代"以文"立世，既是其国风区别于辽朝的最大特点，也是对其礼典构建的肯定。

元作为游牧民族建立的王朝，其治国有与前代不同的特性，就算与辽

1　参见《金史》卷 106《张暐传》。

2　《金史》卷 107《张行信传》。

3　参见《金史》卷 13《卫绍王本纪》。

4　参见《金史》卷 14《宣宗本纪》。

5　（元）刘祁撰《归潜志》卷 12《辩亡》。

金相较，其汉化程度也显得步履蹒跚。其在统治上推行的蒙汉杂糅，强调国俗，版图宽广、语言隔膜等因素也在一定程度上影响了礼典构建的进程，但元是否有礼法观念和意识、构建礼典的意图和实际行动，对此恐不应有所疑问。元儒方逢辰《礼法之大分如何论》一文便是最好明证，其云："天下纲常之大，当自人君立其大者基之。夫礼莫大于分，分莫大于君。君不能自有其大则礼法荡矣。生民之初，人未知有君之尊也。先王忧焉，为之辨上下别等，衰（杀）而为截然之法。法立而礼行，礼行而君尊。夫为君者，盍曰：吾之所以独尊于天下者，仅有此分耳。使吾一日失此，则不能自有其大。君失其大，则礼法能独存乎？世降叔末，此分不明久矣。不知先王所以为是礼法者，正为君尊地也。吾处其大，可不思有以守其大乎？云云。礼法之分，安在乎？曰：君臣也，父子也，兄弟也，皆分也。求其分之大者，则同室之分莫大于父，同与之分莫大于兄。虽然又有大者焉，统乎人伦之上，而居分之至尊者，非君欤？夫以四海之广，兆民之众，受制于一人。虽有绝伦之力，高世之智，莫不奔走而服役者，岂非分之至大哉？虽然处天下之大，必有以守其大，是故秩于天，庸于舜，谨于文武成王周公。自朝廷宗庙，达之于州闾乡党，自闺门衽席而至于天下国家者，所以立其大也。昔仲叔于奚有功于卫，辞邑而请繁缨。孔子以为名者。君之所司季氏在鲁，擅颛臾之伐。孔子以为天下有道。礼乐自天子出，诚以名与礼乐，天下大分也。而君不能司之，天子不能自出之，则失其所谓大矣。一失其大，则天下无复纲纪礼法，其不坠于地者几希矣。乾尊坤卑，礼之始也。圣人法焉，制为长幼之节，疏戚之差。若足矣，未也。又从而为之法焉，车服有制，宫室有度，此法也。小大有经，尊卑有纪，此法也。总而为吉凶军宾嘉散，而为三千三百之仪者，皆是法焉。若足矣，亦未也。士庶人之上为之置卿大夫，卿大夫之上为之置侯伯焉，侯伯之上为之置三公焉，等级而上，至于天子，其分极矣。为天子者，盍曰先王制礼，所以为是差次焉者，正以成吾之尊也。"[1]方氏关于车服之制、宫室之度、小大有经、尊卑有纪、吉凶军宾嘉仪者"皆是法"的精论，足证元人对礼法有充分的认识。《元史·礼乐志》又云："元之有国，肇兴朔漠，朝会燕飨之礼，多从本俗。太祖元年，大会诸侯王于阿难河，即皇帝位，始建九斿白旗。世祖至元八年，命刘秉忠、许衡始制朝仪。自是，皇帝即位、元正、天寿节，及诸王、外国来朝，册立皇后、皇太子，群臣上尊号，进太皇太后、皇太后册宝，暨郊庙礼成、群臣朝贺，皆如朝会之仪；而大飨宗亲、锡宴大臣，犹用本俗之礼为多。……元之礼乐，揆之于古，固有可议。然自朝仪既起，规模严广，而人知九重大君之尊，重其乐声雄伟而宏大，又足以见一代兴王之象，其在当时，亦云盛矣。"《元史·祭祀志》亦云："元之五礼，皆以国俗行之，惟祭祀稍稽诸古。其郊庙之仪，礼官所考日益详慎，而旧礼初未尝废，岂亦所谓不忘其初者欤？然自世祖以来，每难于亲其事。英宗始有意亲郊，而志弗克遂。久之，其礼乃成于文宗。至大间，大臣议立北郊而中辍，遂废不讲。然武宗亲享于庙者三，英宗亲享五。晋王在帝位四年矣，未尝一庙见。文宗以后，乃复亲享。岂以道释祷祠荐禳之盛，竭生民之力以营寺宇者，前代所未有，有所重则有所轻欤？或曰，北陲之俗，敬天而畏鬼，其巫祝每以为能亲见所祭者，而知其喜怒，故天子非有察于幽明之故、礼俗之辨，则未能亲格，岂其然欤？"元亡后，明人修史较速，能反映元礼的史料尚在世间，明人能窥其面貌，故对元礼制沿革亦有中允评价。

元礼典体系分为两种形态，第一种是沿袭唐宋以来传统所制定的礼典或礼仪制度规定。这些以五礼为基本体例的规定，在《元史》的《礼乐志》《祭祀志》《舆服志》《兵志》《仪卫志》中有较详备述。以《礼乐志》为例，记有朝仪、元正受朝仪、天寿圣节受朝仪、郊庙礼成受贺仪、皇帝即位受朝

---

[1]（元）方逢辰撰《蛟峰文集》卷8《讲义·礼法之大分如何论》。

仪、群臣上皇帝尊号礼成受朝贺仪、册立皇后仪、册立皇太子仪、太皇太后
上尊号进册宝仪、皇太后上尊号进册宝仪、太皇太后加上尊号进册宝仪、摄
行告庙仪、国史院进先朝实录仪等。《祭祀志》则记有亲祀时享仪、摄祀之
仪、祭告三献仪、祭告一献仪、亲谢仪、摄行告谢仪、荐新仪等。这些规定
在当时也存在分门别类的汇编之作。如元世祖至元十六年（1279 年），中书
省下太常寺讲究州郡社稷制度，礼官折衷前代，参酌《仪礼》，定拟祭祀仪
式及坛壝祭器制度，撰成《至元州县社稷通礼》。[1] 泰定四年（1327 年），李
好文与孛术鲁翀等搜罗比校，访残脱究，编成《太常集礼稿》。至于编撰起
因，其《序》云："太常典三礼，主群祀，凡礼乐之事皆自出焉。国家论议
制作之原，郊社宗庙缘祀之制，山川百神秩序之典，诸臣节惠易名之实，不
知其故可乎？洪惟圣朝天造之始，金革方载，文德未遑，我太宗皇帝戡金五
年，岁在戊戌，时中原甫定，则已命孔子之孙元措访求前代礼乐，将以文万
世太平之治。宪宗皇帝二年壬子，时则有日月之祀。伏观当时群臣奏对之际，
上问礼乐自何始，左右对以尧舜，则其立神基，肇人极，丕谟睿略，固已宏
远矣。世祖皇帝中统之初，建宗庙，立太常，讨论述作，庶越古昔。至元之
治，遂光前烈。成宗皇帝肇立郊丘，武宗皇帝躬行裸享。英宗皇帝广太室，
定昭穆，御衮冕卤簿，修四时之祀，列圣相承，岁增月辑，典章文物，焕然
毕备矣。百年以来，事皆属之有司，寄诸简牍，岁月既久，不无散逸，故由
之者或不知其本，论之者或失于其初，阔略戾舛，颇违于旧。"当时正金太常
礼仪院事的李好文等人正是感觉到"一代之治，必有一代之文"，须制定当
朝纲常典则，以正天秩人纪[2]，并于天历二年（1329 年）撰备。是书凡"郊祀
九，社稷三，宗庙二十有一，舆服二，乐七，诸神祀三，诸臣请谥及官制因
革典籍录六，合五十一卷"。但又提及，书"曰稿者，固将有所待焉。他日

---

1 参见《元史》卷 10《世祖本纪》。

2 参见（元）苏天爵编《元文类》卷 36《序·（李好文）太常集礼稿序》。

鸿儒硕笔，承诏讨论，成一代之大典，则亦未必无取"[1]。观李氏所言，此书性质属稿本，实际上收存的郊祀、社稷、宗庙、舆服等制应是当时施行之制。

《元史·王守诚传》记载，王氏在泰定元年（1324年）试礼部第一，后迁太常博士，"续编《太常集礼》若干卷以进。转艺林库使，与著《经世大典》"。《元史·祭祀志》云："凡祭祀之事，其书为《太常集礼》，而《经世大典》之《礼典篇》尤备。参以累朝《实录》与《六条政类》，序其因革，录其成制，作《祭祀志》。"结合这两条资料，可得两个信息：一是李好文当初编撰《太常集礼稿》希冀"将有所待"的愿望得以落实；二是至顺年间，元开国以来至天历时期的礼典和礼仪制度，包括《太常集礼》这样的礼书都被收入以礼治礼教为编撰主旨，具有高度综合性和体例特色的"礼典"中，即《经世大典》中的《礼典》，从而形成元礼典体系的第二种形态。关于《经世大典》一书，后文会详论，此仅就"《礼典》"略作说明。《经世大典·礼典总序》云："于皇有元，应天顺人，功成治定，乃稽古经国，施和万民。惟帝中兴，礼乐大备，粲然成方，垂则后世。夫制礼自迩覃远，由亲暨疏。朝觐会同，以正大位，以统百官，以驭天下。锡赉燕飨，以睦宗戚，以亲大臣，以祼宾客。天下既定，弗敢怠宁，故行幸以时。君临万邦，在器与名，故通信以瑞节，辨等以舆服，定律作乐，治历明。何以守成，求闻帝王之训以崇德；何以新民，率循圣贤之学以设教。励学以经行，而宾兴其贤能，广听于刍荛，以通彻其壅蔽。讨论润色，艺文修矣。厚往薄来，远人柔矣。天道弗远，示君以事，故度德以应祯祥，修己以弭灾变，而人道备矣。是以道合于天，德涵乎地，仁义孚于民，然后可以享上帝，事祖宗，通乎上下之祀而无愧。生荣死哀，极乎幽明之变，秘科内典，悉其祀祷之方，而鬼神之情见矣。"《礼典》分上中下三编，上编为：朝会、燕飨、行幸、符宝、舆服、乐、历、进讲、御书、学校、艺文、贡举、举遗逸、求言、进书、遣

---

[1]（元）苏天爵编《元文类》卷36《序·（李好文）太常集礼稿序》。

使、朝贡、瑞异。中编为：郊祀、宗庙、社稷、岳镇海渎、三皇、先农、宣圣庙、诸神祀典、功臣祠庙、谥、赐碑、旌表。下编为：释、道。总32篇。又云："盖国家典礼，朝会以尊君治人之道也；郊庙以禋祀事神之道也；佛氏为教，超乎神人之表，所以辑福于国家民庶者也，故各为一篇之首。"[1] 此32篇统归"礼典"之名，具体内容也是施行制度，《经世大典序录》亦称："安上治民，莫重于礼，朝廷郊庙损益可知，作礼典第七。"但据各篇序目记载，实际上有些篇目并不从属汉唐以来礼典体系内容，如上篇之进讲、御书、学校、艺文、贡举、举遗逸、求言、进书、瑞异。下篇之释、道。之所以把这些篇目归入"礼典"范畴，应是元人站在礼治教化的角度来思考的，同时也是基于与其他诸典体例相对应的编撰技术而考虑的。除此外的其他篇目，应大体反映了元的礼制构建。也正因此，明人在撰修《元史》时就大量参考了《经世大典》，如《元史·祭祀志》云："凡祭祀之事，其书为《太常集礼》，而《经世大典》之《礼典篇》尤备。参以累朝《实录》与《六条政类》，序其因革，录其成制，作《祭祀志》。"由此可察，《经世大典》之《礼典篇》是不能完全包括元礼的，但就祭祀一事而言，其就参考了《太常集礼》《实录》《六条政类》等。祭祀一事尚如此，其他方面礼制恐怕要参考的材料就更多。如果没有经过《经世大典》这样巨制进行一定程度的编撰，恐怕元代礼制规定会较为驳杂、礼典体系会较为散漫。

明永乐十九年（1421年），南京内阁藏书运至北京，正统年间杨士奇等将其整理、著录，于正统六年（1441年）编成《文渊阁书目》。清四库馆臣曾评此书目云："惟籍此编之存，尚得略见一代秘书之名数，则亦考古所不废也。"这些明初官府藏书，就包括元末战火存留的礼制书籍，其既是明修《元史》的参考，也是元礼之证。今据《文渊阁书目》卷3《元字号第一厨书目·礼书》摘列书目如下：《元太常集礼稿》《元集礼》《元续集礼》《元皇朝仪注》《元朝

1（元）苏天爵编《元文类》卷41《杂著·礼典总序》。

仪备录》《元郊祀礼》《元乡饮酒礼》《元礼书》《元释奠仪图》《元释奠通载》《元释奠格例》《元祭器图》《元礼器说》《元通祀礼编》《元葬祭会要》《元释奠图》《元通祀纂要》等。明清的一些私家书目，也记载不少元代礼书，如黄虞稷《千顷堂书目》有"《太常至正集礼》二十册"；脱脱木撰"《太常续集礼》十五册"；"《大德编辑释奠图》八卷"等。[1] 瞿镛《铁琴铜剑楼藏书目录》有"《圣朝通制孔子庙祀》一卷"，瞿氏考证其为至正二年（1265 年）正月二十二日集贤院奏准孔子庙祀条格所定，亦即"《释奠格例》"一书。[2] 钱大昕《元史艺文志》亦收录有任栻"《三皇祭礼》一卷"、赵凤仪"《释奠乐器图》一卷"等。[3]

4. 明之礼典体系

《明史·礼志》云：朱元璋初定天下，"他务未遑，首开礼、乐二局，广征耆儒，分曹究讨"。洪武元年（1638 年），即命定拟祀典，历叙沿革，酌定郊社宗庙仪；礼官又编集郊庙山川等仪及古帝王祭祀感格可垂鉴戒者，成《存心录》一书。洪武二年（1639 年），诏儒臣修礼书，于三年（1640 年）告成，赐名《大明集礼》。可见，明礼典体系创建始于明初，且基本完备。《大明集礼》以五礼为体例，以吉、凶、军、宾、嘉、冠服、车辂、仪仗、卤簿、字学、乐为纲，"凡升降仪节，制度名数，纤悉毕具"。其中吉礼有祀天、祀地、宗庙、社稷、朝日、夕月等目；嘉礼有朝会、册封、冠礼、婚、乡饮酒等目；宾礼有朝贡、遣使；军礼有亲征、遣将、大射；凶礼有吊赙、丧仪；又有冠服、车辂、仪仗、卤簿、字学、乐律等制。此后，朱元璋屡敕议李善长等编辑成集，又诏徐一夔等同修礼书。其在位三十余年，制定颁行的礼书有：《存心录》《孝慈录》《洪武礼制》《礼仪定式》《大礼要议》《大明礼制》《洪武礼法》《礼制集要》《礼制节文》《太常集礼》《礼书》《稽古定制》《国朝制作》等。此外，据《文渊阁书目》卷一《天字号第一厨书目·国朝》

1　参见（明）黄虞稷撰《千顷堂书目》卷 9《仪注类》。

2　参见（清）瞿镛撰《铁琴铜剑楼藏书目录》卷 9《史部五·典礼》。

3　参见（清）钱大昕撰《元史艺文志》卷 2《仪注类》。

所记，洪武年间礼书尚有：《朝仪》《稽制录》《冕服图》《冠服图》《朝服图》《卤簿图》《命妇朝贺礼仪》《亲王婚礼仪注》《婚礼仪注》《公主婚礼仪注》《纳徵传旨遣官图》《陈设乐器仪注》《丧礼仪注》《丧礼祝文》《太常祭礼》《祭祀礼仪》《祭祀仪注》《大祀歌》《俯食乐歌九奏》《宝匣等式样》《王府宗支封号》《礼制榜文》《申明礼制榜文》等。有如此众多的礼典成就，且先期于律典体系完成[1]，主要是与朱元璋重礼的治国思想相关，其曾直言："治国之道在礼"[2]；又云："昔圣人之驭天下也，必先彝伦而攸叙，立条置目，纲以张维之，册书曰令，颁布臣民使遵守之，则富贵贫贱有别长幼咸安，若去此道而欲天下安未之有也，故重其礼者。盖为国之治道，非礼则无法，若专法而无礼则又非法也，所以礼之为用表也，法之为用里也。"[3]其礼法并用的治国之策，同样影响了朱棣，如朱棣云："夫礼者，治国之纪也；乐者，人情之统也。是故先王制礼，所次序上下也；作乐，所以和民俗也。教民以敬莫善乎礼，教民以和莫善乎乐。礼乐兴则天地泰而君臣正，刑罚中而长养遂，故曰礼乐刑政四达而不悖则王道备矣。治天下者必先于修礼乐。"[4]永乐年间，颁《文公家礼》于天下，又定巡狩、监国及经筵日讲等制。永乐三年（1405年），礼部进《冕服卤簿仪仗》并《洪武礼制》《礼仪定式》《礼制集要》《稽古定制》等，时朱棣以祖宗成宪不可改，命颁之有司，永为仪式。至宪宗成化二十三年（1487年），丘濬奏上《大学衍义补》，其在考论历代礼仪之节沿革后疾呼："盖三代以前，以礼为治天下之大纲；三代以后，以礼为治天下之一事。古今治效，所以有隆污之异者，以此我太祖皇帝初得天下，于洪武元年即命中书省暨翰林院、太常寺定拟三礼，明年再命集议。又明年，遍征草泽、道德、文章之士，相与考订之，以为一代之制。今书之存者有《大

1（清）朱彝尊撰《曝书亭集》卷42《跋二·书大明集礼卷后》考证认为，朱元璋草昧之际征群儒修礼乐书之事，早在吴元年（1367年）六月已展开。

2（明）姚士观等编校《明太祖文集》卷6《敕·命中书劳苗人勒》。

3（明）姚士观等编校《明太祖文集》卷4《诰命·礼部尚书诰（侍郎同）》。

4（明）朱棣撰《圣学心法序》。

明集礼》、《洪武定制》、《礼仪定式》、《稽古定制》及《诸司职掌》所载者，乞命掌礼大臣著为一书，以颁赐中外，使天下后世咸知我朝一代之制，永永遵守，亦俾后世作史者有所根据云。"[1]

虽然洪武、永乐有厘正礼典，一洗前代矫诬之功，但作为明代最早也是最大规模的制定礼典，《大明集礼》迟至嘉靖九年（1530年）方正式刊布，其时世宗为之序云："《大明集礼》一书，我皇祖高皇帝之所制也。所谓吉凶军宾嘉五礼也。吉礼者，首之以祀典以及朝会等类。凶礼也，丧葬之类。军也，宾也，嘉也，各寓以戎事、朝聘、婚姻等类。莫不详备允，为万世之法程，子孙之所世守，而遵行推衍之也。昨岁礼部请刻布中外，俾人有所知见，乃命内阁发秘藏，令其刊布，兹以讫工，遂使广行宣传，以彰我皇祖一代之制。"可见，《大明集礼》曾长期处于密藏不刊的境地，嘉靖年间大力推衍此万世法程，是与当时强化典礼构建环境相关。嘉靖年间，沈鲤以建国二百多年，虽"痛扫元俗之秽意"，但典礼制度"递增递损又不免文而太过，所有大经大典，徽仪□节，有未尽合于古及有反失其初者"，以致"有志之士每每咨嗟叹惜"；并认为"古昔帝王法天出治，置天下于礼乐教化之中，而其效至于格天配帝，后世治多苟简，徒以法术把持天下而大化不可复覩，是岂不知礼之可以为国哉"，当今正属圣代，正可"一洗衰世之陋，以复隆占之风"，因此提议，除见行会议及奉旨题覆不必更改外，以"稽乎祖训""顺乎舆情"为根本，相应斟酌变通凡十二事："一曰郊社之礼，二曰宗庙之礼，三曰常祭杂祭之礼，四曰宫闱之礼，五曰朝廷之礼，六曰预教皇子之礼，七曰公主下嫁之礼，八曰遣官听狱之礼，九曰京师缙绅往来之礼，十曰各省郡县有司士夫往来之礼，十一曰议处宗藩之礼，十二（阙）"[2]，从而实现"修其礼乐，一其制度，寓刑政于教化之中，使天下不言而信，不令而

1（明）丘濬撰《大学衍义补》卷40《治国平天下之要·明礼乐·礼仪之节》。

2（明）沈鲤撰《亦玉堂稿》卷4《典礼疏》。

行，不赏罚而劝威者"。这种对重建典礼的关心，还体现在嘉靖间刑部尚书顾璘所拟策问中："礼之可以为人国也久矣，与天地并谓，其禁淫慝，辨名分，齐百行，序万物，君人者不可以一日无也。古者圣王率由是道，以臻至治，记传言之详矣，其大经大法可略而言之欤。降及后世，外风俗而务政事，不务天下回心向道而专责于簿书期防之间，识者固已叹之矣。乃若有志之君，宗祀明堂，议定冠冕车服之制，与夫诏行乡饮酒礼。当时治号小康，斯亦可验。然亦有升车正立，善修容仪，或召偕乱之祸，建圜丘社稷，行朝会大礼，无救国势之削，视夫礼文未遑与变革《六典》之说，彼此治效相去远甚，为国果不贵于礼乎。"[1]可见，嘉靖重建典礼，也就是"变革《六典》"当中的"礼典"，已形成朝野共识，重刊《集礼》也就顺理成章。

　　《大明集礼》的密而不刊，并不代表此前的礼制施行不力或未曾施行。相反，在朝贡体系下，《集礼》的施行更及于华夏大地之外。如英宗天顺六年（1462年），侍读学士钱溥奉使安南，册封黎灏为安南国王。在出使期间，与安南国王书者凡七，当中屡屡以《集礼》所载之制与安南交锋论辩，并严遵《集礼》行事。如在去往安南途中，即与书重申已遵《集礼》所载祖制为此次颁诏、授封、领勒之礼，拟定相关仪注，并希望安南到时严格施行，其云："盖有祖宗之定制，在定制者何？《大明集礼》一书，我太祖议礼以一天下者也，其间载安南宴坐与夫颁诏仪注甚详，何王之先君不此之求，而惟以《洪武礼制》诏行司府者，言之宜有以来并坐向南之说也。虽然昌歜薄味也，而周公辞之为无德，不敢以当备物之享，繁缨小物也，而孔子惜之，谓名器不可以假人。古之谨礼于微也，如此而况我祖宗定制，布在方册，昭如日月，而敢昧之以贪殊礼。况今颁诏授封领勒之礼并行，谨按《集礼》所载，而参以《礼制》及古礼之可行者，共为仪注六条。王其严命有司行之，岂惟有以新子之国，亦克永世而无愆矣。"针对安南提出的宴坐之礼疑问，

1（明）顾璘撰《息园存稿文》卷9《策问·三道》。

再次重申明礼规定："盖以《洪武礼制》所载，皆诏行有司而未及蕃国，《大明集礼》所载，皆诏行蕃国而未及封拜，故酌古准今而成此使"，以"盖与王初见，又在礼不在物也"，只有谨礼行事，方能"隆一代之美谈，彰一时之盛事"[1]。孝宗弘治元年（1488 年），翰林院侍讲刘戬奉旨出使安南颁孝宗即位诏，时安南官员"奉迎馆候，视昔倍恭，陪臣拜跪，刘据《大明集礼》之文受之，不与交一语。至之日颁诏，明日宴毕即行"，对于刘戬谨奉明礼行事之举，安南国王大惊其为"一国生灵命缘天使"[2]。但《集礼》作为"洪武旧制"，已断难适应百多年间的礼制变迁，间有损益也属正常。万历《明会典》卷 67《婚礼一》载："天子纳后。先遣官祭告天地宗庙。天子临轩命使行六礼。东宫纳妃。则先告庙。其详在《大明集礼》。正统中，英宗纳后。成化末年，孝宗在东宫纳妃，皆遵用旧仪，而稍有所损益。"此言英宗纳后、孝宗在东宫纳妃"遵用旧仪"，当指遵用《大明集礼》，言其"稍有所损益"，则是后朝对《集礼》有变通行事之确证。

在此，主要以《明实录》所记，讨论《大明集礼》在洪武、永乐以后行用和重刊的问题。检嘉靖以前《实录》，"《大明集礼》"见诸记载的只是《明太祖实录》和《明孝宗实录》，但《明太祖实录》是关于制定的记载。《明实录》首次直接称引"《大明集礼》"行用的事例见载于《明孝宗实录》。《明孝宗实录》卷 12，弘治元年（1488 年）三月丙辰条记：吏部尚书王恕在关于孝宗视大学释奠行礼时提及："奠帛三献之礼，必须读祝饮福受胙，始为全备，原无旧典，固难以擅行，其欲比依先农之祀，又系《大明集礼》所载，洪武旧制，亦难以擅改，宜但于视学之前致斋一日，至期加币一段，乐设而不作，余仍其旧。"这应是《集礼》发挥效力之证，但年月久远，成例繁多，这些"洪武旧制"虽不敢擅改，但变通之处也当不少。如弘治十八年（1505

1（明）程敏政编《明文衡》卷 28《书·（钱溥）与安南国王书七》。
2（明）蒋一葵撰《尧山堂外纪》卷 88《国朝》。

年），吏部主事杨子器在上言"遵行大诰"外，还提出"整肃朝仪，刊《集礼》"[1]。至武宗年间，更出现申明前文所提及的洪武礼书之事。史载，正德二年（1507年）礼部"申明《礼制榜例》。先是，有旨文武职官礼仪等级各有旧制，礼部即查先年榜例申明禁约。至是右侍郎刘机等言：累朝制度，损益因时，今即长安左右门悬布旧榜。参之《礼仪定式》，以衣冠、服色、房舍、伞盖、鞍辔、器皿、床帐、帽靴、朝参、筵宴、公座、公聚、仪从及乘轿、用扇，诸品级等差类开上请裁处，出榜申明禁约，务使文武职官一体遵守。又据《大明集礼》，有公卿大臣得乘安车之制，亦并及之"。时武宗下诏："累朝榜例既查明，尔礼部即申明晓谕，令一体遵守，京城内安车伞盖，既年久不行已之轿扇并筵宴位次俱如例，服色特赐者不在此限。"[2]正德十六年（1521年），以"礼教不明、民俗奢僭"，将《大明集礼》《礼仪定式》《大明会典》诸书及"洪武、永乐间板榜凡服舍器用之式、婚丧傧燕之仪"，榜示天下施行。[3]不管是《大诰》还是《集礼》《礼仪定式》等都属年久不行的"洪武旧制"，这样的疾呼或可说明，这些"旧制"已有施行不力或需重申强调、重刊之必要。弘治、正德朝的提议和重申，算是嘉靖朝正式刊布《大明集礼》之先声。需指出的是，参稽《集礼》等颁降之书编撰，于弘治开修、正德颁行的《明会典》，是《大明集礼》初步"重返政坛"的重要标志和途径，而《集礼》《礼仪定式》这些洪武礼仪旧制的重颁，又为《明会典》纂修奠定基石。[4]

1《明实录·明孝宗实录》卷223，弘治十八年（1505年）四月甲子。

2《明实录·明武宗实录》卷23，正德二年（1507年）二月乙亥。

3 参见《明实录·明世宗实录》卷8，正德十六年（1521年）十一月己未。

4 弘治年间，程敏政在应天府乡试策问中云："古圣王必有谟训，以范来裔，俾世守之。故嗣君有道，延祚无疆，不可尚已。汉唐之治，杂霸杂夷，而宋之治亦文浮于实，虽间有典章之存，去古原矣!①惟我太祖高皇帝，以武功定海内，以文德开太平。其所以贻谋垂宪者，有《皇明祖训》，以著一代家法；有《诸司职掌》，以昭一代治典；有《大明集礼》，以备一代仪文；有《大明律》，以定一代刑制。……"希望士子"节目次第，良法美意，愿悉陈之，以为我皇上继志述事之一助"。程氏曾被诏为《会典》副总裁，综观此策，实与当时采辑《大明集礼》等祖制编撰《会典》密切相关。见（明）程敏政撰《篁墩文集》卷10《策问·应天府乡试策问》。

由于正德朝颁行了《会典》，且参稽、收存了《集礼》，并使之成为大经大法的组成部分，因此，嘉靖朝行用《会典》，奉其为一代大法、万世章程，也就无法回避《集礼》，更须直面由于时过境迁、事例繁多所造成的只能反映洪武初年制度和思想的《集礼》与现实之差距和矛盾。如嘉靖六年（1527年），世宗查阅《会典》并询问"武弁之制"，杨一清则引《集礼》所载"武弁"规定对奏。[1]至嘉靖八年（1529年），世宗又就此事谕张璁："《会典》中有亲征之条，所谓类造宜马之祭皆云具武弁服，斯乃一代之制，不可不备"，并指出"今当重校《会典》之时，宜制而增入"。随后，张璁注绘武弁图上进，复行天子亲征、大祭具武弁服之礼。[2]此事不仅反映臣工对《集礼》有较为熟悉的运用，也反映嘉靖朝修订《会典》对《集礼》的吸收，更是《集礼》发挥效力之证。[3]《集礼》与现实差距的例证，则有嘉靖八年（1529年）关于祀山川诸神行礼祭服的讨论。时世宗与大臣讨论行礼祭服云："兹祭山川诸神仪久不行，祭服不宜同郊社，当用皮弁。"杨一清等答以："神有尊卑，则礼有隆杀。祭山川诸神祭，服诚不宜上同郊社。但《会典》未尝开载，稽之《大明集礼》诸书，亦无用皮弁之文。然议礼天子之事，定制自今，以垂后法，亦无不可。"从世宗与杨氏对答可见，现实中不仅存在一些久而不行之礼，还存在一些连《集礼》与《会典》都无规定之事。但巧合的是，随后杨氏等人竟从当时内阁所藏《存心录》中翻阅出"祭太岁风云雷雨岳镇海渎"的相关仪注，正好有"皇帝具皮弁服行礼"之规定，又再次上言称："太祖高皇帝载之《存心录》正与圣谕相合，圣祖神孙一道，非臣下所能仰及。臣等检阅弗备，考究弗精，责不可辞，第百年旷典，今日始行，宜下所司，著之令甲，使后世有所遵承。"[4]幸得与《集礼》同属洪武旧制祖训

---

1 参见《明实录·明世宗实录》卷74，嘉靖六年（1527年）三月丙申。

2 参见《明实录·明世宗实录》卷105，嘉靖八年（1529年）九月丁酉。

3 时嘉靖谕礼部云："我圣祖定制天子亲征，必有大祭等祭，皆具武弁服行礼。今国家承平，制度久缺，朕已与辅臣璁详加考定，今欲令该衙门成造，以备一代圣制，尔礼部择吉行。"

4《明实录·明世宗实录》卷104，嘉靖八年（1529年）八月壬午。

的《存心录》化解其中矛盾，否则世宗必成为"无心为之""无典为证"之创制。此外，祀山川诸神一事中，世宗亲祭也是遵循了《皇明祖训》的旧制，其谕礼部云："惟我太祖高皇帝定严祭祀之条于《皇明祖训》内，山川诸神之祭，皆无遣代之者，后以出入不便，命官行礼。今灾变多端，宜祷于神，以祈转化。是年秋祭山川诸神，朕欲亲往，其具仪以闻。"时礼部尚书李时等议以为亲出祈祷是"兹复上稽祖训，欲亲祭以期昭假，转灾为福，敬神恤民，诚古帝王之盛节"，并制仪注行事。[1]嘉靖九年（1530年），廖道南疏请稽古乐云："自元入中国，胡乐盛行。我圣祖扫除洗濯，悉崇古雅。观《大明集礼》所载，昭如日星"，提出应"昭宣祖训，敕下所司，考雅乐之章，去胡乐之部。凡淫哇之声，妖冶之技，有乱正者，禁之不复用。庶风行自近，而颂声可作"，洪武古雅亦可复。[2]这些例子从侧面印证了嘉靖朝对《集礼》等洪武旧制多有遵循和恢复的努力，更有建议立法规定以《集礼》作为科举策问之题或令考生默写者。[3]当然，这些旧制祖训并非不可打破，如嘉靖八年（1529年）所发生的世宗更改"上衣覆盖下裳"古制之事，虽经张璁考奏"《大明集礼》及《会典》与古制不异"，并以"遵复祖制，无有更

---

1 参见《明实录·明世宗实录》卷104，嘉靖八年（1529年）八月壬午。

2 参见（明）黄佐、廖道周撰《殿阁词林记》卷22《审乐》。

3 时礼部尚书霍韬曾上裨治疏疾呼"法祖"、回复洪武旧制以求图治云："我太祖皇帝以二十余年勤劳，乃定天下，以三十余年御极，乃定治体。凡立法度，俱精思累年，所以为天下万世虑者，至周备矣。惟宣德正统以后，逐渐废坏，循至迩年，太祖之法，所存者盖无几矣。今不复太祖之法，可以致隆平者，臣未之闻也，故今有言，太祖之法难行者，非愚则奸，其迁延退托，不肯奉行者，即不忠之首也。陛下欲知群臣忠邪。默察此足以定之矣。太祖旧章臣未得悉陈，以祖宗事参合时事，此最得起敝要策。谨录一二切于时政者及近年行令有合太祖者，为例以献，伏望敕下该部，次第举行，仍查后所未举者，以渐修复，即图治致理之大端也。"又建议："洪武二十四年令天下生员兼读《诰》《律》，臣谨按今生儒俱不读《诰》《律》，以故出仕全无实用临民莅政，以吏为师，科场五判，以《律》命题。奈士子多记诵旧本，以图侥幸。今若立法，行天下学校考校生员，俱先默写《大诰》《律》《令》或《大明集礼》等书内一条，或拟作一款，或拟策题错为问目，则人无不读《诰》《律》者矣。"见（明）陈子龙等编《皇明经世文编》卷186《霍文敏公文集二·疏·裨治疏》。据《明史·舆服志》所载，嘉靖十五年（1536年），霍韬亦曾上奏申明洪武旧制云：《礼仪定式》，京官三品以上乘轿，文官则皆用肩舆，或乘女轿。乞申明礼制，俾臣下有所遵守。"时定"四品下不许乘轿，亦毋得用肩舆。"

变"为劝，终无济于事。[1]史载，当时世宗对更改衣裳是"意乃决"，由此可见，《集礼》与现实之差距和矛盾并非都能以遵循祖制就可解决。尽管有这一插曲，但随着世宗议礼之心的膨胀，《集礼》的价值和作用日趋凸显。有学者更认为，世宗重刻《集礼》并大肆宣传是为当时祭礼改革做舆论准备，重刊之举显然是出于现实需要。[2]

至嘉靖八年（1529年）十一月，经礼部尚书李时等提议，以《集礼》"本祖宗亲命儒臣纂集，制书百六十年以来，未及刊布，遂至讹谬，日多考论，礼仪无所凭据，请订正刊布，以备参考"[3]。如此考论讹谬，以正凭据、以备参考之事，尚有一例为证：嘉靖九年（1530年）三月，礼部集议各王府所用衮冕冠服当改正者，云"《会典》《集礼》与内阁秘图，说各不同，要当以秘图为正"，如中单、锦绶、蔽膝等制秘图皆有规定，但"《会典》《集礼》则纂修之或略且误"，应正其差谬，"复颁示各藩，俾一例遵守"[4]。嘉靖九年六月，刻《大明集礼》书成，世宗亲制序文。[5]是年八月，《大明集礼》梓成，礼部奏言："是书旧惟缮录，故中间章句图画类多残缺，臣等以次诠补，因为传注进览，乞命史臣纂入，以成全书。"世宗颁诏云："《大明集礼》，具载我国家一代典章，汝等宜取善本，并参考原集古典，校正谬误，补足缺文，颁布天下。"[6]张居正在重刊序中亦盛赞世宗稽古继述之功云："王者治定制礼，因时立制，累数十年，然后乃备。……然成周之典，具于治功平定之后，而我朝之制，定于倾侧扰攘之间，缓急疏密，又度越前代远矣。明兴百八十余年，高皇帝作之于前，今天子述之于后，弈世载德，重熙累绩，稽古礼文

1 参见《明实录·明世宗实录》卷101，嘉靖八年（1529年）五月庚子。
2 可参赵克生：《大明集礼的初修与刊布》，《史学史研究》2003年第3期。
3 《明实录·明世宗实录》卷107，嘉靖八年（1529年）十一月壬子。
4 《明实录·明世宗实录》卷111，嘉靖九年（1530年）三月丙辰。
5 参见《明实录·明世宗实录》卷114，嘉靖九年（1530年）六月庚午。
6 《明实录·明世宗实录》卷116，嘉靖九年（1530年）八月丙戌。

之事，褒然具备矣，则所以一民之行而易民之俗者。"[1]

　　至此，在《明会典》收存《大明集礼》并于弘治十五年（1502年）成书，近三十年后，秘藏百余年的《集礼》经嘉靖臣工校正补阙，终得"重返政坛"，以全新面貌施行于世。以理推之，《集礼》得以重刊，现实行用自然有所增强或成为参照备考之首选，否则重刊也就失去意义。史料中也能找到例证，如嘉靖十年（1531年）正月，准备行耕籍礼，关于行礼的礼器耕粮车，是由世宗下诏议造。随后礼部奏言："考《大明集礼》，国朝耕籍因宋制，上乘玉辂而以耕粮车载末耜，盖玉辂耕根车同日而行。及考见行仪注，顺天府官捧末耜及穜稑种置彩舆，先于祭前二日而出。今用耕粮车以载耜末，宜令顺天府官于祭日早进呈毕，以末耜置于耕根车内，前玉辂以行。及考耕根车式，稽诸礼书，止于图式，而无高广尺寸，宜依令制车式，差小通用青质。伏乞钦定下顺天府速为制造。"[2]这是《明世宗实录》所记《集礼》重刊后首次运用之例，亦不失中规中矩。随后的一些议礼行礼事件，也在不断重申"具载《大明集礼》"之制而不必令设制度行事，以明遵行祖宗定制。如嘉靖十一年（1532年）三月，世宗以郊庙大礼系国家重典，"于天地百神祀典，俱已厘正"，但觉得宗庙之礼尚承同堂异室之制，"未能复古，于心歉然"。谕礼部云："稽圣祖开国之初，已尝建立四亲庙，实鉴于汉制之非，具载《大明集礼》等书，朕为子孙所当遵行。今太庙前堂后寝，俱有定制，不必更移。"[3]嘉靖十三年（1534年）正月册后封妃，礼部在初次议拟仪注时只有"谒告内殿仪"，而无"谒告太庙、世庙之礼"。世宗又命详议，礼部最终以"天子立三宫以共承宗庙之祀，在礼经有庙见之文，我皇上天纵圣明，稽古正义，遵祖制见庙之仪，正内殿相沿之礼，甚盛典也"，同时"参稽《大

1（明）张居正撰《张太岳文集》卷7《重刊大明集礼序》。

2《明实录·明世宗实录》卷121，嘉靖十年（1531年）正月癸丑。

3《明实录·明世宗实录》卷135，嘉靖十一年（1532年）三月庚午。（明）夏言撰《南宫奏稿》卷3《参酌古今慎处庙制乞赐明断疏》也记载此事本末，据《南宫奏稿》所记，《实录》所云"具载《大明集礼》等书"，还包括《存心录》《祭祀礼仪》。

明集礼》櫽括节文",议定庙见仪注上呈行事。[1]嘉靖十一年（1532 年）五月,夏言等礼官以是岁将举行北郊,是礼之重大者,应提早详定,以免涉于僭儗,因而"查得《大明集礼》内有遣官奏告圜丘方泽仪注,其行礼之节甚为周悉",并与《会典》等逐一参详,撰为"遣官行礼仪注",经世宗裁定施行。[2]嘉靖二十三年（1544 年）五月,南京礼科给事中游震就东宫出阁讲学之事奏请,以"《大明集礼》,皇太子加元服,参用周文王成王冠礼之年,近则十二,远则十五。若出阁讲学,皆年八岁,则犹未及元服也。今东宫出阁,未及冠期,宜加便服,以从安适,俟年十二以上,始行冠礼,则讲学不至过时"[3]。时世宗嘉奖其议。参议此事的孙存亦云:"若《大明集礼》之冠礼,本之周公,监于历代而折衷于吾圣祖,乃无非可行之成宪也。"[4]不仅有行用、参照《集礼》者,亦有极力维护者,如嘉靖二十四年（1545 年）,祠祭仪制二司郎中王健在上题覆进乐律疏云:"惟古者圣王治定制礼,功成作乐,其治辨者其礼具,其功大者其乐备。故礼乐者,所以整齐上下,谐和民物,见天地之情,通鬼神之德,治道所急,不容偏废者也。昔我太祖高皇帝之既定鼎也,首命儒臣修《大明集礼》,而乐附焉。……昔人谓礼乐百年而后兴,识者尚窃迟之,以为不忠不恕之论,况今圣代重熙累洽垂二百年,则夫礼乐之兴,其不在兹乎。"又指出世宗即位以来,"治功隆赫,伦制全尽,祀天地、禋日月、礼先农、享宗庙,诸凡礼制,巍然焕然,斯已昭一代之大典,垂万古之宏规"。对当时臣工提出庙乐未备,应仿《集礼》编制当朝郊庙乐音乐章之议,王健则认为:"所谓郊庙乐音乐章,则既载之《大明集礼》,固我朝礼乐全书也",另行汇编也不过翻刻前书之误。[5]

《大明集礼》的重刊,也激发了臣工,特别是职掌礼司的官员追慕盛典,

1　参见《明实录·明世宗实录》卷157,嘉靖十三年（1534 年）正月己酉。

2　参见（明）夏言撰《南宫奏稿》卷2《遣官代祀奏定礼仪疏》。

3　《明实录·明世宗实录》卷286,嘉靖二十三年（1544 年）五月甲辰。

4　（清）黄宗羲编《明文海》卷57《奏疏十一·（孙存）申明冠礼疏》。

5　参见（清）黄宗羲编《明文海》卷56《奏疏十·（王健）题覆进乐律疏》。

以资政用之心，如南京太常寺卿钟芳就上疏乞恩，请颁降《集礼》"以便守事"云：《大明集礼》一书乃我太祖高皇帝诏集群臣，博采前代之制，参酌时宜，会萃成编，以垂训万世者也。然藏之中秘，见之者鲜。近蒙皇上明旨刊布，又荷圣恩普赐近侍辅臣及两京各衙门，俱已周遍，是诚斯文莫大之幸，但照本寺未蒙颁及。臣等切思此书制作兼乎百王，经画贯乎千古，朝廷传之则可以昭圣祖垂谋之无斁，臣下读之则可以知圣政因革之所由，况本寺职掌礼乐，于此书似不可阙。伏望敕下该部颁赐一帙于本寺收贮，俾稽器数者有所依据，忝禄秩者守为典章，不胜至愿。"[1] 由此可见当时恩赐《集礼》，不仅惠及近侍辅臣及两京衙门，且经臣工急求，也推广至地方。随着《集礼》重刊，民间也兴起采集当中行于士民之礼制，撮其要义，汇编刊布乡野，以资民间礼教之风。《集礼》行用也逐渐向民间、基层渗透。如嘉靖年间，关中大儒马理，取司马光《书仪》、朱熹《家礼》与《集礼》冠婚丧祭礼之制，折衷用之，"关中传以为训"[2]。太仆寺丞张纯所为族人撰定《普门张氏族约》，所定礼制，大旨宗《朱子家礼》而参酌《集礼》，条理严整。[3] 被称为明文坛前七子的王廷相亦撰《丧礼备纂》，时人评价是书"一本《大明集礼》，根极三礼，而是正夫诸家"，且"总条贯之备而析理，酌古今之宜而折衷"[4]。陕西提刑按察使莫如忠将《集礼》士庶冠礼、庶人婚仪、丧仪、品官家庙、祠堂等制，掇其纲领、节其制文汇成五篇，并分作《总叙》，"以为今日通行之制"，"以俟君子共有风化之责者"[5]。这种风气，一直延续至万历年间，如宗室朱勤美采《集礼》《会典》《实录》等勒成《王国典礼》，以为宗藩成宪。[6] 又如致仕还乡的南京工部营缮司员外郎方养时，取冠婚丧祭之

1（明）钟芳撰《筼溪文集》卷 18《乞恩均颁制书疏》。

2（明）冯从吾撰《少墟集》卷 20《谿田马先生》。

3 参见（清）张宝琳等编修：光绪八年（1882 年）《永嘉县志》卷 27《艺文·子部·普门张氏族约》。

4（明）张卤撰《浒东先生文集》卷 6《序·丧礼备纂序》。

5（明）莫如忠撰《崇兰馆集》卷 17《杂著·大明集礼总叙》。

6 参见（明）朱勤美撰《王国典礼·凡例》。

仪与《朱子家礼》《集礼》合者，刊定一书，以"示族姓闾里，勉共遵守"[1]。因此，也有学者研究指出：嘉靖、万历年间《会典》《集礼》的相继刊布，推进了"明代中后期的家礼传播，特别是补充了《朱子家礼》在传导明朝家礼新制方面的不足"，《会典》《集礼》也因此成为"地方士人编纂家礼礼书的重要依据"[2]。

嘉靖二十年（1541年）辛丑科殿试，世宗在策问中云："朕为《六经》之道同归，而礼乐之用为急。自昔唐虞三代之治，莫不由斯。夫《六经》所陈，固治天下之大经大法也，而本之则在礼乐：然则政刑未务，果不足以为治欤？抑各适其用而不能相通欤？议者谓三代而上治出于一，而礼乐达于天下，后世则否然欤？朕缵承皇祖大统，列圣鸿绪，践阼以来，不遑他务，首以人伦典礼是究是图，盖勤心宵旰者十余年，于兹，而郊社禘尝之义，始克协于成。其在邦国乡党之制，不暇悉指，乃若天子之事，固不越此。不知今日国家之礼，亦有合于三代而上者欤？我太祖高皇帝开天肇纪之初，即以礼乐为急。盖尝征贤分局，以讲究切剖，今载诸《大明集礼》者可考也，不知当时诸臣折衷损益，果足以会其成而克副我皇祖制作之意否欤，抑犹有待于后欤？夫复古礼乐，以建中和之极，朕之意也。何二十年间，教化未尽孚，风俗未尽美，灾害未尽弭，生养未尽遂，其故何欤？孔子曰：言而履之礼也，行而乐之乐也。力此二者，南面而立，是以天下太平。然则，斯言也将不足徵耶？兹欲使礼乐刑政，四达而不悖，比隆于先王之盛，将何修而可？"[3]学界一般认为，嘉靖二十年（1541年）前后是世宗人生态度的转变时期，因为自嘉靖十八年（1539年）来，其不再视朝，从当年锐意进取开始走向消极，对大兴礼乐而不能尽致天下大治产生了疑虑，甚至对盛世也有了迷茫之意。这种疑虑和迷茫的表达，一般都会引及此次策问以证。尽管如此，

1（明）黄居中撰《千顷斋初集》卷24《行状·明奉直大夫南京工部营缮司员外郎止庵方公行状》。
2 赵克生：《修书、刻图与观礼：明代地方社会的家礼传播》，《中国史研究》2010年第1期。
3《明实录·明世宗实录》卷247，嘉靖二十年（1541年）三月辛丑。

仍可看出嘉靖对"礼乐之用为急"载诸《集礼》的思考和关切。至于"教化未尽孚，风俗未尽美，灾害未尽弭，生养未尽遂"，是制度设计与现实运行之间，由于时过境迁、事例繁多所造成的无法消除的差距和矛盾，并非《集礼》百余年秘藏不刊、礼乐不施所导致的。相反，寄希望于礼乐和《集礼》等祖制仍是当时不轻言废改者。

嘉靖之后，穆宗即位。隆庆五年（1571年）三月，穆宗在辛未科殿试策问贡士云："朕昭承天命，缵御丕基，五年于兹。夙夜皇皇，图惟治理，每思与天下共享和平之福，而未臻厥效，朕甚惑之。黄虞尚矣，三代以成周为盛，说者谓太和在其宇宙，果何道以致之？或谓《周礼》九职八则，五礼六乐，三物六容，使民勤事而不暇，习于上下等仪之中，消其尊崇富侈之心，是以化行俗美，天下和平，然欤否欤？汉治号为近古，当其时，献议之臣犹有欲定经制者，欲建万世之业者，欲不严而成化者。之三臣者，皆病徒法不足以兴治，然则如何而可以致太平欤？洪惟我太祖高皇帝开天建极，六合同风，以政防民。若职掌所载，同符六典，以礼教民。若《洪武礼制》《礼仪定式》《大明集礼》所载，制度精详，达于上下，可万世行之而寡过矣。乃今治绩罔效，风教未孚，长厚之意薄，虚伪之习滋，民或侈泰以相炫，士或睢恣以陵上，庶几所谓卿大夫和于朝，士庶人和于野者，而不可得，岂政之文徒具而礼之实未至欤？今欲兴教化，厚风俗，使天下志虑不易，视听统一，相安于荡荡平平之治，礼让之风，媲美成周，必何施而后可？"[1]可见，上以礼相考，下以礼相睦，明《洪武礼制》《礼仪定式》《集礼》等祖宗礼文，崇礼之本、求礼之实，仍是统治者治国思想的主流。隆庆后，进入万历朝，曾在嘉靖朝职掌重刊《集礼》并为之作序的张居正，再担重任，领衔重修《明会典》。可以说，在经历弘治、正德朝与《明会典》融合，在嘉靖朝重刊推崇后，《集礼》再次成为建章立制的重要参考并发挥作用。如万历

1《明实录·明穆宗实录》卷55，隆庆五年（1571年）三月丙子。

十四年（1586 年），以天旱遣官祭南郊、北郊、神祇坛，并令各处巡抚祭其境内岳神。时巡抚大同都御史胡来贡请改祀北岳于浑源州。礼部官员沈鲤等则引《集礼》所载汉唐宋北岳之祭皆在定州曲阳，"与史俱合"，"未可以轻易"，应"仍遵宪典，祀于曲阳县"[1]。次年，礼部又重申此言，并得万历御旨以"北岳祀典"于曲阳举行"系国初定制"，仍旧施行。[2] 万历十五年（1587 年），左都御史吴时来针对"官民用度，奢侈僭踰"，败坏风俗的现象，提出要遵循《洪武礼制》《礼仪定式》《集礼》所载节度，"明旨严行，禁约重德行事"以正风俗人心。[3] 一些地方官员，更将《集礼》作为案头常备之书，如有名王一鸣者，万历十四年（1586 年）进士，后授太湖令，其在任地建广当无室，其室北左向之几，"置国朝律令、《会典》、《集礼》、《职掌》诸书及诸当辖功令"，"尽寅而出，尽巳而入，尽午而出，尽酉而入"，居其室而"蓬蓬然也"[4]。这种为官能有《集礼》等"当辖功令"常至书案的"蓬蓬然"，或许就是受益于嘉靖以来重刊推广《集礼》等祖制之功，在此尚有一例可证：万历间沈鲤提出"颁制书以储真才"云："国朝制书，皆列圣之精神心术，政教纪纲所寓，于宦学最为亲切者"，各地应"查照先年颁降制书，其或未经刊布，或刊布未广，或已刊中废省，各酌量工费大小，行令所属府州县衙门分工刊行，以资士习，如《大明律》、《大明令》、《大诰三编》、《诸司职掌》、《洪武正韵》、《皇明祖训》、《孝慈录》、《洪武礼制》、《礼仪定式》、《稽古定制》、《资世通训》、《教民榜文》、《学校格式》、《宪纲事宜》等书，所在府县俱宜刻之"，"使人知景师先哲，以明习当世之务，亦储养真才一事"[5]。因此，《集礼》这些颁降之书，也随着万历十五年（1587 年）《明会典》修订告成，在效力、地位和行用上再次得以强化。

---

1 《明实录·明神宗实录》卷 181，万历十四年（1586 年）十二月丁亥。

2 参见《明实录·明神宗实录》卷 183，万历十五年（1587 年）二月己卯。

3 参见（明）王锡爵编《增定国朝馆课经世宏辞》卷 14《台省名臣章疏类一·（吴时来）正风俗疏》。

4 （清）黄宗羲编《明文海》卷 334《记八·居室·（王一鸣）广当无室记》。

5 （明）沈鲤撰《亦玉堂稿》卷 3《学政条陈疏》。

我们知道,《明会典》是参稽《洪武礼制》《集礼》等颁降之书编撰而成,而《会典》又经几次撰修订补,其中有正德和万历颁行者。正德《会典》与万历《会典》均收存不少《集礼》规定,站在会典体系角度,是《明会典》将明代礼典纳入其体系中;但站在礼典体系角度,或可反映出明代礼典体系也如元代一样存在两种形态:一是独立的礼典体系,二是附编在《会典》的礼典体系。这两种形态并非矛盾,而是共同发挥国家礼典作用。与之同时,《会典》作为当中桥梁,本身具备极高法律地位和效力,这使得《会典》中的礼典体系在得到巩固的同时,也得以在会典体系外独立存在并发挥效力。今据正德、万历《会典》整理其收存《集礼》的相关类目(见表 2-6),以明《会典》与《集礼》之融合和两朝《会典》收存异同。[1]

表 2-6　　　　　　　正德、万历《明会典》收存《大明集礼》类目表

收存类目	正德《明会典》出处	万历《明会典》出处
天子亲征	卷51《礼部十·亲征》	卷53《亲征》
天子衮冕	卷57《礼部十六·冠服·衮冕》	卷60《冠服一·皇帝冕服·衮冕》
天子皮弁服	卷57《礼部十六·冠服·皮弁服》	卷60《冠服一·皇帝冕服·皮弁服》
天子常服	卷57《礼部十六·冠服·常服》	无(注:指未征引相关类目,下同。)
天子礼服	卷57《礼部十六·皇后冠服·礼服》	无
皇后常服	卷57《礼部十六·皇后冠服·常服》	卷60《冠服一·皇后冠服(册宝附)》
皇后礼服	卷57《礼部十六·皇后冠服·礼服》	同上
皇妃礼服	卷57《礼部十六·皇妃冠服(内命妇附)·礼服》	卷60《冠服一·皇妃冠服(册宝附)》
皇妃常服	卷57《礼部十六·皇妃冠服(内命妇附)·常服》	同上

---

[1] 将两朝《会典》与《集礼》进行比对,也有研究者关注到,如赵克生云:"《明会典》是一部明朝政治、经济、军事、法律、礼仪等制度总汇,其中有关家礼内容多是继承《明集礼》。笔者将《明集礼》与正德《明会典》和万历《明会典》进行比对,发现《明集礼》对品官、士庶的冠、婚、丧、祭之礼的编排,较《明会典》详备,《明会典》较《明集礼》综合、简明。"可参赵克生:《修书、刻图与观礼:明代地方社会的家礼传播》,《中国史研究》2010 年第 1 期。

续表

收存类目	正德《明会典》出处	万历《明会典》出处
东宫衮冕	卷57《礼部十六·东宫冠服·衮冕》	卷60《冠服一·皇太子冠服（册宝附）》
东宫皮弁服	卷57《礼部十六·东宫冠服·皮弁服》	无
东宫妃礼服	卷57《礼部十六·东宫妃冠服·礼服》	无
亲王衮冕	卷57《礼部十六·亲王冠服·衮冕》	卷60《冠服一·亲王冠服（册宝附）》
亲王皮弁服	卷57《礼部十六·亲王冠服·皮弁服》	同上
亲王妃礼服	卷57《礼部十六·亲王妃冠服（公主同）·礼服》	卷60《冠服一·亲王妃冠服》
亲王妃常服	卷57《礼部十六·亲王妃冠服（公主同）·常服》	无
百官祭服	卷58《礼部十七·冠服·祭服》	卷61《冠服二·文武官冠服·祭服》
士庶巾服	卷58《礼部十七·冠服·士庶巾服（公使人等附）》	无
士庶妻冠服	卷58《礼部十七·冠服·士庶妻冠服（婢使人等附）》	无
乐人巾服	卷58《礼部十七·冠服·乐人巾服》	无
天子冠礼	卷60《礼部十九·冠礼·天子冠礼》	无
品官冠礼	卷63《礼部二十二·冠礼·品官冠礼》	无
天子纳后	无	卷67《婚礼一》
东宫纳妃	无	同上
品官纳妇	卷69《礼部二十八·婚礼五·品官纳妇》	无
庶人纳妇	卷69《礼部二十八·婚礼五·庶人纳妇》	无
品官丧礼	卷92《礼部五十一·丧礼三·品官丧礼》	无
庶人丧礼	卷93《礼部五十二·丧礼四·庶人丧礼》	无
旗纛	无	卷92《群祀二·旗纛》
祠堂制度	无	卷95《群祀五·品官家庙》

经考察两朝《会典》，正德《会典》收存《集礼》的基本格式是先标注"《明集礼》"，而后摘录具体规定。如卷57《礼部十六·东宫冠服·皮弁服》："《明集礼》：朔望朝、降诏、降香、进表、四夷朝贡朝觐，则服皮弁。"其收存《明集礼》者，凡军礼1，凶礼2，嘉礼4，冠服19。万历《会典》

收存《集礼》多以略摘《集礼》相关规定，并以"见《集礼》"标注，如卷60《冠服一·皇后冠服（册宝附）》："皇后受册、谒庙、朝会服礼服，燕居则常服（见《集礼》）。"其收存《明集礼》者，凡军礼1，吉礼2，嘉礼2，冠服11。至于两朝《会典》收存《集礼》的相同类目，如天子亲征、天子冠冕等，经比较各自征引文字，正德《会典》在形式上更为规范、全面，万历《会典》则稍为简略。就算正德《会典》没有收存的类目，如东宫纳妃之礼，万历《会典》虽有收存，但比较简略，如卷67《婚礼一》云："东宫纳妃。则先告庙。其详在《大明集礼》。"总的来说，《明会典》收存并直接指称《集礼》者并不为多，也不算详尽，究其原因，是《集礼》仍作为单行礼典施行并发挥效力。《会典》收存相关规定时，"具载《大明集礼》""见《集礼》"这样的标注，应是兼顾了《会典》编撰体例；考虑到《会典》的法律效力和地位，也可知征引《集礼》详略如何，并不影响《会典》通过征引而重申其礼典地位和作用。

前文提及，《明会典》有两个版本，一是弘治开修，正德颁行者，二是万历修订颁行者。前者一般称为正德《会典》，后者一般称为万历《会典》。《四库全书》中所收录的"《明会典》一百八十卷"，其实是正德《会典》。清修四库，缘何只采正德而不收万历者，近代以来如沈家本、孟森等有释疑之答，然未尽统一。[1]据四库馆臣为正德《会典》所作提要，其看法则是："万历四年又续修《会典》二百二十八卷。今皆未见其本，莫知存佚。殆以嘉靖时祀典太滥，万历时秕政孔多，不足为训，故世不甚传欤？"这里提到了嘉靖朝"祀典太滥"的问题，但后人所评价的"滥"，并不等于当时人也等同视之；谓其"世不甚传"，也只是站在书籍流通角度而言，即明亡后，万历《会典》刊刻传播不广、不周而已，绝非当时不行、不传。上文提及，嘉靖朝为明礼制损益一个重要阶段，如《明史·礼志》云："暨乎世宗，以制

---

1 可参原瑞琴：《大明会典版本考述》，《中国社会科学院研究生院学报》2011年第1期。

礼作乐自任。其更定之大者，如分祀天地，复朝日夕月于东西郊，罢二祖并配，以及祈谷大雩，享先蚕，祭圣师，易至圣先师号，皆能折衷于古。独其排众议，祔睿宗太庙跻武宗上，徇本生而违大统，以明察始而以丰昵终矣。当时将顺之臣，各为之说。今其存者，若《明伦大典》，则御制序文以行之；《祀仪成典》，则李时等奉敕而修；《郊祀考议》，则张孚敬所进者也。至《大明会典》，自孝宗朝集纂，其于礼制尤详。世宗、神宗时，数有增益，一代成宪，略具是焉。"《续通志·礼略》云："世宗定《明伦大典》，颇以制作礼乐为事。其时议礼，诸臣希旨苟容，未免为世诟厉。然所颁《嘉靖祀典》、《郊祀通典》，亦大有可甄录焉。"嘉靖朝重刊《集礼》并大议礼制，其重要性堪与洪武草创礼制时期比肩，因创制太多且独断风格明显，难免让人产生微词。但明代制定并可甄录的礼书，确以嘉靖朝居多。《明史·艺文志》"仪注类"所收57部书目，以"嘉靖间制式"最多，凡23部，分别是《御制忌祭或问》1卷；《祀仪成典》71卷；《嘉靖祀典》17卷；夏言等编《郊祀通典》27卷；张璁注说《乘舆冕服图说》1卷；张璁注说《武弁服制图说》1卷；张璁注说《玄端冠服图说》1卷；张璁注说《保和冠服图说》1卷；《圜丘方泽总图》2卷；《圜丘方泽祭器乐器图》2卷；《朝日夕月坛总图》2卷；《朝日夕月坛祭器乐器图》2卷；《神祇社稷雩坛总图》3卷；《太庙总图》1卷；《太庙供器祭器图》1卷；《大享殿图》1卷；《大享殿供器祭器图》1卷；《天寿山诸陵总图》1卷；《泰神殿图》1卷；《帝王庙总图》2卷；《皇史宬景神等殿图》2卷；《圆明阁阳雷轩殿宇图》1卷；《沙河行宫图》1卷。明黄虞稷《千顷堂书目·仪注类》除记载上述书目外，还收存嘉靖年间绘进的各类仪注图册式样。如《世宗尊上皇天上帝仪注》1卷；《大驾卤簿图》1册；《中宫卤簿图》1册；《仪仗图》3册；《东宫仪仗图》1册；《亲王仪仗图》1册；《东宫妃及公主郡主仪仗图》1册；《中宫以下及郡王冠服图式》1卷；《朝服图》1册；《献皇帝庙殿图》1卷；《大仙都等殿并旋坡台图样》1

卷;《大高玄等殿图》1卷;《皇穹宇崇雩坛神祇坛图样》1卷;《鼓楼图》1卷;《龙凤船方船四黄船图》1卷;《司设监图》4卷;《兵仗局图》5卷;《巾帽局图》4册;《针工局图四册》等。《四库全书总目提要·史部·政书类存目》"典礼之属"尚有世宗御撰《正孔子祀典说》1卷和礼部颁行《太庙敕议》1卷。

这些礼制成果,如何发挥作用,实际在嘉靖续修《会典》时就已明确:"在郊庙等项礼仪,凡奉今上增定者,以新仪立目。更定者,各载于旧仪之次","坛庙冠服仪仗等项制度,凡奉钦定而旧所未有者,各画为图,随类附入"(《嘉靖间续纂凡例》)。也就是说,嘉靖朝诸多礼典在当时是已编入《会典》,并要成为一代大法、万世章程的。可惜的是,《会典》编撰成书进呈世宗后却未予刊布。幸而,万历《会典》修撰时,对嘉靖朝礼制损益有较详备述。万历《会典·重修凡例》云:"礼仪以国初典制为定,后有损益者节书之,或止分注其下(如大丧礼之类)。其仪注同少异多者则别书之曰某年更定,或曰某年以后续定(如正旦冬至朝贺仪视学仪之类)。若郊祀等礼,嘉靖中虽已更定,仍载于旧仪之次(如合祀分祀之类)。有创举者以新仪立目(如大禘大享之类)。后已厘正者仍载其仪,而注其下曰今罢,或曰后罢。"万历《会典》涉及礼部职掌各卷卷首小序,亦对收存的嘉靖礼制多有交代,如卷43《朝贺》云:"国初朝贺等仪,多仍前代之旧。后乃斟酌繁简,定为中制,以颁示天下。具见《诸司职掌》。至嘉靖间,稍加更定。今备列之。首仪注、次乐章,而附沿革事例于后。"卷46《册立一》云:"册后之礼。洪武初,不预祭告,不特颁诏。永乐始举行,而嘉靖又详谒庙之仪。"卷60《冠服一》云:"国朝上下冠服皆损益前代之制,具载《大明集礼》及《职掌》。嘉靖初,又厘正衮冕及朝祭等服,而武弁、燕弁、保和、忠静等冠服特出创制。"卷60《冠服一·皇帝冕服·武弁服》云:"国初行亲征遣将礼则服武弁,乘革辂。其制未详,详定自嘉靖初年始。"卷72《宴礼》云:"宴有大宴、中宴、常宴、小宴。洪武永乐间两定。礼少异而乐半不同。至嘉靖间，有宫殿落成书成之宴。"卷81《祭祀通例》云："国初以郊庙社稷先农俱为大祀，后改先农及山川帝王孔子旗纛为中祀，诸神为小祀。嘉靖中，以朝日夕月天神地祇为中祀。"卷96《丧礼一》云："历朝大丧，首遗诏，次部议，而仪注事例附焉。宗藩及品官恤典，嘉靖、隆庆以来，数更条例。"这些载入《会典》的"备述"，既是"嘉靖祀典"在万历朝得以继承、施行之证，也是有明一代大经大法组成，正如当时大议礼的主角并参修《明伦大典》的张璁所言："今日嘉靖之礼，经纶天下之大经，立天下之大本者乎"[1]，又岂是后人一"滥"字能尽言之？

《明史》记载，崇祯十七年（1644年）正月，"庚子，李建泰自请措饷治兵讨贼（注：指李自成、张献忠），许之。乙卯，幸正阳门楼，饯李建泰出师"[2]。为了这次出征，崇祯连发三谕，一云：《大明集礼》中遣将授节钺告庙礼仪，著辅臣等看议妥确以闻。"二曰："遣将告庙礼，于本月二十六日寅时。遣驸马都尉万玮恭代，于太庙授节剑礼"。三言："二十六日卯时，行遣将礼毕，朕御正阳门楼，宴饯督辅李建泰，并召五府内阁京营六部都察院掌印官侍坐，鸿胪赞礼，御史纠仪，大汉将军侍卫，应用法驾、宴席、作乐，内外衙门预行整理，其护卫随从把守巡缉官军旗番，著厂卫京勇城捕等衙门酌拨。民棚接檐俱暂免拆卸，不许官役滋扰。"[3] 行礼后，崇祯在宴席上"手金卮亲酌建泰者三，即以赐之，乃出手敕曰'代朕亲征'。宴毕，内臣为披红簪花，用鼓乐导尚方剑而出。建泰顿首谢，且辞行，帝目送之。行数里，所乘肩舆忽折，众以为不祥"[4]。自洪武迄于是时，制定二百多年的《大明集礼》经历了它最后一次行用，也是至关生死的一次。出师以礼，遣将

1（明）张璁撰《太师张文忠公集》卷3《奏疏·进大礼要略》。

2《明史》卷24《庄烈帝本纪》。

3（清）佚名撰（痛史本）《崇祯长编》卷2，崇祯十七年（1644年）正月己酉。

4《明史》卷253《李建泰传》。

有仪，在礼乐之大统大道、大经大法上，可谓名正言顺。然兵败如山，是年明亡，《大明集礼》的命运亦如承担"代朕亲征"使命的李建泰和那副肩舆，折翼远兮，在风云交会之际永远走向历史。"我明一代之典，伯夷不能典，柱下不能述矣。夫礼贵因时，道沿人心，惟圣人能通其意，惟圣人能定其极。……我明而官天地，府万物，格上下，感鬼神，美矣善矣，无以复加矣。"郭正域在《皇明典礼志序》中的种种自豪感也随之无以复加而尽散矣。

综上，明礼制沿革，经历四个阶段，一是洪武至成化时期，其礼典体系由洪武朝开创的《存心录》《孝慈录》《洪武礼制》《礼仪定式》《大礼要议》《大明礼制》《洪武礼法》《礼制集要》《礼制节文》《太常集礼》《礼书》《稽古定制》《国朝制作》等构成，并以《大明集礼》作为核心制度。二是弘治、正德朝，由于《明会典》开修颁行，以《大明集礼》等作为代表的礼典被收存《会典》，在礼典体系方面形成两种形态：其一，以《大明集礼》等作为代表的洪武礼典仍独立存在施行；其二，附编入《会典》的礼典内容因《会典》的施行而得强化。三是嘉靖朝，由于"大议礼"的推动，《大明集礼》等代表的洪武礼典再次得以损益、重申，此时礼制的最大成就就是《大明集礼》的重刊及"大议礼"过程中形成的相关祀典。四是万历以后，随着《明会典》再次修订颁行，弘治、正德朝所形成的两种礼典体系形态得以终明而尽用。

5. 清之礼典体系

清人曾云："自唐季以迄明季，中历八百余年，风会变迁，文质屡易，制度有因有革，议论或驳或醇，方策所传，法戒具在。"[1]又云："自唐讫明，风会与世移易，古称议礼之家，纷如聚讼，矧时代迭更，阅八百余岁之久，其纯驳互见，文质异宜，殆亦更仆难数。"[2]清入关后，在《会典》、律令和礼制上皆"初循明旧"，因袭变创亦因时制宜。针对顺治即位后"衮冕未设，

1（清）嵇璜等撰《续通典》卷45《礼一》。

2（清）嵇璜等撰《续通志》卷111《礼略一》。

礼仪弗备"的现状，吏部都给事中孙承泽等上疏云："窃惟君主中国，号为一统者，以道德相承，制度尽美。其象天则地而著为治天下之大经大法者，乃五帝三王所创造，周公孔子所述□。是以一切衣冠章服之制、揖让拜跪之节，所以辨尊卑、昭等威，皆有至当不易之轨存焉，后世莫不循之则治，背之则乱，遵之则保有天下传之子孙，忽之则俗慢民偷至败坏也"，并请顺治"遵中夏礼仪，以昭开创宏规"，以除无礼之弊，以汉礼化满洲之俗。[1]顺治三年（1646年）六月，礼科给事中袁懋功也建言"取历代礼制，斟酌损益，编成一书，颁行天下"[2]。

顺治、康熙朝所定礼制，在康熙朝撰修《大清会典》时，基本上以"题准""定"等方式标注，载入《会典》礼部职掌中，成为先朝事例或本朝见行事例。如卷40中关于"元旦朝贺仪"规定有：顺治二年（1645年）定"元旦节前后七日，王以下文武各官朝服"。顺治十一年（1651年）题准"上元节前后三日，王以下文武各官俱朝服，不理刑名，不办事；遇有要务，仍办理"。关于"冬至朝贺仪"规定有："顺治八年题准：每年冬至节，上躬诣南郊祀天毕，还宫。次日行礼贺礼。皇上率皇后诣皇太后行礼毕，还宫。诸王以下文武群臣，上表庆贺行礼，及各省文武官员进表庆贺。一应仪注，俱与元旦同，不设筵宴。"关于"外官三大节庆贺仪"规定有顺治年间定"元旦冬至万寿节，在外直省文武大小各官，俱设香案，朝服，望阙行三跪九叩礼"。就康熙《会典》体例而言，其因官分类，以典为纲，其卷40至卷80为礼部职掌之事，实际上也是康熙朝的礼典汇编。考其所载类目，分别有：登基仪；元旦朝贺仪；冬至朝贺仪；万寿节朝贺仪；外官三大节庆贺仪；太皇太后三大节朝贺仪；皇太后宫三大节朝贺仪；皇后宫三大节朝贺仪；常朝仪；见朝辞朝谢息仪；内大臣侍卫随从仪；听政仪；外宫朝觐仪；朝门禁

---

1 参见《明清史料（甲编第一册）》，北京图书馆出版社，2008，第225页。
2 《清实录·顺治朝实录》卷26，顺治三年（1646年）六月丙寅。

例；上尊号徽号仪；尊封太妃仪；皇后册立仪；皇贵妃妃嫔册封仪；皇太子册立仪；诸王册立仪；公主等册立仪；王妃等册封仪；耕耤仪；视学仪；阙里讲书仪；经筵仪；日讲仪；东宫出阁讲学仪；东宫会讲日讲仪；策士仪；殿试；读卷；传胪；状元率诸进士上表谢恩；御新宫仪；巡幸仪；命将出征仪；凯旋仪；封爵；庆贺仪；回避仪；宗学；宗室旌表；仪仗；藩国礼；册封仪；迎诏仪；内外王公相见仪；京官回避仪；外官相见仪；官员仪从；官员命妇车；颁诏仪；领敕仪；进春仪、进书仪；进表笺仪。皇帝、皇后至官员士庶等冠服规定。大婚礼；亲王至官民等婚礼规定。祭祀通例、圜丘、方泽、朝日坛、夕月坛、祈谷、躬祷郊坛仪、大享殿合祀仪、社稷坛、神祇坛、太岁坛、躬祀岱宗仪等郊祀规定并附图式。庙号、时享、庆成灯、祫祭、升祔、荐谥号、奉先殿、陵寝、山陵躬亲仪、陵上常祭仪、忌辰、祭告仪等规定并附图式。历代帝王、先圣先师、先师孔子、释菜仪、阙里祀仪、祭周公仪、堂子、先农、先医、五祀、京都祀典、岳渎历代陵寝祀典、有司各祀典、王府庙祀等群祀规定。大丧仪、皇太后至品官、庶人丧仪；恩恤、丧服等规定，并附丧服总图、本宗九族五服正服图、妻为夫族服图、妾为家长族服图、出嫁女为本宗降服图、外亲服图、妻亲服图、三父八母服图等。还有日月食救护仪、祈祷雨雪、诸藩国朝贡礼、盛京礼部职掌诸祀等。从这些分类可见，康熙《会典》撰修时，清朝已基本按五礼次序汇编相关礼制。由此也可以说，康熙朝所制定的《大清会典》，是顺治、康熙朝礼制落实的体现和施行保证；也是《大清通礼》撰修前，清初礼典制度化、体系化的最重要手段。

　　清代礼典制度化、体系化的最终实现，是乾隆朝《大清通礼》的制定。据《清实录》记载，《大清通礼》始纂于乾隆元年（1736 年），时乾隆谕总理事务王大臣云："朕闻三代圣王，缘人情而制礼，依人性而作仪，所以总一海内，整齐万民，而防其淫佚，救其雕敝也。汉唐以后，虽粗备郊庙朝廷之仪，具其名物，藏于有司，时出而用之，虽缙绅学士皆未能通晓。至于间阎、车服、宫室、饮食、嫁娶、丧祭之纪，皆未尝辨其等威，议其度数。是以争为侈恣而耗败亦由之，将以化民成俗，其道无由。前代儒者，虽有《书仪》《家礼》等书，而仪节繁委，时异制殊，士大夫或可遵循，而难施于黎庶。"[1]制礼作乐，作为每一个王朝统治天下的必选项目，就其编纂起源而言，粗述前代礼制之不周，强调因时制礼也是每个王朝的规定动作，缺此也就失去王朝的正当性和合法性。这就是乾隆谕旨如同前朝一样，对为何制礼作乐要进行交代。前文论及，自明中后期以来，已出现独立存在之礼典与附编《会典》之礼典这两种形态。康熙朝已编撰《会典》，当中也存在较为制度化、体系化的礼典，但毕竟附编在《会典》中，并非独立成书，这无疑会有损制礼作乐的宏规。因此，编撰独立于《会典》之外的礼典，就成为现实的迫切需求，故乾隆又言："本朝《会典》所载，卷帙繁重，民间亦未易购藏。应萃集历代礼书，并本朝《会典》，将冠、婚、丧、祭一切仪制，斟酌损益，汇成一书，务期明白简易，俾士民易守。"[2]由此，可做出如此判断并接受相应的事实，即清初虽在各方面仿照前代制定了相关礼制，但缺乏统一汇编成果。自康熙朝撰修《会典》吸收清开国以来相关典礼并统归在《会典》礼部职掌中，礼典初步实现制度化、体系化。康熙《会典》中的礼典，实际承担了如唐之《开元》、明之《集礼》的功能，是康熙朝的"礼典""礼书"。而乾隆所要撰成之礼书，其参考之本、采辑之基，正是康熙《会典》。但以康熙《会典》为"礼书"，其实施困境，也如乾隆所言，由于"卷帙繁重"，民间不易购藏也不易守，客观上使得其功能发挥大打折扣。这种以《会典》代替礼典现象的终结，就是《大清通礼》的纂修，使得清代礼典真正脱离附编《会典》的形态而以独立成书的形式存在。

---

[1]《清实录·乾隆朝实录》卷2，乾隆元年（1736年）六月丙戌。
[2]《清实录·乾隆朝实录》卷2，乾隆元年（1736年）六月丙戌。

在编撰《大清通礼》过程中，乾隆对事关大体之礼一直保持关注，且多次下谕指示哪些内容应载入《通礼》。如乾隆二年（1737年）五月，定旗员亲丧母与吉礼后，其谕总理事务王大臣等云："遇有亲丧，例于持服百日之后，即入署办事。原以旗员人少，若令离任守制，恐致误公。而伊等在二十七月之内，仍各于私居持服，以自尽其心。惟是朝会祭祀之期，或有执事，或有陪祀之处，仍俱一体行走，未加分别，俾尽孝思。嗣后在京旗员，有亲丧者，二十七月之内，凡遇朝会祭祀之礼，应一概免其行走。现在礼部纂辑礼书。著将此旨交该馆载入，一体遵行。"[1] 乾隆四年（1739年）十二月，从大学士鄂尔泰等所奏，著命将"一切伤化耗财"之事，"汇奏饬禁，载入礼书"，以明纂修礼书兴孝悌而正风俗之宗旨。[2] 乾隆十六年（1751年）奏准，以旧典未备直省督抚接受时宪书之仪，命"酌定仪注，纂入《会典》、《通礼》，恭呈御览颁发遵行"[3]。此外，乾隆还对编撰细节问题多有留心，如乾隆九年（1744年）八月，以礼部所修礼书每次进呈俱有错误，谕内阁："该部专司典礼，而于职分内事，漠不经心"，"著将该堂官交部察议"[4]。是年十二月，又以礼书"汉文"部分屡有错误，下旨将礼部尚书任兰芝交部察议。[5] 经过二十余年编撰，来保等于乾隆二十一年（1756年）上进《大清通礼》50卷。是书"首吉礼，尊天祖也。次嘉礼，本人道也。次军礼，征伐大权也。次宾礼，柔远人也。次凶礼，以厚终也"[6]，依五礼次序编纂，有条不紊。又仿杜佑《开元礼纂》体例，"每一仪中，各就自然次序条分之。仪繁者，于每节之后书右某事别之。仪简者，于全文之末合书之，期于节目分明，以昭其辨"[7]。来保等也同样述及乾隆朝以《会典》难承担"礼典"重责，

---

1 《清实录·乾隆朝实录》卷43，乾隆二年（1737年）五月丁巳。
2 参见《清实录·乾隆朝实录》卷106，乾隆四年（1739年）十二月丙戌。
3 （清）允裪等撰《大清会典则例》卷62《礼部·仪制清吏司·授时》。
4 《清实录·乾隆朝实录》卷222，乾隆九年（1744年）八月丙午。
5 参见《清实录·乾隆朝实录》卷231，乾隆九年（1744年）十二月己巳。
6 （清）来保等撰《大清通礼》卷首，《凡例》。
7 （清）来保等撰《大清通礼》卷首，《凡例》。

而命纂修礼书的初衷："国朝掌故虽参覈靡遗，而《会典》全书，恐浩繁难读，爰精睿鉴，五礼兼该，用焕天章，一编是式，文成法立。"[1]《通礼》于乾隆二十四年（1759 年）刊颁，乾隆作序云："伊古承天之道，治人之情，莫善乎礼。顾其为用往往详于朝庙，略于乡闾。及考《仪礼》十七篇所纪，独多士礼。自后苍有推而达之之说，儒者奉为本经，其等差节度互见于《周官》《戴记》，然时有牴牾。朱子尝建议修通解，而未既厥业。信乎完书之难，而行典礼、观会通、章志贞、教经世者，所宜重也！经礼三百，曲礼三千，《会典》盖经礼之遗矩，而《通礼》亦曲礼之滥觞。朕临御之初，敕儒臣搜订前闻，折衷令甲，准时会之宜，衡质文之纪，厘为全帙，用诏方来。越岁己卯，排纂裁就，宁讵谓副在有司，执以苟事而已哉？盖尝深维大顺大同之化，初不越纳身轨物与天下共之焉耳。三代以下，汉称近古，观叔孙通之朝仪，公玉带之明堂，不过椎轮粗具。后此如唐《开元礼》、宋《太常因革礼》、元《通礼》、明《集礼》，取足征一朝掌故，迨承用日久，俗尚寖寻，精义远而敝劲随之，既苟简慢易，而无以称其情，甚且改错偭规，敢于侈汰而冒其上。故礼之通也，于是乎始难。六经之士，虽欲阐教正俗，然居下不获。如考亭《家礼》、涑水《书仪》，党塾间以为兔园陈策，其事不关功令。故礼之通也，于是乎尤难。是编也，约而赅，详而不缛，圭臬群经，羽翼《会典》，使家诵而户习之，于以达之人伦日用之间，兴孝悌而正风俗，则朕淑世牖民之意，或在斯乎！"[2]当时纂修四库的臣工亦将此书收入"典礼之属"，并赞云："首纪朝庙大典及钦颁仪式，其余五礼之序，悉准《周官》，而体例则依仿《仪礼》。惟载贵贱之等差，节目之先后，而不及其沿革；惟载器物之名数，陈设之方隅，而不及其形制。盖沿革具于《会典则例》，形制具于《礼器图式》，各有明文，足资考证，故不复述也。考《仪礼》古经

1　（清）来保等撰《大清通礼》卷首，《上大清通礼表》。
2　（清）来保等撰《大清通礼》卷首，《御制大清通礼序》。

残阙，诸儒所说，多自士礼上推于天子。且古今异制，后世断不能行。其一朝令典，今有传本者，惟《开元礼》、《政和五礼新仪》、《大金集礼》、《明集礼》。大抵意求详悉，转涉繁芜。以备掌故则有馀，不能尽见诸施行也。我皇上声律身度，典制修明，特命酌定此编，悬为令甲。自朝廷以迨于士庶，鸿纲细目，具有规程。事求其合宜，不拘泥于成迹；法求其可守，不夸饰以浮文。与前代礼书铺陈掌故，不切实用者迥殊。《记》曰礼从宜，又曰大礼必简。三代圣王，纳民轨物，其本义不过如斯。赐名曰《通礼》，信乎酌于古今而达于上下，为亿万年治世之范矣。"[1]至嘉庆八年（1803年），将此书刊刻重颁各省，嘉庆又为之序云："皇考高宗纯皇帝曾命臣工，萃集历代礼书，并本朝《会典》，将冠婚丧祭一切仪制，斟酌损益，定为《皇朝通礼》一书，实足为朝野率由之准。"[2]

　　通过这三篇盛赞《大清通礼》之辞，可得以下信息：其一，《大清通礼》作为独立成书的礼典是施之官民士庶、人伦日用的大经大法。其二，《通礼》循前代礼典体例，以五礼为序。其三，《通礼》被赋予"羽翼《会典》"之功能，共同承担"兴孝悌""正风俗"之责，即所谓"《会典》盖经礼之遗矩，而《通礼》亦曲礼之滥觞"。其四，《通礼》从宜从简，只备载仪注规定，不述沿革、不录图式，改由《会典则例》与《礼器图式》各司其职，即所谓"沿革具于《会典则例》，形制具于《礼器图式》"。这些信息，特别是《通礼》与《会典》《礼器图式》之关系，若参以编撰凡例所记，则更能得以明示。如凡例云："《通礼》与《会典》相为表里，谨遵谕旨，随同《会典》节次进呈，其间法古准今，咸秉圣明指示，以备万世率由。"乾隆撰修《通礼》时，也在撰修《会典》，《通礼》内容也随《会典》"节次进呈"乾隆裁定，这就是所谓二者"相为表里"，二者精神、内容高度统一才能实现大经大法

---

1 （清）永瑢、纪昀等撰《四库全书总目提要》卷82《史部三十八·政书类》。

2 《清实录·嘉庆朝实录》卷345，嘉庆二十三年（1818年）八月戊子。

的共建，也就是说《通礼》在参照康熙《会典》原载"礼典"基础上，与同时撰修的《会典》高度配合。故凡例又言："书中祭器、乐器、卤簿、军实之类，悉据礼部、兵部、太常寺、銮仪卫文册，参考经史，辨名、辨色、辨数、辨位与《会典》脗合，以昭信守。"这种"脗合"并不意味着《通礼》所载要与《会典》毫无二致，若如此，二者也就缺乏各自独立存在的必要。相反，如乾隆和四库馆臣所宣称的，《通礼》承担"羽翼《会典》"之功能，但二者又各有所司，这种所司也是二者"相为表里"的说明。对此，凡例又进一步解释："《通礼》所重在行礼仪节，详悉纪载，以便于遵循。至于舆服、器数，止载名物。若制度损益，已有专书专图者，概不重述。"又云："是书恭照《大清会典》叙载仪注，俾我国家万年遵守，通行所有。顺治、康熙、雍正三朝已行旧典，年月次第另详《会典》，兹不备载。"[1]这两点正是对何谓"沿革具于《会典则例》"，何谓"形制具于《礼器图式》"的最佳注脚。所云"专书""专图"就是《会典》《会典则例》与《礼器图式》三者，正由于此，《大清通礼》做到了"不重述""不备载"他书的专门内容，而专以谨详"行礼仪节"为重。

在撰修《会典》《则例》《图式》诸典时，臣工也在相关奏议或编撰凡例中反复交代其与《通礼》之关系。如乾隆《会典凡例》云："《会典》采取群书，折衷参定。凡列圣《实录》内有应登载者，皆从皇史宬敬谨钞录，以为全书纲领。他若吏部《品级考》；户部《赋役全书》、《漕运新书》、《关税则例》；礼部《礼书》、《学政全书》、《科场条例》……乐部《律吕正义》。"这里提到折衷参定的"礼部《礼书》"就是《大清通礼》。又云所取"诸书皆已刊刻颁行，祗备参考，无庸复载"，这也是对《通礼》专载仪注的印证。乾隆十三年（1748年），张廷玉等《会典》撰修官上奏云："《会典》所载，必经久常行之制。至各衙门事例，有递损递益，不可为典要者。远则三五年，

1（清）来保等撰《大清通礼》卷首，《凡例》。

近或一二年，必当变通。若尺寸不遗，一概登载，诚恐刊行未遍，更制已多，必有如圣谕所云纪载非实，一经指摘，不觉爽然者。国家大经大法，守之官司，布之朝野，百年以来，几经考订。我皇上履中蹈和，修明益备，应请总括纲领，载入《会典》。其中或间有疑似阙署，尚须斟酌者，则请旨裁折衷至，当以垂万世章程。若夫微文末义，缕晰条分，则吏兵二部各有则例，礼部见纂《通礼》；刑部旧有律例，皆可随时修改，以适于治。"[1] 也就是说，对总括纲领的《会典》而言，不必"尺寸不遗"，因此一些"微文末义"，如"礼部见纂《通礼》"就不需《会典》全文登载。相应一些礼志沿革损益事例，不为《会典》所收，也不存于专记仪注的《通礼》，而是具于《则例》中。这同样归功于张廷玉等人的提议："《会典》综治，法之大成，以示信从，与编年纪事之例迥异。旧本每遇大典礼，必胪序屡朝行事，即一事之更定，一节之沿流，亦必分年备书。诚有如圣谕所云，原议旧仪，连篇并载，反掩正文者。况自古治定制礼，皆积久而后备，后之所详，即前之所略。如按时代并纪，必致得失相形，及临事稽考，则又质文异宜，多少异数，本欲监于成宪，反致无所适从。臣等谨请裒集旧典所载，并取到各衙门册籍，通行校订，自本朝开国以来及见修《会典》告成以前，一应旧章新制，皆荟萃源流，斟酌详备，于朝庙典礼各定为一仪，于官司事例各定为一则，化参差之迹，成画一之规。书成以后，如间有因时损益之处，系畸零节目，止于则例内增改，即有关系大体段者，亦止刊补一二条，无须全书更动。庶几一劳永逸，以便遵循。"[2] 四库馆臣曾云："《会典》原本，以则例散附各条下，盖沿历代之旧体。至是乃各为编录，使一具政令之大纲，一备沿革之细目，互相经纬，条理益明。"[3] 乾隆撰修《会典》时，在《会典则例》为相关典礼之旧章新制定为一仪，并其荟萃源流，以减轻康熙《会典》旧仪

1（清）允裪等撰《大清会典则例》卷首。

2（清）允裪等撰《大清会典则例》卷首。

3（清）永瑢、纪昀等撰《四库全书总目提要》卷82《史部三十八·政书类》。

连篇并载，反掩正文之弊，这既是《会典则例》的新创，也是对其性质和功能的界定。这种定性不仅明确了《会典》《会典则例》涉及礼部职掌内容的修撰体例，也划分了其与《通礼》的编撰职责和功能。因此，这种新创所追求"一劳永逸，以便遵循"的效果，不仅及于《会典》与《会典则例》，也同样惠于《通礼》。作为"酌古宜今之精意，奉天法祖之鸿规"的《皇朝礼器图式》一书，则"宜准彝章，允符定则"，分祭器、仪器、冠服、乐器、卤簿和武备六类绘图明示，所承担的功能则是以图合一代朝章法物之详。如福隆安等在校勘完毕后上表云："惟我皇上道协大中，功隆耆定……以万几之暇，特申五礼之司，酌百王损益之经，成一代昭明之典，本礼家之精意，彰治世之鸿规，永垂方策之文，宜有图书之纪。"[1]

乾隆朝追求大典章、大制作不仅是政治风气，也是统治者对治国理政的自信体现。在此，就《大清通礼》与乾隆朝《大清会典》等大典章、大制作之关系略作讨论。乾隆时命儒臣撰修《续通典》《续通志》《续文献通考》以记前朝典章制度；又以本朝典章文武，迈越前代，不应附载此三《续》，故又命撰修《皇朝通典》《皇朝通志》《皇朝文献通考》三者，以记清开国以来至乾隆年间文物声华。这些备述历代和当朝典章制度的大典章、大制作，也同样将《大清通礼》编入其间，以显乾隆朝文治武功之粲然可观。如《皇朝通典·凡例》云："杜佑《通典》八门，由《食货》以讫《边防》本末，次第具有条理，《续通典》因之。我朝制度典章，因革损益，尽美尽善，载在《大清会典》者，实有以酌时会之宜，立质文之准。若礼制则有《大清通礼》、《皇朝礼器图式》。乐制则有《圣祖御制律吕正义》、《皇上御制律吕正义后编》。……诸书煌煌乎，经国之良模，足以垂宪万世。今宜以类编次。至于八旗则例、各部院则例及诸家著述，亦并广为甄采，与要提纲，务期简

而不遗，核而不宂，庶足勒为成书，传示永久。"[1]时纂修史臣云："杜佑《通典》首载历代沿革礼于前，次为《开元礼纂》于后，诚以经制文章与仪节度数，并相辅以行也。钦惟我朝圣圣相承，重熙累治，规模隆盛，载在册府，垂法万世，有《大清会典则例》以详其制度，有《皇朝礼器图式》以著其形模，悉经睿裁订定，损益折衷，至为赅备。至于仪文秩序，条理灿然，则《大清通礼》一书，准彝章而垂定式，并非前代礼书所能及其万一焉。谨考典文次第，纂纪为《皇朝礼典》二十二卷，凡五礼序次条目，于杜《典》并有更定增删，各于本门加案声明，其仪注悉以《通礼》为准云。"[2]所云"礼典"22卷，即《通典》卷41至卷62，以五礼为序所凝缩的《大清通礼》；同时又设《乐典》五卷，以备礼乐共盛之事。也就是说，清人仿杜佑《通典》而修本朝《通典》，其"礼典"部分，是以《大清集礼》为主体和标准的。这种以《大清通礼》为准的编撰体例同样反映在《皇朝通志》编撰中。如《通志》撰修史臣云："自古帝王经国治世之典，莫大于礼。礼也者，事神理人，班朝治军，由仁孝诚敬之思，以达于尽伦尽制之实，治法所由大备也。自有虞氏命典三礼，成周始有吉凶军宾嘉五礼之目，汉唐以来，规制略存，未臻大备，秉笔纪载者，亦无由上媲隆古之规洪。惟我皇朝圣圣相承，监古定制，典章鸿懿，超越万代，皇上中和建极，兼综条贯，自郊庙百神之祀，朝觐燕飨之仪，阅武训戎之政，柔远安藩之略，以至慎终追远之典，皆本圣神之极思，创制颙庸，尽美尽善。其仪节之精详已载于《大清会典》《大清通礼》中。兹纂辑《皇朝通志·礼略》，惟谨绎规制之大者，仿郑樵《通志》体例登于卷中，谨考郑樵《礼略》以吉嘉宾军凶为序，而所载皆汉唐以后之弥文，如吉礼之明堂、灵星、老君祠、封禅；历代所尚苇茭、桃梗、高禖、袚禊诸条；嘉礼之三老五更；宾礼之三恪二王后；军礼之軷祭、

1（清）嵇璜等撰《皇朝通典·凡例》。
2（清）嵇璜等撰《清朝通典》卷41《礼一》。

祭马祖；凶礼之天子为大臣服，至郡县吏为守令服诸条，皆一时所行之制，不足垂为定范。兹谨遵《大清通礼》成式，五礼首吉次嘉次军次宾次凶。凡诸治神人而和邦国，定损益而酌古今，宏纲巨目，皆前代未有之隆仪，为百王之矩范，而于郑《志》诸目之庳陋无稽，为圣朝已经裁革者，则皆删去其目，并随条加按声明，以示大经大法之所为立极，并以志体例之所由来焉。"[1]在《大清通礼》体例思想指导下，《通志》仿郑樵《通志》撰成《礼略》12卷；又设《谥法略》八卷、《器服略》六卷、《乐略》二卷等。相较于《皇朝通典》，《皇朝通志》对参考《大清通礼》修撰，"准彝章而垂定式"的思想和体例直言不讳。如《礼略》吉礼篇云："我朝列圣以来，厘定祭典，精禋俨恪，超越万古。自南郊、北郊、太社、太稷，以至于天神地祇之祀，太庙、祫祭、时享以及于历代帝王、先师孔子、群神之典彝章明，备著于《大清会典》、《大清通礼》，谨依次叙载述为吉礼六卷。其郑《志》所有诸条，本朝已经厘正者，谨随条附述案语于后，以见尽善尽美之极制焉。"[2]嘉礼篇云："我朝自崇德元年以元旦、冬至、万寿圣节，定为三大节朝贺之礼。顺治元年定皇太后三大节礼仪并为万世遵行。谨序列于篇首，次以常朝、御门、听政、经筵、临雍。诸大典仪节详备并见《大清通礼》。兹惟恭载列朝定制之大者著于篇中。"[3]军礼篇云："郑樵《通志》列军礼于宾礼之后，恭查军礼中有天子亲征大阅大狩诸大典，不应后于宾礼，兹谨遵《大清通礼》次第序于宾礼之前。"[4]宾礼篇云："我国家声教暨讫，四荒来宾，徼外山海，诸国典之礼部百余年来敕封燕赉诸典仪文详洽，爰遵《大清通礼》之例，辑为宾礼。"[5]凶礼篇云："恭惟我朝以纯孝治天下，列圣列后大事，定行三年之丧，一切礼仪，斟酌古今，慎重赅备，历稽古昔，未有若斯之尽礼尽哀者。

1（清）嵇璜等撰《清朝通志》卷 36《礼略一》。

2（清）嵇璜等撰《清朝通志》卷 36《礼略一·吉礼一》。

3（清）嵇璜等撰《清朝通志》卷 42《礼略七·嘉礼一》。

4（清）嵇璜等撰《清朝通志》卷 44《礼略九·军礼一》。

5（清）嵇璜等撰《清朝通志》卷 46《礼略十一·宾礼》。

谨依《会典》、《通礼》所载，序列圣大丧仪，列后大丧仪，而皇贵妃以下丧仪、皇子以下丧仪，以次序列。至服制之设，通行于天下者，诚为尽伦尽制，经常不易之恒典，谨附著于篇末以昭成法焉。"[1]

综上，同时期的这些大典章、大制作，以《大清通礼》为撰修准的，不仅扩大《通礼》的影响，传播其施行效力；更是推崇《通礼》作为"尽善尽美之极制""尽伦尽制之恒典"，是足以传示永久、经常不易的大经大法。乾隆四十三年（1778 年），太和殿策试制中提及：《会典》《通礼》皆"所以别贵贱，辨等威，防奢僭。"[2] 这正是礼所承担的功能，也是礼典价值所在。由此可见，备载五礼仪注规定的《大清通礼》，总括礼制纲领的《大清会典》，详记礼制沿革的《大清会典则例》，具录形制的《皇朝礼器图式》四大部分，以及专纪爱新觉罗姓享祀遗风、彰其崇德报功之礼，而与"《大清通礼》相辅而行，弥昭美备"[3]，"用彰圣朝之令典"的"国俗特殊之祀典"《满洲祭神祭天典礼》，共同构成了乾隆朝礼典体系的主体。[4]

前文提及，嘉庆八年（1803 年）重颁《通礼》与各省，"俾士民共识遵循，用昭法守"[5]。《清实录》还有一条史料值得注意：嘉庆二十五年（1820 年）七月，"礼部奏纂办《通礼条例》折内，将绮春园误写漪春园。穆克登额等，供职外廷，于御园之名，或可诿为不知。黄钺缮写御制诗章，于题咏绮春园篇什，素所习见，乃折内讹字未经看出，亦属疏忽。黄钺著罚俸半年，吴信中著罚俸一年，以示薄惩。"[6] 据此可查，礼部官员曾上奏"纂办《通礼条例》"，这个"条例"恐怕是将涉及《通礼》的一些现行事例纂集成

1（清）嵇璜等撰《清朝通志》卷 47《礼略十二·凶礼》。

2《清实录·乾隆朝实录》卷 1055，乾隆四十三年（1778 年）四月辛亥。

3（清）允禄等撰《钦定满洲祭神祭天典礼》卷首。

4 参见（清）永瑢、纪昀等撰《四库全书总目提要》卷 82《史部三十八·政书类》。《清史稿·礼志》。

5《清实录·嘉庆朝实录》卷 345，嘉庆二十三年（1818 年）八月戊子。

6《清实录·嘉庆朝实录》卷 373，嘉庆二十五年（1820 年）七月己巳。

书，其结果如何，《清实录》并无记载。[1]但作为羽翼《通礼》，确保其实施的相关则例，除乾隆《会典则例》、嘉庆《会典事例》和《会典图》外，还有自乾隆以来基本沿袭十年一修传统编撰的《礼部则例》。不仅如此，乾隆、嘉庆朝还撰有《国朝宫史》及《续编》，皆设《典礼》专章，备著"内廷仪节、规制、冠服、舆卫之节"，以为"万万世遵循之本"[2]。而记康熙、乾隆朝典礼者，尚有《万寿盛典》《南巡盛典》《八旬万寿盛典》等，虽不免虚文，为当时自用自专之典礼，但修四库时皆归入政书类仪制之属。这些"典盛礼崇"之书，同样是清代礼典体系的组成部分。

道光朝，礼部尚书穆克登额等将《大清通礼》再行续纂，于道光四年（1824年）编成54卷刊颁，并沿用至清末。道光在序中不仅追述了乾隆创制和嘉庆修辑此大典之功，在乾嘉理学的影响下，更提出"夫礼者理也，千古所不易之经"的观念；同时一再申明因时损益的制礼宗旨，其云《通礼》名之为"通"，即"同也"，是"古今民共贯之义"，但"历时久而其间有因者，即不能无损与益。要之斟酌损益之中，正所以善厥因也"，"顾行之数十年来，或时事异宜，或质文异用。虽大经大法，固已酌古今而定厥中，而尽制尽伦，有当观会通以神其变"。因此，"会通"于时，是遵循"礼之时义大矣"，经纬乎天地，综贯乎人伦之道。[3]据《道光朝实录》记载，其时"会通"损益主要增辑祭堂子典礼[4]、增载皇太后万寿圣节[5]、增奉恩将军纳币之礼[6]、更

1　按，《清实录·乾隆朝实录》卷75，乾隆三年（1738年）八月丙申条记载："吏部议覆监察御史陈豫朋奏称，吏户两部，档案繁多，请开馆纂辑成书。其礼工两部事宜，亦请增辑。查吏部则例，原系归并律例馆修辑，所有新增条例，仍请附律例馆汇集成书。礼部现开礼书馆，一切更定条例，即在礼书馆一体编辑，均毋庸开馆。"这里也提到"礼部现开礼书馆，一切更定条例，即在礼书馆一体编辑"云云，乾隆朝礼部的"条例"和上文提到的嘉庆"通礼条例"，恐怕就是当时礼部撰修的《礼部则例》。

2　（清）永瑢、纪昀等撰《四库全书总目提要》卷82《史部三十八·政书类》。

3　参见《清实录·道光朝实录》卷72，道光四年（1824年）八月庚午。

4　参见《清实录·道光朝实录》卷68，道光四年（1824年）五月甲戌。

5　参见《清实录·道光朝实录》卷68，道光四年（1824年）五月甲戌。

6　参见《清实录·道光朝实录》卷71，道光四年（1824年）闰七月癸卯。

定镇国将军以下谕祭礼[1]、酌修服制[2]等五方面规定。

这种以礼时为大的"会通",并未改变明以来《会典》和礼书等大典章、大制作因卷数繁多,士民难以购览所带来的循用之困。因此,采辑便民条款或求购求颁礼书的风气也依然延续。如道光年间,湖广总督吴荣光云:"国家制作大备,垂二百年,同轨同伦,而荒陬辟壤于冠婚丧祭之礼,尚有沿前明之旧,徇时俗之陋者。盖以官民礼制具载《大清会典》,而卷帙浩繁,不能家有其书,以为率循之准。道光四年增辑《大清通礼》,颁发直省刊刻,流布八年,复命内外各衙门将民间应用服饰及婚丧仪制,查照《会典》刊刻,简明条规,务使家喻户晓,则有所率循矣。然条教之式,或久而辄忘,《通礼》全书,或读而未能全会。"故取《会典》、《通礼》、刑部《律例》、五部《则例》、《学政全书》等书"于人心风俗之所关,政教伦常之众者",于道光十二年(1832年)编成《吾学录初编》。[3]道光十八年(1838年),江苏按察使裕谦针对丧葬踰制,荡礼忘哀的现象,提出:"《通礼》颁自朝廷,官民悉应遵守。嗣后务各捐除旧染,依礼而行。凡礼所不载者,毋或妄增益。"[4]咸丰元年(1851年),安徽通政使罗惇衍上崇俭禁奢疏云:"谨案《大清会典》及《事例》、《图说》,为书一千一百三十二卷,成于嘉庆二十三年。《大清通礼》,为书五十四卷,成于道光四年。皇朝典礼,备载二书。第卷帙浩繁,非民间所能备有。虽道光八年,曾命内外各衙门,将民间应用服饰及婚丧仪制,查照《会典》刊刻简明规条,使百姓知所恪守。乃有司未能奉行,故凡典礼之切于日用伦常者,皆无以率循不越。相应请旨敕下礼部,就《会典》、《通礼》二书,撮其简约常行者,以为条教之式,俾海内臣庶,皆可家喻户晓,必期于革奢而反俭,是诚今日救时之急务也。不然,官民无所

---

1 参见《清实录·道光朝实录》卷71,道光四年(1824年)闰七月癸卯。

2 参见《清实录·道光朝实录》卷70,道光四年(1824年)七月己卯。

3 参见(清)吴荣光撰《吾学录初编·自叙》。

4 (清)余治编《得一录》卷15之四《裕中丞示谕》。

法守，则习俗相沿，奢侈益甚。贤者且不能免，而况庸近无识者乎。"[1]《大清通礼》施行不力的状况，不仅为上层官员所重视，也引起下层士民的关注，如湖南常宁诸生李德骞论士庶婚丧遵礼制正俗议中表达了这样的忧心："《大清通礼》酌古准今，于品官礼外更制庶士礼庶民礼，俾家家知礼而讲之，人人循礼而行之，典尽善矣。但藏在官府，民间罕见。故闾里虽穷，而奢风究莫能挽，等威未辨而僭分，实不自知。其有志世道者，援《仪礼》《书仪》、《家礼》诸书，欲以矫时，而未免反古。兹议谨遵《大清通礼》及《大清会典》、《大清律例》所制士庶之婚丧，以正邑俗之僭侈。庶几率由有准，而民德归厚民俗还云。"[2]学者王墰针对当时书院教习状况提出："窃谓《钦定大清通礼》，宜（书院）每生各给一部，其中士庶人礼有未备，更增补之，使冠昏丧祭，依此而行。凡贫不能如礼者听之，富而过于礼者罚之，士不遵礼者教官责之。盖使为士者心术正，品行端，学问博，礼节娴。以之入仕，则官方必肃。以之化民，则观感必速。善政善教，道无有过于此者矣。之二者，富教之大端，当今之急务也。"[3]

同光二朝，思想、器物渐革，内外交困之下也仿佛"中兴""新政"之象。彼时革新礼典，亦成振兴世风、维持礼教所寄之厚望。同治二年（1864年），给事中王宪成奏称："各直省府厅州县两庑先贤先儒位次，每多陵躐，并有奉旨准从祀者，神牌尚未敬制入庙"，请将祀典次序绘图颁发各直省督抚学政，并转饬府厅州县遵照办理；如有神牌未经制造入庙者，应迅造供奉。礼部议覆云："遵查两庑位次。乾隆十八年曾经厘定，载在《会典》、《通礼》诸书。嗣后先贤中增祀公孙侨、公明仪二人，拟移公孙侨为东庑第一位，在林放之前。蘧瑗为西庑第一位，在澹台灭明之前。牧皮为东庑第三十五位，公明仪为西庑第三十五位。其余先贤位次，悉仍其旧。先儒增祀

1（清）盛康编《皇朝经世文续编》卷74《礼政十四·正俗·风俗篇四·（罗惇衍）请崇俭禁奢疏》。

2（清）葛士浚编《皇朝经世文续编》卷61《礼政十二·正俗·（李德骞）士庶婚丧遵礼制正俗议》。

3（清）盛康编《皇朝经世文续编》卷12《治体五·治法上·（王墰）富教论》。

者凡十五人，拟合原定从祀之儒，各就时代，按其生年，一东一西，以次排列，俾免陵躐之弊。谨缮单绘图，恭呈钦定，刊刻颁发各直省谨遵办理。"时从所议施行。[1] 这是道光续纂后，《大清通礼》又一次重要修订，重新厘定了先贤先儒祀典次序，增公孙侨、公明仪二人入祀，并将重刊祀图颁发地方遵办。

光绪元年（1875 年）六月，以易俗移风，礼教为重，维持风教尤宜讲求，下谕著礼部将《会典》《通礼》"有关民间吉凶礼节者，刊布通行，以资法守"，"庶几振兴士气风。朝廷实有厚望焉"[2]。随后礼部即遵办查照，详择当中"婚丧冠服各事宜之最切于官民者"，掇其大要，缮写清单恭呈，议奏颁发。[3] 此次所定婚丧冠服之礼制事宜凡 19 条，是由道光、咸丰年间地方或个人采辑《通礼》之举，变成了国家之行为，其效力、地位、性质当上升至最高层次。这 19 条礼制事宜，参照《通礼》者有 6，参照《会典》者13，婚礼者 3，丧礼者 5 者，冠服者 11。从冠服方面规定居多来看，当时定制重点是在防僭越。故在此 19 条礼制事宜颁行不久，同年十一月，御史梅启熙仍就相关问题请旨"严杜僭越"，光绪亦下旨重申 19 条礼制，云："前谕礼部将《会典》、《通礼》内，有关民间吉凶礼节者，刊布通行。特恐民间狃于积习，仍复奢侈相沿，僭礼越分，漫无限制。著各省督抚及府尹等，即将该部前颁各条，通行晓谕，实力奉行。俾闾里咸知品节，其有任意僭越者，该地方官即行禁止，以昭崇俭去奢之意。"[4] 至光绪十年（1884 年）十二月，又谕军机大臣等，以御史汪鉴奏请"申明礼制以顺人情"一折，著礼部议奏。[5] 在此期间，清廷开始了最后一次《会典》续纂工作。此项工作的开

---

1 参见《清实录·同治朝实录》卷 64，同治二年（1864 年）四月甲午。

2《清实录·光绪朝实录》卷 11，光绪元年（1875 年）六月戊辰。

3 参见（清）盛康编《皇朝经世文续编》卷 74《礼政十·正俗·风俗篇四·（礼部）议奏颁发婚丧冠服典礼规条》。

4《清实录·光绪朝实录》卷 21，光绪元年（1875 年）十一月乙未。

5 参见《清实录·光绪朝实录》卷 199，光绪十年（1884 年）十二月壬申。

展，无疑会再次将《通礼》及嘉庆以来题准、议准的礼制作为纂修基础，同时涉及《通礼》与《会典》《会典事例》《会典图》之间的关系和各自承担的功能。李鸿章等在光绪十二年（1886 年）就续纂《会典》一事上表云："体例宜由旧也。谨案《会典》经高宗纯皇帝指授儒臣亲加订正，以典为经，以例为纬，详略有体，矩细毕张。……嘉庆六年，续修《会典》遵照办理。此次续修，应即遵上届体例。凡庙朝典礼、官司职掌，皆据现在所行直书于典，其严格损益详著于例。导流溯源，述而不作之义也。"[1] 纂修之事，于光绪二十五年（1899 年）功毕，成《会典》100 卷，《事例》1 220 卷，《图》270 卷，这样的模式，延续了乾隆，特别是嘉庆以来五礼仪注规定备载于《大清通礼》，礼制纲领总括于《大清会典》，礼制沿革详记于《大清会典事例》，形制于具录《大清会典图》《皇朝礼器图式》的礼典体系。在此，主要述及光绪朝续纂《会典图》时涉及礼、冠服等内容的增载情况。据续纂凡例所称，其时续修"遵照上届图书分编之例，纂成七门，曰礼曰乐曰冠服曰舆卫曰武备曰天文曰舆地。斟酌损益，依类系属，编次井然，庶以昭皇朝制度文明之盛"[2]。这说明续纂之《图》，内容依然包括"礼"之部分，性质上也属于仪注的形象描绘和施行参照辅助。但自嘉庆续修以来，《会典》及《事例》《图》的编纂都没有接续，因此，光绪朝续纂有一个重要任务即是增载嘉庆《会典》所不备者。以"礼门"为例。嘉庆《会典图》以《礼制》居首，凡卷 22，为图 182。光绪时据《通礼》《礼部则例》《大清律例》等辑补总目，其原标题"礼制"，则据《文献通考》之例，改用"礼"字为总目，并分祀典、祭器、彝器、朝会、燕飨、服制六个子目。新增 59 图，加之旧图，共有 241 图，卷目亦括至 30 卷。其中祭器、彝器两子目，在嘉庆《会典图》属独立之门，光绪时以二者属典礼之事，皆坛庙中用之，故一并归入"礼"门。

1（清）崑冈等续修：光绪朝《大清会典事例》卷首《奏折》。

2（清）崑冈等撰《大清会典图》卷首《凡例》。

又以嘉庆《会典图》凡坛庙及位次、陈设三者，各以类从，因此位次、陈设略备，但坛庙尚多阙遗，故改每坛庙一图，即次以位次一图、陈设一图。服制方面，则以嘉庆《会典图》未具服制图，故补图于服制沿革。其中，三父八母图，据《钦定仪礼义疏》补；为后者为其本族服图，据《钦定仪礼义疏》增。[1] 以"冠服门"为例。嘉庆《会典》原有冠服 1 门，凡卷 10，图162，光绪时仍其总目而分礼服、吉服、常服、行服、雨服五个子目。又以嘉庆《会典》原图未恭载皇太后、皇子及皇子福晋冠服，但《钦定皇朝礼器图式》及《钦定皇朝通典》《通考》均有备载，故遵此诸例增纂。又以嘉庆《会典》原图惟皇帝夏朝冠、皇后冬朝冠，正背面皆绘，其余只绘正面一图，现依《钦定礼器图式》多两面全绘之例增补。又以嘉庆《会典》于同一冠而珠数有多寡，凤翟有珠，异同一服，而龙蟒形制有差别者多附见一图，现皆分别增绘。又以嘉庆《会典》原图刻印多有失真，故取各书参考修正讹误。冠服一门，凡增图 126，并旧图共计 288，总成 20 卷。[2] 以"舆卫门"为例。嘉庆《会典》舆卫图，先载皇帝卤簿，次载皇后仪驾及皇贵妃以下仪仗采杖。经查照《皇朝礼器图式》《皇朝通典》《通考》等均载有皇太后仪驾一项，遵此例增载皇太后仪驾于皇后前。其制殊者则分两图制，同者则并为一图。[3]

就单纯典章编纂技术而言，光绪朝《会典》《事例》《会典图》的成书可称为"中兴"之举；但在历史潮流中，其间礼制损益并非真正"新政"。尽管如此，清廷仍把制礼作乐视为治政之大道大本，不忘本朝列圣修明礼制的初心。特别是在《会典》《事例》《会典图》相继告竣情况下，重修《通礼》也开始提上日程，同时试图配合真正的"新政"潮流。光绪三十三年（1907年）六月，谕内阁云："安上治民，莫善于礼。我朝列圣，皆以修明礼教为先。乾隆、道光年间，迭经纂修《通礼》，海内遵行。现在学礼，军礼宾礼，

---

1 参见（清）崑冈等撰《大清会典图》卷首《奏折·光绪二十三年十二月十五日附片》。
2 参见（清）崑冈等撰《大清会典图》卷首《奏折·光绪二十三年十二月十五日附片》。
3 参见（清）崑冈等撰《大清会典图》卷首《奏折·光绪二十四年七月初十日附片》。

既应因时制宜，即民间丧祭、冠婚、器物、舆服，亦应一律厘正。前据礼部奏设礼学馆，兹据将筹议办法，开单呈览，著即照所拟行。该部堂官，务当董率在馆人员，参酌古今，询查民俗，折衷至当，奏请颁行。俾人人共纳于轨物之中，庶期经正民兴，用副朝廷豫备立宪之至意。"[1]时年九月，又谕："礼教为风化所关，刑律为纲纪所系。满汉沿袭旧俗，如服官守制以及刑罚轻重，间有参差，殊不足昭画一。除宗室未有定制外，著礼部暨修订法律大臣，议定满汉通行礼制、刑律。请旨施行。俾率土臣民，咸知遵守，用彰一道同风之治。"[2]于是观之，当时修纂《通礼》，大有与潮流接轨，共襄立宪盛举之势，然而这种"用副朝廷豫备立宪"的意图，并不能真正实现。光绪三十四年（1908年）五月，御史史履晋奏请礼学馆宜专派大臣管理，并与法律馆汇同商订，"以维礼教而正人心"。但结果令人失望，经政务处议定："古人制治，以礼为本，以刑法为末。其范围不同，其条目亦异。所请会同法律大臣商订一节，似多窒碍。惟有责成礼部博访通儒，妥慎修订。毋庸另派大臣管理。"[3]《清史稿·礼志》记载："德宗季叶，设礼学馆，博选耆儒，将有所缀述。大例主用《通礼》，仿江永《礼书》例，增曲礼一目。又仿宋《太常因革礼》例，增废礼、新礼二目，附后简。未及编订，而政变作矣。"礼、律本末之别，礼制、宪政东西之异，使得续修《通礼》无疾而终；未行改革之礼制，最终又成为修律与宪政的"窒碍"。但这种"窒碍"反而使得礼教、宪政两派对《通礼》一事更为热心，也成为推行和维护各自政治观点的一个有力手段。如康有为在《万木草堂学规》关于"补六艺之学"中提出："冠昏丧纪，闭门之礼，并以时讲习。以《大清会典》、《大清通礼》为据。其时俗通用，不求变俗，则酌从焉。若夫仪礼，可编成仪注以习之。"谭嗣同在《湖南不足会嫁娶章程》第七条中亦提出"婚姻之礼久矣废。绝古礼既不适

---

1 《清实录·光绪朝实录》卷 575，光绪三十三年（1907年）六月辛酉。
2 《清实录·光绪朝实录》卷 579，光绪三十三年（1907年）九月辛卯。
3 《清实录·光绪朝实录》卷 592，光绪三十四年（1908年）五月癸卯。

于今，能依《大清通礼》，固亦可矣。有时不能不从俗从宜，总择其简便者用之"云云。梁启超在论科举时提出设立"格《通礼》一科"，"以能读皇朝《三通》、《大清会典》、《大清通礼》，谙习掌故者为及格"云云。[1]

宣统元年（1909年）闰二月，礼部以"现当豫备立宪，满汉服制一事，尤为伦纪攸关，自应统归画一"，又议著礼学馆编订"一切丧服事宜"。随后制定了京外满汉文职人员丁忧章程十一条和武职丁忧人员章程十二条。[2] 同月，清廷在修礼问题上做出最后一次"挣扎"，拟定了续修《通礼》的十九条凡例和具体要求。（见表2-7）[3]

表2-7　　　　　　　　　宣统改革《大清通礼》十九条凡例表

序号	具体要求
1	修礼以《通礼》为主体，有因革损益者，则于篇末加以后案说明。
2	此前《通礼》详载朝庙之礼，而略于士庶，又不载图说。此次续修，强调加详"民礼"，并在五礼外增设"曲礼"一门。遵照《会典则例》和新修法律宪法，将属于民事之轨物法度者斟酌厘订，其敝俗有亟宜裁革者，纂辑各家正俗之说附后，并载明《礼器图》《丧服图》等。
3	修礼中如遇疑义，非纂修者所能擅拟者，应具奏请旨定夺。
4	吉礼之宾兴释褐和嘉礼之乡会试燕诸礼，因科举已停，故不再复载，而归为"废礼"。外务部奏定之宾礼，陆军部奏定之军礼，学部奏定之学礼，皆因时制宜之制，归为"新礼"。凡增设废礼、新礼篇目，各自为卷，附在《通礼》后。
5	乾隆与道光时所修《通礼》，各有疏误抵牾之处，应悉详加校正。
6	道光《通礼》多依据古制，然于今不合或引据未确者，皆当更正。
7	因光绪三十二年（1906年）已厘定官制，各衙门、官名多有改称，续修时应改书见在官名，并附注原作某官，以备稽考。
8	依《会典》《皇朝通典》等补载大内祭神之礼。
9	乾隆、道光《通礼》无皇帝东巡阙里春秋释奠之礼，并行补阙，编入阙里祗告之后。
10	将道光四年（1824年）修定《通礼》以后，各省奉旨建立名臣忠节诸臣专祠春秋致祭并载在祀典者，编入吉礼。
11	直省专祠之祭，道光《通礼》时增至四十四神，或无姓名或有姓无名，应详查始末，并厘正不经之祀。

---

1 参见梁启超撰《变法通议·论科举》，《饮冰室合集》文集之一，中华书局，1989，第29页。
2 参见《宣统朝政纪》卷9，宣统元年（1909年）闰二月甲申。
3 参见《宣统朝政纪》卷9，宣统元年（1909年）闰二月甲申。

续表

序号	具体要求
12	遵《通礼》载圆明园绮春园朝贺礼之例,将光绪年皇帝万寿、皇太后万寿大庆,遇驻跸颐和园,举行朝贺筵燕典礼增载。
13	拟稽度古礼,寻绎祖宗给予及岁王公宗室冠顶之意,补冠礼一项。
14	现行官制与《会典》多有不符,应补《会典》所未备,厘正现行相见礼。
15	以乡饮为满汉通行礼节,并详载备述,以明典礼所在,满汉无分畛域,不宜偏废。
16	原《通礼》载列圣列后忌辰于吉礼陵寝篇内,非祖宗追孝之意,应将列圣列后忌辰以及皇帝皇后以次谒奠陵寝诸篇,移至丧礼大丧篇之后。
17	应定毋论满汉官员士庶,均为父母持服三年之制;服官无论京外均离任终制,以厚风俗,化除满汉畛域。
18	于丧礼内增入五服灵礼图。
19	待《通礼》续修成书后,将关涉士庶礼制条目,另刊颁布,以便单行。

是月,礼部再就编订丧服事宜上奏,以为应从速进行;又请将"朝庙典礼"和"民间冠昏丧祭诸礼"次第编定,并"拟限于三年内,将《通礼》纂辑成编。第四年以后,作为颁行礼教之期"。更放弃光绪续修《通礼》时不予修律大臣参与其事的态度,命:"凡《通礼》内所列纲目关于法制者,须会同民政部、法部通行检察。关于风化者,须会同学部妥订教科书,并与资政院、各省咨议局,皆有随时咨商签订之事,容臣部详细调查,再行奏明办理。"[1]

然而此时诸多努力和妥协,特别是试图重构统治合法性的续修《通礼》十九条凡例,也如同另一个"十九条"——《宪法重大信条十九条》一样,再也无法为当时"窒碍"的历史、法律进程提供完美的解决之道。中国历史上通过构建礼典来解决政权统治正统性、合法性的现象到此归于消灭。明末清初理学家陆世仪曾云:"古人治天下以礼,今人治天下以法,法胜则礼亡,礼亡则人心绝,法尚不可治天下,而况于无法乎?"[2]这段发端于明清之交的

1《宣统朝政纪》卷 10,宣统元年(1909 年)闰二月己酉。

2(清)陆世仪撰《思辨录辑要》卷 12《治平类》。

慨叹，参照于清亡易帜、民国肇兴之际，亦可谓一语成谶。

二、礼法时代的律（令）典与会典体系

春秋以降，诸侯纷争，礼法毁弃，王道式微。各国先后有改制立法的举措，制定了新的成文法，这些成文法多被冠以"刑书"之名。战国秦时代，法、刑、律、宪、令等法律形式登上政治舞台，呈现出礼与法、礼与刑分离趋势。这一时期是中国古代律令的生成期，最主要的法律形式是律。进入汉代后，由于令的广泛创制和适用，以律令为主体的法律体系逐步建立。故自汉以降，莫不以律典作为刑事立法的主体，这种固定性的刑事法律规范与令典、则例等一同发挥辅助、维护礼典的功能，即古人所谓"出于礼"者则"入于刑"，"礼之所去"者则为"刑之所取"；"失礼"则"入刑"，二者"相为表里"。中国古代的律（令）典和会典体系从形成到不断完善，经历了四个历史阶段：一是两汉以律令为主的法律体系初建期，这一时期，律是用以表述行政、经济、刑事、民事、军政等方面的重要立法，是最基本的法律形式，令是仅次于律的重要法律形式。二是魏晋至唐宋以律令为主的法律体系进一步发展和完善期，以律典、令典作为治理国家的大法，以"典"的形式汇编规范国家的基本法律制度，是这一时期法律体系的重要特征。三是元代以律令为主的法律体系向以典为纲、以例为目的法律体系的过渡期。四是明代以典为纲、以例为目的法律体系的正式确立期，此时律令虽然存在，但令典功能趋于弱化并逐渐消亡，律典与其他方面的典章制度被统归到会典中，成为会典的组成部分，由魏晋以来的律（令）典体系过渡到会典体系，并为清代沿用。会典体系具有法律形式简约、包容量大的优点，堪称中国古代高度完善的法律体系。就体系划分，我们认为，以上四个历史阶段之两汉、魏晋至唐宋是律（令）典体系期，元属从律（令）典体系向会典体系过渡期，明清则为会典体系期。

（一）律（令）典体系之形成与发展

1. 律典与令典的形成与发展

两汉重拾礼法文化，但在律令构建上遵循秦制，律令仍被作为最重要的法律形式在立法中广泛使用。正律外，有《傍章律》《朝律》《越宫律》等，还颁行有杂律多种，内容涉及行政、经济、礼仪、司法等方面。从两汉法律编纂体例看，律与其他形式的法律，既有综合编纂，也有单行，且单行法数量为多。汉律内容除刑事法律外，也有大量非刑事法律。汉律律目见于张家山247号墓的《二年律令》，共有27种律，内有13种律目与睡虎地秦简、岳麓秦简所载律目相同。从张家山汉简看，汉律涉及行政、经济等方面的法律有《田律》《金布律》《徭律》《置吏律》《传食律》《效律》《傅律》等，其中一些律目为秦所未见，如《钱律》《均输律》《户律》《史律》《朝律》等。另外，张家山336号汉墓出土竹简中有汉律15种，尚未公布。由此可见，汉律的内涵和功能，与魏晋以后律的并不完全相同。汉令内容则更为繁杂，不仅有《乐浪挈令》《北边挈令》，有《光禄挈令》《廷尉挈令》，有《秩禄令》《宫卫令》等单行令，还有《令甲》《令乙》等汇编令集。这一时期颁行的单行令和令集，都属于国家的常法，但还不能说某一令集是国家最高层次的法律。

从三国到隋朝建立，除西晋短暂统一外，长期处于分裂状态。然而这一时期却是古代法律制度走向成熟的关键期。几乎每一个朝代都在法律上有所建树，立法技术、法典体例上不断进步，法律内容上不断更新，法律沿着"礼法结合"的方向不断推进。曹魏对两汉律令进行了改革。《晋书·刑法志》云魏律"凡所定增十三篇，就故五篇，合十八篇，于正律九篇为增，于旁章科令为省矣"。《唐六典》注云：魏"采汉律为魏律十八篇，增汉萧何律劫掠、诈伪、毁亡、告劾、系讯、断狱、请赇、惊事、偿赃等九篇也"。知《晋志》所称"正律九篇"指的是盗律、贼律、囚律、捕律、杂律、具律、户律、兴律、厩律九篇。以上九篇，内容虽来源于汉律或其他法律形式，实质上是合并、新设和重新命名的篇目。既然是合并、新设和重新命名，那么自然符合"定增"的语义。实际上，据《魏律序略》记述，还有别的篇目是符合这个语义的，其包括"集罪例""冠于律首"，改自《具律》的"刑名"。由《盗律》的勃辱强贼，《兴律》的擅兴徭役，《具律》的出卖呈，科的擅作修舍事等内容组成的"兴擅"；由《兴律》的乏徭稽留，《贼律》的储峙不办，《厩律》的乏军之兴等内容组成的"乏留"；由汉监临部主、见知故纵等旧例；违科规定等内容组成的"免坐"，这四篇完全符合合并、新设和重新命名这一"定增"的语义，但是《唐六典》注没有将其罗列出来。劫掠（略）、诈伪、毁亡、告劾、系讯、断狱、请赇、惊事、偿赃九篇，加上兴擅、乏留、免坐、刑名四篇，正合"定增"十三篇之数。此外，盗、贼、捕、杂、户五篇只是单纯析出而未加入新的内容，也无更名，从这点意义上言自然属"故"的表现。因此，盗、贼、捕、杂、户这"故五篇"，加上前述"定增"十三篇之数，即为魏律十八篇的篇目。概括而言，《魏律》对两汉旧律进行的改革，主要有以下几点：一是增加篇条；二是改具律为刑名，并置于律首以明"篇章之义"，成为后世立法的准的；三是吸收律外的傍章科令，调整、归纳各篇内容，使魏律"文约而例通"；四是在律中正式规定了"八议"；五是在刑罚制度方面进行了一些改革。晋律较魏律又有新的发展，一是严格区分律令界限，提高正律地位；二是篇章设置更加合理，法律条文简要得体；三是法律概念更规范化；四是从内容看，"礼律并重"，所谓"峻礼教之防，准五服以制罪"。《晋律》曾经杜预、张斐分别注解，故后世亦称"张杜律"。陈寅恪对晋律有甚高评价："古代礼律关系密切，而司马氏以东汉末年之儒学大族创建晋室，统制中国，其所制定之刑律尤为儒家化，既为南朝历代所因袭，北魏改律，复采用之，辗转嬗蜕，经由（北）齐隋，以至于唐，实为华夏刑律不祧之正统。"[1]南朝诸律，不管是内容还是形式，基本沿袭晋律的传统。北朝虽是少数民族政权，但其法律制度的建立完全依靠中原士族，立法上有鲜明的儒家特征。在立法技术上有所突破，其特点是"纳礼入律"。如《北齐律》12 篇的篇章结构，对后世影响至深。它确立了"重罪十条"，为后世"十恶"提供了范例；此外，还确立了死、流、徒、鞭、杖五刑，为后朝刑罚体系奠定基础。它以"法令明审，科条简要"著称，隋唐法典均以其为蓝本。律（令）典体系从魏晋开始构建，到隋唐臻于大成。《唐律疏议》以儒家思想为灵魂，"一准乎礼"，以德礼为本，以刑罚为用，宽严有度，出入中平；实现了礼法的高度结合，体现了很高的立法水平，既是律典大成之作，也是中华法系成熟的标志。宋元明清各代律典，编纂体例、律目和主要内容大体因袭唐律，虽有所调整和增删，但基本制度和原则，乃至篇章结构的规模未作根本性改变。

魏晋以降，各代在编纂律典的同时，也重视编纂通行全国的。在国家法律体系中居于最高法律地位的令典。汉代诸令、令集并存的局面被改变，各种令被按照篇目汇编，形成与律典并行的令典。律典是刑事法典，是绳奸制顽、打击犯罪的法律规范。令典是以行政法律规范为主体，同时包含军事、民事、诉讼等各种法律规范的综合性法律，其内容是积极性法律规范。《晋志》云魏有"《州郡令》四十五篇，《尚书官令》《军中令》，合百八十余篇"。可知，州郡令、尚书官令、军中令是魏令的三大框架（或说三大类别），那么每一部分令中都有不同的篇目，即令中有篇。晋于制定《泰始律》的同时，把有关国家行政、经济、民事、军政、学校管理和诉讼制度方面非"正罪名"的法令编纂为专门法典，史称晋令。晋令共 40 篇：《户》《学》《贡士》《官品》《吏员》《俸廪》《服制》《祠》《户调》《佃》《复除》《关市》《捕亡》《狱官》《鞭杖》《医药疾病》《丧葬》《杂》（3 篇）、《门下散骑

---

1 陈寅恪：《隋唐制度渊源略论稿》，生活·读书·新知三联书店，2001，第 111-112 页。

中书》、《尚书》、《三台秘书》、《王公侯》、《军吏员》、《选吏》、《选将》、《选杂士》、《宫卫》、《赎》、《军战》、《军水战》、《军法》（6篇）、《杂法》（2篇）。《晋书·刑法志》云：晋改魏法，"蠲其苛秽，存其清约，事从中典，归于益时。其余未宜除者，若军事、田农、酤酒，未得皆从人心，权设其法，太平当除，故不入律，悉以为令。施行制度，以此设教。违令有罪则入律"。晋杜预《律序》云："律以正罪名，令以存事制。"晋律以"正罪名"为基本功能，晋令则是以"存事制"为基本功能，以积极性规范为内容的法典。南北朝时期，南梁制定有《梁令》30篇：《户》、《学》、《贡士赐官》、《官品》、《吏员》、《服制》、《祠》、《户调》、《公田公用、仪迎》、《医药疾病》、《复除》、《关市》、《劫贼、水火》、《捕亡》、《狱官》、《鞭杖》、《丧葬》、《杂上》、《杂中》、《杂下》、《宫卫》、《门下散骑中书》、《尚书》、《三台秘书》、《王公侯》、《选吏》、《选将》、《选杂士》、《军吏》与《军赏》。从《梁令》的篇目看，其内容涉及国家和社会生活各个方面。南陈时范泉主持编定《陈令》30篇，但其篇目已不可知。北朝也很重视编纂令典。北齐河清三年（564年），由高叡等人编纂令典40卷[1]，按尚书二十八曹为各篇名称。这是中国历史上首次以官府的部门名称为令典篇目。北周时也曾由赵肃、拓跋迪等人制定令典，然其篇目史籍未有记载。隋唐时期的令典，是与律典并重的国家大法。隋开皇二年（582年）颁行的《开皇令》，共30卷，即《官品上》、《官品下》、《诸省台职员》、《诸寺职员》、《诸卫职员》、《东宫职员》、《行台诸监职员》、《诸州郡县镇戍职员》、《命妇品员》、《祠》、《户》、《学》、《选举》、《封爵俸廪》、《考课》、《宫卫军防》、《衣服》、《卤簿上》、《卤簿下》、《仪制》、《公式上》、《公式下》、《田》、《赋役》、《仓库厩牧》、《关市》、《假宁》、《狱官》、《丧葬》与《杂》。隋炀帝时，又制定《大业令》30卷（一说18卷），其篇目已失传。唐初高祖武德年间，以隋《开皇

1　据《隋书·刑法志》。《隋书·经籍志》《旧唐书·经籍志》作8卷，《新唐书·艺文志》《通典》作30卷，《唐六典》注则作50卷。

令》为蓝本编纂本朝令典，于武德七年（624年）颁布天下，这是唐朝的第一部令典。唐太宗贞观年间，对令典进行修订，于贞观十一年（637年）颁行，共30卷、1 590条，史称《贞观令》。《贞观令》的篇目是：《官品上》、《官品下》、《三师三公台省职员》、《寺监职员》、《卫府职员》、《东宫王府职员》、《州县镇戍狱渎关津职员》、《内外命妇职员》、《祠》、《户》、《选举》、《考课》、《宫卫》、《军防》、《衣服》、《仪制》、《卤簿上》、《卤簿下》、《公式上》、《公式下》、《田》、《赋役》、《仓库》、《厩牧》、《关市》、《医疾》、《狱官》、《营缮》、《丧葬》与《杂》。自贞观颁布新令典后，唐高宗、中宗和睿宗等朝也对令典作过修订。至唐玄宗开元年间，又进行过三次修订。自开元二十五年（737年）修订后，唐令基本上没有再作大的修订。唐开元年间修订的令典共30卷、27篇、1 546条，其篇目几乎与隋《开皇令》无异。由此可见，唐令与隋令的内容虽然会有差别，但两者之间有着密切的渊源关系。《唐六典》云："令以设范立制。"[1]《新唐书·刑法志》云："令者，尊卑贵贱之等数，国家之制度也。"[2]可见唐代令典是规范国家各种制度的法典，基本条款属于积极性规范。令典中的禁止性规范，并未直接规定相应的刑罚，而是在律典的有关条款中予以规定。令典与律典同是国家的最高层次的法律，前者存事制，后者正罪名，二者相互配合，构成了国家的基本法律制度。五代时期及北宋初年颁行的令典，内容基本沿用唐令。宋代于太宗淳化三年（992年）编定的令典，只是对《唐令》作了简单的文字校勘，没有多少新的建树。宋仁宗天圣七年（1029年）颁行的《天圣令》，是宋代首次系统编纂的令典。该令典30卷、21篇：《官品令》、《户令》、《祠令》、《选举令》、《考课令》、《军防令》、《衣服令》、《仪制令》、《卤簿令》、《公式令》、《田令》、《赋役令》、《仓库令》、《厩牧令》、《关市令》、《捕亡令》、《医疾令》、《狱官令》、《营缮令》、《丧葬

1（唐）李林甫等修《唐六典》卷6《尚书刑部·刑部尚书》。
2《新唐书》卷56《刑法志》。

令》与《杂令》，约 1 500 条。现存的《天圣令》残本，有《田令》《赋役令》等 10 卷，令文 289 条，附录唐令 222 条。虽然《天圣令》篇目仍承袭唐代的名称，但内容有较多调整。此后，北宋的元丰、元祐、元符、政和及南宋的绍兴、乾道、淳熙、庆元、淳祐年间，都进行过令典的编纂。其中《庆元令》50 卷，其部分篇目可从《庆元条法事类》等法规汇编中予以复原。从《庆元令》的卷数、篇目看，它较之《天圣令》的内容有大幅的增加。宋代以后，各代都没有再进行诸如《晋令》《贞观令》等这样内容完善的令典的编纂，然而，明初颁行的《大明令》似带有令典的性质。《大明令》是明开国之初与《大明律》同时颁布、并行于世的重要法律。该令制定于朱元璋登基前一月的吴元年（1367 年）十月，洪武元年（1368 年）正月颁行天下。《大明令》革新体例，以六部分目，凡为令 145 条，其中《吏令》20 条，《户令》24 条，《礼令》17 条，《兵令》11 条，《刑令》71 条，《工令》2 条。它简明扼要地对明朝的基本制度、诸司职掌和司法原则等作了规定。在新朝初建、法律未遑详定的情况下，它实际上起到了临时治国总章程的作用。其确认的基本法律制度后成定制，为明代各朝所遵行。

2. 律（令）典体系下的其他法律形式

在律（令）典体系当中，律令是当然的主导。随着社会经济发展和时局变化，原有的法律形式已不能适应立法需要，在中国古代，律、令典和其他国家常法具有长期稳定性，不便频繁修改；但法有尽而情无穷，国家的基本法律法规随着时势变迁和新问题不断出现，需要及时变通和补充，也创建了众多法律形式。我们认为，这些法律形式是律令的补充，同时也是律（令）典体系的有机构成。

①诏令。诏令是君主或以君主名义随时制定、发布的下行命令文书。因发布对象、方式和内容范围不同，其称谓又分多种。各代对诏令种类的区分也不完全一样。

　　两汉的令是仅次于律的重要法律形式。汉代统治者重视令的制定和颁行。《汉书·杜周传》云："前主所是著为律，后主所是疏为令。"又据后人对汉代令性质的解释："天子诏所增损，不在律上者为令。"[1]按照前句话的意思，律是前代君主所定，令是后嗣君主所定，律、令的区别在于制定者不同。而按照后句话的解释，令是君主对律所作的增改且未被纳入律的法律规范。这说明两汉律、令的性质和功能还缺乏严格区分，表述令的各种立法成果的形式也远没有后代详细和清晰。从史籍和出土文物的记载看，汉代诏令多是针对特定的人或事单独发布的，不一定具有长期法律效力。单行令也多是以皇帝诏书的形式发布，其内容主要是有关新的制度或行为规范，或者是对旧令旧例的补充、追加，因而具有法律规范性和一定稳定性。两汉诏令大多散佚。汉代诏令史料，现存《两汉诏令》23卷，其中有宋林虑编《西汉诏令》11卷，宋楼昉编《东汉诏令》12卷，收入诏令600余件。诏令的形式有册文、制、敕、诏、诰、策命、玺书、教、谕等。汉代时，新帝即位后，就对前朝以制诏形式颁布的令进行清理，把适合治国需要的令编入律或汇集成令集。从文献和出土的汉简中有关令的记载看，汉令编纂大体有三种情况：一是将单行令按干支顺序以甲、乙、丙为名编纂，如《令甲》《令乙》《令丙》。二是挈令，以地区和官署的名称编纂，是地区或官署汇编的法令集。如《乐浪挈令》《北边挈令》是以地区名为法令称谓的，《光禄挈令》《太尉挈令》《大鸿胪挈令》《御史挈令》以官署名为称谓。三是以内容为名编纂的令集，其中职官管理类的令集有《秩禄令》《宫卫令》《品令》《任子令》《予告令》《功令》《受所监临令》，经济管理类有《田令》《水令》《马复令》《金布令》《缗钱令》，礼仪类有《祠令》《祀令》《斋令》，军事类有《戍卒令》《公令》《卖爵令》，司法类有《狱令》《箠令》《谳狱令》，胎养、养老类有《胎养令》《养老令》。在上述令集中，《令甲》《令乙》《令丙》和挈令属

1《汉书》卷8《宣帝纪》文颖注。

于综合编纂类令集，以内容为名的令集属于单行法令集。由于令集内容多限于某一时期、某一地区或某一领域法令的汇编，且多种令集同时行用，因此还不能说某一令像后世晋令、唐令那样，在国家法律体系中居于最高法律地位。魏晋至唐宋，律、令功能发生了重大变化。律成为刑事法律的专称，令典成为表述行政、经济、民事、军政、文化教育及诉讼方面非刑事的综合类法律规范的法律形式。诏令作为君主随时发布的法令，其内容既有刑令，也有非刑事法令。诏令的功能主要用于补充和修正律、令、格、式等国家"常法"之不足，其效力也往往在"常法"之上。君主因事因时发布的各类不同形式的诏令，一般不允许在执法和司法中广泛使用。诏令只有"著为令"或编修入典、律、令、格、式等"常法"之后，才有普遍适用效力。唐代君主诏令的制定和发布十分频繁。现存宋敏求编《唐大诏令集》130 卷，是唐代290 年间各朝帝王诏令的汇编，内分帝王、妃嫔、追谥、册谥文、哀册文、皇太子、诸王、公主、郡县主、大臣、典礼、政事、蕃夷等 13 类，共收诏令 1 460 多件，其于政治、经济、文化、法律、军事、外交等有关国家大事，无不毕载。该书所收诏令绝大多数是以诏、制、敕、册文形式发布的，少量是用诰、赦、德音、策问、令、批答等形式发布。宋代诏令的形式较之唐代又有发展。《宋大诏令集》是北宋九朝皇帝诏令的汇编，传为宋绶子孙于南宋绍兴年间编成。全书本 240 卷，另有目录 2 卷，现存诏令 3 800 余条。该书按诏令内容分类，现存有帝统、太皇太后、皇太后、皇太妃、皇后、妃嫔、皇太子、皇子、亲王、皇女、宗室、宰相、将帅、军职、武臣、典礼、政事共 17 门，各门下又设若干类、目，其中政事门最为庞杂，占近全书现存篇幅的一半左右。《宋大诏令集》所收诏令范围广泛，大多是以诏、敕、制、册文、书、令、赦、表、德音、御札、手书、状、议、批答、策问等形式发布的。元代，古代法律体系的主要法律形式由律令向律例转变。元代的诏令，泛称圣旨、制诏，没有像唐宋那样按照发布对象和适用范围的不同，把其严格区分为各类规范的形式。《大元通制》中有"制诏",是皇帝颁布的敕令,共 94 条。明清两代,采用以典、律、例为主要法律形式的法律体系,诏令的称谓和编纂形式有了新的变化,以往的一些著述认为"明清无令",其实不然。检阅《明实录》,有关皇帝诏令和"著为令"的单行令的记载比比皆是。弘治《大明会典·凡例》云:"事例出朝廷所降,则书曰诏,曰敕。臣下所奏,则书曰奏准,曰议准,曰奏定,曰议定。或总书曰令。"[1]《明史·职官志》云:"凡上之达下,曰诏,曰诰,曰制,曰册文,曰谕,曰书,曰符,曰令,曰檄,皆起草进画,以下之诸司。"[2]《会典》所记明代君主发布之令也比比皆是。按明人立法观念,皇帝诏敕"著为令"者,也称为事例。明代事例多是由皇帝诏敕而来。明代诏令散见于诸多史籍和法律文献中。明人编纂的有关明代诏令的有《皇明诏令》和《皇明诏制》等书,其中《皇明诏令》篇幅较大。《皇明诏令》系明傅凤翔于嘉靖十八年(1539 年)任巡按浙江监察御史、福建按察使副使期间辑成刊行,此后浙江布政使司又于嘉靖二十七年(1548 年)校补重刊,收录自小明王韩林儿龙凤十二年(1366 年)至明嘉靖二十六年(1547 年)共 182 年间明代十位皇帝的诏令 507 篇。这些诏令均系明代十朝有关重大朝政要事和法律制度的决策性文献,诏令的形式主要有:令、旨、檄、诏、敕、谕、书等。清代皇帝颁布的诏令,数量远远超过前代,诏令的形式与明代大同小异,有诏、制、册书、诰、敕、朱谕、谕旨等多种。较之明代而言,以谕旨形式发布的诏令数量大大增多。清廷定期修典修律,适时把重要的皇帝谕旨纳入国家常法。清人编纂的君主谕旨汇编性文献甚多,如《清实录》即收入了大量的清代皇帝上谕。中国历史上各代君主发布的诏令和各种单行令,不仅具有较高法律效力,也是律典、令典、会典和其他国家常法的法律源渊,对于完善国家的法律制度发挥了巨

1（明）申时行等重修《明会典》书首《弘治间凡例》。
2《明史》卷 72《职官志一》。

大作用。

②制书。中国古代的皇帝命令，是法律规范最重要的来源之一。秦代的皇帝命令主要有制、诏两种，确定于秦始皇元年（前221年），《史记·秦始皇本纪》云："命为制，令为诏。"[1]汉代皇帝命令的种类有所增多，《汉制度》称："帝之下书有四：一曰策书，二曰制书，三曰诏书，四曰诫敕。……制书者，帝者制度之命，其文曰制诏三公，皆玺封，尚书令印重封，露布州郡也。"[2]汉代制书与诏书的功能很难区分，但"帝者制度之命"的特色比较突出。隋唐时期，皇帝命令的种类进一步增多，不过诏、敕仍是主要形式。载初元年（690年），武后"自以'曌'为名，遂改诏书为制书"[3]《唐六典》对唐玄宗时期的王言制度作了记载："凡王言之制有七，一曰册书，二曰制书，三曰慰劳制书，四曰发日敕，五曰敕旨，六曰论事敕书，七曰敕牒。"其中制书主要用于"行大赏罚，授大官爵，厘革旧政，赦宥降虏"，慰劳制书则用于"褒赞贤能，劝勉勤劳"[4]。从现存文献看，明代君主制书的内涵较前代扩大，有广义和狭义两种。狭义的制书是指皇帝随时发布的单个制书，其适用对象和功能与唐代相同，此有明人编纂的《皇明诏制》为证。广义上的制书，则是指以君主名义颁布的各类法律典籍，《大明律》《大明令》《诸司职掌》《宪纲》《军政条例》等均属于制书范围，此有明人编纂的《皇明制书》为证。朱元璋建立明朝后，面对乱世，无暇详定各类基本法律。开国伊始，在颁布《洪武元年律》的同时，先以简明扼要的《大明令》确认国家的基本法律制度，然后采取逐步颁行制书的方式完善国家法制。洪武朝颁布重要制书的情况是：其一，洪武初至二十九年（1396年）间，先后编纂了《洪武礼制》《孝慈录》《礼仪定式》《稽古定制》等，用以规范礼仪制度。其二，洪武

1《史记》卷6《秦始皇本纪》。

2《后汉书》卷1《光武帝纪上》。

3《旧唐书》卷6《则天皇后本纪》。

4（唐）李林甫等修《唐六典》卷9《中书省集贤院史院匦使院》。

十八年（1385年）到洪武二十年（1387年）间，先后颁布了名为《大诰》的文告四编，其中《御制大诰》74条、《御制大诰续编》87条、《御制大诰三编》43条、《大诰武臣》32条，共4编236条。四编《大诰》内容由"官民过犯"案例、峻令和明太祖对臣民的"训导"组成，用以警醒和惩治奸顽。其三，洪武二十六年（1393年）三月颁行了《诸司职掌》，该典籍以职官制度为纲，下分十门，分别详细地规定了吏、户、礼、兵、刑、工六部及都察院、通政司、大理寺、五军都督府的官制及其职掌。《诸司职掌》是明初最重要的行政立法，也为明一代职官制度奠定了基础。明正德《会典》就是以《诸司职掌》为蓝本编纂的，正如万历《明会典》书首《弘治间凡例》所说："《会典》本《诸司职掌》而作。"其四，洪武年间，明太祖还以制书形式颁布了《皇明祖训》，作为子孙、宗室和后代恪守的"家法"；编纂了《宪纲》40条，用以规范监察制度；编纂了国子监和州府县学规，用以规范各类学校制度；编纂了《教民榜文》，用以规范民间事务管理制度。这些以制书形式颁布的非刑事类"常法"，与《大明令》《大明律》构成明初的基本法律，并以例为补充法，组成比较完整的法律体系。洪武朝颁行的制书，称谓、法律形式比较杂乱。从明初到弘治年间始修《会典》的一百多年中，明代君臣经过长期的实践，立法指导思想逐渐成熟，实现了从洪武朝的律、令、制书、例为基本形式的法律体系，到以会典、律、例为基本形式的法律体系的转变。自宣德朝始，例的地位逐渐提高，原来以"制书"形式颁布的国家"常法"，改为以"条例"命名。如宣宗宣德四年（1429年）六月颁布了《军政条例》，英宗正统四年（1439年）十月颁布了《宪纲》条例，弘治十一年（1498年）七月颁布了《吏部条例》。以"条例"为朝廷精心修订的"常法"的称谓，虽然其制书的性质未变，但把所有的法律规范都纳入了以典、律、例为基本立法形式，以例为主的法律体系，使法律形式更加简约，法律体系的构成更加科学。

③敕。敕是皇帝诏令的一种形式。敕者，自上命下之词。由于敕一般是针对特定的人和事而发，为一时权制，最初并未成为具有稳定性和普遍性的法律规范，称为"散敕"。要把散敕上升为一般法律，就要通过"编敕"这一立法程序。编敕始于唐初，当时称为"编格"。唐代规定，皇帝在刑事方面发布的散敕，司法实践中不得随意援用，只有经过编修成为"永格"，才能广泛使用，以补充律的不足。唐玄宗开元十九年（731年），将这类法律文件改称"格后敕"。"格后敕"是唐代中后期重要的法律形式。据《旧唐书·刑法志》载，开元十九年，曾删撰《格后常行敕》6卷，颁于天下，此后又编修《元和删定制敕》30卷、《元和格后敕》30卷、《太和格后敕》50卷以及《大中刑法总要格后敕》60卷等，内容以刑事法律为主。自五代时期后唐起，编修当朝皇帝敕形成的法规不必与朝廷已定的格相对应，格后敕改称为"编敕"。这一时期，编敕仍以刑事法律为基本内容。后唐编修有《清泰编敕》30卷，后晋编修有《天福编敕》31卷，后周编修有《大周续编敕》。有系统的编敕始于宋代。宋代编敕以神宗元丰年间改制为分界，前后情况有所不同。宋太祖在位期间的《建隆编敕》，是北宋的首次编敕，共4卷106条，内容由《周显德刑统》内削出的格、令、宣、敕及北宋初期的散敕编集而成，是一种包括刑事和非刑事诏敕的综合性质的法规，与《宋刑统》同时颁布施行，此后直到神宗年间的《熙宁编敕》，均是采取以年代为序的编纂体例，不分门类。从宋真宗年间的《咸平编敕》起，改为按唐律12门分类编纂体例。神宗元丰改制后，把以往编敕中诸种法律规范合而为一的编纂体例，改为按敕、令、格、式四种法律形式分类编纂。《元丰敕令格式》是以《熙宁编敕》为基础，充分吸收了编敕以外的宋代所行用的敕、令、格、式的内容，经过融合、调整、提炼等立法活动，成为新制定成的法规，至南宋末年均采取此种体例。就其法规内容而言，元丰改制后，敕成为纯粹的专门补充律典的刑事法规，令、格、式则替代了单行的令、格、式。

此外，南宋还于律、令、格、式之外，编纂"条法事类"。编敕是宋代经常性的立法活动，据《宋史·艺文志》不完全记载，宋代编敕有80余部。有全国通行的具有普通法性质的编敕（宋人称之为"海行编敕""海行法"），还有适用地方的"一州一县编敕"，以及适用于朝廷各部、司、监的具有特别法性质的"一司一务编敕""农田编敕"。其中宋代最重要的属于全国范围内统一行用的编敕，有《建隆编敕》4卷、《太平兴国编敕》15卷、《淳化编敕》30卷、《咸平编敕》11卷、《大中祥符编敕》30卷、《天圣编敕》13卷、《庆历编敕》16卷、《嘉祐编敕》24卷、《熙宁编敕》17卷、《元丰敕令格式》72卷、《元祐敕令式》54卷、《元符敕令格式》134卷、《政和敕令格式》138卷、《绍兴敕令格式》138卷、《乾道敕令格式》244卷、《淳熙敕令格式》248卷、《庆元敕令格式》244卷等。[1]

④格。据《晋书·陈頵列传》记载："赵王伦篡位，三王起义，制《己亥格》，其后论功虽小，亦皆依用。"[2]这说明"格"作为法律形式在晋代已经出现。南北朝时期，格在立法中被较多地使用。南朝的格多是依诏令随事制定，调整范围包括礼仪、行政、经济等领域。如宋有官员车服制度的《九条之格》《二十四条之格》，齐有《榻格》《策秀才考格》等。《隋书·经籍志》录有"《梁勋选格》一卷""《梁官品格》一卷"。北朝各国也重视格的制定。《唐六典》卷6《尚书刑部》注文中记："后魏以格代科。"北魏宣武帝时，曾制《正始别格》。东魏孝静帝兴和三年（541年），颁行《麟趾格》15篇，是东魏"省府以之决狱，州郡用为治本"的基本法律。北齐文宣帝时重新刊定《麟趾格》。隋朝以律、令、格、式为基本法律形式，制定有《开皇格》。因史籍所记北朝、隋代制格的资料甚少，我们还无法对其内容、功能做出准确的阐述。唐高祖武德元年（618年），命刘文静等制定新法。因政权初创，百

---

1 参见戴建国：《宋代法制初探》，黑龙江人民出版社，2000，第13页。
2《晋书》卷71《陈頵列传》。

废待兴，来不及全面修法，刘文静等在对隋开皇律令删改、补充的基础上，制定出临时法规《武德新格》53 条，同年颁行天下。至武德七年（624 年）颁布武德律、令时，53 条新格被纳入新律。由此看来，《武德新格》内容偏重于刑律。唐太宗即位后，国家立法活动全面展开，在编纂律、令、式的同时，也进行了频繁的编格。从贞观元年（627 年）起，历时十年撰成《贞观格》18 卷，于贞观十一年（637 年）正月实施。《贞观格》以尚书省二十四司为篇名，共 24 篇，是在删选武德、贞观以来发布的 3 000 余条制敕的基础上，定留 700 条而成。《贞观格》留本司行用，未颁行全国。这种以"编录当时制敕"为格的做法为后嗣君主所遵循。唐高宗永徽二年（651 年）颁行《永徽留本司刑格》18 卷、《永徽散颁格》7 卷。此次编格中，把格区分为"留司"和"散颁"两种，前者适用于尚书各司，后者颁行全国。唐代的格源于制敕，内容涉及行政、刑事、民事、军政和社会生活的各个方面，能够及时体现君主的意志，顺应时势的发展变化，具有适应性、灵活性、变通性的特点，能够对律、令、式发挥补充、修改的作用。中唐之前，各朝基本上是进行定期的、全面的编格。如武后在位时编有《垂拱留司格》6 卷、《垂拱散颁格》2 卷，中宗时编有《神龙散颁格》7 卷。睿宗年间修格时，把留司格和散颁格合编为《太极格》10 卷，此种编格体例为玄宗、文宗两朝所仿效。至玄宗朝，先后编有《开元前格》《开元后格》《开元新格》各 10 卷。文宗时又编纂《开成详定格》10 卷。唐代中期以后，在政局动荡的情况下，唐代统治者停止了律、令、格、式的编修，编纂"格后敕"成为朝廷主要的立法活动。"格后敕"虽然与格都是编录当时的制敕，但编入格的制敕是经过精心删辑、加工足以长期行用者，而"格后敕"是制敕的汇编，除删除少数内容前后矛盾者外，其他均予收入，分类编辑。与唐前期行用的格比较，"格后敕"的适用范围比较狭窄，内容偏重于刑狱。"格后敕"的功能是既能修改、补充律、令、式，也能修改补充格，其法律效力比律、令、格、式更高。"格后敕"的编纂始于唐玄宗开元十九年（731年）的《格后长行敕》。之后，德宗、宪宗、文宗、宣宗几朝都进行过"格后敕"的编纂。如德宗贞元元年（785年）尚书省奏进《贞元定格后敕》30卷，宪宗元和二年（807年）许孟容等奉敕删定《元和格敕》30卷，宪宗元和十三年（818年）郑余庆等奉敕详定《元和格后敕》30卷，文宗大和元年（827年）颁行《大和格后敕》40卷，文宗大和七年（833年）颁行《大和新编格后敕》50卷，文宗开成元年（836年）颁行《开成详定刑法格》10卷，宣宗大中五年（851年）颁行《大中刑法总要格后敕》60卷。北宋前中期，主要沿用唐代的格，本朝编修的格较少，且基本是单行格，计有《长定格》《循资格》《编敕格》《考试进士新格》《以阶易官寄禄新格》《铨曹格敕》《刑部格》等。宋神宗元丰二年（1079年）改制后，神宗给格下的定义是"设于此以待彼之谓格"。据《宋史·刑法志》，此后在编纂格时，"命官之等十有七，吏、庶人之赏等七十有七，又有倍、全、分、厘之级凡五等，有等级高下者，皆为格"[1]。这样，格的内容和功能发生了重大变化，由原来的综合性法律规范变成非刑事的制度性法律规范，成为令的量化性、细则性规定。元丰改制之后的宋格，是令的实施细则，其中《赏格》占很大比重。

⑤式。式作为独立的法律形式，广泛运用于隋唐、五代、两宋的立法。关于式的源头，学界认识不尽一致。《老子河上公章句》云："是以圣人抱一为天下式。（章句）抱，守也。式，法也。圣人守一，乃知万事，故能为天下法式也。"[2]老子曰："是以圣人抱一为天下式。"注曰"式是法式也"。有的学者以此为据，认为式作为法律用语和法律形式在西周时已经出现。更多的学者把云梦秦简中的《封诊式》视为中国古代最早的式，认为式作为法律形式形成于战国时期。《封诊式》的简册出土时已散乱，只有前两节《治狱》

---

1 《宋史》卷199《刑法志一》。
2 王卡点校《老子河上公章句》卷2，中华书局，1993，第90页。

《讯狱》有关审理案件时的注意事项，与隋唐之式稍类似，其余 20 余节包括了大量地方文书和案例，如亦属《封诊式》，则难以与隋唐之式相提并论。晋太康元年（280 年）制定有《户调式》。南北朝时期西魏文帝大统十年（544 年），"魏帝以太祖（宇文泰）前后所上二十四条及十二条新制，方为中兴永式，乃命尚书苏绰更损益之，总为五卷，班于天下"[1]，后世称为《大统式》。《大统式》的内容，已难详考。据学者考证，认为它是类似隋唐令式的行政类法律。[2] 隋代以律、令、格、式为基本法律形式。隋代之式，源于南北朝之式。隋式已失传，但史籍中有关于隋式的明确记载，如《隋书》卷 3《炀帝纪上》载："（大业）四年……颁新式于天下。"唐承隋制，式是国家最稳定的四种基本法律形式之一。有唐一代，制定有《武德式》《贞观式》《永徽式》《麟德式（乾封式）》《仪凤式》《垂拱式》《神龙式》《太极式》《开元三年式》《开元七年式》《开元二十五年式》等。[3]《唐六典》卷 6《尚书刑部》载："式以轨物程式。"唐式是以行政法律为主，兼有军事、民事及诉讼规范掺杂其间的综合性法律，属于非刑事法律规范。唐式系从唐令中分化而来，是以行政类法律为主的非刑事综合类法律，与唐令的性质极为相似，往往是一些具体制度或有可操作性的实施细则。五代时期，式的编纂和功能沿袭唐旧，后梁制定有《梁式》20 卷，后唐制定有律令格式 286 卷，后周制定有式 20 卷。宋代初期沿用唐式，《宋刑统》所附 9 条式篇目，一准于唐。宋太宗时颁布的《淳化式》，无异于唐《开元式》的翻版。英宗至神宗熙宁年间颁布的《在京诸司库务条式》《诸司敕式》《熙宁贡举敕式》《熙宁编三司式》《将作监式》《熙宁新定孝赠式》等，其性质、功能与唐式相同。宋神宗元丰改制后，式的内容发生了重大变化。宋神宗把式定义为"使彼效之

---

1 《周书》卷 2《文帝纪下》。

2 参见霍存福：《唐式辑佚》，见《中国法制史考证续编》第 8 册，社会科学文献出版社，2009，第 5-6 页。

3 参见霍存福：《唐式辑佚》，见《中国法制史考证续编》第 8 册，社会科学文献出版社，2009，第 10-32 页。

之谓式"，在编纂时，"表奏、帐籍、关牒、符檄之类凡五卷，有体制楷模者，皆为式"[1]。这样，式的内容仅为公文程式，在国家法律体系中的功能和地位较之隋唐和北宋前中期已大大下降。宋代以后，式已不是国家基本的法律形式，但在立法中偶有使用，如明代前期曾颁行有《礼仪定式》《学校格式》等。清代时，国家各级衙门的活动规范及其细则，都以则例的形式予以规定，式不再作为一种独立的法律形式在立法中使用。

（二）会典体系之形成与发展

唐宋以来，律、令作为最基本的法律形式，仍是律（令）典体系的主体。随着社会发展和法制文明的演进，法律形式不断增多，功能也愈加复杂。一些曾在特定朝代发挥作用的法律形式逐渐被淘汰或功能弱化，如科、品、故事等；但一些法律形式的功能得到强化，法律地位得以提升，如明王朝建立后，鉴于宋、元法律形式称谓繁杂，功能不够清晰，于律、令之外，逐步建立以条例、则例、事例、榜例为核心的例的体系。例在明清以后国家和社会生活中的作用愈加突出，并逐渐成为法律体系的重要组成。

在古代法律体系中，例作为重要的法律形式，为许多朝代采用。其称谓名目繁多，如条例、则例、格例、事例、榜例、断例等。秦汉的决事比和故事，实际与后世例的内涵、功能极其相似，因此，它们可视为例的渊源。魏晋以后，例逐渐被统治者确认，并成为法律形式。唐、五代时期，相继在官员俸禄、役钱、收纳、商税、苗税、工值、支费、盐法等方面出现了条例、则例、格例，成为当时行政、经济管理领域重要的法规。宋、元两朝，例作为国家补充法，名目繁多，如宋代有驿券则例、锄田客户则例、推恩则例、中书则例、商税则例、苗税则例等。元朝编纂的《大元通制》由诏制、条格、断例三部分组成，其中断例由717个条目组成。条格和断例是元代法律的主要形式，《至元杂令》中有笞杖则例、诸杖大小则例。古代律（令）典

1《宋史》卷 199《刑法志一》。

体系，以元代为分界线，经历了由律令为主导向律例为主导的转化。总的来说，明代以前，例虽从属于律（令）典体系，但并非主要的法律形式，它们在国家社会生活中的作用有限。

1. "例"的提升

明代注重制例、编例，于律、令之外，形成了以条例、则例、事例、榜例为内容的完整的例的体系，例的法律地位得到了新的提升。这一时期，刑例进一步完善，以例补律，以例辅律，律例并行；刑例外，又制定了吏、户、礼、兵、工诸例。清沿袭明制又多有新创，特别是在以则例为主体的行政例的制定方面成绩斐然。清在"以《会典》为纲，则例为目"的法律框架下，制定和颁布了大量单行行政法规，完善了国家行政法制。明清制例数量之多，为历代所不及，现存明清制定的单行条例、则例和例的汇编性文献就达上千种，足见例在明清时期具有其他法律形式不可替代的价值，在国家社会生活中发挥极其重要的作用。

早在洪武年间，就在国家行政管理和经济管理等方面，制定发布了相关的"例"，在现存文献中，当时将其表达为"例""事例""则例""榜例""条例"等。为了提升"例"的行用能力，朱元璋甚至将熟读条例、明晓其义作为官员的基本职责，如洪武二十六年（1393年）《宪纲》规定："凡国家律令，并续降条例事理。有司官吏，须要熟读详玩，明晓其义。监察御史、按察司官，所至之处，令其讲读。或有不能通晓者，依律究治。"[1] 这些"例"后来被正德年间所编的《明会典》所吸收，成为会典的重要组成。

就例而言，明代最为人熟知的是《问刑条例》，它是明律之外最重要的刑事法律，颁布于弘治十三年（1500年）。但其编撰目的并非替代明律地位，而是弥补律的不足。如弘治年间刑部尚书彭韶云："刑书所载有限，天下之情无穷。故有情轻罪重，亦有情重罪轻，往往取自上裁，斟酌损益，著为事

---

1 万历《明会典》卷 210《出巡事宜》。

例。盖比例行于在京法司者多，而行于在外者少，故在外问刑多至轻重失宜。宜选属官汇萃前后奏准事例，分类编集，会官裁定成编，通行内外，与《大明律》兼用。庶事例有定，情罪无遗。"[1] 此后历经嘉靖、万历朝的修订，《问刑条例》与明律并行施用，不仅维护了律的稳定和权威，也维护了明中期以前律（令）典体系的完整性，其作为"辅治"之具，尽管施行后期有各种不足，但所发挥的作用并非如今人所误解的破律甚至废律。

如果说刑事方面的例是发挥弥补律义、补充律文的作用，那么在行政、军事、经济管理方面的例则很大程度上是在补充甚至替代令，这些某一领域的单行性条例，实际上是在发挥该领域令的功能。与令相较，例这种法律形式更加简约，也更易掌握和操作；即使制定后，也便于后人分类编年整理，易于查询。行政管理方面的例有：南京工部职掌条例、责任条例、吏部条例、吏部四司条例、考功验封条例、升赏条例、出巡条例、优免则例、给赏则例、支给草料则例、宗藩条例、奏行榜例等；军事方面的例有：军政条例、兵部武选司条例；经济管理方面的例有：马政条例、催征钱粮降罚事例、盐法条例、工部新刊事例；礼仪方面的例有节行事例。这些例涉及领域广泛，如经济管理方面，在户役、田宅、仓库、课程、钱债、市廛、田制、赋役、盐法、茶法、钱法、钞法、税法、漕运、马政、俸饷等方面，都颁布了相关的事例和则例。有的是因时因事立法，起到适时立制补充律或其他法律形式的不足；有的则成为某一领域法律事实的细则规定，成为一段时期或较长时期的重要立法。在这些事例行用过程当中，有的因年代久远，逐渐成为具有参考之用的"累年事例"，有的则一直施行或经修订沿用，而成为现行事例。明代从国家机关的活动规则到民间事务的管理，凡是需要解决的新问题而"常法"无明文规定的，都通过制定事例补充法律的不足。事例的广颁，必然导致数量激增，在"遵循祖宗成宪"前提下，门类与数量的繁多，

1《明实录·明孝宗实录》卷 65，弘治五年（1492 年）七月壬午。

使得其简约和便于操作的功能大打折扣。这种"折扣"体现在两方面：一是以例破例。即以新例破先例，或以私情破现行例规定，或妄引事例。以《明熹宗实录》为例，内检得 13 次"不为例"的记载，"不为例"，实即破例。对于皇上开恩的违例，当时臣工也并非盲从，而是保持冷静态度。如天启二年（1622 年）八月礼部题秦藩请封一事云："虽皇上许臣部不准以后比例，然今日已查有沈吉等府空爵旧例矣。皇祖所不为例者，皇上已引为例，皇上今日所执为特恩者，焉知他日不益据为定制乎。臣宁得罪于皇上，谓有不奉诏之臣，毋宁得罪于列圣典尝，万世公议谓皇上有不守礼之臣也。"[1]天启三年（1623 年）礼科左给事中魏大中就曾上疏斥言当时请葬请荫中的违例现象，其云："恩恤滥觞，迄无限制，而易名汇议，适当其期，宜尽破情缘，一凭行业，以慎惜大典。……恩施之滥，莫滥于今日法纪之弛，莫弛于今日乞敕。该部嗣今议恤以《会典》条例为例，不得准近年破例之例自行陈乞为名，潜伏京师，代人行贿，挽单造揭，将为所欲为。"[2]礼部署部事右侍郎郑以伟等亦奏言："国家刊布《会典》一书，条要二例，凡所以加恩懿亲者，罔不周至。若特恩额外，原非典要，功令森严，不啻日星，第日久禁弛，不无有思援乞而徼幸者。若不重加防范，恐滥觞滋起。请行令各王府，今后凡一应封婚等项陈乞章奏，备将嘉靖二十五年十月内礼科给事中查秉彝题议及本部覆请一款开列疏首，方入所请事件，务称查与某例相合，不系妄援，特恩额外与前款违错等因，方许奏请。如不遵前式，及所陈与例不合者，本部除将所奏立案外，仍照前例将辅导拨置员役一体参治。"[3]二是稽核无据，即诸多条例存在雷同或矛盾，缺乏统一标准，不便施行。如天启五年（1625 年）五月，巡视厂库工科右给事中解学龙陈时宜八款，其一即提出要"事例宜一"，其云："有户例、有工例、有新例、旧例，条分缕析之数，头绪既多

1 《明实录·明熹宗实录》卷 25，天启二年（1622 年）八月戊申。

2 《明实录·明熹宗实录》卷 41，天启三年（1623 年）十一月丁卯。

3 《明实录·明熹宗实录》卷 31，天启三年（1623 年）二月乙酉。

而杂出错见之途，稽核无据，乞敕户工二部公同酌定汇成一书，则狡黠之援引无所施其巧，而书胥之影射不得售其奸。"[1]同月，工科给事中虞廷陛巡视厂库差竣后亦条陈云："事例宜户工画定一例。"[2]可见，原本希冀的"经久常行"的事例变成了"冗琐难行"，甚至出现稽核无据，这两位臣工的忧虑并非虚言，而是从实际施行中得出的结论。实际上，在天启年间仍存在颁布或更定事例的情况，如天启年间为修定陵，颁布了陵工事例。天启二年（1622年）八月，掌锦衣卫左都督骆思恭提议："凡武职官至府衔及禁卫堂职者，如遇请诰乞移文翰林院，撰授其祖父原系文职官高于子孙者，量进一阶。乞增入《会典》，永以为例"，时命查照《会典》及《邦政条例》施行。[3]天启六年（1626年）三月，工科郭兴言疏议修订大工事例中听选阻滞一款，时命查明刊刻遵行，永为规例。[4]这种颁例、修例、定例、著例的传统，延续到崇祯朝直至明亡。检崇祯朝相关史料，凡得19事，如表2-8所示。

表2-8　　　　　　　　　崇祯朝定例、著例、议例、题例材料表

序号	具体材料	出处（以年月为序）
1	议援辽事例。	汪辑本《崇祯长编》卷2，天启七年（1627年）九月戊寅
2	工部题陵工开纳事例二十六款。	同上，卷2，天启七年（1627年）九月丁亥
3	户部尚书毕自严条上赋役全书则例，凡起存之琐细宜备、杂项之开列宜详、驿站之增派宜减、民屯之出纳宜清、裁定之册式宜减五事。	同上，卷24，崇祯二年（1629年）七月甲午
4	议榷税事例、军兴事例、蓟辽军兴事例。	同上，卷31，崇祯三年（1630年）二月庚午
5	户部奏：插汉修贡，旧赏、新赏、春、秋分发。王象干所定赏额，与今有异。乞命定额，著为永例。	《明实录·崇祯实录》卷3，崇祯三年（1630年）三月丙申

---

[1]《明实录·明熹宗实录》卷58，天启五年（1625年）五月丙寅。

[2]《明实录·明熹宗实录》卷63，天启五年（1623年）九月丙午。

[3] 参见《明实录·明熹宗实录》卷25，天启二年（1622年）八月甲寅。

[4] 参见《明实录·明熹宗实录》卷69，天启六年（1626年）三月己丑。

续表

序号	具体材料	出处（以年月为序）
6	工部题准军需河工事例二十款。	汪辑本《崇祯长编》卷32，崇祯三年（1630年）三月辛卯
7	议纳粟赎罪之例。	同上，卷40，崇祯三年（1630年）十一月己卯
8	定册报计期例。	同上，卷40，崇祯三年（1630年）十一月庚寅
9	议宗藩奏启例。	同上，卷41，崇祯三年（1630年）十二月己酉
10	议驿递应付条例。	同上，卷42，崇祯四年（1631年）正月丙戌
11	著台省风宪官选授例。	同上，卷45，崇祯四年（1631年）四月乙丑
12	议边饷缺额援纳事例。	同上，卷57，崇祯五年（1632年）三月己亥
13	议详酌律例。	同上，卷59，崇祯五年（1632年）五月戊戌
14	议旌叙事例。	李逊之辑《崇祯朝野纪》，时在崇祯八年（1636年）正月十六日
15	定高墙罪宗五年审例。	《明实录·崇祯实录》卷11，崇祯十一年（1639年）五月丙戌
16	命刑部删正《律例》进览。	同上，卷14，崇祯十四年（1642年）四月辛未
17	刑部遵谕条上赎罪例四款。	痛史本《崇祯长编》卷1，崇祯十六年（1642年）十二月辛未
18	南京兵部尚书史可法条上改革留都军政旧例八事。	同上，卷1，崇祯十六年（1644年）十二月癸酉
19	户部上文武纳银弛封事例。	《明实录·崇祯实录》卷17，崇祯十七年（1645年）二月甲戌

通过表2-8可见，制例、著例、更定例，贯穿了有明一代，明朝并未因为统治走向式微而放弃例的辅治功能，例在政治运作、法律运行、经济发展等事务中得以发挥相应功能，仍然是一种常态。

之所以将例归属于律（令）典体系，是因为古人在律例关系认识上，所持的态度是："法令者，防民之具，辅治之术耳，有经有权。律者，常经也。条例者，一时之权宜也。"[1]"律者，万世之大法；例者，一时之权宜。例之为用，所以辅律之不及者也。"[2]这说明，在律（令）典体系中，律是主体，例

---

[1]《明实录·明太祖实录》卷236，洪武二十八年（1395年）二月戊子。

[2]（明）何乔新撰《椒丘文集》卷33《奏议集略·题为修省事该刑部题前事》。

只是辅律不足。在明清法律体系中，律、例是最基本的法律形式。律为"常经"，长期稳定不变。适时制例、编例以补律之不足，是国家基本和经常性的立法活动。通过制例修正少数过时的律文，也是完善法制的重要措施。司法实践中，律、例并行，同时追求律例"允协"，这种"允协"也是一种经权之道。例的功能发挥与地位提升，使其逐渐取代令的地位，成为诸多领域的基本法律规范。在汇编国家典章制度的趋势下，记载先朝事例和现行事例甚至成为编撰《会典》的基本体例。

2."典"之强化

在"例"地位得到提升的同时，"典"的编撰技术水平也在逐步提高，吸收前代汇编典章制度的经验，定期修典逐渐成为宋以后制度构建的常态。

魏晋至北宋时期，律典、令典同为国家最高层次的法律，采取两典分编的形式。但北宋时期，已出现汇编其他典章制度的意识和相关成果，主要体现在编纂宋朝的大经大法：家法祖训方面。如宋仁宗明道年间，王举正等奉命编纂《三朝宝训》[1]；庆历三年（1043年），富弼上疏乞编《三朝故典》，其云："臣历观自古帝王理天下，未有不以法制为首务。法制既立，然后万事有经，而治道可必也。宋有天下，八十余年，太祖始革五代之弊，创立法度。太宗克绍前烈，纪纲益明，真宗承两朝太平之基，谨守成宪。近年纪纲甚紊，随事变更，两府执守，便为成例。施于天下，咸以为非，而朝廷安然奉行，不思刬革。"[2]其后，仁宗又命王洙等编修《祖宗故事》。[3]皇祐元年（1049年）文彦博上疏云："所谓典章者，朝廷之大法，祖宗之旧制，举而行之，执而用之，岂有纲纪不振哉。"[4]元祐年间，范祖禹劝哲宗"畏天爱民，修身纳谏，稽法祖宗，而专引仁宗行事以为故实"，又采集"仁宗圣政数百

---

1 参见（宋）李焘撰《续资治通鉴长编》卷111，明道元年（1032年）二月癸卯。

2（宋）赵汝愚辑《国朝诸臣奏议》卷12《君道门·法祖宗》。

3 参见（宋）李焘撰《续资治通鉴长编》卷143，庆历三年（1043年）九月丙戌。

4（明）杨士奇等编《历代名臣奏议》卷300《灾异》。

事为《仁宗训典》六卷以献"[1]。宋朝通过推崇法祖垂宪，汇编整理祖宗"成宪""故典"，彰显了祖宗经世宰物、纲维万事的治法治迹，也为垂范后世、训行子孙提供了制度经验。就修"典"而言，也为后世编修相关"经典"提供了技术经验。而在两宋人看来，这些汇编典章制度就是治世的大经大法。如宁宗诏云："是以皇祖之训著于夏书，文王之谟述于周命，故能保世滋大，以敷遗后人。休惟我三朝格言大法，具在一书（注：指《三朝宝训》），犹古二典。朕固尝读之于经帷，复命群儒以授储禁，俾吾元子知创业守文之艰，明修身治国之要，懋敬厥德，以对于前人其为益大矣。"[2]袁燮论祖宗家法云："《书》称监于成宪，诗歌率由旧章，良以祖宗之家法，后嗣子孙遵而行之，不可违也。在汉宣帝时宰臣魏相好观汉家故事，数条汉兴以来国家便宜，奏请施行之。而唐世人主亦以太宗为法，《政要》一书有正色拱手而读者。夫古者圣君之可为法者多矣，顾不取诸彼，而惟其祖宗是宪是式，意者曰此自吾家法耶。恭惟我艺祖皇帝诞膺天命，光宅四海，继以太宗真宗，克绍先烈煌煌乎，圣德神功与二帝三王比隆，并美汉唐之君，不足进焉。庆历中枢臣富弼作为《宝训》一书，而三朝制度纪纲之法灿然毕具，诚我国家之旧章成宪也，历代《宝训》经筵进读用为龟鉴，岂非万世大法可遵而不可易欤。……若用人、若考课、若任将帅、若制藩臣、若谨刑罚、若制国用、若御戎敌，垂诸后世皆可为法，稽诸前代亦皆合乎今日之治，固当以三朝为式，然因时制宜，容有不能尽合者，故称尧舜者曰，若稽古，若者顺而行之，稽者参而考之，随时之义不能尽循也，然则《宝训》所载，其事事而遵行之欤，抑择其宜于今者用之欤。"[3]这些大经大法、家法祖训的汇编，采取的是分别事类的方式，也恰好与其他典章制度，特别是法律制度的汇编"不

1（宋）朱熹撰《宋名臣言行录》卷 13《范祖禹》。

2（宋）真德秀撰《西山文集》卷 21《赐通议大夫知枢密院事兼参知政事雷孝友宣奉大夫参知政事楼钥通议大夫同知枢密院事宇文绍节兼太子宾客辞免皇太子读三朝宝训终篇并特与转行一官不允诏》。

3（宋）袁燮撰《絜斋集》卷 6《策问·祖宗家法》。

谋而合"。

自南宋后期，各朝在法典编纂方面一个重大变革，就是改变了魏晋以来律典、令典分编的办法，停止了令典编纂，改为编修综合性的"大经大法"，以行政法律为主体，囊括刑事法律在内。南宋嘉泰元年（1201年），宁宗下诏编修《庆元条法事类》，翌年书成。该书以事目为经，把122卷《庆元敕令格式》、12卷《申明》分门别类，加以重新组合；现存敕887条，令1 781条，格96条，式142条，申明260条，共计3 166条，凡职制、选举、文书、榷禁、财用、库务、赋役、农桑、道释、公吏、刑狱、当赎、服制、蛮夷、畜产、杂门等16门，涉及刑事、民事、行政、经济等内容，是一部综合性汇编法典。其采用分门编纂，以事为类的编撰体例，相对于"敕令格式"体"散漫"单独编撰之弊，更便于检阅引用。

这种诸法合编的方法，也被汉文化圈以外其他民族在编纂法典时仿效。《天盛改旧新定律令》是西夏天盛年间颁布的西夏文法典，凡20卷，150门，计1 461条。其内容全部是有关行政、经济、刑事、民事、军事、诉讼等方面的律令条文。元人在追求版图混一之时，也通过编撰系列法典为广大的疆土治理提供制度支撑。《元史·刑法志》记载："元兴，其初未有法守，百司断理狱讼，循用金律，颇伤严刻。及世祖平宋，疆理混一，由是简除繁苛，始定新律，颁之有司，号曰《至元新格》。仁宗之时，又以格例条画有关于风纪者，类集成书，号曰《风宪宏纲》。至英宗时，复命宰执儒臣取前书而加损益焉，书成，号曰《大元通制》。"尽管这些典章制度没有以"典"命名，实际上却是发挥法典的功能，也采用了以典为主体，分类编纂的形式。元朝末年人孔克齐《至正直记》一书罗列"大元国朝文典"，即有《至元新格》《国朝典章》《大元通制》《至正条格》《皇朝经世大典》《风宪宏纲》《成宪纲要》等。[1] 何荣祖所编《至元新格》，颁行于元世祖至元二十八年（1291

---

[1] 参见（元）孔克齐撰《至正直记》卷1《国朝文典》。

年），现存《元典章》《大元通制条格》中尚有 90 余条佚文。编纂《至元新格》的主要任务，如《元史·刑法志》所说是"简除繁苛"，这在时人的记述中也可得到印证。苏天爵《至元新格序》云："国家以神武定天下，宽仁御兆民。省台既立，典章宪度，简易明白，近世烦文苛法为民病者，悉置而不用。呜呼，斯其所以祈天永命、奠丕丕之基者欤！故平章政事广平何公荣祖，明习章程，号识治体，当至元二十八年，始为新格一编，请于世庙，颁行多方。惟其练达老成，故立言至切；惟其思虑周密，故制事合宜，虽宏纲大法，不数千言，扩而充之，举今日为治之事，不越乎是矣。盖昔者先王慎于任人，严于立法，议事以制，不专刑书，是以讼简政平，海宇清谧，其皆以是为则欤！是书旧版漫灭，省府命重刊之。览者当体先朝宽仁之治，慎勿任法烦苛为尚哉。"[1] 据此可推断，当时的汇编是以简易明白、画一制度为宗旨，尽管内容显得单薄，但并不影响其作为"宏纲大法"的实际行用。而后人对何荣祖本人的评价，也从侧面反映他对建章立制的贡献及《至元新格》的价值，如虞集云："观于至元大德之间，以大臣赞国论，不为近利细故所动摇，本之以祖宗之旧典，定之以礼律之微意，以成天下之务者，平章政事何公荣祖何可少耶。"[2] 元成宗大德年间，还编撰了《大德典章》，此书已散亡，仅在《永乐大典》残卷中有佚文。据仁井田陞等考证，这部"典章"是《元典章》的前身，它和《元典章》一样是元朝制度法令的大全。《大德典章》的出现，标志着元朝以"典"字命名国家基本法律汇编之书正式出现，此种命名不仅承袭《唐六典》，开《元典章》之流绪，也对明清"会典"之取名产生深远影响。《大元通制》是元代制定的一部内容比较系统的法典。编纂于元成宗大德年间和仁宗皇庆、延祐年间，于英宗至治三年（1323 年）颁行。《通制》凡四部分，一是诏制，计 94 条；二是条格，计 1 151 条；三是

1（元）苏天爵撰《滋溪文稿》卷 6《序二·至元新格序》。
2（元）虞集撰《道园学古录》卷 12《奏疏·中书平章政事何荣祖议》。

断例，计717条；四是别类，计577条。若把各类法律的内容和性质与唐宋法律比较，《通制》中的"诏制"相当于"敕"，"条格"相当于"令"，"断例"相当于"律"。该书的诏制、断例、别类三部分均失传，条格部分共30卷，现存户令3卷，杂令2卷，学令、选举、军防、仪制、衣服、禄令、仓库、厩牧、田令、赋役、关市、捕亡、赏令、医药、假宁、僧道、营缮各1卷，失缺祭祀、宫卫、公式、狱官、河防、服制、站赤和榷货8卷。从《通制》的构成和条格篇目看，其"类集折衷，以示所司"[1]，是包括刑事和非刑事法律在内的综合性法典，作为一代大法"经纬乎格例之间"在元代施行40年之久。尽管如此，《通制》仍存在"烦条碎目"之弊，"简书所载，岁益月增，散在有司，既积既繁，莫知所统，挟情之吏，用谲行私，民恫政蠹"这样的境况，既是《通制》撰修时所面临的问题，也是施行后难以化解的矛盾[2]，以致"每罚一辜，或断一事，有司引用，不能遍举"。元顺帝时，苏天爵提议再行"类编"以颁示中外，"庶几列圣之制度，合为一代之宪章"[3]。时人对苏氏也寄予厚望："国家患条格丛冗，莫知适从，有敕删修，伯修（注：苏天爵字。）今参议中书，实在其列。是书之成，尚有望于伯修也。"[4]尽管如此，仍不能有效解决条格、断例频降所导致的法律不稳定性。《大元圣政国朝典章》，即后世所称《元典章》，为元英宗时期汇编的法典，应该就是《至正直记》罗列"大元国朝文典"时所记录的"《国朝典章》"。其内容包括历朝圣旨条画、律令格例及案例等，其仿《唐六典》体例，目类清晰。尽管元朝相关史料并未记载《元典章》制定颁布的详细过程，其内容兼杂方言俗语，体例瞀乱且漫无端绪；但时人对其仍有很高评价："大元圣政典章，自中统建元至延祐四年，所降条画，板行四方已有年矣。钦惟皇朝政令诞新，

1（元）苏天爵编《元文类》卷36《序·（富珠哩翀）大元通制序》。
2 参见（元）苏天爵编《元文类》卷36《序·（富珠哩翀）大元通制序》。
3（元）苏天爵撰《滋溪文稿》卷26《章疏一·乞续编通制》。
4（元）许有壬撰《至正集》卷72《题跋·题苏伯修治狱记》。

朝纲大振，省台院部恪遵成典，今谨自至治新元以迄今日，颁降条画及前所未刊新列，类聚梓行，使官有成规，民无犯法，其于政治岂小补云。"[1]《至正条格》颁于元顺帝至正年间，是据《大元通制》删修而成，据欧阳玄《至正条格序》所述，删修原因依然是"简牍滋繁，因革靡常，前后衡决，有司无所质正，往复稽留，奸吏舞文"，经参酌互校，增损去存以"制诏百有五十，条格千有七百，断例千五十有九"成书。[2]总的来说，元朝典章制度汇编既频繁又缺乏端绪，这使得相关立法活动缺乏稳定性；但就体系而言，制诏、条格、断例三者构成了当时典章制度汇编的主体。元朝典章制度汇编，除上述外，尚有《经世大典》这一集大成者。据《元史·文宗本纪》记载，天历二年（1329年），由虞集等采辑圣旨、奏章公文等"本朝典故"并"准唐、宋《会要》"，于至顺二年（1331年）撰成《经世大典》一书。此书因汇辑众多元朝典章制度，而成为明人修撰《元史》的重要史源，明人对此是有清醒认识的，如洪武二年（1369年），朱元璋诏修元史，"取元《经世大典》诸书，以资参考"[3]。《明史·徐一夔传》云："元朝则不然，不置日历，不置起居注，独中书置时政科，遣一文学掾掌之，以事付史馆。及一帝崩，则国史院据所付修实录而已。其于史事，固甚疏略。幸而天历间虞集仿《六典》法，纂《经世大典》，一代典章文物粗备。"[4]《元史·祭祀志》亦云："凡祭祀之事，其书为《太常集礼》，而《经世大典》之《礼典篇》尤备。参以累朝《实录》与《六条政类》，序其因革，录其成制，作《祭祀志》。"可以推之，元朝《经世大典》不仅内容上为明人修史所取，其仿《六典》、效《会要》

1（清）瞿镛撰《铁琴铜剑楼藏书目录》卷12《史部五·政书类·大元圣政典章新集至治条例二册（影钞元本）》。按，此为瞿氏记载爱日精庐所藏影钞元本中所见无名氏题记。

2 参见（元）欧阳玄撰《圭斋文集》卷7《序·至正条格序》。

3《明太祖宝训》卷6《谕群臣》。

4（明）徐一夔撰《始丰稿》卷6《书·与王待制书》亦载："元朝制度文为务从简便，且闻史事尤甚踈略，不置日历，不置起居注，独中书置时政科，遣以一文学掾掌之，以事付史馆，及一帝崩，则国史院据所付修实录而已。尚幸天历间诏修《经世大典》，虞公集依《六典》为之，一代之典章文物，稍备其书。"按，此为徐氏致书元史总裁官王祎云云。

的汇编体例，自然也进入明人视界。就此意义言，明人撰修《会典》所推崇的"仿《六典》、效《会要》"之法，《经世大典》这样的典籍正是重要模板。正德《会典》书成，李东阳等追述《会典》体例渊源时云："伏以有谟训以贻子孙，垂万世之燕翼。观会通以行典礼，昭百世之鸿规。盖非天子则不考文，然惟孝者为善继志。粤自结绳政代，契托书传，象魏法陈，理同家喻。制备于周官之后，经传于孔壁之余。汉模略定乎三章，唐式仅颁乎《六典》。《会要》始于宋，而光岳弗完。《经世》纪于元，而彝伦攸斁。"所谓"《经世》纪于元"，正是《经世大典》。而曾任万历《会典》撰修副总裁的于慎行，更直指《经世大典》就是《会典》体例，其云："至治三年，命学士曹元等纂辑累朝格例，名曰《大元通例》，颁行天下。天历元年，又命儒臣采辑本朝故事，准唐、宋会要，名曰《经世大典》，即今《会典》体也。"[1]孙承泽云："弘治五年命内阁诸臣仿唐宋《会要》及元人《经世大典》、《大元通制》编成一书，赐名《大明会典》，其书以《诸司职掌》为纲，以度数名物仪文等级为目，附以历年事例，使官各领其属，而事皆归于职用，备一代定制以便稽考。嘉靖二十八年修之，万历十五年再修之，一代之大经大法备焉。"[2]于、孙二人对《经世大典》体例的认识，也足以说明在明人心目中，《经世大典》就是元朝的《会典》，是明《会典》体例之源。而无缘得见《经世大典》的清人，也对不能藉此考究元朝掌故表露了遗憾，如四库史臣云："《元史》以八月成书，诸志皆潦草殊甚，不足徵一代之法制。而《元经世大典》又久已散佚，其散见《永乐大典》者，颠倒割裂，不可重编。遂使百年掌故，无成书之可考。"[3]对《经世大典》，法史学界尚未给予足够重视，其重要原因是此书散佚已久，使得对其体例、内容不得窥视。但借以元人文集所留存的一些

1（明）于慎行撰《谷山笔麈》卷1《制典下》。

2（清）孙承泽撰《春明梦余录》卷12《文渊阁》。

3（清）永瑢、纪昀等撰《四库全书总目提要》卷83《史部三十九·政书类存目一》"《元典章前集》·六十卷"条。

序录，可加深对此书的了解。据欧阳玄《进经世大典表》云，是书"爰命文臣，体会要之遗意，编敕宫寺，发掌故之旧章。仿《周礼》之六官，作皇朝之大典。臣某叨承旨喻，俾综纂修。物有象而事有原，质为本而文为辅。百数十年之治迹，固大略之仅存；千万亿世之宏规，在鸿儒之继作。谨缮写《皇朝经世大典》八百八十卷，目录十二卷，公牍一卷，纂修通议一卷"[1]。虞集《经世大典序录》亦记，是书"思辑典章之大成，以示治平之永则"，同时"悉取诸有司之掌故而修饰润色之，通国语于尔雅，去吏牍之繁词"，并分帝号、帝训、帝制、帝系、治典、赋典、礼典、政典、宪典、工典十门。[2]其中帝号、帝训、帝制、帝系为君事，治典、赋典、礼典、政典、宪典、工典为臣事。《元文类》收有《经世大典》相关《序录》凡146篇，通过这些序文可窥视此书编撰不仅为当时治政提供制度指导，也藉此大成"典章"，以示"治平之永则"。《元文类》所存序录（治典、赋典在卷40，礼典、政典在卷41，宪典、工典在卷42），其中：

《治典》凡有制官、三公、宰臣年表、各行省、入官、补吏、儒学教官、军官、钱谷官、投下、封赠、承荫、臣事等13篇。

《赋典》据《赋典总序》开列"今《赋典》之目"：版籍户口、都邑、经理、农桑、赋税、钞法、海运、金银珠玉、铜铁铅锡、盐法、茶法、酒课、商税、市舶、宗亲岁赐、百官俸秩、公用钱、常平义仓、惠民药局、市籴粮草、赈粜赈贷、恤惠鳏寡，此22篇。而据《赋典总序》其后开列的篇目则有：都邑、附录（安南）、版籍、经理、农桑、赋税（税粮）、赋税（夏

1（元）欧阳玄撰《圭斋文集》卷13《表·进经世大典表》。

2 参见（元）虞集撰《道园学古录》卷5《序·经世大典序录》。《序录》云："凡十篇曰：君事四、臣事六。君临天下，名号最重，作帝号第一。祖宗勋业，具在史策。心之精微，用言以宣。询诸故老，求诸纪载，得其一二于千万。作帝训第二。风动天下，莫大于制诰。作帝制第三。大宗其本也，藩服其支也。作帝系第四。皆君事也。蒙古局治之。设官用人，共理天下，治其事者宜，录其成故，作治典第五。疆理广袤，古昔未有，人民贡赋，国用系焉，作赋典第六。安上治民，莫重于礼，朝廷郊庙，损益可知，作礼典第七。肇基建业，至于混一，告成有绩，垂远有规，作政典第八。刑政之设，以辅礼乐，仁厚为本，明慎为要，作宪典第九。六官之职，工居一焉，国财民力，不可不慎，作工典第十。皆臣事也。"

税）、赋税（税差）、海运、钞法、附录（钱法）、金银珠玉铜铁铅锡矾硇竹木等课、盐法、茶法、酒醋、商税、市舶、宗亲岁赐、俸秩、公用钱、常平义仓、惠民药局、市籴粮草、蠲免（恩免差税）、蠲免（灾伤免差税）、赈贷（京师赈粜粮、红帖粮）、赈贷（各处灾伤赈济）等27篇，溢出篇目当是内容较多而再行分篇所致，如赋税、赈贷。

《礼典》凡有朝会、燕飨、行幸、符宝、舆服、乐、历、进讲、御书、学校、艺文、贡举、举遗逸、求言、进书、遣使、朝贡、瑞异、郊祀、宗庙、社稷、岳镇海渎、三皇、先农、宣圣庙、诸神祀典、功臣祠庙、谥、赐碑、旌表、释、道等32篇。

《政典》凡有征伐、招捕、军制、军器、教习、整点、功赏、责罚、宿卫、屯戍、工役、存恤、兵杂录、马政、屯田、驿传、弓手、急递铺、祇从、鹰房捕猎等20篇。

《宪典》凡有名例、卫禁、职制、祭令、学规、军律、户婚、食货、大恶、奸非、盗贼、诈伪、诉讼、斗殴、杀伤、禁令、杂犯、捕亡、恤刑、平反、赦宥、狱空等22篇。

《工典》凡有宫苑、官府、仓库、城郭、桥梁、河渠、郊庙、僧寺、道宫、庐帐、兵器、卤簿、玉工、金工、木工、抟埴之工、石工、丝枲之工、皮工、毡罽、画塑、诸匠等22篇。

此六《典》所记制度，有的是《经世大典》成书前施行的，有的是现行的。需要指出的是，明修《元史》，特别是《志》，很大程度上依靠《经世大典》。《经世大典》是《元史》的史料来源，这点是学界共识。反推之，《元史》所记录的一些制度，既能与《经世大典》相关序录相证，也可藉此考证出《经世大典》所存录的制度。

史载元儒揭傒斯曾参修《经世大典》，书成后，元文宗览其所撰秋官

《宪典》部分，惊曰："兹非唐律乎！"[1]"唐律"之比，或有过誉，但据此可见《经世大典》确实涵盖有现行制度，且体例上纲举目张，体用得当，吏民易遵；而将现行刑事法律收归"典"中，这正是此后明清撰修《会典》的通行做法。此外，《明会典》以六部为纲，记述吏、户、礼、兵、刑、工等机构的职掌和事例。如果将《经世大典》治、赋、礼、政、宪、工各典内容与《明会典》涉及六部的篇目内容对照，不难看出其中的仿佛之处，《治典》可对应《明会典》吏部内容；《赋典》可对应《明会典》户部内容；《礼典》可对应《明会典》礼部内容；《政典》可对应《明会典》兵部内容；《宪典》可对应《明会典》刑部内容；《工典》可对应《明会典》工部内容。

历代法典以"会典"命名者，仅有《大明会典》和《大清会典》，其汇编方法可追溯到《周礼》。学界对《周礼》有较大争议，认为其设官分职之制并非周代原貌，但就以汇编方式编纂典章制度的做法而言，其始源地位毋庸置疑。唐仿照《周官》而编纂《六典》。宋、西夏、元，吸取前代汇编经验，以诸法合编方式编修国家大经大法。《庆元条法事类》《天盛律令》和《大元通制》《大德典章》《元典章》《经世大典》等，虽未以"会典"命名，但实际上都是综合性法律汇编。《庆元条法事类》《天盛律令》《大元通制》虽在编纂体例上与明清《会典》有别，后者是"以官统事，以事隶官"，即以国家机构为序，每一官署下按其职掌编列相关典制及事例，而前者是"以事目为经"或分门别类编纂，但它们都是把包括刑事法律在内的各类法律综合编纂成一代大法。就此意义言，《庆元条法事类》《天盛律令》《大元通制》《大德典章》《元典章》《经世大典》等也属于会典性质，只是名称不同而已。明以前的诸多汇编性质法典，对明《会典》影响深远的当属《经世大典》。《经世大典》不仅在内容上为明人编撰《元史》提供便利，其编撰体例也为

1（元）欧阳玄撰《圭斋文集》卷10《墓碑铭·元翰林侍讲学士中奉大夫知制诰同修国史同知经筵事豫章揭公墓志铭》。《元史·揭傒斯传》亦记："文宗取其所撰《宪典》读之，顾谓近臣曰：此岂非《唐律》乎！"

明修《会典》提供了有利参考。

随着"例"的提升和"典"的强化，明清吸收了历史上汇编典章制度的经验，并逐步形成定期修典的制度，促使汇编国家典章制度的大成之作——"会典"出现并逐渐在法律体系中占据首要地位。以明正德六年（1511 年）颁行《大明会典》为分界，中国古代的法律体系不再以律（令）典作为主导，而开始呈现出另一个特色，即以典为纲、以例为目。中国传统法律自明清开始进入以《会典》作为大经大法的"会典时代"。

3. 明《会典》之修成

关于明清《会典》的性质，学界尚有争议，有"典制体史书""行政法典""官制法"等不同观点。本研究采用"国家大经大法"的提法，主要理由是：其一，关于《会典》编纂的宗旨，正德《会典·御制明会典序》云："俾内而诸司，外而群服，考古者有所依据，建事者有所师法"。乾隆《会典·凡例》云："兹编于国家之大经大法，官司所守，朝野所遵，皆总括纲领勒为完书。"明清统治者编纂《会典》有双重意图，一是明法度令官民共守，二是诏示一代典籍备后世查考。其二，《会典》是一代典章和法律的汇编，不同于一般典制体史书的编纂，自始至终是国家的立法活动。编纂《会典》时，以"不得与《会典》之制有违"为原则，现行法律须经严格清理、选择可通行于世者呈报皇帝定夺后方可入典。《会典》由皇帝明令公布，命天下遵行。其三，从《会典》的内容看，除现行法律外，收入的前朝颁行的法律，基本上是两种情况，或是长期通行的基本法律制度，或是可作为百司参阅的法律经典。其四，查阅《明实录》《清实录》等明清史籍，有许多立法与执法实践中"照依会典""查照会典""按会典开载"的记载，说明《会典》在治国实践中是作为一代大经大法被遵行的。

《明会典》修于孝宗弘治年间，武宗正德初重校，嘉靖、万历朝重修、增补。万历朝重修时，揭橥了纂辑《明会典》的参考书目，大抵以洪武二十六年（1393 年）《诸司职掌》为主 [1]，并参以《皇明祖训》《大诰》《大明令》《大明集礼》《洪武礼制》《礼仪定式》《稽古定制》《孝慈录》《教民榜文》《大明律》《军法定律》《宪纲》等颁降之书。[2]《明会典》于明一代典章之蒐集，最为赅备，时人称之为"大经大法"，绝非空言。究其原因有三：一是所蒐集的典章形式和内容赅备，二是所蒐集的典章是实在施行与可操作的制度，三是所蒐集的典章在思想和观念上体现了统治者对"大经大法"治道的追求。

《会典》在明朝的纂修，主要历经弘治、正德、嘉靖、万历四个主要时期。其纂修过程，也是《会典》逐步形成其大经大法地位的过程。其中弘治朝为大经大法之肇基开创阶段，正德朝为大经大法之正式确立阶段、嘉靖朝为大经大法之巩固沉淀阶段，万历朝则标志《会典》作为大经大法进入了定鼎高峰时期。万历以后，《会典》虽不再修订，但仍在朝政中发挥不可或缺的作用，并成为清初循用的旧典旧章和清修《会典》的重要参考。以下就此过程，略作梳理并予阐明。

①弘治朝：大经大法地位之肇基

弘治十年（1498 年），《会典》开修之际，孝宗即谕内阁云："朕嗣承丕绪，以君万邦。远稽古典，近守祖宗成法。夙夜祗惧，罔敢违越。惟我太祖高皇帝创业定制，所以为子孙计者至矣。御制诸书连篇累帙，宏纲众目，极大而精。随制随改，靡有宁岁。后所施行，未尽更定。……兹欲仰遵圣制，遍稽国史，以本朝官职制度为纲，事物名数仪文等级为目，一以祖宗旧制为主而凡损益同异，据事系年，汇列于后，粹而为书，以成一代之典。"[3] 十五年（1503 年）书成，孝宗为之序云："朕惟自古帝王君临天下，必有一代之典，以成四海之治。虽其间损益沿革，未免或异，要之不越乎一天理之所寓

1　参见（明）李东阳等纂，申时行等重修《大明会典·序》。

2　参见（明）李东阳等纂，申时行等重修《大明会典·敕谕》。

3　（明）李东阳等纂，申时行等重修《大明会典·敕谕》。

也。纯乎天理，则垂之万世而无弊；杂以人为，虽施之一时而有违。盖有不可易言者。……朕祗承天序，即位以来夙夜孜孜，欲仰绍先烈，而累朝典制散见叠出，未会于一。乃敕儒臣发中秘所藏《诸司职掌》等诸书，参以有司之籍册，凡事关礼度者悉分馆编辑之。百司庶府以序而列，官各领其属，而事皆归于职，名曰《大明会典》。辑成来进，总一百八十卷。朕间阅之，提纲挈领，分条析目，如日月之丽天而群星随布。我圣祖神宗百有余年之典制，斟酌古今足法万世者，会稡无遗矣。"[1]尽管此部《会典》未及施行，但其所弥漫的"无违旧宪、无遗典章、为万世法、为子孙计"的主旨，成为后朝修典的纲领和精神指引。

②正德朝：大经大法地位之确立

正德四年（1509年），开始校订《会典》，六年（1511年）书成刊行。时李东阳等上表云："伏以有谟训以贻子孙，垂万世之燕翼。观会通以行典礼，昭百世之鸿规。盖非天子则不考文，然惟孝者为善继志。粤自结绳政代，契托书传，象魏法陈，理同家喻。制备于周官之后，经传于孔壁之余。汉模略定乎三章，唐式仅颁乎《六典》。《会要》始于宋，而光岳弗完。《经世》纪于元。而彝伦攸斁。肆天心之厌乱，属圣主之开基。峻德神功，弥纶宇宙。宏纲大法，敷贲臣民。……昔我孝皇之志，实惟英庙之遗。上逆累朝，仰稽烈祖。谓一代开基之制，在《诸司职掌》之书。或更定于暮龄，或增修于继世。发石室金縢之秘，征两京百府之藏。仪文每据乎旧章，义例特施乎宸断。命官分局，开六馆以编摩。类事归曹，备百年之损益。"英宗为之序云："朕惟古之君天下者，或创业立法，或因时制宜，皆有册籍以垂久远。其见于书，若唐虞之世则有典谟，夏有典则，商有谟言，周之礼制号称大备，下及汉唐宋皆有《会要》，而唐之《六典》尤详且悉。我太祖高皇帝稽古创制、分任六卿，著为《诸司职掌》，提挈纲领，布列条贯，诚可为

亿万年之大法也。……国是所存、治化所著，皆于此乎系。"[1] 从英宗序和李东阳等上表可观，《会典》"典"之意义，被正式凝练，即坚守《诸司职掌》等开国"大典"，远追三代典谟，近仿唐宋元《六典》《会要》《经世大典》。《会典》作为"会要典章"，承袭前代制典传统，所充当的不仅是"一代之典"，也是"亿万年大法"。

③嘉靖朝：大经大法地位之巩固

嘉靖八年（1529年），续修《会典》。时世宗谕内阁云："朕躬承天命，入继祖宗大统，君临天下，凡致治保邦之道远稽古典，近守祖宗成法，夙夜祗慎，罔敢违越。仰惟我皇伯考孝宗皇帝命儒臣纂修《大明会典》一书，我圣祖神宗，累朝以来，创业垂统，守成致治。凡官职制度、事物名数、仪文等级、宏纲众目，本末备书，因时修改，损益具载，大要以祖宗旧制为主，节年事例附书于后。……朕惟此一代通典，百司之所遵行，后世以之为据，岂宜有此错误。彼时纂修者既失于精详，总裁者又不能订正，均难辞责。然亦因举行稍迟，先朝之事，故老凋丧，案卷磨灭，典籍无考，致有前失。及今修改，犹或可及。不然，岁复一岁，愈远愈忘，终难考订。"[2] 二十四至二十八年（1545—1549年），世宗屡诏内阁接踵其事，续修新例并新增卷目，但都未予刊布。看似遗憾的结果，或可揭示：《会典》既要作为"一代通典"而为百司所遵，又要成为"亿万年大法"且"后世以之为据"，兼备此二者，实非易事。因此，修订就并非技术操作要求，而是关系到"典"的权威性，更确切地说是"大经大法"的完备性、正确性及代代相承的问题。

隆庆二年（1568年），孙应鳌奏请采辑"嘉靖四十五年间现行事例"，以续《会典》。时礼部以《世宗实录》尚未修成，不可施行，穆宗亦未许其请。[3] 是年，已致仕的王世贞亦上书"修典章以昭国纪臣"云："《大明会典》

1（明）李东阳等纂，申时行等重修《大明会典·序》。

2（明）李东阳等纂，申时行等重修《大明会典·敕谕》。

3 参见《明实录·明穆宗实录》卷21，隆庆二年（1568年）六月庚子。

一书，实我祖宗经世大法，百司庶僚奉而行之，可以传示永永，而时涉变通，事多损益，先该嘉靖二十九年间修完进呈，不知何缘废阁。然自二十年以后，隆庆二年以前，中间典仪之更革，兵制之裁定，财赋之出纳，又有不容于不修者。臣愚欲命内阁辅臣作速更订，进御颁行。至于法司上慑天威，下媚政府，以意为师，颠倒二尺，或疏辞引二王而比以诈传令旨，或出题涉风谏而比以子骂父，或奉旨延迟而比以弃毁诏书，或奏事欠实而比以冲突仪伏舞文弄法，不可枚举，亦宜明旨禁革，著之《会典》中，永以为戒。"[1]可见，《会典》"岁复一岁"考订，但又"岁复一岁"停工，不仅牵动在职官吏之心，也让退休官员念念不忘。从王世贞之疏不难看出，《会典》废阁，所造成的不仅是制度缺失，更导致司法颠倒是非、舞文弄法之乱。

④万历朝：大经大法地位之定鼎

经历了嘉靖篡而不刊，隆庆废阁不议，《会典》"不容于不修"的境况，自然成为后朝臣工的共识和愿景。换言之，嘉、隆两朝对修典刊布"慎之又慎"的消极举动所产生的积极结果，是为万历朝重修奠定了舆论先声和材料基础。同时，也奠定了人才基础，穆宗所倚重的张居正，在神宗即位后即被任命为《会典》总裁官，统领重修事宜。

因此，万历重修，必须面对弘治以来"岁复一岁"不及考订之弊，损益沿革也就成为张居正等重修的题中之义。前朝重修《会典》的议案，也成为张居正等重修的论据和工作铺垫。早在万历二年（1574年），林景旸就奏议重修，但礼部覆以世宗、穆宗实录尚未篆成，不能顾此失彼，须待此事功毕方能重修，同时又言："《大明会典》一书，即唐宋《六典》、《会要》之遗意。以昭一代之章程，垂万年之成宪，至精且当。顾其为书，成于弘治之末年，至今代更四圣，岁踰六纪。典章法度不无损益异同，其条贯散见于简册卷牍之间。凡百有司艰于考据，诸所援附鲜有定画，以致论议烦滋，法令数

1（明）王世贞撰《弇州四部稿》卷106《文部·奏疏五道·应诏陈言疏》。

易，吏不知所守，民不知所从。甚非所以定国是而一人心也。"[1]如此直指弊病的回复，绝非礼部单方意见，应代表了朝野基本态度。重修《会典》，可谓万事俱备，只待实录修成、"国家闲暇"、实录纂修官"在馆稍暇"而已。作为仰承祖宗大经大法，"以光继述大孝事"的当朝君主明神宗对重修也表了决心。万历三年（1575年），沈楷奏议："乞将见行事例悉令诸司循年顺月，别类分门，举要刈烦，斟酌损益，汇书进呈，刊布天下，与《会典》、律令诸书并传，使中外人人得以通晓。"沈氏所议本为另撰他书，但神宗诏曰："国家典章法度备载《会典》，待纂修《实录》完日命官续修，不必又创一书，徒滋繁冗。"[2]可见，万历二年（1574年）礼部议覆林景旸已得神宗首肯，此诏也昭示重修即将展开。

万历四年（1576年），身兼实录纂修总裁的张居正正式提议重修《会典》，并对当年孙应鳌、林景旸的议案进行回顾，肯定前人之议"委于政理有裨"，也表明了通过补辑缺漏、维新良法而达一制度、一人心的修典宗旨："《会典》一书于昭代之典章法度，纲目毕举，经列圣之因革损益美善兼该。比之《周官》、唐典，信为超轶矣。顾其书创修于弘治之壬戌，后乃阙如。续编于嘉靖之己酉，未经颁布。又近年以来，好事者喜于纷更，建议者鲜谙国体，条例纷纭，自相牴牾。耳目淆惑，莫知适从。我祖宗之良法美意几于沦失矣。今幸圣明御极，百度维新。委宜及今编辑成书，以定一代之章程，垂万世之典则。"[3]张居正等上奏后，神宗即依其请颁旨重修，并谕内阁云："惟我祖宗之旧章成宪，是守是遵。仰惟皇曾伯祖孝宗皇帝命儒臣所纂《大明会典》一书，其于我祖宗列圣创业垂统典章法度之详，通变宜民因革损益之迹，固已纲目具存，足垂彝宪。……其近年六部等衙门见行事例，各令选委司属官遵照体例，分类编集，审订折衷，开具送馆。卿等督率各官悉心考

---

1 《明实录·明神宗实录》卷24，万历二年（1574年）四月甲寅。

2 《明实录·明神宗实录》卷44，万历三年（1575年）十一月乙未。

3 （明）李东阳等纂，申时行等重修《大明会典·重修题本》。

究，务令诸司一体，前后相贯，用不失我祖宗立法初意，以成一代画一经常之典，昭示无极。"[1]重修时，张居正等也力求"体例宜有变通""务期考究详确，不失敕旨折衷之意"的体例，"从事分类，从类分年"，有遗则补，有重则并，有绝则削，尽行增补厘正之责。[2]此以张居正等上疏裁定《宗藩条例》以纂入《会典》作说明。

万历七年（1579 年），张居正等奏："近该礼部将所纂礼曹事例呈稿，臣等仔细参详，国家典礼如仪制秩祀者，皆出祖宗列圣亲裁，至精极当，分类编录，足垂永久。惟宗藩一事条例最繁，前后参差不一。至嘉靖四十四年始定为《宗藩条例》一书，比时礼官亦自以稽考累朝典制，斟酌损益，既殚厥心矣。然以臣等愚见，揆诸事理，尚多有未当者。"随后列举了宗藩管理制度存在的"或减削太苛，有亏敦睦；或议拟不定，襄所适从；或一事而或予或夺；或一令而旋行旋止；或事与礼舛，窒碍难行；或法与情乖，轻重失当"，致"奸猾得以滋弊，有司无所持循"。嘉靖朝修成《宗藩条例》，万历承袭，尽管适用"似亦未为大害"，但就此勒成简册，纂入《会典》以昭示将来，尚不能情法允协，成为"垂万世不刻之典"。因此，张居正等提议："此等条例都著议拟停当改正行，合无敕下礼部，遵照前旨将前项条例再加斟酌，并上请圣裁著为宪令，然后开送臣等纂入《会典》，庶法以画一万世可遵矣。"[3]同年十二月，礼部会同宗人府等对《宗藩条例》详加斟酌，并表示要做到"情法适中，科条画一，足以昭示久远，为经常不易之规"，以便日后纂入《会典》并颁布王府"永永遵承"[4]。万历十年（1582 年），礼部"删烦撮要"，将累朝宗藩事例重新整合为 41 条，神宗钦名《宗藩要例》，同时"令史馆纂入《会典》，颁示各藩"[5]。《宗藩要例》之文散在万历《会典》"卷

1（明）李东阳等纂，申时行等重修《大明会典·敕谕》。
2 参见（明）李东阳等纂，申时行等重修《大明会典·重修凡例》。
3《明实录·明神宗实录》卷 84，万历七年（1579 年）二月乙酉。
4《明实录·明神宗实录》卷 94，万历七年（1579 年）十二月甲午。
5《明实录·明神宗实录》卷 122，万历十年（1582 年）三月甲戌。

五五王国礼一""卷五六王国礼二""卷五七王国礼三"中；然万历《会典》
228 卷之多，《宗藩要例》3 卷之文，百不占一，尚须三年修订磨成，窥一卷
而反观此皇皇巨典，可谓著功之细、立制之精。因此，万历修典既解决制度
的纷纭之况与好事者的纷更之议，也维护了祖宗的"立法初意""良法美意"，
进一步巩固《会典》作为一代大经大法、万世章程典则的地位。

　　万历十五年（1587 年）《会典》告成，申时行等上表云："伏以鸿谟启
佑，贻万年定保之征；钜典裁成，备一代经纶之迹。述作兼资乎明圣，信从
允协于臣民。克绍前休，永垂后法。粤自高皇肇造，陈纪立纲。暨夫列圣嗣
兴，觐光杨烈。盖历承□之百载，始成《会典》之一编。远仿虞书，列九官
而亮采；近参周礼，标六职以提衡。政刑明张弛之宜，文武揭修攘之要。图
籍藏诸天府，章程播在人寰。……敕天而惟时惟几，益谨无虞之戒；法祖而
善继善述，丕延有道之长。"[1]这种"善继善述"的法祖"达孝"，神宗在序中
极尽表露："惟自古帝王之兴，必创制立法以贻万世，而继体守文之主，骏
惠先业，润色太平，时或变通以适于治。故前主所是著为律，后主所是疏为
令。虽各因时制宜而与治同道，则较若画一焉。朕践阼以来，夙兴夜寐，思
绍休圣绪，惟祖宗成宪是鉴是式。"[2]经张居正等努力，《会典》作为庞大的法
典工程，体例结构更加完善、内容更加丰富，作为一代定制的权威性更为巩
固。就黄仁宇"大历史观"而言，万历十五年如其名著开篇所言："在历史
上，万历十五年实为平平淡淡的一年"。历史本不平淡，由于此年《会典》
重刊，历史上的大经大法得以进入新的鼎盛阶段。

　　万历十七年（1589 年）殿试，时制策以礼法为问，并重申重修《会
典》之深意："朕惟自古帝王立纲陈纪，移风易俗，一禀于礼法使尊卑有
等，上下相承，然后体统正于朝廷，教化行于邦国，所以长久安宁，有此具

1（明）李东阳等纂，申时行等重修《大明会典·进重修大明会典表》。

2（明）李东阳等纂，申时行等重修《大明会典·序》。

也。……我太祖高皇帝用夏变夷，敷政立教，尝谕侍臣曰礼法明，则人志定，上下安。又曰制礼立法非难，遵礼守法为难。乃集为礼制，著为定式，颁律令、《大诰》于天下。洋洋圣谟，布在方策，可得而扬厉欤？朕以冲昧，嗣守鸿业，十有七年，夙夜兢兢，惟成宪旧章是监是率。间者深诏儒臣进讲《礼经》，重辑《会典》，使诸司有所遵守，庶几绍休圣绪，以兴太平。"[1] 作为重修后的首次殿试，述"善继善述"修典之盛事，问天下学士礼法之大道，彰治道之大经大法，可谓用心良苦。

万历《会典》刊行后，不少在乡士大夫即紧遵《会典》所订礼制行事，《会典》成为制定家礼书的重要参考。就在《会典》修成当年，闵元衢云："今上十五年，又重修辑，自上达下，皆当遵行"，但卷帙浩繁，非常人能寓目，故采"有关官民乡里日用之不可缺者"编成《会典士民便览》一书，"庶几家传户诵，一道同风，有裨教化"[2]。冯复京以"冠昏丧祭，不当抗《家礼》于《会典》"，因作《遵制家礼》[3]。刘元卿亦以"我国朝以德出治，而《大明会典》与《大明律例》并行于世，若日月之相代"；然士民未必得观，故取二书"四礼之切于日用，与五刑之易犯"者编成《礼律类要》，"刻而流之人间，俾知大礼大法，共相趋避云尔"[4]。万历二十五年（1597 年），冯从吾制定《关中士夫会约》以冀士风"返薄还厚"，其云："省会风气近古，诸凡礼节颇有先民之意，弟恐久而浸失，其初是不可不一申之者。其冠婚丧祭当以《会典》家礼为主。至于冠礼久已不行，尤望诸公亟倡之。"[5] 这位曾谏言神宗，而险遭廷杖被削籍归乡的大儒[6]，也不得不依《会典》来崇正辟邪，弘扬礼教以使理学不坠于世。定私书而参官制，制家礼而本《会典》，这种自

1 《明实录·明神宗实录》卷 209，万历十七年（1589 年）三月壬戌。

2 （明）闵元衢撰《欧余漫录》卷 6 《会典士民便览》。

3 （清）钱谦益撰《初学集》卷 55 《墓铭志六·冯嗣宗墓志铭》。

4 （明）刘元卿撰《刘聘君全集》卷 4 《序·礼律类要序》。

5 （明）冯从吾撰《少圩集》卷 5 《关中士夫会约原序》。

6 参见《明史》卷 131 《冯从吾传》。

上而下的奉行与维护，主动传播大礼、大经、大法，使《会典》作为大经大法，不管是观念认同还是制度实施都迈向了定鼎高峰。

⑤万历朝以后：大经大法地位之坚守

至明亡，《会典》一直沿用并无修订。修典"停滞"或可说明，经万历事功，"大经大法"确已定鼎，故朝野的态度唯有坚守二字。此以两则"反面"材料为证。

其一，万历二十一年（1593年），陈于陛上疏详考史家之体，并请纂辑当朝正史，其言："我朝兴造功业，建立法制，事事超越，而史书独有列圣《实录》藏之金匮石室，似只仿宋世编年《日历》之体，但可谓之备史，未可谓之正史。至于《会典》屡修颁布，凡六曹政体因革损益之宜，虽已该载，而庙堂之谟谋、册诰、臣工之议论文章不与焉，但可谓之国有典制、百司遵行之书，而非史家之体。"[1]观其意，累朝《实录》虽可"备史"，却未有资格称为"正史"；而"国有典制、百司遵行"的《会典》，甚至连"史家之体"的条件都不符合。考《明史》本传，陈氏万历初曾预修世、穆两朝实录，后又获任《会典》纂修官。[2]陈氏既修《实录》、又纂《会典》，其对《会典》的地位和作用，自然会比常人有深刻认识。将《会典》排除在"史家之体"外，看似"轻蔑"，实视其为超越正史的一代大经大法；谓其"非史家之体"，是因其属经邦之法。作为修史、修《会典》者最基本、真实的价值判断，不以"史"来称述《会典》，从反面说明：《会典》不管是体例形式还是内容，因其大经大法的属性，使得正史无论如何都难以比肩和涵盖其大义。

其二，崇祯四年（1631年），钱谦益为《洪武正韵笺》作序时感慨：洪武年间朱元璋命宋濂等所编，以求训民同音的官方韵书，当时早已"束置高阁，不复省视"。更有甚者，"太祖颁行《大诰》，户藏一本，有者减罪一

1《明实录·明神宗实录》卷264，万历二十一年（1593年）九月乙卯。

2 参见《明实录·明神宗实录》卷140，万历十二年（1584年）四月庚申。

等，无者加罪一等。今不问书之有无，动曰《大诰》减等。学断狱者，并不知《大诰》为何书矣"[1]。作为"圣经"的《大诰》尚如此，《洪武正韵》这种对现实政治、法律产生不了直接影响的韵书，其命运可想而知。尽管在崇祯元年（1628 年）也有"命重刊《大诰》及《大明会典》，令辅臣各拟序以进"之举[2]，但实际上，自明中后期，《大诰》权威地位已每况愈下。与此形成反差的是，朝野对待《会典》的态度并未受影响。其作为皇上与臣工共守的大经大法，仍是共识，如天启三年（1623 年），姚思仁言："皇上所与内外臣工共守者，《大明会典》一书耳。"[3]崇祯元年（1628 年），徐光启议"另辑《会典》"[4]。就在钱氏堪忧《大诰》的同年，已致仕的何如宠上书云：《大明会典》一书，无一事不备，无一法不善，无一时不可遵行，此我二祖列宗不朽之谟烈，为世世圣子神孙所当世守者。但能力追旧，贯自有一是而无二非，臣故因论史而并及之惟皇上宪天法祖，酌古准今事至，则按之《会典》事前则参之，史学将天下不足治矣。"[5]可见，《会典》作为"世世圣子神孙"所守的"大经大法"，臣工对其权威性维护的热情要远高于其他典章，人不知《大诰》的境况并未在《会典》上重演。

至于何如宠所言，仍可从一些正面材料得到例证。检《崇祯长编》[6]及《崇祯实录》，当时谕旨或臣工在讨论朝政、案件，援引《会典》作参照施行或重申其中规定者有 30 例之多[7]（除前引徐光启上疏、重刊《会典》、何如宠上疏三例）。如表 2-9 所示：

1（清）钱谦益撰《初学集》卷 29《序二·洪武正韵笺序》。

2 参见（明）佚名撰，（清）汪楫辑《崇祯长编》卷 15，崇祯元年（1628 年）十一月辛酉。

3《明实录·明熹宗实录》卷 30，天启三年（1623 年）正月辛丑。

4（明）佚名撰，（清）汪楫辑《崇祯长编》卷 13，崇祯元年（1628 年）九月丙寅。

5（明）佚名撰，（清）汪楫辑《崇祯长编》卷 54，崇祯四年（1631 年）十二月己巳。

6《崇祯长编》现存 68 卷，前 66 卷本者［起天启七年（1627 年），止崇祯五年（1632 年）］为汪楫所辑。后 2 卷者［起崇祯十六年（1643 年），止十七年（1644 年）］，撰者佚名，亦称痛史本。

7 按，《崇祯长编》所录史事，缺崇祯六年（1633 年）至十五年（1642 年）事，其例应有更多。

表2-9　　　　　　　　　《崇祯长编》《崇祯实录》所见援引《会典》事例

序号	材料	出处
1	赠□□□王机太仆寺少卿，仍谕吏部以后恩例，须照《会典》及万历二十年以前事例相合者方许奏请，无援近例，以杜牵合。	《崇祯长编》卷6，崇祯元年（1628年）二月癸丑（注：此为汪辑本，下同）
2	江西道御史叶成章言：稽《会典》祖宗原有召商之法，但曰商，则本贸迁之人非受廛而聚处者也。曰召商，则自有招徕鼓舞之术，非势逼而威胁者也。法行既久，渐失其初。审编偏于市民，抑勒甚于刑驱，是岂立法之初意哉。今日之变通，维稽祖宗朝召商之法而善用之耳。	同上，卷8，崇祯元年（1628年）四月戊戌
3	谕通政司近来章奏陈乞及恤典太滥，以后年远及与《会典》成例不合者，不许一概封进。	同上，卷8，崇祯元年（1628年）四月庚戌
4	礼部教习驸马主事陈钟盛言：谨按《大明会典》，公主长成选择驸马，驸马选中公主，从宫出。至府，与驸马拜天地，设公主座于东西向，驸马拜位于西东向。公主升东座，驸马就位，向东行四拜礼。公主坐受两拜，答，两拜后，入室行合卺礼。十日后，公主驸马谢恩。上另赐宴，礼毕，回府。次日，见舅姑答两拜。是公主下降于府时，即与驸马宜其室家矣。臣讯永固，则曰公主入府，行合卺礼，如《会典》所载。合卺后又同床并坐，特未成婚与行见舅姑礼。夫以驸马匹公主，虽贵贱不敌，然业已举案合卺，则俨然夫妇也。独不成婚何为者哉。查《会典》原有次第，故令驸马先拜公主，拜后合卺，明乎合卺后无拜礼矣。况又称臣馈送站立视膳者乎，今巩永固行礼未毕，而闻齐赞元见在视膳，种种恶习，臣实不知起自何年。《大明会典》一书，我祖宗辰告，吁谟万世遵行，既不载此礼数，急当厘而正之，何烦斟酌哉。……伏乞皇上敕部详定，自后降府即遵《会典》行，不许行《会典》外，相沿积习，令巩永固、齐赞元即择日成婚，行见舅姑礼，得遂室家之好，无违夫妇之伦，三纲正，五伦明，风化端，而国体尊矣。	同上，卷9，崇祯元年（1628年）五月辛巳
5	令吉安一府照《会典》仍食淮盐。	同上，卷12，崇祯元年（1628年）八月甲午
6	旧制，南京仓粮拨附近南地，浙江、湖广、江西、应天等郡充之，共一百四万二百余石，皆以民运，遂致拖欠数多。至是从御史吴焕议，令府佐部运不及千石者县佐运，定限十一月收粮，正月运解，三月兑收。部运官踰限者，照《会典》例治，著为令。	同上，卷12，崇祯元年（1628年）八月庚戌
7	贵州总督张崔鸣以科臣瞿式耜、万鹏疏纠具辨云：边臣失疆土，边臣失律必扯本兵与边臣同罪，则本兵一身可胜诛乎。即本朝前代，事有大于辽阳者，从未坐本兵罪。盖本兵主枢密之权，原无封疆之任。《大明会典》《邦政条例》，法制所无者，而诸臣昧心强坐，臣以莫须有之罪而借以轻廷弼之罪，臣不受也。	同上，卷13，崇祯元年（1628年）九月癸亥

续表

序号	材料	出处
8	惠安伯张庆臻回奏疏：臣后府金书、左府掌印，积十六年，戎政员缺，会推及臣。初受任时，见都城内外盗贼纷纭，协臣吕纯如调官军缉获。臣思缉盗多捕营之职，因查《会典》，于七月二十一日具揭，一投内阁，一投兵部，揭中之语并无私增字样。行贿一事，臣身为世臣，岂不自爱如是？	同上，卷15，崇祯元年（1628年）十一月甲子
9	巡青给事中刘汉儒、御史黄仲晔言：凡屯牧等地，各州邑版籍具存，宜照《会典》、《会计录》所载，每处原额、见额、开垦、荒占、存留各若干，逐一清查，定其界限，勒之版册，则放青可行而祖制画一矣，所当责实而正疆界者四。	同上，卷16，崇祯元年（1628年）十二月乙未
10	禁民间私自阉割。上谕，略云：朕览《会典》有宫禁例一款：民间有四五子，愿以一子报官阉割者，有司造册送部选用，敢有私自净身者，本身及下手之人处斩，全家发烟瘴地方充军；两邻歇家不举者治罪。我祖宗好生德意其至周密，故立法严明如此。近来无知小民希图射利，私行阉割，咨伤和气，童稚不堪，多致陨命，违禁戕生，深可痛恨。自今以后，且不收选，尔部可布朕意，多刊榜文，自京师五城及省直近畿州县、藩封处所、穷乡下邑，遍行晓谕，谕到之日为始，敢有犯者，按法正罪。	同上，卷18，崇祯二年（1629年）二月壬寅
11	上曰：驿递之设，原为紧急文书、飞报军情。今遣白牌，骚扰驿逓，朕屡旨严禁，全不遵行，朕当以重典处之。……爛奏：各差自有祖宗旧制载在《会典》，原有定额。……爛奏：为遵《会典》的行。上曰：昨主事吴鸣虞疏说，天下兵马钱粮等项，谁是《会典》之旧？惟恩典等事辄引《会典》为言，还照祖宗旧制行纔是。	同上，卷20，崇祯二年（1629年）四月辛亥
12	帝言：御史回道考察，称职照旧管事，不称职奏请罢黜，具载《会典》，遵行已久，近来并无不称即，平常亦无何以激劝。这开覆职款依议参酌，平常无过者照考满例对品调用，外转司道，亦是从优，岂得以待不职？年例照旧另行，其降调京职、降俸、罚俸俱不准。	同上，卷24，崇祯二年（1629年）七月壬子
13	兵部以湖广所解军器火药屡试不堪，请发工部改造。帝曰：如此则将来外解益滋滥恶矣，其酌妥驳回，勿使虚费。帝于驿递裁节务须定例永遵，而兵部所议参差未善，明系立意脱漏以为传会徇私之地，命遵照《会典》，与兵科逐一详议，勒为规条，务使勿滥勿疏，可行可久，称朕体臣恤民之意。	同上，卷30，崇祯三年（1630年）正月癸巳
14	行人司韩一元等上言：伏读《大明会典》，一应差遣，先尽行人，行人不敷，然后访取别署。煌煌祖制，谁敢违之？不谓因循既久，弊窦旁开，行人遂为赘员。臣等顾名思职，无可自效，不知三年报绩之日，何所据为考课之资？况军兴多事，人人当思报称，与其虚名官当尽之职业，何如还行人应效之驰驱？是又官方法守所宜亟为辨定者也。	同上，卷31，崇祯三年（1630年）二月丙子

续表

序号	材料	出处
15	户部尚书毕自严覆奏御史饶京鼓铸之议，谓铸钱一节，不独南北开局，先经通行各省广铸取其息以补新饷之不足，乃苦于无息施开旋罢。……臣考《会典》，洪武之初及永乐九年、嘉靖六年，俱差官各省铸钱，盖因利于天地，取之不竭而用不穷，有俾军需，良非浅鲜。	同上，卷32，崇祯三年（1630年）三月庚子
16	提督马政太仆寺少卿郑宗周以京营马匹倒失不堪，疏请照《会典》定例，将副参以下官降罚示惩。	同上，卷32，崇祯三年（1630年）三月丁未
17	太仆寺少卿提督马政郑宗周言：祖宗创制立法，皇上砺世磨钝，止有此赏罚大典，守锜谓臣参及副将，为功令不载。夫京边副参各官按损失分数为降罚之差，载在《会典》，遵行已久，况臣祗奉敕书，年终例应参罚，即督臣亦尝言之，而谓功令不载，敕书、《会典》非朝廷之功令乎？军中之事将领任宠等钤束不严、稽核无法，以致马匹多损，自应为法受过，乃规造巧言，希图幸免，此无异故，情面相沿耳。	同上，卷33，崇祯三年（1630年）四月癸亥
18	顾锡畴言：文庙先贤自四配十哲外，两庑共六十二人，《会典》所载东自淡台灭明，至颜哙三十三人；西自宓不齐，至步叔乘二十九人，位次多紊，且有汉儒次宋儒下，非所以妥先儒也。宋罗从彦、李侗虽万历时从祀，而实朱熹父执，所从受学，既皆从祀，不可不论其世。	同上，卷36，崇祯三年（1630年）七月丙午
19	原任东江游击周文煜疏请毛文龙恤典。帝以文龙历年縻饷，牵制无功，文煜岂得借端渎奏？本当究处，姑念愚弁从宽，其文龙骸骨准亲人领埋。浙江巡抚陆完学以《会典》载文职二品以上八十者备彩币、羊酒问劳，九十者具实称闻，遣使存问。今原任南京工部尚书太子少保丁宾，齿届八旬有八，相应再沐殊恩，但九十仅少二龄，或即仿九十例特恩宠异，此则皇上优礼老臣之至意也。	同上，卷39，崇祯三年（1630年）十月乙丑
20	礼部右侍郎王应熊上言：请敕下府部院寺，凡职掌内事，督率僚属，遵照《会典》一一讲求，权其今昔时，宜酌其轻重缓急，均使不失祖宗良法美意，每衙门逐款胪列，恭请圣裁钦定，于是悬象魏以示之，严考课以绳之，当必有竭蹷共赴，以襄我皇止中兴之绩者，又奚俟区区内臣为哉？	同上，卷53，崇祯四年（1631年）闰十一月庚子
21	云南道御史张聚秀以登兵倡乱由平日防制失宜上言：……至各州县，既苦无兵，复苦无饷，备御无资，宜速行团练乡兵之法，敕部照《会典》开载，酌定赏格，颁示天下，令巨室富户各量己力，捐资畜兵，有能输粟五百石以上，或募养健丁百名以上，或临阵杀贼获有功级者，分别题请给冠带荣身，或加应得职衔，每州县得五六百人或千人，报名在官，屯聚训练。	同上，卷54，崇祯四年（1631年）十二月辛卯

续表

序号	材料	出处
22	曹文衡奏：内监邓希诏听神奸南拱北挑激，无端生嗔，其意不过欲臣夤缘交结，事事请裁于彼。然臣素矢硁硁，耻为谄媚于其上。……神庙时，各省钦遣内监，遇庆贺大典，皆于本衙门行礼，如遇接诏，内监先于槛内行礼，立于龙亭之傍，昨万寿庆贺，臣议内监于槛内龙亭前行近臣礼，臣率司道遵《会典》行出使礼，希诏不从，必欲与臣同班，踞于班首，不知朝廷之上，圣明之前，岂有内监同班否？	同上，卷55，崇祯五年（1632年）正月乙卯
23	吏部尚书闵洪学奏：国家典制，昭如日星，有非臣下所得妄意置吻者。按《会典》官制，自洪武二十二年（1389年），以亲王领宗人府，后但命勋戚大臣摄之，未尝备官。至永乐间，以驸马王宁署印，自后相沿遂为故事。	同上，卷58，崇祯五年（1632年）四月己巳
24	吏部等衙门会议请以原选庶吉士改中书舍人朱统铻仍为庶吉士。先是，吏部以统铻宗室，不宜官禁近，请旨改为中书舍人。统铻上疏争之，章下部院详议。吏部尚书闵洪学、左都御史陈于庭等谓：……顾自靖难来，二百六十余禩，宗室惟有胙土分茅，食租衣税，并未拔用一人。考之《大明会典》，宗藩条例但有宗学并无宗科，遂无宗科选法，即宗人亦不许擅出城人京，宗戚仕宦亦仅止外寮矣。高皇帝之时庸展亲非偏于仁，列圣之曲防尽致非偏于义，要皆时之所设耳。	同上，卷60，崇祯五年（1632年）六月乙酉
25	刑科给事中钟斗上言：又见《会典》载问狱衙门供招之外不许妄加参语，诚以口供既明，何须蛇足？意念深矣。近供招多不出囚口，但雕琢为工，犯人难解，殊非刑名之体，此又以烦文而掩律意者。不思狱以得情为明，律以中为要，情滥乎法，法逾乎情，皆失确拟。	同上，卷63，崇祯五年（1632年）九月庚申
26	山东巡按兼军前监纪谢三宾疏奏：巡按监纪，《会典》原属两差，往时虽有巡按而不兼纪功，查核之而已。今既监纪则岂有笔之于下而不告之皇上者？不知一切功绩，臣为报乎？臣当查乎？当报则已有抚臣，当查则未奉明旨发下章疏，按监两职俱无安顿，此当请者二也。	同上，卷64，崇祯五年（1632年）十月庚午
27	谕：历法仍遵《会典》，行《大统历》，如交食、经纬、晦朔、弦望，许张守登等旁考推测。	《明实录·崇祯实录》卷11，崇祯十一年（1638年）正月癸巳
28	工科都给事中何楷上言：今爰书之烦极矣，部司议宥，止于重辟数人；而未结之案，先后累累，谁复过而问焉。《会典》热审事例，有轻重囚犯急与问理及出狱听候之令，今亦可仿而行之。	同上，卷11，崇祯十一年（1638年）五月丁丑
29	汝宁真阳知县朱蕴疏：再考《会典》，勋戚不许干预朝政，防危杜渐，固自有见；臣愚以为作监军可。何则？勋戚为天子亲臣，择才望素著者持节监军，可俾大帅。一以制其跋扈，俾官军中举动巨细，日夕得以上闻，诚便计也。	《崇祯长编》卷1，崇祯十六年（1643年）十月辛丑（注：此为痛史本，下同）

续表

序号	材料	出处
30	帝谕:《会典》钞法六等,旧式见存在库,该司察炤印造。其四年界限,如尚有精好不愿换者,听从民便。	同上,卷2,崇祯十七年(1644年)正月甲午

据表可见,崇祯朝援引《会典》,涉及赠官、召商、恩恤、礼制、盐法、漕运、军法、缉盗、版籍、宫禁、驿递、考满、官制、钞法、马政、团练、宗藩勋戚、问狱、巡按、历法、热审等内容。尽管明朝就此走向覆亡,就算人不知《大诰》为何,但《会典》作为君臣共守大法,仍在合适时机发挥作用。这并非简单的旧事重提、旧制重议,而是如何如宠所言,其确是"无一事不备,无一法不善,无一时不可遵行"。在施行上,《会典》比《大诰》更为持续、广泛和稳定,这使得其大经大法地位并未产生动摇。就算明亡,仍有人追忆。曾仕明,后投李、终降清的孙承泽,在多年后云:"弘治五年命内阁诸臣仿唐宋《会要》及元人《经世大典》、《大元通例》编成一书,赐名《大明会典》,其书以《诸司职掌》为纲,以度数名物仪文等级为目,附以历年事例,使官各领其属,而事皆归于职用,备一代定制以便稽考。嘉靖二十八年修之,万历十五年再修之,一代之大经大法备焉。"[1]作为遗臣和贰臣,孙氏对《会典》的追忆,对前朝之制的肯定,又何尝不是另一种"大中至正之心"[2]?因此,把《明会典》称为明朝的大经大法,实是古人确凿之论、众服之说。

弘治朝祖《诸司职掌》始制"一代之典";正德朝明"会要典章"之义而订"亿万年大法";嘉靖朝屡经续增却留禁"一代通典";万历朝鉴式前宪终成"一代画一经常之典"。凡此四朝纂修《会典》之过程,亦即《会典》

---

1 (清)孙承泽撰《春明梦余录》卷12《文渊阁》。
2 乾隆四十年(1776年)诏修《贰臣传》,孙氏名列其中,时诏云:"今为准情酌理,自应于国史内另立《贰臣传》一门,将诸臣仕明及仕本朝名事迹,据实直书,使不能纤微隐饰,即所谓虽孝子慈孙百世不能改者……此实乃朕大中至正之心,为万世臣子植纲常!"

逐步形成其大经大法地位的过程，中国传统法律开始进入以之作为根本法的"会典时代"。

清顺治十二年（1655年），为了求证前朝旧典，编写《国榷》而奔波至北京的谈迁在《北游录纪闻》中写道："清朝礼制，悉仿先朝。如丧服，百官并依《会典》行事。《会典》仍旧刻，未尝另梓，而诸臣封事，辄引《会典》，亦误矣。"[1] 这种"误"，在谈迁这种去国怀乡的"江左遗民"看来，或许是新朝建立却承袭旧朝旧刻典章的制度"误用"，也是旧臣以之"恨"、新臣不以"耻"的人心"误会"。但就作为大经大法的《明会典》本身而言，政权的更迭并没有使其产生历史价值的"误用"和"误会"，相反，其不仅对清初朝政的巩固和人心的安抚产生了积极的影响，更为有清一代大经大法——《大清会典》的产生提供了重要的借鉴。

4. 清代的例与清《会典》的形成

清初承袭明制，例属其一。《顺治朝实录》记有不少沿用明旧例、先例之事。但制例编例，改革明朝旧例，早在崇德朝已出现。如崇德八年（1743年），顺治遣官颁即位诏于朝鲜及外藩蒙古诸国，并颁布皇太极遗谕云："朕闻本朝使臣，仍照明国使臣旧例馈遗。致累民人殊非善制。今将馈遗本朝使臣礼物裁减著为定例。正使鞍马二匹、空马二匹，各减一匹。银二千五百五十九两，减一千五百五十九两。绵绸五百五十七疋，减三百五十七疋。绞丝一百六十二疋，减一百二疋。布六百五十疋，减三百五十疋。余物俱减大半。同出使官员礼物各按品递减，其馈遗使臣礼物，若在驿馆给与恐致纷扰，與马著于义州给与，余物俱于王京给与，沿途有应设筵宴之大驿，有不设筵宴之小驿，因越站之故，按驿折取银两及索鹰犬等物并应付官妓，俱著停止。其迎送筵宴接见使臣礼仪，俱照旧。沿途经过驿站及止宿之处，或有彼处官役，指称本朝使臣扰害百姓，亦未可知。兹

1（明）谈迁撰《北游录纪闻》卷下《丧礼》。

特令使臣将食用之物，酌量裁减，著为定例。"[1] 这条材料所反映清初"著为定例"之事，虽然是因时因事，但起码说明清人对例的认识并不亚于明人。

顺治元年（1644年）十月，顺治颁即位诏于天下，其中即以"况当改革之初，更属变通之会，是用准今酌古，揆天时人事之宜。庶几吏习民安，彰祖功宗德之大"，将"所有合行条例"胪列公布，据《顺治朝实录》所载，所胪列的"条例"有52条之多，涉及封爵、察叙、叙荫、刑事、恩恤、户役、钱粮、褒赏等方面。但当时颁布的例，具有临时性和分散性，缺乏成系统性的，成为某一领域基本法律规范的定例。[2] 自清入关至顺治朝终，定例、更例、著为永例的记载不绝于书，今据《顺治朝实录》整理如表2-10所示。

表2-10　　　　　　　《清实录·顺治朝实录》所载定例、著例表

类别	内容[3]	出处
朝贡·诸王	定诸王贡献例。	卷11，顺治元年（1644年）十一月壬寅
朝贡·外藩	定外藩蒙古二十七旗庆贺圣诞、进献牛羊例。	卷23，顺治三年（1646年）正月壬子
	定喀尔喀部落土谢图汗、车臣汗、丹津喇嘛、墨尔根诺颜、毕席勒尔图汗、鲁卜藏诺颜、车臣济农、坤都伦陀音等每岁进贡、赏赉例。	卷95，顺治十二年（1655年）十一月辛丑
封爵·拖沙喇哈番	定精奇尼哈番至侯准带拖沙喇哈番例。	卷59，顺治八年（1651年）八月辛未
封爵·封王、贝勒、贝子、公	定宗室王、贝勒、贝子、公袭封授爵例。	卷61，顺治九年（1652年）正月乙酉
赏赐·赐冰	定赐和硕亲王及各衙门冰例。	卷16，顺治二年（1645年）五月丁亥
赏赐·使臣	定赏赉朝鲜使臣例。	卷36，顺治五年（1648年）正月戊申
	定厄鲁特喀尔喀贡使赏例。	卷54，顺治八年（1651年）闰二月丁丑

---

1 《清实录·顺治朝实录》卷2，崇德八年（1643年）九月丙午。

2 参见《清实录·顺治朝实录》卷9，顺治元年（1644年）十月甲子。

3 《实录》明载定（著）某某例者，则按《实录》列举，详细规定文多者不录；其余则按文意总结归纳。

续表

类别	内容	出处
赏赐·外藩	定赏赉达赖喇嘛使臣例。	卷65，顺治九年（1652年）七月丁酉
	定外藩王、贝勒、贝子、公等元旦来朝赏例。	卷80，顺治十一年（1654年）正月辛酉
	定吐鲁番进贡赏例。	卷103，顺治十三年（1656年）八月甲午
赏赐·武举	定赏赉武进士例。	卷46，顺治六年（1649年）九月壬午
赏赐·殿试	定殿试读卷执事官赏例。	卷63，顺治九年（1652年）三月戊戌
赏赐·攻城	定攻城赏例。	卷54，顺治八年（1651年）闰二月庚午
赏赐·水战	定水战跳船升赏例。	卷109，顺治十四年（1657年）四月戊戌
户口·编户	更定盛京癸酉年（天聪六年）编户例。	卷60，顺治八年（1651年）九月甲申
赋役·优免	定优免则例。	卷37，顺治五年（1648年）三月壬戌
赋役·钱粮	定改折各直省本色钱粮例。	卷76，顺治十年（1653年）六月辛亥
漕运·运粮	定江南高淳县岁输漕粮改征折色例。	卷61，顺治八年（1651年）十二月戊辰
贸易·开肆	定于江宁、扬州、济宁、临清开肆卖参例。	卷20，顺治二年（1645年）八月辛丑
马政·蓄养	定阅视器械马匹例。	卷129，顺治十六年（1659年）十月乙卯
救荒·奏疏违限	定立限报灾例。	卷79，顺治十年（1653年）十一月辛亥
	定迟报夏秋灾处分例。	卷134，顺治十七年（1660年）四月辛丑
职官·员额	定内三院官制例。	卷42，顺治六年（1649年）正月丙子
职官·袭职	定袭职例。	卷55，顺治八年（1651年）三月辛卯壬辰
	更定世职承袭例。	卷130，顺治十六年（1659年）十二月乙巳
	更定世职承袭例。	卷143，顺治十七年（1660年）十二月丙戌
职官·封赠	定官员封赠例。	卷63，顺治九年（1650年）三月庚辰
	定考满官员复职、给与诰命例。	卷102，顺治十三年（1656年）七月庚午
	定满洲蒙古汉军三品以上官赠荫例。	卷112，顺治十四年（1657年）十月壬午
职官·荫叙	定满洲蒙古恩荫例。	卷105，顺治十三年（1656年）十二月壬辰
职官·选授	定武进士初授官职例。	卷70，顺治九年（1652年）十二月己酉

续表

类别	内容	出处
	定军前委用官员例。	卷 88，顺治十二年（1655 年）正月丁未
	定进士除授升补例。	卷 116，顺治十五年（1658 年）四月丙戌
	定进士初授例。	卷 129，顺治十六年（1659 年）十月己亥
职官·升转	定翰林、詹事等官升转例。	卷 65，顺治九年（1652 年）六月辛酉
	定内外官员加级升转例。	卷 94，顺治十二年（1655 年）十月丁巳
	定顺天巡按、科道官考选例。	卷 95，顺治十二年（1655 年）十一月戊申
	定府、道府缺出升补例。	卷 118，顺治十五年（1658 年）六月丙戌
	定翰林官外转例。	卷 128，顺治十六年（1659 年）九月乙酉
	定完粮卫千总升转例。	卷 136，顺治十七年（1660 年）六月己丑
	定内阁办事中书应试、升转例。	卷 138，顺治十七年（1660 年）七月辛酉
职官·赴任违限	更定各官赴任违限处分例。	卷 35，顺治四年（1647 年）十二月甲午
	更定赴任违限降级调用例。	卷 70，顺治九年（1652 年）十二月庚子
职官·考核	定仓粮考成则例。	卷 80，顺治十一年（1654 年）正月丁巳
	复定直省钱粮考成则例。	卷 103，顺治十三年（1656 年）八月丁酉
	定户部钱粮考成则例。	卷 113，顺治十四年（1657 年）十二月壬申
	定兵部马价考成则例。	卷 113，顺治十四年（1657 年）十二月壬申
	定劝惩督垦荒地则例。	卷 109，顺治十四年（1657 年）四月壬午
	定芦政考成则例。	卷 125，顺治十六年（1659 年）四月辛丑
	定漕粮二道考成则例。	卷 133，顺治十七年（1660 年）三月戊寅
	定满洲官员考满加衔例。	卷 92，顺治十二年（1655 年）七月辛卯
	定满官京察则例。	卷 104，顺治十三年（1656 年）十月乙亥
	定考核恤刑各官例。	卷 111，顺治十四年（1657 年）八月戊子
	定加级功过相抵例。	卷 118，顺治十五年（1658 年）六月丙子
职官·定衔	定除授升转道员定职衔例。	卷 123，顺治十六年（1659 年）正月癸丑
职官·奏启	定翰林官给假省亲、终养、迁葬、告病等项陈奏例。	卷 125，顺治十六年（1659 年）四月辛卯
	更定总督巡抚请告例。	卷 128，顺治十六年（1659 年）九月丁卯
职官·给假	更定京官给假、迁葬例。	卷 133，顺治十七年（1660 年）三月壬戌

续表

类别	内容	出处
丧葬·民间仪式	定民间丧葬毋出正阳门例。	卷15，顺治二年（1645年）四月辛酉
丧葬·殡殓发引安葬	定殡殓发引安葬例。	卷38，顺治五年（1648年）四月辛未
丧葬·致祭造葬	更定谕祭造葬例。	卷134，顺治十七年（1660年）四月戊子
优恤·诸王等	定诸王以下修造园茔银两例。	卷40，顺治五年（1648年）八月甲辰
	定给诸王、世子、贝勒、贝子、公、侯、伯、及内外大臣，造坟立碑建亭银两则例。	卷83，顺治十一年（1654年）四月丁亥
优恤·外藩	定赐恤外藩蒙古例。	卷92，顺治十二年（1655年）六月乙卯
	更定赐祭外藩蒙古事例。	卷125，顺治十六年（1659年）闰三月丙戌
优恤·阵亡	定优恤阵亡各官例。	卷74，顺治十年（1653年）四月丁巳
优恤·旌表	定旌表宗室节孝贞烈例。	卷75，顺治十年（1653年）五月丁丑
	定岁给宗室内无子承袭孀居福金等银米例。	卷99，顺治十三年（1656年）三月丙戌
驿传·给驿应付	定旗下出赴外任勘合条例。	卷22，顺治二年（1645年）十二月丙午
	更定驿传应付则例。	卷51，顺治七年十一月壬子
	复定奉差官员驿递供应则例。	卷86，顺治十一年（1654年）十月己卯
	定在京官员在任在差病故勘合条例。	卷94，顺治十二年（1655年）十月庚辰
仓库·供给	更定在外文武各官修署、铺垫、执事等项银两例。	卷90，顺治十二年（1655年）三月庚寅
礼仪·大阅	定大阅讲武例。	卷103，顺治十三年（1656年）八月辛丑
礼仪·朝仪	定王公朝集例。	卷55，顺治八年（1651年）三月辛卯
	定亲王郡王贝勒等下马例。	卷55，顺治八年（1651年）三月丙申
	定大礼皇上朝服御太和殿，诸王以下行礼例。	卷57，顺治八年（1651年）六月壬子
礼仪·祭祀	定祭祀斋戒例。	卷55，顺治八年（1651年）三月癸卯
	定元宵节赛神还愿例。	卷80，顺治十一年（1654年）正月癸卯
	定清明节后斋戒例。	卷99，顺治十三年（1656年）三月乙酉

续表

类别	内容	出处
	定祭圜丘、方泽、太庙、社稷出宫例。	卷102，顺治十三年（1656年）六月甲辰
	定南郊祀天诣坛斋宿视牲例。	卷107，顺治十四年（1657年）二月癸未
礼仪·谒陵	定和硕亲王以下文武三品官以上谒陵例。	卷57，顺治八年（1651年）六月乙丑
礼仪·相见礼	定诸王、贝勒、贝子、公侯伯、固伦额驸、和硕额驸、文武各官、庶民并公主、格格、福金及官民妇女道途相遇及经过府门例。	卷57，顺治八年（1651年）六月壬子
礼仪·仪仗	定平西王、定南王、靖南王、平南王福金帽顶、仪仗、车、轿等物项例。	卷70，顺治九年（1652年）十一月甲申
	定义王顶带、坐褥、仪仗等物项例。	卷117，顺治十五年（1658年）五月甲辰
科举·乡试	定各直省乡试差员例。	卷56，顺治八年（1651年）四月壬子
科举·科场	更定科场条例。	卷116，顺治十五年（1658年）四月丁亥
科举·八旗科举	定八旗科举例。	卷57，顺治八年（1651年）六月壬申
	定八旗武试例。	卷98，顺治十三年（1656年）二月丙辰
科举·武举	定武殿试则例。	卷93，顺治十二年（1655年）九月戊申
	定会试武举监射例。	卷132，顺治十七年（1660年）二月己酉
	定殿试中式武举例行。	卷134，顺治十七年（1660年）四月乙酉

以上所举清初制例、著例的相关材料，涵盖了朝贡、封爵、赏赐、户口、赋役、漕运、马政、救荒、职官、监察、丧葬、优恤、驿传、仓库、礼仪、科举等方面。在没有全面稳固政权、构建自身的法制体系之前，继承前朝的立法方式和制例传统不失为一种选择。而不断地制例、著例或更定例，其实也是为康熙朝制定《会典》奠定丰厚的制度基础。

再以律例为例，清承袭制例编例以辅律的传统，且入关后即有相关运作。如顺治二年（1645年），刑科都给事中李士焜奏言："古帝王制律，轻重有伦，情罪允协。今者律例未定，止有杖决二法，重者畸重，轻者畸轻。请敕部臣早定律法，务期援古酌今，详明切当，分别杖流绞斩之例。凡有罪者先期具奏，必俟宸断遵行，则法得其平，而刑当其罪矣。"经李氏提议，顺治下旨修律官参酌"满汉条例"，区别轻重差等，汇编进览。[1]为使通力合作，配合刑部完成汇编律例任务，同月，顺治又谕内三院强调："凡各部所审事情，务将满汉条例，逐一开列"，移送刑部定拟具奏。[2]顺治初期，沿用明律仍然存在，对如何制定本朝法律也存在分歧。这些分歧在顺治二年刑科给事中孙襄上奏中略有体现，其云："犯人家口入官，妇女至于给配，渐恐廉耻道丧，节义风微。臣以为惟叛逆、强盗应尽诛没，外此均宜及身而止。至修律屡奉纶音，诸臣或以开创之始，未免过于郑重，而不知此非可创为者。但取清律、明律订其异同，删其冗繁，即足以宪百王而垂后世也，似无事过为纷更。"意即建立本朝律令无须太过隆重其事，只需以明律为本加以删增即可，不必劳生纷更。对此，顺治也赞同云："著确拟条例具奏。修律但宜参酌同异，删除繁冗，不必过为纷更。"[3]在修律不生"纷更"的指导思想下，对清律体例设置、内容编撰及律例编附，自然不出明律左右。因此，修律工作就集中在"订其异同，删其冗繁"上，这无疑是为顺治四年（1647年）顺利完成修律工作奠定基石。据《顺治朝实录》记载，顺治四年，"大清律成，命颁行中外"[4]。但自顺治四年后，仍能看到清初不断完善律例内容之努力及推动律例正确、有效援用与实施的举措，如：

顺治八年（1651年）闰二月，刑科给事中赵进美奏言：律内"大辟诸罪，有立决，有监候再审奏决"规定，但"律例久颁，未见遵行"，请敕法司"以后应监候者，俱于秋后覆奏定夺"，同时提出，热审规定是"顺时行政，慎重民命之一端"，应"修明举行"，以显皇上好生之德。[5]

顺治九年（1652年）四月，刑部尚书刘余祐条陈斩绞罪犯、流徒人犯、

---

1 参见《清实录·顺治朝实录》卷14，顺治二年（1645年）二月己未。
2 参见《清实录·顺治朝实录》卷14，顺治二年（1645年）二月丁卯。
3 《清实录·顺治朝实录》卷16，顺治二年（1645年）五月己亥。
4 《清实录·顺治朝实录》卷31，顺治四年（1647年）三月乙丑。
5 参见《清实录·顺治朝实录》卷54，顺治八年（1651年）闰二月癸亥。

误伤人命、强盗正法、隐匿逃人、投充人犯等六事。[1]

顺治九年（1652年）五月，定"隐匿查解逃人功罪例"[2]。此次所定，当是对前月刘余祐所议隐匿逃人之事的回应。

顺治十年（1653年）正月，工科副理事官三都左给事中姚文然奏言："朝廷礼待大臣，平日则遇以恩，有罪亦存其体。自古帝王典籍及《会典》开载，并《大清律例》内有议功议贵之条，盖以大臣虽有负朝廷之罪，而朝廷终不失待大臣之礼。"当时满汉大臣获罪皆锁禁城门，且值寒冬，寝食艰难，"免冠带锁，褒辱难堪"之状有损皇仁国体，故请以后大臣有犯，"发刑部令人看守，待审明案定，治以应得之罪"，以明国法圣恩"并行不悖"。时从其议，下旨"诸臣有犯贪恶重大事情"，发刑部审问守候，"不必锁挚送门"，待审有实据方引律拟罪奏请。[3]

顺治十年（1653年）二月，礼科给事中刘余谟以宗室有犯与民无异，不行议亲之制，致有辱大体，疏请："除有大罪，请旨定夺外，余皆斟酌轻重，永除鞭锁之条，以昭睦族之恩。至满洲籍没之法，查大清律，唯谋反重犯家产入官，其余不在此例，并应一概除去，以昭恤下同仁之谊。"[4]次月，宗人府议覆刘氏所奏云："查明季《会典》，宗室虽有过犯亦不加刑。今又奉旨，有官爵者犯罪，免其锁挚，照常察议，钦遵在案。则有官宗室觉罗，无容再议。但未定无官宗室觉罗犯罪锁挚鞭责之例"，应依刘氏所请，"免其锁挚鞭责。所犯之罪，仍照《会典》查议"[5]。虽然此例仍参《明会典》规定行事，但也遵循清律议贵之规定。所云"今又奉旨，有官爵者犯罪，免其锁挚，照常察议，钦遵在案"，又云"未定无官宗室觉罗犯罪锁挚鞭责之例"，反言之，有官宗室觉罗犯罪得免锁挚鞭责之例此前已经制定，即十年正月据

---

1 参见《清实录·顺治朝实录》卷62，顺治九年（1652年）四月乙丑。
2 《清实录·顺治朝实录》卷65，顺治九年（1652年）五月丙申。
3 参见《清实录·顺治朝实录》卷71，顺治十年（1653年）正月癸酉。
4 《清实录·顺治朝实录》卷72，顺治十年（1653年）二月丁未。
5 《清实录·顺治朝实录》卷73，顺治十年（1653年）三月庚寅。

姚文然议除满汉诸臣有罪锁拏送门事。

顺治十二年（1655 年）正月，户部尚书陈之遴以满洲官员有罪，多籍没家产并革世职。但满人世职皆死难捐躯而得，一经削职，则后世子孙无禄以养，似处罚过重，故请："查照律条成例，以定籍没之法，分别流衔世职，以垂降革之规。"[1]

顺治十年（1653 年）五月，左都御史金之俊疏言："大清律开载，强盗无籍没之条"，但刑部审拟，一概籍没，以致地方"签解盗属，株累无辜"，时从其奏请依律处斩而免籍没。[2]

顺治十年（1653 年）七月，以科臣奏言有"辄援引律文，欲以箝制言官，自匿已非"之现象，谕内三院不得"摭拾风影，挟私妄讦"，著通行严饬。[3]

顺治十年（1653 年）十月，命三法司："凡审拟死罪。议同者，合具看语。不同者，各具看语奏闻。永著为例。"[4]

顺治十一年（1654 年）八月，从吏科都给事中魏象枢奏及刑部议覆，命"各省按察使司守巡各道，应将一切刑名大案，已结未结。照布政司奏报钱粮例，岁终造册进览"，以便清厘积案。[5]

顺治十二年（1655 年）正月，兵科都给事中魏裔介奏言："明罚敕法，设为刑律，所以使民知而不敢犯也"，但各衙门"止有律书一部"，且锁闭深藏，民不得与闻，以致犯法者甚众，故请督抚"将刑律有关于民者，摘而刻之。令有司春秋暇日，为之讲说。即学宫之中，亦令教官与士子，不时讲习。则明习法令，不至于犯法矣"。又以宁古塔地远严寒，被流徙至此地者皆九死一生，故请刑部"凡流徙罪犯，将辽东各地，量其远近，酌罪轻重，

1《清实录·顺治朝实录》卷 88，顺治十二年（1655 年）正月辛亥。

2 参见《清实录·顺治朝实录》卷 75，顺治十年（1653 年）五月壬申。

3 参见《清实录·顺治朝实录》卷 77，顺治十年（1653 年）七月辛亥。

4《清实录·顺治朝实录》卷 78，顺治十年（1653 年）十月庚辰。

5 参见《清实录·顺治朝实录》卷 85，顺治十一年（1654 年）八月己卯。

以为徙所，不必专发宁古塔地"，如此既得法行，亦显法外之仁。[1]

顺治十二年（1655 年）九月，扬州府推官武缵绪屡向狱官逼取病呈，致监犯亡故事发。苏松巡按孔允樾以此事奏请："严加议罪，以儆酷吏。并请附载大清律内，通行申饬。"时下旨："擅取病呈，惨杀人命，深可痛恨。著从重定罪，载入刑律，仍通行司刑衙门，严速禁革，勒石永遵。"[2]

顺治十二年（1655 年）十月，从左都御史龚鼎孳议，诏定："每年六月内，审定立决重犯。俟七月具题正法。永著为例。"[3]

顺治十二年（1655 年）十月，诏谕刑部："帝王以德化民，以刑辅治。故律例之设，最宜详慎。苟法律轻重失宜，则官吏舞文，得以任意出入。虽欲政平讼理，其道无由。朕览谳奏本章，引用律例，多有未惬。尔部所有满汉字律例，作速誊写进呈。朕将详览。更定颁布遵行。"[4]

顺治十二年（1655 年）十月，谕刑部等云："近来三法司题覆稽延，皆由移往来，虚费月日。且事不同审，稿不面议，岂能得平。以后核拟死罪，在京者，尔等各堂官面同研审。在外题奏者，各将原招详察明白，面同议覆，俱当虚心商酌，务期情罪适当，律例允协。"[5]

顺治十二年（1655 年）十月，诏谕刑部："朕览参劾贪官本章，赃私盈千累万，及问结拟罪，往往脱卸于衙役，官既以赃轻逭死，而该役又止坐无禄轻条，案墨未乾，伊等即钻营别衙门充役，纵横盘踞，播恶无穷。不加严处，奚以除民害而肃纪纲。嗣后内外问刑衙门，审究蠹役，计赃定拟，不许援引无禄轻条。凡情罪重大者，分别绞斩，其余俱著流徙。尔部即载入律例，仍通饬行。"[6]

---

1 参见《清实录·顺治朝实录》卷 87，顺治十二年（1655 年）正月癸丑。

2 《清实录·顺治朝实录》卷 93，顺治十二年（1655 年）九月己丑。

3 《清实录·顺治朝实录》卷 94，顺治十二年（1655 年）十月辛酉。

4 《清实录·顺治朝实录》卷 94，顺治十二年（1655 年）十月戊辰。

5 《清实录·顺治朝实录》卷 94，顺治十二年（1655 年）十月己巳。

6 《清实录·顺治朝实录》卷 94，顺治十二年（1655 年）十月戊辰。

顺治十二年（1655年）十一月，诏谕刑部："贪官蠹国害民，最为可恨。向因法度太轻，虽经革职拟罪，犹得享用赃资，以致贪风不息。嗣后内外大小官员，凡受赃至十两以上者，除依律定罪外不分枉法、不枉法，俱籍其家产入官。著为例。"[1]

顺治十二年（1655年）十二月，颁行满文大清律。[2]

顺治十三年（1656年）五月，刑部奏言原任山西巡按刘嗣美，侵用赃银三千五百两鞫审得实，"应照侵盗腹里仓库律，遣戍边卫"。是旨以"御史犯赃与寻常官吏不同。此所引律例、情罪不协。朕方欲严惩贪官尔部即当加意奉行，乃如此徇纵，殊属不合。著再详确议奏"[3]。

顺治十三年（1656年）六月，刑部议奏更定律例四事，时从所奏，"著即遵行，永著为例"[4]。

顺治十三年（1656年）六月，更定督捕事例三款。[5]

顺治十三年（1656年）九月，山东巡按刘允谦奏言："审录重囚，内有斩罪蠹书周一聘、绞罪犯官张晖，多赃未完，请监候追完处决。"时旨以"贪官污吏，问拟秋决，即按期处决"，"以后凡系贪污应秋决者，不许再请停决。著永著为例"[6]。

顺治十三年（1656年）十二月，定州县官朦隐田地议处例。[7]

顺治十四年（1657年）四月，从大理寺卿杜立德疏言及刑部议覆，定"热审事宜每岁于上满前具题，始通行各省。但路有远近不同，如候部文到日方行审理，必不能依期齐结。以后热审应免具题，令各该督抚按于小满后

1《清实录·顺治朝实录》卷95，顺治十二年（1655年）十一月丁亥。
2 参见《清实录·顺治朝实录》卷96，顺治十二年（1655年）十二月乙丑。
3《清实录·顺治朝实录》卷101，顺治十三年（1656年）五月己巳。
4《清实录·顺治朝实录》卷102，顺治十三年（1656年）六月庚辰。
5 参见《清实录·顺治朝实录》卷102，顺治十三年（1656年）六月辛巳。
6《清实录·顺治朝实录》卷103，顺治十三年（1656年）九月癸亥。
7 参见《清实录·顺治朝实录》卷105，顺治十三年（1656年）十二月乙酉。

十日举行。在京者仍题请审理。永著为例"[1]。

顺治十五年（1658 年）五月，九卿、詹事等会议更定逃人事例十款。[2]

顺治十五年（1658 年）五月，从九卿等会议刑部条奏四款事项，并强调"遴委大臣"将《大清律例》校订成书，进呈御览亲裁。[3]

顺治十五年（1658 年）九月，谕理藩院："朕览尔衙门奏章于死罪重犯，但称处决，何以毫无分别，人命所关至重，大辟条例多端，若概为一例，则轻重何辨。著议政王、贝勒、大臣会议定例具奏。"[4]同月，议政王等议定理藩院大辟条例，永著为例。[5]

顺治十五年（1658 年）九月，谕三法司："向来监候重犯，皆拟秋后处决。在京监候者，必经朝审。其中有应即行处决，有矜疑及仍监候者，俱奏明候旨定夺。在外监候各犯，虽有御史审决，其中即有可矜可疑及尚可缓决者。未经奏明，恐有冤抑。人命至重，内外宜同一例。尔等即将在外秋后审决各犯，比照在京事例，酌议画一具奏。以后内外审拟重犯，凡应监候者，著俱分别秋后处决及监候缓决两等具奏。"[6]次月，刑部等衙门议定："各省秋决重犯，该巡按会同巡抚、布按等官，而加详审，列疏明开情真应决、应缓并可矜疑者，分别三项于霜降前奏请定夺，命永著为例。"[7]

顺治十五年（1658 年）十二月，命巴哈纳等校订大清律。[8]

顺治十六年（1659 年）正月，偏沅巡抚袁廓宇疏议："楚省奸民，违例投旗，诈害滋甚，计定藩属下旗丁家口，分驻于衡宝二府，为日甚长"，请"酌定条例"，以顺治九年（1652 年）以前出征湖南粤西所收者，"如有逃走，

1《清实录·顺治朝实录》卷 109，顺治十四年（1657 年）四月丁巳。

2 参见《清实录·顺治朝实录》卷 117，顺治十五年（1658 年）五月庚戌。

3 参见《清实录·顺治朝实录》卷 117，顺治十五年（1658 年）五月辛亥。

4《清实录·顺治朝实录》卷 120，顺治十五年（1658 年）九月癸卯。

5 参见《清实录·顺治朝实录》卷 120，顺治十五年（1658 年）九月庚戌。

6《清实录·顺治朝实录》卷 120，顺治十五年（1658 年）九月甲寅。

7《清实录·顺治朝实录》卷 121，顺治十五年（1658 年）十月己巳。

8 参见《清实录·顺治朝实录》卷 122，顺治十五年（1658 年）十二月己巳。

照例审拟"；九年以后与见今移驻地方投充者，请"分别定例，以定奸棍之害。命所司严察议奏"[1]。

顺治十六年（1659 年）闰三月，谕刑部："前因贪官污吏，剥民取财，情罪可恶。故立法严惩，赃至十两者，籍没家产"，但贪习犹未尽改，"须另立法制，以杜其源"，自后"贪官赃至十两者，免其籍没，责四十板，流徙席北地方。其犯赃罪，应杖责者，不准折赎"[2]。

顺治十六年（1659 年）四月，谕刑部："国家明刑敕法，警戒奸顽。其情罪稍轻者，有折赎之例。原系法外施仁，欲其创艾悔罪。但向来赎锾，定数太轻，以致奸顽玩视，犯法者愈众。"[3] 是月，刑部议定折赎例，永著为例。[4]

顺治十六年（1659 年）六月，从刑部尚书李化熙之请，"复秋决朝审例"[5]。

顺治十六年（1659 年）九月，兵部奏议："京城被盗伤人，该管步军校应夺俸拨什库应鞭责。"上以所议太轻，"命将步军校革职拨什库送刑部拟罪。永著为例。"[6]

顺治十六年（1659 年）十月，九卿等议定逃人事例五款。[7]

顺治十七年（1660 年）二月，礼部左侍郎协理理藩院事席达里等条奏诸事，其云："外藩蒙古应斩人犯，向有纳牲畜准赎之例今应停止。"又云："蒙古拏获逃人，应令本主禀明，该管王、贝勒，照例发落。如无原主，即行入官。"时旨以"更改定例，事关重大。著议政王、贝勒、大臣等会同确

1 《清实录·顺治朝实录》卷 123，顺治十六年（1659 年）正月庚申。

2 《清实录·顺治朝实录》卷 125，顺治十六年（1659 年）闰三月丁卯。

3 《清实录·顺治朝实录》卷 125，顺治十六年（1659 年）四月丁未。

4 参见《清实录·顺治朝实录》卷 125，顺治十六年（1659 年）四月丁巳。

5 《清实录·顺治朝实录》卷 76，顺治十六年（1659 年）六月癸卯。

6 《清实录·顺治朝实录》卷 128，顺治十六年（1659 年）九月庚午。

7 参见《清实录·顺治朝实录》卷 129，顺治十六年（1659 年）十月乙卯。

议具奏"[1]。同年三月，再下旨云："外藩蒙古凡事与在内有异。……死罪律例，向皆酌量定拟遵行，亦不可与在内者比。……又逃人若因原主不认，即行入官，原获之人，毫无给赏，谁愿拏获。此皆系更正定例，不可苟且草率。俱著详加确议定例具奏。"[2]同月，诸王贝勒大臣再议此事，又旨以"本内各款不必更张，俱照前定例行"[3]。

顺治十七年（1660年）四月，大学士觉罗巴哈纳祚等校订律例完毕，"以盛京定例及历奉上谕，并部院衙门条例，分晰应入律、不应入律各款，缮写满汉文各六册，进呈御览"[4]。

顺治十七年（1660年）九月，刑部等奏言："江南斩犯徐元善，去秋寇乱纵出，贼去遵法投监，情有可矜，应减死杖流。"是旨以"徐元善著免流徙杖一百发落。以后重囚，有此等因变逸出投归者，俱免死照此例发落。永著为例。其自行越狱，及看守贿纵者虽投归，不在此例"[5]。

顺治十七年（1660年）十二月，工科左给事中杨鼐疏言："凡秋决各犯，概令减等拟罪"，但"按律减死一等，皆为流罪，而迩来则例不同，定拟难一"；以致"法曹聚议，或主内流，或主远徙，盈廷纷杂，未有定论。若概遵新例，悉流边远"；故"请敕法司，各照定例减等"，以昭示画一合和、矜宥生全之德。[6]

顺治十七年（1660年）十二月，刑科左给事中金汉鼎疏言：司寇为法官之长，不容"轻易渎告"。但"近有琐屑情词，混行投诉，株连无辜，守候岁月"；请敕部"详查审结，或即与注销。且值此严寒，乞遣内大臣及满

1 《清实录·顺治朝实录》卷132，顺治十七年（1660年）二月乙巳
2 《清实录·顺治朝实录》卷133，顺治十七年（1660年）三月丙辰。
3 《清实录·顺治朝实录》卷133，顺治十七年（1660年）三月丙寅。
4 《清实录·顺治朝实录》卷134，顺治十七年（1660年）四月壬辰。
5 《清实录·顺治朝实录》卷140，顺治十七年（1660年）九月壬申。
6 参见《清实录·顺治朝实录》卷143，顺治十七年（1660年）十二月庚寅。

汉诸臣，再为清理。嗣后凡盛暑隆冬，俱应清理刑狱。永著为例"[1]。

以上所涉，凡逃人、赃罪、量刑、案件审理等律例议定及文本颁行、援用施行等。可见，完善律例，构建满汉皆宜的法律体系，确实贯穿顺治一朝；也可见顺治对律例文本颁行、律例施行的倾心。相对于明律例文本统一，清律例文本有满汉之别，这种"别"既有文字语言之别，也有风俗习惯之别，在"别"中求统一，其创制意义可谓重大。对于律例施行，前引顺治十二年（1655年）十月，谕刑部等云："以后核拟死罪，在京者，尔等各堂官面同研审。在外题奏者，各将原招详察明白，面同议覆，俱当虚心商酌，务期情罪适当，律例允协。"[2]顺治十三年（1656年）五月，下是旨以"御史犯赃与寻常官吏不同。此所引律例、情罪不协。朕方欲严惩贪官尔部即当加意奉行，乃如此徇纵，殊属不合"[3]。此二条资料中，"情罪适当，律例允协"正与"律例、情罪不协"相对相悖，所应取者自然是前者。在刑律初建状况下，制例实际成为缓冲矛盾的重要手段。这种相与允协之论，所追求的不仅是律例调和，也是罪情、满汉、新旧的调和。除上引两条例证外，顺治朝"允协"调和立法、司法诸多矛盾之事，仍有以下例证：

顺治三年（1646年）五月，都察院左佥都御史李日芃奏言："耆民一项，不过宣谕王化，无地方之责非州县乡约者比，若以连坐之法加之，似于情法未协。"时据李氏所奏，定"耆民，凡在九家内者，一体连坐，在外者，不得株连"[4]。

顺治十年（1653年）五月，都察院左都御史屠赖等奏言，时功臣之后获罪，一概免官，建议"计其罪之轻重，念其功之大小，酌量处分"，以示皇恩泽备元臣，"与古帝王报功之意亦允协"[5]。

1《清实录·顺治朝实录》卷143，顺治十七年（1660年）十二月癸巳。
2《清实录·顺治朝实录》卷94，顺治十二年（1655年）十月己巳。
3《清实录·顺治朝实录》卷101，顺治十三年（1656年）五月己巳。
4《清实录·顺治朝实录》卷26，顺治三年（1646年）五月癸巳。
5《清实录·顺治朝实录》卷75，顺治十年（1653年）五月丁丑。

顺治十年（1653年）六月，谕内三院云："帝王化民以德，齐民以礼，因奸人为恶，害及良善，所以不得已而用刑，然必情罪允孚，斯加是无悔，而受之者无怨。故法者，天下之平。朕亦不得任喜怒为轻重也。"同时强调，问拟人罪，务必"详审真情"；如"情罪重大"，"不得借口故出，以致漏网"，务必"平心守法，使人不冤"[1]。

顺治十二年（1655年）六月，顺治在览阅三法司章奏后发现，时日议决重囚少则五六人，多则十余人而深感恻恻，遂谕刑部等云："即将现在未结各案，悉心清理。原情准法，务求平允"，并申戒各直省督抚，务须慎重刑狱。[2]

顺治十二年（1655年）未行秋决，故行刑之事拖至顺治十三年（1656年）九月，时谕刑部："去岁停刑，监候囚犯最多，招册浩繁。若朝审稽延，恐临期迫促，未能允协。著作速详确，审结具奏。"[3]同年十月，再谕刑部："上年暂停秋决。今年朝审，应决人犯甚众，共百有余案。按法俱当重辟，但人命至重，一时正法多人，于心不忍。其中情罪轻重不同，或仍有可矜可疑，当行减等者"，需再加详审确奏。[4]下谕不久，顺治又以"朝审秋决系刑狱重典"，必"详阅招案始末，情法允协，令死者无冤"，但积累一年的案件繁多，若"骤行正法，朕心不忍"，故再次停止十三年秋决之事。[5]自顺治十四年（1657年）元月至四月，一直无雨，顺治考虑到或因"刑狱未清，无辜枉抑，以致上干天和，膏泽不降"，遂再次下定决心"将见在狱犯毋论已结未结，逐一详加审鞫"，同时重申察明事由具奏，秉持"务使情法允协"这一行刑初衷。[6]从此例可见，"情法允协"不仅是顺治朝追求的立法完美状

1《清实录·顺治朝实录》卷76，顺治十年（1653年）六月丁酉。

2 参见《清实录·顺治朝实录》卷92，顺治十二年（1655年）六月丁卯。

3《清实录·顺治朝实录》卷103，顺治十三年（1656年）九月乙丑。

4 参见《清实录·顺治朝实录》卷104，顺治十三年（1656年）十月戊戌。

5 参见《清实录·顺治朝实录》卷104，顺治十三年（1656年）十月癸卯。

6 参见《清实录·顺治朝实录》卷109，顺治十四年（1657年）四月丁亥。

态，也是司法努力的方向。

顺治十五年（1658 年）五月，谕兵部督捕衙门会议逃人事宜，"量情申法，衷诸平允"[1]。

顺治十七年（1660 年）六月，内大臣伯索尼奏请："情罪质审宜详也。凡犯罪发觉，承问官必得其情，分别轻重奏闻定夺，则上无滥刑，而下无冤枉。傥一经发觉奉有严旨，承问官不察其情，辄加重罪，则虽有冤枉，百喙难明。今内大臣审理尚方院罪人，并无照旧例治以应得之罪及二十七鞭之刑。如此，而谓情罪平允可乎。其罪轻可疑者，量其情由，更加详慎，则全活必多，亦足以广好生之德矣。"时下旨著确议具奏。[2]

就具体案件而言，"允协"就是情罪审明核实，情罪两协、罪刑相允。《顺治朝实录》记载不少虽案情重大，但量刑过重或情罪未经审明，或念及旧情，或律无正条等，以致不能两相允协而著另议具奏或改判之例。如：

【陈名夏案】顺治十一年（1654 年）三月，宁完我弹劾陈名夏"结党怀奸，情事叵测"诸事。[3]同月，吏部会鞫，以宁氏所劾俱实，陈名夏应论斩，家产籍没，妻子流徙。又经议政诸王等核议，以陈名夏"情罪重大，仍应论斩，妻子家产分散为奴"。顺治下旨，以陈氏"所犯之罪实大，理应处斩"，但"念久任近密，不忍肆之于市，著处绞。妻子家产，免分散为奴"[4]。

【胡章案】顺治十二年（1655 年）三月，胡章捏款诬害尚可喜、耿继茂事发，和硕郑亲王等议胡章诬告诸王与诬告凡人不同，"情罪重大，应立绞"。但顺治以胡氏所诬"未至死罪，遽坐以死，律无正条"，于心不忍，故只革职。[5]

【陈保、袁二、黑子案】顺治十六年（1659 年）五月，内大臣伯索尼等

1《清实录·顺治朝实录》卷 117，顺治十五年（1658 年）五月癸卯。
2 参见《清实录·顺治朝实录》卷 137，顺治十七年（1660 年）六月壬子。
3 参见《清实录·顺治朝实录》卷 82，顺治十一年（1654 年）三月辛卯。
4《清实录·顺治朝实录》卷 82，顺治十一年（1654 年）三月丁丑。
5 参见《清实录·顺治朝实录》卷 90，顺治十二年（1655 年）三月己酉。

会同吏部议奏陈保、袁二、黑子等人，"伙同众棍，肆行凶恶，将侍卫阿拉那殴打绑缚，抢夺貂褂等物，又诬告阿拉那酒醉持刀砍人。陷害无辜，情罪重大。照律均应斩立决"。同年七月，三法司会议，以陈保等擅行绑缚无辜之人，且捏诬酗酒，持刀伤人，"情罪重大，俱应立斩"。会议结果上呈顺治后，顺治以为陈保、袁二俱应处斩；黑子"情罪亦大"，但"遽拟立斩"，不知"是否允协"，又令三法司著议具奏。[1] 至顺治十七年（1660 年）三月，三法司再次覆议黑子一案，以其虽伙同陈保、袁二诬陷他人，但非"起谋"，故可"议减一等，拟绞监候"[2]。

【朱衣助案】顺治十七年（1660 年）三月，吏部等题奏操江巡抚朱衣助，"失陷瓜州，即行降贼"，应革职议罪。后朱氏逃脱，并供述是"领兵赴援"兵败被擒，实非降贼。顺治以为朱氏"情罪未经审明"，"止据本人口供"属"草率具奏，甚属不合"，下旨著令详审具奏。[3]

【穆成格案】顺治十七年（1660 年）十月，诸王贝勒大臣会议署护军统领二等阿达哈哈番护军参领穆成格，有诬供他人、败军脱逃等罪。经查定例，凡亲祖父伯叔兄弟内有阵亡者，可免一次死罪。穆成格亲叔多礼虽系阵亡，但所犯"情罪重大，不便引例宽宥"，应处立绞。时顺治下旨，以穆成格本当依拟正法，但念其亲叔多礼阵亡，从宽免死，著革其衔，领任鞭一百并籍没家产。[4]

在审判案件中，相关官员如不能做到情罪两协、罪刑相允，或律无正条而又妄自拟刑者，亦会被问责追究。如顺治十年（1653 年）大学士署吏部尚书事陈名夏、户部尚书陈之遴等审理阿达哈哈番任珍一案，以律无正条但又妄定刑罚，皆遭削职罚俸。时任珍已获罪谪居家，家婢又告其"家居怨望，

---

1 参见《清实录·顺治朝实录》卷 127，顺治十六年（1659 年）七月戊子。
2 《清实录·顺治朝实录》卷 127，顺治十六年（1659 年）七月戊午。
3 参见《清实录·顺治朝实录》卷 133，顺治十七年（1660 年）三月己卯。
4 参见《清实录·顺治朝实录》卷 141，顺治十七年（1660 年）十月乙酉。

出言不轨，并指奸谋陷诸丑行"。刑部审讯后，拟任珍处死论。顺治以任珍所犯情罪虽属重大可耻，但曾立大功，命九卿等再议。陈名夏等以为，对家婢所告任珍俱不认罪，"若以此定案，反开展辩之端"，"但律无正条，似应勒令自尽"。陈名夏等"律无正条"，但又拟"似应勒令自尽"之言，招致顺治不满，其云："勒令自尽，是何盛世典例，欲致君尧舜者，岂有进此言之理。凡人自知有过，即从实引咎，乃大臣之道。若执为己是，以巧生事，又欲以巧止事，甚属不合"，又认为陈名夏等对此案的奏议纯属谬误，"巧为欺朦，俱应论死"，后姑从宽宥，各削官衔、罚俸以作警诫。[1]

顺治朝对律例构建、完善的诸多努力，其最终目的何在？以下两事最能说明。

其一是顺治十二年（1655 年）李裀、赵开心等汉臣议改逃亡严法而被问责之事。顺治十二年正月，兵科右给事中李裀奏称逃人之制，"立法过重，株连太多，使海内无贫富、无良贱、无官民，皆惴惴焉莫保其身家"，凡此"可为痛心者"有七，皆指陈逃人法峻，以致"道涂骚扰，冤陷实繁"。疏上，命议政王等会议。[2] 但同年三月，和硕郑亲王等奏弹李裀"擅将人定例，妄请轻减，应行治罪。虽律无正条，而其条议情由，甚属可恶，允宜处死。但系奉旨条奏之时，姑从宽典，应责四十，流徙宁古塔"。后顺治下旨以李裀免责折赎，流徙尚阳堡。[3] 实际上，就在李裀被奏弹前，赵开心也以饥民流离可悯，奏请"暂宽逃人之禁，以靖扰累，以救民命"。时顺治下旨，以"逃人之多，因有窝逃之人"，故立法不得不严，隐匿之人亦自当治罪，并无"株连"之意；同时将赵开心降五级调用。[4] 不仅如此，顺治于十二年三月，连谕兵部、吏部，重申施行逃人之法的用意和决心。其谕兵部云："满

1　参见《清实录·顺治朝实录》卷 74，顺治十年（1653 年）四月甲辰。
2　参见《清实录·顺治朝实录》卷 88，顺治十二年（1655 年）正月庚戌。
3　参见《清实录·顺治朝实录》卷 90，顺治十二年（1655 年）三月辛亥。
4　参见《清实录·顺治朝实录》卷 90，顺治十二年（1655 年）三月戊子。

汉人民，皆朕赤子，岂忍使之偏有苦乐。近见诸臣条奏，于逃人一事，各执偏见，未悉朕心。但知汉人之累，不知满洲之苦。在昔太祖太宗时，满洲将士，征战勤劳，多所俘获，兼之土沃岁稔，日用充饶。兹数年来，叠遭饥馑，又用武遐方，征调四出，月饷甚薄，困苦多端。向来血战所得人口，以供种地牧马诸役，乃逃亡日众，十不获一，究厥所由，奸民窝隐，是以立法不得不严。若谓法严则汉人苦，然法不严，则窝者无忌，逃者愈多，驱使何人，养生何赖，满洲人独不苦乎。历代帝王，大率专治汉人。朕兼治满汉，必使各得其所，家给人足，方惬朕怀。往时寇陷燕京，汉官汉民，何等楚毒。自我朝统率将士入关，剪除大害，底于粻宁。即今边隅遗孽，残虐百姓，亦藉满洲将士，驱驰扫荡。满人既救汉人之难，汉人当体满人之心。乃大臣不宣上意，致小臣不知。小臣不体上心，致百姓不知。及奉谕条奏兵民疾苦，反借端渎陈，外博爱民之名，中无为国之实。若使法不严而人不逃，岂不甚便。尔等又无此策，将任其逃而莫之禁乎。朕虽凉德，难几上理，然夙夜焦思，不遑暇逸。惟求惠养满汉，一体沾恩，以副皇天降鉴，祖宗委托。尔等诸臣，当遍晓愚民，咸知朕意，方是实心报主，毋得执迷不悛，自干罪戾。尔部即传谕各官，刊示中外。"[1]其谕吏部云："朕爱养诸臣，视同一体。原欲其实心为国、共图治安，是以屡次训诫。常恐尔等胸怀偏私，陷于罪戾。至训诫不改，则爱养之道亦穷，国宪具存，岂能曲贷。即如逃人一事，屡经详议，立法不得不严，昨颁谕旨，备极明功。若仍执迷违抗，偏护汉人，欲令满人困苦，谋国不忠，莫此为甚，朕虽欲宥之弗能矣。兹再行申饬，自此谕颁发之日为始，凡章中再有干涉逃人者，定置重罪，决不轻恕。"[2]若将李祵案与赵开心之奏、顺治诸谕结合考察，有几个问题可明：一是议李氏之罪，正发生在顺治两次下谕重申维护逃人之制后，但李氏所议又

---

[1]《清实录·顺治朝实录》卷90，顺治十二年（1655年）三月壬辰。

[2]《清实录·顺治朝实录》卷90，顺治十二年（1655年）三月甲午。

在下诏前，故有"但系奉旨条奏之时，姑从宽典"之说。可以说，李裀是"借端渎陈"而不幸撞正枪口。二是李氏本为建言，不幸身陷牢狱，可见清人维护新构建的律例制度，特别是逃亡之法的决心，不许妄议他论。三是顺治也认识到要维护律例权威，自然不敢也不能以"律无正条"，而擅自对李氏加以重刑。四是顺治之所以对臣工"借端渎陈"逃亡之事极为反感，是因为包括逃亡严法在内的一切制度构建，对政权而言，并非"专治汉人"，而是"兼治满汉"。在顺治看来，"满人既救汉人之难，汉人当体满人之心"，但李、赵等汉臣，"但知汉人之累，不知满洲之苦"，一再"偏袒"汉人、"指责"朝政，但"尔等又无此策"解决法宽人逃的现象，此点无疑伤害了顺治的"民族情感"，消耗了顺治的政治耐心。更重要的是，作为一国之君的顺治，以满汉皆赤子，不忍偏苦乐自居。因此，包括逃亡严法在内的一切制度构建，关系到满汉协和、各得其所的统治大政策、大谋划的推行实施，岂容区区臣工妄议轻改？就此意义言，李、赵等汉臣"无辜"获罪，实际上是成为顺治推行实施满汉协和的统治大政策、大谋划的"牺牲品"。一切政治运行、制度构建，都要服务于满汉协和，使各得其所，这正是顺治朝乃至以后诸朝对律例构建、完善诸多努力的终极目标；这或许也是李、赵等汉臣成为"牺牲品"的价值所在。

其二是顺治十四年（1657 年）江南乡试作弊案牵涉出来的问责刑部尚书图海事。顺治十四年，江南乡试作弊案发，轰动一时，随即开始问责。但至十五年（1658 年）十一月，此案仍无结果，时顺治谕刑部云："尔等至今并未取有供招，拟罪具奏，明系故为耽延。希令遇有机缘，以图展脱，其中岂无情弊。尔等作速明白回奏。"[1] 时任刑部尚书的正是参与修订律例的图海。同月，刑部鞫实，以"正主考方犹拟斩，副主考钱开宗拟绞，同考试官叶楚槐等拟责遣尚阳堡。举人方章钺等，俱革去举人"。对刑部的拟罪，顺

1《清实录·顺治朝实录》卷 121，顺治十五年（1658 年）十一月壬子。

治一方面同意，一方面又指出："尔部承问此案，徇庇迟至经年。且将此重情，问拟甚轻，是何意见。著作速回奏。"[1]同年十二月，以刑部虽遵旨回奏审拟乡试案，但"耽延情由"，将刑部诸臣下吏部议罪。时吏部议图海等刑部臣工，"谳狱疏忽，分别革职，革前程并所加之级，仍罚俸"。顺治以"图海等本当依议，姑从宽免革职。著革去少保、太子太保并所加级。其无加级者，著降一级留任"[2]。至十六年（1659年）闰三月，顺治再就图海革职事谕吏部云："图海向经简用内阁，期其恪恭赞理，克副委任，乃不肯虚公存心。凡事每多专擅，无论朕所未见之处，恣肆多端。即在朕前议论往往谬妄执拗，务求己胜。朕知其行事如此，不可久留密勿之地，故调用刑部。彼犹不悟，以为才能堪任，恬然自满。受事有年，不思感恩报称，过误愈多，屡加诫谕，迄无悛悔。朕复不忍遽弃，屡以小事惩处，使之警省，犹然置若罔闻。如阿拉那一案，问理不公，是非颠倒，情弊显然，朕面加诘问，仍巧言支饰，不以实对。负恩溺职，殊为可恶。已经革职付部。著议政王贝勒、大臣、九卿、科道，会同从重议罪具奏。"[3]同月，议政王等会议，以图海"负恩溺职，应论绞"。最终顺治以图海"情罪重大，本当依议正法"，但念"任用有年"，免死革职，逐产籍没。[4]至此，江南乡试作弊案所牵涉出来的图海案告一段落。顺治以图海"情罪重大，本当依议正法"，但念"任用有年"而免死革职，或可说明顺治在此案中所追求的案情、量刑与人情之间的允协与平衡。顺治十八年（1661年）十月，时推补正黄旗满洲都统之人，以"世祖皇帝遗旨，原任都统图海，情罪原屈，欲改未及。遇有满洲都统缺补用，著图海补授都统"[5]。可见，这种允协和平衡，顺治至临终也不曾忘却。但更应关注的是图海在这种允协与平衡中所具备的特殊身份：刑部尚书与参修律

1《清实录·顺治朝实录》卷121，顺治十五年（1658年）十一月辛酉。

2《清实录·顺治朝实录》卷122，顺治十五年（1658年）十二月丁亥。

3《清实录·顺治朝实录》卷125，顺治十六年（1659年）闰三月壬午。

4 参见《清实录·顺治朝实录》卷125，顺治十六年（1659年）闰三月甲申。

5《清实录·康熙朝实录》卷5，顺治十八年（1661年）十月庚午。

例之人。要将律例制定和具体操作实施者，以其人之道还治其人之身，恐怕要比问责他人具备更高的决策定力和政治勇气。可以说，问责图海，以明律例无满汉、亲疏、权贵之别，以申明制法者更需守法之理，这也是顺治朝努力构建、完善律例制度的体现。顺便要提及的是，能图作为图海的替补者，在顺治十七年（1660 年）正月调任刑部尚书，此前也与图海一同参修律例。能图替补半年后，在审理一次案件中也因"情罪多不相符"，被革职、籍没家产。[1] 两次问责刑部尚书，或许让人有顺治用人不当之错觉，然实则说明顺治对刑部尚书一官所应具备能力的高度要求。

自顺治四年（1647 年）颁行律例，至康熙朝不断完善，坚持律与例不容偏废的原则，经斟酌更定，不断将新增新定则例添入律内，汇集成书，勒为一代典章。在雍正五年（1727 年）又重定《大清律集解附例》，成为清代刑律定本。乾隆五年（1740 年）再行重修，定名《大清律例》。至此，清代律例齐备，基本定型，此后各朝坚持律文一定不易的原则，多次修订刑例以补律之未备。《大清律》后所附例条数之多，变异之繁，远超明代。司法实践中，刑例具有与律相同的法律效力这，这使古代刑事法律制度达到前所未有的完善程度。

诸例的完善，特别是律例的构建，使得顺治朝法律体系初具规模，但总体而言，这些例仍缺乏一个"统帅"，那就是会典，以致顺治在内院查阅《明会典》时，竟问大学士范文程等云："凡定各项条例，会典可备载否？"范文程等答云"备载"[2]。至于顺治因何事查阅《明会典》，史未详记。但其"凡定各项条例，会典可备载否"之问，疑其治下所制定的条例，是否见于《明会典》或与之相符，可谓意味深长。这或可说明，清人已无法抛弃《会典》体例或无视《会典》在治政中所发挥的作用。尽管顺治朝并未编纂会

---

1 参见《清实录·顺治朝实录》卷 138，顺治十七年（1660 年）七月癸未。
2《清实录·顺治朝实录》卷 71，顺治十年（1653 年）正月辛巳。

典，但从其所问及其他事迹，可推断当时已有修典愿景。

早在康熙六年（1667年），内弘文院侍读熊赐履就曾提议编撰会典："政事纷更，而法制未定。我国家章程法度，其间有积重难返者，不闻略加整顿，而急功喜事之人，又从而意为更变。但知趋目前尺寸之利以便其私，而不知无穷之弊已潜倚暗伏于其中。朝举夕罢，以致盈庭聚讼，甲令游移，此时事之最急者也。"在熊氏看来，最急的时事就是法制积重但未有统一，他提出的解决之道就是将"国家制度，详慎会议。凡沿革损益，参以古制，酌以时宜，勒成会典，颁示天下"，如此才能"上有道揆，下有法守，垂裕无疆之业"[1]。但此议并未得以重视。至康熙九年（1670年），礼部以"会典一书，一代制度攸关，理应编辑，昭示中外"，议覆江南道御史张所志所请，"令各部院衙门将太祖高皇帝、太宗文皇帝、世祖章皇帝时定例及见行事宜，查明送内院纂修，颁行天下，永远遵行"[2]。此次议覆算是清朝对编纂会典一事的正式表态，相关筹备工作一直延续至康熙二十三年（1684年）。是年四月，康熙正式颁旨纂修《大清会典》，又谕撰修臣工云："朕闻一代之兴，必有一代之治法。著为道揆，布在方策，用以昭示臣民，垂宪万世，至弘远也。我太祖高皇帝，大业开基，规模肇造。太宗文皇帝，肤功耆定，轨物聿兴。暨我世祖章皇帝，统一寰区，创垂兼裕。诸凡命官定制，靡不准今酌古，纲举目张，郁郁彬彬，无以尚矣。逮朕御极以来，恪遵成宪，率由弗渝。间有损益，亦皆因时制宜，期臻尽善。俾中外群工，知所禀承，勿致隙越。顾其条例事宜，多散见于卷牍。在百司既艰于考稽，而兆姓亦无由通晓。今命部院大小等衙门各委属员，详加察辑，用成会典一书。时命卿等为总裁官，其董率各员，恪勤乃事。务使文质适中，事理咸备，行诸今而无弊，传诸后而可征。悉心考订，克成一代之典。俾子孙臣庶，遵守罔愆，

---

1 《清实录·康熙朝实录》卷22，康熙六年（1667年）六月甲戌。
2 《清实录·康熙朝实录》卷33，康熙九年（1670年）四月丙子。

以副朕法祖图治之意。"[1]从康熙所谕可见，编成一代大典，就眼前而言，是为解决条例散漫，百司难稽，百姓难晓的状况，通过考订制度使之为今世所行；就长远计，是为祖宗成法成宪得以恪遵，为后世所传。康熙二十七年（1688年）七月，礼部议覆江南道御史梅鋗疏言，以"会典一书，乃圣子神孙所法守，四海臣民所仰遵。闻会典见在纂辑，请敕编纂之臣，取史官注记，与诸臣章奏，详慎登载，以光至治。应如所请，详查起居日记及王大臣等本章，凡关系皇上孝思懿行，应载会典者，编入会典；应载政治典训者，编入典训。至恭上大行太皇太后尊谥及升祔太庙奉先殿典礼，亦应一并载入，则大礼始终俱备，垂万世无穷矣"[2]。这里提及的编入会典之事，即康熙为孝庄文皇后行丧礼之特例。康熙二十九年（1690年）四月，清编纂的首部会典正式告成，康熙为之御序云："朕惟自古帝王，宪天出治，经世宜民，莫不立之章程，允厘庶绩。二帝三王之成迹，略见于《尚书》《周礼》。唐虞以九官岳牧，综理内外。而周则六卿分职，各率其属，并以时亮天功，阜成兆姓，责有攸归，斯事胥就理。上古之世，其事简、其辞约，故见于书者，祗咨命数言，而敷政任功之意，《周礼》盖详焉。沿及唐宋，仿为《六典》，辑为《会要》，悉本斯义。明初撰《诸司职掌》，其后因之，勒成《会典》。虽累代制作，不能尽同。要皆举弘纲，详细目，变通因革，亦各协其宜也。洪惟我太祖高皇帝，肇造区宇，戡乱救民，当草昧缔构之初，而法制维新，规模大定。太宗文皇帝，式廓丕基，聿纬以武，聿经以文，典则科条，次第厘举。世祖章皇帝，同风六合，遍德万邦，府修事和，声教洋溢。凡所以黼藻至化，润色鸿业者，郁郁彬彬，粲乎备矣。朕嗣历服，三十年于兹，夙夜兢兢，缵承祖考，宪章前谟，以仰溯乎尧舜禹汤文武致治之隆轨。时饬群臣，勤修职业。每建一事、布一令，务期上弗戾于古，下克諴于民。

1《清实录·康熙朝实录》卷114，康熙二十三年（1684年）四月己巳。
2《清实录·康熙朝实录》卷136，康熙二十七年（1688年）七月甲戌。

酌剂讨论，其难其慎，然后赴所司奉行。夫朝廷之规制损益，无一不关于黎庶。大中之轨立，则易而可循。画一之法行，则简而守。制治保邦之道，惟成宪是稽，不綦重欤。用是特命儒臣纂辑会典，纲维条格，甄录无遗。终始本末，犁然共贯。庶几大经大法，炳燿日星，而遵道路者，咸得有所据依矣。《诗》不云乎：不愆不忘，率由旧章。《书》有之，其尔典常作之师。我国家典章弘备，视前代加详，悉皆本之实心，以相推准，而非缘饰虚文，铺张治具。惟兹良法美意，相与世世恪遵无斁。官治民察，以跻斯世于隆平。万年无疆之休，将于是乎在矣。"[1] 与明修《会典》以来诸多御制、上表一样，康熙《会典》御序依然承袭追述历代制典沿革，以明渊源有自；追述祖先建章立制之功，以明继孝法祖；备记当朝制治保邦之事，以明盛世修典。凡此"三明"，正式奠定了康熙《会典》在整个国家法律体系中大经大法地位。康熙《会典》，凡 162 卷，仿明万历《会典》体例，以官统事，以事隶官，典例合一；因事分类，因类分年，每一事例皆有略叙以明沿革，备载清开国以来至康熙二十五年（1686 年）间清中央部门现行的典章制度。作为卷帙浩繁的法典，要真正推行，并非易事，据《康熙朝实录》记载，康熙四十一年（1702 年）四月，山西道御史张瑗疏请本朝《会典》宜刊刻颁行，时从其议。[2] 由此可推断，在康熙二十九年（1690 年）至四十一年（1702 年），长达十余年间，《会典》并未真正实现在全国范围内推广宣传，确切说是由于刊刻有限以致地方不能及时有效运用。另一原因则是康熙初次修典，经验欠缺，导致有些内容不能通盘考虑加以吸收，而一些临时之制也来不及收入。因此，在《康熙朝实录》中，仍能看到康熙《会典》修成后，查参《明会典》之事例。如：康熙五十七年（1718 年）正月，大学士等具奏建储之事。康熙以"今于未立皇太子之前，当预将礼仪议定尔等会同，将明代《会典》

---

1 《清实录·康熙朝实录》卷 145，康熙二十九年（1690 年）四月丁亥。

2 参见《清实录·康熙朝实录》卷 207，康熙四十一年（1702 年）四月癸酉。

及汉唐宋以来典礼，查核详议具奏"[1]。康熙五十七年（1718年）二月，诸皇子、诸王、满汉文武大臣官员合词奏以："历观自古帝王及明朝《会典》，未有亲送梓宫之例"，劝康熙停止亲送梓宫。[2]

雍正二年（1724年）闰四月，总理事务大臣等议覆礼部侍郎蒋廷锡奏请纂修《大清会典》之事，并申明本朝《会典》所载制度仅自崇德元年（1636年）起至康熙二十五年（1690年）止，自康熙二十九年（1690年）撰成已四十余年，但"所定章程，未经编辑"，应将康熙二十六年（1687年）以来至雍正二年（1724年），各衙门所定"礼仪条例"等造册送馆编辑。同年五月，雍正命隆科多、张廷玉等为纂辑总裁官，由此揭开清第二次编修《会典》工作之绪。[3]至雍正十一年（1733年）五月，续修告毕，凡250卷之多。[4]与康熙《会典》比较，雍正《会典》编纂体例无新的变化，主要续入康熙二十六年（1687年）至雍正五年（1727年）的典章制度和事例，并对旧典的一些内容进行考订和增补。

对康、雍两朝《会典》，特别是其行用问题，以往研究多缺乏关注。在此欲以几则事例说明。

雍正二年（1724年）十月，谕礼部等云："今太学圣庙戟门外，所立本朝历科题名碑。自顺治丙戌科起，至康熙戊戌科而止。稽之《会典》，诸进士释菜后，礼部题请工部给建碑银一百两，交与国子监立石题名。康熙三年，辅政大臣裁省。自后每科诸进士，各自捐赀立石。我国家振兴文教，凡乡试、会试，动用帑金数万。朕即位之始，即开恩科。诚以科目一途，实关用人取士之要。题名之典，岂宜缺焉。著工部动用正项钱粮，令国子监将雍正癸卯、甲辰两科题名碑，速行建立。康熙辛丑科，亦宜补建。嗣后每科，

---

1 《清实录·康熙朝实录》卷277，康熙五十七年（1718年）正月庚午。

2 参见《清实录·康熙朝实录》卷277，康熙五十七年（1718年）二月癸亥。

3 参见《清实录·雍正朝实录》卷19，雍正二年（1724年）闰四月丁丑。

4 参见《清实录·雍正朝实录》卷131，雍正十一年（1733年）五月丁酉。

仍照旧例题请。庶士子观览此碑，知读书登榜之荣，益励其潜修上达之志。尔该衙门即遵谕行。"[1]

雍正三年（1725 年）四月，从礼部奏请："直省督抚将军提镇，题奏事件本式，《会典》原有定例，理应画一。今直省题奏，同属一事，任意参差，与例不合。嗣后一切钱粮、刑名兵马及地方民务所关公事，皆用有印题本。其本身事件，俱用奏本，不准用印。如有违式者，通政使司查参，交部议处。"[2]

雍正四年（1726 年）四月，谕内阁："嗣后督抚提镇相见，务遵《会典》所载一定仪注，倘有违例披执者，一经发觉，定将倨傲谄媚之人，一同治罪。又属员谒见上司，遇应穿公服之日，只用补服，不许擅用朝服，日屡申明禁。近来仍有违背不遵者，今晓谕后，若再有此等，察出必加重处。"[3]

雍正六年（1728 年）七月，从宗人府所奏，以辅国公敬恒"上陵朔望行礼，不遵《会典》，违例滥用赞礼郎，甚属僭越"，革其爵位。[4]

雍正十年（1732 年）六月，兵部遵旨议覆："北路阵亡官员兵丁，应得恤典。除副将军宗室公巴赛、参赞觉罗海兰应移交宗人府详议，喀喇沁、归化城、土默特口外蒙古人等，应交与理藩院详议外，自副将军以下，披甲从役以上，俱请照《会典》开载之例，各给与应得赐恤银两。"[5]

以上事例，皆在雍正《会典》修成前，所强调适用的自然是康熙《会典》。如雍正八年（1730 年）五月，谕内阁云："怡亲王为朕办理大小诸务，无不用心周到，而于营度，将来吉地一事，甚为竭力殚心。……朕询问王府管事之人，知王病中将身后之事，一一指示。特画亲王坟茔图一幅，与其王妃及诸子曰，我身后茔地之制，悉照《会典》所载亲王之礼行，毋得稍有踰

---

1 《清实录·雍正朝实录》卷 27，雍正二年（1724 年）十月癸酉。

2 《清实录·雍正朝实录》卷 31，雍正三年（1725 年）四月己卯。

3 《清实录·雍正朝实录》卷 43，雍正四年（1726 年）四月乙亥。

4 参见《清实录·雍正朝实录》卷 71，雍正六年（1728 年）七月癸丑。

5 《清实录·雍正朝实录》卷 120，雍正十年（1732 年）六月甲子。

越，如或稍过，则汝等违我之治命矣。昨王府之人，以图进呈朕览，仅有门三间，享堂五间，此国家经常之制，非所以待有大功之贤王者。但思王之生平，谦抑退让，朕每加恩礼，王必再四恳辞，朕鉴其一一实皆出于至诚，往往俞允。今若身后独不从其言，朕心有所不忍。然以丰功硕德，不世出之贤王，而寝园仅循常制，则褒德显功之典礼，实为缺略，朕心又有所不忍。今如何使朕心之辗转不忍者，得以大慰而揣度，王心亦受之而安，且揆之于礼，适为合宜允协。著大学士九卿等悉心详酌定议具奏。"[1] 怡亲王临终谨遵《会典》规制，并告诫子孙之事，或可说明强调《会典》施用，既有统治者的自觉维护，也得力于臣工对《会典》大经大法效力的自觉接受。当然，在强调遵用《会典》时，也有斟酌更改，甚至参照明《会典》之事，如上例中，雍正以怡亲王丰功硕德，故丧例可不遵《会典》常制。又如：雍正七年（1729 年）四月，礼部题议建云师雷师庙宇，并查唐宋致祭之制云："《大明集礼》，增云师于风师之次，郡县立雷雨坛于稷坛西，风云坛于社坛东。又《明会典》所载，秋分后三日，合祭云雨风雷等坛。今雷师庙应建于西方，立夏后申日致祭云师庙，应建于东方，秋分后三日致祭。"时从礼部所议 [2]，而所定新制，正是糅合《大明集礼》《明会典》规定而成。雍正九年（1731 年）九月，皇后乌拉那拉氏去世。皇后丧礼如何举行，雍正感到"自度力量，亦觉勉强"，故谕大学士等云："今皇后丧事，国家典仪虽备，而朕躬礼数未周，于理恐有未协，于情实为难忍，权衡轻重之间，如何可使情理兼尽，以慰朕心。著公同定议具奏。"经诸臣议定："伏查明代《会典》，皇后丧仪，止载皇子及百官应行典礼，无亲临祭奠之仪。今大行皇后丧次，有皇子朝夕祭奠，若遇祭期，例可遣官致祭。伏乞停止亲往，于理允协，于情亦复甚安。"[3] 此例参考的即《明会典》皇后丧仪规定，这或可说明康熙《会

---

1 《清实录·雍正朝实录》卷 94，雍正八年（1730 年）五月丙戌。
2 参见《清实录·雍正朝实录》卷 80，雍正七年（1729 年）四月庚辰。
3 《清实录·雍正朝实录》卷 111，雍正九年（1731 年）十月癸巳。

典》在某些内容上的缺位，但就广义而言，这仍是《会典》施行之例。又如雍正十一年（1733 年）三月，谕内阁云："太庙享祀，向无上香之仪，朕意应确议增添。至奠帛献爵时，朕意应行跪礼，著大学士会同礼部，酌古准今，敬谨定议具奏。"经内阁议定："汉唐以前，尚仍三代爇萧之礼，至宋时始有上香之仪，并于每位前跪，三上香，奠帛献爵亦如之，爵以三献。明洪武定制，无上香奠帛之仪，爵两献亦不跪。至嘉靖时，始改从宋制。本朝《会典》，因洪武所定而酌增之。是以有奠帛、有三献爵而无上香之仪，臣等敬谨详议。大祀莫重于郊坛，而孝享莫尊于崇配，至宗庙之礼，宜与社稷坛同。查祭社稷坛时，皇上亲诣大社大稷前跪，上香，则太庙自应一例请嗣后享祀太庙。皇上诣太祖高皇帝位前跪，三上香，太宗世祖圣祖位前亦如之，分献官亦诣两庑跪，上香。其祫祭及太庙后殿，奉先殿仪亦如之。至奠帛献爵之礼，太庙社稷俱不亲献。是以皇上于拜位前恭立，所以亚于郊坛也。应请仍照旧仪行。"[1] 就在此次查参康熙《会典》和明制之后，雍正《会典》即告成书。而雍正对太庙享祀应有上香之仪的"确议增添"，内阁也一如其议并最终施行，这也说明此制是对康熙《会典》的修改，同时作为新规被雍正《会典》所吸收。

据《乾隆朝实录》所载，乾隆十二年（1747 年）正月，正式诏命续修《会典》。续修原因，在当时乾隆所下谕旨中有所交代：一是自雍正《会典》颁行以来，"其间因时制宜，屡有损益"，臣工"每有以重修为请者"，但乾隆以"国家定制，岂容数更，踵事增文，自有部册"，故一概未准。二是逐渐感觉到雍正《会典》"有不得不重修者"，主要是因为雍正《会典》编纂时，诸臣或"沿袭旧文，未经考证"；或"略存近制，未溯本源"；或"限于案牍之不全"；或"误自参稽之不审，而又未尝请旨取裁，斟酌至当"，造成诸多舛讹疏漏。三是强调续修目的是"博考朝章，详稽故实，正旧编之

---

[1]《清实录·雍正朝实录》卷 129，雍正十一年（1733 年）三月壬寅。

纰缪，补纪载之阙遗"，以垂示法守。此后《会典》馆臣工拟定了续修的六条原则：其一，强调典章制度搜集应考其本原，因一些典章制度藏于皇史宬，在平时非一般臣工所得阅览，应照修史之例，令《会典》纂修官赴皇史宬详考有关《会典》者，"敬录以为全书纲领"。其二，强调修撰应参稽《古今图书集成》、《永乐大典》、三《礼》及《律吕正义》等书。其三，强调编撰应详察卷案，并令各衙门选人专司清厘案卷，协同办事，将所隶事务应编入《会典》者，分类编年，备册造送，不得遗漏。其四，强调认真选拔纂修官，以学问淹博、熟谙掌故、经术湛深、长于编纂为标准。其五，强调考定更正旧制需随时请旨定夺，对《会典》旧定条款，如出现"文鲜参稽舛讹"，或"事经胪列援据无凭"，或"古今异宜，诸儒异议"时，应由总裁官详叙原委，声明缘由，请旨裁夺。对乾隆朝以来续增条款、事例或规定，需编入者亦应按事类逐卷进呈钦定。其六，强调《会典》馆办事成规，总裁官督率纂修官需"每日必及辰而入，尽申而散"，勤事而为，互相讨究斟酌。[1]乾隆十二年（1747年）二月，乾隆再为续修下谕，强调续修是为存一代典章垂之后世："《会典》一书，上自郊庙朝廷，行之直省州县。凡礼乐兵刑之实，财赋河防之要，城池邮驿之详，大纲小纪，无不并包荟萃。必使制度沿革，本末了然，条贯井井，方足备一代之典章，垂之册府。"并重申续修，"事必究其遵行，令必征其实据。勿以案牍浩繁，而惮于检阅，致有阙遗。勿以卷帙烦重，而失于纠稽，益滋舛错"，对"现行典制"要纪叙属实，文事相符；对"往昔施行"要概括辞旨，略见源流；对连篇并载的"原议旧仪"要繁简得当，取舍得宜。不仅如此，乾隆还要求一边修撰一边将稿本呈奏本人"亲为讨论"[2]。至乾隆十三年（1748年）五月，正式确定纂修的三条义例：其一，"各衙门事例，时有损益，数年必当变通，若一概登载，恐刊行未遍，更制

1　参见《清实录·乾隆朝实录》卷282，乾隆十二年（1747年）正月丙申。

2　《清实录·乾隆朝实录》卷284，乾隆十二年（1747年）二月丙寅。

已多，应请总括纲领载入。或有疑似阙略，尚须斟酌者，恭请睿裁。至吏兵二部，各有则例，礼部现纂《通礼》，刑部旧有《律例》，皆可随时修改。其余各衙门，未有则例者，即交纂修分门编辑。每修成《会典》一卷，即副以则例一卷。先发该衙门校勘，实无遗漏错误，然后进呈"。其二，"旧本每遇大典礼，必胪序列朝事实，连篇并载，反掩正文。应请裒集旧典所载，并现在各衙门册籍，一应旧章新制，皆荟萃源流，斟酌详备。于朝庙典礼，各定为一仪。于官司事例，各定为一则。书成后，间有损益，如畸零节目，止于则例内增改。即有关体制者，亦止刊补一二条，无须全书更动"。其三，"八旗都统，经理兵马钱粮户口土田世爵佐领等事，虽与户兵二部关会，实多本职专行。又领侍卫衙门及护军统领、前锋统领、步军统领，皆职任重大。应请移取各该衙门册籍，将职掌事宜，另立一门，以补旧书之阙"[1]。凡此三方面实际上就是编撰的技术规范，其中"每修成《会典》一卷，即副以则例一卷"的义例，开启了典、例分编的全新模式。或许由于技术要求严谨及修订任务繁重，至乾隆十八年（1753 年），《会典》成书"尚不及半"，为此乾隆也曾下谕强调"定限一年告竣"[2]。实际上，至乾隆二十一年（1756年）六月，大学士等才上奏宣告《会典》告成，对撰修屡次展期，且多有序次舛错、行文纰缪，乾隆十分生气，甚至不同意将纂修各官交部议叙。[3] 乾隆三十一年（1766 年）十二月，刊刻《大清会典》告成，乾隆作序除追述修典缘由和祖宗修典事迹外，还专门阐述了典、例关系："向者发凡排纂，率用原议旧仪，连篇并载。是典与例无辨也。夫例可通，典不可变。今将援典而传例，后或摭例以殽典，其可乎。于是区《会典》、《则例》，各为之部而辅以行。"尽管乾隆在序中也有"诸臣皆谓若网以纲，咸正无缺，而朕弗敢专也。盖此日所辑之《会典》，犹是我皇祖皇考所辑之《会典》，而俛焉从事于兹者"的自谦

1《清实录·乾隆朝实录》卷 315，乾隆十三年（1748 年）五月辛亥。

2《清实录·乾隆朝实录》卷 452，乾隆十八年（1753 年）十二月甲申。

3 参见《清实录·乾隆朝实录》卷 514，乾隆二十一年（1756 年）六月己酉。

之词[1]，实际上，其对典例关系的定调和所付诸的实践，为以后各朝《会典》体例制定了模板。

自乾隆十二年（1747 年）至三十一年（1766 年），这一时间段，一方面是乾隆《会典》的撰修期，另一方面，因为乾隆《会典》尚未成书，仍是雍正《会典》的有效施行期。换言之，自雍正十一年（1733 年）五月雍正《会典》告成以来，至乾隆三十一年（1766 年），所施行或参照使用的当是雍正《会典》。《乾隆朝实录》中所载"《会典》开载""照《会典》"等事例，即雍正《会典》行用之证[2]，现以年月为序胪列如表 2-11 所示。[3]

表 2-11　　　　　　　　《乾隆朝实录》所见行用雍正《会典》事例表

涉及规定	具体事例[3]	出处
封号	谕："举行恭拟尊加皇祖太妃封号之礼，依照《会典》礼诣行礼。"	卷 7，雍正十三年（1735 年）十一月壬子
提镇到京，赴部投文，听候引见	谕："查《会典》开载，有提镇到京，赴部投文，听候引见之条。但此例不行已久。督抚提镇同为封疆大吏，督抚既不赴部引见，则提镇到京亦准其即赴宫门请安，候朕宣召，必先行赴部。至伊等起程赴京及回任日期，仍循旧例报部。"	卷 20，乾隆元年（1736 年）六月戊辰
派委旗员文武官相见仪	礼部议覆刑部奏："请如有派委旗员地方官办理公事之处。按照品级，议定仪注，一体颁行，按《会典》文武相见仪注参酌。"	卷 20，乾隆元年（1736 年）六月乙亥
冠婚丧祭仪制	谕："前代儒者，虽有《书仪》、《家礼》等书，而仪节繁委，时异制殊，士大夫或可遵循，而难施于黎庶，本朝《会典》所载，卷帙繁重，民间亦未易购藏。应萃集历代礼书并本朝《会典》，将冠婚丧祭一切仪制，斟酌损益，汇成一书，务期明白简易，俾士民易守。"	卷 21，乾隆元年（1736 年）六月丙戌
量仓积方	户部议覆和亲王弘昼奏仓储事宜，其一云："量仓用《会典》积方之法核计。"	卷 87，乾隆四年（1739 年）二月甲辰

1　参见《清实录·乾隆朝实录》卷 775，乾隆三十一年（1766 年）十二月辛酉。

2　行用是指依《会典》规定行事，或重申《会典》规定，或《会典》无制则不违反《会典》规定行事。

3　内容简略则引述全文，详者则据文意概括。

续表

涉及规定	具体事例	出处
致祭文庙、社稷等仪	礼部议准太常寺少卿郑其储奏：请令各省督抚致祭文庙、社稷山川风云雷雨等坛，"照依《会典》，按图陈设，品物不得缺略，亦不得互相通融"。	卷89，乾隆四年（1739年）三月乙丑
科道查核工程	谕："如遇有工程等浮冒情弊，科道原可纠参，又不必专委以查工之任矣。科道查核工程之处，著照《会典》所载旧例行。"	卷115，乾隆五年（1740年）四月庚寅
发遣军犯	兵部议覆广西按察使唐绥祖奏："查发遣军犯，《会典》久有成例，但恐各省于一案内军犯数名，统指一处安插，亦未可定。应令各该督抚务照《会典》开载地方，均匀酌派，毋得俱发一处。"	卷122，乾隆五年（1740年）七月丙子
冠服	御史周祖荣奏礼部等衙门："六品以下官员，准带数珠，原以典礼攸关，匪任居恒袭越。请嗣后惟执事庙坛，侍仪殿陛，仍准悬带，其平常无事时，遵照《会典》规制，毋许僭袭。"	卷124，乾隆五年（1740年）八月辛丑
学宫祀仪	礼部议覆提督顺天学政钱陈群奏称："学宫从祀诸贤，设立神牌，先后位次，《会典》所载颁行已久，而日久渐弛，未能画一。应如所请，令各省督抚转饬地方官，将各学宫从祀诸贤诸儒神牌位次，遵照大学成式字样，安设序次，添加厘正。"	卷150，乾隆六年（1741年）九月甲子
学政督抚相见仪	礼部议准都御史彭启丰奏称："近日学政与督抚相见，不遵《会典》仪注，几同属官，甚至诣拜门生，督抚观风取录。与州县前列童生，辄不论文之佳否，暗记坐号，拔录结款，以	卷160，乾隆七年（1742年）二月丁酉
学政督抚相见仪	致孤寒屈抑，士怨沸腾。查学政与督抚仪注平行，奏得专达，毋容贬损。且文章有一日短长，尤宜屏私采录。请饬学臣，遵仪制，励身裁，不得自损名节。并饬督抚，不论学政是何出身，但当以公正廉明相勖，不得以势位相凌。"	卷160，乾隆七年（1742年）二月丁酉
皇太后皇后宫乐	庄亲王允禄等奏："查《会典》，惟太皇太后宫用中和韶乐。皇太后、皇后宫，均用丹陛乐。考诸掌仪司，则自来升座、还宫并用中和韶乐。盖昔年撰拟乐章之时，以皇太后、皇后不敢同于太皇太后，便以丹陛名之，且乐章一式无别。而考击之法，则又全不循章协韵。今既查明，自应分别升座、还宫为中和乐，行礼为丹陛乐。"	卷165，乾隆七年（1742年）四月丙午
雩祭	大学士等会同礼部议覆御史徐以升奏称："查《会典》开载，以岳镇海渎山川之神为地祇等语，是地祇坛内，已有四海，不必同日另行望祭。"	卷166，乾隆七年（1742年）五月癸酉
祀天神地祇	总理律吕正义馆庄亲王允禄等奏："查《会典》开载，天神从祀于圜丘，地祇从祀于方泽。今既各建一坛，则天神应仍从圜丘，以黄钟为宫。地祇应仍从方泽，以林钟为宫。"	卷167，乾隆七年（1742年）五月甲戌

续表

涉及规定	具体事例	出处
亲蚕	礼部议覆鄂尔泰等奏称："据《会典》内所载，填入仪注，应候钦定乐章演用。所有仪注，虽经仿照古制定议，但须因地制宜，应俟蚕坛规模，相度已定，再行详酌妥议具奏。"	卷172，乾隆七年（1742年）八月辛卯
仪从器仗	吏部议准左都御史刘统勋奏称："查《会典》内，惟开督抚见文武属员仪注及旗枪等执事。……应通行直省督抚，嗣后仪从器仗，各遵《会典》，周旋仪度，各凛寅畏。其妄为尊大，有乖定制之条，自行除去，如被指摘纠参，照违制例议处。"	卷197，乾隆八年（1743年）七月庚戌
鸿胪寺序班	①礼部议覆鸿胪寺卿梅珏成奏称："本寺序班，《会典》开载，由直隶、河南、山东、山西四省生员充补，向来自行具呈，不由学政咨送挂名回籍，并不赴寺学习。请定章程，并设定额。查向例应考时，令取同乡官印结以绝倩人递呈之弊，应补缺出，移咨学政。查取册结立法，已属周详。惟向无定额，不无滥冒。嗣后正员不敷，考取学习生员，以十二员为定额。"②从鸿胪寺卿梅珏成所奏："本寺序班，前经臣请定额，并饬遵照《会典》，行文学臣咨取，毋许止凭同乡官印结，令生员自行具呈，乃部议止准定额。余以立法既详，无庸再议。伏思员额既定，得者更为荣幸。若止凭印结滥收，将夤缘请托，弊端滋甚。请仍照《会典》旧例，由学臣咨取，将生员自行具呈之处停止。"	①卷220，乾隆九年（1744年）七月庚辰②卷222，乾隆九年（1744年）八月乙巳
诰封	刑部议覆吏部参奏同知张卿云于所捐生母封典外，又冒领本身封典一折："查张卿云领轴家人，闻《会典》载五品官，有应封一代之例，随具呈开列生母及本身妻室三项，托吏书沈璹办理，沈璹希图朦混，以致歧误。除追赃入官外，谨绎《会典》及捐例，凡嫡母在，生母不得并封者，准另捐生母封典。若嫡母既殁，生母即在应封之内。今张卿云父母既殁，生母原无庸另捐，乃不明例义，误行报捐，致天下谓嫡母殁，生母尚不在应封之内。是国家格外之恩，竟不明于众矣。请将张卿云所捐生母诰轴，交内阁销毁，仍令另捐本身应得封典一轴，将伊生母一并受封，方与《会典》例意相符。"	卷221，乾隆九年（1744年）七月癸卯
小教习选授	谕："《会典》开载，康熙年间，选拔庶常后，有选派讲读修编检数员为小教习之例。教习汉庶吉士，诗文四六。今科庶吉士著掌院张廷玉、阿克敦、教习庶吉士之大臣德沛、汪由敦于现任讲读修撰编检内，选派数员为小教习。"	卷244，乾隆十年（1745年）七月丁丑

续表

涉及规定	具体事例	出处
孔庙祀典	谕："翰林院检讨阮学浩所奏贡生阎若璩孔庙从祀末议十一条。……所称两庑先贤先儒，位次凌躐，宜请厘正一条。两庑从祀诸人，累朝互有出入。盖书生习气，喜逞臆断而訾典章，就其一偏一曲之见，言人人殊。考之前史，甚至有迎合时事，党护乡曲者。汉臣议礼如聚讼之讥，良有以也。阮学浩所信者，阎若璩之说。而阎若璩此条，如何厘正，若者宜先，若者宜后，在阎若璩即无定论。况孔庙祀典，于雍正二年奉皇考世宗宪皇帝谕旨，令廷臣集议，所有应增祀复祀之先贤先儒，已经一一厘正。阎若璩所谓西多于东者，盖未厘正之以前之旧。今定从祀东庑六十二人，西庑六十一人，位次秩然，初无凌躐。现载《大清会典》，阎若璩固未及见，阮学浩、何备官而亦未之闻耶。祀典关系重大，若祗凭其私心浅见，率议更张，忽进忽退，忽东忽西，成何政体。以朕观之，此二条即不可施行。是以明切晓谕，令众知之。"	卷302，乾隆十二年（1747年）十一月辛丑
平定边事告捷朝贺礼	谕："金川告捷，边徼敉宁。大学士张廷玉、来保等查照《会典》，奏请升殿受贺。……但从前青海平定，皇考世宗宪皇帝俯允廷臣之请，曾经举行朝贺典礼，具有成宪。著勉从所请，一切礼仪，该部查例具奏。"	卷335，乾隆十四年（1749年）二月甲午
凯旋致祭堂子典礼	议政王大臣等奏："谨按《会典》，崇德间大兵凯旋，太宗文皇帝率众拜天，大设筵宴。宴毕，躬率凯旋王、贝勒、贝子、公、大臣等恭谒堂子，行三跪九叩礼。请嗣后凯旋，致祭于天、地、太庙、奉先殿、社、稷、陵寝，如常仪外，皇帝告祭堂子，由礼部请旨，钦天监择吉，届期卤簿大驾全设。礼部堂官奏请皇帝诣堂子行礼，凯旋将帅大臣及诸王、贝勒、贝子、公、镇国将军、都统、尚书等官俱随行。皇帝进堂子上香毕，礼部堂官恭导就位，凯旋将帅等依次排立，鸣赞官赞跪叩兴，皇帝行三跪九叩礼，将帅等随行礼毕，礼部堂官奏请驾还宫，乐作礼成如仪。"	卷339，乾隆十四年（1749年）四月丙午
加恩免罪	谕："朕以大公御天下，事事求协于理之至当，至用刑之际，尤必再三详审，稍有情节，必加研究原减。即如亏空案内之胡世仁，因伊伯阵亡，虽在情实，亦即按《会典》所载，加恩免其正法。"	卷351，乾隆十四年（1749年）十月甲辰
官职	御史冯元钦奏军机房请改名枢密院，蒙简用者，即以原衔掌理院事。时谕云："本朝内外官职，俱已大备，载在《会典》。皇考时设立军机房，不过以为承旨办理机务之地，并非独重其权显为官职也。今朕因之亦云诘尔不忘之义耳，冯元钦所奏未识体要，其还之。"	卷355，乾隆十四年（1749年）十二月庚寅

续表

涉及规定	具体事例	出处
冠服	礼部议覆广西巡抚李锡秦奏称：南宁府所属土司"俗多靡费"，"请将《会典》律例所载五品以下官员应用礼数服色各条，颁发遵行。"	卷436，乾隆十八年（1753年）四月庚子
乡饮酒礼	礼部议覆陕西布政使张若震奏称："各省举行乡饮酒礼，事不画一。……查顺天乡饮，每岁于孟春望、孟冬朔举行。各直省亦应遵例于正月、十月举行二次。至宾介之数，《仪礼》有大宾、介宾、众宾，及遵《会典》乡饮酒图，有大宾、介、一宾、二宾、三宾、众宾；一僎、二僎、三僎，未有云耆宾者。该布政使所称举一为耆宾之处，无庸议。"	卷438，乾隆十八年（1753年）五月丙辰
战船操演	谕："军机大臣会同工部议覆王进泰请将崇明镇暨沿海各营，现在届修各船，先行趱修一半，以应秋操，其余一半，缓俟来年接修一折。此事既有康熙年间议准定例，载在《会典》，各省自应遵照办理。"	卷587，乾隆二十四年（1759年）五月丁酉

由以上事例可见，当时确实存在有《会典》规定而不施行的情况。个中原因不一，但主要是相关规定日久渐弛，未能画一，致使例不行已久或褒越规制。客观上，《会典》卷帙浩繁，不能为所有人参详，也是原因。如在提议采集《会典》冠婚丧祭等仪制斟酌损益，以便士民遵守一例时即指出，"《会典》所载，卷帙繁重，民间亦未易购藏"；在斥责阎若璩孔庙从祀末议时，也考虑到"现载《大清会典》，阎若璩固未及见"，因为当时阎的身份是贡生，恐怕不能览阅《会典》。中央一级政府部门，查阅雍正《会典》甚至康熙《会典》、明《会典》不属难事，但各地各级官员要查阅，恐怕存在障碍。据《乾隆朝实录》记载，乾隆四年（1739年）七月，甘肃巡抚元展成请颁书籍，时得旨，颁发《会典》一部。[1]可以推想，当时很多地方未必有《会典》全书。在有规定不行外，也发生一些官员妄议更改《会典》规定事例，如阎若璩议改孔庙从祀之制、冯元钦奏军机房请改名枢密院、王进泰请将崇明镇暨沿海各营暂停修船以应秋操等。更有甚者，一些官员还以《会典》无具体规定逃避责任，如乾隆十九年（1754年）九月，谕军机大臣等云："给

1　参见《清实录·乾隆朝实录》卷96，乾隆四年（1739年）七月庚戌。

事中色钦等参奏户部赴领单簿逾限，及御史九成等参奏户部户科推诿迟延各情节。朕命军机大臣秉公核议，看来部科彼此执持，只为磨对相符数字起见，甚属无谓。部科均有查核之责，若有差错，必不以科臣已经声覆相符，遂置该部于不问。且使果有不符，即当参奏。既无可参奏，即属相符。字样有无，何所关系。乃部臣必欲此二字为据，而该科又坚持不与，为此无益之烦扰，致延时日，徒使胥吏得以舞弊耳。色钦等以《会典》不载为词，则《会典》固不能字字详备。"[1]或巧援滥用《会典》规定，乾隆三十一年（1766年）七月谕云："御史李玉鸣奏内务府办理皇后丧仪，其上坟满月，各衙门应有照例齐集之处。今并未闻有传知是否遗漏等语，实属丧心病狂。去岁皇后一事，天下人所共知共闻。今病久奄逝，仍存其名号。照皇贵妃丧仪，交内务府办理，已属朕格外优恩。前降谕旨甚明，李玉鸣非不深知，乃巧为援引《会典》。谓内务府办理未周，其意不过以仿照皇贵妃之例，犹以为未足，而又不敢明言。故为隐跃其辞，妄行渎扰，其居心诈悖，实不可问。李玉鸣著革职锁拏，发往伊犁。"[2]尽管如此，上引事例所反映的重申施行雍正《会典》规定，起码说明臣工有维护《会典》权威的主动性。而这些提议，基本都得以遵行。以上这些都应是考查雍正乃至康熙《会典》正确有效施行所要留意的。

　　以上举例，可见当时有遵循雍正《会典》行事的传统，但也反映出雍正《会典》的不周之处，正如乾隆所云："《会典》固不能字字详备"，这些因岁月久远、事例增多所造成的情况，在乾隆十二年（1747年）开修《会典》时已有认识和交代。因此，在乾隆《会典》成书前，虽沿用雍正《会典》，但也有修订废改之例。也就是说，自雍正去世后，特别是乾隆元年（1736年）至三十一年（1766年），乾隆《会典》成书为止，这一时期的修订是针对雍正《会典》而言。这些修订凡有三类：一是雍正《会典》本有规定，在原规

1《清实录·乾隆朝实录》卷473，乾隆十九年（1754年）九月丁酉。
2《清实录·乾隆朝实录》卷765，乾隆三十一年（1766年）七月壬辰。

定上修改；二是雍正《会典》本无具体规定，属新增之制；三是停止施行雍正《会典》某些条款。值得注意的是，前两种情况存在一些修改或新增，且明令"载入《会典》"的事例，此时"载入《会典》"，即指载入正在续修的乾隆《会典》。

现将雍正去世后，尤其是乾隆元年（1736年）至三十一年（1766年）间修订雍正《会典》规定事例、废停雍正《会典》规定事例、修订并编入乾隆《会典》事例三种情况，以年月为序胪列各如表2-12、表2-13、表2-14所示。

表2-12　　　　　《清实录·乾隆朝实录》所见修订雍正《会典》事例表

涉及规定[1]	具体事例	出处
【增】恩诏给封	吏部奏："恩诏给封，惟各部额外司员及奉旨署事，并直省题署各官，现任仓监督等，《会典》内未经开载，但各员等，俱照现任职衔、食俸办事，可否一体予封。"时得旨准给予封典。	卷9，雍正十三年（1735年）十二月壬子
【增】配享天坛时神牌参拜上帝之仪	总理事务王大臣等奏："伏查本朝《会典》及明《会典》，未载配享天坛时神牌参拜上帝之仪"。从所议，"增入参拜上帝之仪"。	卷40，乾隆二年（1737年）四月壬申
【改】题本奏本格式仪	大学士鄂尔泰等议覆通政使归宣光等奏请定例："查《会典》内载，直省督抚本章，如系地方公事，皆用题本。若系本身私事，俱用奏本等语。本年三月内，颁赐世宗宪皇帝御制文集，乃系赏赐本人祗领之书，应用奏本谢恩。今各督抚或用奏本或用题本。"经议："嗣后有赏赐书籍，如系概行颁发，各衙门存贮交代者，谢恩应用题本。若赏赐本人祗领者，谢恩应用奏本。如代属官一人谢恩者，亦用奏本。如有违例误用者，通政使司照例题参。"	卷96，乾隆四年（1739年）七月丙午
【增】内廷丹陛乐章	经庄亲王允禄等奏，以"内廷行礼用丹陛乐，《会典》不载"，定内廷丹陛乐章"雝平"进呈。	卷169，乾隆七年（1742年）六月癸丑
【改】雩祭	时降旨举行雩祭之礼，雍正下谕云："朕思明代既建有崇雩坛，国朝《会典》内亦载之，而书云今不举。今既议举行雩祭，乃舍此坛而在圜丘，恐生后人议论，似应在专坛行礼。"经礼部会议定："举行雩祭，似宜仍在圜丘，不必更建雩坛。"	卷169，乾隆七年（1742年）六月戊申；卷169，乾隆七年（1742年）六月癸丑

---

1 标"【改】"者，指雍正《会典》本有规定而作更改。标"【增】"者，指雍正《会典》本无规定，属新定之规。

续表

涉及规定	具体事例	出处
【增】乡饮酒礼乐章	大学士鄂尔泰等议覆御史徐以升奏称："乡饮酒礼，所以敬老尊贤。《会典》载仪注，未及诗乐，请撰拟乐章，以追古制，固属应行。但乡饮酒礼，应歌鹿鸣鱼丽等本诗章句。今若另行撰拟，恐蹈宋淳化故辙。如所谓鹿鸣呦呦，命侣与俦，关雎于飞，于渚之湄者，后人往信訾议。请交与律吕正义馆，将《仪礼》所载乡饮酒礼应歌之诗，照现定乐章字谱之式纂辑等语，应如所请，交该馆办理。俟乐章书成，交顺天府，令诸生演习，以襄大典。"	卷171，乾隆七年（1742年）七月己卯
【改】耤田乐章	和硕庄亲王允禄等奏："《会典》所载耤田之乐有三。祭先农坛，一也。亲耕时，歌三十六禾词，二也。筵宴时，奏雨旸时若、五谷丰登、家给人足三章，三也。"其中顺治年间所制"先农坛乐章"已改定进呈发馆。"至三十六禾词，雨旸时若等章，系大学士蒋廷锡所撰。臣等阅其文义古雅，向以为无可更定，是以置之不议。今因管理太常乐部，方知乐与礼不相符，有不得不改正者。除三十六禾词无庸议外，查雨旸时若等三章，原为筵宴进酒进馔而设。雍正二年，以其文不雅驯，令蒋廷锡撰拟。乃蒋廷锡照古乐府体为之，实不能施于燕乐。又自雍正二年起，每年耕耤，从未赐宴，此乐本可不奏。乃因斋宫升座，诸臣庆贺，赐茶及还宫，本无乐章，误将此三章燕饮之诗，奏中和韶乐而歌之。臣等既经查出，理合奏明。请嗣后于斋宫升座时，用中和韶乐。诸臣庆贺时，用丹陛大乐。还宫，复用中和韶乐，一如朝贺之制。至赐茶本无奏乐之理，应行停止。若有赐宴，则燕乐必须，即停止岁多，乐章不可不具。请将雨旸时若等章，照海宇昇平日之例另撰，字数止须四分之一。"	卷172，乾隆七年（1742年）八月壬辰
【增】致祭祭文成式	礼部议准署贵州布政使陈德荣奏称："《会典》内春秋二仲月，直省守土官，应致祭各坛庙，其礼仪各载定规，惟祭文未颁成式。"时从所奏，敕翰林院将"外省文庙、武庙、城隍、龙神各庙，社稷、山川、风云雷雨、先农各坛，并五王、三公、忠孝节义、贤良等祠及每年大雩、禜祭各应用祭文，撰拟成式"，颁行各督抚施用。	卷197，乾隆八年（1743年）七月癸卯
【改】铜矿抽课之例	户部议覆四川巡抚纪山疏称："沙沟紫古唎二铜厂矿内，夹产银星，采炼维艰，与全出金银者不同"，"难以照《会典》四六之例抽课"，故议定"以二八抽收，用纾商力"。	卷259，乾隆十一年（1746年）二月壬戌

续表

涉及规定	具体事例	出处
【增】历代帝王陵寝及圣贤忠烈坟墓修葺防护	①谕：陕西历代帝王陵寝及圣贤忠烈坟墓陵墓，"有不在《会典》之内者，既无围墙，又无陵户。著交于该督抚查明，酌筑围墙，以禁作践，以资保护。" ②工部等部议准陕西巡抚陈宏谋奏称："遵旨查明陕西一带古帝王陵寝，《会典》开载有祭者，黄帝之桥陵，周文王、武王、成王、康王、汉高祖、文帝、宣帝、魏文帝、唐高祖、太宗、宪宗、宣宗等十三陵。此外周秦汉唐之陵，尚数十余座，向令地方官防护，每年造册报部，而其中多未筑围墙，又无守陵之户，所云防护，有名无实。至于圣贤忠烈之墓，后裔无人者居多，作践侵损，尤所不免。钦奉谕旨，酌筑围墙，以资保护，诚旷古盛典也。……其前代诸王妃嫔及诸臣，事业未甚表著者，虽不在筑墙防护之例，仍令地方官留心看视，不致湮没。凡前贤有后裔衰微者，亦为筑墙防护。"	①卷 262，乾隆十一年（1746 年）闰三月丁酉 ②卷 318，乾隆十三年（1748 年）七月庚寅
【改】府县及外官品级	大学士等议覆礼部尚书王安国奏称：今外官之制，督抚专制一方，而《会典》载天下府县及外官品级，犹以布政使司布政使领之，称名殊觉不顺。请改《会典》所载，外官品级，以督抚居首，次及布按两司等语。	卷 328，乾隆十三年（1748 年）十一月丙辰
【改】谢恩仪	从礼部奏请，经略大学士忠勇公傅恒率诸臣谢恩，"照《会典》仪注，在丹墀内或照上年出师时受敕在丹陛上，恭候钦定"。	卷 335，乾隆十四年（1749 年）二月丁未
【改】祭祀择吉	大学士、会典馆总裁官等议奏："查《会典》，凡祭祀，礼部于每岁九月中，劄钦天监选期送部，转劄太常寺，于前期具题等语。现在径由太常寺移监，于正月自行题达。嗣后应由礼部选期具题，奉旨后交太常寺，按时豫行题请。"	卷 340，乾隆十四年（1749 年）五月戊申
【改】祭祀成汤陵庙	礼部议覆御史储麟趾奏称："今《会典》内开，山西蒲州荣河县现有成汤陵庙，每岁有司肃事无缺。"经议定："敕下山西巡抚，就荣河县成汤陵后，别建后殿，供奉有商始祖唐司徒神牌，每岁春秋分献。或旧有寝室，即令新饰，毋庸重建。"	卷 354，乾隆十四年（1749 年）十二月甲申
【增】致祭山川	礼部议准陕西巡抚陈宏谋疏称："《会典》开载，社稷坛定于春秋仲月戊日致祭，山川坛止载春秋仲月，未定日期，各省举行参差，应请部示。查京师云雨风雷之神，冬至从祀于圜丘，五岳五镇四海四渎之神，夏至从祀于方泽。外省各府州县境内山川之神，原未定有致祭日期，应请于致祭社稷坛之春秋仲月戊日，同日致祭山川坛，于祀地之义相近，并载入《会典》。"	卷 537，乾隆二十二年（1757 年）四月戊寅

续表

涉及规定	具体事例	出处
【增】朝仪班位	礼部议准御史史茂奏称:"大朝之时,百官先于仗外齐集,每多站立参差。又或因随同行礼之外国使臣,衣貌言语各别,趋视拥挤。请各按品级,标示定位等语。查《会典》及《通礼》,开载朝仪班位本属严整,但未经标示,每有错综。应如所请,令鸿胪寺照常朝坐班例于仪仗外,设红漆木牌,先令按名排班。如有踰越者参处。"	卷594,乾隆二十四年(1759年)八月壬午
【增】总督巡阅按临各镇总兵迎送接见仪	礼部议覆广西左江镇总兵蔡卜年奏称:"总督巡阅按临各镇总兵迎送接见,《会典》内并未开载,请定仪注等语。查总兵见总督,与司道见总督仪同,其总督按临各镇迎送接见,照司道初见总督仪。"	卷699,乾隆二十八年(1763年)十二月甲午

表 2-13   《清实录·乾隆朝实录》所见废停雍正《会典》事例表

涉及规定	具体事例	出处
免征收直省关口米豆额税	谕:"国家设关榷税,定其则例,详其考核。凡以崇本抑末,载诸《会典》,著为常经,由来已久。其米豆各项,向因商人贩贱鬻贵,是以照则徵输。第思小民朝饔夕飧,惟谷是赖,非他货物可比。……今特降谕旨,将直省各关口所有经过米豆应输额税,悉行宽免。永著为例。"	卷164,乾隆七年(1742年)四月辛卯
删军卫道里表所载顺天、保定、河间、天津四府名目	兵部议覆安徽巡抚卫哲治奏称:"查三流道里表内,各省通发,惟不载直隶府分。缘畿辅之地,非可为外省流所,而军卫道里表,尚沿旧载顺天、保定、河间、天津等府名目。兹值纂修《会典》,可否删去四府名目等语。应如所请,移知《会典》馆照办,并请将外省军犯编发直隶州州之处,长行停止。"	卷465,乾隆十九年(1754年)五月己亥
删五部左侍郎补授吏部右侍郎,仍以左侍郎管右侍郎之例	吏部奏:"嵇璜现由户部左侍郎调补吏部右侍郎,例应以左侍郎管右侍郎事。至吴达善调补工部侍郎,裘曰修调补户部侍郎,应否将现任右侍郎三和、刘纶各转补左侍郎,或即以吴达善、裘曰修补授之处请旨。"得旨:"三和著转补工部左侍郎,刘纶著转补户部左侍郎。其由五部左侍郎补授吏部右侍郎,仍以左侍郎管右侍郎之例,实属繁文,著停止,并交《会典》馆改正。"	卷475,乾隆十九年(1754年)十月辛未
停僧道等官铸给印信	从礼部尚书伍龄安所奏:"查《会典》内有僧道等官铸给印信之条,此辈多系土著,并无刑钱职掌及往返文移。藉方外末秩绾一部印,夸耀乡里。不惟体制未协,且恐滋生事端。请概行停止。已给者饬令缴销。"	卷591,乾隆二十四年(1759年)闰六月己亥

表 2-14　　　　　《清实录·乾隆朝实录》所见载入《会典》事例表

载入规定	具体事例	出处
祭享太庙派宗人府王公一人监礼	谕："向来祭享太庙，献爵献帛，例用侍卫及太常寺官。……嗣后每逢祭祀之期，著派宗人府王公一人，前往监视，俾进退优娴，执事有恪，以昭诚敬。将此载入《会典》。"	卷 300，乾隆十二年（1747 年）十月己未
京堂官缺额补授	①谕："向来各衙门京堂员缺，屡经酌定，其中仍不免于参差。如金都御史、右通政，则有汉而无满员。左参议，则满员有二，而无右参议。大理寺少卿、少詹事，则满一缺，汉二缺。太仆寺少卿，则满二缺。国子监司业，则满三缺，汉员俱止一缺，于官制均未允协。今既新定《会典》，以上参错不齐各员缺，应作何裁改更正之处。著该部议具奏。" ②吏部议遵旨裁改京堂各缺："都察院裁金都御史一缺，通政司裁右通政一缺，改满参议一缺为右参议。大理寺裁汉少卿一缺。詹事府裁汉少詹事一缺。太仆寺裁满少卿一缺。国子监裁满司业一缺。其裁缺之金都御史卢承纶等，俟有相当之缺，另行请简。"时得旨："以卢承纶、赵城年老衰庸，俱著休致。其左通政员缺，即著林枝春转补。右参议员缺，即著福登额改补。赫赫、僧格勒，遇有相当之缺，该部请旨补用。左通政二缺，俱著改为通政副使。余依议。"	① 卷 312，乾隆十三年（1748 年）四月甲子 ② 卷 312，乾隆十三年（1748 年）四月庚辰
亲王及内大臣、大学士陪祀礼	谕："向来郊坛大礼，凡遇遣官恭代之日，大学士等俱不斋戒陪祀。盖因《会典》开载斋戒定例，有武官公以下、轻车都尉以上，文官尚书以下、员外郎品级以上之语。是以亲王及内大臣、大学士等俱不陪祀。……嗣后一切祭祀，大学士等一体斋戒陪祀。将此载入《会典》。"	卷 315，乾隆十三年（1748 年）五月癸丑
遇国恤百日以内禁剃头	谕军机大臣等："山东沂州营都司姜兴汉、奉天锦州府知府金文淳皆于孝贤皇后百日内剃头。经巡抚及副都统参奏，已降旨解交刑部治罪。本朝定制，遇有国恤，百日以内，均不剃头。倘违例私犯，祖制立即处斩。亦如进关时，令汉人薙发，不薙发者，无不处斩之理。此百余年来人所共遵，不待传谕而后晓。是以《会典》《律例》，皆无明文。盖因修《会典》时，不过增损明季之旧章，明朝原无此制也。又以其事，本理法所必当然，不必载之简册。即如子孙孝养父母当食进食，当衣进衣，岂待专立科条然后尽其子职，亦岂得以律令不载遂为不孝者解免。至谓汉人遂可不遵百日之制，苟存此心，即与不肯薙发者同，尤不容诛也。伊等身为臣子，岂有不遵国朝定制之理。若谓出于不知，又岂不见他人尚未剃头，何以不推求其故，安心违犯。此即立行正法，以彰宪典，亦无可恕。然自朕思之，《律例》《会典》究无明文，而部文究未传谕，其所以未经声明者，亦因其为众所共知。……嗣后将国恤百日内，不得剃头，违者立即处斩之处，载入《会典》《律例》，令人共	卷 316，乾隆十三年（1748 年）六月乙丑

续表

载入规定	具体事例	出处
	知遵守。朕惟率由祖制，欲法在必行，并无从宽从严之见存乎其间。"	
遇国恤服满百日违限不剃头	谕大学士等："本日引见江宁保放协领之佐领蔡住，尚未剃头，想其计服百日之处，必自闻皇后大事之信起算。若各省皆然，则穷远省分，闻信必迟，益至先后不齐。此事《会典》未载，而礼部行文，亦未明白宣示。是以外省人员，有服不满百日者，亦有谨慎过期者。著通谕各省驻防，均以皇后大事之日起算，尽令剃头。俟纂《会典》时，并将此载入。"	卷318，乾隆十三年（1748年）七月壬辰
太仆寺马厂马群校核	兵部议准太仆寺卿阿兰泰奏称："太仆寺马厂，补放统辖总管，其马群孳生、缺额、核算赏罚，未便与左右两翼总管一体。请合两翼校核，孳生马，两翼总管以五百匹为一分，统辖总管应以一千匹为一分。缺额马，两翼总管以二百匹为一分，统辖总管应以四百匹为一分。载入《会典》遵行。"	卷329，乾隆十三年（1748年）十一月丁卯
题本奏本格式仪	谕："向来各处本章，有题本奏本之别。地方公事，则用题本。一己之事，则用奏本。题本用印，奏本不用印，其式沿自前明。盖因其时纲纪废弛，内阁、通政司借公私之名，以便上下其手，究之同一人告，何必分别名色。著将向用奏本之处，概用题本，以示行简之意。将此载入《会典》。该部通行传谕知之。"	卷329，乾隆十三年（1748年）十一月丙子
大学士员数及殿阁兼衔、出缺开列之制	谕："《大清会典》开载，内阁满汉大学士员缺无定，出自简在等语。本朝由内三院改设内阁大学士，未有定数，自是官不必备惟其人之意。……又大学士官衔，例兼殿阁《会典》所载，四殿二阁，未为画一，其中和殿名，从未有用者，即不必开载，著增入体仁阁名，则三殿三阁，较为整齐。再，大学士出缺，定例请旨开列，亦有迟至一月后始行请旨者。朕思大学士职司襄赞，如其宣力有年，遇有告休病故，不忍遽行开列，应俟至一月之后。乃国家眷念旧臣，加恩辅弼之意。若缘事降革，则机务重地，未容久旷，自应即行开列，不必请旨。将此载入《会典》，永著为例。"	卷330，乾隆十三年（1748年）十二月甲申
军法	谕："军旅乃国家第一要务，军法从事，成例綦严。今查律本内，玩寇老师，有心贻误，竟无正条，非所以慎重军务，儆戒失律也。……现在纂修《会典》，著军机大臣会同该部议酌定议具奏，以便载入。"经议定："凡统兵将帅，玩视军务，苟图安逸，故意迁延，不将实在情形具奏，贻误国事者；又凡将帅，因私忿媢嫉，推委牵制，以致糜饷老师，	卷331，乾隆十三年（1748年）十二月丁酉

续表

载入规定	具体事例	出处
	贻误军机者；又凡身为主帅，不能克敌，转布流言，摇惑众心，藉以倾陷他人，致误军机者，均属有心贻误，应拟斩立决。"	
先蚕派官致祭	谕："今据礼部奏称，本年三月内先蚕祭期，请照例遣妃致祭。此于礼意未协，夫妃所恭代者，代皇后也。有皇后则妃可承命行事，皇贵妃未经正位中宫，则亲蚕之礼，尚不当举行，何得遣妃恭代。应照皇帝不亲行耕耤、顺天府尹致祭先农之例，于内务府总管或礼部太常寺堂官、奉宸院卿内，酌派一人致祭，方足以明等威而昭仪制。该部即遵谕行。将此载入《会典》。"	卷334，乾隆十四年（1749年）二月己卯
公侯伯子赠恤谥葬礼	礼部奏："向来公侯伯子、闲散世爵，照内外文武大臣例，题请赠恤谥葬，祗因官阶及格，并无劳绩。仰祖父之荫，一体邀恩，殊未允协。嗣后不兼他职行走者，但给一次致祭银两，兼者应给与全葬并赐谥之处。两议题请候旨，俟命下，交《会典》馆载入。"	卷335，乾隆十四年（1749年）二月辛丑
内务府属官缺额补授	谕："上驷院、奉宸院、武备院，皆属内务府，管理额缺，多寡不等。嗣后除特放大臣管理外，此三处衙门卿缺，各定为二缺，分用侍卫内务府官各一员。由侍卫补放者，穿黄马褂。遇缺出，领侍卫大臣。总管内务府大臣会同该院大臣，拣选带领引见。将此载入《会典》。"	卷337，乾隆十四年（1749年）三月癸酉
直隶河道总督职掌	谕："直隶河道事务，近年以总督兼理，不过于伏秋汛至之时，往来率属防护。工程俱已平稳，所有直隶河道总督，不必设为专缺。即于总督专防敕书内，添入兼理河道字样，其一应修防工程。向系河道等官承办者，俱照旧饬委办理。现在纂修《会典》，将此载入。"	卷337，乾隆十四年（1749年）三月丁丑
册封皇贵妃及晋封贵妃仪注	谕："礼部所进册封皇贵妃摄六宫事及晋封贵妃仪注，内称公主王妃命妇，俱诣皇贵妃、贵妃宫行礼等语。从前皇考时，册封敦肃皇贵妃为贵妃，公主王妃命妇等俱曾行礼。乾隆二年，册封慧贤皇贵妃为贵妃，亦照例行礼。其乾隆十年，今皇贵妃及纯贵妃晋封贵妃时，则未经行礼。朕意初封即系贵妃者，公主王妃命妇，自应加敬行礼。若由妃晋封者，仪节较当酌减，此一定之差等。且今皇贵妃及嘉贵妃同日受封，而公主王妃命妇，行礼略无分别，则于仪制亦未允协。嘉贵妃前著照纯贵妃之例，不必行礼。将此载入《会典》。"	卷338，乾隆十四年（1749年）四月戊寅

续表

载入规定	具体事例	出处
宣诏仪	从刑部尚书汪由敦等奏:"本月初九日颁发恩诏,应令工部先期设金凤于天安门上正中,设宣诏台于门上东第一间,诏由午门出,迎至天安门上城。听诏百官耆老等,分翼排班,于金水桥南跪听。宣诏官宣读毕,鸿胪寺官赞行三跪九叩礼。捧诏官将诏置朵云内,彩绳悬系,由金凤口衔下。礼部官接受,置彩亭内,迎出东长安门。所有仪节,请交礼部遵照。载入《会典》。"	卷338,乾隆十四年(1749年)四月己卯
经略大将军仪注	从议政王大臣等奏:"出师告捷典礼,臣等考究前史,参采现行事例。并大学士公傅恒原奏区别四款,曰命将、曰祖征、曰专阃、曰奏凯,又于四款中酌定授敕以迄劳师,计仪注十有二则。……应请饬交《会典》馆纂入军礼。"	卷339,乾隆十四年(1749年)四月丙午
斋宫致斋禁鸣鼓角	谕:"今斋宫宵漏下,鸣画角严鼓以为节,虽异于官悬合奏,而吹角鼙鼙,军中之容,岂所谓专致其精明者欤,此盖相沿前明敝典未更。后此严更鼓角,不当用之斋次。大学士其会同该部定议以闻,载入《会典》。"	卷340,乾隆十四年(1749年)五月戊申
经略等印信铸造收贮	谕:"近用新定清文篆书,铸造各衙门印信,所司检阅库中所藏,经略、大将军、将军诸印凡百余颗,皆前此因事颁给,经用缴还,未经销毁者。《会典》复有命将出师,请旨将库中印信颁给之文,遂致滥觞。……今择其克捷奏凯,底定迅速者,经略印一,大将军将军印各七,分匣收贮。稽其事迹始末,刻诸文笥,足以传示奕禩,即仍其清汉旧文,而配以今制清文篆书,如数重造。遇有应用,具奏请旨颁给,一并藏之皇史宬,其余悉交该部销毁。自后若遇请自皇史宬而用者,藏事仍归之皇史宬。若偶因一事,特行颁给印信者,事完交部销毁。将此载入《会典》。"	卷342,乾隆十四年(1749年)六月壬午
封爵	从礼部奏:"查本朝封侯伯者,或勋崇开国,或忠矢承平,及敌忾捐躯,来雠归命。应请核其旧勋,参以古制,各依义类,肇锡嘉名。查雍正八年间,臣部议覆公爵美名,移送内阁撰拟呈览在案。今应照例,移咨吏兵二部及各旗,查取一二三等袭封侯伯诰命事实。俟命下日,臣部移送内阁,按册开列事实名号,听候钦定,并将雍正八年后续封公爵,一体补给美号。俟奉旨后,移交内阁撰拟,并请嗣后有建立勋庸,封为公侯伯者,即令主稿衙门,移送内阁酌拟。呈请钦定,载入《会典》。"	卷347,乾隆十四年(1749年)八月癸卯

续表

载入规定	具体事例	出处
陵寝总管缺额补授；豫保调取官员回任限期；议叙卫守备推升班次；年满千总推用守备免调取引见；拏获赌具议叙；掣补保举千总；遣犯与驻防家人逃；兵部经承员额	兵部议奏更定中枢政考等八款载入《会典》遵行：一、"陵寝总管缺出，定分别办理"。二、"豫保调取官员，宜定回任限期"。三、"议叙卫守备推升班次，宜酌加变通"。四、"年满千总推用守备，宜免调取引见"。五、"拏获赌具，本境与出境，宜有分别"。六、"豫行保举千总，宜分别掣补"。七、"遣犯与驻防家人逃走，宜有分别"。八、"办理经承，宜按繁简酌定"。	卷350，乾隆十四年（1749年）十月庚辰
旌表匾额字样	礼部议覆湖北巡抚唐绥祖奏称："原议旌表寻常守节年例相符之妇，督抚学臣给扁汇题，刊碑载志。伏思督抚学臣给扁嘉奖，似人臣得操举扬之柄，且扁字参差不齐。请照百岁老人之例，敕内阁拟字给扁，并载入《会典》遵行。应如所请，即通行八旗各直省一体遵办。"	卷360，乾隆十五年（1750年）三月丁巳
袭封	军机大臣等议覆："宗人府袭封旧例，除亲王、郡王、世职不降外。其贝勒以下，递降至入八分辅国公及不入八分。递降至奉恩将军，均世袭罔替。如本身袭封奉国将军，嫡子降奉恩将军，余子亦封奉恩将军。其奉恩将军之嫡子、嫡孙，例得袭封。此外皆为闲散宗室。今按《会典》，一等二等三等奉国将军，适子仍袭封父爵，余子均封奉恩将军。在应袭奉国将军之嫡子，不过较向例增一等，而余子之应封奉恩将军者，世世加增。揆之亲亲之杀，义觉未协。再查不入八分镇国公嫡子，例降不入八分辅国公，不入八分辅国公，应降三等镇国将军。今《会典》载不入八分公嫡子，仍袭父爵，嫡子世世袭封，余子亦世世加增。并三等辅国将军子孙，应袭之爵，日远日多，似过于从优。兹于封爵新表内，并将旧例贴签呈进。时得旨著照旧改写进呈。寻奏发《会典》馆遵办。"	卷405，乾隆十六年（1751年）十二月甲寅
新设地方官员赴任领凭程限	①吏部议覆给事中朱若东条奏，其一云："新设府县，并所辖地方，从前《会典》未载。赴任官员领凭，只按省分，其距省远近，往往逾期致千参处。请将新设地方，立定限期。应如所奏，行文直省，将新设之各府、州离京远近之处，详查到日再议。" ②从吏部议准朱若东条奏：湖北、云南、陕西、福建、广西等省"新设之府州官员凭限，请酌加增减，载入新修《会典》"。 ③从吏部议奏："查文武官自京领凭赴任，应分别限期。江苏省之徐州府、海州，均定限四十日。通州，五十日。太仓州，五十五日。福建省之永春州，定限九十日。龙岩州，	① 卷393，乾隆十六年（1751年）六月己未 ② 卷410，乾隆十七年（1752年）三月壬戌 ③ 卷440，乾隆十八年（1753年）六月壬辰

续表

载入规定	具体事例	出处
	一百日。广东省之嘉应州、连州，均定限一百日，罗定州，一百五日。饬行遵照，并载入现行《例》册及《会典》。"	
太岁坛祈雨乐章	大学士等议奏："查乾隆十七年经礼部奏，祈雨告坛。自乾隆七年，始增用乐，与一应只告不作乐之例，似未画一，请停止。今面奉谕旨，祭礼用乐，以导和气而格神祇，乃事神之礼。与斋戒彻悬，自致诚恪，其义各异，且乐足以宣通阴阳之气，祈雨致祭，仍以用乐为是。请饬礼部，嗣后祈雨祭坛，遵用乐。再查乾隆七年，议定祈雨仪注。太岁坛所用，乃岁祭通用乐章，与祈泽之义无涉。应交乐部，另行撰拟，载入《会典》。"	卷437，乾隆十八年（1753年）四月甲寅
詹事府《会典》则例	谕："《会典》馆进呈纂修詹事府《会典》则例，多沿袭旧文，未加更定。……《会典》载春秋进讲，虚文缛节，甚为无谓。又如皇太子贺笺，论体制当由内阁撰拟，乃由詹事府颁发，此亦前明坊局闲曹借以招示权已耳。果尔，则贺皇太后皇后表笺亦当由内务府颁发耶？此皆沿袭之谬。著该总裁官改正进呈。"	卷450，乾隆十八年（1753年）十一月壬子
武职封阶	谕："向来武职封阶，自二品至五品，俱得授为将军，此沿习汉唐以来，散官名号之谬也。国家制度，名实必相乎。今授钺专征，膺阃外之寄者，始称将军。而各省驻防，则一品大臣，乃以加之都守等衔，名不正则言不顺，此甚无谓。考宋制，武职原有武功大夫、武功郎等阶。今一品武臣，既封大夫，其二品至四品亦宜改称大夫。五品以下，则俱改称为郎，但各冠以武字可耳。著军机大臣等拟定字样，候朕酌定。载入《会典》，以昭典制。其从前已领诰敕，亦不必追改。"	卷481，乾隆二十年（1755年）六月辛酉
廉州府属官缺额选授	从吏部等部议覆两广总督杨应琚等疏称："嗣后除学正、训导，例用本省人员调补，其余正杂缺出，先尽福建等五省人员，无庸计俸拣选调补。如无五省人员，即于内地遴选熟悉风土之员调往。武职各官，令在本任候升。俟升用后，该督、提照例拣选题补。应付《会典》馆载入《则例》。"	卷510，乾隆二十一年（1756年）四月辛亥
社稷坛望瘗乐章	谕："社稷坛望瘗乐章。《会典》馆既经奏定章名，即应将典仪赞望瘗、司乐赞望瘗、奏徽平之章，详悉行知太常寺遵照，太常寺既经会典馆行知，尚未明晰，即应将增赞望瘗一节，或具奏请旨，或行文询问。乃《会典》馆既不详细咨明，而太常寺亦不行文咨询，均属疏漏。及朕降旨命查，而《会典》馆又延挨逾时。著将《会典》馆总裁官严察议奏，太常寺堂官察议具奏。嗣后典仪司乐，俱著照朕新定仪节遵行，至社稷坛瘗坎，应在西北隅，方为合宜。"	卷513，乾隆二十一年（1756年）五月癸巳

续表

载入规定	具体事例	出处
额驸、格格因罪降革例	谕军机大臣等："嗣后额驸因罪降革者，格格品级一并降革之处，交该部会同宗人府定例具奏"。经议定："嗣后如有额驸等，奉特旨革职及缘事斥革者，将额驸一并革退。其格格品级，亦一并革退，不准食俸。看门披甲人等，概行裁革。将原封册文进缴，如有开复，所缴册文，照旧发还。如额驸在职官任内有革职留任，及降级留任者，又如本身额驸品卑，而现在品秩高于额驸，虽有降级调任，较额驸本衔尚优，所有额驸品级，俱免降革，格格亦从未免革。如在任内有降级调用者，降一级，则郡主额驸，降为县主额驸。以及二级、三级、四级，皆递降如之。格格亦随夫降等。其俸及看门披甲钱粮，亦照所降支领。如无等可降，将额驸、格格品级，一并革去。如遇格格得罪，将格格额驸革去，仍留额驸本身职官，再降等之格格。从前所授册封文，送内阁添注降等缘由。如有开复，亦将册送添注开复缘由，并额驸、格格降等。令该处报明宗人府礼部存案，载入《会典》。"	卷541，乾隆二十二年（1757年）六月戊子
祭社稷荐玉礼	谕："朕此次亲诣社稷坛，祈求雨泽。礼部所开仪注内，无荐玉之礼。询其原委，则系相沿旧规，并无义可考。夫玉以庇荫嘉谷，使无水旱之灾，载在传记。且于答阴之义，更为相称。著饬所司敬谨用玉将事，以迓神庥，并酌载入《会典》。祭之日，朕戴雨缨冠，素服，出右门，御常轿。由右一路行至金水桥应御辇处，即步行至坛行礼，以申虔祷。"	卷587，乾隆二十四年（1759年）五月己亥
公主下嫁筵宴	礼部题："和嘉和硕公主，下嫁和硕额驸福隆安。其筵宴，请照淑慎和硕公主及和敬固伦公主之例。"得旨："嗣后固伦公主，著筵宴二次。和硕公主，著筵宴一次。并载入《会典》，著为例。"	卷608，乾隆二十五年（1760年）三月庚戌
直隶总督官衔；道府品级；旗员武职封典	谕："朕阅《续文献通考》馆所进职官考内，有应增改数处，俱经逐一指示，发交该馆参考订正。其有一二条沿袭旧文，于官制未协者，所当斟酌厘定，以符体制。……俱著该部遵照办理，并谕令《会典》《通考》等馆一体改正。"	卷691，乾隆二十八年（1763年）七月壬申
冠服式样	从军机大臣等所奏："《会典》载坐褥，亲王冬用貂，世子郡王冬用猞猁狲、缘貂。亲王与上用制同，无以示别。应令亲王用猞猁狲心、缘貂。世子郡王貂心、缘猞猁狲。又军器部，载盔缨式，都统，雕翎二、貂缨。副都统，薰獭尾、红缨。直省督、抚、提、镇与都统同。查直省各镇，于乾隆十八年改正二品，受总督节制，盔缨应改用薰獭尾，与副都统同。副参以下，改用獭尾，与参领同。至两翼前锋统领、八旗护军统领，向用雕翎貂尾，应并改正。又礼	卷746，乾隆三十年（1765年）十月癸丑

续表

载入规定	具体事例	出处
	服册，敬载皇帝冠服于卷首。军器部内甲胄制，自亲王始。查大阅盛典，御用甲胄制度，与礼服等重，应敬载卷首。"	
文武各官雨衣品级	从礼器馆总裁于敏中等奏："恭查御用雨衣雨帽，用明黄色。一品大臣以上及御前行走侍卫、各省巡抚，用大红色。文三品、武二品，只用大红雨帽。至三品以下官员及跟役人等，亦用区别，以辨等威。今拟文武三品，皆准用大红雨帽。四品、五品、六品，用红顶黑边。七品、八品、九品及有顶带人员，用黑顶红边。交礼器馆增入官服图，并入《会典》。知照礼部通行在京各衙门及直省文武，一体遵照。再内廷行走之员，向不论品级，俱戴大红雨帽，仍应照例。"	卷784，乾隆三十二年（1767年）五月辛未

综上，乾隆三十九年（1774年）前，通过不断修订雍正《会典》、颁布新规并编入《会典》，乃至废除雍正《会典》规定，都为编纂当朝《会典》奠定了基础。就续修内容和体例言，雍正《会典》是其最大参考标准。实际上，从康熙《会典》到雍正《会典》，都不同程度参考了明制特别是《明会典》，这也是不争事实。至乾隆朝，《明会典》影响力或者说其承担的查参备稽功能略有下降，但在建章立制中查参《明会典》也不乏其例。如表2-15所示：

表2-15　　　　《清实录·乾隆朝实录》所见查参明《会典》事例表

序号	具体事例	查参结果	出处
1	总理事务王大臣等奏："伏查本朝《会典》及明《会典》，未载配享天坛时神牌参拜上帝之仪。今皇上特降谕旨，令臣等详议具奏。仰见皇上仁孝敬谨之心，至周至备，应遵旨增入参拜上帝之仪，实为尽善。"	明《会典》无配享天坛时神牌参拜上帝之仪，查参后增设。	卷40，乾隆二年（1737年）四月壬申
2	礼部议奏亲蚕典礼云："伏查唐开元享先蚕仪，散斋三日，致斋二日。至永徽三年，制以先蚕为中祀。我朝于季春巳日祀先蚕祠，亦列中祀，则斋戒应照一切中祀，致斋二日。皇后亲祀先蚕之礼，周制，后斋戒，享先蚕，躬桑以劝蚕事。……《明会典》亦载有皇后亲祀先蚕仪注。是累代皇后，原有亲祀先蚕之礼。我皇上御极之元年，特命建立先蚕祠，每岁季春巳日致祭。今举行皇后亲蚕之礼，臣等谨拟交钦天监，于季月择躬桑吉日。……再查北齐蚕坛，以内监置蚕宫	明《会典》有皇后亲祀先蚕仪注，可为制度相承，有蚕宫令一职可仿。查参后，以"所有仪注，虽经仿照古制定议，但须因地制宜。应俟蚕坛规模，相度已定，再行详酌妥议具奏"。	卷172，乾隆七年（1742年）八月辛卯

续表

序号	具体事例	查参结果	出处
	令丞各一人，经理蚕坛诸务，明《会典》亦载有蚕宫令。请仿其制，置令、丞、各一人。"		
3	从和硕庄亲王允禄等奏："太和殿，皇上升座，所设中和韶乐，祇有笙四、箫二、笛二。殿廷高敞，惟闻钟鼓之声。查明《会典》所载乐器，笙十六、箫十二、笛十二，较多数倍。虽损益随宜，不必举前代为例。但金革二音，独出众乐之上，余并不扬。应请笙用八，箫用四，笛用四，庶几克谐。"	明《会典》有乐器用笙十六、箫十二、笛十二之规定。查参后，不举为例。	卷178，乾隆七年（1742年）十一月辛酉
4	从总理丧仪王大臣等奏："康熙十三年，孝诚仁皇后丧仪。时值致讨三藩，恐在外各衙门举哀制服，有惑观听。是以免直省官民治丧，嗣后相沿，遂未更正。考之《周礼》，为王后服齐衰，注云诸侯诸臣皆齐衰，是内外臣无异也。明《会典》载皇后丧仪，十三布政使司及直隶，礼部请敕差官讣告，在外文武官员军民人等，制服与京师同。今大行皇后崩逝。正四海同哀之日。应将钦奉谕旨誊黄，遣官颁下直省，令在外文武各官，于奉到日为始。摘冠缨，齐集公所，哭临三日，持服通前二十七日而除，三日后照常办事。督抚以下，仍照旧例，免遣官进香。"	明《会典》有皇后丧仪，并差官讣告各地，官民服丧之制。查参后，仿其制施行，并改康熙年间皇后丧仪简制。	卷311，乾隆十三年（1748年）三月癸卯
5	从大学士等议定："明代先祔奉先殿，亦有先入太庙者。国朝则奉安奉先殿。窃惟升祔大典，当并祔太庙、奉先殿，以合古制。今孝贤皇后，奉安地宫，在三年后择吉。所谓虞而立主，正练而迁祔之时也。如明《会典》所云，祔太庙后，仍奉安于几筵殿，至二十五月，始安于太庙及奉先殿者，皆毋庸议及。……臣等谨议，孝贤皇后安奉地宫之日，工部于陵寝西配殿，敬谨成造神牌二分。届期恭点神牌，以一分供奉陵寝，一分敬捧升舆。仪仗全设，迎至太庙。升祔圣祖仁皇帝、孝诚仁皇后、孝昭仁皇后、孝懿仁皇后、孝恭仁皇后，东次一室，仍照升祔奉先殿例，于洁净殿内，敬谨制造神牌一分，奉安奉先殿。一切仪注，交礼部敬谨详悉定议。"	明《会典》有皇后皇后升祔典礼。查参后，以"毋庸议及"，实际上并祔太庙、奉先殿是承袭明制，只不过不待二十五月而已。	卷315，乾隆十三年（1748年）五月壬子

　　乾隆关于续修《会典》的上谕和序中，虽未直言明《会典》于清《会典》的重要参考意义，但查参明《会典》确是清初以来的行事传统，因此，乾隆朝仍出现这些情况也符合自身所称的修典"荟萃源流，斟酌详备"之宗旨。就参考价值而言，雍正《会典》远胜明《会典》，但不能忽视的事实是，

康、雍《会典》仍存在不少"前明旧制"未及更改，这些自然成为乾隆朝修典的一项厘正任务。凡此厘正之例，在上引各表中出现的事例有：乾隆十三年（1748年），以"本朝定制，遇有国恤，百日以内，均不剃头。倘违例私犯，祖制立即处斩。亦如进关时，令汉人薙发，不薙发者，无不处斩之理。此百余年来人所共遵，不待传谕而后晓。是以《会典》律例，皆无明文。盖因修《会典》时，不过增损明季之旧章，明朝原无此制也。又以其事，本理法所必当然，不必载之简册"。故编此规定入《会典》。乾隆十三年，以"题本用印，奏本不用印，其式沿自前明"有借公私之名，以便上下其手之弊，而统一用题本。乾隆十八年（1753年）议定詹事府《会典则例》，以"皇太子贺笺，论体制当由内阁撰拟，乃由詹事府颁发，此亦前明坊局闲曹借以招事示权已耳"，此类沿袭之谬应行改正。

不管是对雍正《会典》的修订，还是设立新规编入《会典》，抑或彻底清算残存在雍正《会典》中的前明旧制，所更改的只是内容及体例。就《会典》性质和效力而言，并无实质性变更，即一直维持"大经大法"地位，此点在《会典》凡例中有明确规定："会典以典章会要为义，所载必经久常行之制，兹编于国家大经大法，官司所守，朝野所遵，皆总括纲领，勒为完书，其诸司事例，随时损益。"允裪等在上《大清会典》表中亦揭示："康熙、雍正大典固已美善，必究其归敷锡咸要于极矣。顾时更廿载，或轻重异宜；事阅两朝，或质文异用。虽大经大法，固已酌今古而定厥中，而尽制尽伦，有当观会通以神其变；况或当时珥笔诸臣有未曾窥之蕴奥，或向日分编众手有不及订之异同，徒袭成编，每虞胶柱。"清修四库臣亦云："国朝《会典》，初修于康熙三十三年，续修于雍正五年，至是凡三经厘定。典章弥补，条目弥详。考昔成周之制，百度分治以六官，六官统汇于周礼。圣人经世之枢要，于是乎在。虽越数千载，时势异宜，政令不能不增，法制不能不改，职守亦不能不分，难复拘限以六官，而其以官统事，以事隶官，则实万古之大经，莫能易也。故历代所传如《唐六典》《元典章》《明会典》，递有损益，而宏纲巨目，不甚相远。然其书之善否，则不尽系编纂之工拙，而系乎政令之得失。盖一朝之会典，即记一朝之故事；故事有不能删而不书，故事之所无亦不能饰而虚载。故事有善有不善，亦不能有所点窜变易。"[1]乾隆《会典》成书后，乾隆也通过不同场合重申《会典》的作用和意义，如乾隆四十三年（1778 年）四月，太和殿策试制提及：《会典》"所以别贵贱，辨等威，防奢僭"[2]。乾隆四十五年（1780 年）九月谕："我国家文武内外官职品级，载在《大清会典》，本自秩然。"[3]因此，乾隆三十一年（1766 年）后，也自当遵循乾隆《会典》行事，现举几例作说明：

【遵《会典》规定改文庙形制】乾隆三十三年（1768 年）十一月，文庙落成，对正殿和二门的名称如何确定，下谕云："其正殿改为大成殿，二门改为大成门，庶符《会典》定制"，故亲书榜字，以表崇道尊师之意。[4]乾隆帝为体现《会典》的重要作用，亲自题字改文庙的正殿和二门名称。

【遵《会典》规定为国学门殿诸额定名并榜书】乾隆三十三年（1768 年）十一月，以国学门殿诸额皆沿明张璁所议，下谕"依《会典》定名，躬为榜书，并宣谕厘正大指，兹复亲制碑记具修建原委"[5]。三十四年（1769 年）二月，又为太学文庙制碑文云："门殿诸额，一准《会典》，皆亲书各悬于其所。"[6]此处乾隆帝依据《会典》为国学诸门殿定名，从而体现对这一大典的重视。

【遵《会典》所载律例行事】乾隆四十四年（1779 年）四月，从刑部议

1（清）永瑢、纪昀等撰《四库全书总目提要》卷 81《史部三十七·政书类一》"《钦定大清会典》一百卷"条。

2《清实录·乾隆朝实录》卷 1055，乾隆四十三年（1778 年）四月辛亥。

3《清实录·乾隆朝实录》卷 1115，乾隆四十五年（1780 年）九月壬辰。

4 参见《清实录·乾隆朝实录》卷 822，乾隆三十三年（1768 年）十一月己亥。

5《清实录·乾隆朝实录》卷 823，乾隆三十三年（1768 年）十一月己酉。

6《清实录·乾隆朝实录》卷 828，乾隆三十四年（1769 年）二月甲寅。

覆大理寺卿虞鸣球奏请："律内五徒三流，各载杖数。至五军发遣及杂犯三流，总徒四年。杂犯斩绞，准徒五年，俱未载杖数，恐罪重者转得幸免。请照《大清会典》所载，于律内军遣及总徒准徒项下，逐一注明等语。查五徒三流，俱仗一百。而总徒准徒及军遣罪名，律内转未分晰者，满杖至一百而止。名例所载应杖之数，即《会典》所载并杖一百也。既有定例，未便添改。惟是外省问刑衙门，未晓全律于军犯等到配，或不复照例折责。嗣后除外遣当差之犯，例不加杖外，凡问拟五军及总徒准徒罪名者，俱于逐案题稿引律出语内添入，仍依名例。至配所，照应杖之数杖一百。折责发落语句，通行办理。"[1]此一则体现乾隆帝依据《会典》对罪犯的徒刑、杖刑、发配等刑罚进行重新定量，将《大清会典》作为定罪量刑的主要依据。

【遵《会典》定固伦公主、和硕公主冠服仪卫】乾隆五十一年（1786年）闰七月，礼部等奏："查《会典》载，固伦公主冠服仪卫，视亲王福晋。和硕公主，视亲王世子福晋。再恭查钦定皇朝礼器图式，所载公主朝冠金约等制甚详。谨缮单进呈，请嗣后照礼器图制办。公主仪卫，《会典》载银顶轿、朱轮车，诸制与亲王同，亦缮单进呈，请嗣后照《会典》制造。"[2]在皇室服制车马等规格上，均按照《大清会典》的详细规定。

乾隆《会典》作为清五部《会典》中编纂体例、内容变化最大的一部，采用"以典为纲，以则例为目"的编纂体例，把原附《会典》之后的事例与《会典》分编，计有《会典》100卷，《会典则例》180卷，所载系自雍正六年（1728年）至乾隆二十三年（1758年）典章制度。这种典、例分编的做法，为嘉庆、光绪朝修典所效法。《会典》记载现行的典章制度不可通融改变，有较强稳定性；《会典则例》专辑《会典》所载典制的沿革损益、谕旨、奏章及具体事例，事例可因时因势通权达变，这也切合乾隆所云的"典不可

1《清实录·乾隆朝实录》卷 1080，乾隆四十四年（1779年）四月丁卯。

2《清实录·乾隆朝实录》卷 1261，乾隆五十一年（1786年）闰七月癸巳。

变"但"例可通"。因此，在乾隆三十一年（1766 年）后，也就是乾隆《会典》成书后出现了一些修订，原因仍是当初某些内容没有考虑周全。但能进行修改，最主要的原因应是基于"例可通"的原则。今举数例作说明：

【增县丞、吏目荫恤规定】乾隆三十九年（1774 年）二月，时署四川总督文绥续报木果木被害之酆都县知县杨梦槎、县丞借补布政司照磨倪鹏、吏目罗载堂，知县杨梦槎得照例加赠荫恤，经吏部议查，"县丞、吏目，《会典》并无赠条"，后"另行酌拟"，定县丞倪鹏"加赠銮仪卫经历"、吏目罗载堂"加赠府知事"，均荫一子入监读书，"六月期满，照例候铨。其应得恤赏，均照武职七品以下例各赏银一百两"[1]。

【废除镇国、辅国、奉国等将军丧仪齐集规定；废除镇国将军以下官给茔费规定】乾隆四十年（1775 年）十二月，从大学士舒赫德奏："据宗人府奏称，旗讷亨未入八分公，不应齐集。及礼部奏称，《会典》内辅国公应行齐集之处。查典礼重轻，应以品级之等差为准。八分公与未入八分公，阶级既属相悬，则丧仪齐集，自不容漫无区别。据《会典》及《则例》开载，镇国公、辅国公之丧，贝子以下奉恩将军以上，皆会丧，并未分晰入八分公与不入八分公字样。定例原未详明，自当另为酌定章程，使无牵混。臣等细绎《会典》、《则例》所载会丧之条，俱视身故之爵，优一等者为准。如贝子之丧，自贝勒以下齐集。镇国公、辅国公之丧，则自贝子以下齐集。此指已入八分公者而言，固自秩然不紊。则未入八分公之例，即可由此类推。臣等公同酌议，所有未入八分之镇国公、辅国公丧仪，请自入八分之镇国公、辅国公以下齐集，则体制既昭，等级自别。至镇国、辅国、奉国等将军丧仪，《会典》、《则例》虽俱载有齐集之条，但宗人府查明久未举行，徒属有名无实，应请删除，以归简要。又《会典》内开，镇国公、辅国公身故，官给茔费立碑银两，亦未分晰入八分公与不入八分公字样，请一并酌议。嗣后官给

---

[1]《清实录·乾隆朝实录》卷 953，乾隆三十九年（1774 年）二月甲辰。

茔费银，入八分公五百两，不入八分公三百两。立碑银，入八分公四百五十两，不入八分公二百五十两。如本身无功绩可纪，未经赐谥立碑，则照例只给茔费银两。查《会典》，官给茔费项下，镇国将军五百两，辅国将军四百两。立碑项下，镇国将军三百五十两，辅国将军三百两。今宗人府查镇国将军以下，茔费一项，亦久不支给，自不便徒存虚名，应请一例删除，以昭画一。"[1]

【改大祀朝服用乐规定】乾隆四十二年（1777 年）正月，谕："昨据礼部奏大行皇太后丧仪；二十七日之内，所有社稷坛等祭祀，援照雍正九年孝敬宪皇后丧仪，素服致祭，乐设而不作等因。朕以郊庙大祀，典礼綦重，似不应因大丧而稍略其礼，因命军机大臣查明具奏。兹据奏称，《会典》所载康熙年间列后之事，遇大祀典，祭日即穿朝服作乐。礼部此奏，未将远年旧例细查。仅引雍正九年、乾隆十三年近年之例，所办原未周到。今公同酌议，二十七日之内，如遇郊庙大祀，仍作乐、穿朝服行礼。其余寻常祭祀，均用素服致祭，乐设而不作等语。所奏甚是。孝敬宪皇后圣母大事，系九月二十九日，翼日即遇孟冬时享太庙。彼时礼官，或因为期太近，不及详查《会典》，从权率办，本不可据以为例。至孝贤皇后丧事，系三月十一日，至仲秋祭祀，已在百日以外，尤不当引雍正年间二十七日以内之例。其时礼部所办，本属未协，朕亦忽略看过，未为核定。今既知其误，自应更正。著照军机大臣所议，二十七日内，如遇郊、庙、社稷、及日坛诸大祀。虽系遣官致祭，仍当作乐、穿朝服行礼。其余寻常祭祀，均用素服致祭，乐设而不作，方为允当。著交礼部，即照此办理。其从前误办之案，不必存稿，即以此著为令典。"[2]

【改上尊谥宗室侍卫捧帛献爵规定】乾隆四十二年（1777 年）二月，礼

---

1 《清实录·乾隆朝实录》卷 998，乾隆四十年（1775 年）十二月己酉。

2 《清实录·乾隆朝实录》卷 1025，乾隆四十二年（1777 年）正月壬辰。

部议奏："恭上大行皇太后尊谥，敬遵《会典》仪注办理，其捧帛献爵，仍照例用宗室侍卫二人。"时乾隆下旨，以"捧帛献爵，不必派宗室侍卫。著派四阿哥永珹、六阿哥永瑢捧献"[1]。

【改会典用字】乾隆四十二年（1777年）四月，从军机大臣等奏："遣奠字样。考《会典》所载，并不详遣字之义。……应将《会典》内遣奠二字，改用飨奠。清语不必更改。"[2]

【增皇妣升祔太庙行礼仪】乾隆四十二年（1777年）四月，谕："恭奉皇妣孝圣宪皇后梓宫至泰东陵，道由泰陵东经过。自应朕躬恭代向皇考世宗宪皇帝、皇妣孝敬宪皇后陵寝行礼，而礼部仪注，未经议及。盖由康熙初年，孝康章皇后大事，未行此礼，是以部臣无可援引。然其时皇祖尚在冲龄，廷臣又忽于礼意，遂致阙略。朕思皇妣升祔太庙之日，朕恭捧神牌进殿门，豫设拜位安奉。朕躬代于列祖、列后及皇考、皇妣前行礼，然后请神牌升座，正可援以为例。是日早，朕先展谒泰陵，再诣泰东陵。恭阅工程毕，豫至泰陵分路处，候梓宫至，恭请灵舆暂停，朕即于道旁向泰陵恭代行礼，再奉梓宫启行。朕仍先至隆恩门外跪迎，安奉隆恩殿。所谓礼以义起。必如是于心始安，亦足为万世法守。著交礼部，增入《会典》遵行。"[3]

【增松花江神庙之祀】乾隆四十三年（1778年）九月，谕："吉林之松花江，导源长白，襟带神皋，为本朝发祥之地，绵演亿万载景祚灵长，厥功甚钜。自宜虔崇庙祀，用迓神庥。已谕令吉林将军福康安于吉林城外滨江处所，度地鸠工，兴建松花江神庙。其一切祀事，即照从前望祭北海之制。著礼部载入《会典》遵行。"[4]

需要指出的是，更改修正乃至停止《会典》规定的决定权在统治者，而

1《清实录·乾隆朝实录》卷1027，乾隆四十二年（1777年）二月丁巳。
2《清实录·乾隆朝实录》卷1030，乾隆四十二年（1777年）四月甲辰。
3《清实录·乾隆朝实录》卷1031，乾隆四十二年（1777年）四月辛亥。
4《清实录·乾隆朝实录》卷1067，乾隆四十三年（1778年）九月甲辰。

非官员。因此，如果官员擅自增减《会典》规定，则会被问罪，如乾隆五十年（1785年），曾在军机处行走的孔继汾被人告发其所著"《孔氏家仪》一书，内有增减《会典》服制，并有今之显悖于古者，于区区复古之苦心字样"。时孔氏被革职并送刑部治罪，乾隆专为此事下谕云：孔继汾身系圣裔"乃敢著《家仪》一书，则因其平日抑郁不得志，借以沽名纾忿，其心更不可问"[1]。甚至有官员因急于题请颁发《会典》而被问责，如乾隆三十三年（1768年），永州镇总兵顾鋐连发八百里折奏陈事，其中有一条是请颁发《大清会典》，对于热心过度的臣工，乾隆竟以"此等不急细务"，"岂有由驿加紧驰递之理"，将顾鋐革职查办。[2] 但对乾隆本人来说，有时不遵循《会典》规定，并非违反祖制，相反更体现其法祖敬祖之心。如乾隆四十四年（1779年），年届七旬的乾隆在回忆自己四十年如一日，"恭遇郊坛大祀，一切仪文典礼，悉本诚恪之心，敬谨将事"时云："《会典》开载，郊坛之祀，原可遣亲王恭代。敬忆皇祖圣寿六旬以后，因步履少艰，大祀虽遣官恭代，仍于坛门庄跪，以将诚意。今朕幸登拜尚可如常，祗期省曲节以壹志明禋，并非耽安逸而倦于对越。凡天下臣民，皆可谅朕本怀。即上帝祖宗，亦必鉴朕忱悃，且不特此也。嗣是而至八旬，能常如今日而不衰，亦不敢因年岁屡增，于禋祀稍有或轶。若蒙上苍眷佑，得遂朕之初愿，至八十五岁归政，惟当始终弗懈，以申朕敬天法祖之深衷耳。"可见对于可由亲王恭代的郊祀，乾隆从未假手于人，务必亲力亲为。但考虑到自己年事日高，不得有所放权，申明："自今年冬至南郊为始，令诸皇子代陈。逐年郊坛大典，命诸皇子敬侍观礼，即所以豫教之也。庶朕稍节起跪之劳，一心得专于裸荐，此非朕之敢萌怠念也。"[3] 其在乾隆五十一年（1786年）召见诸皇子、军机大臣时云："朕临御五十一年来，恭遇郊坛大祀，无不祗肃躬亲。冬至南郊，亲诣五十一

1《清实录·乾隆朝实录》卷1226，乾隆五十年（1785年）三月己末。

2 参见《清实录·乾隆朝实录》卷817，乾隆三十三年（1768年）八月甲申。

3《清实录·乾隆朝实录》卷1094，乾隆四十四年（1779年）十一月丙戌。

次。上辛祈谷，亲诣四十九次。惟乾隆五年及四十九年，因朕躬偶尔违和，遣皇子亲王恭代"，并坚持"此后郊坛大祀，朕必岁岁躬行。至八十六岁归政时，始终勿懈，以伸朕敬天法祖之志"[1]。不难想象，若《会典》规定有利于维护统治权威，当时必严格施行；反之，则可能出现变通，甚至被废除。

因此，在乾隆五十一年（1786 年），再有朝臣以乾隆二十二年（1757 年）命修《会典》后，其间三十年未有变更，奏请修订时，乾隆下谕："奏请续修《会典》一折，内称自乾隆二十二年命修《会典》后，至今又三十年，应重加编勒，以昭遵守等语。国家之有《会典》，昉之典谟官礼，俾一代大经大法，细目宏纲，无不了如指掌，用以昭示法守，而垂信来兹。今大学士、九卿等合词奏请重修，系为慎重典章起见，其事原属应行。但朕御宇五十一年，仰承昊苍灵贶，眷佑朕躬。今虽年逾古稀，精神如旧。默计自践阼以来，一切用人立政，无时不以敬天法祖为念，今幸版图式廓，海宇敉宁，嘉与中外臣民，共享昇平之福。而朕兢兢业业，一心永肩，终不以久而稍懈。盖所以迓天庥、绍祖列也。若以上届重修《会典》，节年法制典章，规模增廓，即为编勒成书，固足以昭美备。惟是从前节次降旨，朕年八十六岁时，即当归政。若果仰膺天眷，获遂斯愿，诚为国家延洪上瑞。夫自古帝王，有父子内禅者，非其君怠荒厌事，即其时事故相乘。是以仓猝授受之间，略无典礼可采。今国家正当全盛，将来归政时，敕下礼官，详议典礼。一切祭天告庙、受朝颁诏诸大仪，实为千古未有之盛事，甚钜典也。则当于是时重修《会典》，将归政典礼，一并编入。俾我奕世子孙，有享遐年而亲相授受者，得所遵循法守，岂不休欤。所有大学士九卿等奏请重修《会典》之处，此时且不必行。至各部院衙门，前次《会典》告成后，所有更改则例，仍著各该堂官，陆续另册详晰编辑，以俟将来汇入《会典》。将此通谕

1《清实录·乾隆朝实录》卷 1268，乾隆五十一年（1786 年）十一月壬申。

中外知之。"¹此次上谕，看似"怠工"开脱之言，实际反映了乾隆对《会典》体系的热衷与维护。首先，明确了《会典》大经大法的法律性质、效力和地位。其次，重申了典、则分编体例。再次，为后朝续编《会典》作了内容预设和舆论造势。最后，宣示其包括修典在内的一切用人立政，皆以敬天法祖为念的宗旨。在这种境况下，续修自然无法施行，但相关订补，却如乾隆所"谋划"的一直持续至其去世。凡此订补，今举几则事例作明：

【增亲王郡王、固伦公主、和硕公主门上总管首领太监恩赏顶戴；定固伦公主、和硕公主礼仪护卫品级】乾隆五十一年（1786年），谕："向来亲王郡王、固伦公主、和硕公主，门上总管首领太监，俱无给与顶戴之例。……嗣后亲王郡王、固伦公主、和硕公主，太监内各准给八品顶戴一人，将姓名报礼部、内务府备查，不得私有增益。至固伦公主、和硕公主，均为皇女，敌体藩封，一切礼仪护卫，《会典》内并未定有等级，遂至体例不一，互有增损。嗣后固伦公主品穆，著视亲王。和硕公主品秩，著视郡王。其额驸品级顶戴，仍照《会典》旧例。至公主下嫁时，一切礼仪护卫员数，固伦公主即照和敬固伦公主之例；和硕公主即照和嘉和硕公主之例。著礼部、内务府会同定议具奏。载入《会典》、《则例》，永远遵行。"²

【定固伦额驸服色】乾隆五十二年（1787年），军机大臣奏："查阅《大清会典》，载有固伦额驸服色与贝子同一节，其一切穿戴，并未详细开载，复询之。从前固伦额驸色布腾巴勒珠尔未袭王爵以前，及缘事革去王爵以后，皆系戴红宝石帽顶三眼花翎、金黄带、紫缰，服色与贝子同。"时得旨："固伦额驸丰绅殷德，即著照此例。"³

【定亲王、固伦公主、郡王、和硕公主及贝勒行马与下马桩形制】乾隆五十七年（1792年），谕："向来亲王郡王以下府第，俱有定制，载在《会

1《清实录·乾隆朝实录》卷1248，乾隆五十一年（1786年）二月甲申。

2《清实录·乾隆朝实录》卷1258，乾隆五十一年（1786年）七月癸卯。

3《清实录·乾隆朝实录》卷1273，乾隆五十二年（1786年）正月丁亥。

典》。惟门首应否设立行马、下马桩，及高下宽窄远近之处，并未开载。但行马、下马桩，为规制攸关，《会典》未有明条，难以遵循，亦应明立限制，以示等威。此后亲王、固伦公主、郡王、和硕公主及贝勒门首，俱准设立行马、下马桩，贝子以下，不准僭用。其尺寸高下宽窄，距府第远近若干，应如何分别等差，著宗人府会同步军统领衙门，详议章程具奏。至诸王园居，惟彩霞园，曾经皇祖驻跸。是以门外建盖东西相向朝房二座，自应仍存其旧。此外诸王公主之园居，俱不准建盖朝房，以示限制。其亲郡王子孙，以次降封至贝子以下者，其旧居府第规制，俱毋庸更改。惟行马及下马桩，应照定制彻去，不得僭用，并交宗人府存记遵照。"[1]

【定皇太子应行仪制】乾隆六十年（1795 年），军机大臣等议奏"皇太子应行仪制"规定十款，涉及皇太子请安、行走、行礼、班次、侍卫、礼服、仪仗、饭食，皇太子妃乘舆、饭食等方面。其皇太子仪仗一款规定云："《会典》内载有皇太子仪仗。现遵谕旨，册立典礼。既未举行，其仪仗亦毋庸制备。谨拟皇太子出入内朝，于现例所有导从侍卫二员外，加添二员，并随班轮派乾清门侍卫二员，导从出入。如出外朝及城市内外，除例随散秩大臣一员、侍卫十员外，添派乾清门侍卫四员、领侍卫内大臣一员，带领前设虎枪三对，后设豹尾枪八杆，并令步军统领衙门饬属除避。"[2]

乾隆六十年（1795 年），是乾隆一向标榜的归政退闲之年，因此，此年所定"皇太子应行仪制"作为乾隆"谋划"归政典礼的序曲，昭示着乾隆朝续修《会典》工作的终结，也揭开了嘉庆朝《会典》续修工作的序幕。越是归政届限将至，"谋划"的迫切之心就表露得更为明显。如乾隆六十年三月，谕云："享国六十年，即当归政，不敢更冀有所过算。今荷天恩笃佑，八旬开五，康强逢吉，五代同堂，抚御寰区幸周甲子。明岁丙辰，即届归政之

---

1 《清实录·乾隆朝实录》卷 1404，乾隆五十七年（1792 年）五月甲辰。
2 《清实录·乾隆朝实录》卷 1486，乾隆六十年（1795 年）九月甲寅。

期，大廷授受景运增隆，实为史册罕觏。惟念诸皇子皇孙以及曾元，于子皇帝嗣位以后，一切章服仪制，例有一定等差，不可僭越。但朕为太上皇帝，而皇子皇孙，不能照诸皇子皇孙之例，遂与宗室等伦，于亲亲之谊，似有未协。著于明年归政后，所有诸皇子、皇孙以及曾孙、元孙，仍在尚书房读书，应用冠服缰辔等项，俱著仍照现在之例，不必更改。朕年登九秩即可得六世来孙，亦当视元孙一例，岂不更为千古未有之吉祥盛事。我子子孙孙，缵膺统绪，倘亦能如朕之享国绵长，举行归政典礼为太上皇者，其皇子皇孙等亦如今日朕加恩曾元辈之服物礼秩，照此永以为法，光昭奕禩，衍庆徵祥，实我大清亿万斯年之福。若无太上皇之称，则当照国家宗室旧例，不可僭越，有紊成宪。用是特颁训谕，交尚书房敬谨存记，俾我世世子孙，知所禀承，以示惇睦而昭法守。"[1] 同年九月，乾隆立颙琰为皇太子，以明年丙辰建元嘉庆，并谕云："若蒙眷佑，得在位六十年，即当传位嗣子，不敢上同皇祖纪元六十一载之数，其时亦未计及寿登八旬有六也。……现届归政之期已近，所有册立皇太子典礼一切虚文，俱不必举行，其明年归政一切典礼仪文，著军机大臣会同各该衙门，敬谨条议以闻。将此通谕中外知之。"[2] 同月又谕："如朕现在举行归政，亦必俟为期至近，始行颁旨宣示，此实万年无弊之法。我世世子孙，若能敬效祖宗及朕之用人行政，于以钦承昊眷，祗迓鸿麻。亦如朕之躬跻上寿，再立太子，踵行归政典礼，禔福延洪，用昭亿万禩无疆之庆，此则朕所深望于方来者也。"[3] 同年十月，军机大臣等专门议定举行传位大典时，各衙门并直省应行遵办事宜凡 19 条，其中多与归政当日或当年典礼事宜相关。[4] 同月，又谕皇太子等云："举行归政典礼，一切事宜，斟酌成法，期于可行，不事虚文，我子孙皆可永远遵循"，并对归政相关事宜，特别是曾经

---

1 《清实录·乾隆朝实录》卷 1475，乾隆六十年（1795 年）三月己巳。
2 《清实录·乾隆朝实录》卷 1486，乾隆六十年（1795 年）九月辛亥。
3 《清实录·乾隆朝实录》卷 1486，乾隆六十年（1795 年）九月己未。
4 参见《清实录·乾隆朝实录》卷 1489，乾隆六十年（1795 年）十月乙未。

居住过的宫室场所再作安排，如云："重华宫为朕藩邸时旧居。朕频加修葺，增设观剧之所，以为新年宴赉廷臣、赋诗联句及蒙古回部番众锡宴之地。来年归政后，朕为太上皇帝，率同嗣皇帝于此胪欢展庆。我后世子孙，亦能如朕之躬膺上寿，诸福备臻，再举行禅授盛典，即可遵循例事。太上皇帝于正殿设座，嗣皇帝于配殿设座，以迓蕃禧而伸考养，实乃亿万载无疆之庆。"[1]嘉庆元年（1796 年）正月，嘉庆即位，尊乾隆为太上皇帝，是日相关仪式，《乾隆朝实录》有详细记载。[2]同日，乾隆传位诏书颁行天下，诏中开列了 24 条"合行事宜"[3]。这些隆重的仪式和恩诏应该就是乾隆当年一直"谋划"终于得以实现，并命"嗣皇帝"要编入《会典》的归政典礼构成部分。

在"以俟将来汇入《会典》"这一政治遗言指引下，乾隆朝后期修订《会典》的重任以及念念不忘的将归政典礼编入《会典》之事，自然成为嘉庆朝的政治担当。据《嘉庆朝实录》记载，嘉庆六年（1801 年）开始续修《会典》，至二十三年（1818 年）成书。此次续修分三部分编纂，即《会典》80 卷，《事例》920 卷，《图》132 卷，所载由乾隆二十四年（1759 年）至嘉庆十七年（1812 年）相关典章制度和事例。据《嘉庆朝实录》记载，嘉庆六年以来，明记"载入会典"的事例有：六年（1801 年）所定"祈晴典礼"[4]；七年（1802 年）所改定承祭官冠服[5]；九年（1804 年）所定皇贵妃、贵妃、妃嫔丧仪[6]，建储仪注[7]，大祀阅视祝版及恭请祝版执事官员冠服[8]；十年（1805 年）所改定秋审朝审勾决期限[9]；十一年（1806 年）所改定恭进实录仪

1《清实录·乾隆朝实录》卷 1489，乾隆六十年（1795 年）十月戊戌。

2 参见《清实录·乾隆朝实录》卷 1494，嘉庆元年（1796 年）正月戊申。

3《清实录·乾隆朝实录》卷 1494，嘉庆元年（1796 年）正月戊申。

4《清实录·嘉庆朝实录》卷 84，嘉庆六年（1801 年）六月辛未。

5 参见《清实录·嘉庆朝实录》卷 105，嘉庆七年（1802 年）十一月丁酉。

6 参见《清实录·嘉庆朝实录》卷 132，嘉庆九年（1804 年）七月壬寅。

7 参见《清实录·嘉庆朝实录》卷 133，嘉庆九年（1804 年）八月己卯。

8 参见《清实录·嘉庆朝实录》卷 138，嘉庆九年（1804 年）十二月丁丑。

9 参见《清实录·嘉庆朝实录》卷 146，嘉庆十年（1805 年）闰六月丁酉。

注[1]；十二年（1807年）所改定大雩典礼[2]；十三年（1808年）所改定阿哥福晋丧仪；[3]十五年（1810年）所改定官员有服制者俱不斋戒陪祀规定[4]；十七年（1812年）所改定大阅典礼[5]，官员遇妻丧假限及陈奏规定。[6]嘉庆朝续修《会典》的最大成就是把"会典则例"改称"会典事例"，将乾隆《会典》后附图分离出来，另行成书，名曰《大清会典图》，开创了清《会典》有典、有例、有图系列性套书先河。实际上，嘉庆朝《会典》续修可分两个体系，一是"汉书"，二是"清书"。据《嘉庆朝实录》记载，《会典》汉书早在嘉庆十七年（1812年）即已告竣。但《道光朝实录》又记，嘉庆二十五年（1820年）十月丁酉，是日谕内阁："《会典》汉书业已告成，交武英殿刊刻，清书现亦将次办竣。清文卷帙浩繁，毋庸发刊。著该馆将缮写进呈样本一分，送入大内陈设。另缮一分，交武英殿存贮。将来各衙门遇有应查清书《会典》之事，即向武英殿行取检查，以归简易。"[7]道光二年（1822年），"武英殿刊校《会典》完竣"[8]。清书部分，则迟至道光二年七月方告竣。[9]换言之，嘉庆《会典》的全面和有效施行是在进入道光朝后才正式开始的。因此，沿革遵循嘉庆《会典》规定，也就成为道光朝及咸丰、同治朝治政的题中应有之义。

　　光绪年间，《会典》进行了最后一次重修。光绪九年（1883年）八月，时就内阁、都察院奏议开馆续修《会典事例》下谕云："续修《会典》，必须各衙门则例修辑完备，方能编纂成书。著各该堂官等督饬司员，将所有稿件

1　参见《清实录·嘉庆朝实录》卷171，嘉庆十一年（1806年）十一月庚申。

2　参见《清实录·嘉庆朝实录》卷177，嘉庆十二年（1807年）四月丙子。

3　参见《清实录·嘉庆朝实录》卷191，嘉庆十三年（1808年）正月戊午。

4　参见《清实录·嘉庆朝实录》卷226，嘉庆十五年（1810年）二月乙巳。

5　参见《清实录·嘉庆朝实录》卷255，嘉庆十七年（1812年）三月己亥。

6　参见《清实录·嘉庆朝实录》卷258，嘉庆十七年（1812年）六月戊申。

7　《清实录·道光朝实录》卷6，嘉庆二十五年（1820年）十月丁酉。

8　《清实录·道光朝实录》卷33，道光二年（1822年）四月癸卯。

9　参见《清实录·道光朝实录》卷38，道光二年（1822年）七月丁丑。

悉心编次，俟一律告竣后，再降谕旨。"[1]光绪十二年（1886年），又谕内阁云："《大清会典》一书，自嘉庆二十三年修纂成书后，迄未续修。前于同治十二年，奉旨准如内阁等衙门所议，先令各该衙门检查案件，分限编次，嗣因编纂未就，复于光绪九年，谕令各该堂官督饬司员，悉心编辑。迄今又逾数载，计应一律告竣，正宜开馆汇编，俾臻完备。著将嘉庆十八年以后，增定一切典礼及修改各衙门则例，编辑成书，颁行中外。"[2]但实际工作有拖延，如兵部所负责的则例，就因营制册籍仍未送齐，而在光绪十四年（1888年）十二月、十九年十二月、二十年五月多次被催迅速造办。[3]类似被催交的还有土司方面的册籍。[4]至光绪二十五年（1899年），续修《会典》《事例》全书告成[5]，其中《会典》100卷，《事例》1 220卷，《图》270卷，所载由嘉庆十八年（1813年）至光绪十三年（1887年）的典章制度，内容上主要增加了神机营、总理各国事务衙门和一些典制、礼制内容，是清《会典》规模最大、内容最完善的一部。

自康熙开修《会典》以来，雍正、乾隆、嘉庆、光绪四部《会典》在名义上虽是对康熙《会典》的续增，但各自相对独立成书，独立行世，可算是各个历史阶段典章制度的独立记述和汇编，是国家机构活动的准则和依据。经过历朝续修，《会典》体例和内容更加完备，但大经大法的性质保持不变，正如嘉庆在《会典》序中云："至康熙二十三年特命纂修《大清会典》，矩细串绍，三圣开创之神谟，垂万年守成之法戒，洵熙朝之大典也。经天纬地，制度丕昭。自乾隆十二年至今，皇考作述之大经大法，美不胜书，虽宏纲矩目，全载前编，然其间亦有因时损益，补苴罅漏之处。爰命开馆续修，准古

1《清实录·光绪朝实录》卷168，光绪九年（1883年）八月庚戌。

2《清实录·光绪朝实录》卷231，光绪十二年（1886年）八月丙寅。

3 参见《清实录·光绪朝实录》卷262，光绪十四年（1888年）十二月辛卯；《光绪朝实录》卷331，光绪十九年（1894年）十二月戊午；《光绪朝实录》卷341，光绪二十年（1894年）五月戊戌。

4 参见《清实录·光绪朝实录》卷331，光绪十九年（1893年）十二月戊午。

5 参见《清实录·光绪朝实录》卷457，光绪二十五年（1899年）十二月庚寅。

酌今，务求详尽，以心为心，以政为政。……六十余年盛德大业，昭垂成宪，布在方策者，续入会典，著奕禩之法程，为亿龄之典则，后嗣恪遵勿替。"崑冈等《进大清会典表》云："当圣神践阼以来，有《会典》续修之诏。仁孝缵乎祖考，汇懿训而要其成；文章括乎典谟，际昭代而观其备。馆开禁御，集群策群力之长；书发石渠，撮大经大法之要。"[1]因此，就清《会典》性质和法律地位言，其详细记述了中央衙门的编制、职掌、官员品级、统属及办事制度，是国家机构及处理公务的法律依据，也是历史上最完备的具有大经大法性质的法典。关于清《会典》的性质，学界长期存在争议。有学者认为是典章制度史料汇编，性质为"官修史书"；有认为是皇帝明令"照依会典""永远遵守"，故属"行政法典"。我们以为，清《会典》内容虽多寡不一，实际都由国家典章制度和累朝事例构成，事例又有"远年事例"和"现行事例"之分。现行国家典章和事例无疑具有法律效力，史籍中有关行用《会典》的记载比比皆是，而"远年事例"属于前朝旧例，非经皇帝钦准不得援引，其价值是"以备后世查考"。另外，康熙、雍正《会典》典、例未分，并将《大清律》全文收入，与乾隆、嘉庆、光绪《会典》把事例另编一书，并把《大清律》律文及附例收入《会典事例》，正典只载经久可行的现行典章的情况又有不同。因此，关于《会典》性质，应根据编纂宗旨、内容和该书有无法律效力综合加以判断。如乾隆《会典凡例》云："《会典》以典章会要为义，所载必经久常行之制。兹编于国家大经大法，官司所守，朝野所遵，皆总括纲领勒为完书。"清修四库史臣云："国朝《会典》，初修于康熙三十三年，续修于雍正五年，至是凡三经厘定，典章弥补，条目弥详。考昔成周之制，百度分治以六官，六官统汇于《周礼》。圣人经世之枢要，于是乎在。虽越数千载，时势异宜，政令不能不增，法制不能不改，职守亦不能不分，难复拘限以六官，而其以官统事，以事隶官，则实万古之大经，莫能易也。故历代

1（清）崑冈等续修：光绪朝《大清会典·序》。

所传如《唐六典》、《元典章》、《明会典》，递有损益，而宏纲巨目，不甚相远。然其书之善否，则不尽系编纂之工拙，而系乎政令之得失。盖一朝之《会典》，即记一朝之故事；故事有不能删而不书，故事之所无亦不能饰而虚载。故事有善有不善，亦不能有所点窜变易。"[1]用现代法律语言则可表述为：清《会典》是全面规范国家各项基本制度、经久常行的的根本大法。"官修史书"说忽视了《会典》与其他政书之不同，它是通过立法活动修成，所载必经久可行之制，具有最高法律效力。"行政法典"说忽视了康熙、雍正《会典》收有《大清律》，忽视了乾隆、嘉庆、光绪《会典》典文收有刑法基本制度和原则，且《大清律》作为典文之目收入《会典事例》，因此，还是按照清人对《会典》性质的表述，称其为"大经大法"为妥。

三、礼法时代的民间法律规则体系

前文提及，礼典是礼法之礼典，是礼法的载体；律典是礼法之律典，同样是礼法的载体；礼典则与律典一起孕育了民间法律规则，三者皆为礼法之法。中华法系作为礼法体系，是由礼典体系、律（令）典与会典体系、民间法律规则体系三者有机组成的。三个体系关系紧密，又各司其职、相辅相成，共同构成了多层次、多面相、多功能的礼法体系。从立法设计或构建制度而言，律（令）典与会典体系、民间法律规则体系均须取于礼义、礼制，如有不合，则不具合法性。从施行规范看，礼典体系、民间法律规则体系共同构成了上下两道防线，为天子以至于庶人、官府以至于民间提供行为规范和准则。从消极制裁看，礼典体系一般不具有自身罚则，而须以律（令）典与会典体系为保障；民间法律规则体系虽存在一些惩戒措施，但须符合礼法之精神和原则，并得到国家认可，且只能作为律（令）典与会典体系之补充。

1（清）永瑢、纪昀等撰《四库全书总目提要》卷81《史部三十七·政书类一》"《钦定大清会典》一百卷"条。

古代社会之发展长期、总体稳定，就规则而言，不仅依赖于礼典体系、律（令）典与会典体系的运作实施，与之同样为社会的存在与发展做出贡献的，还有运作于地方、民间这些底层的规则，也就是民间法律规则体系。本部分内容所言及的民间法律规则体系，是指渊源、产生自礼典体系、律（令）典与会典体系，并得此两个体系维护并不断固化，由以礼义为旨归、礼俗为基础的地方立法、乡规民约、家法族规、民族习惯法等，规范普罗地方庶务、百姓民事生活的大量民间"活法"所组成的规则体系。

中国自古以来就是一个幅员辽阔的多民族国家，因自然和人文地理状况各异，统一的全国性立法往往不能有针对性地切实解决各地具体问题，所以，礼法社会的维系，仅靠礼典和律典自上至下的规范和强制远远不够，在相当程度上得助于民间法律规则体系，故古人有"天下政事，始于州县，而达乎朝廷"之说。所谓"始于州县"，即暗示古代社会基层事务的处理及运作机制，更多依靠存在于"州县"中的民间法律规范。[1] 为此，自秦汉以来所形成的诸多地方法规和民族性法规，就成为完善、推动和维护古代法制的有效手段和途径。正是这些民间"活法"使得礼法精神扎根于社会土壤、渗入百姓心田，成为一种信仰、行为习惯以及生活的常理、常情、常识。由于习惯法的规定与人们的信念、传统相一致，人们从幼年开始就接受言传身教，并在生活中实践，因此，当他们成年后，便能成为合格的礼法社会之社会人，都能清楚地知道，依据自己的身份地位、年龄、性别，应如何视听言动；同时也都能预计得到，如果有违礼行为，肯定会受到制裁，而且大体上知道将面临何种制裁。

民间法律规则体系很大部分源自民间习俗，一方面这与礼的起源相同，所谓"礼从俗""礼俗以驭其民"，另一方面历来主其事者多为缙绅先生，所以家法族规的第一原则就是"合乎礼教"，以礼义为旨归。自宋以降，如司

---

1 参见（清）章学诚撰《文史通义》卷6《外篇一·方志立三书议》。

马光、朱熹、方孝孺、曾国藩等名臣大儒皆热衷于家礼、家法制订，这使得民间法律规则体系愈加成熟地圆融于礼法体系。民间法律规则体系虽位于礼法系统底层，规范老百姓日用常行，和礼典体系不同的是，礼典体系主要是修明国家朝廷之大典礼，民间法律规则体系则主要修明人伦日用之礼；但其所承担的同样是修明礼教功能，正如清颜元所云："治平之道，莫先于礼。惟自牌头教十家，保长教百家，乡长教千家，举行冠婚丧祭、朔望令节礼，天下可平也。"[1] 相较于礼典体系、律（令）典与会典体系之规则而言，民间法律规则体系更侧重于节其民情、酌其民俗、顺其民意，故其规则被称为"活法"，实有赞誉其能活用于民间、活化于民心之意。

在本研究中，我们将民间法律规则体系归为三个层次。第一是以地方官员作为主导，根据国家大法并结合个人治政经验、地方风俗人情而制定设立的，适用于其任职地的相关法律规范，这些规范可能由于地方官员的卸任而致施行时间短暂，也可能因适用性强而摆脱"人亡政息"的怪圈，继续成为当地普遍适用的法律规范，或为其他官员、其他地方参照施行；同时也包含一些虽然由国家层面制定设立，但只通行于特定地域或时期的法律规范。由于这些法律规范所面对和施行的领域主要集中在地方政事和民间庶务，因此我们将这些内容统一称为地方法律规范，主要以书、记、条教、约束、条约、省例、榜文、告示、劝谕等作为载体表现。第二是乡规民约和家法族规。这方面规范的形成，如前文所云，首先来源于民间习俗但又"以礼义为旨归"，因此儒家的大经大义和相关典籍是其产生的理论基础。当然，随着释道乃至回教流布，某些乡规民约和家法族规也会随之染上相关宗教色彩。其次亦如礼典、律（令）典与会典体系中所言及的，民间社会不乏有志、有识和有心之士，采国家大法大政之精要，将国家通行之严肃制度以民语民言方式，化于人伦日用，特别是婚丧嫁娶等乡社礼仪及纠纷解决者。再者则是

1（清）钟錂撰《颜习斋先生言行录》卷下《学须第十三》。

一些官员致仕回乡后，把自己一些治政观念民间化、世俗化，为乡里族人制定相关的规约。第三是少数民族法律规则。历史上，有些少数民族曾建立王朝，其风俗、习惯即有机会进入国家立法层面，融入礼典或律（令）典与会典体系；但在这些少数民族未建立相应王朝或王朝灭亡后，其风俗、习惯就如同历史其他未建立王朝的少数民族风俗、习惯一样，仍属于一般意义上的少数民族法律规则。此外，历代中央政府都曾对管辖或归附朝廷的藩属地区的少数民族进行相应立法，虽与前文界定的地方法律规范有重合之处，但其通行地域和适用对象都具有针对性和特殊性，因此，我们将这些立法规范归之为少数民族法律规则。

（一）以地方法律规范为代表的民间法律规则体系

地方立法在古代出现较早，并经历漫长发展过程。《睡虎地秦墓竹简》中的《语书》载，秦国南郡太守腾发布一道政令，其内容既有立法，又有执法，是地方长官为贯彻国家政令发布的实施细则。其在开篇之际指明了立法以规乡俗的宗旨："古者，民各有乡俗，其所利及好恶不同，或不便于民，害于邦。是以圣王作为法度，以矫端民心，去其邪避（僻），除其恶俗。法律未足，民多诈巧，故后有闲令下者。"《语书》是目前所见的我国最早的地方性法令，这说明由地方长官发布政令规范"私好""乡俗"的做法，至迟在战国就已存在。

汉时郡守代表皇帝治理一郡，除对朝廷负责外，一郡之内则是郡守专制。其职权相当广泛，凡民政、司法、教育、选举以及兵事等，可谓职无不总，同时也有随时宜设制立法之权。郡守往往被赋予"便宜从事"的权力，可根据本地实际发布政令，必要时可便宜行事，也就是说，郡守有一定的立法权。条教、书、记等是地方法令、政令的发布形式。条教是"条"和"教"的结合，既有教化之意，又有教令之义，是发布地方法规的一种形式。条教具有自发性与地方性，更与地方官个人素养、秉性相涉。事实上，为官一方而求治绩，在执行国家律令前提下，莫不辅以教化，善为条教者只不过是典型代表而已。教化之道，在于观民随时，上从国法、下顺人情，此为设教原则，也是判定教之善与劣、清当与烦碎的标准。就此意义言，教也有随时性、因民性，要教而不犯，须观民随时。设教自然会给吏民制定很多"额外"规范，可能是劝导性的，也可能是禁止性的。在文献中，如称条式、条款、条章、仪品等，名不同而实与条教义合。又如教令者，因教、令语义可以互训，故史料亦得见以教令称者，或以令称者。一般而言，地方官颁教，施行范围自然是管辖之地。有专门针对民众者，有针对官吏者，也有官民皆适用者；有针对军中，也有针对具体个人者。教有出于上任之初，有出于离任，更多是任官期间所颁，这些教在该地方长官任职期内当长期施行。即大部分教在地方官在任时都是一直有效的。也有不少临时性的一事一教之例，如赏罚、戒严、听讼等，应是事毕而教止。某些一事一教虽然事毕，但其教化影响仍在，如举遗逸、褒赐贤人、修墓。这些教虽在某事上完成了其形式作用，但在社会中仍会发挥教化功能。某些教为后任者所继承、修改，就是最好明证。《白虎通义》云："教者'效'也，上为之，下效之，民有质朴，不教不成。"崔寔《政论》云："上为下效，然后谓之教。"《春秋纬元命苞》云："天人同度，正法相受，天垂文象，人行其事，谓之教，教之为言'效'也，上为下效，道之始也。"《周礼·大司徒》郑注云："教所以亲百姓，训五品。"教所承载治化观念，也使得条教不仅作为地方法律规范而存在，也是儒家推行政教的重要手段。自汉以来以至魏晋南北朝，设立条教之风不坠。今辑其间条教之例（见表 2-16），以明其源流与大概。

表 2-16　　　　　　　　汉魏六朝"条教"举要

设条教者	条教内容或事例
汉·董仲舒	《汉书·董仲舒传》云：仲舒所著，皆明经术之意，及上疏、条教，凡百二十三篇。

续表

设条教者	条教内容或事例
汉·韩延寿	《汉书·韩延寿传》云：延寿为颖川太守。因与议定嫁娶丧祭仪品，略依古礼，不得过法，百姓遵用其教。《前汉纪·孝宣皇帝纪》记作"延寿乃道之以礼让，和辑其俗，俾有制度。为之礼节，养生送死，不逾礼法，百姓遵用其教。"
汉·黄霸	《史记·张丞相列传》云：霸为颖川太守，"以礼义条教喻告化之。犯法者，风晓令自杀。化大行，名声闻。孝宣帝下制曰：'颖川太守霸，以宣布诏令治民，道不拾遗，男女异路，狱中无重囚。赐爵关内侯，黄金百斤。'征为京兆尹而至丞相，复以礼义为治"《汉书·黄霸传》亦云："宣帝垂意于治，数下恩泽诏书，吏不奉宣。太守霸为选择良吏，分部宣布诏令，令民咸知上意。使邮亭乡官皆畜鸡豚，以赡鳏寡贫穷者。然后为条教，置父老师帅伍长，班行之于民间，劝以为善防奸之意。及务耕桑，节用殖财，种树畜养，去食谷马，米盐靡密，初若烦碎，然霸精力能推行之。"
汉·张敞	《汉书·张敞传》云：张敞衎衎，履忠进言，缘饰儒雅，刑罚必行，纵赦有度，条教可观，然被轻媠之名。
汉·郑昌、郑弘	《汉书·郑弘传》云：郑弘兄郑昌，亦好学，皆明经，通法律政事。昌为太原、涿郡太守，弘为南阳太守，皆著治迹，条教法度，为后所述。昌用刑罚深，不如弘平。《前汉纪·孝元皇帝纪》亦云：弘所在著名迹，法度条教为后世所称。
汉·冯立	《汉书·冯立传》云：立为五原太守，徙西河、上郡。立居职公廉，治行略与野王相似，而多知有恩贷，好为条教。吏民嘉美野王、立相代为太守，歌之曰："大冯君，小冯君，兄弟继踵相因循，聪明贤知惠吏民，政如鲁、卫德化钧，周公、康叔犹二君。"
汉·薛宣	《汉书·薛宣传》云：宣为吏赏罚明，用法平而必行，所居皆有条教可纪，多仁恕爱利。
汉·王尊	《汉书·王尊传》云：尊为安定太守。到官，出教告属县曰："令长丞尉奉法守城，为民父母，抑强扶弱，宣恩广泽，甚劳苦矣。太守以今日至府，愿诸君卿勉力正身以率下。故行贪鄙，能变更者与为治。明慎所职，毋以身试法。"
汉·张湛	《后汉书·张湛传》云：湛为左冯翊。在郡修典礼，设条教，政化大行。
汉·刘陶	《后汉书·刘陶传》云：上书言当世便事、条教等，凡百余篇。
汉·史敞	《后汉书·史弼传》注引《续汉书》云：史敞为京兆尹，化有能名，尤善条教，见称于三辅。
汉·皇甫规	《后汉书·皇甫规传》云：所著教令、笺记等，凡二十七篇。
汉·延笃	《后汉书·延笃传》云：笃论解经义，多所驳正，后儒服虔等以为折中。所著论、教令等，凡二十篇。《书钞·设官部·太守》"三辅资其政教"条引谢承《后汉书》亦云：笃为京兆尹，三辅资其政教。
汉·李固	《后汉书·李固传》云：所著章、教令等，凡十一篇。
汉·李膺	《后汉书·李膺传》注引《谢承书》云：膺为蜀郡太守，修庠序，设条教，明法令，威恩并行。蜀之珍玩，不入于门。益州纪其政化，朝廷举能理剧，转乌桓校尉。

续表

设条教者	条教内容或事例
汉·童恢	《后汉书·童恢传》云：恢为不其令。吏人有犯违禁法，辄随方晓示。若吏称其职，人行善事者，皆赐以酒肴之礼，以劝励之。耕织种收，皆有条章。一境清静，牢狱连年无囚。比县流人归化，徙居二万余户。
汉·仇览	《后汉书·仇览传》云：览为蒲亭长。劝人生业，为制科令，至于果菜为限，鸡豕有数，农事既毕，乃令子弟群居，还就黌学。其剽轻游恣者，皆役以田桑，严设科罚。躬助丧事，赈恤穷寡。期年称大化。
汉·秦彭	《后汉书·秦彭传》云：彭为山阳太守。以礼训人，不任刑罚。崇好儒雅，敦明庠序。每春秋飨射，辄修升降揖让之仪。乃为人设四诫，以定六亲长幼之礼。有遵奉教化者，擢为乡三老，常以八月致酒肉以劝勉之。吏有过咎，罢遣而已，不加耻辱。百姓怀爱，莫有欺犯。兴起稻田数千顷，每于农月，亲度顷亩，分别肥塉，差为三品，各立文簿，藏之乡县。于是奸吏踧踖，无所容诈。彭乃上言，宜令天下齐同其制。诏书以其所立条式，班令三府，并下州郡。
汉·周紆	《后汉书·周紆传》云：紆为南行唐长。到官，晓吏人曰："朝廷不以长不肖，使牧黎民，而性仇猾吏，志除豪贼，且勿相试。"遂杀县中尤无状者数十人，吏人大震。迁博平令。收考奸臧，无出狱者。以威名迁齐相，亦颇严酷，专任刑法，而善为辞案条教，为州内所则。
汉·任延	《后汉书·任延传》云：延为九真太守。骆越之民无嫁娶礼法，各因淫好，无适对匹，适音丁历反。不识父子之性，夫妇之道。延乃移书属县，各使男年二十至五十，女年十五至四十，皆以年齿相配。其贫无礼娉，令长吏以下各省奉禄以赈助之。同时相娶者二千余人。
汉·王景	《后汉书·王景传》云：景为庐江太守。铭石刻誓，令民知常禁。又训令蚕织，为作法制，皆著于乡亭，庐江传其文辞。
汉·孔融	《后汉书·孔融传》云：所著教令、书记等，凡二十五篇。
魏·苏则	《三国志·魏书·苏则传》云：则建安时为金城太守。是值丧乱，吏民流散饥穷，户口损耗，则抚循之甚谨。外招怀羌胡，得其牛羊，以养贫老。与民分粮而食，旬月之间，流民皆归，得数千家。乃明为禁令，有干犯者辄戮，其从教者必赏。
魏·贾逵	《三国志·魏书·王沈传》云：王沈为豫州刺史。"探寻善政，案贾逵以来法制禁令，诸所施行，择善者而从之。……于是九郡之士，咸悦道教，移风易俗。"《三国志·魏书·王凌传》亦云：王凌"与司马朗、贾逵友善，及临兖、豫，继其名迹。"
魏·王凌	《三国志·魏书·王凌传》云：黄初时，凌为青州刺史，"布政施教，赏善罚恶，甚有纲纪，百姓称之，不容于口。……始至豫州，旌先贤之后，求未显之士，各有条教，意义甚美。初，凌与司马朗、贾逵友善，及临兖、豫，继其名迹。"
魏·王基	《三国志·魏书·王基传》云：基为荆州刺史。明制度，整军农，兼修学校，南方称之。

续表

设条教者	条教内容或事例
魏·杜畿	《三国志·魏书·杜畿传》云：畿为河东太守。"时天下郡县皆残破，河东最先定，少耗减。畿治之，崇宽惠，与民无为。民尝辞讼，有相告者，畿亲见为陈大义，遣令归谛思之，若意有所不尽，更来诣府。乡邑父老自相责怒曰：'有君如此，奈何不从其教？'自是少有辞讼。班下属县，举孝子、贞妇、顺孙，复其徭役，随时慰勉之。渐课民畜牸牛、草马，下逮鸡豚犬豕，皆有章程。百姓勤农，家家丰实。畿乃曰：'民富矣，不可不教也。'于是冬月修戎讲武，又开学宫，亲自执经教授，郡中化之。"
魏·郑袤	《晋书·郑袤传》云：明帝时袤为广平太守。"以德化为先，善作条教，郡中爱之。"
魏·王沈	《书钞·设官部·刺史》"教施九郡"条引王隐《晋书》云：王沈迁豫州刺史，教曰：若能举遗也，黜奸邪，陈长吏可否，皆给谷五百斛。别驾主簿奉行，九郡施行。《晋书·王沈传》亦云：沈出豫州刺史。至镇，乃下教："自古贤圣，乐闻诽谤之言，听舆人之论，岂尧有可录之事，负薪有廊庙之语故也。自至镇日，未闻逆耳之言，岂未明虚心，故令言者有疑。其宣下属城及士庶，若能举遗逸于林薮，黜奸佞于州国，陈长吏之可否，说百姓之所患，兴利除害，损益昭然者，给谷五百斛。若达一至之言，说刺史得失，朝政宽猛，令刚柔得适者，给谷千斛。谓余不信，明如皎日。"沈又教曰："后生不闻先王之教，而望政道日兴，不可得也。文武并用，长久之道也。俗化陵迟，不可不革。革俗之要，实在教学。昔原伯鲁不悦学，闵马父知其必亡。将吏子弟，优闲家门，若不教之，必致游戏，伤毁风俗矣。"于是九郡之士，咸悦道教，移风易俗。又云：沈探寻善政，案贾逵以来法制禁令，诸所施行，择善而从之。
晋·刘弘	《晋书·刘弘传》云：旧制，岷方二山泽中不听百姓捕鱼，弘下教曰："礼，名山大泽不封，与共其利。今公私并兼，百姓无复厝手地，当何谓邪！速改此法。"
晋·虞溥	《晋书·虞溥传》云：虞溥除鄱阳内史。大修庠序，广招学徒，移告属县曰："学所以定情理性而积众善者也。情定于内而行成于外，积善于心而名显于教，故中人之性随教而移，善积则习与性成。……今四海一统，万里同轨，熙熙兆庶，咸休息乎太和之中，宜崇尚道素，广开学业，以赞协时雍，光扬盛化。"乃具为条制。于是至者七百余人。
晋·庾亮	《宋书·礼志》云：晋永和中庾亮在武昌开置学官。教曰："人情重交而轻财，好逸而恶劳。学业致苦，而禄答未厚，由捷径者多，故莫肯用心。……今使三时既务，五教并修，军旅已整，俎豆无废，岂非兼善者哉！便处分安学校处所，筹量起立讲舍。参佐大将子弟，悉令入学，吾家子弟，亦令受业。四府博学识义通涉文学经纶者，建儒林祭酒，使班同三署，厚其供给；皆妙选邦彦，必有其宜者，以充此举。近临川、临贺二郡，并求修复学校，可下听之。若非束修之流，礼教所不及，而欲阶缘免役者，不得为生。明为条制，令法清而人贵。"
晋·庾翼	《文心雕龙·诏策》云：庾稚恭之明断，并理得而辞中，教之善也。
晋·殷仲堪	《晋书·殷仲堪传》云：晋陵太守仲堪居郡禁产子不举，久丧不葬，录父母以质亡叛者，所下条教甚有义理。

续表

设条教者	条教内容或事例
晋·贺循	《晋书·贺循传》云：循为武康令，俗多厚葬，及有拘忌回避岁月，停丧不葬者，循皆禁焉。政教大行，邻城宗之。
晋·王彪之	《初学记·居处部·市》引其整市教云：古人同市朝者，岂不以众之所归，宜必去行物，近检校山阴市，多不如法。或店肆错乱，或商估没漏，假冒豪强之名，拥护贸易之利，凌践孤弱之人，专固要害之处。属城承宽，亦皆如之。《书钞·政术部·公正》"平役均赋、抑强扶弱"条亦引其临会稽政，教云：平役均赋则民皆来苏，抑强扶弱则众无冤狱矣。
晋·孙盛	《御览·资产部·农》引其作南昌令教云：且欲先婚配境内，然后督其农桑。
晋·殷康	《书钞·酒食部·粥篇》"郭邑死丧可令送粥"条引其教云：自今郭邑居民有死丧者，可令送两坩粥。
梁·刘潜	《梁书·刘潜传》云：潜为临海太守。是时政纲疏阔，百姓多不遵禁。孝仪下车，宣示条制，励精绥抚，境内翕然，风俗大革。
梁·范缜	《南史·范缜传》云：缜为宜都太守。时夷陵有伍相庙、唐汉三神庙、胡里神庙，缜乃下教断不祠。
梁·丘迟	《类聚·职官部·太守》引其永嘉郡教云：贵郡控带山海，利兼水陆，实东南之沃壤，一都之巨会，而曝背拘牛，屡空于畎亩，绩麻治丝，无闻于窒巷，其有耕灌不修，桑榆靡树，遨游鄽里，酣酺卒岁，越伍乖邻，流宕忘返，才异相如，而四壁独立，高惭仲蔚，而三径没人，虽谢文翁之正俗，庶几龚遂之移风。
梁·陆倕	《类聚·职官部·太守》引其未至浔阳郡教云：……太守薄德，谬叨龟组，窃原巴祇阍坐接客，思匹吴隐被絮对宾，常药自随，式瞻无远，单车入境，窃所庶几，旧须发民治道及戍逻揄樵采，诸如此类，一皆省息。
梁·萧詧	《周书·萧詧传》云：中大同元年，詧为雍州刺史。下教曰："……吾以陋识，来牧盛藩。每虑德不被民，政道或紊。中宵拊枕，对案忘价，思纳良谟，以匡弗逮。雍州部内有不便于民，不利于政，长吏贪残，戍将懦弱，关市恣其哀刻，豪猾多所苞藏，并密以名闻，当加厘正。若刺史治道之要，弛张未允，循酷乖理，任用违才，或爱狎邪佞，或斥废忠謇，弥思启告，用袪未悟。盐梅舟楫，允属良规，苦口恶石，想勿余隐。并广示乡闾，知其款意。"于是境内称治。
梁·陆襄	《文苑英华·诔·(江总)梁故度支尚书陆君诔》云：下车轩日，求瘼康时。良辰坐啸，朗夜卧治。悬鱼化静，佩犊去思。广弘条教，精察毫厘。典选搜扬，操刀密勿。
北魏·封轨	《魏书·封轨传》云：轨为东郡太守，行夏州事。好立条教，所在有绩。
北齐·苏琼	《北齐书·苏琼传》云：琼为清河太守。禁断淫祠，婚姻丧葬皆教令俭而中礼。又蚕月预下绵绢度样于部内，其兵赋次第并立明式，至于调役，事必先办，郡县长吏常无十杖稽失。当时州郡无不遣人至境，访其政术。

唐代地方法律由四部分构成：一是中央为某些地区制定的特别法。二是

地方长官以条教、条约与科约等形式制定的地方性法规。如唐武德年间，高俭任益州大都督府长史，时"蜀人畏鬼而恶疾，虽父母病皆委去，望舍投饵哺之，昆弟不相假财"，俭"为设条教，辩告督励，风俗翕然为变"[1]。史云"蜀人多鬻女为人妾"，李德裕为之"著科约"规定："凡十三而上，执三年劳；下者，五岁；及期则归之父母。"又"毁属下浮屠私庐数千，以地予农"，"蜀先主祠旁有猔村，其民剔发若浮屠者，畜妻子自如"，又下令禁止，从此"蜀风大变"[2]。建中年间，曲环任陈州刺史，"勤身节用，宽赋敛，简条教，不三岁，归者繦系"[3]。崔铉任淮南节度使，"居九年，条教一下无复改，民以顺赖"[4]。唐宣宗时，韦宙任永州刺史，当地"俚民婚，出财会宾客，号'破酒'，昼夜集，多至数百人，贫者犹数十；力不足，则不迎，至淫奔者"，韦宙则与之"条约"，"使略如礼，俗遂改"[5]。三是随着实行羁縻州制，民族区域法转化成为地方法。四是乡法，即民间通行并为官方认可的风俗习惯规则。如柳宗元到任柳州，即革除当地"乡法"，令立新规。史云："柳州土俗，以男女质钱，过期则没入钱主，宗元革其乡法。其已没者，仍出私钱赎之，归其父母。"[6]元和六年（811年），凤翔尹李惟简以"陇州地与吐蕃接，旧常朝夕相伺，更入攻抄，人吏不得息"，认为："国家于夷狄当用长算，边将当承上旨，谨条教，蓄财谷，完吏农力以俟；不宜规小利，起事盗恩。禁不得妄入其他。益市耕牛，铸镈钱鉏鐻，以给农之不能自具者；丁壮兴励，岁增田数十万亩。连八岁五种俱熟，公私有余。贩者负入褒斜，船循渭而下，首尾相继不绝。"[7]唐代地方立法水平较前代有了较大提高。敦煌出土的

---

1 《新唐书》卷95《高俭传》。

2 《新唐书》卷105《李德裕传》。

3 《新唐书》卷72《曲环传》。

4 《新唐书》卷85《崔铉传》。

5 《新唐书》卷122《韦宙传》。

6 《旧唐书》卷164《柳宗元传》。

7 （清）董浩编《全唐文》卷565《（韩愈）凤翔陇州节度使李公墓志铭》。

《沙州敦煌县行用水细则》(《唐沙州敦煌地区灌溉用水章程》)，就是在民间习惯和前代地方法规基础上形成的地方性水利管理规范，可以说是唐代中央法规《水部式》在敦煌地区的实施细则。要特别指出的是，自汉代始，河西走廊就已得到开发利用，古人在戍边屯垦、贸易交通的同时，也在不断兴修水利灌溉工程，而针对沟渠修建、管理、维护乃至责任划分、纠纷处理等所制定的相关规范，如敦煌藏经洞唐代遗书 S.5894《渠规残卷》及《沙州敦煌县行用水细则》等，就是历代河西走廊地区渠规的突出代表，这种立法一直延续到清末民国而不衰。

宋代地方法律由中央制定的特别法和各级地方长官发布的法令、法规组成。中央特别法是适用于某一行政区域的敕，其制定程序分为起请、看详与批准。起请除陈述立法的理由外，大多数情况下还写明拟议的法条。看详是对拟议的法案进行审查，提出同意或否定理由及修改意见.特别法由皇帝批准、颁布。地方特别法的形式有诏令、敕（榜）和例。宋代各级地方官府和长官也继承汉唐以来的传统，以条教、约束等形式颁布地方法规、政令。如景德年间，张咏任益州刺史，此后任中正继任，"在郡五载，遵咏条教，蜀人便之"[1]。宋真宗时，夏竦先后在襄州、洪州等地任职，史云"其为郡有治绩，喜作条教，于闾里立保伍之法"[2]。宋祁任官所至，"治事明峻，好作条教"[3]。吴育"性明果，所至作条教，简疏易行而不可犯。遇事不妄发，发即人不能挠。辨论明白，使人听之不疑"[4]。王鼎在建州任职时，当地风俗生子多不举，其"为条教禁止"之。[5]绍兴年间，四川制置大使席益以剑州知府王彦"为政治民，有古循吏风，一郡信服其条教"，请旨加以褒异，遂得诏

1《宋史》卷 288《任中正传》。

2《宋史》卷 283《夏竦传》。

3《宋史》卷 284《宋祁传》。

4《宋史》卷 291《吴育传》。

5 参见《宋史》卷 300《王鼎传》。

赐金带仍降敕书奖谕。[1] 随着理学之兴，融理于教，更成为官员的自觉，如张栻在地方任官时，"所至郡，暇日召诸生告语。民以事至庭，必随事开晓。具为条教，大抵以正礼俗、明伦纪为先。斥异端，毁淫祠，而崇社稷山川古先圣贤之祀，旧典所遗，亦以义起也"[2]。宋时汉州号为"繁剧"，魏了翁在任职时"以化善俗为治。首蠲积逋二十余万，除科抑卖酒之弊，严户婚交讦之禁，复为文谕以厚伦止讼，其民敬奉条教不敢犯"[3]。宋地方官员以条教形式管理地方政务的风气不减，这很大程度上得益于当时官府对宣布条教职权的确认，如史云宋时诸府置知府事一人，"掌总理郡政，宣布条教，导民以善而纠其奸慝，岁时劝课农桑，旌别孝悌，其赋役、钱谷、狱讼之事，兵民之政皆总焉。凡法令条制，悉意奉行，以率所属"[4]。端拱元年（988 年）亦以颁诏方式重申"州郡从事之职，皆参赞郡画，助宣条教"之责。[5] 此外，发布榜文、告示、禁约也是地方长官施政经常采用的手段。如宋太祖时，溧阳县知县李衡"专以诚意化民，民莫不敬。夏秋二税，以期日榜县门，乡无府吏迹，而输送先他邑办。因任历四年，狱户未尝系一重囚"[6]。宋仁宗时，李师中任官洛川县，"民有罪，妨其农时者必遣归，令农隙自诣吏。令当下者榜于民，或召父老谕之"[7]。绍兴年间，临安知府叶衡以"户版积弊，富民多隐漏，贫弱困于陪输"，定法九等，"自五以下除其籍，而均其额于上之四等，贫者顿苏。征科为期限榜县门，俾里正谕民，不遣一吏而赋自足。岁灾，蝗不入境。治为诸邑最"。叶衡以治郡有绩被召对，高宗誉其"作县有法"[8]。乾道年间，辛弃疾差知隆兴府兼江西安抚，时江右大饥，宋孝宗诏任

1 参见（宋）李心传撰《建炎以来系年要录》卷 108，绍兴七年（1137 年）正月丙寅。

2《宋史》卷 429《张栻传》。

3《宋史》卷 437《魏了翁传》。

4《宋史》卷 120《职官志》。

5 参见《宋史》卷 124《职官志》。

6《宋史》卷 390《李衡传》。

7《宋史》卷 332《李师中传》。

8《宋史》卷 332《叶衡传》。

责荒政。辛弃疾到任之后，即"榜通衢"告示"闭粜者配，强粜者斩"；又令"尽出公家官钱、银器，召官吏、儒生、商贾、市民各举有干实者，量借钱物，逮其责领运粜，不取子钱，期终月至城下发粜"，于是民赖以济。[1]淳熙五年（1178 年），绍兴知府张津以当时府内支用宽裕，令民人"所献钱为人户贷代纳今年知买身丁之半"，以"本府印给文榜，遍下诸县乡村晓谕，通知人户"[2]。绍熙年间，广西提点刑狱崔与之巡视朱崖时，以"琼人以吉贝织为衣衾，工作皆妇人，役之有至期年者，弃稚违老，民尤苦之"，遂"皆为榜免"；又以"岭海去天万里，用刑惨酷，贪吏厉民，乃疏为十事，申论而痛惩之"，后经高惟肖刊刻成《岭海便民榜》。[3]南宋榜文，最为后世熟知者，即为朱熹所作。朱熹曾云："典谟之书，恐是曾经史官润色来。如《周诰》等篇，恐只似如今榜文晓谕俗人者，方言俚语，随地随时各自不同。"[4]正因其对榜文的深刻理解，其教化思想为当时社会认同和接受。朱熹榜文在《古代榜文告示汇存》中有较为全面的收录，《朱子语类》中也存有不少朱熹运用榜文的生动事例。此外，真德秀《西山文集》所见《潭州谕俗文》《劝立义廪文》《谕贼文为招司作》《福州谕俗文》《浦城谕保甲文》《再守泉州劝谕文》《泉州劝孝文》《谕州县官僚文》《福州劝农文》《泉州劝农文》等，黄震《黄氏日抄》所存《预发劝粜榜》《晓谕贫富升降榜》《到州请上户后再谕上户榜》《再晓谕发誓榜》《劝乐安县税户发粜牓》《委临川周知县（滂）出郊发廪榜》《委周知县发廪第二榜》《委周知县发廪第三榜》《在城粥饭局结局榜》《禁造红麯榜》《劝上户放债减息榜》《词诉约束》《中秋劝种麦文》《春劝农文》等[5]，黄榦《勉斋先生黄文肃公文集》所载《放免渔人纲钓鱼利钱榜文》《免行户买物榜文》《免人户赈粜榜文》《约束场务买纳岁计食物榜文》《安

1　参见《宋史》卷 401《辛弃疾传》。
2　（清）徐松辑《宋会要辑稿》卷 7《崇儒·经筵》。
3　参见《宋史》卷 406《崔与之传》。
4　（宋）黎靖德编《朱子语类》卷 78《尚书一·纲领》。
5　可参（宋）黄震撰《黄氏日抄》卷 78《公移一》。

庆劝谕团结保伍榜文》《戒约隅官保长以下榜文》《禁约顽民诬赖榜文》《晓示城西居民筑城利便》《临川劝谕文》等，都是两宋榜文、告示、劝谕文献的代表。[1]

元代统治者为蒙古民族，其行省制的确立是古代地方行政体制的重要演变。元代行省不仅是朝廷控制和指挥地方的重要机构，也是各级地方政府权力汇聚的枢纽。行省权力的加强，为中央制定地方特别法提供了保障。《通制条格》是元代法典《大元通制》的重要构成部分，其条格部分有关地方事项的法条可看作中央特别法。省级建制是元代的最高地方建制，其下有路府州县各个层级。层次的增加，使得行省客观上取得了较大的行政审批权力，可以利用审核下级地方政府请示的机缘，制定适合本地区的法规。元代地方官员也沿袭宋代制定条约、发布榜文规整地方政务的做法，且多集中在民事婚姻、农事领域。如至元年间，廉希宪抚治荆南，时人有"立券鬻妻子"之俗，廉希宪以为此属"人伦之坏"，乃"严为条禁，当相买卖者并坐，没入所直，且即罪有司，立督绝"，史又云其"号令一行，赏罚必信，凡下条约，所在奉行惟谨而不敢犯"[2]。扬州路总管兼府尹朱霁，在任上于"赋役之苛，咸醝之扰，纤悉委曲"，"皆为条约以厘正之"，时人"以为德"[3]。金哀宗正大年间，王鹗任德府判官兼城父令，到任后即"立教条，正风俗，未几政成，吏畏而民安之"[4]。《紫山大全集》载有胡祇遹所制《革昏田弊榜文》，涉及婚姻、农事纠纷等方面规定[5]，其在《农器叹寄呈左丞公》诗中更表达了通过立榜定制关切农事之情："国家敦本知爱农，特设大司专保惠。分司劝谕立课

---

1 可参（宋）黄榦撰《勉斋集》卷34《杂著》。

2（元）苏天爵编《国朝名臣史略》卷7《平章廉文正王》。

3（元）苏天爵撰《滋溪文稿》卷17《碑志十一·元故通议大夫徽州路总管兼管内劝农事朱公神道碑》。

4（元）苏天爵编《国朝名臣史略》卷12《内翰王文康公》。

5 参见（元）胡祇遹撰《紫山大全集》卷22《杂著·革昏田弊榜文》。

程，朝送农官暮迎吏。诚言谆谆不敢忘，榜示门墙加勉励。"[1] 金兴定年间，新蔡令刘肃在任内平"夏税"轻重以为定额，并"揭榜境内"规定："自今种树牧养，营运兴造，续有增置者，更不加赋"，此后荒田耕垦殆尽，畜牧遍野。[2] 王恽《秋涧集》也保留不少榜文、告示，其《明农亭》诗也有"明农榜新亭，此意空规规"云云[3]，这也是当时劝农榜文的反映。虽然蒙古民族与汉民族及其他民族的生产生活方式、风俗习惯有较大差异，但就榜文之例而言，其仍深受唐宋古风影响。

明代地方立法出现了繁荣局面，法律形式更加多样化，立法数量也远超前代。特别是明中后期，地方立法活动空前活跃。当时，除各级地方长官发布大量政令和制定地方法规外，朝廷派出巡按各地的官员也针对地方时弊，以条约、告示、檄文、禁令等形式，颁布地方性法规。条约仍是明代地方立法的主要形式，其内容比较广泛，涉及吏治、安民、钱粮、学政、约束兵丁、监禁、救荒、庶务、关防、狱政、词讼、乡约、保甲、风俗等方面，在明代地方法律体系中居于最高层次地位。条约的制定或发布者，有总督、巡抚、巡按、提督学政官员和省府州县长官、通判、教谕等。就条约涉及范围而言，大体可分为两类：一是有关全省或某一地区多项事务治理的综合性条约，二是只涉及学政或军政、盐政、漕运等管理的专门性条约。《中国古代地方法律文献》甲编中收入的 20 多种明代地方性条约中[4]，属综合性的地方条约有：姚镆的《督抚事宜》，王廷相的《巡按陕西告示条约》，陈儒的《莅任条约》和《总宪事宜》，海瑞的《督抚条约》，郭应聘的《巡抚条约》和《总督条约》，吕坤的《风宪约》等。这类条约大多是地方长官或朝廷派出巡视地方事务的官员于上任之初或实施重大的政务之前，基于加强地

---

1 （元）胡祇遹撰《紫山大全集》卷 4《七言古诗·农器叹寄呈左丞公》。

2 参见（元）苏天爵编《国朝名臣史略》卷 11《尚书刘文献公》。

3 参见（元）王恽撰《秋涧集》卷 4《五言古诗·明农亭》。

4 参见杨一凡、刘笃才编《中国古代地方法律文献》甲编（10 册），世界图书出版公司，2006。

方综合治理的需要而制定的，内容比较宽泛，其中一些条约具有施政纲领的性质。而收入该书的地方性条约中，姚镆的《广西学政》、王廷相的《督学四川条约》、陈儒的《学政条约》、海瑞的《教约》、薛应旂的《行各属教条》和《出巡事宜》，是学政管理方面条约；姚镆的《巡抚事宜》、郭应聘的《考选军政禁约》、吕维祺的《南枢巡军条约》，是军政管理方面条约；张珩、戴金、雷应龙、李佶、朱廷立发布的《禁约》，是盐政管理方面条约；王宗沐的《漕政禁约规条》、吕坤的《籴谷条约》、吕维祺的《约法十事》，是漕运和钱粮管理方面条约。专门性条约多由主管或巡查某项具体事务的长官针对某一专项事宜发布的。一些曾经在省、府、州、县各级部门任职的官员致仕后，也将自己任职期间关于吏治、安民、钱粮、学政、约束兵丁、盐禁、救荒、庶务、关防、狱政、词讼、乡约、保甲、风俗等方面的制度规定及相关思考，结集成文，这些在明人文集中有较为丰富的反映。其中最为后世称道者，则是王守仁在抚南赣汀漳推行乡约期间所倡导施行的"十家牌法"，即每十家为一牌，各家轮流值日，检查人口出入和流动情况，如一家违法犯罪，要追究十家的责任。为推广此法，加强对村民的管理和控制，他发布了多项文告，形成了一套完整的乡村治理体系。

清代地方立法较之明代有了重大进展。当时，地方政府和长官以条约、章程、规条等法律形式，颁布了大量地方法规和政令，形成了比较完备的地方法律体系。清代州县官为在具体行政中有法可依，进行了更为细致的立法活动，发布了大量告示、条约、章程、堂规、署规、示谕等，州县立法在清代地方立法中占有重要地位。清代乡约是国家法律体制下的一种正式制度。根据官方规定，每个乡村都普遍设立乡约所，开展以宣讲圣谕广训及钦定律条为中心内容的讲乡约活动。顺治十六年（1659年），朝廷命全国实行乡约制度，设约正、约副，由乡人公举六十岁以上行履无过、德业素著的生员担任；若无生员，即以素有德望、年龄相当的平民担任，每遇朔望，向乡民进行宣讲。康熙年间，陈秉直即以康熙上谕十六条为目，编成《上谕合律批注》，后与魏象枢所撰《六谕集解》合印，汇为《上谕合律乡约全书》。在清中后期地方立法成果编纂中，"省例"的纂辑、刊印标志着古代地方法制建设进入比较成熟的阶段。"省例"的含义既指用以发布地方法规、政令的法律文书或这类文书的汇编，也指刊入这些文书或汇编中的每一种法规、法令或具有法律效力的规范性文件。省例汇编类文献，其内容是以地方行政法规为主体，兼含少量朝廷颁布的地区性特别法。被称为省例的各种形式的地方法规、政令或具有法律效力的规范性文件，适用于当时省级政府管辖的地域，在本省范围内具有普遍、相对稳定的法律约束力。目前可见的代表性省例汇编类文献有《湖南省例成案》《治浙成规》《粤东省例新纂》《江苏省例》《福建省例》等。地方立法在清末达到高潮。面对西方列强侵入、社会动荡和国家政局的变化，各地出于救亡图强、维护基层政权和社会治安的需要，积极推进法制变革，制定了一系列专门性的单行地方法规，如旨在推进地方政治改革的谘议局章程、试办地方自治章程，加强财政和税务管理的厘金章程、清赋章程和各种税则，健全司法制度和提高办案水平的地方审判厅章程、监狱管理章程、清理讼狱章程，加强社会治安管理的各类城市管理章程、警务章程，以规范地方教育为内容的各种学堂章程，以社会救济为内容的赈捐章程、义仓章程等。清末的地方立法与清前期、中期比较，具有立法数量多、专门性法规多、内容更加近代化的特点。

（二）以家法族规和乡规民约为代表的民间法律规则体系

古代中国是典型的乡土与家族社会，乡土与家族秩序的稳定与和谐是国家政权巩固的基础。寻求适当的治理结构，构建稳定和谐的治理秩序，不仅是朝廷官府的目标，也是儒者名流、乡族士绅的追求。历朝为实现乡土与家族秩序的有效治理，曾制定了相当完善的规则，并在民间广泛推行以家族自律、乡民自治为特色的制度体系。这些制度规则的形成，经历了漫长的理论演变和实践摸索。就理论而言，其发端于儒家的礼治思想，以礼修身、以礼律己、以礼持家、以礼治诸事则是其具体表现。如《晋书》记载，刘暾"子更生初婚，家法，妇当拜墓，携宾客亲属数十乘，载酒食而行"[1]。宋王弘，"明敏有思致，既以民望所宗，造次必存礼法，凡动止施为及书翰仪体，后人皆依仿之，谓为王太保家法"[2]。北魏安同，不仅公清奉法，在官明察，且"家法修整，为世所称"[3]。张烈不仅为政清静，吏民安之，其还乡后，"兄弟同居怡怡然，为亲类所慕"，又著"《家诫》千余言，并自叙志行及所历之官，临终敕子侄不听求赠，但勒《家诫》立碣而已"[4]。就实践而言，自汉末三国两晋南北朝以来，受儒家思想、门阀观念、谱牒家传修撰风气影响所出现的家诫、家法、家训，是这一类型民间法律规则体系的早期形态和载体。《颜氏家训》即是其中代表，后世也有"古今家训，以此为祖"；"家法最正，相传最远"之美誉。这些家诫、家法、家训很大程度上是当时所普遍接受的价值观，同时也蕴含着古人为官为人、立身处世的人生经验和思考。就词汇而言，家法一词本出两汉经学，至此被赋予更深层次含义。但就一些具体问题而言，仍有两汉家法遗风。南朝宋元嘉十四年（437年），时新撰《礼论》，傅隆上表宋太祖云："臣以下愚，不涉师训，孤陋闾阎，面墙靡识，谬蒙询逮，愧惧流汗。原夫礼者，三千之本，人伦之至道。故用之家国，君臣以之尊，父子以之亲；用之婚冠，少长以之仁爱，夫妻以之义顺；用之乡人，友朋以之三益，宾主以之敬让。所谓极乎天，播乎地，穷高远，测深厚，莫尚于礼也。其乐之五声，《易》之八象，《诗》之《风雅》，《书》之《典诰》，《春秋》之微婉劝惩，无不本乎礼而后立也。其源远，其流广，其体大，其义精，非夫睿哲大贤，孰能明乎此哉。况遭暴秦焚亡，百不存一。汉兴，始

---

[1]《晋书》卷45《刘毅传》。
[2]《宋书》卷42《王弘传》。
[3]《魏书》卷30《安同传》。
[4]《魏书》卷76《张烈传》。

征召故老，搜集残文，其体例纰缪，首尾脱落，难可详论。幸高堂生颇识旧义，诸儒各为章句之说，既明不独达，所见不同，或师资相传，共枝别干。故闻人、二戴，俱事后苍，俄已分异；卢植、郑玄，偕学马融，人各名象。又后之学者，未逮曩时，而问难星繁，充斥兼两，摛文列锦，焕烂可观。然而五服之本或差，哀敬之制舛杂，国典未一于四海，家法参驳于缙绅，诚宜考详远虑，以定皇代之盛礼者也。"[1] 这段关于宋时修礼的论述中所提及的二戴、卢植、郑玄、马融，就是两汉家法的代表，自汉以来的礼制构建往往受到这些经师家法学说的影响。但又如傅隆所指出的："五服之本或差，哀敬之制舛杂，国典未一于四海，家法参驳于缙绅"，因此其提出的"考详远虑，以定皇代之盛礼者"，不仅是要解决"国典"一统的问题，也是谋求服制的统一，以解决受经学家法之影响，"私家礼制"方面的"家法"参驳舛杂的现象。但从现存史料记载看，魏晋南北朝时期丧服祭祀方面的"家法"确属兴盛，如祭祀方面有卢谌《祭法》、荀氏《四时列馔传》、范汪《祠制》、安昌公荀氏《祠制》、贺循《祭仪》和《葬礼》等，这些著述一方面反映了作者所深受经学家的影响法，《通典》即保存他们关于诸多礼制疑难的讨论。如史云晋中郎卢谌"近古知礼者也"，"著家祭礼，皆晋时常食，不复纯用旧文"[2]。另一方面，其对礼制疑难的解答或理论阐释，作为一家之言、一氏之制也为当时各士族适用或参照施行。如《通典》记载，"晋御史中丞高崧有从弟丧，在服末欲为儿婚，书访尚书范汪"，范汪为之解答，高崧遂"依议为儿婚"[3]。如晋安昌公荀氏进封大国，"祭六代"，《通典》所存荀氏《祠制》亦记其所定之制云："今祭六代，未立庙，暂以厅事为祭室。须立庙，如制备。"[4]《祠制》还有神主题板、祭板等形制规定，如"神板皆正长尺一

---

1 《宋书》卷 55《傅隆传》。

2 （唐）杜佑撰《通典》卷 47《礼七·沿革七·吉礼六·天子宗庙》。

3 （唐）杜佑撰《通典》卷 60《礼二十·沿革二十·嘉礼五·大功未可为子娶妇议》。

4 （唐）杜佑撰《通典》卷 48《礼八·沿革八·吉礼七·诸侯大夫士宗庙》。

寸，博四寸五分，厚五寸八分。大书某祖考某封之神座，夫人某氏之神座，以下皆然。书讫，蜡油炙，令入理，刮拭之”[1]。"神板藏以帛囊，白缣裹盛，如婚礼囊板。板与囊合于竹箱中，以帛缄之，检封曰祭板。"[2]《隋书·经籍志》还收存有不少当时涉及丧制方面的图、谱、仪等私家著述，如蔡谟《丧服谱》、贺循《丧服谱》、王俭《丧服图》、贺游《丧服图》、崔逸《丧服图》、佚名《五服图》《五服图仪》《丧服礼图》等。这些私家著述的出现，并非只为表达一家思想，而是注重于实践适用，通过著述解疑答惑，试图为世人厘正丧服方面可供遵行适用的仪式、制度。如《南齐书·王俭传》即记载王俭少撰"《古今丧服集记》"，并行于世云云。《晋书·卢谌传》亦云卢谌"撰《祭法》"，"行于世"。《晋书·贺循传》亦云："朝廷疑滞皆谘之于（贺）循，循辄依经礼而对，为当世儒宗"。《晋书·蔡谟传》云谟博学，"于礼仪宗庙制度多所议定"。由此可以想象，在享受崇高礼学之名的情况下，王俭、贺循、蔡谟这些大儒关于丧服方面的一些图谱乃至疑难解答，都可能被当时士族所参照采用。

汉以来丧服、祭祀等家法家制的出现，反映了私家祭祀的兴盛。这种兴盛，也势必要求较为成文、成体统的制度规定的出现。可以说，这些家法家规的出现和私家祭祀的兴盛，是相互促进的过程，且随国家礼典制作、礼学思想发展而不断演变。至唐代，私家祭祀已为国家制度所认可，如规定："凡冕服及爵弁服，助祭及亲迎则服之。若私家祭祀，三品以上及褒圣侯祭孔宣父，服玄冕，五品以上服爵弁，六品以下服进贤冠。凡冕制，以罗为之，其服用紬为之，其黻用缯也。"[3]"凡私家袝庙给五日，四时祭给四日。"[4]又如规定："凡致敬之式，若非连属应敬之官相见，或自有亲戚者，各从其

1（唐）杜佑撰《通典》卷48《礼八·沿革八·吉礼七·卿大夫士神主及题板》。

2（唐）杜佑撰《通典》卷48《礼八·沿革八·吉礼七·诸藏神主及题板制》。

3（唐）杜佑撰《通典》卷108《礼六十八·开元礼类纂三·序例下·君臣冕服冠衣制度》。

4（唐）杜佑撰《通典》卷108《礼六十八·开元礼类纂三·序例下·杂制》。

私礼。"[1]这意味着丧服、祭祀等方面家的法家规具备了相应的地位，遵循私家礼制行事，只要不超过国法范围，可以在民间继续施行，并沿袭魏晋南北朝以来的传统。如史云："开元、天宝之间，传家法者，崔沔之家学，崔均之家法。"[2]又云崔祐甫，"太子宾客孝公沔之子也。世以礼法为闻家。其家法为当时士君子所重"[3]。崔俟一祖，"三世一爨，当时言治家者推其法"。史又云"崔氏四世緦麻同爨"，有六人官至三品，为唐兴以来所无有。其世居"光德里"，唐宣宗闻而叹"（崔）郸一门孝友，可为士族法"，因为之题名为"德星堂"[4]。又如郑善果母崔氏，"贤明晓于政道，每善果理务，崔氏尝于阁内听之。闻其剖断合理，归则大悦；若处事不允，母则不与之言，善果伏于床前，终日不敢食。崔氏谓之曰：'吾非怒汝，反愧汝家耳。汝先君在官清恪，未尝问私，以身殉国，继之以死。吾亦望汝继父之心。自童子承袭茅土，今位至方伯，岂汝身能致之耶？安可不思此事而妄加嗔怒？内则坠尔家风，或亡官爵；外则亏天子之法，以取罪戾。吾寡妇也，有慈无威，使汝不知教训，以负清忠之业。吾死之日，亦何面以事汝先君乎！'"得益于母亲崔氏的教导，善果也由此励己为清吏，所在有政绩，百姓怀之。[5]而崔氏家法家风，自北朝以来即有盛名："崔氏自后魏、隋、唐与卢、郑皆为甲族，吉凶之事，各著家礼。"[6]这不仅是思想、制度，也是家风家训领域普存南北共通之证。当然，唐代由于礼法融合，礼典构建方面取得了重大成果，此时的家法家规更具礼法之色彩。如张知謇为人"敏且亮"，"恶请谒求进，士或不才冒位，视之若仇。每敕子孙'经不明不得举'，家法可称云"[7]。韦陟，"家

1（唐）李林甫等修《唐六典》卷4《尚书礼部》。

2（宋）王谠撰《唐语林》卷1《德行》。

3《新唐书》卷119《崔祐甫传》。

4《新唐书》卷163《崔郸传》。

5 参见《旧唐书》卷62《郑善果传》。

6《新五代史》卷55《崔居俭传》。

7《新唐书》卷100《张知謇传》。

法脩整，敕子允就学，夜分视之，见其勤，旦日问安，色必怡；稍怠则立堂下不与语。虽家僮数十，然应门宾客，必允主之"[1]。裴坦，"性简俭，子取杨收女，赍具多饰金玉，坦命撤去，曰：乱我家法。世清其概"[2]。萧嵩之子华，"谨重方雅，绰有家法，人士称之"[3]。孔戣，"方严有家法，重然诺，尚忠义"[4]。韩休，"家训子侄至严"，史云"贞元间，言家法者，尚韩、穆二门云"。所谓"穆"者，即穆宁。史云：穆宁，"居家严，事寡姊恭甚。尝撰家令训诸子，人一通。又戒曰：'君子之事亲，养志为大，吾志直道而已。苟枉而道，三牲五鼎非吾养也。'疾病不尝药，时称知命"，其有四子，"皆以守道行谊显"[5]。故后人又评云："近代士大夫言家法者，以穆氏为高。"[6]因家法被时人所称道还有柳氏一家，如史云柳公绰，"理家甚严，子弟克禀诫训，言家法者，世称柳氏云"[7]。其孙柳玭亦尝述家训以戒子孙，如云："夫门地高者，一事坠先训，则异它人，虽生可以苟爵位，死不可见祖先地下。门高则自骄，族盛则人窥嫉。实艺懿行，人未必信；纤瑕微累，十手争指矣。所以修己不得不至，为学不得不坚。夫士君子生于世，己无能而望它人用，己无善而望它人爱，犹农夫卤莽种之而怨天泽不润，虽欲弗馁，可乎？余幼闻先公仆射言：立己以孝悌为基，恭默为本，畏怯为务，勤俭为法。肥家以忍顺，保交以简恭，广记如不及，求名如傥来。莅官则絜己省事，而后可以言家法；家法备，然后可以言养人。直不近祸，廉不沽名。忧与祸不偕，絜与富不并。……余家本以学识礼法称于士林，比见诸家于吉凶礼制有疑者，多取正焉。丧乱以来，门祚衰落，基构之重，属于后生。夫行道之人，德行文

1《新唐书》卷 122《韦陟传》。

2《新唐书》卷 182《裴坦传》。

3《旧唐书》卷 99《萧嵩传》。

4《旧唐书》卷 104《孔巢父传》。

5《新唐书》卷 163《穆宁传》。

6《旧唐书》卷 155《穆宁传》。

7《旧唐书》卷 165《柳公绰传》。

学为根株，正直刚毅为柯叶。有根无叶，或可俟时；有叶无根，膏雨所不能活也。至于孝慈、友悌、忠信、笃行，乃食之醯酱，可一日无哉？"[1]这些家诫家训，也当有如《颜氏家训》一样行于世间者，如史云卢弘宣"患士庶人家祭无定仪，乃合十二家法，损益其当，次以为书"[2]。这说明，这"十二家法"就是当时行于世间的明证。当然，这些曾经为人所称道的家风也有不及三世而斩者，如李日知早年事母至孝，任官初期曾廉洁奉公，此后逐渐升迁，至玄宗年间为刑部尚书。史云："日知贵，诸子方总角，皆通婚名族，时人讥之。后少子伊衡以妾为妻，鬻田宅，至兄弟讼阋，家法遂替云。"[3]

隋唐以来名门望族家风不坠，使得五代十国、宋时期的家法延绵相承。如王延，"为人重然诺，与其弟规相友爱，五代之际，称其家法焉"[4]。陈崇一族，"为家法戒子孙，择群从掌其事，建书堂教诲之"，唐末僖宗时尝诏旌其门，南唐时又为之"立义门，免其徭役"[5]。入宋传至陈昉时已十三代同居，长幼七百口，"不畜仆妾，上下姻睦，人无间言。每食，必群坐广堂，未成人者别为一席。有犬百余，亦置一槽共食，一犬不至，群犬亦皆不食。建书楼于别墅，延四方之士，肄业者多依焉。乡里率化，争讼稀少"[6]。至宋太宗时，参知政事张泊曾赞陈氏后人陈旭云："旭宗族千余口，世守家法，孝谨不衰，闺门之内，肃于公府。"[7]赵匡胤曾于朝臣面前赞誉窦仪云："近朝卿士，窦仪质重严整，有家法，闺门敦睦，人无谰语，诸弟不能及。"[8]贾玭，性严毅，善教子，"士大夫子弟来谒，必谆谆诲诱之"，其子贾黄中则性端

1《新唐书》卷163《柳公绰传》。
2《新唐书》卷197《卢弘宣传》。
3《新唐书》卷116《李日知传》。
4《新五代史》卷57《王延传》。
5《宋史》卷456《孝义传·陈兢传》。
6《宋史》卷456《孝义传·陈兢传》。
7《宋史》卷456《孝义传·陈兢传》。
8《宋史》卷263《窦仪传》。

谨，"能守家法，廉白无私"[1]。李昉一族，世居京城北崇庆里，"凡七世不异爨，至（其孙）李昭述稍自丰殖，为族人所望，然家法亦不隳"；另一孙李昭遘亦"性和易，不忤物，能守家法"[2]。又如宋仁宗年间的陈尧佐、陈尧叟兄弟，宋庠、宋祁兄弟，不仅皆以功名著闻于世，且有"君子以为陈之家法，宋之友爱，有宋以来不多见也"[3]的盛誉。如颜真卿的后裔颜诩，兄弟数人，事继母以孝闻，"一门千指，家法严肃，男女异序，少长辑睦，匦架无主，厨馈不异。义居数十年，终日怡愉，家人不见其喜愠"[4]。刘挚，"家法俭素，闺门雍睦。凡冠巾衣服制度，自其先世以来，常守一法，不随时增损。故承平时，其子弟杂处士大夫间，望而知其为刘氏也"[5]。又如刘清之，志于义理，学宗朱子，"尝序范仲淹《义庄规矩》，劝大家族众者随力行之。本之家法，参取先儒礼书，定为祭礼行之"；又著有《戒子通录》《墨庄总录》《祭仪》《时令书》等训诫之书。[6]

王夫之在《读通鉴论》中指出："唐之立国，家法不修。"[7]这里的"家法"，并非一般意义上的士族大夫家的家法，而是指李氏作为国家首姓的家风家法。实际上，宋人对唐之衰亡深受其家风不正之弊害早有洞察，如范祖禹云："昔三代之君莫不修身齐家以正天下，而唐之人主起兵而诛其亲者，谓之'定内难'；逼父而夺其位者，谓之'受内禅'。此其闺门无法不足以正天下，乱之大者也。其治安之久者，不过数十年；或变生于内，或乱作于外，未有内外无患承平百年者也。"[8]又如朱熹云："唐源流出于夷狄，故闺门

1《宋史》卷265《贾黄中传》。

2《宋史》卷265《李昉传》。

3《宋史》卷284《陈尧佐传》。

4《宋史》卷456《孝义传·颜诩传》。

5（宋）叶梦得撰《石林燕语》卷10。

6 参见《宋史》卷437《刘清之传》。

7（明）王夫之撰《读通鉴论》卷26《武宗》。

8（宋）范祖禹撰《唐鉴》卷24《昭宗》。

失礼之事，不以为异。"[1]当然，这些评价并非完全客观中正，而是站在居国家首姓而统万民一姓的立场和态度，李唐于家法之失，确实使得宋人重新认识家法的重要性，并赋予家法更新且更重要的含义，使之不仅成为国家首姓的家法族规，更成为不容擅改的祖宗之法、之章、之典、之规，也是赵宋立国之大经大法、大道大本。矫李唐家风之失，也是赵宋沾沾自得之处，如宋哲宗时，吕大防"推广祖宗家法以进"，其云："自三代以后，唯本朝百二十年中外无事，盖由祖宗所立家法最善，臣请举其略。自古人主事母后，朝见有时，如汉武帝五日一朝长乐宫；祖宗以来事母后，皆朝夕见，此事亲之法也。前代大长公主用臣妾之礼；本朝必先致恭，仁宗以姪事姑之礼见献穆大长公主，此事长之法也。前代宫闱多不肃，宫人或与廷臣相见，唐入阁图有昭容位；本朝宫禁严密，内外整肃，此治内之法也。前代外戚多预政事，常致败乱；本朝母后之族皆不预，此待外戚之法也。前代宫室多尚华侈；本朝宫殿止用赤白，此尚俭之法也。前代人君虽在宫禁，出舆入辇；祖宗皆步自内庭，出御后殿，岂乏人力哉，亦欲涉历广庭，稍冒寒暑，此勤身之法也。前代人主，在禁中冠服苟简；祖宗以来，燕居必以礼，窃闻陛下昨郊礼毕，具礼谢太皇太后，此尚礼之法也。前代多深于用刑，大者诛戮，小者远窜；惟本朝用法最轻，臣下有罪，止于罢黜，此宽仁之法也。至于虚己纳谏，不好畋猎，不尚玩好，不用玉器，不贵异味，此皆祖宗家法，所以致太平者。陛下不须远法前代，但尽行家法，足以为天下。"[2]就算赵宋渡江，退居南方，仍不忘此训，如宋孝宗淳熙年间，留正云："今日施设之美、治功之盛，皆得于家法之侍，其视舜、禹，尤有光焉。"[3]宋光宗即位后，秘书郎郑湜亦上奏称："三代以还，本朝家法最正，一曰事亲，二曰齐家，三曰教子，此家法之大经也。自昔帝王虽有天下之富，而不以天下养其亲，惟高宗享天下之

1（宋）黎靖德编《朱子语类》卷 136《历代三》。
2《宋史》卷 340《吕大防传》。
3（元）佚名撰《宋史全文》卷 27 下《宋孝宗八》。

养，寿皇躬天子之孝二十有七年，人无间言，此圣贤之所难也。陛下率而行之，当如寿皇，然后无愧也。本朝历世以来，未尝有不贤之后，盖祖宗家法最严，子孙持守最谨也。后家待遇有节，故无恩宠盈溢之过；妃嫔进御有序，故无忌嫉专恣之行；宫禁不与外事，故无斜封请谒之私。此三者，汉、唐所不及也。皇子岐嶷之性过人远甚，然讲读之官进见有时，志意不通，休沐之日，或至多于讲读，曾不若左右前后之人与王亲狎，朝夕无间。一日暴之，十日寒之，未有能生之物也。愿陛下尽事亲之道，以全帝王之大孝；严家法之义，以正内治之纪纲；明教子之方，以寿万世之基本。"[1]绍熙年间，起居舍人彭子寿，取"列圣修身齐家教子、训齐宗室、防制外戚宦官赞御等事"，撰《内治圣鉴》20卷上进，光宗称善云："祖宗家法最善，汉、唐不及也。"[2]可以说，宋之家法，不管是地位还是性质、行用效力与范围等，都已超越一般意义（指士族大夫）的家法族规，而被赋予了大经大法的含义。由此所出现的记载君主嘉言懿行的宝训、实录、故事等，即是赵氏国家首姓的家法家规，也是两宋大经大法的具体表现，这些也深深影响了此后王朝，如明清。

　　如果说汉唐是家法族规的兴起和构建期，并造就了诸多进退有礼、身以善终的盛德君子，那么，自宋而始，则是乡规民约的兴起和构建期，由此出现了一大批将一家之法、一家之治推及至姓氏、族群之外的乡绅名士。前面论及吕大防推崇赵宋家法之事，如果说吕大防是"推广祖宗家法以进"，那么其兄弟吕大钧则是推广乡规民约以治。吕大钧为嘉祐二年（1057年）进士，曾任三原知县等官，回家后在张载思想的影响下，制作了《吕氏乡约》，提出"德业相励""过失相规""礼俗相交""患难相恤"四大纲目，勾画了一幅以道德建设为中心的全面构筑乡村自治秩序的蓝图。其后经朱熹修订，

1（元）佚名撰《宋史全文》卷27下《宋孝宗八》。
2（元）马端临撰《文献通考》卷201《经籍考二十八·史》故事类"《内治圣鉴》二十卷"条。

编成《增益蓝田吕氏乡约》，成为后世通行的版本。而与《乡约》同刊的《乡仪》还收录了《吕氏乡约》制作过程中吕氏兄弟之间的通信，可以说是"礼俗相交"纲目的补充。《吕氏乡约》《乡仪》所体现的不仅是吕氏兄弟思想的交融，对乡土礼仪的共同关切，更体现了宋以来国家典礼与乡土礼仪、国家礼制与民间礼书的相互影响。而试图沟通公与私、国与家相关礼仪的尚有《温公书仪》《文公家礼》这些集古礼、现行典礼、民间礼书的大成之作。得益于此后统治者对理学的推崇和宣扬，以朱熹《文公家礼》为代表的礼书逐渐成为民间礼制乃至明清时期制定国家礼典的参考范本。

南宋末年人谢维新曾云："唐人立国，自太宗闺门之内，自有惭德，而此礼之本已拨矣。先儒有言，唐人大纲不正，所谓纲者，正指礼而言也。惟其初无父子兄弟之纲，是以终唐之世，多受夷狄之祸。虽其间有贞观、显庆之礼，又有开元之礼，厥后又有杜佑参益二百篇之新礼，亦不过文为制度之末，曾何补于唐家之一代哉。五代天地，闭塞不通之时，固无暇责其所谓礼者。惟我本朝治体最纯，家法最正，以仁立国，以儒立教，故太祖即位之后，未遑他务，即其车马临幸、亲赞孔颜一事观之，则其是礼之本。……中兴立国，江左当建绍之初，每事草剏，虽未暇及于是礼，然而拨乱反正，中国之人心复有所宗主，皆是礼相与扶持也。又岂待如秦桧和议既成之后，始定郊庙宫省之制，备礼乐文物之具而后始谓之礼哉？自是以来，袭四宗之缉熙，宣二祖之重光，纪纲制度相为扶持，自三百年以至于千万世，与天地同其久，与日月同其明，与山岳同其高，与河海同其深，皆于是礼之本有信云。"[1] 由此也可言之，赵宋国姓所追求的以"事亲""齐家""教子"为"大经"的"最正"家法，不仅与民间社会所追求、构建的家法族规、乡规民约并无二致，更与以礼为本的治体一脉相通相承。不管是皇家之大典礼大家法，还是民间之士庶礼小家法，皆以礼为本。以礼为本，也正是宋代民间法律规

1（宋）谢维新撰《古今合璧事类备要外集》卷1《典礼门·典礼》。

则体系的最大特色和最大追求，视之作为礼法体系的重要构成实言之不误。

辽金元虽为少数民族政权，然儒学地位非其各自国俗国风可替代，故其时明礼修身持家者不绝，而维持家法乡约者亦有。兹以一二例明之。如金之张暐、张行信、张行简父子，职掌太常、礼部，世称"最明古今礼学"，不仅主持修撰《大金集礼》，其"家法"亦为"士族仪表"[1]。如元郑文嗣一族，于婺州浦江十世同居，"凡二百四十余年，一钱尺帛无敢私"，至大年间曾获得旌表。文嗣殁后，从弟郑大和继主家事，"益严而有恩，家庭中凛如公府，子弟稍有过，颁白者犹鞭之。每遇岁时，大和坐堂上，群从子皆盛衣冠，雁行立左序下，以次进。拜跪奉觞上寿毕，皆肃容拱手，自右趋出，足武相衔，无敢参差者。见者嗟慕，谓有三代遗风。状闻，复其家。部使者余阙为书'东浙第一家'以褒之"。大和其人，"不奉浮屠、老子教，冠昏丧葬，必稽朱熹《家礼》而行执。亲丧，哀甚，三年不御酒肉，子孙从化，皆孝谨。虽尝仕宦，不敢一毫有违家法。诸妇唯事女工，不使预家政。宗族里闾，皆怀之以恩。家畜两马，一出，则一为之不食，人以为孝义所感"，又著有《家范》三卷传世。[2]

明清家法，凡有二指：一如前所提及的，承宋祖宗家法之含义并效法其道，有宝训、实录等大经大法为载体；二为民间之家法家礼。明弘治年间太常寺卿潘府曾云："冠婚丧祭，家法之本也。"[3]故而朝堂之上推崇理学，朱子《家礼》不仅为《大明集礼》《大清通礼》所取，更为明清《会典》采摘，成为取士之途和施行之制。江湖之中，折中朱子《家礼》《集礼》《通礼》《会典》之规，成为持家护乡和修身养性之道，其成书刊刻活用于人伦日常者多不胜书。凡此，在本章礼典、律（令）典与会典体系部分均有所交代和举证。而随着明清印刷业之兴，大量族谱宗谱乃至地方志、史志得以流布，当

1 《金史》卷 106《张暐传》。

2 参见《元史》卷 197《孝友传》。

3 （明）黄宗羲编《明儒学案》卷 46《诸儒学案上四·太常潘南山先生府》。

中所存家法族规、乡规民约则不一而足。与之同时，经济发展昌盛，商业活动频繁，不仅催生了诸多商业团体和行业组织，也促使这些行业、团体出台相应行规以维护行业、团体间的交易、合作秩序，解决矛盾纠纷。

（三）以少数民族法律规则为代表的民间法律规则体系

中华法系是以中华文化为基础逐步形成的，是我国古代各民族智慧和文化融合的结晶，儒法等诸子百家、道教和释教文化，以及包括少数民族思想家在内的许多政治家、思想家，都为筑构中华法系做出了贡献。在我国历史上少数民族贵族集团建立的王朝，如南北朝、五代时期的有关王朝及辽、西夏、金、元、清等朝所构建的法律制度，其本民族的风俗、习惯即有机会进入国家立法的层面，并进入礼典或律（令）典与会典体系，也是中华法系的有机的组成部分。这些少数民族所建立王朝的法制，大多经历了本民族习惯法与汉法的融合过程。这些少数民族在建立相应的王朝前或王朝灭亡之后，就如同历史其他未建立王朝的少数民族或中央政权还不能完全控制的少数民族地区一样，采取由少数民族首领根据民族习惯和自行制定的法规进行管理，这些民族习惯和自行制定的法规仍然属于一般意义上的少数民族法律规则。此外，历代中央政府都曾对管辖或归附朝廷的藩属地区的少数民族进行相应的立法，虽然如前文界定的地方法律规范有重合之处，但其通行的地域和适用的对象，都具有针对性和特殊性，因此，我们将这些立法规范归为少数民族法律规则。

历代汉族统治者受"和合"价值观的支配，对各少数民族的政治态度和文化政策采取"和而不同"的策略。先秦儒家提倡："用夏变夷"[1]，就是用"诗书礼乐"、伦理纲常去变革、同化各民族的文化结构，而不是使用武力征服的手段。具体到对民族习惯法，也不是一概禁绝，而是让其按自己的"民情土俗"进行自治，逐渐接受国家法的精神，避免"一刀切"的做

1《孟子·滕文公上》："吾闻用夏变夷者，未闻变于夷者。"

法。《周礼·王制》称这种法制政策为"修其教不易其俗，齐其政不易其宜"。《汉书》谓为"以其故俗治"[1]。《后汉书》称之为"临事制宜，略依其俗"，"防其大故，忍其小过"[2]。但受华夏中心观念之影响，在唐前史书当中，仍然可以找到很多少数民族政权"法制同于中国"的记载。国家制定法与民族习惯法并举分治，如果在以前还只是一种政策，到隋唐时期，则固定为明确的法制原则，得到法律的确认。《唐律疏议·名例》篇有"化外人相犯"专条，提到"各依本俗法"[3]。疏议解释说："化外人，谓蕃夷之国，别立君长，各有风俗，制法不同。其有同类自相犯者，须同本国之制，依其俗法断之。"这一原则，适用于外国人，也适用于臣服于唐朝的少数民族政权，各地方政府下辖的少数民族，也可参照执行。民族地区"各依本俗法"治理的原则，是和唐朝在民族地区的行政建置相匹配的。当时以至后来的两宋，在民族地区设羁縻州，羁縻州上设都督府或都护府，以区别于汉族地区的州县和州县之上"道"的行政区划。"羁縻"的实质就是对少数民族不必像对汉族一样进行十分严格的控制，在羁縻区域，由各族酋豪担任刺史或都督，可以子孙世袭，在军事上必须服从中央政府的调配，其他方面则享有自主权，主要包括行政、财政、司法方面的自主权，所谓"贡赋版籍，多不上户部"[4]。其在司法上的自主权就是运用"本俗法"审断案件，不必统一执行朝廷的律、令、格、式。统治者对民族地区自身的特殊性，如地理环境、民族传统、风俗习惯、经济状况等已给予了一定的考虑与重视，体现在法文化史上，统治阶级愿意承认羌族既有的习惯法文化，让其在保留自身文化传统的前提下，尽最大努力接受国法文化的熏染，此即史载的"然声教所暨，皆边州都督、都护所领，著于令式"[5]，令式是唐朝的法律形式，就是要求羌区的法制宣传和道

---

1 《汉书》卷 42《食货志》。
2 《后汉书》卷 87《西羌传》。
3 《唐律疏议·名例》。
4 《新唐书》卷 43《地理志》。
5 《新唐书》卷 43《地理志》。

德教化尽量与国家法令趋于一致，羁縻政策的实施，是汉族统治阶级在处理国家法与羌族习惯法问题上的初步成功，也可以将其视为汉以来数百年经验总结的结果。宋太宗曾问党项羌人领袖李继捧怎样才能更好地统治羌民，李继捧答道："羌人鸷捍，但羁縻而已，非能制也"[1]，可谓画龙点睛之论。由此，形成了民族习惯法与国家制定法多元共存的"诸法和合"格局。

　　元、明、清三朝，在民族地区推行"土司"制，民族习惯法与国家制定法多元共存的格局沿袭不改。统治者在民族地区推行土司制度，即用分封的方式以民族首领、酋豪充当地方官吏，对本部落或本地区进行世袭统治，元朝在今四川雅安地区西部和甘孜州东部的羌区置碉门、鱼通、黎雅、长河西、宁远等处宣抚司，明朝"踵元故事"[2]，在民族地区全面推行土司制度，清朝沿袭之。土司制度较之唐宋羁縻州更为完备，土司与中央王朝的隶属关系更加密切，因为土司区内的财、法事务须服从中央的统一安排，而羁縻州的贡赋版籍，可以不上报户部，土司"分别司郡州县，额以赋役，听我驱调，而法始备矣"[3]。这一时期，民族习惯法与国家制定法的关系表现为，国家对民族事务的调控能尽量考虑其习惯法，民族习惯法则通过土司的"土规""土律"得以集中体现，虽为国法所容忍，但有涉国家安全和政权稳固等大的方面，土规土法不能与制定法的精神原则相违背。

　　自明中后期开始，中央政府逐渐废除世袭的土司制，代之以封建王朝州县流官直接进行统治，史称"改土归流"。对羌区实行"改土归流"政策的过程中，国家制定法在民族地区的推行力度一步步加强，民族习惯法的适用空间和运用频率受到强力挤压。如《理番厅志》记载，清朝对土屯中的一些落后的习惯法行为不予认可，孟董"屯中每有因细故抄家、丢河等事，实系恶习，尤属大干法纪"，同治四年（1865年）清廷定《善后章程》二十条，

1《宋史》卷485《外国一·夏国上》。
2《明史》卷310《四川土司传》。
3《明史》卷310《四川土司传》。

对上述妨害国家制定法、大干法纪的行为厉行禁止，"嗣后如有口角争斗等事，应凭人论理，倘不能了息，再行控官申理，不准抄家、丢河，违者尽法处治"，其余民、刑案件，屯官不得私自受理，应由地方官依国法论断，"屯弁不得滥用民词，一概不准滥行擅受，如有违，斥革究办。其婚姻、田土、命盗正案，均归地方官办理。永为定例"。民、刑诉讼程序亦依国家制定法的规则，"五屯凡遇公事及控告案件，必须由地方文武层次转禀，如地方官不理，方准层次禀控，不得遽行越诉，以符定例"。

自"改土归流"以来，国家在民族地区相继推行抚夷、土夷制、里甲、团甲制和保甲制，统治者推行国家政策法令的措施愈来愈有力，相应地，习惯法在少数民族生活中的运用受到限制，适用范围逐渐变窄，制定法在少数民族生活中的适用空间得以拓展，两者间的文化交流和冲突是剧烈的；但是，在这一文化整合过程中，国家法尚未取得瓦解和压倒习惯法的绝对优越，它在少数民族地区的施行运用仍然受到地方民间知识系统的排斥和阻碍，以致民国政府无奈间发出"诸多政令，碍难切实推动"[1]的感叹。相应地，习惯法在民间的运用仍然具有普遍性，其所维系的乡土秩序格局与历史形态相比较，虽有局部改变，但本质未变，正如一则形容少数民族酋豪的资料所描绘："百年以来，一家授受，发号施令，征役纳粮，甚至妄立刑法……固俨然百里之王"[2]，自治、自足、自闭的特色依然。

第四节 法治时代：清末法制改革以来

1840 年鸦片战争爆发后，西方列强用洋枪洋炮打开了中国的国门，中西文化发生了强烈的碰撞。当时的文人士大夫只承认西方的物质文明强于中

---

1 重庆中国银行编《川边季刊》第 2 卷，第 2 期，重庆中国银行，1936，第 227 页。
2 川康边政设计委员会编纂《川康边政资料辑要·茂县概况》，军事委员会委员长成都行营，1940，第 5 页。

国，所以要"师夷长技以制夷"，学习他们的先进技术，但在文化上并不承认西方文化比中国文化有优越性；在法律制度上，更是坚守"祖宗之法不可变"的信条。直到八国联军侵华之后，统治者开始认识到西学，特别是"西法"的先进性，从而谋求政治、经济、法律方面的图强自新。中国开始持续不断地移植大陆法系和英美法系的法律制度、法律条款、法律理念、法律价值。1902 年清政府发布上谕，决定进行法制改革。1904 年成立法律修订馆，负责拟定新的法律，到 1911 年，仿照西方大陆法系的法制框架，制定了《大清新刑律》《大清民律草案》《大清商律草案》《大清刑事诉讼律草案》《大清民事诉讼律草案》等，新的法律体系初步形成。到南京国民政府时期，形成了六法体系，包括宪法、民法、刑法、行政法、刑事诉讼法与民事诉讼法。在国家制定法的层面上，中国开始进入法治时代（这里所说的法治时代，并非说清末、民国就已经进入法治社会，而是说自清末以来到今天这一百多年，中国在法律制度建设上一直在向这个方向努力），中华法系在中国大陆走向衰亡并退出历史舞台。

在清末的法制改革中，如何认识和对待传统旧法和引进西方新法，围绕着《大清新刑律草案》和《大清刑事民事诉讼法》人们展开了激烈争论，形成两大阵营：礼教派和法理派。前者以"中学为体、西学为用"，力图在不触动传统法律核心的前提下，有限地移植西方法律制度，用来弥补自身的不足；后者坚决主张采用西方的法律理念和法律原则，重构法律体系。此即学界所谓的"礼法之争"。双方的争论不单纯是新旧法律的律令、技术和条文，焦点是作为法律制度基础的法理之争，凸显了东西方法律理念的冲突。"礼法之争表面上是清王朝内部对《刑事民事诉讼法》特别是《大清新刑律》的立法指导思想的争论，实质上是清末整个修律指导思想的一次大争论，也是中西法律文化的大冲突。"[1]在洋务派、改良派、革命派以及无政府主义者那

---

[1] 李贵连主编《中国法律思想史》，北京大学出版社，1999，第 367 页。

里，争议最大的是如何对待传统的问题。比如，洋务派的代表人物张之洞在
《劝学篇》中极力主张"中体西用"，法律变革需以不触动传统的根脉为限
度，主张维护三纲，反对民权平等，主张整顿中法、采用西法。"变法"是
必要的，但不能抛弃传统。"中体西用"并非拒斥西学，而是要注重不要丢
掉自身的千年传统。在这个意义上，以张之洞为代表的晚期洋务派绝非"极
端反动的"守旧派，这场论争实际上触及了文化的核心问题：在新时代，还
要不要为传统保留一点存在的空间？如果基于一个长时段的视野审视，这种
观点在主张全盘西化、彻底摧毁旧传统的时代，显然是理性、审慎的。在对
待中学西学、中法西法的问题上，"今欲强中国，存中学，则不得不讲西学"。
但是，"今之学者，必先通经以明我中国先圣先师立教之旨，考史以识我中
国历代之治乱、九州之风土，涉猎子集以通我中国之学术文章，然后择西学
之可以补吾缺者用之，西政之可以起吾疾者取之"[1]。以沈家本为代表的修律
派更注重法律理念的变革，通过引进西方法律和法学，为推进传统法律的演
进作出了重要贡献。作为近代大法家的沈家本，不仅仅主张按照西方模式修
律，更为注重的是法律思想、法律原理、原则和功能、立法原则以及法律学
术和法律教育的变革。"法者，天下之程式，万事之仪表也。""律为万事之
根本，刑律其一端耳，今则法律之专名矣。"[2]沈家本坚持"会通中西"的法
律变革观，"当此法治时代，若但征之今而不考之古，但推崇西法而不探讨
中法，则法学不全，又安能会而通之以推行于世"[3]。沈家本先后主持制定了
《大清新刑律》《大清刑事诉讼律草案》《大清民事诉讼律草案》《大清民律草
案》等，这些并没有实际施行的法律，奠定了近代法律体系的框架，开启了
法律史的新时代。

    著名社会学家费孝通先生在其《乡土中国生育制度》一书中曾记录了一

1（清）张之洞撰《劝学篇·内篇·循序第七》。

2（清）沈家本撰《历代刑法考》，中华书局，1985，第810页。

3（清）沈家本撰《历代刑法考》，中华书局，1985，第2223页。

个案例：20 世纪 40 年代，一位兼司法官的县长遇到了一桩棘手的案件。某甲的老婆与某乙通奸。某甲知道后，把某乙打伤。结果某乙跑到县衙门状告某甲犯了伤害罪。某甲的行为合理不合法，某乙的行为合法不合理，使得这位县长不知如何处理此案，于是向费先生请教。费先生不免感叹："现行的司法制度在乡间发生了很特殊的副作用，它破坏了原有的礼治秩序，但并不能有效地建立起法治秩序。法治秩序的建立不能单靠制定若干法律条文和设立若干法庭，重要的还得要看人民怎么去应用这些设备。更进一步，在社会结构和思想观念上还得先有一番改革。如果在这些方面不加以改革，单把法律和法庭推行下乡，结果法治秩序的好处未得，而破坏礼治秩序的弊病却已先发生了。"法治秩序的好处未得，破坏礼治秩序的弊病却已先发生了，这无疑是清末法律改制之后，中国社会普遍存在的图景。而作为基层的治理者，这位两难的县长其实早已经参透这种"好处"和"弊病"："如果是善良的乡下人，自己知道做了坏事绝不会到衙门里来的。这些凭借一点法律知识的败类，却会在乡间为非作恶起来，法律还要去保护他。"[1]这不得不让同时代的人反思，既然引进"西法"有着先进性，为何其规定会和老百姓的情理观有天壤之别？窃以为，这种天壤之别，即是由礼治转向法治之后带来的一种必然的变化。

在礼法时代，道德与法律是合二为一的。清末法制改革以来，人们认为这种治理模式加大了法律的打击面，是落后的，应该是道德的问题归道德约束，法律的问题则归法律管辖，二者需要分而治之，彼此之间有着不可逾越的分水岭。在礼法时代，"和奸"（通奸）即是犯罪。唐律规定男女双方各判一年半徒刑[2]，明清时甚至规定，当场捉奸杀死奸夫淫妇的，不追究责任。[3]

1　费孝通：《乡土中国生育制度》，北京大学出版社，1998，第 58 页。
2　《唐律疏议·杂律》："诸奸者，徒一年半；有夫者，徒二年。"
3　《大清律例·刑律·人命·杀死奸夫》："凡妻、妾与人奸通，而（本夫）于奸所亲获奸夫、奸妇，登时杀死者，勿论。"

清末改革时，人们认为，和奸问题，欧洲法律并无治罪之文。这种事情有关风化，不应该由法律来管，要从法律中剔除出去。从此以后，这样的问题就变成了道德问题，法律不再进行规定。由礼法合治转向德法分治，确实有利于自由、人权得到更大范围的保障，代表了世界先进的法治文明，但从这一百余年的实践来看，这种转变也存在一些不如人意的地方。回到费孝通先生所讲述的那个案例，我们可以想象出另一番图景：奸夫某乙勾引某甲的老婆，某甲将其打伤，按照老百姓的情理观是合理的，但法律上规定，打伤人要构成伤害罪。反之，某乙的行为虽然缺德，但并不违法，更不是犯罪。干了坏事，还绝对不会受到法律的惩罚，这无疑是道德与法律分治所产生的"绝对的依法缺德主义"。可见，某些道德规范如果没有法律的支持，个别人可能就会不再惧怕舆论的谴责而变得毫无廉耻，突破道德底线。

在礼法时代，凡是违犯国家法律的行为，一概统称"犯法"，都要用刑罚来制裁，这是一种"以刑统法"的治理形态，即用刑罚的方法来统率、调整所有的法律。清末法制改革以来，在法律体系内部分部门设置法律，于是有民法、刑法、行政法以及与之相应的各种诉讼法，各种法典是单独设立的。违反民事法律的行为，称之为"民事违法"，用民事责任方式来调整；违反行政法律的行为，称之为"行政违法"，用行政责任方式来调整；只有违反了刑事法律并达到三性——社会危害性、刑事违法性、应受刑罚惩罚性——的行为，才能称之为犯罪，才能用刑罚来制裁。由以刑统法转向分部门设置法律，这使得法律的分工越来越明确，立法技术也越来越精细，这是符合世界潮流的，有着重要的积极意义。但在这一百年来的实践中，也产生了一些不良的社会效果。有的行为，虽然违法，但不一定构成犯罪。如欠他人货款，如果不按约定支付，在礼治时代则属于犯罪，法治时代则称之为违法，法律后果仅仅返还财产、支付违约金。有些人不免觉着这样的制裁根本没有惩罚性，就会故意欠账赖账，不守诚信的行为就越来越多。这就是在民事法律与刑事法律之间钻营漏洞。这种自认为付出的违法成本低、得到的收益高，而去铤而走险的，无疑是道德与法律分治所产生的"相对的依法缺德主义"。

中国数千年法治文明，经历了从礼刑—法律—礼法—法治这四个大的阶段。凡是抛弃民族自身的历史文化传统的时代，法制建设就会出现大的问题，秦朝只讲以法治国，不讲道德教化，最后落得二世而亡。自儒家法思想在汉代开始成为官方的意识形态，并作为法律价值的指导，中华法系开始了法律儒家化的进程，经过魏晋、南北朝，到隋唐的时候最终成型并为宋元明清所延续；同时也影响了整个东亚文化圈，后来逐渐影响到日本、朝鲜、越南等国家。近代以来，中华法系"礼法合治""德主刑辅"的传统被逐步抛弃，作为历史的"道德"不管是从表现形式还是从精神内容，都被冠上封建糟粕的头衔而与法治精神不可兼容互补，从而在各类法律和各种法律条文中消失，无法对近代法治构建发挥出应有的作用。其实，早在百多年前中华法系消亡的历史关头就已经有人提出，要尊重传统法中的"良法美意"，珍惜中华优秀传统法律文化对当代法治的文化滋养，不要一概抹杀中国古代政制法律传统。正如孙中山先生所言："宪法者，为中国民族历史风俗习惯所必需之法。三权为欧美所需要，故三权风行欧美；五权为中国所需要，故独有于中国。诸君先当知为中国人，中国人不能为欧美人，犹欧美人不能为中国人，宪法亦犹是也。适于民情国史，适于数千年之国与民，即一国千古不变之宪法。吾不过增益中国数千年来所能、欧美所不能者，为吾国独有之宪法。如诸君言欧美所无，中国即不能损益，中国立宪何不将欧美任一国之宪法抄来一通，曰孟德斯鸠所定，不能增损者也！""欧美、日本留学生如此，其故在不研究中国历史风俗民情，奉欧美为至上。他日引欧美以乱中国，其此辈贱中国书之人也。"[1]

---

1 孙中山：《与刘成禺的谈话》，《孙中山全集》第 1 卷，中华书局，1981，第 444 页。

　　凡是注重历史文化传统的时代，法制建设就能健康发展。汉唐到清朝，引礼入法，注重道德与法律的有机结合，造就了一个又一个盛世。若以现代法治的标准来衡量汉以来的礼法之治，其在整体上无疑属于人治的范畴，但也蕴含着许多法治的合理内核。中华优秀传统法律文化中所蕴含的"良法善治"仍然是现代法治可以汲取的文化营养。习近平总书记在党的二十大报告中指出："弘扬社会主义法治精神，传承中华优秀传统法律文化"，习近平法治思想的历史意义就在于其成功实现了中华优秀传统法律文化的创造性转化、创新性发展，在习近平法治思想的指导下，我们的法治建设上一定能做到继往开来，走向新的辉煌！

第三章
重新认识中华法系的精神特质

中华法系乃礼法法系，以礼法为其精神灵魂、价值统率。礼法既是贯穿整个中华法系的活的灵魂，又是支撑中华法系良好运转的具体制度规范。礼法传统源远流长，是中华法系区别于并世其他法系的本质特征。[1]

古籍载有所谓"经礼三百，曲礼三千"[2]之说。这说明，自上古三代开始，礼法规范就已具有相当规模。逮于后世，礼法体系更加丰富充实。由三代之礼又生发出礼仪典章、律令法典、民间礼俗规约，如此等等，不一而足。然而，正由于此，礼法规范显得日益庞然杂成，枝条芜蔓，林林总总，虽自成体系，终至"宪令稍增，科条无限"[3]，几乎可以演化出恒河沙数般漫无边际的规范形式。面对如此博大精深、深不可测的法治文明，想来古今不明就里之人定会如坠迷雾，茫然迷惑，乃至徒然兴叹，望而却步。然而若能跳出局部具体的条文框架，直指礼法精神最核心的价值观念，却可以轻松跳出这种茫然不知所措的规范困境。如此则可收执一统万、触类旁通、豁然开朗的神奇效果。古人云："道生一，一生二，二生三，三生万物。"[4]欲穷究万物若不可得，则不如弃末逐本，追根溯源，觅其所以生发滋育的根本之道。

---

1 参见俞荣根：《礼法传统与中华法系》（中国民主法制出版社，2016），俞荣根、秦涛：《律令体制抑或礼法体制？——重新认识中国古代法》（《法律科学》2018 年第 1 期）。

2 《礼记·礼器》。

3 《汉书》卷 23《刑法志》。

4 《道德经》第 42 章。

有子曰："君子务本，本立而道生。"[1]凡事皆可自其根本处窥得门径、切中肯綮。一旦掌握根本，即可统揽全局，识其大体，一通百通，了无窒碍。

中华法系之精神即礼法之精神，中华法系之特质亦即礼法之特质。纵有千般变化，各路神通，仍不离其根本。正所谓"万变不离其宗"。然则礼法精神不变之宗为何？古往今来或有各家解说，本书此处亦仅略加陈述，备为一说。以笔者浅见，概而言之或以八字为要，曰：仁、礼、孝、忠、信、义、廉、让。循其义理，又可划分出四对概念，作为礼法精神之四大层次。其中，仁、礼相为表里，孝、忠互为倚仗，信、义彼此制约，廉、让自相转化。粗略言之，此八字要义、四对概念，亦可谓中华法系、礼法法系之核心价值观。

第一节　以"仁—礼"架构为基础逻辑

中国文化在近代以前是一脉相承、与时俱进的独立系统。在有史可考的时间空间内，酝酿出自为自足的三大传统：王道大一统的政治传统，仁内礼外的伦理传统和天人合一的自然主义传统。[2]这些是中国成其为中国的文化特性。中国传统礼法大体上也正源于此三大传统体系。

所谓"礼法"，描述的不是礼与法的关系问题，而是一个完整的法律概念。其意乃在于强调以礼为法、礼即是法、以礼统法、非礼无法。俞荣根先生说："它既是最高法、正义法，统率各种国家法律、地方法规和家族规范，也是具体法、有效法、实施中的法。"[3]故而礼法在中华法系中居于"致广大

1《论语·学而》。

2 自然主义精神实自中国远古就有渊源。"天""道""阴阳"等概念自古就是中国人思想世界中的关键词汇。其中每一个概念背后都有自然的影子。吕思勉就曾坚认自然主义为先秦诸子之源。（参见《先秦学术概论》，东方出版社，1996，第5-10页。）从道家的"道法自然"观念，到阴阳五行之术在中国的流行，再到后来"谶纬""天理"这些术语的出世与盛行，无不渗透着中国的暗底下的黄老气质。

3 俞荣根：《法治中国视阈下中华礼法传统之价值》，《孔学堂》2015年第2期。

而尽精微"[1]的特殊地位，囊括天地，无所不包。

当礼法还处于原始阶段时，与世界其他地方相似的，我们的远古先民在自然秩序的暗示与引导下逐渐形成了效法自然的法观念。因为"思维本身不是别的，它是模仿及其后果"[2]。古人尝言"上善若水"[3]，"天尊地卑，乾坤定矣"[4]。这恰好体现出中国人对自然暗示的揣测心理和模仿思维。在最初的社会国家生活中，一直提倡的是"国之大事，在祀与戎"[5]。在最早的战争与祭祀过程中，产生了最原始的礼制规范体系。据传世文献所载，夏有"夏礼"，商有"殷礼"。然而在"有夏服天命"[6]"天命玄鸟，将而生商"[7]的天神观念下，夏商时代的礼法终究还停留在迷信主义的蒙昧状态中。而礼法传统中效法自然、天人合一等观念，一直延绵至今。

早慧的中国先民具有极强的现世主义精神，虽然在特定范围内形成了獬豸断狱之类的"神判"传说，但在整体文化和制度层面上始终没有滑入宗教社会，导向宗教国家。伟大的西周政治家周公在"以殷为鉴"的政治理论方针指引下，有意识地进行全新思想理论的构建活动，率先提出"皇天无亲，惟德是辅"[8]的理性主义文化宣言，从而一举打破夏商以来的天命、天罚观念，将天的意志放在虚幻、架空的玄远位置之上，以人的理性判断和道德观念作为行动的合法根据。尽管这种新理论起初只是为了证明"武王革命"及其产物周政权的合法性，但却在客观上将中国文化的发展方向引入广阔的世俗生活领域。再进一步，他提出了"明德慎罚"这一带有强烈现实精神和理性色彩的礼法原则，并在实践中贯彻这一原则，开展伟大的"制礼作乐"活

1《礼记·中庸》。
2 江山：《中国法理念》，山东人民出版社，2000，第119页。
3《道德经》第8章。
4《周易·系辞》。
5《左传·成公十三年》。
6《尚书·召诰》。
7《诗经·商颂·玄鸟》。
8《尚书·蔡仲之命》。

动，一举奠定了中国三千年来礼法传统之根基。

周公之礼数量繁巨，体系庞大。然而，夏商以来直到周公为止，中国礼法还存在一个较为关键的问题，那就是，它终究还只停留在外在规范形式的阶段，而其内在深层的价值观念仍未得到有效开掘和发扬。正是这种天然的缺陷，使得礼法的约束力和权威性始终依赖于世俗国家权力的强力支撑。如果世俗国家权力衰微，自上而下的约束就会变得松弛，以至于徒具虚名，难以为继。这就是东周以后礼坏乐崩、天下大乱的制度根源。

晚于周公五百年的孔子生活在一个混乱的时代。周礼面对政治权欲、列国竞争和社会事务的极端化爆发表现出束手无策的无奈，于是有人主张抛弃礼法的虚名，有人则努力寻求强制有效的刑律规范。子贡提出废止告朔的饩羊，墨子反对厚葬奢侈，其理由皆由于此。商鞅、韩非捡起夏商《禹刑》《汤刑》的传统，纯任刑杀，正是抛弃礼法转而求诸刑律的表现。但是孔子的思想进路与众不同，他所主张的是内在主义解决方案，倡导世人克己复礼，引导天下归仁，以求重整中国文化秩序。他认识到要求人遵守礼法首先必须先让人们恢复仁人之心。仁人之心是实行礼法之治的前提和基础。正由于其如此重要，所以孔子才强调说："人而不仁，如礼何？"[1]孔子的用意在于，以人本主义和伦理主义的儒家仁学弥补单纯依赖国家政权来推行礼法的政治单一化缺陷。此人本主义和伦理主义的根本策源即发自人心之"仁"。到孔子这里，礼法最为核心的根基才首次被中国人所发现、认知和强调。

孔子以前无人重视此"仁"之意，至孔子之时方才注意把它发扬光大。若依上古先圣制礼作乐之意，则礼法为先，"仁"字实乃一个后出的概念。然而三代礼法之治着实仰赖于礼法之外的神权观念与国家政权。这种过度依赖外在要素的运行模式，使得礼法体系自始就处在一种不能独立运行的状态中，这在一时或许可以勉强应付，然而却不足以保障其能长久。到东周时

1《论语·八佾》。

期，天子权威衰落，礼乐征伐自诸侯出，礼坏乐崩，礼法失灵。面对此种状况，孔子经过深入思考和长期摸索，终于认识到其中的病根所在。于是他深入揭示礼法背后的人性规律与人心向背，开始发掘并提倡"仁"的建设性价值。在孔子看来，人须先有仁心，而后方会尊礼而行。反过来看，人若能真正拥有仁心，就可以自觉遵行礼法，而不必仅仅依赖外在权力强制推行。以仁为里，以礼为表，此乃礼法运行之基本逻辑，也是人心从善之一般规律。无论何种制度规范，对此如有悖逆则必然行之不远。

虽然先秦"儒法之争"以法家领先一时而告一段落，而后中国历史的演进却显示了儒家仁礼思想超越时空的生命力，孔、孟、荀三位儒学先师的思想主张不断被后人发掘、拓展、贯彻、落实。历经自汉至唐七百年轰轰烈烈的引礼入法、礼法结合，并将之与王道大一统的政治传统紧密结合，由上至下贯彻礼法精神，最终确定了以儒家思想为内核的伦理化、人身化、人文化、人道化的礼法文化体系。而其所有这些外在表征，则始终紧密围绕着一个"仁"字。以之为内在依托，中华礼法传统自汉唐以来，绵延千年，横贯东亚，创造了中国古代社会良法善治的不朽辉煌。职是之故，今日才特有必要对此加以申述，以备社会贤达聊作参考。

一、人的本质在于仁人之心

人之所以成其为人，原因绝不仅止于某些生理特征，还要以其社会属性的某些特质作为标准加以考量和分析。在先秦儒家学者看来，这个可以界定人的本质标准就是"仁"。《礼记·中庸》载孔子之言曰："仁者，人也。"拥有仁心者便可谓之为人。《孟子·告子上》曰："仁，人心也。""仁"是人心的本质规定。这种强调仁心为人之所以为人的标准的孔孟"仁道"，被后世学者高度评价，认为是"人的发现"[1]。因此我们可以说，先秦儒家所谓仁人

---

1 郭沫若：《十批判书》，东方出版社，1996，第91页。

之心，是对人性本质最有力的探讨。仁道之学亦成为后世中华法系礼法传统之人性理论基础。

（一）仁人之心的两种状态

孔子率先提出"仁"的概念并加以反复强调，但并未给这个概念下过完整定义。从表面上来看，他总是支离破碎或者啰里啰唆地用不同的词汇描述着这个语义模糊的概念。尽管他与弟子的对话讨论经常提及"仁"，仅《论语》中"仁"字就出现达 109 次之多；但是每当有学生求教"仁"为何物时，孔夫子每次的含义诠释和举例解释，其具体所指又都不尽相同。之所以会有此情况发生，大概有两种原因：其一，孔夫子虽然已经隐隐意识到"仁"之重要，对"仁"也有一定深刻的思考和整体的直觉，然而在当时并未形成一个系统的解释话语体系。其对"仁"的思考与构建尚处于一个"知其然不知其所以然"的阶段，故而无法对其进行规范统一的解说。其二，或许由于"仁"之内涵、外延实在无法用语言加以界定，恰似于水，具有通灵百变之特性，故而难于用语言进行抽象描述，而只能在特定情境下以具象进行个别阐释。而每次师生对话中，孔子与其弟子所处的场景和所面对的问题侧重点又都有所不同，因而在出于解决具体疑问的目的而进行的回答中，孔子没有必要也没有可能对"仁"的整体概念进行通盘解读。

然而无论出于何种原因，"仁"的含义自始至终都没有形成权威性界定，长期处于"只可意会，不可言传"的状态，以至于直到今天，学者对"仁"概念的内涵和外延，仍是仁者见仁，智者见智。20 世纪，冯友兰先生曾用"全德之名"概念来讨论孔子仁之范畴，认为仁是统率其他各种道德概念的一个总概念，忠、孝、节、义、悌、温、良、恭、俭、让，如此等等的道德美称，全都包含在"仁"的概念范畴之中。忠就是君臣关系中体现出来的仁，孝就是父子关系中体现出来的仁，依此类推。他说：《论语》中亦常以仁为人之全德之代名词……惟仁亦为全德之名，故孔子常以之统摄诸德。"[1]张岱年先生对此却有着不一样的理解。他不同意仁为"全德之名"的提法，并且认为："仁兼涵诸德，如忠、恕、礼、恭、敬、勇等。但仁非全德之名。所谓全德之名，即诸德之总称。而仁非德之总称，其本身亦自为一德。不过是最高的德，所以兼涵诸德。"[2]若按照这样的逻辑层次来理解，张岱年先生的理解也不无道理。

当然，尽管存在诸如冯、张之间具体理解的分歧，然而各种不同的主张实则大同而小异，故此种状况并不足以妨碍我们今天对"仁"进行大致清晰的梳理。

东汉许慎作为一代经学大师，在注释汉字方面历来都有较大的权威。其《说文·人部》曰："仁，亲也，从人二。"此说可谓言简意赅，切中要害，指出"仁"的表征往往反映于人际交往之中。段玉裁《说文解字注》进一步阐释其说曰："独则无耦，耦则相亲，故其字从人二。"仁，首先发端于亲缘情感之中，进而推演至与人相处之外在表征。就其内涵而言，源自一种近乎本能的与同类之间的亲近感；就其外在表征而言，则表现为与人相处时种种亲近的言行举止和容貌心态。以此观之，则许、段之说，仍旧只是停留于外在具象之中，而未能深入触及"仁"的实质内核。然而外在言行可观，内在心性难测，故而欲知某人仁或不仁，仍须从外部观察方可得知。正如清儒阮元所说："凡仁，必于身所行者验之而始见，亦必有二人而仁乃见。若一人闭户斋居，瞑目静坐，虽有德理在心，终不得指为圣门所谓之仁矣。"[3]此即所谓"诚于中，形于外"[4]，观乎其表可知其里，根据某人与他人交往时所表现出来的具体德行面貌，就可以大体上推测出其是否具有仁人之心。如此看

---

1 冯友兰：《中国哲学史》上册，中华书局，1961，第101页。

2 张岱年：《中国哲学史大纲》，中国社会科学出版社，1982，第261页。

3（清）阮元撰《揅经室集》1集卷8《论语论仁论》。

4《礼记·大学》。

来，则据许、段之说，仁人之心亦可得而论之。概而言之，仁人之心即可谓将心比心，推己及人。此又可从两方面加以阐发、理解。

一方面，仁人之心当为一种推己及人的不忍人之心，此为其低端形态。

所谓"己所不欲，勿施于人"，究其字面意思言之，即不以自己所不情愿遇到之事强加给别人。在与学生讨论"仁"的时候，孔子曾不止一次提到"己所不欲，勿施于人"这八个字。可见，在儒家看来，此八字实乃处理人际关系之首要原则与基本准则。

若论这八个字的含义，字面理解自然不成问题，然而欲明其内在义理，当深入体会其逻辑构造与推理思路。自己平生所不愿受到的待遇，亦不会在与人交往之中强加于人，人之所以能做到这点，实因该言行背后尚有义理作为支撑。其内在逻辑在于，人人皆可在某种层面上具有同等之心，因而有必要加之以同等待遇。这就是一种潜在的人人平等观念。人有一颗仁人之心，即具有了其之所以为人的关键要点，若以此作为前提，"己所不欲，勿施于人"八字即有坚持和弘扬之必要。在此时，仁人之心当以一点意识作为逻辑起点，亦即人皆平等之观念意识。正由于人皆有七情六欲，皆为母生父养、有血有肉之生命体，故而面对外在世界时当有"人同此心"之身心感受，故当持有勿伤其类之自觉意识。自己遇有伤心之事，当思此事若发生在他人身上，他人亦会伤心。自己遇有高兴之事，当思此事若发生在他人身上，他人亦会高兴。能有如此心念，自会处处为他人着想，事事为他人考量，考虑他人感受，体谅他人难处。故子贡问孔子"有一言而可以终身行之者乎？"[1]孔子当即答以此八字真言，并且用一个字对其进行了更高层次的提炼概括，一言以蔽之曰"恕"。所谓"恕"实际上就蕴含着体谅、理解、推想之意在其中，亦即换位思考，顾及他人。一旦有了这种自觉意识，落实到具体的言行之中，自然就会自觉履行道德义务。甚至于在此时，他自己并不会视之为一

1　《论语·卫灵公》。

种义务，而毋宁说是一种心甘情愿、自得其乐的主动选择。

又一次，仲弓问仁于孔子。孔子答道："出门如见大宾，使民如承大祭。己所不欲，勿施于人。在邦无怨，在家无怨。"[1]在这里，孔子对"仁"的具体要求是，在对待一同行路的人，始终保持彬彬有礼的状态，即便是对普通人、陌生人也要发自内心地视之为贵客，加以必要的尊重和礼遇。而当你作为长官面对普通民众行使职权之时，则要始终庄严郑重，做出每一项决策之时都要保持慎重的心态，整个状态就像是在祭祀一样。在这里，孔子虽然没有提出"己所不欲，勿施于人"八字，但是能够提出这样的具体要求，自然是在遵循"己所不欲，勿施于人"这一基本准则。孔子之所以提出这种要求，正是由于此乃"人同此心，心同此理"之普遍感受。自己如何要求他人，自己应首先如何对待他人。反之就是，自己所不愿意接受的事情，也不会强行加在别人身上。"己所不欲，勿施于人"，就是这样的一个换位思考的行为逻辑。在人际交往中，这种最低限度的尊重，能够带来社会关系的和谐融洽，会换来"在邦无怨，在家无怨"的良好治理效果。

在此基础上，孟子进一步将"己所不欲，勿施于人"表述为"不忍人之心"[2]，对于某种对他人构成伤害的言行，将态度由"不想做"进一步升格为"不忍做"。对于可能害人的事，自己都会觉得心有不忍，因而就会主动放弃而不去做。实际上，这种基于同情心态而选择的"不忍做"较之基于个人感受所选择的"不愿做"，具有某种层面的升华效果。孟子认为人皆有不忍人之心，都有一种发自内心不愿意做残忍之事的心。这种不忍人之心，固然也是一种从负面角度进行换位思考之处事原则，然而他更加强调这种心态和视角不仅来自自己也不愿意遭遇的功利性思考，而且是基于一种人道共识的立场对他人的最大限度的同情心和尊重心。这种同情心和尊重心不见得就源自

---

[1]《论语·颜渊》。
[2]《孟子·公孙丑上》。

某种现实功利的考虑，而更多是一种道德境界的自我升华。正是由于自己把自己视为人类，所以不忍对同类加以伤害，而非仅仅把自己等同于牛马猪狗一类的牲畜而可以肆意胡为。

当然，孟子所倡导的"不忍人之心"概念，特意将负面的行为提炼出来加以强调，是具有极其重要的现实意义的。"己所不欲，勿施于人"就是行为底线。这个底线用今天的话说就是"不害人、不整人"。在物欲横流、人心不古的市场经济时代，尽管法律日益繁密，道德约束却日渐松弛，大量合乎法律而违背道德的现象长期存在。生活在这样的一个时代，如果能够做到"不忍人之心"这一点，可以说已经算得上是莫大功德。

此外，推己及人尚有一更为积极的表现方式。亦即超越"己所不欲，勿施于人"之消极状态，转而为一种"己欲立而立人，己欲达而达人"[1]之积极状态。此种推己及人的方式是将心比心在更高层面上的一种表现。凡事在己看来是为乐事，推及他人也有可能喜乐为之，若果然如此，则尽心辅助其实现。然而这种过于积极的助人为乐行为，需要以确定其为人之所需为前提条件。否则，便只能成为卫懿公好鹤之徒，好心而办坏事了。因此，自己所渴望的"立""达"，当以社会上普遍公认的"人同此心、心同此理"的共识作为一种限度。在决定是否在积极层面上推己及人时，当考虑到他人对此问题的认知，也可以参考社会上一般的理解。这是一个很重要的前提。而一旦此前提问题得以解决，即可以一种积极的心态，凭借自己所取得的"立""达"的优势条件，对他人所追求的"立""达"给予一定程度上的助推，让其在前进的道路上获得正能量的帮助。若果能如此，则可谓具有一颗仁人之心。

另一方面，仁人之心亦可表现为一种慈爱之心，此为其高端形态。

樊迟问仁于孔子，孔子答曰："爱人。"[2]孔子提倡仁者爱人，即认为仁

1《论语·雍也》。

2《论语·颜渊》。

人当有慈爱之心。慈爱之心既是一种内在的心态，也是一种外在的表现。然而无论是内在的心态，还是外在的言行，只要具有慈爱之心，即可谓之仁人。因此，慈爱之心也就是仁爱之心的一种表现形式。这种慈爱之心还是一种不拘泥于亲友的爱，是一种博施广济、推近及远的广泛的爱。所以孔子说："泛爱众而亲仁。"[1] 对社会上的普罗大众都能保持一种广泛的慈爱之心，如此就可以日益接近于"仁"的境界。可见，在孔子生活的时代，慈爱之心就是仁人之心的一个重要组成部分。这在孔子及其弟子中间，是达成一定共识的。

到了战国时代，儒家学者对此共识的认知更加深入。孟子说："君子所以异于人者，以其存心也。君子以仁存心，以礼存心。仁者爱人，有礼者敬人。爱人者，人恒爱之；敬人者，人恒敬之。"[2] 正是由于心中存仁存礼，存有慈爱之心，所以才具有与众不同的独特品行，方可谓之君子。君子心中存有仁人之心、慈爱之心，因此他与普通人有所不同。在孟子看来，这种美德不仅是值得歌颂和赞扬的，而且是具有社会现实意义的。因为仁爱、礼让的言行往往是相互的，以此心对待别人，通常也会得到对方同等的对待。礼尚往来，在彼此互敬互爱的一来一往中，仁爱、礼让的内心情感和外在言行会不断叠加强化，最终形成友好和谐的社会氛围。这种温情脉脉的人际关系，正是儒家所追求的理想社会运行模式。

孟子甚至将此慈爱之心视为"人禽之防"，亦即人与禽兽之间最本质的区别。他说："人之所以异于禽兽者几希。"[3] 人与禽兽之间的差距虽然只有一点点，但正是这一点点差距决定了人与禽兽最根本的区别所在。而这种人与动物之间最根本的差别，同时也正是人之所以为人的本质性规定。这个本质性规定的判断标准，就在于人有仁爱之心、向善之根，而其他动物没有。尽

1《论语·学而》。

2《孟子·离娄下》。

3《孟子·离娄下》。

管身为人类，我们至今都无法确知自己属于天地间最特殊的一个生命类型，但是至少我们自己可以确认自己身为人类应该遵守和履行一些作为人所应该遵守和履行的基本道德义务和社会责任。而这一切都要从内心的仁人之心和慈爱之心说起，这正是一切人类特有行为方式的根本性心理基础。这同时也构成了先秦儒家学派思想中人性论的重要命题。

　　在先秦之后，儒家学派曾先后走上政治化、谶纬神化和玄化的道路，在仁学方面的讨论不再成为议论的主题。直到宋代理学的兴起，理学家开始重新将视野落实在心性之学上，仁人之心和慈爱之心的问题重新得到重视，并且得到了更加哲学化的解读和阐释。例如，南宋朱熹就从体用关系角度对仁心与慈爱之心的关系进行了一种哲学探讨。他指出："仁者，爱之理；爱者，仁之事。仁者，爱之体；爱者，仁之用。"[1] 他的这种解释带有明显的理学家风格，从某种意义上说，也是对先秦孔孟"仁学"的哲学化升华与深刻化拓展。在他看来，仁是本体，是本源，是爱的动力源泉，而爱是体现，是实施，是仁的外化表现。这种将仁、爱进行内外对比的思维模式与宋明理学体用之辨的惯常思路相仿，虽然未必完全符合先秦孔孟"仁学"之本意，与其存在或多或少的解读进路方面的差异，但这种解读至少可以帮助我们进一步理解仁与爱的紧密关系。尽管如此，我们仍要明确知道，仁与爱紧密不可分离，根本无从也没有必要加以界定和区分。爱只是仁人之心的一种高端状态。爱即是仁，仁即是爱。如若非要分出个体用关系的话，二者之间也是即体即用、体用无二的关系。

　　从情感的动态运行方向说，爱是付出，而非回报，更非蕴含交易成分的情感投资，否则便不能称之为爱。故而一个人爱人的能力并不是无穷无尽、可以任意挥霍的，否则便有可能陷入爱无力的痛苦境地。因此，慈爱之心往往因其对象不同，则爱之力度亦自有别。对于自家父母、祖父母，当以孝道

1（宋）黎靖德编《朱子语类》卷20《论语二》。

事之，至诚至勤，全心投入。对于同胞兄长，则当以悌道事之，敬重友善，仰首是瞻。两项合并一处，古人统称之为"孝悌"。这是就家庭内部亲缘关系而言的，属于慈爱的一种典型表现。这种慈爱建基于血缘亲情伦理之上，以父慈子孝、兄友弟恭的双向互负义务为基本表现形式。其主旨在于维护家庭内部和谐有序，使血浓于水的家庭亲情温馨圆满。然而跳出家庭范畴，尚有一种更为高尚的慈爱之心。此即所谓"泛爱"。其针对的对象就不再像孝悌那样仅以家庭尊长为主，而是超越家庭范围，对身边邻里、友朋乃至普通路人保持一种普遍真诚的慈爱之心。有此"泛爱众"之心，即可以渐次趋近于一种高层次的仁人之心。

基于仁人之心的慈爱之心，是一种有差别、有限度的爱。这样张弛有度、进退有据的仁爱之心，自然也非人人生而能行之事，而是需要通过一定的修行和训练方式逐渐为人所熟知和掌握且运用自如的。这个入门的途径早在仁学创立之初，就由其创立者进行了富有远见的理论设计和制度预备。孔子曰："弟子入则孝，出则悌，谨而信，泛爱众，而亲仁。行有余力，则以学文。"[1]在孔子的设计和计划中，年幼子弟居家之时即被教以孝悌、谨信、泛爱众人，此乃逐步接近于仁人之心的一般门径。在这里，慈爱有其远近亲疏之别，由己身推及父母是为孝之爱，由父母推及兄长是为悌之爱，由此又推及友朋乃至普罗大众，是为泛爱众之爱。慈爱之心至此已被推至最大范围和最高状态，然而也是最难之境。孔子由人所最易行的孝悌开始，推而扩大爱之范围至普罗大众，旨在鼓励先易后难，对人所共有之向善之心加以引导培养，使其渐进而达致仁人之心的境界。

对于此递进逻辑，孟子在数百年后更加以形象具体地引申描述。孟子言："老吾老以及人之老，幼吾幼以及人之幼。"[2]俗话说："家有一老，如有

1《论语·学而》。
2《孟子·梁惠王上》。

一宝。"在家庭内部，子孙皆当以孝道侍奉老者，这是自不必多言的。而孝子贤孙如果在路上遇到某位老人，则其在情感上自然会联想到自己家中的老人，进而心甘情愿以侍奉自家老人之心去对待别人家之老人。其之所以会对别家老人有所敬重，乃由于自家也有老人，两者颇有几分相似，故而由爱自家老人转而扩展于爱别家老人，此种爱只是一种情感的联想与迁移，其前提仍为家庭血缘之爱。所以此爱仍是建基于血缘情感之上，进而扩张升华的。只要在家中能够对父母尽到孝道，在社会上尊重其他老人则有了情感上的准备和基础。当能力有余、条件具备、时机恰当之际，则可以向他人伸出友爱之手。当然此时所需要之前提条件较多，实现难度亦较大，故而需要一定的修为。然而无论如何，孔子、孟子都已经为普通大众设计好了先易后难、由简入繁的仁爱之心修行路线，人们只要循着圣人指出的道路努力前进，即可或多或少有所收获。只要走在仁爱之心的路上，这个人就终归是一个大有希望的人、成其为人的人。

由此可见，儒家思想所主张之仁爱乃一种由近及远、由亲及疏的情感表达。若在家中无爱，则在路上亦无爱；若能力有限，则先爱家中人，而后余力再去爱众人。先后顺序说得明白、逻辑层次讲得清晰。此正与墨家"兼爱"思想存在本质区别。因为墨家"兼爱"要求人对身边之人给予普遍无差别的爱，爱人之父等同于爱己之父。这种强调大爱无疆、博善兼施的主张，显然从最初的逻辑起点就与普遍人性不相符合，故而在之后的实行过程中就会越走越远，渐渐偏离客观事实，罔顾人性规律，不能真正长久实施。墨家信徒自己或许可以抱定公心，排除私念，但天下人则断然不会跟着他们去做。因为人既是情感动物，也是功利动物。基于情感需要，必然是血缘情感胜于其他情感；基于功利考虑，也必然不可能不求回报地去向与自己毫无利害关系的人奉献出所谓众生平等的爱。因此兼爱主张虽然讲起来令人心潮澎湃，无限向往，但毕竟违背人之常情，且无现实好处，故而最终只会陷入曲高和寡、"叫好不叫座"的尴尬境地。较之过于理想主义的墨家"兼爱"，务实主义的儒家"仁爱"就显得通达世故，抵近人心，故可施行且行之有效。

（二）仁人之心与人性善恶

先秦儒家认为，仁是人的本质界定，仁人之心是区分人与禽兽的根本差别。若依此逻辑则可以说，有仁人之心者即为完整的人，无仁人之心即为不完整的人。或有或无，社会上之人即可以此为根据而划分为二。然而，这种分类法又与人的生理属性存在一定分歧和冲突。亦即是说，若以仁人之心为分类依据，则社会上会有"是人的人"与"不是人的人"。易言之，即是说有的人生来是人，而有的人生来不是人。这种自相矛盾的说法在逻辑上实在难以说得通。为了摆脱这种形式逻辑上的漏洞，需要对此问题加以解释疏通。其中一个较为流行的解说便是，生来具备生理特征的人类，原本也都生而具有仁人之心。然而有的人在生活成长过程中，由于外在环境的熏染而丧失了自己的仁人之心，变成麻木不仁的行尸走肉，虽然仍具备人的生理特征，却已经不再具有称其为人的心性灵魂。这种说法自先秦儒家开始提出讨论，到宋明理学时形成较为完备的系统哲学观点，经历了漫长和丰富的论证过程。同时，这种理论说法也面对着来自各家学派的质疑与争论，经过了长期的学术争鸣。这就是中国思想史上关于人性本质的讨论。

人性为何？当我们从思想、哲学的角度提出这一问题的时候，实际上是在讨论人的社会属性如何。而在中国传统文化中解答这一问题时，人们更多关心的是以社会道德角度评判人心的是非善恶，亦即人性善恶问题。人性是善是恶，在儒家学者看来，实际上就是仁人之心的得与失的问题。仁人之心从何而来？是否为每个人所有？对此问题，孔孟以至宋明诸儒，大都持有较为积极的看法。

古代童蒙读物《三字经》开篇六字"人之初，性本善"，可谓深入人心，家喻户晓。人生之初，本性如何？是善是恶？抑或无所谓善恶？古往今来对此问题的解答，亦可谓众说纷纭。在先秦时，孟子主张性善论，荀子提出性恶论，告子主张性无善恶论，都是对人性做一个整体、系统式的判断。到了汉代，董仲舒提出性三品论，扬雄提出善恶混杂论，则又是将人性再进行具体分析的产物。较之于前贤论述，这似乎更能令人信服，更符合世俗人对周遭人性现象的客观观察和主观感觉。所以性三品论和善恶混杂论在一个相当长的时间内甚为流行，长期占据主导地位。直到宋代理学兴起以后，理学家们远续孟子绝学，运用新发展出来的理学思维重新解读、阐发孟子的性善论，取得巨大社会认同效应。自此以后，性善论成为中国最具影响的主流人性学说。那么，同是一人心，为何会有如此多样复杂的人性解读？这些不同学说的立论依据又是什么呢？这些解读之间又是否存在殊途同归的内在关联呢？

首先来看孟子的性善论。这种主张可以说代表了儒家思想的主流意见。孟子认为人性本善的根据在于，人性之中有一些不学自通的良知、良能。《孟子·尽心上》曰："人之所不学而能者，其良能也；所不虑而知者，其良知也。"能支持这一观点的例证之一便是，当一个幼童在未接受相关教育时，就知道亲近、爱护自己的父母双亲。等到他逐渐长大成人，他也知道与同胞兄弟姐妹之间保持较好的感情，知道对哥哥或者姐姐有所尊敬。孟子认为，此即所谓不学而能之良能。《孟子·告子上》曰："恻隐之心，人皆有之；羞恶之心，人皆有之；恭敬之心，人皆有之；是非之心，人皆有之。恻隐之心，仁也；羞恶之心，义也；恭敬之心，礼也；是非之心，智也。仁义礼智非由外铄我也，我固有之也。"在这一段思想史上著名的人性论述中，孟子提出了人皆有之的四大善良本性，即恻隐之心、羞恶之心、恭敬之心、是非之心，并将此思想善良的天性配拟于仁、义、礼、智四大美德之上，将之作为人性本善的重要依据。

孟子以为，上述四种人性美德完全是由人内心自然生发出来的，而非外界强加或者受到外界引导而形成的。他说："仁、义、礼、智根于心"，"非由外铄我也，我固有之也"[1]。可见在孟子看来，人性本善乃人生而具有之内在本能，是人的本质性规定。这种重在揭示内在价值的心性之学，象征着中华民族致思方向的一次重大转折。自先秦时代开始，我们的古圣先哲就将关注的重点从外在的客观世界逐步转移到内在的主观世界。周公提出"德"的概念，将之作为为政、为人的一个极为重要的标准，以至于直到今天我们都还习惯于用"德高望重""大恩大德""缺德"等说法来作为对一个人人品的评判标准和表达方式。这说明周公提出的"德"至今都还在不时敲打我们的内心性灵。孔子在周公之"德"与"礼"基础之上，进一步深入挖掘出"仁"的概念，并将其确立为人的社会属性，以"仁"为人之所以为人的本质性规定，以"仁"作为所有人内在道德修养不懈上进追求而又永无止境的修炼进路。周公与孔子的伟大之处在于，为人的自我道德修养指出了努力的方向和所要达成的目标。这对于揭示社会层面的人性本质具有非凡的意义。然而两位先圣给出的概念又在某些方面显示出概念内涵和外延较为模糊、难于确定把握的缺点。对于普通民众而言，可以立志一生将德与仁作为修行努力的方向，但究竟有什么是要做的，什么是不能做的，这些都还不一定清楚，很多时候还需要自我判断。对于读书人或者聪明人来说，这或许不是什么问题，但对于一般没有条件读书或者领悟力并不突出的人来说，恐怕就有一定难度了。

例如，周公的"德"有些时候更多强调执政者的为政以德，即以怜悯关照民众的心态处理政事。后来这个"德"字的内涵日益扩大，日益宽泛化。上到天地，下到小民，中间涵盖国家社会，许许多多的事都可以用"德"或"不德"的标准来评判。《易经》说："天地之大德曰生。"《论语》说："为

1《孟子·告子上》。

政以德，譬若北辰。"[1]李斯用"德高三皇，功过五帝"来夸耀秦始皇的功绩。《道德经》则又将"德"与"得"对接起来，以"上德不德，是以有德，下德不失德，是以无德"[2]之类隐晦难解的说法阐述道德家清静无为的政治主张。总而言之，德的说法涵盖过于宽泛，对于特定道德属性的指示效果反而受到一定程度影响。"仁"的情况比"德"稍微好一些，但也存在问题。这从孔子及其弟子对"仁"的含义所进行的各种不同的言说和阐释中就可管窥一斑。

这个问题到孟子那里有了进一步推向前的必要和可能。孟子生活的时代，没有西周初年天下思定、周命维新的新生朝气，也没有孔子时代礼乐将崩而人心尚未彻底堕落的一线生机。到了孟子的时代，即战国中期，列国征伐所带来的杀戮、残忍、血腥已经接近极致，人性堕落也已经近于谷底。在那个"争城之战，杀人盈城。争地之战，杀人盈野"的冷血时代，孟子根本不可能还会像周公那样，精思熟虑而又信心满满地提出"皇天无亲唯德是辅"这样宏大的政治宣言，更不会像孔子那样耐心淡定而又不无理想主义地呼吁"天下归仁"。较之两位先贤而言，孟子的性格更为激进勇闯。对于时代悲剧的造就者们，他不顾一切厉声谴责甚至辱骂攻讦。在他的著作中，那些将当政者比作猪狗禽兽的段落，读来气势磅礴、痛快淋漓。另一方面，他也给那些仍存有一定仁人之心的人们进一步保持天性做出了更为具体的阐释。那就是他对"德""仁"概念的进一步细化和具体化。恻隐之心、羞恶之心、礼让之心、是非之心，这四个概念的提出，可以说让人眼前一亮。它们不仅遵循了"德""仁"概念的一贯传统，而且将其加以细化、具体化、通俗化，让智识水准一般甚至较低的人对这几对概念都能轻松领悟，这不能不说是孟子的一大发明！此外需要特别加以强调的是，孟子还善于以生动

1《论语·为政》。
2《道德经》第 38 章。

灵活的具体事例、修辞比喻，对这些概念进行深入浅出的解释和发挥，这无疑更增加了他的学说的流传度和被接受度。而其之所以需要如此而且能够如此，则又与当时百家争鸣的背景不无关系。孟子生活的时代，天下思想意识流派纷呈，各是其所是，各非其所非，互相攻辩，彼此诘难。孟子生当其间，自然不能不参与其中的辩论，尽管有很多时候也是"不得已"[1]。为了在辩论中获得先机，孟子必须多考虑自己学说的逻辑层次和结构关系问题，于是我们看到了一个善辩的孟子，一个善于分析梳理而不是大而化之的孟子学说。

在其所提出的四个善端之中，孟子认为以恻隐之心为主要表现形式的"仁"，是人性本善最重要的定义和标准。他说："仁，人心也。"[2]亦即认定，作为一个完整意义上的人，"仁"才是其最具决定性的本质特征。这又与孔子所提倡的仁学相衔接，成为一个系统融合的整体。在人性问题上，孔子奠定了逻辑的基础，孟子则在此基础之上搭建起人性本有善端的"性善论"的华美房屋。正是由于其理论主张在最本质层面的这种内在关联性，他们才会被后世相提并论，其人性学说则被合称为"孔孟之道"，成为儒家偏重于理想一派的主导思想。而与之相对应的，儒家有一个重要的学派则在这个根本性的问题上与孟子唱起了反调，这就是荀子和他的"性恶论"。

荀子的性恶论是中国思想史上较为完备的关于人性为恶的理论，也是荀子政治法律思想的出发点。在荀子之前关于人性的解说大致可以分为两派：一是告子的"生之谓性"[3]，二是孟子的"人之所以异于禽兽者"[4]为性。前者是指人性是与生俱来的，而后者认为人性是作为与其他动物的差异而存在的。荀子指出："生之所以然者谓之性"[5]，可见荀子是从告子"生之谓性"的

1《孟子·滕文公下》。

2《孟子·告子上》。

3《孟子·告子上》。

4《孟子·梁惠王上》。

5《荀子·正名》。

角度去认识与解释人性，即人性是基于人的生命本体而存在的，是与生俱来的。单单从这一点，就可以清晰地看出荀子学说与同为儒家的孟子的差别。只不过，尽管荀子采取了类似于告子的说法，却又较告子学说更进一步，也更高明。告子的学说一如前述，是持着尽可能客观平和的心态进行一种近乎纯粹描述式的认识。而孟子之性善说则夹杂着一定程度的主观意愿。荀子则指出："性之所生，精合感应，不事而自然谓之性。"这句话意指，性从阴阳相合之气中产生，是精神和物质相接触而感应的，不经过人为而自然是这样的。这里荀子进一步将人性界定为人的自然性质和与生俱来的生理欲望。荀子将人性界定为人的自然本性，这成为其性恶论的必要前提。

我国古代思想中关于人性存在人性善、人性恶、人性有善有恶三种观点。荀子主张人性恶，这与其将人性界定为人的自然本性是紧密联系的。荀子言："若夫目好色，耳好声，口好味，心好利，骨体肤理好愉佚，皆生于人之情性者也。"[1]荀子认为人性的基本内容就是贪图利益和感官享受的心理和生理欲望。此种人性发展下去，必然会产生纷乱，"今人之性，生而有好利焉，顺是，故争夺生而辞让亡焉；生而有疾恶焉，顺是，故残贼生而忠信亡焉；生而有耳目之欲有好声色焉，顺是，故淫乱生而礼义文理亡焉"[2]。荀子在这里认为顺从人的各种欲望就会产生争夺、残贼、淫乱等罪恶，而辞让、忠信、礼义文理就会遭到破坏，亦即，人的各种欲望导致社会罪恶，而人的各种欲望又是人性的基本内容和表现，所以人性是恶的。

荀子虽然认为人性为恶，但同时认为人性可以去恶存善。荀子在《性恶》一开篇就言："人之性恶，其善者伪也"，其中的"伪"即人为之意，此句意指人性是恶的，而人性之善是靠后天的学习和教化。这种后天的学习和教化强调了人的主观能动性，荀子在《礼论》中说："性者，本始材朴也，

1《荀子·性恶》。
2《荀子·性恶》。

伪者，文理隆盛也。无性则伪无所加，无伪则性不能自美。"这就是说，人性本来是有缺陷的，后来经过学习和教化逐渐完善；没有人性的缺陷，则学习和教化都没有用处；不经过学习和教化，人性的缺陷是不能自己弥补的。这里指出了通过学习和教化人性是可以改变的，即人性可以去恶存善。

荀子认为人生而有贪图享乐的各种欲望，但人"皆有可以知仁、义、法、正之质，皆有可以能仁、义、法、正之具"[1]。这些人的天质，使去恶存善、"涂之人可以为禹"成为可能。但去恶存善不能纯粹依靠自律、自省，还要靠外在强制的约束力，所以荀子言："今之人性恶，必将待师法然后正，待礼义然后治。"[2]荀子认为，只要"化性起伪"，人人可以成为圣人，但"化性起伪"不是一个人的事情，而是一项社会事业："从之人性，顺之人情，不出于争夺，合于犯分，乱礼而归于暴，故必将师法之化，礼义之道，然后出于辞让，合于文理，而归于治。"

荀子的学生韩非是法家的集大成者，其关于性恶论的学说是在吸收荀子性恶论的基础上创立的。韩非提出："臣尽死力以与君市，君重爵禄以与臣市。"[3]人们皆"用计算之心相待"，这种观念不能不说是来自荀子。此后，秦国采用了韩非子的主张，得以兼并六国，成就霸业，这也是"缘法而治"思想在中国古代历史上的一次重要尝试，由此我们可以粗略地认识到荀子性恶论及其法治倾向的意义。

荀子生活的年代是一个社会矛盾异常复杂的时期，"礼崩乐坏"，战乱不断。面对这种环境，荀子创立的性恶论指出人性的缺陷和种种私欲，从而不完全相信人们的善心，而在这个基础上建立各种制度加以引导、制约，防止人们的欲望恶性膨胀。荀子的性恶论看到了罪恶的根源在于人的私欲，只有对这种私欲加以合理的引导和规制才能使人去恶存善。这既要靠集体主义等

1《荀子·性恶》。
2《荀子·性恶》。
3《韩非子·难一》。

价值观的引导，兼顾个人合法权益，更重要的是用法律等硬性规定划分各自私利的范围，并将其作为"定分止争"的准绳，使人们的利益冲突得到和平解决。因此可以说，荀子的性恶论为法治提供了逻辑起点。

然而无论是孟子的性善说还是荀子的性恶说，它们都统一于孔子所首倡的仁心学说。若依孟子之意，人心生而具有善性，后为世俗蒙蔽，故仍可去污除垢，回归本心。若依荀子之意，人性虽生而有趋利避害之恶源，然而亦可通过教育引导与礼法规制两种手段，使之回归正途，最终具备成熟心智、仁人之心。

二、由仁心而发展为仁政

孔子提出，为政以德胜于为政以刑。他说："道之以政，齐之以刑，民免而无耻；道之以德，齐之以礼，有耻且格。"[1]孟子则将"仁政"说得更宏观抽象："以不忍人之心，行不忍人之政，治天下可运之掌上。"[2]这就将作为个人范畴的仁人之心推而转化为社会国家范畴的政治命题，亦即孔孟儒家仁政论。孔孟儒家异于其他先秦诸子的重要方面就是，他们既主张与统治者合作，又不一味迎合统治者的贪婪欲望，而是主张对统治者加以制约和引导，而制约和引导的方向就是轻徭薄赋、爱惜民力、以宽人之心执行法律政策。对于那些穷奢极欲、横征暴敛的残暴君主，儒家一向持批评谴责的态度。孔子过泰山侧，遇到一名身世凄惨的妇女，为躲避国君苛刻的暴政，宁可忍受当地虎患，而致全家人都丧身虎口。对此，孔子批评当政者"苛政猛于虎"[3]。齐景公苛待人民，使民"三其力而二入公室"，滥用酷刑使得"履贱踊贵"。孔子看到后就谴责说："有马千驷，死之日，民无德而称焉。"[4]

孔子不仅指出了什么是违背仁政精神的，而且指出施行仁政应该遵循什

1《论语·为政》。
2《孟子·公孙丑上》。
3《礼记·檀弓下》。
4《论语·季氏》。

么样的原则。概括起来就是两个方面：一是爱人，二是克己。孔子给统治者提出的这两大要求，着实切中时弊，具有针对性。

首先，他提出"仁者爱人"[1]的主张。在他看来，仁政的核心是一个"仁"字，而"仁"则可以简练地称之为"爱人"。"爱人"有诸多表现，如忠、恕、孝、悌等等。归结起来，就要把人真正当人看，"夫仁者，己欲立而立人，已欲达而达人。能近取譬，可谓仁之方也已"[2]。孟子也十分赞同孔子的这项主张，并且进一步阐释道："仁者爱人，有礼者敬人。爱人者，人恒爱之；敬人者，人恒敬之。"[3]

其次，他提出了"克己复礼"[4]。在孔子那里，"仁"和"礼"既是浑然一体，又是内外有别的。"仁"是内在的，"礼"是外在的。"仁"要表现在"礼"上，"礼"则要以"仁"为根据。孔子深谙"不知礼，无以立"[5]的道理，所以极其看重"礼"的形式方面。在顺序上，是物质生活在先。生活上不得温饱，是谈不上教化的。在重要性上，则是礼教在先。即使有了丰厚的物质基础，没有必要的信念，人民也会成为一盘散沙。在他看来只要物质生活有了基本保障，再辅之以必要的教化，人民是可以有道德操守的。孔子认为一个良好执政者对人民的态度，应该是秉持一种帮扶的心态，以庶之、富之、教之这样三步式的阶段性方式引导人民过上幸福生活。而对于教化始终冥顽不灵的刁民，则采取先教而后诛的态度。孔子特别强调在诛之前必须以教的过程作为前提条件，如果缺少了这一环就是对人民不负责任的表现，是统治者残暴蛮横的证据。如他所说："不教而杀谓之虐，不戒视成谓之暴。"[6]

相比于孔子的仁政观点，孟子不仅全盘继承，而且发扬光大。孟子率先

---

1 《论语·颜渊》："樊迟问仁。子曰：'爱人。'"

2 《论语·雍也》。

3 《孟子·离娄下》。

4 《论语·颜渊》："颜渊问仁。子曰：'克己复礼为仁。一日克己复礼，天下归仁焉。'"

5 《论语·尧曰》。

6 《论语·尧曰》。

提出"仁政"这个概念，并从经济、政治等方面进行了全面系统的阐述。

首先，他认识到施行仁政是要有一定经济基础的。这个经济基础就是"制民之产"，实现"民有恒产"。他说："明君制民之产，必使仰足以事父母，俯足以畜妻子，乐岁终身饱，凶年免于死亡；然后驱而至善，故民之从之也轻。"[1]在他看来，老百姓真正的幸福生活就是父母子孙不为衣食所限，无论丰年凶年都不为饥饿所迫。如果能满足老百姓的这种最起码的物质生活需求，就可以称得上是明君，就可以得到百姓的衷心拥护和爱戴。果能如此，则统治必定稳固，可见这是保证国家稳定、社会进步的重要经济基础。如果做不到这一点，人民始终生活在流离失所的生死线上，则国家必然动乱不堪，也就无暇去搞什么礼乐教化了。那么有没有更为具体的经济指标呢？孟子提出了一个理想仁政政策下的完美家庭模型："五亩之宅，树之以桑，五十者可以衣帛矣。鸡豚狗彘之畜，无失其时，七十者可以食肉矣。百亩之田，勿夺其时，八口之家可以无饥矣。谨庠序之教，申之以孝悌之义，颁白者不负戴于道路矣。"[2]

孟子认为，人民有固定的财产收入、稳定的生活状态，是这个国家稳定发展的必备前提条件。故孟子说："有恒产者有恒心，无恒产者无恒心。苟无恒心，放僻邪侈，无不为已。及陷乎罪，然后从而刑之，是罔民也。焉有仁人在位，罔民而可为也？"他还把民无恒产无恒心的责任归在当政者身上。他认为如果是一个理想的仁人之君，实行的是理想的仁政，那么就不会存在这种游离于社会之外的无恒产者。因此他说："圣人治天下，使有菽粟如水火。菽粟如水火，而民焉有不仁者乎？"[3]满足了百姓的生活需求，使之富足，就会使民众达到仁的境界而国安。民穷则争，争则起暴乱，国难以治。可见民富才能国安，使老百姓安居乐业，民富而国富，是儒家政治思想的基

1《孟子·梁惠王上》。
2《孟子·梁惠王上》。
3《孟子·尽心上》。

本点。

当然，要保证民有恒产就需要一定的经济制度，这就不仅仅是物质资产那么简单了。孟子深刻意识到生产资料占有方式及其分配制度更为关键。而这在当时指的就是，以土地的所有权和使用权为中心的物质生产资料的占有与分配。没有了这个经济制度作为基础，就无法保证仁政真正落到实处，使普通百姓获得实惠。所以他说："夫仁政，必自经界始。经界不正，井地不钧，谷禄不平，是故暴君污吏必慢其经界。经界既正，分田制禄可坐而定也。"[1]可见，孟子已经明确提出，土地分配制度是一切仁政的开始。给普通百姓分配土地必须保证使其分配到一定数量的土地，以保证其能够在缴纳赋税之后，仍有盈余过好自己的生活；并且要保证，一旦土地公平分配完毕之后，就要尽可能保持不轻易改动，这样就可以尽量减少土地兼并，保证百姓生活始终都有保障，国家赋税也有了稳定的来源。

此外，他又言："王如施仁政于民，省刑罚，薄税敛，深耕易耨，壮者以暇日，修其孝悌忠信，入以事其父兄，出以事其长上，可使制梃以挞秦楚之坚甲利兵矣。"[2]统治者在上节制欲望，尽可能给老百姓减轻经济负担，也是一项惠民的仁政。所以他提倡："不违农时，谷不可胜食也；数罟不入洿池，鱼鳖不可胜食也；斧斤以时入山林，材木不可胜用也。谷与鱼鳖不可胜食，材木不可胜用，是使民养生丧死无憾也。养生丧死无憾，王道之始也。"[3]对于统治者"庖有肥肉，厩有肥马"而"民有饥色，野有饿莩"的丑陋现象，孟子毫不客气地批评其为"率兽而食人"[4]。

儒家经典《周礼》提出"保息养民"的六项措施，"一曰慈幼，二曰养老，三曰振穷，四曰恤贫，五曰宽疾，六曰安富"，即源于此。秦汉以后，

1《孟子·滕文公上》。

2《孟子·梁惠王上》。

3《孟子·梁惠王上》。

4《孟子·梁惠王上》。

孟子的这种"制民之产"和节制民力的经济理想对统治者制定经济政策一直保有长久的影响力，成为中国王道政治传统的重要代表。从汉初轻徭薄赋、与民休息，到唐代均田制，再到清代的摊丁入亩、名民田制度，都在朝这个方向努力。这些制度和政策，在当时的法律中有着各自不同的反映。

其次，在政治上确立"民贵君轻"的立国原则。孟子的仁政学说在政治上提倡"以民为本"的政策。这个"以民为本"固然不可等同于今天的民主观念，但是在当时君主体制占据统治地位的时代，能够提出这一主张已经是难能可贵。

孟子在论述国家政治结构时，将之分为三个层面：其一是人民，其二是社稷，其三才是君主。三个层面分别代表了三个阶层、三种利益，而整个国家就是这三种利益群体组成的一个共同体。那么如何处理三者之间的利益关系呢？孟子提出："民为贵，社稷次之，君为轻。"[1]这体现出孟子对人民的地位的极端重视。他对上接续了《尚书》"天视自我民视，天听自我民听"[2]的古老传统，并将其进一步具体化。他提出"天时不如地利，地利不如人和"[3]的重要见解，还提出"得其民斯得天下"[4]的结论。孟子尤其反对当政者利用手中权力对人民实行残暴的统治，甚至主张人民有反抗暴政的权利。他赞成历史上"汤放桀""武王代纣"这样的革命义举，当有人提出这是以下犯上、反叛弑君时，他反驳道："贼仁者谓之'贼'，贼义者谓之'残'。残贼之人，谓之'一夫'。闻诛一夫纣矣，未闻弑君也。"[5]在他看来，商纣这样的统治者是独夫民贼，是不合格的统治者，就应该被人民推翻。所以诛杀商纣的行为定性不应该是弑君，而应该是审判和惩罚。

孟子仁政思想在政治方面的另一个关注焦点就是君臣关系问题。孔子

1《孟子·尽心下》。
2《尚书·泰誓》。
3《孟子·公孙丑下》。
4《孟子·离娄上》。
5《孟子·梁惠王下》。

早就论及君臣关系问题。他说：理想的君臣关系应该是"君使臣以礼，臣事君以忠"[1]，君臣之间彼此都负有一定权利和义务，是一种对等的关系。而到了孟子那里，则说得更加全面，也更加激烈。他说："君之视臣如手足，则臣视君如腹心；君之视臣如犬马，则臣视君如国人；君之视臣如土芥，则臣视君如寇仇。"[2]他不仅指出理想的君臣关系是怎样的，还进行反证，指出如果君主不自觉遵守这一原则而是有意破坏君臣关系，则臣子可以采取针锋相对的反制措施。这就把君臣关系由单向的服从关系转换为彼此制约的对等关系。

孟子提倡仁政，反对暴政，在政治主张上还有一个表现就是反对兼并战争。当时正处在战国纷争的高潮时期，列国攻伐已经进入白热化的阶段。统治者为了争夺土地和人民，频繁发动战争，给人民带来深重灾难。对此，孟子敢于站出来大力谴责。他不仅批评以前是"春秋无义战"[3]，而且对当时的战争惨景进行了描述："争地以战，杀人盈野；争城以战，杀人盈城"[4]。他还直言批评当政者的这种行为是"率土地而食人肉，罪不容于死"[5]。他主张以王道、仁政统一天下，而非纯任武力的霸道强权。

最后，在文化上也要尽可能做到"与民同乐"，并且弘扬完整的伦理道德观念。在《孟子》中，我们常看到孟子与各国君主的对话。在对话中，孟子不厌其烦地教导各位君主在满足自己私人欲望的同时，不要忘记同时照顾到普通百姓的生活需求。他曾经引导式地向齐宣王提出"独乐乐与众人乐孰乐"[6]的问题，循循善诱地让他明白君民同乐的重大意义和现实好处。

孟子仁政的最终理想就是"王道"，这是孟子政治理想的最高境界。孟

1《论语·八佾》。
2《孟子·离娄下》。
3《孟子·尽心下》。
4《孟子·离娄上》。
5《孟子·离娄上》。
6《孟子·梁惠王下》。

子认为一个施行"王道""仁政"的社会，不仅要有丰富的物质、清明的政治，还要有完善的伦理道德。孟子继承发扬孔子的孝道思想，把孝作为"仁政"的根本，言："人人亲其亲，长其长，而天下平。"[1] 他还说："事孰为大？事亲为大；守，孰为大，守身为大。孰不为事？事亲，事之本也；孰不为守？守身，守之本也。"[2] 守身与孝顺父母是根本，一切都应该由此入手。如此，方能建成孔孟儒家所一再憧憬的理想的仁政乐土。

三、礼法之治是仁政的有形模式

所谓"礼法之治"，非指礼法合流、礼法合治，乃是以礼为法、以礼为治的基本治国方略或纲领。[3] 意即，国家一切政令方针、法律制度，皆以礼为纲，围绕礼这个大经大法而延伸展开、充实推衍。总体而言，礼法的形式特点是内涵较为明确，外延较为模糊。即礼义原则较为清晰稳定，而礼制规范则较多样灵活，具有高度的涵摄性、包容性与变通性。因之，礼法之治的表现方式亦较为多样。中国上古时期以礼为法，辅之以刑。战国秦汉以降，律、令等法律形式登上历史舞台野蛮疯长，然而终究要服膺于儒家礼法精神的主流意识形态之下，容纳于礼法治国的宏阔政治范畴之内。

中华法系是礼法体系，以国家社会的良法善治为理想追求。而这正与儒家仁政主张息息相关。儒家思想以"仁"为核心。此"仁"落实到个人就是提倡保持或者恢复人所共有的善良天性，即仁人之心。人内心的仁人之心

1《孟子·离娄上》。

2《孟子·离娄上》。

3 俞荣根教授指出："'礼法'不是'礼'和'法'、'礼'加'法'，或礼中有法、纳法于礼。'礼法'是一个双音节词汇，一个名词，一个法律学上的法概念，一个法哲学上的范畴。是古代'礼乐政刑'治国方式的统称。"（氏著：《法治中国视阈下中华礼法传统之价值》，《孔学堂》2015 年第 2 期）江山亦谓："从某种意义上讲，礼制是中国法律形态或中国法律文化的主体……研究'礼法'，不仅于理解中国传统法律制度、中国文化有直接的意义，而且对中国法律的现代化转型，或创地利用'本土资源'支持中国进入'法治'社会，亦是不可或缺的。"（氏著：《历史文化中的法学》，法律出版社，2003，第 57 页）此外又可参见梁治平：《"礼法"探源》，《清华法学》2015 年第 1 期；陈景良：《礼法传统与中国现代法治》，《孔学堂》2015 年第 4 期。

一旦得到伸张，与人相处时就会本着将心比心、推己及人的态度处理好人际关系，实现人际关系的和谐。此仁心若再扩大，将主体置换成当政者，他就不仅要在自己的个人行为中推己及人，更要在施行政策时限制个人欲望，更多考虑普通百姓的切身体会，推行惠及百姓的政策，这就是仁政。将私德之仁，推及政治领域，达到个人价值与国家价值的高度统一。而要在国家范围推行仁政，其具体指导性原则或者规范又从哪里找呢？儒家想到了礼法，主张依准礼法的规范原则和精神宗旨推行仁政，这就是礼法之治的源头。

孔子为儒家创始人，其后继承发扬其主张学说的人，最著名的有孟子和荀子。正所谓："孟子、荀卿之列，咸遵夫子之业而润色之，以学显于当世。"[1] 孟子将孔子仁政思想加以充实、系统，提出一系列具体主张，但终究还是停留在政策范畴。开始考虑以一种具体可行的制度规范体系实现孔孟仁政的理想的，则是荀子。而其牢牢抓住不放的制度资源就是三代之礼，并且给它冠上了一个响亮的名字——礼法。

荀子是先秦礼学大师，对三代之礼有十分深刻的认识。三代时期，以礼为法，礼即是法，法即是礼。荀子充分认识到这一基本逻辑关系，开创性地提出"礼法"这一概念，并对这一概念的外延内涵、重大意义展开了系统的论述，充分弥补了孔孟仁政学说在操作层面的不足，为后世一统王朝治国理政提供了重要的政治教科书式的指导。

相较于儒家其他人物而言，荀子以"隆礼重法"思想而独具特色。他"隆礼"中的"礼"首先是指区分人的等级标准。"礼者，贵贱有等，长幼有差，贫富轻重皆有称者也"[2]，阶级、等级的产生和演化同社会生产力的发展状况及由其决定的生产关系息息相关。在荀子的时代，人们还不可能认识到这一点，而把它归结为圣王"分割等异之"。也就是说，古代先王用名分治

1《史记·儒林列传》。
2《荀子·富国》。

理民众，用等级对他们加以区别。所以使民众有的人受到封赏，有的人受到贬罚；有的人俸禄优厚，有的人俸禄微薄；有的人安逸，有的人劳苦，并以此来维持其仁德的等级秩序。这些维持等级秩序的规范就是"礼"。而人的等级又是通过"礼"所规定的不同的穿戴、不同的服饰、使用不同的乐器、居住不同的房屋来加以区分的。如天子穿戴杂红色的龙袍和礼帽，诸侯穿戴黑色的龙袍和礼帽，大夫穿裨衣、戴礼帽，士则仅戴白鹿皮的帽子。服饰不是为了美观而制作的，乐器不是为了追求音乐而造的，宫室台榭不是为了居住舒适而建的，所有一切都是用来辨别贵贱、吉凶、轻重的。"贵贵、贤贤、老老、长长，义之伦也。行之得其节，礼仪之序也。"[1]可是，食物、衣服、音乐、住所、家具都是人们生存的必备条件，"礼"制一方面节制人们追求物质享受的欲望，另一方面则依据等级提供制度保障。《礼论》篇云："故礼者，养也"。无论是节制还是供给，都属于礼的范畴。所以，礼的本质就是社会等级制度。

荀子所谓的"礼"还是人的修养和情貌仪容的准则。正如《修身》篇所云："礼者，所以正身也"。《礼论》篇则更明确地阐述了礼是人们修养的准则问题。如果不以礼为准则，不能严格遵循礼制，就称之为"无方之民"；而以礼为准则，严格遵循礼制，则被称为"有方之士"。思维能得礼的要领，称之为善于思想；行为能够坚持以礼为准则，称之为善于坚持。善于思想、善于坚持，再加上喜爱礼就是圣人。"故天者，高之极也；地者，下之极也；无穷者，广之极也；圣人者，道之极也。故学者，固学为圣人也，非特学为无方之民也"[2]。

荀子所谓的"礼"的最重要的本质是国家的规章制度和宫廷礼仪。这可以从"三礼"的主要内容上得到证实。所以荀子认为"礼者，法之大分，类

1《荀子·大略》。

2《荀子·礼论》。

之纲纪也"。但从阶级本质上看，其乃适应了新兴地主阶级的要求，将儒家的"礼"改造成为维护封建官僚等级制度的新"礼"。所谓改造，主要是取消了旧"礼"中的除君主嫡系以外各级贵族的世禄制，各级官员改由国君直接任免，从而加强君权。这样，荀子就把过去"国""家"合一的一元化"礼"变成了"国""家"区别的二元化的"礼"，原来"任人唯亲"的旧礼变成了"尚贤使能"的新礼。

在"王霸"问题上，荀子的主张与孟子的不同：孟子是主张王道反对霸道的。荀子则说"隆礼尊贤而王，重法爱民而霸"，"粹而王，驳而霸，无一焉而亡"[1]，完全实行礼法就叫王，不完全实行礼法就叫霸，而完全背弃礼法便要亡国。荀子并没有把王、霸对立起来，而主张由霸发展为王，由"重法"而"隆礼"，把礼与法、德与力统一起来。荀子从当时齐、秦等国的兼并战中得出结论："兼并易能也，唯坚凝之难焉"[2]。就是说用武力兼并是容易的，困难的是巩固兼并的成果。欲使国家强大统一，要从两方面入手：一是用礼，一是用刑。他说："凝士以礼，凝民以政"，"治之经，礼与刑，君子以修百姓宁，明德慎罚，国家既治，四海平"[3]。也就是说，治国的原则，在于遵行礼义与刑罚，君子用礼修知，百姓惧而安宁。彰明美德慎用刑罚，国家既安定，天下又太平。可见，荀子已有礼法兼施、王霸统一的思想，开汉代儒法合流，王、霸、道杂之的先河。从理论的演变进程来看，"礼法"以及"王霸""德力"之争由荀子作了批判性的总结。

荀子认为，天地是无法管理人事的，只有圣人才能制定礼仪，管理人事。"圣人"在荀子的观念中是最优秀的人，是能够制定礼仪制度的主体。《儒效》篇中对圣人做了极大的称颂。礼还可以节制人们无限的欲望，保障

---

1 《荀子·强国》。

2 《荀子·议兵》。

3 《荀子·成相》。

符合等级制的物质条件，"礼者，以财物为用，以贵贱为文，以多少为异"[1]。所以礼可以理财为用。荀子认为商贾、百工如果能够"隆礼仪"，那么关市只征收微乎其微的赋税，各种合同、律令公正，这样商贾就无不敦厚而无欺诈行为。荀子的观点离当时的社会现实太过遥远，但他认为这种历史上曾经出现过的现象今后仍会出现。荀子认为礼义对于社会经济的发展有着重要的作用。

荀子重法，常为后人所诟病。然而荀子认为，法的作用不容忽视。荀子说："法者，治之端也；君子者，法之原也。"[2]这一论述表明其"重法"的立场。这或许是缘于荀子生于山西，受三晋地区盛行的法家学说影响巨大。荀子以儒家大学问家的身份，打破"儒者不入秦"的惯例，应邀前往秦国的举动本身就可谓惊世骇俗。对于商鞅变法以后的秦国政治状况，荀子大加赞赏，甚至认为秦国已经达到"治之至也"[3]的程度。荀子"重法"，不仅提出"庆赏刑罚必以信"[4]"明礼义以化之，起法正以治之，重刑罚以禁之"[5]的主张，还深入研究法理问题，提出"法义""法数""类"这三个重要的法学概念，对古代法学做出巨大贡献。

荀子虽主张"重法"，但由于法的制定与执行均在于人，因此相对于"人"而言，"法"则居于次要的地位，所谓"有治人，无治法"[6]。他进一步阐释说："故法不能独立，类不能自行；得其人则存，失其人则亡。法者，治之端也；君子者，法之原也。故有君子，则法虽省，足以遍矣；无君子，则法虽具，失先后之施，不能应事之变，足以乱矣"[7]。也就是说，徒有法律

1《荀子·大略》。
2《荀子·君道》。
3《荀子·强国》。
4《荀子·正论》。
5《荀子·性恶》。
6《荀子·君道》。
7《荀子·君道》。

对于社会的治理是不够的。即使有好的法律，如果不能得到人们良好执行的话，也只是空纸一张，所谓"法而不议，则法之所不至者必废"[1]。同时，法还可能由于人们以私乱法而失去其应有的精神，因此，法必依于人，即荀子所说的"君子"。有君子则法令虽省而足以为治，如果没有君子，徒然具备各种法的形式，社会也不可能得以平治。由此可见，人是本而法是末。荀子的用意即在于以"治人"来行"治法"。君子的作用根本上在于以礼化民，所谓"君者仪也，民者景也，仪正而景正"[2]。在这一意义上，荀子虽然重视"法"与"刑"，但实质上他还是把二者纳入"礼治"的范围，"重法"不过是"礼治"一个方面的内容而已。

相比于律令条文之法而言，荀子认为礼法更为根本："礼者，法之大分，类之纲纪也"[3]。"类"即律令。也就是说，礼是法的纲领或指导原则，在礼的基础上才可能产生法，所以说"礼义生而制法度"[4]，反之，"非礼，是无法也"[5]。法生于礼这一点十分重要，是我们理解荀子所谓"法"的关键所在，也是荀子之"法"与申、韩法家之"法"的重要区别之一。

自荀子之后，由秦汉、唐宋到明清，无不以礼法作为国家根本大法。礼法之治代有其规模。近代法律史学者瞿同祖先生指出，中国古代法律的演进历史中有一个法律儒家化的过程，实际上这一过程自先秦以来一直都不曾消沉。即便是在"纯任法家"的秦代，礼仪制度和礼的伦理性精神也仍在发挥作用。至于汉唐以来礼法合一的滚滚大潮中，国家律法对礼法精神和规范的吸收与遵行，更是衍生出无数的具体方式。《唐律疏议》开篇言道"德礼为政教之本，刑罚为政教之用"[6]，可以说是给这种礼法系统的本质属性点了题。

1《荀子·王制》。
2《荀子·君道》。
3《荀子·劝学》。
4《荀子·性恶》。
5《荀子·修身》。
6《唐律疏议·名例律》。

明代朱元璋钦定的"明礼以导民，定律以绳顽"国家法律原则，也说明了儒家礼法之治的基本底色。

第二节 以"孝—忠"关系为价值内核

中国古代社会乃宗法伦理社会。在依此而构建的秩序体制中，伦理与法律往往难以际分。"宗法家族伦理与法律规范之间不存在严格的界限。宗法伦理是法的价值标准、法的渊源，也是罪与非罪、罚与不罚，以及罪与罚的轻重缓急的衡器。"[1]由此滋生出伦理法文化。

在所有社会伦理关系中，君臣、父子这两伦，被视为人际伦常之大端，其与法律的关系更是剪不断、理还乱。君臣秩序系于忠义，高居庙堂之上，为政治统治所必需；父子伦常存于孝义，深处江湖之远，亦为法律规制所依赖。故历代统治者莫不将"忠""孝"这两种伦理观念视为长治久安之根基。由于历代政权更迭大都是暴力与血腥的产物，公开标榜忠道，恐难得到民众普遍认同，故统治者在意识形态领域并不提倡"以忠治天下"。然而父母与子女之间，有着天然的血缘亲情，宣扬孝道，则能得到民间自发认同，同时还能达到"移孝作忠"的目的，故自汉迄清，统治者无不宣称"以孝治天下"[2]。由是之故，孝道不仅为历代所尊崇，而且与法律制度紧密结合，成为中国传统法律的核心价值。

一、仁心蕴含于孝道伦理

有子曰："其为人也孝悌而好犯上者，鲜矣；不好犯上而好作乱者，未之有也。君子务本，本立而道生。孝悌也者，其为仁之本与。"[3]孝道被认为

---

1 俞荣根：《儒家法思想通论》，商务印书馆，2018，第152页。

2 自汉及清，以孝道巩固统治的思维模式，一以贯之。汉宣帝言："导民以孝，则天下顺。"（《汉书·宣帝纪》）乃此一贯逻辑之直白表述。

3 《论语·学而》。

是中国文化的根本，更是仁人之心的根本，由此而衍生出一个系统庞杂的孝道文化。对中国古代孝道文化可以从三个层面加以理解，即利亲、善事、慎终。经过漫长的时代演进，孝道与法律彼此渗透，逐步融合而为一体。孝道的这三层含义也逐渐沉淀为凝练的法律语言，明确规定在古代法律之中。

第一层次：利亲。

利亲乃孝道在物质层面的要求，也是最低层次的要求。《墨子·经上》说："孝，利亲也。"《贾子·道术》曰："子爱利亲谓之孝。"《礼记·祭统》中也说："孝者，畜也。"可见，传统学说都把赡养父母作为孝道之基本内容。欲尽赡养之责，则须尽力保证父母衣食无忧、物资皆不匮乏。依照礼义，"孝有三：大孝不匮，中孝用劳，小孝用力。思慈爱忘劳，可谓用力矣。尊仁安义，可谓用劳矣。博施备物，可谓不匮矣"[1]。当然，所谓利亲亦非定要追求锦衣玉食，而应依据子女经济状况及物质条件加以判断。如《盐铁论·孝养》所说："善养者不必刍豢也，善供服者不必锦绣也。以己之所有尽事其亲，孝之至也。"唐律对此两方面含义全面接纳，规定："礼云：'孝子之养亲也，乐其心，不违其志，以其饮食而忠养之。'其有堪供而阙者，祖父母、父母告乃坐。"[2]当然，仅能利亲远非尽到孝道，孝道还有更高要求。

第二层次：善事。

善事乃孝道在精神层面的要求，古人对此亦早有所留意。《尔雅》曰："善父母为孝。"[3]《说文》曰："孝，善事父母者也。从老省，从子，子承老也。"[4]孝道此层含义亦得到法律确认，《唐律疏议》曰："善事父母曰孝。"[5]如此，则善事父母即成为孝道义务之法定内容。而其具体含义又可从两方面加以考察。

---

1 《大戴礼记·曾子大孝》。
2 《唐律疏议·名例·十恶》"不孝"条。
3 《尔雅·释训》。
4 《说文解字·老部》。
5 《唐律疏议·名例·十恶》"不孝"条。

首先，态度须恭敬，故曰孝敬。孟子曰："孝之至，莫大于尊亲。"[1]孝乃由内而外自发生成之真情流露，故须有内心之恭敬始成孝道。孔子曰："今之孝者，是谓能养。至于犬马，皆能有养；不敬，何以别乎！"[2]由其义，尽孝应超越赡养层面，饱含情感关怀虔敬态度，力求父母内心能感受到子孙恭敬之意，以获得精神慰藉。恭敬是孝道最可宝贵之处，也是最难始终贯彻之处。子夏问孔子尽孝如何最难，孔子答曰："色难。"[3]意即对父母时刻保持恭敬、言语表情温和礼敬，最难做到。俗云"久病床前无孝子"，意即此理。所以，恭敬之态度为孝道之要义。

其次，行为须顺从，故曰孝顺。一方面要顺从父母意志，对父母之意既不可有所违背，亦不可口出骂詈之语，手为伤殴之举。另一方面不能无原则地顺从。曾参任凭父亲打骂，孔子斥其陷亲不义。东汉赵岐更将"阿意曲从，陷亲不义"定为不孝之首。即便父母确实有过，对其进行劝谏亦应注意表达方式。训蒙读物《弟子规》将之通俗地表达为："亲有过，谏使更。怡吾色，柔吾声。"举止如此方为孝顺。与此同时，要顺从并继承父母的价值观念，甚至父母过世之后也要将之发扬光大。所以孔子说："父在观其志，父没观其行，三年无改于父之道，可谓孝矣。"[4]《礼记·中庸》亦曰："夫孝者，善继人之志，善述人之事者也。"即为此意。孝道含义如此，法律亦承是说。如《唐律疏议》曰："礼云：'孝子之养亲也，乐其心，不违其志。'"[5]亦兼而及于态度恭敬、行为顺从两种要求。

第三层次：慎终。

慎终乃宗教层面的要求，为孝道最后表现形式与最高层次要求。父母过世，当以礼送葬，以时祭祀，葬礼、祭礼皆应遵循一定规制，不能违礼，此

1《孟子·万章上》。
2《论语·为政》。
3《论语·为政》。
4《论语·学而》。
5《唐律疏议·名例·十恶》"不孝"条。

即慎终之意。因而孔子解"无违"为"生，事之以礼；死，葬之以礼，祭之以礼"[1]。无论父母生前抑或死后，尽孝皆应遵礼而有所节制，使丧亲之痛和一片孝心以恰当方式表达出来。唯其如此，方可使民风归于厚朴。故曾参曰："慎终追远，民德归厚矣。"[2] 此点意见，《唐律疏议》亦照章采纳："依《礼》：'闻亲丧，以哭答使者，尽哀而问故。'父母之丧，创巨尤切，闻即崩殒，擗踊号天。"[3] 法律甚至将闻丧之哭亦详加规定，此尤其显示法律对慎终观念之遵奉。

此外，娶妻生子、传宗接代，传承祖先血脉香火亦为尽孝父祖、慎终追远的重要内容。此亦为家族宗法之基本要求，体现宗教层面之孝道。《礼记·昏义》曰："婚姻者，合二姓之好，上以事宗庙，下以继后世。"故而，无子亦成为中国古代丈夫出妻七大法定理由之一。七出之制从先秦礼制到汉晋实践一脉相承，唐朝更将之明确规定于律令之中，无子又排在七出之首。[4] 传统法律对夫妇传宗以尽孝道之重视，由此可见一斑。当然，唐律对无子出妻还有人性化设计。唐律明确规定，"四十九以下无子，未合出之"[5]。意即，无子出妻亦须女子达到特定年龄而后方可施行。

概而言之，孝道即利亲、善事、慎终。利亲是低层次的孝，是物质层面的孝；善事是高层次的孝，是精神层面的孝；慎终则为灵魂慰藉，是宗教层面的孝。三者有层次上之差异。因此曾参说："孝有三，大孝尊亲，其次弗辱，其下能养。"[6]《盐铁论》亦称："上孝养志，其次养色，其次养体。"[7] 汉人赵岐对此解说得最为完整："于礼有不孝者三事，谓阿意曲从，陷亲不义，

1《论语·为政》。

2《论语·学而》。

3《唐律疏议·名例·十恶》"不孝"条。

4《唐律疏议·户婚》"妻无七出而出之"条曰："七出者，依令：'一无子，二淫逸，三不事舅姑，四口舌，五盗窃，六妒忌，七恶疾。'"

5《唐律疏议·户婚》"妻无七出而出之"条。

6《礼记·祭义》。

7《盐铁论·孝养》。

一不孝也；家贫亲老，不为禄仕，二不孝也；不娶无子，绝先祖祀，三不孝也。三者之中无后为大。"[1] "阿意曲从，陷亲不义"，违背"善事"；"家贫亲老，不为禄仕"，违背"利亲"，"不娶无子，绝先祖祀"，违背"慎终"。汉代以后的礼学家顺其意对孝道进行制度化和规范化设计，将礼义孝道转化为可衡量、易操作、更直观之行为模式，此即为法律对不孝行为之确定和惩罚奠定基础。

与此同时，古代官方亦注重运用法律之权威与手段辅助教化，以法为教，倡导孝道。一方面，中央政府设立制度给予老人物质、地位乃至法律优待，赐粮、赐物、赐官爵，举行敬老庆典，开办养老机构，还在刑律中减免老人刑罚，以具体政策与切实作为来弘扬和引领敬老养老之风，彰显孝道。另一方面，地方循吏更以民之师自居，兼采礼法，移风易俗，发布教令劝谕百姓孝敬父母。例如，南宋大儒真德秀任职泉州时发布文告："编民中有能孝于父母，悌于兄长，性情尤异者，令所属详加采访，以其实上于州，优加赏劝。如有或身居子职，有阙待养；或父母在堂，则畜私财；或犯分陵忽，不顾长幼之伦。凡若此者，皆有常刑。"[2] 此亦为法律彰明孝道之一端，亦足以明证孝道为法律核心价值之地位。

二、以孝治天下维系政法理念

中国传统法律以孝道为核心价值展开其制度设计，一方面依照传统学说逐步明确孝道之内涵，并以法律手段对其加以倡导与鼓励；另一方面根据法律实践渐次完善对不孝行为之严厉惩罚。从某种意义上讲，中国法律史即孝道精神与法律制度彼此融合之历史。自上古三代而始，孝道即有极为崇高之法律地位。由汉至唐，法律儒家化进程深入推进，孝道亦以日益精微具体之形式转化、注入于法律制度之中。围绕孝道这一核心价值而展开，孝道法律

1《孟子注疏·离娄上》。

2（宋）真德秀等撰《名公书判清明集》卷1《劝谕事件于后》。

规范体系在唐代基本成型，历宋、元、明、清，虽略有损益，大体上亦相沿不改。综而论之，中国传统法律成长于孝道精神熏染之下，孝道即为中国传统法律之精神灵魂与核心价值。

（一）历代法律对不孝行为的惩治

在中国古代，违反孝道之言行即为不孝，既要受到道德谴责，又要面临法律制裁。然而不孝之成为罪名，其具体规定在立法实践过程中之细化完备并非一日之功。

夏商西周三代皆惩"不孝"，然而当时"不孝"的含义尚显模糊。及至汉朝，伴随着法律儒家化进程，不孝入律日益充分，"不孝罪"内涵始渐丰富。[1] 汉初《二年律令》规定，杀、殴、詈父母皆为不孝，当处弃市之刑。[2] 董仲舒以《春秋》经义决狱，殴父仍为枭首之罪。[3] 媳妇"既嫁从夫"，亦可成为不孝罪主体。[4] 而"无子""不事舅姑"等不孝行为亦成为法定休妻事由。其后，父母死后丧期违礼，亦渐入不孝罪惩治范围。[5] 同时，对于父母告子不孝也一并惩以重刑，甚至不要求确有具体证据。[6]

概而观之，不孝罪自汉代始得到空前发展，律文日增，条目日密，且不在赦免之列。[7] 然当时之不孝罪尚显粗疏笼统，凡不孝皆处死刑，具体情节

---

1 详可参阅刘厚琴、田芸：《汉代"不孝入律"研究》，《齐鲁学刊》2009 年第 4 期。

2《二年律令》："子牧杀父母，殴詈泰父母、父母、段（假）大母、主母、后母，及父母告子不孝，皆弃市。"［张家山二四七号汉墓竹简整理小组：《张家山汉墓竹简（二四七号墓）》，文物出版社，2001，第 139 页。］

3《太平御览》卷 640《刑法六·决狱》引《董仲舒决狱》曰："甲父乙与丙争言相斗，丙以佩刀刺乙，甲即以杖击丙，误伤乙。甲当何论？或曰：殴父也，当枭首。"

4《二年律令》："妇贼伤、殴詈夫之泰父母、父母、主母、后母，皆弃市。"［张家山二四七号汉墓竹简整理小组：《张家山汉墓竹简（二四七号墓）》，文物出版社，2001，第 140 页。］

5 例如，《汉书·金日磾传》载：金钦为其父立庙却未入祠其祖夷侯常庙，为此甄邯劾奏"诬诅不孝，罪莫大焉"。最后金钦自杀。

6 例如，《后汉书·循吏·仇览列传》载，东汉陈元"庐落整顿，耕耘以时"，其母却"肆忿于一朝"告其不孝，此案亦被受理。

7 例如，（晋）袁宏撰《后汉纪·光武皇帝第八》记载，东汉光武帝建武二十九年（53 年）下诏大赦天下："天下系囚自殊死以下减本罪各一等，不孝、不道不在此书。"

及其法律后果尚无明确区分。其后，立法日渐完善，依据主观恶性与客观情节轻重不同，分化出逻辑严整之不孝罪罪刑体系。依孝道自身三层次要求，不孝罪亦衍而为三大类型：一为违背利亲要求之不孝，二为有违善事要求之不孝，三为违背慎终要求之不孝。每一类下面都有若干罪名，每一罪名又细化为若干具体言行。兹详述如下：

其一，有违利亲要求之不孝行为。

利亲为孝道最基本之要求，如若有违此精神则为不孝，为法律所禁止。法律循此精神而设计出两种行为模式：供养有阙、别籍异财。

在汉代，"有生父而弗食三日"者要处弃市。[1]汉武帝时有两兄弟互相攻击对方赡养不周，皆被董仲舒定为不孝，皆处以弃市刑。而针对官员主体，其处罚方式则为免官。西汉时丞相薛宣，因不供养后母而被两次免官。[2]西晋庾纯亦因"父老不求供养"遭人揭发而被迫辞官。[3]然而此终为一般惯例而无明确法律规定。

至唐朝，"供养有阙"最终明文规定在律典之中，成为法定之不孝行为，处两年徒刑之惩罚。[4]然而法律同时规定，"供养有阙"应为"堪供而阙"。依《唐律疏议》之说法："《礼》云'七十，二膳；八十，常珍'之类，家道堪供，而故有阙者，各徒二年。"[5]此乃针对有条件行孝而故意不尽孝道之人而言。如果确实家境贫寒无法做到供养充足，则不能都视为犯罪。故"堪供而阙"实为区分罪与非罪的关键。此后，"供养有阙"皆为刑法所否定，各朝代大体沿袭不变。

---

1 参见张家山二四七号汉墓竹简整理小组：《张家山汉墓竹简（二四七号墓）》，文物出版社，2001，第227页。

2 参见《汉书·薛宣传》。

3 参见《晋书·庾纯传》。

4 参见《唐律疏议·斗讼四》"子孙违犯教令"条。

5 《唐律疏议·斗讼四》"子孙违犯教令"条。

儒家历来重视家族主义，提倡"父母存，不有私财"[1]，这既为供养周备之重要基础和保障，亦为孝道应有之义。然而秦法则不用此意，严厉推行分户析居政策。[2] 至汉初，有些地区"生分"习俗仍然盛行。[3] 故而汉惠帝特意下诏鼓励同居共财。[4] 东汉时，聚族而居现象已广为存在，且为时尚所趋。故应劭曰："凡同居，上也"[5]。然而法律之于别籍异财行为，尚未明文禁止。直到曹魏《新律》始明确立场，"除异子之科，使父子无异财"[6]。

及至唐朝，禁止别籍异财之法律规定更加完善。依唐律，"别籍"指另立户籍，"异财"指分割财产。祖父母、父母在世时，子孙有别籍或异财者，皆处徒三年之刑。[7] 但如长辈强令分家，则子孙不受法律制裁。如此，对别籍异财制裁与否，全视尊长意志，其弘扬孝道之义昭然若揭。至于父母死后，丧期未尽，兄弟分家则处徒刑一年。[8] 唐朝以后，禁止别籍异财之法律宗旨一以贯之，唯量刑稍有增减。比如，宋时曾诏川陕诸州，"察民有父母在而别籍异财者，论死"[9]。明朝将量刑改为杖一百。直到清末法制改革，才不将别籍异财视为犯罪。

其二，有违善事要求之不孝行为。

善事较之利亲为更高层次之孝道，其主旨在于给予父母精神礼敬。落实到具体行为模式上，则又有孝敬与孝顺之别，态度恭敬，行为顺从。而现实中，违背善事要求之行为，则不仅有不敬、不顺行为，更有甚者，出手杀害、伤殴父母者也大有人在。凡此行为，皆为法律明文所禁止。传统法律对

1《礼记·曲礼上》。

2《史记·商君列传》记载商君之法的规定："民有二男以上不分异者，倍其赋。"

3《汉书·地理志下》："（河内）薄恩礼，好生分。"

4《汉书·惠帝纪》："今吏六百石以上父母妻子与同居，及故吏尝佩将军都尉印将兵及佩二千石官印者，家唯给军赋，他无有所与。"

5（汉）应劭撰《风俗通义·过誉第四》。

6《晋书·刑法志》。

7 参见《唐律疏议·户婚一》"子孙别籍异财"条。

8 参见《唐律疏议·户婚一》"居父母丧生子"条。

9《宋史·太祖本纪》。

此类不孝行为——加以列举：子孙杀、殴、骂父母、祖父母，告父母、祖父母以及违反教令行为。

　　秦时弃礼任法，以功利态度取舍孝道，殴打父母要处刑罚，骂詈父母则不为法律禁止。汉重孝道，杀、殴、詈为一科，子杀、殴、詈直系尊亲属，妇贼伤、殴、詈夫之直系尊亲属，都处弃市刑。其后，各类行为在主观恶性和客观效果上之差异逐步在律典中有所体现。南朝宋律文规定："子贼杀伤殴父母，枭首；骂詈，弃市；谋杀夫之父母，亦弃市。"[1]在特定案件中，司法官则会依孝道精神对此类不孝行为之罪刑采加重主义。当时张江陵骂詈母亲致其自尽，在遇大赦的情形下其仍被判枭首之刑。[2]北魏时则"律不逊父母，罪止髡刑"[3]。随着孝道观念深入人心，南北朝时人逐渐认识到对父母之人身伤害已然超出通常意义上之不孝范畴，将之升格为"恶逆罪"，与"不孝""内乱"等罪名加以区分。《北齐律》更是将"恶逆"纳入"重罪十条"加以严惩，不在八议、论赎之限。

　　唐律则通过系统整理，对恶逆罪作出完整规定："殴及谋杀祖父母、父母，杀伯叔父母、姑、兄姊、外祖父母、夫、夫之祖父母、父母，皆处斩刑。"此处需注意者有三：一是对于父母、祖父母之人身伤害，只要有殴打行为或谋杀意思即构成犯罪，而不要求一定有殴伤后果及谋杀行为。二是妇亦可成为该罪的主体，杀夫之父母、祖父母亦属"恶逆"。三是"恶逆"之罪行"穷恶尽逆，绝弃人理"[4]，故而处以斩刑，且为常赦所不免，不在议、赎之列，行刑亦决不待时。唐以后法律对"恶逆"规定大体沿袭不变，只是在刑罚上日渐加重。宋代以后，五刑之外又设"凌迟"酷刑，专门针对谋反、恶逆等重罪。清末修订《现行刑律》，将杀父母改为斩刑，殴父母改为

---

1 《宋书·孔季恭传附渊之传》。

2 参见《宋书·孔季恭传附渊之传》。

3 《魏书·刑罚志》。

4 《唐律疏议·名例·十恶》"恶逆"条。

绞刑。而同时，唐律将诅咒、骂詈祖父母、父母行为一并归入"不孝罪"，处绞刑，位列"十恶"之中。[1]其后各朝，骂詈父母、祖父母皆为绞罪。清末《现行刑律》将之改为绞监候。

控告父母也为传统法律所不容。周代禁止卑幼控告尊长，告者有罪。儒家向来认可"父为子隐、子为父隐"为人性之"直"[2]。秦代强制告奸，然而亦有"非公室告"之制，对尊亲属在家族内部的犯罪行为不予追究。汉初明文禁止子告父母。[3]汉宣帝时更颁布"亲亲得相首匿"的诏令，明确倡导子为父母、祖父母隐匿罪行，为从法律上否定子告父母行为另造声势。[4]魏晋南北朝时期法律对此规定进一步细化。首先，除特殊情况外，子告父母有罪。北魏《麟趾格》规定："父谋反大逆子得告"，还规定："母杀其父，子不得告，告者死。"[5]但是该条因受到廷尉卿窦瑗的质疑而被废止。其次，即便父母犯罪子女也不能出庭作证。东晋元帝采纳晋王大理卫展的建议，废除了以刑讯强迫子女证其父母有罪的做法。[6]刘宋时蔡廓也建议："鞫狱不宜令子孙下辞明言父祖之罪，亏教伤情，莫此为大。"[7]廷议以为有理，遂下令废禁此制。

唐人总结前代经验，对此作出全面法律规定。唐律一方面规定"同居相为隐"制度，另一方面明确规定："诸告祖父母、父母者绞。"[8]但若父母所犯为"十恶"中之谋反、谋大逆、谋叛罪，则不得适用"亲属相隐"。各朝基本沿袭这一法律规定，把告发父母犯罪、证明父母有罪行为视为"干名犯

1　参见《唐律疏议·名例·十恶》"不孝"条。

2　《论语·子路》。

3　《二年律令》规定："子告父母，妇告威公，勿听而弃告者市。"［张家山二四七号汉墓竹简整理小组：《张家山汉墓竹简（二四七号墓）》，文物出版社，2001，第151页。］

4　《汉书·宣帝纪》载："自今子首匿父母，妻匿夫，孙匿大父母，皆勿坐。其父母匿子，夫匿妻，大父母匿孙，罪殊死，皆上请廷尉以闻。"

5　《魏书·良吏传·窦瑗传》。

6　参见《晋书·刑法志》。

7　《宋书·蔡廓传》。

8　《唐律疏议·斗讼三》"告祖父母父母"条。

义",给予严厉打击。

孝顺乃孝道之基本要求,不从父母教令亦向来为儒家伦理所反对。《礼记·内则》曰:"父母怒、不说,而挞之流血,不敢疾怨,起敬起孝。"汉代以后,子孙违犯教令行为为法律所禁止,其刑罚或重至死刑,或免官夺爵。南朝宋法律规定:"违犯教令,敬恭有亏,父母欲杀,皆许之。"[1] 时人向植,继承其父侯爵,"不受母训"却仅被罚以夺爵。[2]

及至唐朝,子孙违反教令之法律规定得以统一。《唐律疏议·斗讼》规定:"诸子孙违反教令",徒二年;但违反教令须"可从而违"方可构成犯罪。如孔子所说:"故当不义,则子不可以不争于父。"[3] 如果父母之命着实无法遵从,违反教令亦不构成犯罪。此即赵岐"阿意曲从,陷亲不义"理论之法律化。唐后,惩治子孙违反教令之制得以继承,只是量刑时有变化。清末法制改革,"子孙违反教令"等罪名,曾引起激烈争论,后终被移出法典。

其三,违背慎终要求之不孝行为。

慎终追远乃孝道之宗教要求,有违此道亦属不孝。孔子曰:"死,葬之以礼,祭之以礼。"[4] 中国古代丧礼发达,正欲借此弘扬孝亲之道。丧期最初为三年,其后渐改为二十七个月。丧期之内,礼制要求繁复严格,这些要求亦被法律所吸纳。此便构成违丧葬礼之不孝犯罪,并将之概括为以下行为模式:匿不举哀,丧期违礼,冒哀求仕。

匿不举哀是指闻父母死而不办丧。依儒家孝道精神,父母过世之后应依礼治丧,不能隐匿拖延。《礼记》规定:"奔丧之礼。始闻亲丧,以哭答使者,尽哀;问故,又哭;尽哀,遂行。"[5] 唐代礼法合一,此条礼义亦被法律采纳。唐律称:"依《礼》:'闻亲丧,以哭答使者,尽哀而问故。'父母之丧,创

1《宋书·何承天传》。
2 参见《宋书·向靖传》。
3《孝经·谏诤章》。
4《论语·为政》。
5《礼记·奔丧》。

巨尤切，闻即崩殒，擗踊号天。"[1]而对于闻丧不哭、匿不举哀者，则加以重罚。唐律规定："诸闻父母若夫之丧，匿不举哀者，流二千里"[2]。依当时刑制，流放二千里仅次于斩刑和绞刑，已属重刑之列。而流放二千里，是唐宋法律的通行规定，其后亦大体沿袭不改。明代"闻父母及夫之丧匿不举哀"亦属"十恶"，只是刑罚有所减轻，杖六十、徒一年。[3]

　　丧期违礼包括居丧作乐、婚嫁、生子等行为。依儒家孝道理论，为父母服丧当至悲至哀，不得作乐，不得婚嫁，更不得生子，否则即为不孝。"父母之丧，终身忧戚，三年从吉，自为达礼。"[4]法律本此孝道精神，遂将此类丧期违礼行为定为不孝之罪。

　　早在汉代，此类行为就被社会舆论和司法实践所否定。汉律规定："夫父母死，未葬，奸丧旁者，当不孝，不孝弃市；不孝之次，当黥为城旦舂。"[5]东汉赵宣为父母守孝期间生有五个儿女，"遂致其罪"[6]。丧期违礼不仅为国法所禁止，社会舆论也对之给予强烈谴责。十六国后秦时京兆韦高"居母丧，弹琴饮酒"，给事黄门侍郎古成洗闻之曰："吾当私刃斩之，以崇风教。"[7]古人重视慎终之孝，由此可见一斑。

　　至唐代时，明确以法律形式对此类行为加以禁止。唐律规定，在父母丧期之内，"丧制未终，释服从吉，若忘哀作乐，徒三年；杂戏，徒一年；即遇乐而听及参预吉席者，各杖一百"[8]。此外，居丧饮酒食肉亦为非法，比照"释服从吉"，徒三年。司法实践中，刑罚甚至会有所加重。唐宪宗时，陆慎

1《唐律疏议·名例·十恶》"不孝"条。
2《唐律疏议·职制二》"匿父母夫丧"条。
3 参见《大明律例·礼律二·仪制》。
4《唐律疏议·户婚二》"居父母夫丧嫁娶"条。
5 张家山二四七号汉墓竹简整理小组：《张家山汉墓竹简（第二四七号墓）》，文物出版社，2006，第227页。
6《后汉书·陈蕃传》。
7《晋书·姚兴载记》。
8《唐律疏议·职制二》"匿父母夫丧"条。

馀与陆博文在居丧期间身穿华服在闹市饮酒食肉，诏"各决四十，慎馀流循州，博文递归本贯"[1]。唐律还规定，诸居父母丧而嫁娶者徒三年，且婚姻无效，须"各离之"[2]。而且居父母丧为人主婚也属犯罪，要受到杖一百的刑罚。不仅如此，依照唐律，即便是父母犯罪待刑、身被囚禁之时，子女作乐、嫁娶亦要受到刑罚处罚。[3]当然，此时嫁娶如是奉祖父母、父母之命为之，则不为罪。即便如此，依照唐令，嫁娶时也不得铺张宴会，大肆庆祝，以示心忧父祖。除此以外，"诸居父母丧，生子及兄弟别籍、异财者，徒一年"[4]。不过所谓居丧生子，须是在丧期内怀孕生子才算犯罪。

冒哀求仕是指，父母丧期间，置孝道于不顾，贪图爵禄，出仕为官。"自古忠孝难两全"，为国尽忠与在家尽孝本具有天然的内在冲突，而中国古代法选择优先成全孝道。尤其是，在服丧期间不能出仕做官，是一项普遍的法律规定。此规定最早见于汉代法律。首先，不为父母守丧者，不能被选拔或推荐出仕为官。"汉律以不为亲行三年服不得选举。"[5]其次，作为汉代官僚集团后备力量的博士弟子亦须依礼服丧，否则即剥夺其官员备选资格。[6]最后，在任官员必须依礼为父母守丧，否则革除官职。[7]其后，仍有人因贪恋禄位、冒哀求仕，而遭到法律严厉惩戒。如北魏时偏将军乙飞虎"居三年之丧而冒哀求仕"，"依律处刑五岁"[8]。

唐代将"冒哀求仕"加以细化，分为三种情况：一曰诈言余丧。《唐律疏议·诈伪》："诸父母死应解官，诈言余丧不解者，徒二年半。"二曰释服

1（宋）王钦若等修《册府元龟》卷 153《帝王部·明罚第二》。

2《唐律疏议·户婚二》"居父母夫丧嫁娶"条。

3《唐律疏议·职制二》"府号官称犯父祖名"条："若祖父母、父母及夫犯死罪，被囚禁，而作乐者，徒一年半。"《唐律疏议·户婚二》："祖父母、父母既被囚禁，固身图圄，子孙嫁娶，名教不容。"

4《唐律疏议·户婚一》"居父母丧生子"条。

5《汉书·扬雄传下》颜师古注引应劭曰。

6《汉书·哀帝纪》记载，汉哀帝绥和二年（前 7 年）诏曰："博士弟子父母死，予宁三年。"颜师古注曰："宁谓处家持丧服。"

7《后汉书·陈宠传附陈忠传》记载，东汉安帝时下诏，要求"大臣得行三年丧，服阕还职"。

8《魏书·礼志四》。

求仕。守丧不满二十五个月，释服从吉，出来任官的，为释服求仕，徒刑三年。三曰冒哀求仕。《唐律疏议·职制》规定："冒哀求仕者：徒一年。"[1]已满二十五个月，未满二十七个月，禫制未除，出来任官的，为冒哀求仕，徒刑一年。由此还演化出规定官员如何为父母守丧服孝的"丁忧"之制。以后各朝，此规定沿用不改。

法律之不孝，除以上情况外，还有一项兜底条款。父母告子不孝，即便不能确定有以上诸行为，法律上亦认可其为不孝。汉代《二年律令》规定："父母告子不孝，皆弃市。"[2]此既无具体形式要求，亦不需要证据，官方亦须依父母之意判决。例如，晋时武陵王司马澹妻郭氏恃势无礼于澹母，于是"澹母诸葛太妃表澹不孝，由是澹与妻子徒辽东"[3]。南朝宋时法律规定，"母告子不孝，欲杀者许之"[4]。《大清律例》规定："父母控子，即照所控办理，不必审讯。"[5]此时，"'是非'，毋宁说是系于身分的"[6]。可见，在确定子女是否构成不孝罪时，父母的意见和态度至关重要。此乃孝道观念的极端彰显，然亦不无矫枉过正之嫌。

（二）历代司法中存在的屈法律而全孝道的制度和做法

由前述可知，孝道作为精神灵魂贯穿中国传统法律运行始终，指导立法和司法。以孝道为核心价值与精神旨趣，中国传统法律紧密围绕孝道设计了各项繁复而又周密的制度。在多数情况下，遇有侵犯孝道之案件发生，但须依法律既定规范处置即可；然而法律终究不能与伦理等同，当有孝道之极端形式出现而又恰与法律发生直接冲突之时，孝道便会突破法律之一般规定，

---

1 《唐律疏议·职制二》"府号官称犯父祖名"条。

2 张家山二四七号汉墓竹简整理小组：《张家山汉墓竹简（第二四七号墓）》，文物出版社，2006，第139页。

3 《晋书·宣五王传》。

4 《宋书·何承天传》。

5 《大清律例·律·斗殴下》"殴祖父母父母"条。

6 瞿同祖：《中国法律与中国社会》，中华书局，2003，第16页。

如此就有屈法律而成全孝道之做法，而后渐成制度或司法惯例。此又是中国传统法律之一大特色。俞荣根教授早就指出，儒家伦理法是中华法系的主体内核。而儒家伦理法是把宗法家族伦理作为大经大法的法文化体系。在这个体系中，宗法家族伦理被视为法的渊源、法的最高价值，伦理凌驾于法律之上，伦理价值代替法律价值，伦理评价代替法律评价，立法司法悉以伦理为转移，由伦理决定其弃取。[1]一旦发生此类案例，当事人通常会获得超出法律规定范围之裁决结果。而个别领域内的屈法律而成全孝道，乃至以孝道突破法律，恰说明孝道可凌驾于国法之上，亦反映出中国传统法律以孝道为核心价值与精神灵魂。

其一曰，存留养亲。

"存留养亲"又称"留养"。即罪犯被判死刑或流刑，身为独子而父母又年老无人赡养情况下，可暂不执行刑罚，令犯人在家赡养老人。待父母去世后，再执行刑罚。存留养亲作为明确的法律制度，最早见于南北朝。北魏孝文帝时下诏："犯死罪，若祖父母、父母年老，更无成人子孙，又无期亲者，仰案后列奏以待报，著之令格。"[2]这被认为是存留养亲制度的初始。该制其后相沿不改，到唐朝得到进一步完善。从此以后，宋、元、明、清等历代政权，法律中都有此制度。

然而，存留养亲实为屈法律而成全孝道之特殊司法制度，不能随意滥用，故而须满足严格条件方可实施。首先，祖父母、父母年龄须七十以上。其次，罪犯应为独子。最后，祖父母、父母没有"期亲"如同辈兄弟可以依靠。同时具备此三条，方可适用存留养亲。

同时，欲要启动存留养亲制度，还需根据不同情形依照特定程序行事。如若罪犯所犯为死罪，其应"具状上请"。意即逐层上报，请示皇帝裁决是

---

1 参见俞荣根：《儒家法思想通论》，商务印书馆，2018，第138页。
2 《魏书·刑罚志》。

否给罪犯减刑。对此，皇帝的处理有两种：一是不减刑，仍判死刑。此时即可令罪犯回家赡养，待老人百年归世后，再来执行死刑；二是减刑，免去死刑，减为流刑，此时依律执行流刑即可。如若罪犯所犯为流罪，则先行鞭打，而后令其回家为父母养老送终，之后再执行流刑。流刑之所以也要留养，是因为古代交通不便，信息闭塞，一旦流放，如泥牛入海全无消息，故无法承担孝道义务。

需要特别注意者，清朝以前，存留养亲是一种刑罚延期执行制度，罪犯为老人养老守丧后，还得继续执行刑罚。及至清朝，则变为一种永久性减刑制度——"留养承祀"。对决定适用留养承祀的罪犯，老人死后，原判死刑，也不再执行死刑；原判流刑，亦不再流放。前者要改处枷号两个月、责四十板、罚交银两的处罚（十两至五十两不等）；后者改为"止杖一百，余罪收赎"，就是打一百杖，再缴些银子即可。清代创设该制度，其目的在于保留罪犯之命以便承担传宗接代之任务，故称"留养承祀"[1]。此又体现了古人"不孝有三，无后为大"的孝道观念。

其二曰，代父母受刑。

司法中之"代父母受刑"现象，亦称"代刑"，在古代社会早有其例。《列女传》中记载：春秋末年，晋国卿大夫赵简子执政，欲渡河攻打楚国。结果河津吏因酒醉耽误行军，赵简子欲将其正法，其女请求代父受死，河津吏因而得免死罪。[2]汉朝以后，受儒家孝道观念影响，此类司法现象屡见不鲜。或代替父母受刑，或代替父母受死。

"代刑"之观念和举动，对传统司法影响深远。自汉至清，凡遇代刑案件，司法机关大都会给予相当重视，很少有法官置之不理、视而不见。这种对正常司法程序构成干扰的现象，体现了孝道对法律之冲击。而对此类案件

---

1 《大清律例·名例律上之三》"犯罪存留养亲"条。
2 参见（汉）刘向撰《列女传·辩通传》。

的处置，则可谓屈法律而成全孝道之典型代表。如遇此类案件，其处理办法往往有三：允许代刑，赦免罪犯，给罪犯减刑。综观古代，赦免罪犯罪刑的较之允许代刑者为多，而最终给罪犯减刑者最为普遍。

第一，允许代刑。

现有史料显示，司法中允许代刑的规定最早出现在东汉。汉明帝下诏将一些死刑罪犯迁徙到朔方、五原等边境地区屯田开荒，同时规定如有"父母同产欲相代者，恣听之"[1]。这是代替一般的刑罚。汉安帝时，律家陈忠建议："母子兄弟相代死，听，赦所代者。"[2]得到朝廷的采纳。汉朝以后，当事人申请代替亲人执行刑罚，且国家也准许的情况，时有所见。例如，清朝雍正五年（1727年），浙江上虞新宅村农民陈某误杀本村孩童，其子陈福德大义报官。官府将陈某缉拿归案，判令斩首示众。陈福德自觉不孝，跪求县令以身代父受刑，县令感其孝心，同意替刑，并将代刑决定上报中央，得到批准后释放陈某，将其子斩首。

第二，赦免。

实践中，司法官对代父受刑的请求，处于社会舆论与法律规定之间，两难之际，往往上报朝廷，请求给罪犯免刑。例如，三国时期的吴国赤乌元年（238年），廷尉史伟触怒孙权，身被死罪。其长子史从、次子史敦联名上书，请求代父受死。朝廷恩准任选一子替父代刑。而在刑场上，一个要代父死，一个要为兄死，兄弟两人争执不已。孙权闻讯，感叹两幼子年纪虽轻尚能明晓孝义做出此举，于是赦免史伟罪刑，恢复官职。其二子被赐姓斯氏，意为孝敬父母者当如斯；旌表门闾，其地赐名为斯孝乡。

第三，减刑。

代刑案件，更多的处理结果乃司法官通过特定程序操作，最后经皇帝认

---

1 《后汉书·明帝纪》。
2 《后汉书·陈宠传附陈忠传》。

可，使得被代刑的当事人得以减轻刑罚，死罪可免，活罪难逃。比较而言，因代刑而给犯罪父母减刑的最多，这方面的例子不胜枚举。例如，北魏时期，山西代县人长孙真误杀妻子，被判死刑。其子长孙虑以家中弟妹尚幼为由请愿要求代父受死。最终，朝廷虑其"于父为孝子，于弟为仁兄"[1]，于是下诏，免去长孙真死刑，改成流刑执行。

其三曰，默许复仇。

古代复仇杀人，是一个法律问题，更是一个文化问题。中国古代社会素有"崇尚复仇"之文化心理。基于孝道立场，为父母复仇亦为儒家所推崇和鼓励。儒家学者还对其进行理论论证与制度设计。首先，为父母复仇具有当然的正当性。据《春秋公羊传》的说法："子不复仇，非子也。"[2]《礼记·曲礼上》云："父之仇，弗与共戴天。"其次，为父母复仇应具备坚决、果敢之态度。《周礼》有"父母之仇，避之海外，虽遇市朝，斗不反兵"的说法。准备复仇期间，要"寝苫、枕干、不仕"[3]，须时刻做好准备复仇。最后，复仇亦须遵循特定道义原则与国法限制。例如，"恶恶止其身"[4]，不能滥及无辜；复仇时不能乘人之危，须讲究正大光明；父母之死非因国法[5]；如此等等。

崇尚复仇之文化心理一旦形成，就很难消除，给古代法律带来深刻影响。秦朝奉行法家思想，禁止私相复仇。汉朝以后，国家推行"孝治"政策。而为父母报仇虽有碍于社会秩序，却是尽孝之极端表现。所以国家有意默许乃至宣扬《春秋》等儒家经典中之复仇大义。最终，崇尚复仇、敬重复仇的文化心理亦渗透到立法和司法过程中。

对于私自复仇行为，中国传统法律始终未能形成一贯而又明确的立场。

---

1 《魏书·孝感·长孙虑传》。

2 《春秋公羊传·隐公十一年》。

3 《礼记·檀弓》。

4 《春秋公羊传·昭公二十年》。

5 《春秋公羊传·定公四年》曰："父不受诛，子复仇可也。"《周礼·地官·调人》云："凡杀人而义者，不同国，勿令仇，仇之则死。"《周礼·秋官·朝士》则说："凡报仇者，书于士，杀之无罪。"

就成文法典而言，有时明文允许复仇，例如东汉章帝时颁布的《轻侮法》；有时则明文禁止复仇，例如曹魏文帝曹丕曾下诏严禁之[1]；有时则又采折中办法，对血亲复仇进行有条件的默许，例如曹魏明帝时颁布的《新律》。唐代以后，礼法合一。礼经鼓励复仇，而国家法典对复仇却默而不谈，这无疑给司法实践留下了较大操作空间与长久争论。[2]

自汉代开始，受到法律儒家化影响，每当遇有疑难案件，严格依法则背离人情常理之时，就改用《春秋》等儒家经典的经义来判案，此即"春秋决狱"。如遇到复仇案件，自然是引用儒经复仇大义作为依据，故而复仇在司法中往往能够得到法律上之宽容。例如，汉灵帝时赵娥为父报仇杀人，深受传统孝道观念熏染的司法官竟千方百计为其寻求免罪理由。最终，与皇帝赦免诏书一道而至的还有十匹束帛与一座孝烈牌坊。唐代以后，"春秋决狱"虽不再多见，然而复仇案件的处理方式大体延续不变。即便在蒙元时代，"因孝枉法"的案例也并不少见。[3]

具体而言，司法中遇有复仇案件处理结果大致有四：一为判决无罪。引用春秋大义，认定复仇杀人行为不是犯罪行为，直接判无罪，当庭释放。此为汉代春秋决狱宽容复仇的基本方式。二为减轻刑罚。上报朝廷，由文武大臣讨论后进行减刑，这是唐朝出现的宽待复仇的新型司法审判方式。因为唐朝已形成严格的律令体系，法官审案必须严格引用法律条文，否则构成犯罪。因此遇到复仇案件，法官自己不敢定夺，遂逐级上报，并附之以《春秋》《礼记》复仇大义，以求为复仇者减刑。唐宪宗时梁悦复仇案即为其例。三为免除刑罚。上报朝廷，皇帝直接下诏进行赦免。例如，清初李复新为

---

1 《三国志·魏书·文帝纪》记载，曹魏文帝时下诏："今海内初定，敢有私复仇者皆族之。"

2 如东汉张敏、桓谭等人明确主张国法禁断复仇，刘宋傅隆、南齐孔稚珪主张对复仇法外开恩。而后又有数篇重要的文章围绕复仇的法律问题展开深入的讨论。例如，唐代陈子昂的《复仇议状》、柳宗元的《驳复仇议》、韩愈的《复仇状》和宋代王安石的《复仇解》，围绕礼治与法治关系、法律与人情的关系，各自提出了不同的见解。

3 参见赵文坦：《儒家孝道与蒙元政治》，《孔子研究》2008年第3期。

父报仇，杀死已被判徒刑的仇人。县官为其孝行感动，上报朝廷，终免其刑罚。地方政府还为其修了座孝烈牌坊，以示榜样。[1] 四为依律处刑，而后又表彰其孝义，这以唐代武则天时期的徐元庆复仇案为其代表。但这种自相矛盾的做法遭到后世非议，故效法者甚少。总而观之，由汉到清两千年，为亲报仇者前赴后继，司法界宽容做法亦一以贯之，遂形成"宽容复仇"的司法传统。而这正"体现了中华法系所带有的浓厚的伦理特征"[2]，足以明证孝道为传统法律核心价值之地位。

三、移孝于忠的暗线逻辑

孝道在中国古代法律传统中备受重视，与之相并列的另一个重要价值观念叫忠道。顾名思义，忠道就是对上级领导、对君主国家尽忠的一种观念，以及在这种观念指导之下的具体行为。"忠"的观念，较之于"孝"为后出。因为"忠"涉及君臣关系，此关系之形成当然始于古代国家政权或者类似国家之酋帮建立以后。当然，某一观念的出现与其形诸文字尚不能够画上等号。就现有研究而言，甲骨文中并无"忠"字，西周金文中虽有"忠"字，但出现时间较晚。《尚书》中有多处讲到"忠"，但这几篇古文都是后人伪造，不足为据。现今所见，较早讲到"忠"的是《论语》和《左传》。如《论语·八佾》云："君使臣以礼，臣事君以忠。"《为政》篇云："使民敬，忠以劝。"《春秋左氏传·僖公九年》云："公家之利，知无不为，忠也。"凡此数处所指皆为臣子对国家君主尽忠之义务。故后世《说文》云："忠，敬也，尽心曰忠。"[3]

从外在形式来看，尽孝父母与尽忠国家都是一种以卑对尊的单向义务。具体而言，这两大义务又都包含若干具体行为要求。从这一点来看，忠道与孝道存在外观上的某种相似性。不仅如此，由于尽孝与尽忠所提倡的都是一种义务本位的价值观，天然以服从为重要精神指向，所以很有将二者混为一谈或者相互比附推演的可能，因而孝道与忠道之间存在密切的逻辑关联。而从历史事实来看，自周代以来的历代国家统治者本着忠孝一体的治国逻辑，所从事最多的就是移孝于忠，以孝道维护和论证忠道，这成为历代统治者的一种统治国策与权术。当然，从理论上对此逻辑进行缜密论证的，仍旧是热衷拥戴君主制度、主动献计献策的儒家学者。

孔子曾经说过："孝慈则忠。"[1] 在这句话中，孔子不仅将父慈子孝的家庭伦理美德与对国家和君主尽忠的忠道相提并论，而且从总体上勾勒出忠孝之间的内在关联。据他的推导，在家能够尽到孝慈伦理义务，在国家就可以成为遵守孝道之人。很显然，孔子所关注的就是忠孝之间互相转化的内在逻辑，为统治者提供了最初的统治策略。孔子还将孝道伦理行为规范体系的基本原则进行了抽象总结。他说："君使臣以礼，臣事君以忠。"[2] 在孔子看来，臣子对君主尽忠的行为也是有前提的，即君主必须同时遵照礼的规定对臣子予以相应的对等待遇。

可见在孔子那里，臣子尽忠终究不是无条件的、绝对的，而是有条件的、相对的。故孔子说："所谓大臣者，以道事君，不可则止。"[3] 此即《礼记·内则》所载："君有过则谏，反复之而不听，则去。"然而孔子的这一观念在他的弟子和后学之中没有很好地延续下去。孔子的弟子有若说："其为人也孝悌，而好犯上者，鲜矣。不好犯上，而好作乱者，未之有也。"[4] 在这句话中，有若的论证逻辑显然就是立于社会秩序的稳定上的，甚至可以说是说给统治者听的。统治者正是在逐渐明了这一套曲径通幽般的论证逻辑之

1《论语·为政》。
2《论语·八佾》。
3《论语·先进》。
4《论语·学而》。

后，才逐渐认识到在社会上推崇孝道的重要意义。

先秦时期尊崇孝道的另一部重要著作，同样是代表了儒家学派的孝道观念，而且论证说理更加直白、具体，这就是《孝经》。《孝经》不仅简要阐述了儒家学派的孝道观念，而且从一个较高的层次着重探讨了忠孝之间的关系，率先把孝亲和忠君放到同一个层面上和同一个框架体系中进行系统论述。《孝经·开宗明义章》云："夫孝，始于事亲，中于事君，终于立身。"在这个从个人到国家一以贯之的伦理体系中，事亲、事君、立身三个不同对象的行为要求，被整合为始终一体的伦理要求，成为其所倡导的人人需要终身奉行的人生信条和努力方向。在这个体系中，事亲只是孝的初始阶段，而事君处于更高的层次，忠君成为尽孝的一个必然发展方向。《孝经·士章》又云："以孝事君则忠。"儒家学者在这里对孝和忠的概念进行了一个移花接木般的角色转换。他们把孝的对象由父母长辈换成了君主，将忠的行为伦理嫁接在孝的行为要求之上。如此一来，就把家庭内部伦理之孝，转化而为国家政治伦理之孝。君主成了父母，下属也就成了臣子，臣子对君主的尽忠行为就可以直接参照孝道，把君主当做父母一样对待，以向父母尽孝的态度向君主尽忠。童书业先生说："在'原始宗法制'时代，后世之所谓忠实所包括于孝之内……一国以至所谓'天下'可合成一家，所谓'圣人能以天下为一家也'。故忠可包含于孝之内，无须专提忠之道德。然至春秋时，臣与君未必属于一族或一'家'。异国异族之君臣关系逐渐代替同国同族之君臣关系，于是所谓忠遂不得不与孝分离。"[1]这正是统治者所衷心期待的理想状态。这样，《孝经》在事亲和显亲的高度统一中将忠君、孝父有机地集于人君一身，从而使孝具有了平治天下的政治功能。正是如此，忠孝一体、孝移作忠也就成为统治者"以孝治天下"的基本策略和重要步骤。

为了达到这一理想状态，君主需要以身作则提倡孝道。故《孝经·广扬

---

1 童书业：《春秋左传研究》，上海人民出版社，1983，第269页。

名章》云："君子之事亲孝，故忠可移于君。"《孝经·士章》云："资于事父以事君而敬同。"这已经把话说得很明白了，"移孝于忠"成为国家统治阶层巩固统治、维持秩序的基本策略。到了这个时候，儒家所提倡的孝道已经与起初的孝道大有不同，由孔子的孝亲之孝转而成为国家政治之孝，亦即忠孝一体。因而自《孝经》问世以来，其"移孝于忠""忠孝一体"的思路即为历代统治者所大力宣扬。

早在西汉初期，汉文帝就把《孝经》与其他儒家经典放在一起，列为博士。东汉赵岐说："汉兴，除秦虐禁，开延道德，孝文皇帝欲广游学之路，《论语》、《孝经》、《孟子》、《尔雅》皆置博士。"[1]尽管此后武帝立五经博士未能将其列入，但是《孝经》作为汉代乃至以后学生启蒙的初阶教材，同时又由于《孝经》言语直白易懂，书读并不需要较高的文化水准，所以其在社会上流行十分广泛，对社会风气有较深影响。与此同时，《孝经》受到官方的高调宣称和重视，明示天下传诵，且以之作为选拔官吏人才的一个重要标准。正如荀爽所说："汉制使天下诵《孝经》，选吏举孝廉。"[2]甚至皇宫的妃嫔、羽林门卫、官衙小吏，都被要求熟读《孝经》。例如，有人提出后妃们《论语》、《孝经》，圣人言行之要，宜究其意"[3]。汉明帝时，"期门羽林介胄之士，悉通《孝经》"[4]。汉和帝时，王涣为洛阳令，"书佐无事，令读《孝经》"[5]。综合以上因素就直接造成了"汉时《论语》《孝经》之传，实广于五经"[6]的局面。

这种情况并未随着汉王朝的终结而逐渐消失，恰恰相反，《孝经》在魏晋六朝以后直至隋唐宋元明清，始终保持着较高的社会认同度。在漫长的历

1（汉）赵岐撰《孟子题辞》。
2《后汉书·荀爽传》。
3《汉书·匡衡传》。
4《后汉书·樊宏传》。
5（唐）虞世南等撰《北堂书钞》卷78《设官部三十·县令》。
6 王国维撰《观堂集林》卷4《汉魏博士考》第1册，中华书局，1959，第182页。

史长河中,《孝经》始终被视为"百行之宗,五教之要"[1]"道德之渊源,治化之纲领"[2]而受到极大重视,甚至出现皇帝出面注解《孝经》的现象。从东晋元帝开始,晋孝武帝、梁武帝、梁简文帝、北魏孝明帝直到唐玄宗,都著有注解《孝经》的作品。皇帝还会不定期主持召开会议,与众臣一起研读宣讲《孝经》的内容。在乡村社会,《孝经》更成为流行的启蒙读物。每逢十一月,"研水冻,命幼童读《孝经》、《论语》、篇章、小学"[3]。三国时东吴孙权问及童年所熟悉的书,严缓、张昭先后背诵起了《孝经》。

汉代以后统治者热衷于宣扬《孝经》的主旨大义,其目的何在?排除其自身对孝道的自觉认同与遵行,意图以此加强统治的动机也是十分显见的。此正所谓"导民以孝,则天下顺"[4]。他们推崇孝道,宣传《孝经》,乃为了推行其孝治政策,为国家朝政大局服务。正如《礼记·乡饮酒义》所说:"民知尊长养老,而后乃能入孝弟;民入孝弟,出尊长养老,而后成教;成教而后国可安也。"为了做到以身作则,躬亲示范,历代统治者往往做出恪守孝道的言行,作为引导天下重孝的表率。例如汉文帝亲尝汤药的故事,已经被列入二十四孝之中。此外,汉代皇帝谥号中基本上都加一"孝"字,以示自己是"善述父之志"[5]的孝子。在这些帝王言行的带动下,社会上研究传播《孝经》中孝道精神的人越来越多,从而形成中国传统社会重孝的强大历史惯性,直至今天都不曾改变。

对于此中逻辑进行系统论述的,除《孝经》之外,还有《大学》。《大学》以修身、齐家、治国、平天下作为有识君子指导立志的所谓"三纲八目"的重要原则。在儒家学者眼里,一个人只有处理好家庭内部的事务,才能处理好国家天下的大事。正如其中所论述的:"一家仁,一国兴仁;一家让,一

---

1 (唐)李隆基注,(宋)邢昺疏《孝经注疏·序》。

2 (明)黄道周撰《孝经大传·序》。

3 (汉)崔寔撰《四民月令》。

4 《汉书·宣帝纪》。

5 《汉书·惠帝纪》颜师古注曰:"孝子善述父之志,故汉家之谥,自惠帝已下皆称孝也。"

国兴让；一人贪戾，一国作乱"，"宜其家人，而后可以教国人"，"身修而后家齐，家齐而后国治，国治而后天下平。所谓治国必先齐其家，其家不可教而能教人者，无之。故君子不出家而成教于国；孝者，所以事君也"。费正清据此得出结论：中国的"社会单元是家庭而不是个人，家庭才是当地政治生活负责的成分，在家庭生活中灌输的孝道和顺从，是培养一个人以后忠于统治者并顺从国家现政权的训练基地"[1]。《论语·为政》记述，有人问孔子为何不从政，他引用《尚书》里的话回答说："《书》云：'孝乎惟孝，友于兄弟，施于有政。'是亦为政，奚其为为政？"其中深意恐即费正清先生所点破的那样，亦即移孝于忠的逻辑。

事实上，在宗法社会中，由"治家"向"治国"的转移具有逻辑的必然性，"移孝为忠"在中国"修齐治平"的传统历史语境中亦自有其理论的自洽性，但其中存在着两难的选择：当孝与忠发生矛盾时，如何求得忠孝两全，抑或去此而存彼？当同样是《孝经》所宣扬的敬爱父母所遗之躯体、"不敢毁伤"的主张受到君王的无情摧折时，孝子又将如何全忠尽孝？对于居父母丧期间，是否该应国家统治需要而"夺情"出仕，此中的界限又该如何把握？对于这些问题，历来的《孝经》《大学》注疏与研究乃至儒家学者的各种解说都没有给予足够的关注。但事实是，忠孝冲突的道德困境始终存在，并没有因儒家学者的刻意回避而自觉消失。与之相反，法家学者从最初就已经认识到忠孝之间必然存在的逻辑冲突。

《韩非子·五蠹》篇评论"直躬证父"和"鲁人三北"的故事时指出："上下之利若是其异也，而人主兼举匹夫之行，而求致社稷之福，必不几矣。古者苍颉之作书也，自环者谓之私，背私谓之公，公私之相背也，乃苍颉固以知之矣。"韩非子的论述是简要而精炼的，忠孝冲突之所以从根本上是不可调和的，乃由于尽忠国君社稷与尽孝父母家族的利益主体是不同的，即其

1〔美〕费正清：《美国与中国》，商务印书馆，1987，第17页。

所维护的最终受益者是有差异的。在韩非子看来，孝道维护的是家庭个人的私利，而忠道所维护的则是国家天下的公利，一公一私的利益之间既有相互一直的地方，自然也就有彼此矛盾冲突的时候。先秦法家推崇利己好利的人性学说，既然利益本身存在差异，那么发生冲突就不可避免。韩非子的分析使人们认识到忠孝伦理困境的实质是公私利益的对立，对儒家一味强调其和谐一致的学说可以说是一个补充。否则，一味遵行儒家学者忠孝一体、移孝于忠的一管之见，必然会发生忠孝冲突的事件。接下来有两个重要的事例可以为证。

《韩诗外传》多处记载了春秋战国时期士人遭遇忠孝道德困境的案例。据《韩诗外传》卷二记载，楚昭王时士人石奢因为人公正被任命为"理"（即司法官员）。在一次执行公务的过程中，石奢发现杀人嫌犯竟是自己的父亲，这一事实使他陷入困境。他放弃继续追缉嫌犯，回到朝廷，请求处置。楚王表示不追究他的责任，并希望他继续任职。然而，石奢最终选择了刎颈自杀以摆脱忠孝难以两全的道德困境。[1]与石奢的处境相似的还有申鸣。据《韩诗外传》卷 10 记载，申鸣是战国时楚国一位有名的孝子。与石奢不同的是，申鸣在入仕之前就已预见，自己如果入仕，忠孝便难两全，为避免这种道德困境，他选择避而不仕。然而，不仕则无以显亲扬名，而显亲扬名也是孝子应有之行。在父亲的劝说下申鸣最终入朝受命。在"白公之乱"中，对方以申鸣的父亲为人质要挟其投降。申鸣认为自己既已从国君那里领取俸禄，理应为君尽忠。因此他并未为救父亲而降敌，而是奋勇杀敌，最终平息了"白公之乱"，但其父被叛军杀害。凯旋后的申鸣发出了"行不两全，名不两立"的悲叹，最终也以自杀来解脱道德上不孝的罪名。两个悲剧的发生，完全可以证明忠孝一体、移孝于忠的主张是有重大问题的。经过不断的冲突与调适，汉代以后为解决忠孝道德困境问题最终形成了明确的官方导向，即由孝

---

1 参见《史记·循吏列传》所载略同。

劝忠，整合忠孝。此后尽管孝道仍是社会基本的价值规范，但在遇到忠孝道德困境时，选择为君尽忠已成为主流的道德选择。

第三节 以"信—义—廉—让"为精神辅翼

《管子·牧民》有云："国有四维，一维绝则倾，二维绝则危，三维绝则覆，四维绝则灭。……何谓四维？一曰礼，二曰义，三曰廉，四曰耻，礼不踰节，义不自进，廉不蔽恶，耻不从枉。故不踰节则上位安，不自进则民无巧诈，不蔽恶则行自全，不从枉则邪事不生。"又曰："四维不张，国乃灭亡。"代表战国齐法家思想精华的《管子》一书，尽管整体思想与儒家有所差异，但是站在治理天下的角度，礼、义、廉、耻四字确实与儒家的基本主张存在某种程度上的一致性。这在儒家思想占据中国古代社会主流意识形态地位的背景下，具有重要的理论方向指针意义。礼、义、廉、耻四字成为传统社会维系秩序极其重要的观念和信念。前文已经述及，儒家所倡导力度最大的就是仁、礼，并且强调以孝道治理天下。而在此之外，儒家还有几项重要的价值观念，同样得到社会上下的认同与遵从，并得到统治阶层和官方舆论的大力宣扬，这里面就有信、义、廉、让四项。

一、礼法精神辅翼之一：信

《说文解字》中解说"信"字含义的时候，很有一些值得注意之处。《说文·言部》曰："信，诚也。"又说："诚，信也。"这种"诚"与"信"互相解释的做法说明，诚、信二字确乎存在密切的逻辑关联性。信字的基本含义就是诚实可靠。"诚"是一个"言"字，一个"成"字。"成"意为黄金白银的成色，以纯为标准。一个人说的话是"成"的，就是说他说的话是纯的，是"不打折扣的言语"。明清之际思想家王夫之认为，"诚，以言其实有尔"，说的都是实际上有的，有什么说什么，就是我们通常讲的实话实说。

"信"是一个"人"字，一个"言"字，指一个人说出的言语。远古时没有纸，经验技能均靠言传身教。那时的人纯真朴素，较少虚言伪饰，说出来的话必然是可靠的。正如清代文字学家段玉裁于《说文解字注》中所说："人言则无不信者。故从人言。"也就是说由于某人向来言行一致，故其所说尽皆为人所信。人说出来的话没有人不相信的，就是我们通常说的说话算话。

可见"诚"更侧重个人内在的心态，"信"更侧重他人外在的看法。但两者又相辅相成，《礼记·大学》中说："此谓诚于中，形于外"。内心有诚意，表现于外在行为上才会守信用；外在守信用的人，其内心必定是诚实的，所以有"诚者必信"的说法。所以《说文·言部》又言："伩，古文从言省。㐰，古文信。"意即，信字尚有两个古文异体字，一个是"伩"，一个是"㐰"。第一个字直接把信写成一人一口，意思是出口成信。第二个字把信写成言和心，意思是言从其心。概括起来，"信"字的意思当有两个方面或阶段可以考察，一是口中所言有如心中所想，二是举止所为有如出口所言。简而言之，心口言行始终一致的人，便可以称得上是有信之人。

第一，先秦儒家对信的阐释与理解。

早在春秋时期，孔子及其弟子就已经在探讨信的内涵、表现、意义，如何才能做到守信，以及在信守承诺过程中该遵循什么样的原则，又该注意什么样的问题。其后，孟子、荀子等先秦儒家思想家顺着这个思路，继续将儒家"信"的学说阐释升华。

首先，先秦儒家认为"信"很重要，是个人道德修养的重要内容，也是社会秩序维系的根本保障。孔子提倡"内不欺己，外不欺人"。这里的内不欺己，就是指一个人做人要诚实。有的事虽然瞒得住别人，却瞒不住自己的良心。自己的良知是怎么想的，言语上就应当如实地表达，行动中就要照实去执行。故孔子说："君子义以为质，礼以行之，逊以出之，信以诚之，君子哉。"[1] 儒家有一个理论叫"修齐治平"，即"修身齐家治国平天下"。修身其实就是一个人该如何做人的问题。君子是以孔子为代表的儒家学派对个人修养的理想状态的描述。掌握了知识，懂得了礼仪不见得就是一个合格的君子。君子的标准是要拥有较高的道德修养。就像孔子对学生子夏所说的："汝为君子儒，无为小人儒。"[2] 君子是儒家个人修养的一个高标准，那么这个标准的具体表现又是什么呢？其中一个标准便是信。正如前文所引孔子之言反映的那样，"信"是一个人能否称为"君子"的基本评判标准之一。

除君子这一个外在标准之外，孔子还将"信"与"仁"紧密联系在一起。"仁"是孔子乃至整个儒家学派最为核心的学说和其他所有学说的人性论基础。所以信与不信自然要和仁与不仁的问题放在一起加以讨论。子张问仁于孔子，意即向孔子征询修仁的方法或者途径，孔子对曰："能行五者于天下为仁矣。"这五大成仁的进路便是："恭，宽，信，敏，惠。恭则不侮，宽则得众，信则人任焉，敏则有功，惠则足以使人。"[3] 由此可见，"信"和恭、宽、敏、惠一样，皆为"仁"的表现和展示。孔子的这一观念得到弟子的继承。有子顺着老师孔子的思路进一步阐释道："弟子入则孝，出则弟，谨而信，泛爱众而亲仁。"[4] 将信与孝悌、仁爱、和善等一并归为向"仁"的目标修行的途径。

这些都足以说明"信"是个人思想道德素质高低的重要评判标准和表现形式，一个人失信就会"失仁"，从而会失去在社会中立身的基石。对于"信"与"仁"的这种表里、形质关系，成中英先生也作过精彩的论释："信具有内发性与推展性，是基于仁与诚而来的个人和社会的凝聚力，可视为仁

1《论语·卫灵公》。
2《论语·雍也》。
3《论语·阳货》。
4《论语·学而》。

的推展、仁的凝聚。信也可说有提升性，因人之立足于社会就在其信之有无，可信度之大小。故孔子有言：'民无信不立。'在整体性和连续性上，信不能没有仁和义的引导，故信之为信就是仁和义在人的实际行为中的表现和效应了。"

孔子还说："人而无信，不知其可也，大车无輗，小车无軏，其何以之哉？"[1]就是说人若离开信，就不复为人，别人就没法和他交往。信对于一个人来说，就像大车没有輗和小车没有軏，套不牢牲口而无法行进一般，这个生动的比喻更是说明，人若无信，就无法做人，就不能立身处世，"信"是人之为人的基本品格，是为人的道德起点。孔门弟子在《论语》中记载："子以四教：文，行，忠，信。"[2]这正说明孔子教导学生的时候，已将信列为其课堂上的主要内容之一。而在孔子自己看来，信的重要性甚至超越前三者。当学生子张向老师请教怎样做人才更符合君子的要求时，孔子便把"言忠信"[3]放在首要位置。他更把"朋友信之"[4]，即取得朋友的信任与支持作为自己的为政志向和人生理想之一。孔门弟子之中，曾参很好地领会了老师的意思，在《论语·学而》中，曾参就将"与朋友交而不信乎？"作为每日反省自身言行的三件必修功课之一。他们对个人守信的修养传教，给后人留下了宝贵的财富，起到了净化社会风气之效，引导人们自觉遵守信的准则，以信为做人的道德自律。例如，明代，年幼的王华捡到别人在河边洗脚时遗落的钱袋，并没有据为己有，而是守在河边等待失主。最终失主的钱财失而复得，王华也得到了一笔奖励。物质奖励固然可喜，更加令他没有想到的是从此声名鹊起，流芳青史。[5]在历史上，像王华这样拾金不昧的例子很多，不可胜数。

---

1 《论语·为政》。

2 《论语·述而》。

3 《论语·卫灵公》。

4 《论语·公冶长》。

5 参见（明）焦竑撰《玉堂丛语》卷7《夙惠》。

人们通常讲"为人处世","为人"指的是个人如何提高修养，是第一个层面；"处世"指的是与人如何打交道。人与人交往时，要诚实无欺、恪守信用。这就是孔子说的"外不欺人"。人生在世，除了与亲朋好友往来，还要与陌生人打交道。如果说熟人之间的交往主要是礼尚往来，满足的是情感需求，那么陌生人之间交往主要是互通有无，满足的是生活需求。彼此间若无信任，则万事皆休。

《礼记·儒行》篇说："儒有不宝金玉，而忠信以为宝。"学习儒学的人不把金钱美玉当作宝贝，而把忠实诚信当作宝贝。历史上，在儒家思想的影响下，这样的观念深入人心，具体到经济领域，就是要诚实守信，不能制假贩假，以次充好。有了信誉才能赚更多的钱，没了信誉就会自绝财路，所以诚信是宝。只有当人们认识到诚信能给自己带来更大的利益时，才会自觉去遵守，从而形成一种社会风气，这就是诚信文化的魅力。

其次，信也是施政执法时必须遵循之基本原则。诚信不但是个人修身处世的根本，更是国家施政执法必须遵守的一个基本原则。所以古人说："信，国之宝也。"[1]诚信是一个国家的法宝。宋代的司马光也说："夫信者，人君之大宝也。国保于民，民保于信；非信无以使民，非民无以守国。是故古之王者不欺四海，霸者不欺四邻，善为国者不欺其民，善为家者不欺其亲。不善者反之，欺其邻国，欺其百姓，甚者欺其兄弟，欺其父子。上不信下，下不信上，上下离心，以至于败。"[2]这就将"信"提到"守国"的高度。

在孔子看来，当权者必须做到"道千乘之国：敬事而信，节用而爱人，使民以时"[3]，因为"宽则得众，信则民任焉"[4]。政府、国家之信如此重要，以至于"民无信不立"[5]。这里的信显然不是有人所谓的信仰，乃民众对国家、

1《国语·晋语四》。

2（宋）司马光撰《资治通鉴》卷2《周纪二》。

3《论语·学而》。

4《论语·尧曰》。

5《论语·颜渊》。

政府的一种信任，实则就是一种民心。如果政府不讲诚信，老百姓就不会相信这个政府，而且民众相互之间难以形成诚信的风气，这样的国家是立不起来的。孔子还指出，信任与诚信应该是相互的，即彼此信任，彼此保持诚信。因此他说："君子信而后劳其民，未信，则以为厉己也。信而后谏，未信，则以为谤己也。"[1] 民众必须恪守诚信精神获得在位者的信任，如此他的建议才有可能被听取。否则，在位者便会用怀疑的目光看待民众的建议，这样也就不存在取信的问题了。但是，孔子还认为民众的诚信是以在位者的诚信为前提的。如果统治者不能做到诚实守信，就不能取信于民："上好礼，则民莫敢不敬；上好义，则民莫敢不服；上好信，则民莫敢不用情。"[2]

例如，秦末楚汉之争时，西楚霸王项羽出言无信，出尔反尔，答应赏赐部下官位，到最后却"印刓敝，忍不能予"[3]，封爵位用的印章都刻制好了，就是舍不得发。他这种不讲诚信的做法，最终致其走向失败。

诚信不但在政治军事领域有着重要作用，在司法领域更是有着举足轻重的作用。《吕氏春秋·贵信》篇说："赏罚不信，则民易犯法"。在古代，法律最主要的功能就是进行赏罚，以达到惩恶扬善的目的。赏罚不信，就是说法律不能让人相信，那么老百姓就会轻易地去违法犯罪。所以历代法制建设，尤其注重一个信字。到了唐朝，出现一个奇观。贞观六年（632 年），唐太宗李世民在提审全国的死刑案件时，发现这一年只有 390 个死刑犯，便做出一个重大决定——下令放这帮人回家过年，明年秋天再来京师执行死刑。到第二年秋天约定的日子，被放还回家的 390 名死刑犯"无人督帅"，即在没有任何人监督的情况下，全部按时回来报到，没有一个逃跑的。唐太宗一看，更是激动不已，最后下令赦免了这帮死刑犯。这就是法律史上著名的"太宗纵囚"事件。

1《论语·子张》。
2《论语·子路》。
3《史记·淮阴侯列传》。

从诚信文化的角度来看这件事，可以说明当时司法和社会的整体水平。一是司法诚信已经树立。现在常说司法公信力不足，当事人就会胡搅蛮缠，有理的要上访，无理的也要缠诉。唐太宗居然敢把死刑犯放回家，而且不派人监管，说明他对当时的司法公信力是有信心的。只有司法审判是公正的，罪犯才会对判决心服口服，才有可能遵守承诺，按时回来报到受死。如果司法不公，当事人若有冤屈，必定逃跑，断断不会回来受刑。二是社会诚信已经形成。只有全社会已经形成诚信的风气，作为社会中特殊群体的死刑犯人，才可能遵守承诺。如果全社会都缺乏诚信意识，那么，死刑犯可能是其中最不讲诚信的，一旦脱离监管，肯定就一去不返。

此外，儒家还提出了社会生活中贯彻诚信精神的一些基本原则。一是考察一个人是否有信，最简单的办法就是观察他的言行是否一致，能否做到言出必行。孔子看到弟子宰我大白天睡懒觉的时候，发出感慨："始吾于人也，听其言而信其行；今吾于人也，听其言而观其行。"[1] 或许宰我曾经当面对孔子许诺不在白天睡觉，但是很显然其言行之间存在矛盾，孔子据此提出不能轻信人言的主张。我们也可以据此认知到孔子考察诚信的方式。这种言行合一、知行合一的评判标准，也为后世文人学者所继承。宋代大儒朱熹就曾经说过："知行常相须，如目无足不行，足无目不见。论先后，知为先；论轻重，行为重。"[2] 可见，道德高下始终是以践行落实下来的，除此之外，更无他途。孔子还说过："古者言之不出，耻躬之不逮也。"[3] 意思就是说，人不要将言语轻易说出，如果不能践行自己的言语那是十分可耻的。二是坚持诚信还要做到有所为有所不为，即对一件事情是否应该坚持诚信有所甄别。孔子在和弟子子贡讨论"士"的层次问题时说："言必信，行必果，硁硁然小人

1 《论语·公冶长》。
2 （宋）黎靖德编《朱子语类》卷9《学三·论知行》。
3 《论语·里仁》。

哉！"[1]意思是说，单纯追求形式上的言行一致，而忽略了言行内含价值的正误是非，那是认死理、不开通的小人。很显然，孔子是反对那种一味追求诚信的外在而迷失了诚信的内涵的行为的。到了战国时期，孟子更加直言不讳道："大人者，言不必信，行不必果，惟义所在。"[2]真正见识通达之人，是不会拘泥于外在形式上的诚信的，而是追求其内在所蕴含的是非正义。孟子认为，只要追求的目标具有正义性，即便形式上违背了诚信原则，实质上仍是在遵循诚信的精神。其实这正是孔子本人的意思。在孔子看来，作为君子其所追求的最高境界是仁、义、大道，与之相比，诚信只是处在较低层面的具体操作的原则。当小的原则与大的道义相互抵触时，君子应该毫不犹豫地跳出小圈子，为正义大道而舍弃形式上的诚信小道。故他说："君子贞而不谅。"[3]意思是说，君子坚守正道，而不必讲小信。这一点尤其体现在孔子师徒讨论管仲的人品功绩时。当有弟子指责管仲不忠不信时，孔子却独树一帜鲜明地支持管仲："管仲相桓公，霸诸侯，一匡天下，民到于今受其赐。微管仲，吾其被发左衽矣。岂若匹夫匹妇之为谅也，自经于沟渎而莫之知也？"[4]他谆谆教诲弟子，他们口中的愚忠愚孝和盲从小信，和管仲造福国家百姓的大德大义比较起来，简直不值一提。他还特意将管仲的历史功绩与遵守小信、为了小信而自杀的匹夫匹妇加以比照，更加突出管仲不拘小节而有大功的气量。能够给管仲如此高的评价，恰体现出孔子本人的胸怀气量和深刻见解。三是孔子和儒家学派也已经注意到，讲信用还要注意分辨对象，不能天真到凡事都信，要有分辨能力，以理性的分析取代盲目的迷信。要想具有一双慧眼，识破真伪善恶，就必须努力学习，提高自身的知识水平和判断能力。孔子说："好信不好学，其蔽也贼。"[5]如果光知道讲究诚信，而不具有

1《论语·子路》。
2《孟子·离娄上》。
3《论语·卫灵公》。
4《论语·宪问》。
5《论语·阳货》。

一定的知识储备和辨别能力，那最后的结果只能是害了自己。也就是说，孔子已经十分清楚地认识到，如果不能把握好分寸，那么讲究诚信也是有一定的弊端和负面后果的。

第二，传统诚信文化形成的原因。

自从孔子和儒家开始提倡和讨论诚信问题以来，诚信文化逐渐得到社会上下的普遍认可，形成中华民族优秀文化基因和核心价值之一。之所以如此，其中有多种方面的原因。

首先，由独特的社会结构所决定。

传统社会是农业社会，这种社会结构有两大特点，是形成诚信文化的客观基础。一方面，农业社会是熟人社会。一个人居住在家乡，往往是生于斯、长于斯、老于斯，很少向外迁徙，绝大多数情况下，都是在与亲友乡邻打交道，人际关系笼罩着各种各样的感情：亲情、乡情、友情……一家有事，大家都来帮忙；一家有喜，大家都来庆贺。婚丧嫁娶、生儿育女、修房造屋、节日生日，无不是你来我往，一派温馨的气氛。另一方面，农业社会节奏缓慢。春种，夏耕，秋收，冬藏，这就是一年的节奏。春天播种，夏天耕耘，秋天收获，冬天休息一阵，明年又重来，周而复始，循环往复。一家的衣食吃住，靠自己的劳动就能基本满足，过着自给自足的生活，内心是很放松的。

在这样的环境中，人与人之间不是亲友就是乡邻，谁愿意去算计"憨笑中带着乡音"的父老乡亲呢？同时，自给自足的生活方式使得人们对外也没有太多的需求，自然也没有太多竞争，也就没有必要去欺骗他人。

其次，文化教育的引导。

传统社会之所以能形成优秀的诚信文化，第二个重要因素就是注重文化教育。古人对诚信教育的重视，就像我们今天常说的那样："要从娃娃抓起"，尤其重视小孩的诚信教育。

曾子曰："吾日三省吾身——为人谋而不忠乎？与朋友交而不信乎？传不习乎？"[1]儒家主张不断加强自身修养，曾子就提倡每天要多次检视自己的所作所为：为别人谋划是否忠心，与朋友交往是否诚信，老师教的知识是否温习？曾参是个特别守诚信的人，他对子女的诚信教育也抓得很紧，在历史上留下了著名的杀猪教子的故事。

那么，传统社会重视诚信教育，是通过什么途径来进行的呢？主要有两个途径，都很值得今天的人们借鉴。一是重视言传。《论语·学而》篇说："弟子入则孝，出则悌，谨而信。"弟子，指年纪较小为人弟和为人子的人以及在校的学生。弟子在家要孝顺父母，出门要尊重师长，言行要谨慎，要诚实可信。这条经义，成为古代童蒙教材的基本内容，后来的《弟子规》讲为人之道——"首孝悌，次谨信"，基本照抄了《论语》的原话，依然强调诚信是做人的根本。所以历代的官学也好，私塾也罢，都以诚信作为不可缺少的教学内容。这样的教育，对全社会诚信品格的养成是有极大帮助的。二是重视身教。如果自己在生活中总是不讲诚信，反复无常，言行不一，口是心非，对后人就会产生不良影响。俗话说："一代做给一代看，一代跟着一代学"。所以在诚信教育上，身教比言传更为重要。

最后，法律保障也很重要。

历史上，形成诚信文化传统的第三个原因，就是法律的保障。那时的社会是礼法社会，礼就是我们今天说的道德，礼法就是指道德与法律相结合：凡是礼所赞扬的，法律就要保护；凡是礼所反对的，法律就要打击，古人称之为"礼法合一"。诚信是传统道德的基本范畴，所以得到了法律有力的维护。

比如债务纠纷，大多是因当事人不守诚信引起的。对此，传统法律的制裁措施十分强硬。西周法律对债务纠纷中欠债不还的债务人，既要判令债

1《论语·学而》。

务人偿还债务，还要处以墨刑。墨刑就是在脸上刺字，再在上面撒些植物颜料，以后再也不会褪色。一个脸上刺了字的人，走到哪儿别人都知道——他是一个不守诚信的人。

我们知道"不齿"这个词，意思是某人道德品质败坏，大家都懒得提起他，然而在古代它却是一种附加刑制度。对那些不守诚信的犯罪行为人，在处以墨刑这种主刑之外，还得附加处以"不齿"刑。学术界认为，不齿就是"不得列于平民"，户口和正常人不编在一起，是一种资格刑，来源于"序年齿"的礼仪。人与人之间见面，先问姓名，接着就要问年龄，问年龄就是"序年齿"。问清年龄之后，才知道用什么样的礼数来跟人打交道。"倍则叔伯事之"，如果对方比自己大一倍，就要以叔伯之礼去对待对方；"长则兄事之"，如果对方只比自己大几岁，就要以兄长之礼去待对方。一个被并处不齿刑罚的人，大家就不跟他"序年齿"，见了面不问年龄，等于不跟他打交道。

唐宋以后，对欠债不还的债务人要"各令备偿"，如数偿还债务；还要处以刑罚，欠得越多，拖得越久，处罚就越重，最轻的要笞二十，最重的可以处杖一百，或徒一年的刑罚，即剥夺自由，强制劳动一年。[1]明清时期都沿袭这一立法精神，没有质的变化，只是具体处刑数量略有变化。

传统法律不但用刑罚来调整债权债务关系，对其他民事行为也采用这种手段，诸如谈婚论嫁中的欺诈行为，捡拾遗失物拒不归还，将别人寄存物据为己有等行为，大都要被处以刑罚。

人性都是趋利避害的，如果一个人不守诚信的行为不会受到严厉的惩罚，他就敢不讲诚信，这就是法律术语常说的付出的违法成本小，而获得的经济利益大，就会有更多的人去这样做，最后导致诚信精神丧失。由于传统法律用刑罚手段和经济制裁这两种措施来调整民事行为，不讲诚信会带来牢

---

1 参见《唐律疏议·杂律》。

狱之灾，至少也要被打板子，这就使得人在民事行为中不得不守诚信，诚信的精神得到了良好的维护。

第三，当代诚信危机与应对之道。

通过上面讲的，我们可以看到，社会结构、文化宣传、法律保障是形成诚信文化传统的主要原因。那么，我们现实生活中出现的诚信危机，是否也能从这几方面找到原因，并且寻求应对之道呢？

在当代中国，诚信缺失问题已经越发严重。诚实不欺是"信"的基本内涵，这种奉守诺言、遵循契约、承诺过的事必付诸实践的精神在商业活动中尤显重要。《孔子家语·相鲁》曰："贾羊豚者不加饰。"意思是经商者不售假货、劣货。讲信守信是最起码的商业道德，而当代的社会现实又是什么呢？有些商人为了利润最大化，不惜用变质的原料做成食品，不惜用硫黄薰制生姜，用增白粉掺进白面，将三聚氰胺融进奶粉，用黑心棉做成被套，在水果上抛光打蜡……大街上的乞丐，或者唱着悲惨的歌，或者在地上用粉笔写出悲惨的身世，本来应该会催人泪下，过往行人却听而不闻、视而不见。因为人们早已从各种报道中得知，有专门行骗的乞丐团伙，叫人真假难辨。

中华民族有着悠久的诚信文化传统，为什么今天会变成这样呢？仍可以从社会结构、文化教育和法律调整这三大方面寻找原因。

首先来看社会结构。我们现在已由农耕文明转化为工业文明，社会结构也由熟人社会向市民社会转换。所谓市民社会就是陌生人的社会，"鸡犬之声相闻，老死不相往来"[1]，彼此之间不需要认识，也不求相互帮助，当然也绝不会相互戳是非。这是市民文化的基本特征。

在这样的环境里，人们大多数情况下是在与陌生人打交道，不诚信的行为似乎不会有什么代价。城市化的发展，在给人带来越来越多的繁荣时，也给人带来越来越多的冷漠，当面骗人都不会脸红，因为骗的都是自己不认识

1《道德经》第18章。

的人。同时，伴随工业文明而生的，是商品经济的快速发展。在这种经济形态下，"时间就是金钱，效率就是生命"，求学、求职、求利、求官，各行各业竞争激烈。人们内心焦虑，难以宁静。遇到机会有人就会剑走偏锋，为了利益将诚信的原则抛在脑后，用行骗说谎方法获取更好的生存空间或更大的发展空间。可见，社会结构变化正是引发诚信流失的重要原因。

其次，再来看文化教育。我们现在很重视教育，学生的书包越来越重，内容越学越多。但这种重视，又总让人觉得，似乎劲儿使错了地方。自近代以来，我们在向西方学习的同时，逐渐抛弃了自身的文化传统，包括诚信的文化传统。1912年，国家颁布《普通教育暂行课程标准》，初等小学校、高等小学校、中学校一概废止了"读经"，传统的经典不再是教学的课本，传统的仁义礼智信的道德内容也不再是教学内容。新文化运动时，鲁迅先生批判道：这历史的……每页上都写着"仁义道德"几个字……从字缝里看出字来，满本都写着两个字是"吃人！"如此一来，大家对这样的传统唯恐弃之不及。所以到了现在，我们虽然特别重视教育，却割断了民族自身的传统，在诚信教育上更是出现了偏差。

传统道德教育的核心是"为己之学"，先管好自己，再去帮别人；现在道德教育的核心则是"为人之学"，要先人后己。可见，在教育问题上，如果我们只是开设一些不切实际的课程，讲一些假话、大话和空话，诚信的品格就很难形成。

最后，来看法律制度。中国历史上，维护诚信主要靠的是刑事法律，比如商业失信、债务纠纷，统统用刑罚来进行制裁。清末法制改革以来，我国的法律制度基本上是照搬西方。"民事行为不再科刑"的原则被视为先进的法治文明，诚信作为民法的基本原则之一，不再用刑罚来维护，只能用民事责任方式来调整。现行的民法典规定的民事责任方式有十余种，其中常用的如返还财产、赔偿损失、支付违约金、赔礼道歉等。

中国人长期积累形成了这样的法律观念：违反国家法律就是"犯法"，犯法就要砍头坐牢，至少也要被打板子，对国法有一种敬畏之心。清末法制改革以来，人们发现，法律中还有民事、刑事之分，还有违法、犯罪之别。违反民事法律不算犯罪，只是违法，只能用民事责任方式来制裁。比如欠债不还，你只能用返还财产、支付违约金这些方式来制裁，而返还财产本来就是应该的，支付违约金不过是给对方当事人一点利息罢了。如此一来，不守诚信的行为自然会层出不穷。

面对这种局面，我们该如何应对呢？

社会结构从熟人社会走向市民社会，这是进步的象征，我们每个人都应该支持和拥护。所以要传承和弘扬传统的诚信文化，关键要从文化教育和法律制度这两方面着手，用文化教育引导人们讲诚信，用法律制度打击不守诚信的行为。两手抓，两手都要硬，长期坚持，方能见效。但在这两方面究竟该怎样做，需要全社会群策群力。我们作为个人，只能提出自己的一些想法，即无论是文化教育还是法制建设，都应该坚持两个方向：

首先，把诚实信用作为一种高尚品格来塑造。

荀子说："夫诚者，君子之所守也。"[1]诚实信用是君子恪守的人生信条，更是一种高尚的道德品格。言而无信、夸夸其谈、专说假话、大话的人，则会为社会所鄙视，永远也不可能成为君子。反之，一个诚实信用的人，就能得到世人的尊重。春秋时卫国有一位奇丑无比的人名叫哀骀它，在列国之间享有很高的声誉，原因就在于他"未言而信，无功而亲"[2]。

当一个人能做到诚实为人、内不欺己的时候，他一定是自豪的。历史上，层出不穷的拾金不昧者，就是具有这种品格的君子。据新闻报道，现实生活中这样的人也不在少数，有的哥、的姐，有机场值机员、保洁员，有公

1《荀子·不苟》。
2《庄子·德充符》。

交司机、乘务员，有大楼保安，当失主真诚地感谢他们时，他们会自豪地说："这是我应该做的。"

当一个人能做到信守承诺、外不欺人的时候，他一定是高大的。山东省青州市一个普通农民郭庆刚与人合伙做收购大姜的生意，2008 年生意陷入困境，合伙人卷走 120 万元货款。面对本来应该共同付给姜农的一笔笔货款，他没有推脱逃避，而是说出一句铮铮誓言："砸锅卖铁也要还钱"。此时此刻，他的形象是高大的。他一个人用 5 年时间一一付清了货款，为此他获得第四届全国诚实守信道德模范的荣誉称号。

其次，把诚实信用作为一种人生智慧来对待。

就功利的角度而言，不守诚信会给你带来害处，而遵守诚信却会给你带来更大的利益，这样才会有更多的人愿意选择后者。

老子《道德经》中说："福兮，祸之所倚。祸兮，福之所伏。"[1]不守诚信的行为，表面看来是"福"，能够在短时间给人带来好处，实际上却潜藏着"祸"。因为从长远来看，他所获取的利益，很可能是短暂的，最后说不定会给自己带来灾难。春秋时期，齐襄公由于"瓜期不代"，不守信用而被臣下谋反杀死，他为自己的失信付出了生命的代价。

反之，诚实守信自有其好处。一方面，具有诚实品格的人对自己要求严格，不会自己欺骗自己。自己有什么目标，会奔着目标不停努力，不达目的誓不罢休，最终会练就坚强的意志和超强的能力。一旦有机会，就能抓住机会，走向成功。这就是人们常说的那句励志名言："成功的机会总是给有准备的人。"另一方面，具有诚信品格的人能赢得别人的敬重与信任，这样才会获得更多的机会。据报道，安徽省全椒县白酒村的农民刘恩连，丈夫去世时对外欠下 20 多万元的债务。债主看她孤儿寡母，上有 70 多岁的婆婆，生活很艰难，也就不打算要了。但刘恩连教育两个女儿说："别人不要，我

---

[1]《道德经》第 58 章。

们也要还钱。一年还不完两年还。"她坚持白天晚上都去打两份工，用5年时间还清了所有债务。她的行为感动了全社会。在中央文明办主办的"中国好人"评选活动中，她顺利入选。在县妇联的帮助下，她还在县开发区找到了一份满意的工作。这正是诚信给人带来的回报。

孙子曰："智者之虑，必杂于利害。"[1]一个聪明的人，既要考虑有利的一面，又要考虑有害的一面。从长远来看，不守诚信，会给你带来灾难；诚实信用，则会给你带来更大的回报。我们即便不愿把诚信作为一种品格来追求，做一个道德高尚的人，亦可将之视为一种智慧来对待，做一个真正的聪明人。

二、礼法精神辅翼之二：义

（一）义的内涵

义，最早见于《尚书》。《尚书·皋陶谟》曰："皋陶曰：'宽而栗，柔而立，愿而恭，乱而敬，扰而毅，直而温，简而廉，刚而塞，强而义。彰厥有常吉哉！'"《尚书·高宗肜日》曰："惟天监下民，典厥义。"其后，"义"字在《老子》《论语》中被广泛使用。然而在道家的评价体系中，"义"是在失去了"道""德""仁"之后所不得已而做出的选择。《道德经》第38章说："故道而后德，失德而后仁，失仁而后义，失义而礼。"顺承老子批判精神而来的庄子同样大声疾问："道德不废，安取仁义？"[2]并且认为："夫残朴以为器，工匠之罪也；毁道德以为仁义，圣人之过也。"[3]

在中国历史上，注重对"义"进行解释阐发并加以正面评价的，首推儒家。早在先秦时期，孔孟就已经十分热衷于探讨"义"的内涵，宣扬"义"的正面价值。与对其他概念一样，在《论语》中孔子并未对"义"的内涵和

---

1 《孙子兵法·九变篇》。
2 《庄子·外篇·马蹄》。
3 《庄子·外篇·马蹄》。

性质作出明确的界定，但从他"义之与比"的说法中可以看出，孔子认为
"义"是衡量事物的标准。其对"义"的认识主要在重义轻利方面。他说：
"君子之于天下也，无适也，无莫也，义之与比。"[1]在这里，他把"义"作为
衡量君子之行的一个重要准绳。意思就是说，作为一个君子，他做一件事情
或者不做一件事情，并非都有一定的规矩和确定的做法，而是要根据当时的
情境做出最符合道义的选择。这个选择尽管十分艰难，但却很灵活。这使儒
家自始就摆脱了教条主义的风险，也是孔子的贡献。孔子又说："德之不修，
学之不讲，闻义不能徙，不善不能改，是吾忧也。"[2]可见，在孔子那里，义
不仅是一个衡量是非的标准，还是一个需要以身践行的原则宗旨。听到符合
义的道理、建议、指示，就要马上开始准备把它推向实践，用自己的言行表
达对"义"的尊重和支持。

　　到了孟子那里，他把"义"概括为人的思想和行为之路，而且是必由之
"正路"。孔曰"成仁"，孟曰"取义"。孟子一方面继承了孔子的仁学，另
一方面用更多的语言将之与义紧密结合起来。他说："仁，人心也；义，人
路也"[3]，在将仁定位为人的社会本质属性的同时，又将"义"作为仁人最正
确的行动轨迹。他又说："仁，人之安宅也；义，人之正路也。旷安宅而弗
居，舍正路而不由，哀哉！"[4]如果一个人不追求仁，不恪守义，就好比丢掉
自己的美宅，走上自甘堕落的邪路，那是一件多么可悲的事情啊！孟子还
说："居恶在？仁是也；路恶在？义是也。居仁由义，大人之事备矣。"[5]如果
坚守"仁"的信念、"义"的底线，那就是人生自我成就的基础。"义"，与
"仁"并用为道德的代表，故俗语有"仁至义尽"之说。"义"成为一种人生
观、人生价值观，如"义不容辞""义无反顾""见义勇为""大义凛然""大

1《论语·里仁》。
2《论语·述而》。
3《孟子·告子上》。
4《孟子·离娄上》。
5《孟子·尽心上》。

义灭亲""义正辞严"等；"义"是人生的责任和奉献，如义诊、义演、义卖、义务等，至今仍是中国人崇高道德的表现。由此更可见，孟子对"义"的重要性的提升实在富有远见卓识。

其后，历代儒者进一步将孔孟学说对"义"的内涵加以抽象提炼，得到义即是宜的基本共识。例如："义者，宜也。"[1]"行而宜之之谓义。"[2]"义者，心之制，事之宜也。"[3]这样，"义"就成了"宜"的等义词，而"宜"就是正确、恰当、合理的意思，其意与孟子所谓必由之"正路"是相通的。

（二）义的类型

笼统而言，义就是宜。具体而言，义又有若干种不同侧面的表现。简要归纳之，则有侠义、情义两大类。

首先来看侠义。侠义一词，在今天看来就是不怕死、讲哥们儿义气。在过去，侠义却有着丰富的含义。

"侠"在商周的甲骨文和金文中作"夹"（夾），后来才有现在这个"侠"字。清代著名文字学家段玉裁解释说："侠之言夹也；夾者，持也。"[4]可见"侠"本有"挟持"之意。按照他这个意思来理解，侠字上面一个大人，左右各有两个小人，就是指小人敢于对抗大人，要反抗强暴。我们认为，还可以换个角度来理解，下面两个小人，上面一个大人，就是指大人能够庇护小人，能扶弱济贫。同时这两层含义可以互补，反抗强暴为的是扶弱济贫，扶弱济贫依赖于反抗强暴。

所以，侠和义是不可分的，侠之义者才是侠客；侠之不义者，那只能是盗匪。《礼记·中庸》曰："义者，宜也。"北宋理学家程颐说："顺理而行，是为义也。"即一个人的行为合乎时宜、符合情理，就是义；不合时宜、不

---

[1]《礼记·中庸》。

[2]（唐）韩愈撰《韩愈集》卷11《杂著一·原道》。。

[3]（宋）朱熹撰《孟子集注》卷1《梁惠王上》。

[4]《说文解字·亻部》段注引如淳言。

近情理，就是不义。唐朝著名政治家李德裕在《豪侠论》中说："义非侠不立，侠非义不成"。人间正义没有侠士的担当，就难以得到伸张；勇侠之人没有道义的约束，也难以成为真正的侠士。"士之任气而不知义，皆可谓之盗"。那些有勇气不怕死，不顾道义，只知道提起脑袋往前冲的人，只能称之为强盗。

因此，侠义文化的精神，关键就在这个"义"字。主要有如下几个层次。

一是信义。

重视信义是侠义文化最基本的精神。诚信作为一种道德观念，本来是人人都应当具备的品格。但侠士所提倡的信义，往往超出正常人可以想象的范围。比如我们和人打交道，应该诚实守信，但遇到自然灾害，或危及个人的生命时，无法履行诺言也是可以原谅的，在法律上也是可以免除责任的，这叫做"不可抗力"。但侠士们信守承诺，是不讲条件的，"其言必信，其行必果，已诺必诚"[1]，哪怕付出生命的代价，也要维护自己诚信的形象。

历史上"一诺千金"的成语，就是出自一位侠客。季布是秦朝末年楚国一带著名的侠客，非常武勇又很守信用。因此当时楚国流行一句谚语："得黄金百，不如得季布诺。"[2]

战国时，齐国有个侠客叫聂政，隐居闹市，杀狗为业。因为受到韩国大臣严仲子的厚遇，抱着"士为知己者死"的信念，刺杀韩国的相国侠累，最终为信义付出了生命的代价。

司马迁说，那些侠士们"不既信，不倍言，义者有取焉"[3]。不失信于人，不背弃诺言，这种信义是大有可取之处的，所以他为这些人专门创作了《游侠列传》。

1《史记·游侠列传》。
2《史记·季布列传》。
3《史记·太史公自序》。

二是道义。

如果说讲求信义是侠义文化的第一层含义，是最基本的精神，那么弘扬"道义"则是第二层含义，是最核心的精神。

何为道义？《道德经》第77章说："天之道，其犹张弓与！高者抑之，下者举之，有余者损之，不足者与之，天之道损有余而补不足。"自然天道就像拉弓一样，高的地方压制它一下，低的地方抬高一下；多余的地方给它铲平一点，不足的地方给它补充一点，所以天道就是要减少多余部分来补充不足的部分。自然界有高下、多少，人世间有贫富、强弱。侠义之人要"救人于厄，振人不赡"[1]。"厄"指困难、危险，在强弱之间，要反抗强暴，帮助弱者解除困难和危险，就叫"救人于厄"；在贫富之间，能赈济那些吃不上饭、穿不上衣的人，就叫"振人不赡"。这就是通常所讲的"扶弱济贫"。这样做就符合天道，就是道义。

这种道义，大概相当于今天我们说的正义。要用自己的力量维护社会正义，一方面要扶弱，另一方面要济贫，二者皆可谓维护道义的典型表现。

帮助弱者，往往意味着要和强暴者进行抗争，会给自己带来难以预见的灾难。但拥有侠义精神的人，往往会迎难而上，为了解救别人，不惜自己的人身安全乃至身家性命。这就是常说的抱打不平。武侠小说《三侠五义》第13回中说："真是行侠仗义之人……见了不平之事，他便放不下，仿佛与自己的事一般，因此才不愧那个'侠'字。"由此可见，侠义文化的核心，就是要有强烈的是非观和善恶观，路见不平一定要拔刀相助。在宋代刘斧《清琐高议》所载孙立为王氏报冤搏杀张本的故事[2]中，当人人都觉得大快人心的时候，孙立却是冒了极大的风险的，至少有两种：一为武力风险。张本也是个练家子，史称他"力若熊虎"，孙立找他单挑，鹿死谁手，不可预知。

1 《史记·太史公自序》。
2 参见《宋元笔记小说大观（一）》，上海古籍出版社，2001，第1039页。

二为法律风险。自唐宋以后，国家法律禁止民间私斗。用今天的法律术语来说，剥夺他人生命权，是国家的公权力，任何个人不能行使这种权力，谁敢以私斗的方式剥夺他人生命，必将受到法律的严惩。但是孙立不怕被张本打死，也不怕受国法惩处，为了弘扬道义，他宁愿放弃自己的自由和生命。

遇到贫穷无助的人，侠义之士往往会疏财仗义，帮助他渡过难关，而且不计回报。唐代李白诗歌号称天下第一，剑术屈居天下第二。《新唐书·李白传》说他"击剑为任侠，轻财重施"。所谓"任侠"，就是以行侠仗义为己任的意思。相传李白把钱财看得很轻，喜欢施舍他人。他曾经东游扬州、京陵一带，遇到落魄公子，便慷慨解囊、出钱救济，不到一年时间，"散金三十余万"。

历史上，由于国家公权力的不足，冤屈得不到声张，正义得不到维护，穷困得不到救助，弱者总希望有英雄人物来帮助自己，侠客正是来帮助弱者解决这些问题的，所以历来为民众所传唱。但是侠客通过非常途径替他人报仇雪恨、伸张正义，这样的行为无疑分割了国家公权力，损害了政府的权威，对于统治者是难以容忍的。因此，侠客既可能在恩怨情仇中被人杀死，也可能被政府所诛杀，追求公道却走向灭亡的悲剧并不鲜见。

三是忠义。

侠义文化的第三层含义，就是要心系天下，追求忠义。明人余象斗在《题〈水浒传〉序》中说，行侠仗义的最高境界，"尽心于为国之谓忠，事宜在济民之谓义"。当代著名武侠小说家金庸在《射雕英雄传》中所说"侠之大者，为国为民"。他们所说的就是要追求忠义。

自唐朝开始，侠义文化就体现了"侠之大者，为国为民"的精神旨趣。唐朝广德元年（763年），吐蕃军队攻陷京师长安，唐军四处溃退，唐代宗逃往陕州，老百姓惨遭杀戮。长安城内的民间武侠人士积极进行抗争，与潜入城内的唐将王甫取得联系，制造声势，令吐蕃仓皇出逃，唐军乘势收复了京师，百姓得以重见天日。近代以来，国家内忧外患不断，侠义之士为民族独立而抗争不息、前赴后继。著名武师霍元甲于 1909 年创办精武体育会，以"爱国、修身、正义、助人"为办会宗旨，把侠义精神与爱国精神结合起来，体现的正是为国为民的忠义精神。

侠义文化所具有的恪守诚信、扶弱济贫、为国为民的精神，在任何时代都有重要的意义，对当今的社会进步更有着不可小视的积极作用。著名武侠小说作者金庸先生在谈及"当代人最需要继承和提高的是什么"这个问题时说："现在中国最缺乏的就是侠义精神。"

侠义是一种崇高的道德品格，我们应该为行侠仗义的行为培育良好的社会氛围。在是非善恶之间，对邪恶的行径投以鄙视的目光，对行侠仗义的勇士致以崇高的敬意。在当今建设法治社会的时代背景下，人们只在乎法律的底线，不关心道德的高线。面对道德上的丑恶行径，人们不会为之愤慨，反而会以娱乐化的方式在网上疯传；面对行侠仗义的壮举，却有人不仅不为之感动，还会调侃、奚落。对财富、权势，而不是英雄的崇拜，以及社会的冷漠，导致侠义精神正在迅速丧失。着实可悲！

其次来看情义。

传统中国是一个伦理社会，所有的社会关系可以概括为"五伦"：君臣、父子、夫妇、长幼（兄弟）、朋友。我们认为，夫妇在五伦中应排在第一位。因为有了夫妇，才有父子。孩子一多，就又有了兄弟。孩子长大进入社会，就有了长官、部属和朋友。夫妇伦理是五伦中第一大伦，更是幸福的源头。什么是"伦"？郑玄云"伦，犹类也"，即不同类别的人。比如父子之间，父是一类，子又是一类。"理"就是规则。伦理即不同类别的人要遵守不同的规则。父子之间讲"孝义"，君臣之间讲"忠义"，朋友之间讲"侠义"，夫妻之间讲"情义"。所以我们专门讲夫妻情义。

那什么是夫妻情义呢？

"情"大家都容易理解。汉代大儒董仲舒说："情者，人之欲也。"[1]人心里的欲望就是情。讲的是"想不想""愿不愿"的问题。而"义"在广义上说是："义者，宜也。"[2]义是行为之宜，就是看一个人的行为合不合适。讲的是"该不该"的问题。

夫妻之间重情义，解决的就是夫妻之间"想怎么做"又"该怎么做"的问题。比方想和配偶离婚，不能动不动就以"感情不好""性格不合"为由，还要看该不该离。如果情就是水的话，那么，义就是水边的堤坝。没有堤坝，水就会四处泛滥。有的人解释说，左边一个竖心，右边一个"青"字，就是情。"青"字在甲骨文里是个"草"字的变体，这样说来，情字就成了心上长草。心上长草，春心萌动，情从此开始了。如果"情"就是心上长草，那么"义"就是周围的栅栏，没有栅栏，草就会自由地疯长。

因此，夫妻之间既要重情又要重义。此即《礼记·昏义》中所说的"夫妇有义"，亦即传统文化中之情义文化。

夫妻之间要如何相处，才叫有情义呢？

首先要做好自己，即所谓夫义妇德。

孟子说："夫妇有别。"[3]夫妻之间的伦理就是要讲一个"别"字，也就是各有各的定位，双方把位置摆正，才能为情义奠定牢固的基础。如何摆正位置？古人说要"夫义妇德"，丈夫要讲义，妻子要守德。

何谓夫义？《礼记·丧服》中说："夫者，妻之天也"。"天"字出头就是"夫"。丈夫是妻子的天，他要撑起家庭这一片天。又有说法是，夫就是"扶"的意思。他要扶持一个家庭，在物质、精神上顶天立地，这就是丈夫该做的事。他这样做了，就尽到了丈夫应有的情义。他要是成天萎靡不振、不思进取，或者打牌赌博、好吃懒做，撑不起家庭这片天，就叫不义。

1《汉书·董仲舒传》。
2《礼记·中庸》。
3《孟子·滕文公上》。

何谓妇德？"德"要有贤良、温柔的美好品德，包括德、言、容、功。"德"就是要忠诚于丈夫；"言"就是说话要让一家人听起来入耳；"容"就是要注意仪容，也不要动不动就发脾气、甩脸色；"功"就是家务。一个妻子这样做了，就尽到了妻子应有的情义。

所以，夫义妇德是要夫妻之间要各自尽到自己的职责，要把各自的位置摆正，家庭才会和睦。如果一个女人能担起丈夫的责任，撑得起家庭这一片天，她就是女中丈夫。夫妻之间，各自要摆正各自的位置，相互理解，相互支持，才会有发展，这就叫"家和万事兴"。

其次要善待对方，即所谓相敬如宾。

男女之间，恋爱期间或新婚燕尔，固然如胶似漆。结婚时间一长，激情退却，态度就会变化。所以夫妻情义更重要的是要做到彼此尊重、彼此爱护。东汉梁鸿，品德高尚，娶妻孟氏。二人生活中互敬互谅，举案齐眉。日子虽然清贫，却也其乐融融。[1]

善待对方，还包括善待对方的亲友，将心比心。自己用什么心去对待自己的父母亲友，也要以同样的心态去对待对方的父母亲友。《礼记·内则》记载："妇事舅姑，如事父母。"媳妇对待公婆，要像对待自己的父母那样。《女儿经》说："事公姑，如捧盈。"如此一来，夫妻情义自然增进。

西式婚礼誓词中有："不论他（她）生病或健康、富有或贫穷，始终忠于他（她），直到离开世界。"这句话同时也反映出，婚姻生活中一旦出现贫穷、疾病、灾难等变故，往往容易发生婚变，所以需要婚姻双方发誓来予以警示。中国传统情义文化，对这种因一方遭遇困难、灾难而离婚的情形也是严加禁止的。在这一问题上，中西文化是相通的。

《周礼》中规定："有所取无所归，不去"。后来历朝法典都做了相应的规定。意思是老婆嫁来时带了很多嫁妆，说明她娘家家境很好。后来，她娘

---

1 参见《后汉书·梁鸿传》。

家破败、家破人亡了，这样的老婆，就不能休。古人对此的解释是："为其不义也。"因为人家现在遇到困难了，你把她休了，令她无处可归，这样做就是不顾情义。情义文化的精神在于，当夫妻一方遭遇灾难时，能够激发另一方人性中的善端，让他（她）在困难面前不抛弃不放弃，做出重情重义的举动。

现在时代不同了，但文化的精神是不变的。我们虽然不能照搬古人的法律规定去强迫遇到困难的当事人不准离婚，但可以运用情义文化的精神力量去激发人性中的"善端"，使强者的人格得到升华，使弱者的身心得到关注。

尽管情义文化的精神传承不息，但在某些领域确实不如人意。如果能在全社会大力提倡这种文化，对缓解当前的离婚浪潮、维系社会伦理、稳定社会秩序或许有一定的帮助。

一方面，提倡夫妻之间的情义文化，可以抑制人性之恶。

喜新厌旧、趋利避害是人的本性，是人性中的"恶"，是动物性的表现。在家庭夫妻之间也存在类似情况。但古代社会观念和法律制度是不允许这种事情出现的。

周代礼法规定："前贫贱后富贵，不去。"[1]娶妻时还一贫如洗，后来名利有成，便不能休妻。后来历代法典对此也做了相同的规定。为什么古代法律要做这样的规定呢？古人的解释是："为其不义也"。因为这样做是不讲情义的。可见传统情义文化的精神，就是抑制"富易妻""阔易夫"的人性之恶，防止人在富贵之时做出无情无义之举。

东汉初年的宋弘，不为皇室公主所动，留下"贫贱之交不可忘，糟糠之妻不下堂"的千古名句，正符合孔子所提倡的"不义而富且贵，于我如浮云"[2]。如此人性中的沉渣就能被文化的力量战胜，能守住对结发夫妻的那份

---

[1]《大戴礼记·本命》。
[2]《论语·述而》。

情义。

另一方面，提倡夫妻之间的情义文化，可伸张社会正义。

"富易妻""阔易夫"的现象，在使一方的贪欲、色欲得到满足的同时，也会让另一方遭受极大的伤害。在情义文化占主流的时代，社会将为受害方伸张正义。京剧中的陈世美，高中状元后，为了做皇帝的女婿，抛弃结发妻子秦香莲，甚至派人追杀发妻，后来被包公推上了断头台。时至今日，陈世美已成为负心男儿的代名词。

时代在变，但文化的精神不变。当一个人身处顺境时，诱惑就多，如果缺乏文化的约束，人性之恶就可能泛滥，就会做出薄情寡义的举动。情义文化就是要抑制人的恶性，使无情无义的行为受到相应的惩罚，让遭受伤害的弱者得到社会的支持。如果大多数人都这样去想、这样去做，就会形成一种共同的价值观。现实生活中，通过宣扬情义文化，使越来越多的人树立起这样的价值观，将婚姻当作儿戏的人或许就会越来越少。

三、礼法精神辅翼之三：廉

（一）清廉

说到清官品格，人们通常会以为，清官就是不贪污、不受贿、不腐化、不浪费，清清白白做官、老老实实做人，所谓"两袖清风"。这是做一个清官最基本的要求，即做到清廉。

何谓清廉？就是官员对待财富荣誉不能有贪心。这样的文化品格，刚好和贪官相对应。明朝大臣于谦曾有诗云："粉身碎骨浑不怕，要留清白在人间。"中国古代官场再怎么黑暗，也始终有人坚持清廉做官的原则，出淤泥而不染。

在历史上，很多官员对财富都是看得很轻的，他们在生活上严格要求自己，能够做到清廉。宋朝的包拯，一生克己奉公、刚正廉洁。他担心自己死后会有子孙凭借着自己的威望去贪赃枉法，所以特立下遗嘱，告诫后人说：我的后世子孙，如果有人在当了官以后贪赃枉法，就要把他从族谱上除去，死后也不准安葬在祖坟里面，而且要把他的丑恶"事迹"刻成碑文，立在堂屋的东墙边来警示后人。明朝大清官海瑞在当县令时，要靠挖野菜才能吃饱，母亲过生日，他买两斤肉去贺寿，这些都被当成"稀罕事"传到总督那里。清朝"天下第一廉吏"于成龙在赴任途中，居然要以萝卜充饥，穷得仅有一袭官衣蔽体。

一个人要做到清廉，说起来简单，实际上并非易事。在此过程中往往会遇到各种各样的困难和阻力。

首先是人性问题。人性是"趋利避害"的。所谓人非草木，孰能无欲？在利益面前，人人都会有欲望，这是人的本性。若在平时，这种欲望很少面对外部诱惑，或许还不至危害过甚。一旦地位发生变化，有了权力，诱惑多了，不加控制就可能演变为贪欲。

其次是惯性问题。人的贪欲就像洪水，能加以克制，还不至于变成灾害；一旦放开，就会像打开闸门，洪水喷涌而出，一发而不可收拾，变得贪得无厌，形成不可回头的惯性。

"吏不畏吾严而畏吾廉，民不服吾能而服吾公；廉则吏不敢慢，公则民不敢欺；公生明，廉生威。"这是一句刻在石碑上的 36 字《官箴》，现藏于西安碑林博物馆中。相传这块刻石为清人颜伯焘所有，1822 年，他被任命为陕西延绥道台，于是携其父所刻《官箴》刻石上任，以示廉洁从政的决心。

这句话是说官吏不害怕我的严厉而害怕我廉洁，百姓不是对我的才能心服而是对我的公正心服；处事公正，那么官吏不敢有所怠慢；做人廉洁，那么百姓不敢有所欺骗。处事公正就能够明辨是非，能够做到秉公办事，能够获取百姓的信任。做人廉洁就能够形成威力，能够让人心服，能够得到百姓的厚爱。

据专家考证，这则《官箴》最早出自明代曹端之口。此人一生从事学政，不仅学术造诣高深，而且品行卓异，桃李满天下。1414年，他的学生郭晟乡试中试，被授西安府同知，上任前专门去拜别恩师，讨教为官之道。曹端对他说："其公廉乎！公则民不敢慢，廉则吏不敢欺。"明代山东巡抚年富在此句基础上进一步创作，撰写出了上面这则后世广为流传的36字《官箴》。时隔百年，这座碑仍像一面镜子，触动人的心灵。为官要做到廉和明，才能受到群众的敬仰和尊重。

"吏不畏吾严"，是说为官严厉点不要紧，主要是要廉政。"民不服吾能而服吾公"，是说为官的能力没有公正重要。公则民不敢慢，廉则吏不敢欺。更重要的是最后一句"公生明，廉生威"。"公生明"，是说只有为官公正、公开，才能为官清明；"廉生威"的"威"，当然一方面是威严，另一方面应该是有畏惧的意思，就是说有畏惧之心。现在我们讲廉政建设，公和廉都是非常重要的内容。现在有不少官员到这座石碑前驻足沉思，体味"公生明"和"廉生威"的意义。

历史上很多清官宁愿不要乌纱帽，也要顶住压力、坚持原则，他们是把权势之欲看淡了，才有这份担当。清廉作为一种为人为官的优秀品质，关键就在于克制欲望，珍惜人格的独立与清洁。林则徐任两广总督查禁鸦片时，曾在自己的府衙写下一副对联："海纳百川，有容乃大；壁立千仞，无欲则刚。""无欲则刚"最早出自儒家经典《论语》：子曰："吾未见刚者。"或对曰："申枨。"子曰："枨也欲，焉得刚？"[1]这段对话里，孔子说："我没见到过刚正的人"。有人说："申枨就是个刚正的人呀！"孔子说："申枨这个人欲望太多，怎么能做到刚正呢？"孔子的意思十分明白，内心充满各种欲望的人是无法保持清廉的，因而也就无法始终保持刚正的身姿。可见，无欲是保持清廉作风的基本前提。

1《论语·公冶长》。

《道德经》说："金玉满堂，莫之能守。富贵而骄，自遗其咎。功成身退，天之道。"这句话的意思是说，财富荣誉太多，也未必能守得住；大富大贵、有权有势后，如果骄傲，那是自讨苦吃。成功之后要懂得隐退、低调，才符合天道，才能长久。

这句话告诉我们如何才能做到清廉。要做到清廉，关键要解决一个人对待财富荣誉的观念问题。对财富荣誉看得重，就难以做到清廉；对财富荣誉看得轻，淡泊名利，就能很好地克制贪欲，做到清廉。通过比较可以看出，对财富荣誉看得重，虽然能富贵一时，往往后果不好；看得淡泊一些，虽然平平淡淡，反而一生平安。所以清官文化中"清廉"的文化品格，要求人克制贪欲，这既是一种道德操守，更是一种人生智慧。如果这样做了，不仅提高了自身的德行，也会给自己带来长久的平安。

（二）廉耻

古人说："礼义廉耻，国之四维。"[1]礼、义、廉、耻，是维系国家统治的四大支柱。"廉"和"耻"本来各有各的特定含义，"廉"指人对物质财富能保持不贪婪的态度，"耻"指人对错误言行而感到羞愧的心态。但是后来人们习惯把廉和耻合起来，说一个人没有廉耻等于说一个人不知耻。明末清初大学者顾炎武说："（礼义廉耻）四者之中，耻尤为要。人之不廉而至于悖礼犯义，其原皆生于无耻也。故士大夫之无耻，是为国耻。"[2]所以讲廉耻，实际讲的是一个字：耻。

《说文·心部》中说："耻，辱也。从心，耳声。"意思是，耻就是辱。左边一个"耳"字旁，指一个人耳朵里听到别人对自己有不好的评价，而觉到无地自容；右边是个"心"字，指一个人有了不当的言行，会从自己内心感到羞辱。朱熹对此解说道："知耻是由内心以生，闻过是得之于外。"[3]

1《新五代史·冯道传》。

2（明）顾炎武撰《日知录》卷13《廉耻》。

3（宋）黎靖德编《朱子语类》卷94《周子之书·幸》。

廉耻是做人的根本，是最低的道德底线。一个有廉耻之心的人，干了坏事、丑事，就会感到羞愧、恐慌，要么想办法掩盖，要么想办法改正。如果没有廉耻之心，干了坏事、丑事，就不会脸红、恐慌，也用不着去掩盖，当然更谈不上想办法去改正了。孟子说："无羞恶之心，非人也。"一个人如果不为自己干的丑恶行径而感到羞愧和厌恶，那他就不算是个人，基本上与动物差不多了。因此，廉耻是人区别于禽兽的最基本界线。

荣辱观，古已有之，人皆有之。知荣辱，是人性的标志，是人之为人的重要标准。顾炎武云："朝廷有教化，则士人有廉耻；士人有廉耻，则天下有风俗。"[1] 社会一旦失去廉耻，"则祸败乱亡无所不至"。在《牧平易近篇》中，管子把耻解释为"不从枉"。枉即邪枉不正。知耻也就是不随从邪枉，不跟随不正，羞于为非。无耻也就是没有是非、善恶、荣辱观念，丧失了最低限度的正义感和尊严感，曲从不正，跟随邪恶。当一个人无耻的时候会是怎样的呢？明清之际思想家顾炎武说："不廉则无所不取，不耻则无所不为。人而云云，则祸败乱亡，亦无微不至。况为大臣而无所不取，无所不为，则全国其有不乱，国度其有不亡者乎！"[2] 不廉洁的人对于任何利益都想据为己有，不知耻的人任何事情都干得出来。当不廉洁、不知耻的人成为一国要员时，凡物皆想据为己有，凡事都干得出来，国家如何能长治久安！诚然，在个体的人没有耻辱感的环境下，国家不会因此而遭到影响，但如果无耻之行不受谴责、无耻之人不受唾弃反而扶摇直上，无耻之风就会像疫疠那样蔓延开来，那时的社会必然会是一个人道败坏的社会，一个没有天理、缺少性情、禽兽蛮横的社会，国家岂有不亡之理！在一个失去耻辱感的国度，再出色的政治家也会无所作为。

传统社会重视礼义廉耻教育，从而形成了独特的廉耻文化，国外学者称

1（明）顾炎武撰《日知录》卷 13《廉耻》。

2（明）顾炎武撰《日知录》卷 13《廉耻》。

它为"耻感文化",所以廉耻的观念深入人心。不但一般的人特别在意有无廉耻,就连土匪强盗这帮恶人,哪怕他们无视礼义国法,对有没有廉耻,也特别在乎。明朝著名思想家王阳明,主张人人都有知耻的良知,其以"良知"喝退盗匪的故事脍炙人口。

孟子说:"耻之于人大矣。"[1]廉耻对人类社会十分重要。人有廉耻之心,追求金钱、美色、权势、荣誉就会有度,不至于泛滥成灾。如果没有廉耻之心,求利、求色、求官、求名就没有度,就会不择手段。正如思想家顾炎武所说:"不耻则无所不为。"[2]

没有廉耻,不但对金钱、美色的追求能达到疯狂的程度,对权势的追求也会走到令人厌恶的地步。

五代时有个叫冯道的人。他先后在后唐、后晋、契丹、后汉、后周为官,传闻其曾大言不惭地自称"我就是个无才无德,不要脸的老东西"。这种不知廉耻、自取其辱的态度,让他历任五朝都不倒,人称官场"不倒翁"。但是青史斑斑,他也被后人痛骂为"无廉耻者"。

当然如果某人懂得廉耻,仍有可为。因为"知耻近乎勇"[3]。而要想让人懂得廉耻,最重要的是教育。康有为说:"风俗之美,在养民知耻。耻者,治教之大端。"[4]廉耻是国家教育最重要的环节,加强廉耻教育有两方面的重要意义。

一方面,有助于改良社会风气。

孔子说:"道之以政,齐之以刑,民免而无耻;道之以德,齐之以礼,有耻且格。"[5]光用政令刑法来治理天下,老百姓就会只在乎能不能免受刑罚的制裁,却没有廉耻之心;用道德礼义去引导、教化天下,老百姓不仅会有

1《孟子·尽心上》。
2《新五代史·冯道传》。
3《礼记·中庸》。
4(清)康有为撰《孟子微》卷6,中华书局,1987,第123页。
5《论语·为政》。

羞耻之心，而且会自觉遵守国家法律。所以，加强廉耻教育，会激发人的良知和潜能，或改变现状，或改过自新，为社会做出更多的贡献。故朱熹说："人须知耻，方能过而改。"[1]人要知道羞耻，有了过错才可能改正。不但如此，廉耻教育对普通公民来说，更有着净化人心、改良社会风气的作用。所谓"风俗之美，在养民知耻"[2]，意思就是要美化风俗习惯，关键在于培养民众的廉耻观念。

另一方面，有助于传承优秀文化。

孔子说："知耻近乎勇。"这句话有两个关键：一是知道羞耻，二是知道什么是真正的羞耻。有些人虽然知道羞耻，但不知道什么是真正的羞耻，往往以富贵为荣，以贫穷为耻；以地位高为荣，以地位低为耻；以名气大为荣，以名气小为耻；如此等等。其实这些不是真正地知耻。

南宋著名思想家陆九渊说："人惟知所贵，然后知所耻。"[3]人只有知道什么是真正可贵的，然后才会知道什么是真正可耻的。如果在可贵和可耻之间没有正确的认识，就会导致价值观的混乱。古人说耻，着眼于品格，即以品格败坏为耻，以品格高尚为荣。而现在的不少人说耻，注重于结果。你成功了、富贵了，你就光荣，不管你用什么手段；你失败了、贫贱了，你就可耻，不论你是出于什么情况。这一转变，就使得"廉耻文化"变成了"成败文化"，往往以成败来论荣耻，反而忽视了人的品格。

所以，可不可耻关键在人格。物质贫穷并不可耻，用坑蒙拐骗的手段去攫取财富，有了钱不孝敬父母，才是真正的可耻；地位低下并不是可耻，用趋炎附势、出卖人格的办法去获取权势，才是真正的可耻；实力不强、被人轻视并不可耻，受了别人无理的侮辱还要自甘堕落，才是真正的可耻；国家积贫积弱并不可耻，受了列强的欺凌还要帮敌人摇旗呐喊，才是真正的

1（宋）黎靖德编《朱子语类》卷94《周子之书·幸》。

2（清）康有为撰《孟子微》卷6，中华书局，1987，第123页。

3（宋）陆九渊撰《陆九渊集》卷32《人不可以无耻》。

可耻。

廉耻感既要用语言来强化，更要用文化来传承。当廉耻这一类道德名称被其他词汇所取代时，廉耻文化就会被淡忘。所以加强廉耻教育，正是传承中华优秀传统文化的必要手段。

四、礼法精神辅翼之四：让

"礼"是中华文化的主要特征之一，传统社会就是礼法社会。对于礼的精神和体系，前文已经做过总体的概括。然而在中国传统社会中仍有一项价值观念，虽然脱胎于礼，然而又由于其具有独立而又系统的表现，因而可以自成一体，加以介绍，此即为"让"。

孔子认为："礼之用，和为贵。"[1] 礼的用处之一，就是建立"和"的社会秩序。在人口繁密、社会资源相对紧张的中国，每个人的生活外延难免与他人交叉乃至冲突，因而就需要以"让"的精神处理彼此之间的问题。唯其如此，方有和谐的社会局面。因为人与人之间，互不相让，自然不能和谐；人在利益面前，你争我抢，自然不能和谐。只有懂得谦让，才能达到"和"的境界。因此亦可以说，谦让既是礼的一个重要要求，也是礼的一种体现。礼讲究"让"，并以此追求"和"的境界，同时"让"又要遵守礼的节制，依礼而让，此即所谓"礼让"，几千年传承不息，遂渐而形成特殊的礼让文化。

（一）礼让文化的不同表现

鲁迅先生说："中国又原是'礼让为国'的，既有礼，就必能让，而愈能让，礼也就愈繁了。"[2] 先生的本意在于批判繁文缛节，但这也从反面说明传统社会确实讲究礼让，以至于某些时候会产生过犹不及的遗憾。概而观

1《论语·学而》。

2 鲁迅：《准风月谈》，人民文学出版社，1958，第87页。

之，传统社会中人人在言谈举止中都讲究礼让，礼让就浸透在社会的方方面面，变成了一种文化。其具体内容则可以从以下几个方面加以理解。

首先是对"人"的礼让。

生活细节中对人的礼让，其实就是今天所说的"礼貌""礼节"。古人常说"礼不下庶人"，实则就与礼让有直接关系。以往学术界批判这是奴隶社会阶级压迫的表现，因为后面还跟有一句话，叫"刑不上大夫"。于是人们就解释说：那时庶民老百姓就不讲究礼，或者说没有条件执行礼的规定；而贵族大夫则由于其高人一等的贵族身份，就不受刑罚制裁，并以此断定这就是阶级压迫的表现。然而细究原文，可知此种解释不免有断章取义之嫌。貌似"礼不下庶人，刑不上大夫"是一个对仗整齐的句式，殊不知此中大有文章。

查原文可知，这句话出自《礼记·曲礼上》。"礼不下庶人"一句应该与上文连成一体，完整表达就是："国君抚式，大夫下之；大夫抚式，士下之；礼不下庶人。"

这段话讲的是夏商周三代的一种礼节仪式，叫做"相见礼"，是一种讲谦让的礼。翻译一下就是：诸侯国的国君出行要坐马车，为防颠簸，便要辅助车上的横木"式"，也称作"轼"。如果在途中遇到身份低一级的大夫，便要彼此行礼以示善意。由于大夫也坐在车上，双方下车见礼自然并不方便。此时国君只要一手抓住横木，即"抚式"，另一只手向大夫行礼即可。而反观大夫，则要把马车停下，自己从车上下来，在地上恭恭敬敬、作揖打躬地给国君行礼。等国君走后，他再上车。如此礼仪可以不断变换角色同样套用。接下来，大夫要是遇见一个士，大夫就行"抚式"礼，士就得下车来行礼。大夫走了，他再上车。如果贵族乘车遇到的不是贵族，而是庶民，则礼节要有所改变。因为庶人没有车坐。他们原本就不在车上，自然没有车可以下，故而称之为"礼不下庶人"。字面意思也就是说，庶民遇到贵族，不用下车，只要原地行礼即可。所以说，"礼不下庶人"这句话所反映的不是庶人没有礼，而是体现的谦让之礼。

后来各朝各代对于礼让，都有相应的法律规定。到了唐朝，有个《仪制令》对礼让问题做了系统规定："行路，贱避贵，来避去，少避老，轻避重，违者笞五十。"意思是说，如果走在路上相遇，地位卑贱的人要给高贵的人让路，来的人要给去的人让路，年轻的要给年长的让路，负担轻的要给负担重的让路，违背者打五十下板子。唐文宗时，温造任御史中丞。一次在街上碰到左补阙李虞。李虞官位虽低，却没有给他让路。温造当即就把李虞的侍者抓起来，每人背上打了十杖。[1]他的这个行为虽显粗暴，却是合礼合法，故而并没有受到追究。

由于礼让是法律的硬性规定，大家不得不执行，久而久之，蔚然成风。过去民间有一种礼，叫做"乡饮酒"，充分体现了礼让精神。敬老赠长、款待贤者是乡饮酒礼的重要功能之一，这套礼仪后来就逐渐渗透到民间宴饮活动中去了。谁家办喜事，要派一个知客司去门外的岔路口接待来的客人。知客司先拱手作揖为礼，同时说几句吉利话：客人是骑马来的，就夸他"威风"；客人是坐轿来的，就赞他"舒坦"；客人是走路来的，就说他"逍遥"，然后回转身来，陪着客人往里走。客在前，自己在后。遇到门槛、阶梯什么的，知客司要赶紧跑在前面，对着客人作揖打躬，之后转身再走。所以乡饮酒礼又叫"揖让周旋之礼"，体现的就是主人对客人的礼让。著名文化大师林语堂曾调侃地说：中国文化比西方文化强的，就在这拱手为礼上。西方人握手为礼，容易传染疾病；中国人拱手为礼，"乃卫生之道也"。

其次是对名利的礼让。

俗话说，人生在世，无外乎名利二字。《史记·货殖列传》有这样的说法："天下熙熙，皆为利来；天下攘攘，皆为利往。"对物质利益的追求，是

---

1 参见《旧唐书·温造传》。

人的本性。然而在传统礼让文化的熏陶下，有些人在金钱财富面前也能保持谦让不争的态度，实在令人佩服。名主要指的是非物质财富，如名誉、权势、功劳等。在礼让文化的熏陶下，也有让名、让贤、让权的，西汉的陈平、周勃就是典型。

由于礼让的行为举止遍及于传统社会的方方面面，中华民族逐渐形成谦让不争的民族性格。明代科学家徐光启说："一家不争便是家齐，一国不争便是国治，天下多不争便是天下平。总来也只是不争。"[1]

受到这种礼让文化的熏陶影响，全国有很多地方，甚至以礼让作为地名，如"礼让乡""礼让镇"。民间关于礼让的谚语、格言更是人尽皆知："忍一时风平浪静，退一步海空天空"。如此等等，不一而足。

（二）礼让文化与无讼思想

对利益纠纷的谦让，学术界叫做"无讼"，又叫"息诉"；用老百姓的话来说，就是不喜欢打官司。

古代的诉讼大致可分为两种："狱""讼"。"罪名相告谓之狱"，相当于今天的刑事诉讼；"财货相争谓之讼"，相当于今天的民事诉讼。如田宅、户婚、债务、地租、邻里相争等一切小事，叫做"民间细故"。对于"狱"，被害人或被害人家属必须强制告发，绝不言退。对于"讼"，则不愿诉诸官府解决，看得淡，不愿斤斤计较。可见古代的法律观念是有所争有所不争，有所告有所不告，不能简单地批评古人法律意识低下。"无讼"指的是不喜欢打民事官司，而不是所有的诉讼。今天所说的民事诉讼，在过去，基本上都会用无讼的态度来对待。

古人对于民事纠纷，通常都不愿意去打官司，当然一方面是不愿意去，另一方面有可能是不敢去，为什么这么说呢？因为如果对纠纷不依不饶，直接到官府去打官司的，不但打不胜官司，还要被杖责六十。明太祖朱元璋在

---

1 （明）徐光启撰《经筵讲义》，《徐光启集》，上海古籍出版社，1984，第521页。

《教民榜文》中规定，民事纠纷不经调解而直接到官府告状的叫"越诉"，当事人要杖六十，"不问虚实，先将告人杖断六十，仍发里甲老人量断"。也就是说先回去叫里甲有威信的老人进行调解。如果遇到纠纷不先行寻求调解，而直接就去打官司的，不问对错，先打六十大板。所以遇到纠纷要先调解，在明朝的时候还在民间设置了专门的调解机构——申明亭。

当然，在申明亭里的民间调解，之所以能够化解纠纷，依仗的并不仅仅是主持人德高望重，其实它也是有制度上的保障的。

首先，民间调解可以采用强制手段。遇到拒绝不来的，要派人强行押来，相当于现在法院的拘传；调解时，遇到蛮不讲理的当事人，可用竹篦责打，增强调处的威慑力，提高调解的成功率。今天的民间调解双方自愿、强调说服教育，其成功率较低，原因之一可能就在这儿。

其次，民间调解的结论有约束力。通过调解，当事人同意的，记入"和簿"。"和簿"相当于现在的调解协议书，但又有不同。今天的调解协议，如果一方当事人反悔，可以向人民法院起诉。"和簿"就不同了，一旦形成，当事人不得反悔，这估计也是以前很多民事纠纷能在基层得以化解的重要原因。

有日本学者曾收集徽州地区自宣德二年到嘉靖元年（1427—1522年）近100年间20件民间契约，内容涉及山林田地买卖纠纷、地界纠纷、盗伐林木纠纷、墓地纠纷等。在20件民事纠纷中，14件是在老人的主持下通过申明亭程序调处解决，5件是众议和解（类似教民榜文中群裁制度），1件是宗族内由族长调处解决。可见，由于民间调解制度发达，众多民间纠纷在基层就能得以化解，使得大量的纠纷不至于流入官府，这就为无讼文化的形成提供了制度保障。

民间调解虽然能消化众多民事纠纷，但总有消化不了的。如果在申明亭里调解失败，这个时候，又该怎么办呢？

因为已经经过调解了，现在去官府打官司，就不会被打板子了。但要在农闲时去，农忙时不能去，这叫"务限法"。

对诉来官府的案件，办案官吏多用调解之法解决，与当今法院的诉讼调解相似，做到案结事了，追求法律效果与社会效果的统一。具体做法多种多样，如自我谴责法、教喻开导法，多做思想教育工作，让当事人反省，最后主动撤诉或达成和解，培养民众的无讼意识。

明朝赵豫任松江太守时，当地民众喜欢打官司，赵豫对此非常担忧，《明史·循吏传》中说他"患民俗多讼"，凡有人来打官司，往往好言相劝："明日来嘛明天来"。周围的人都笑他迂腐，传出"松江太守明日来"的民谣。殊不知打官司的人常常是赌一口气，等其回家后过了一夜，气就消了大半；或者被亲友劝阻，第二天就不来打官司了。赵豫作为一方司法官员，对人性心理的了解是很透彻的，所以用"明日来"的策略来化解诉讼。据史料记载，赵豫在松江做太守15年，地方政通人和，百姓拥护。由此看来，赵氏独创的"明日来"断案法则并非一无是处，确有其可取之处。

有的执法官为化解纠纷，不时采用一些出人意表的妙法。清代知县陆陇其遇一兄弟争讼案，审理之前，"但令兄弟互呼"，不到五十遍，两人便主动请求撤诉。但陆还是写了判词决案，曰："夫同气同声，莫如兄弟，而乃竟以身外之财产，伤骨肉之至情，其愚真不可及也。"判令财产由兄长掌管，弟弟予以协助。[1]

之所以在传统社会中能形成牢固的无讼观念，主要是因为受了儒家思想的影响。儒家经典《周易》"讼卦第六"说："讼，有孚窒惕，中吉，终凶。"意思是人在遇到利益纠纷时，最好能忍气吞声、小心谨慎。如果非要打官司，尽量保持平和的心态，做到"中"，不偏不倚，方呈吉祥；如果追求过度，则成"凶"兆。为什么"讼"是凶兆呢？对诉讼的过度追求，必将走向

---

1 参见（清）陆陇其撰《陆稼书判牍·兄弟争产之妙判》。

事物的反面，事与愿违、适得其反。

《易经·象传》对此也做了解释："天与水违行，讼。君子以作事谋始。"讼卦为水形。天道由东向西运转，水道由西向东运行，故讼与天道是相悖的。所以，君子处世要小心谨慎，从一开始就要避免诉讼的发生。

《易经》中将打官司视为不吉利之事。这样的观念，在孔子那里得到了进一步发扬。《论语·颜渊》载："子曰：'听讼，吾犹人也，必也使无讼乎。'""听"即审理之义。孔子的意思是，审理民事财产案件，我和别人差不多，但我的追求是让人们不要为财产争议来打官司。

他不但是这样说的，也是这样做的。孔子在鲁国做大司寇时，有父子为家事争讼。孔子下令将父子俩囚禁起来，三个月不予审理。经过反省，那位父亲决定不打官司了，孔子便下令放了二人。孔子就是要用教化的方法让民众懂得无讼的道理。[1]

孔子这一思想在后来得到了一以贯之的传承。晋代潘尼认为："知争竞之遘灾也，故犯而不校。"[2]宋朝时，古灵陈先生为仙居县令（古灵陈是陈氏家族的一支），专门刻制教民的碑文，其中说道："无好争讼，无以恶陵善，无以富吞贫。"[3]

在这样的思想教育环境中，古人把无讼当作一种人生态度和生活智慧。人们往往认为，喜欢打官司会得不偿失。在相对封闭的农业社会，老百姓被固定在一片土地上，一辈子生于斯、长于斯、老于斯，很少外迁。动不动就打官司，就会被别人当作"健讼之徒""讼棍"，喜欢挑弄是非的人；就算官司打赢了，和谐的人际关系也会被打破，遇到事情很难得到别人的帮助。《易经·象传》中说"以讼受服，亦不足敬也"。就算通过争讼得到了利益，也并不让人佩服。

1　参见《荀子·宥坐》。

2　《晋书·潘尼传》。

3　（宋）朱熹撰《小学·嘉言·广立教》。

　　除了思想的影响，制度保障和司法支持也是产生无讼思想的重要原因。各地设置申明亭，民间调解的结论又有约束力，这就使得很多纠纷通过调解确实能够得到解决，老百姓自然也就不愿意去打官司了。就算到官府去告状，最终也多是以调解方式结案。既然如此，不如在民间调解时就把问题解决了。

　　礼法文化中所蕴含的息讼观念，俨然已经成为一种文化基因，直至今日都还在发挥作用。

　　今天，我们把传统的"无讼"观念视为法律意识低下的表现，把通过法律途径解决纠纷视为法律意识提高的表现，自然有其合理的一面，但过分地夸大，就会走上"健讼"的道路。从目前的司法状况来看，诉讼已成爆炸之势，法院已经不堪重负，同时也会危及当今和谐社会的构建。

　　例如，为了缓解司法压力，可以借鉴与无讼文化配套的申明亭制度，来完善现有的调解制度。现在的人民调解制度与过去的申明亭调解相比较，既有相同之处，也有差异。过去调解，一旦达成协议，双方不能反悔，矛盾到此了结。现在的调解，达成协议后，如果当事人对"调解协议的履行或者调解协议的内容发生争议"，还可以向人民法院起诉。旧的矛盾没解决，新的官司又开始了。现有调解制度如果能借鉴传统调解中的合理因素，提高调解协议的法律效力，必将为化解社会矛盾、促进社会和谐做出贡献。

　　此外，我们面对纠纷时，想一想古人的"无讼"，或许就不会过分地纠结。当我们把"无讼"当做一种生活态度和人生智慧，我们就不会动不动拿起法律的武器，告到法院去。我们就能少一些烦恼而得到心灵的解放。

　　为什么要讲礼让文化呢？那是因为礼让作为中国传统优秀文化之一，对社会、对个人都能产生较大的正面影响，即使是在今天依然具有极大的借鉴价值。

　　首先，倡导礼让文化有助于美化社会风俗。

现实生活中，一些公共场所的社会秩序确实令人担忧。坐电梯、坐公交要争；在红绿灯前，行人要争；在斑马线上，汽车要争。传统礼让文化中的"四避"，即"贱避贵，来避去，少避老，轻避重"原则，对改善这种种混乱状况应该有所帮助。按照"来避去"的原则，下车、出电梯的人就是"去"，来坐车、坐电梯的人叫"来"，来的应该为去的让路。按照"少避老，轻避重"的原则，在公共汽车或其他公共场所，就应该礼让老年人、孕妇等。传统社会，礼让之所以变得司空见惯，是因为有法律做后盾，谁就敢违反，谁就要被打板子。如今时代变了，我们不可能照搬这样的法律规定来惩治那些不讲礼让的人，但却可以大力提倡这样的文化，让更多的人理解这种文化的精神，从而自觉地做出文明礼让的举动。久而久之，或许能达到移风易俗的作用。

其次，倡导礼让文化还可以提升社会成员的人格品德。

礼让是一种君子人格。一个讲礼让的人，别人会说他品德好，能得到社会的尊重。孔子言："文质彬彬，然后君子。"[1]在生活细节上，懂得以谦让之礼待人的，叫彬彬有礼，能称为谦谦君子。歌德是德国18世纪到19世纪的伟大诗人。一天，他在公园里散步，在一条只能通过一个人的小道上，迎面遇见对他的作品进行过尖锐批评的人。这位批评家高声喊道："我从来不给傻子让路！"歌德一边满面笑容地让在一旁，一边说"而我则相反！"在这一争一让之间，品德的高下立马显露出来。

有个人性情很犟，从不让人。一天家里来了客人，他叫儿子去买酒买肉来招待，自己陪着客人聊天。左等右等儿子都不回来，这人就去寻找，发现儿子拿着酒肉，在城门口与一个扛竹竿的人对站，互不相让。老子对儿子说："你赶快把酒肉拿回家待客，让我在这儿与他对站。"这样的人，恐怕很难成为谦谦君子咯！

1《论语·雍也》。

　　在功劳荣誉面前也能做到谦让，不去自夸邀功，别人更会佩服你。东汉初年有位将军叫冯异，是光武帝刘秀的得力干将。他既有文才，也长于武略，战功卓著，在云台二十八将中排名第七。每当征战间隙，将官们常常聚在一起聊天，话题无非自述战功，胡吹乱侃。每当众将争功论能之时，冯异总是一个人默默地躲到大树下面。于是，士兵们便给他起了个"大树将军"的雅号，这个词后来也常被用来指不居功自傲的将领。

　　最后，倡导礼让文化还可以激发人生智慧。

　　礼让是一种不争善胜的智慧。一个讲礼让的人，短时间可能会有所失，长时间来看，反而能有所得。道家就认为，世间万事万物都有阴阳两面。自然界有天地、上下、长短、大小、有无，人世间有得失、强弱、刚柔、进退、争让，等等。人们只看到阳的一面，追求阳的一面，喜欢得、强、进、争；不喜欢阴的一面，如失、弱、退、让。

　　殊不知，万事万物都有它的规律，都有它的"道"。那就是物极必反，强的东西可以变弱，弱的东西可以变强。柔弱的一面，阴的一面，自有它的用处。所以道家始祖老子特别强调阴柔一面的用处。在争与让之间，道家认为让是一种"不争善胜"的智慧，过分的争，反而会带来灾难。幼儿园老师教育小孩常常讲这么一个例子：在一座独木桥上，两头驴碰见了，互不相让。最后会是什么结果呢？答案是双双摔死。

　　反之，礼让不争却会得到好处。《道德经》第7章中说："后其身而身先，外其身而身存。非以其无私耶？故能成其私。"有好处大家都去追，某人却远远掉在后面不去追；有利益大家都扎堆去争，某人却置身事外不关心，你以为他这样做是没有私心吗？非也。恰恰是这种做法，能成就他的私心。

　　善于退让，表面看会失去某些应有的利益，实则会得到更多的利益。为什么呢？第一是不树敌，能获得更加良好的人际关系，干起事来，能减少别人的人为阻碍；第二是能够得到更多的支持，得道多助。所以谦让不争并不是真的不争，而是一种更大的争。

现在是个竞争的时代，讲竞争是对的，但竞争和礼让是相互补充的。"竞"在古汉语中写作"競"，意为两个级别相同的对象进行争斗，才是竞争，也就是有了公平才有竞争。

什么是礼让？就是依礼而让，不是无条件地退让。所以只知道竞争，等于一条腿走路。在竞争的同时也懂得礼让，才是两条腿走路，能帮助你走得更远、走得更高。

在中华法系中，除礼法之外还存在其他许多规范形式，例如家族宗法，但无论哪种形式的规范，都是围绕儒家"礼法"核心而展开的。商周时期的宗法制便成为一种基本的政权组织形式，在中国古代社会，以父权家长为中心的家族宗法组织，成为传统官僚政治赖以利用的基础。在后世成为治国基本方针的儒家伦理，也是产生于家族宗法制的社会土壤。家族宗法制的核心是"孝"，也是维持社会秩序的最基本的道德思想。在当时人们的观念中，认为"孝"于氏族，便能"忠"于由千千万万个家族宗法组织组成的国家。儒家的各种主张，都围绕着"孝"与"忠"，孔子把它总结为"君君、臣臣、父父、子子"。由此形成的"君权"与"父权"，不仅是相通的，也是互为依托、相辅相成的。在传统政治体制下，君主的命令即具有法的效力，那么在一个宗族中，家族中所形成的"族规""宗规""家法""祠规"等便也具备了"法"的实质，对于违反家族家规者，家长或者族长有权对其进行笞、杖、开除族籍等处罚，如所犯罪行严重如奸淫、不孝等，甚至可以处死。虽然这些"族规"等的直接目的是维护本族门风礼法，但在传统社会中，其无疑在很大程度上起到了维持社会秩序的作用，从而成为中华法系的一种隐形的规范形式。

正是因为家族规范在传统社会中所起的社会作用不可忽视，所以国家政权对家规礼法以及由此衍生的家族司法予以事实上的承认，官府只处理家族司法机构无力或无权调解的纠纷与犯罪，这已成为国家司法实践活动中一条不成文的惯例。至元、明、清时，国家统治政权对族长处死犯有死罪的族人，认同为代官府处死，法律不究，这正是对家族法和家族司法实践的肯定与鼓励。中华法系所覆盖的国家受家族宗法制度的影响，始终强调伦理的观念，在司法活动中以伦理纲常作为立法的依据，家族伦理便具有了法的意义，形成"法律伦理化"的现象，这是传统中国"法律儒家化"的体现，在长期的历史发展过程中，也形成了以"礼法"为核心的中华法系。

第四章
重新认识中华法系的时代价值

历史研究需要哲学的眼光。每一种事实的考证与训诂，意在阐扬其内在义理和外显的生活世界。单纯以考据为鹄的，势必陷入清考据学派重细节而失却全局的境地。诚如章学诚所言："尚考证者薄词章，索义理者略征实。"[1]每一个民族的法律传统，都是特定生活世界的表达，荷载着独特的民族精神和生活价值理想。法律不仅是律令、技术和条文，更是精神价值和理想。近百年来，谋中华民族之复兴，成为时代的主旋律。然而，民族复兴离不开文化复兴。在全球化时代，谋求中国当代的法治建设、谋求合理的生活世界，同样需注重从自身的历史传统中去探求。

在东西方两种异质文明的激烈碰撞与冲突中，以儒家礼法精神为统绪的中华法系，开始了曲折的现代性转换。启蒙、变法和革命，遂成为中国法律传统变革的主旋律。原本具有高度闭合性和文明性的中华法系，在西方文明的强势冲击下，在法律的精神与义理、法律体系模式、制度设置和司法技术操作等方面，产生了整体性的变动。近现代的中国法律史学，是东西方文明冲突下"西法东渐"，回应西方文化冲击的产物，也是在"三千年未见之大变局"[2]时代，中国知识分子谋求文化主体性的集体努力之结果。回溯中华法

---

1 （清）章学诚：《文史通义新编新注》，仓修良编注，浙江古籍出版社，2005，第799–800页。

2 顾廷龙、戴逸汇编《李鸿章全集》第5册，《筹议制造轮船未可裁撤折》，安徽教育出版社，2007，第107页。

系从传统到现代的历史变迁，凸显出四个主导化趋向：一是法律义理精神的更迭，儒家礼法精神为现代西方实证主义取代；二是法律体系的变革，伦理型法制转向了道德和法律的分化；三是国家和个人关系的重构，家族制度解体，个人被组织到民族—国家之中；四是法律渊源构成的变化，习惯法、民间习俗和乡规民约被有意识地纳入国家制定法中。凡世界之事都处于进化发展之中，并且是沿着传统的逻辑轨迹的变化演进。近现代中国的法制变革，应注重从自身的法律传统汲取有益的资源，以利于当下的法治国家建构。为此需要进行两项互相补益的工作：一是努力吸收和借鉴人类的法律文明成就；二是致力于梳理和提炼中华法律文明的成果，为现代法治提供深厚的文化认同和智识资源。由此，传统与现代、历史与现实，才能更加圆融、恰切，而不是随西方亦步亦趋，也才能建构出独具时代性和民族性的现代中国法律文明。

"中华法系学"作为一门独立的学科或学术领域，源于近现代东西方文明的激烈碰撞和冲突。作为一个理论自觉的存在，中华法系的建构和学术研究是一个近现代的现象，即伴随着东西方的文化冲突，以民族主义诉求和救亡图存为目的而逐步凸显、清晰起来。在东西方文化冲突和文明竞争的"元语境"（meta-context）里，近现代的知识分子为寻求中国传统文化的独立性和自主性，建构共同的文化认同和身份认同，挽救深陷于危机中的中华文明，实现民族文化复兴和民族独立，踏上了艰难地寻求文化主体性的理论建构之路。换言之，作为学术研究对象的中华法系，是在东西方文化冲突的时代背景下，中国知识分子为培育深陷于危机中的中国文化、历史传统和政治法律制度的独立性，即中华文化的主体性而进行的自觉的理论建构，表现了近现代以来中国知识分子的责任与担当精神。

在语源和语义上，"中华"为一兼具文化意义和政治诉求的概念，表征着文化的独立性；"法系"则源于西方法律文明，这个称谓典型地表明了东西方文化相互影响。所谓中华法系，"盖指数千年来支配全人类最大多数，与道德相混自成一独立系统且其影响于其他东亚诸国者，亦如期在本部之法律制度之谓也"[1]。以梁启超、沈家本、居正、陈顾远、程树德、丁元普、杨鸿烈等为代表的法律思想家，从中国固有法律文明的生成、特质、理论前提和制度化实践等方面进行系统梳理，提出了"中华法系"的概念，以此为理论基点，阐扬与西方法律文明截然不同并且"独立自成一体的""固有的"中华法律文明。这些具有高度民族情感和激情的思想家们，从体系结构、研究方法、分析框架和工具、法律实践等诸多方面，进行了极为有益的探索，逐步形成了弘扬中国传统法律文明的理论宗旨和学术立场。在那个风雨飘摇的急剧变迁时代，他们为中国传统法律文化的正当性与合法性进行了艰苦的理论辩护和学理阐释，在 20 世纪 20—40 年代形成了中华法系研究的学术热潮。[2]"学术界对讨论中华法系问题趋之若鹜，使得中华法系成为法律史学乃至整个学术界的热门课题，中华法系学亦成为一门有特定研究领域的专门学科。"[3] 法律思想家们力图在现代的知识谱系中，重新阐扬传统法律的理想和价值，梳理传统法律思想的演进，总结传统法律的精神和义理，致力于建构一种能够与西方法律文明相抗衡的中华法律文明，与西方叙事相互对照的中国叙事，以此推进文化自信。居正言明了这种学术努力的宗旨："'重建中华法系'一语的含义，决不可误会为'提倡复古'，而正是要以革命的立法，进取创造，为中国法系争取一个新的生命，开辟一个新的纪元。"[4] 其间的论题集中于阐释中华法系的自成一体、成熟、影响和特质等方面。梁启超的

1　杨鸿烈：《中国法律对东亚诸国之影响》，中国政法大学出版社，1999，第 11 页。

2　中华法系学的研究蔚然成风，专题性论文、论著超过 30 篇，形成了中国法律史学的阐释框架、分析模式，建构出一整套独立的中华法系学的话语和叙事方式。参见俞荣根、龙大轩：《中华法系学述论》，《上海政法学院学报》2005 年第 4 期，第 31-38 页；郭世佑、李在全：《"中华法系"话语在近代中国的建构》，《江苏社会科学》2008 年第 6 期，第 178-186 页。

3　俞荣根、龙大轩、吕志兴编著《中国传统法学述论：基于国学视角》，北京大学出版社，2005，第 20 页。

4　居正：《法律哲学导论》，商务印书馆，2012，第 75 页。

《中国法理学发达史论》主张："近世法学者称世界四法系，而吾国与居一焉，其余诸法系，或发生畧于我，而久已中绝；或今方盛行，而导源甚近。然则我之法系，其最足以自豪于世界也。夫深山大泽，龙蛇生焉，我以数百万神圣之国民，建数千年绵延之帝国，其能有独立伟大之法系，宜也。"[1] 这些研究对于阐扬传统法律文明、弘扬中华法系的精神起到了极为重要的作用。

第一节　从家观念到天下理想

民族复兴是当代中国在经济勃兴之后一个必然的文化选择和精神追求。梳理和扬弃文化传统是促进民族复兴的基础和至为重要的向度。凝聚于历史中的民族心理和价值观念，必然对现代社会产生根本性的制约和文化上的先在性限定。认真对待自身的法律传统，立基于新的时代环境，以新的眼光挖掘历史传统的意义，文化复兴才有真实的根基。中国的古代法传统，包含着特定的意义追求与价值理想。理性地对待传统法律文化、弘扬其内蕴的真意，能够增强文化认同感，为法治建设和文化发展提供具有积极意义的历史资源。

一、作为中华法系精神支点的家族观念

梁漱溟先生对中华法律传统曾有一问："为什么在中古基督教天下之后，出现了近代民族国家，而中国却总介乎天下与国家之间，两千年如一日呢？"[2] 其问题意识敏锐且深刻，是理解传统法律文化的基点，也是探寻中国古代法精神的出发点。每一种文化都表达着不同生活世界中人们持有的共同观念、态度和未来想象。在每种现实的文化形态里，必然包含着特定的价值追求和独特的精神世界。但凡尊重自身历史传统的民族，大都发展出相对合

---

1 范忠信选编《梁启超法学论文集》，中国政法大学出版社，2000，第69页。
2 梁漱溟：《中国文化要义》（第2版），上海人民出版社，2011，第201页。

理、成熟的文化态度。如何看待历史，秉持何种知识立场和价值取向来展开当下的历史叙事，对于社会的理性发展、文化认同和民族自信，具有极为重要的思想价值。"我们现在对中国文化的本质还不能说已经从理论上认识得很清楚，但是大体上说它确实是从中国人历来讲究的'正心、诚意、修身、齐家、治国、平天下'的儒家所指出的方向发展出来的。这里边一层一层都是几千年积聚下来的经验性的东西，如果能用到现实的事情当中去，看来还是会发生积极作用的。我们中国文化里边有许多我们特有的东西，可以解决很多现实问题，疑难问题。现在的问题是我们怎样把这些特点用现代语言更明确地表达出来，让大家懂得，变成一个普遍性的信息和共识。"[1]

每一种历史传统对现代社会都具有相当的决定性构成意义。民族文化的生命力延续，更多地是在历史传统的延长线上展开的。任何民族的文化发展，首要的任务必然是在其自身的历史资源中开放出新的时代意义。否则，任何一种文化的"复兴"都会因其缺乏历史根基而成为无根的文化，所谓的复兴也仅仅是一种虚妄的想象了。作为对照，14世纪西欧的文艺复兴（Renaissance）是一个明证，其本意是"唤醒""觉醒"或"重生"，目标是重新发现和弘扬古代文化的理性、冷静、独立判断和反思的精神；相信人的潜力和创造能力，尊重人的价值和崇高。它是理性又充满激情的探险，绝非娱乐历史的知识消遣运动。纵观人类社会的发展史，认真对待传统文化不但是促成文化复兴和民族认同的重要基础，更决定了一个民族文化的未来发展趋向。

一种具有特殊精神气质的法律文化是如何形成的？孟德斯鸠曾言："人类受多种事物的支配，就是：气候、宗教、法律、施政的准则、先例、风俗、习惯。结果就在这里形成了一种一般的精神。"[2] 中国古代法的一般精神

---

1 费孝通：《关于"文化自觉"的一些自白》，《学术研究》2003年第7期，第7页。
2 〔法〕孟德斯鸠：《论法的精神》，张雁深译，商务印书馆，1959，第364页。

也必然是由多种多样的缘由共同作用的结果。中国传统社会的生产方式和经济形态，塑造出了农耕式的生活世界和一整套独特的规范体系。作为研究对象的中华法系，最早由梁启超在《中国法理学发达史论》中提出，后被学术界共同接受而成为阐释传统法律的基本术语。它是近代以来为寻求与西方强势文化对抗而建构出来的理论概念和学术话语，系指始于上古时期延续至清末（现代民族国家建制之前）的传统法律。在社会构造的基本结构方面，它是以农耕经济为基础、以儒家伦理政治哲学为核心的政治法律制度。中华法系的总体精神涵括：宽恕戒残、悲悯仁恤的宽宏精神；本乎人情、据于事理的情理精神；关注反省、释赦并存的自新精神；个别对待、分化瓦解的策略精神；和同公信、约定同法的契约精神；哀敬惟良、听明断平的司法精神。[1]其中，作为这种总体性法律精神基础的，是以家为核心而建构起来的社会生活制度，即家族观念是理解中国古代法精神的基点。

二、传统生活方式与家族观念

传统社会塑造出了以家族经济为核心的生活方式。农耕的生活世界和生产家庭化，使公共领域与家庭生活合一，是家庭关系的扩展。交通不发达和土地的非移动性，塑造出农业社会相对"固着"的生活方式。农业社会形态决定了固着于土地的生活方式和以地域为中心的生产和经济活动，并相应地发展出特殊的群体性、民族性的伦理观念与生活制度。"'民族的'——如果说有什么统一的东西的话——就是一种特殊的激情，它在一个由于共同的语言、宗教、习俗和命运而结合的人的群体里"[2]。在农耕社会里，人口与土地（财富主要源于土地收益）是最重要的生活基础。于是，在中国的传统文化里，人丁兴旺和土地即财富的观念，便成为人们的生活理想。"拥有将复杂

---

1 参见霍存福：《中国传统法文化精神论纲》，载《吉林公安高等专科学校学报》2009 年第 5 期，第 5-6 页。

2〔德〕韦伯：《经济与社会》上卷，商务印书馆，1997，第 452 页。

的甚至相当疏远的亲属关系表达出来的丰富的语汇的确是中国话的特色，这些正可看作在中国的社会生活中亲属关系这类事具有非常大的比重的反应，特别是男系和女系被严格地称呼的原因。"[1] 个人名分与身份的规定来源于儒家的礼制，"社会结构是由不同身份所组成的。社会身份注重亲疏、嫌疑、同异和是非之辨。儒家所谓礼就是这种身份的辨别"。并且，"社会并不是个人的集合体，而是身份的结构"[2]。中国古代社会，形成了以儒家理论为主流的文化模式。儒家学说从家庭伦理出发，推出社会生活制度，把家族伦理予以理论化和制度化，从而使传统社会的基本社会制度具有明显的家族底色。由此，"在中国传统语境里，家庭是一个具有自身绝对性的、不可还原的最小生活形式，而且任一个体都必须通过他在家庭中的存在而获得作为这个特定个体的意义。如果不在家庭中存在，那么一个人就无法被定义为某人"[3]。理解中国古代法的精神，其要义就在于家族伦理的社会化和制度化。同样，从家观念中发展出了中国古代法里最具有想象力的天下理想。法律上的"泛道德主义和泛刑主义相结合是中国传统思维方式的又一重要特点。所谓泛道德主义，就是将道德意识越位扩张，侵犯到其他文化领域（如文学、政治、法律、经济），去做它们的主人，而强迫其他文化领域的个性，降于次要又次要地位；最终极的目的是要把各种文化的表现，统变为服役于道德和表达道德的工具"[4]。传统的家族伦理以及在此基础上展开的天下观念，立足于农耕社会的现实，具有一定的历史合理性。其中，帝制政治也不同于现代的民族国家，它是以尊奉一整套精神理想和价值观念为前提的文化认同的结果。然而，这种过于强调和追求伦理观念的扩张，导致传统法律文化在整体上都沉浸于浓重的伦理氛围。

---

1 〔日〕滋贺秀三：《中国家族法原理》，张建国、李力译，法律出版社，2002，第17页。

2 费孝通：《生育制度》，北京大学出版社，1998，第142页。

3 赵汀阳：《天下体系：世界制度哲学导论》，江苏教育出版社，2005，第65页。

4 郝铁川：《中华法系研究》，复旦大学出版社，1997，第226页。

与现代工商社会不同，中国传统社会的基础是高度自足的农耕经济。从家族伦理出发来推演社会关系和社会秩序，构成了古代法文化的基本特征，也是建构公共领域的主导方式。因为"从中间就家庭关系推广发挥，而以伦理组织社会，消融了个人与团体这两端"[1]。"家"和"家族"是政治的基本单位，社会制度在逻辑上是家族的类推和功能扩展。从家伦理到天下理想，成为中华法系的精神特质。

三、由"家"而"天下"的理想与实践

从家族伦理出发，推出政治制度的方案，具有深厚的社会基础和思想根据。如果不是完全偏执于现代社会的立场，"我们看历史上一切制度，都该注意到每一制度之背后的当时人的观念和理论"[2]。中国古代社会的农耕经济特点，塑造出来的是一种固着于土地的生活方式。由于土地是最为重要的不动产，加之交通、交易习惯等方面的原因，社会交往大多发生于熟悉的环境里。土地即财富成为根本的生活观念，由此形成了以家族为核心的共同生产和共同消费，所有的家庭成员共同生活，成为农耕社会的根本特征。家族主要由血缘和亲缘构成，基于血缘的亲等关系就自然地成为确立家族制度的唯一标准和理想尺度。家族内部的重要制度和规范性习惯，逐步演化为家族外部的社会规范。这种生活现实状况所形成的主导观念，经由古典儒家思想家的理论化而成为中国古代社会的根本精神。儒家通过确立完整的家族伦理关系，巩固了家族等级化秩序，并逐步将其推行为政治社会的基本规范。以家族伦理为理想模板的政治方案，其特质在于政治社会的伦理化，具有鲜明的道德理想主义色彩。从生物学和人类学角度看，家庭是每个人最理想的生活场景，家庭内的关系是最具亲情性和归属感的。在逻辑上把家观念作为社会规范的根基，显然也是建立最合理的社会秩序的基础。对家的重视

1　梁漱溟：《中国文化要义》（第2版），上海人民出版社，2011，第77页。
2　瞿同祖：《中国法律与中国社会》，中华书局，2003，第347页。

和以家为基点设计社会制度，构成了整个古代法时期最为根本的政治法律理念。

　　尽管儒家的伦理方案因其忽略了社会现实的复杂性，过于理想化而具有内在的理论缺陷；但是，对于农耕社会而言它具有相对的历史合理性。儒家理论既是确立家族内部关系的基石，又是建立公共性社会关系的政治哲学。"'家、国、天下'这个政治/文化单位体系从整体上说是'家'的隐喻，所以，家庭性（family-ship）就成为大多数中国人理解和解释政治/文化制度的原则。"[1]中国的古代法传统逐步发展出以儒家学说为核心的法律体系，"儒家的思想支配了一切古代法典"[2]，并成为中华法系的重要特点。其中，构成中国古代法制三大支柱的，是家族法、财产法（主要是土地和基于土地而生的利益）和刑律。[3]所有法律受到儒家理论概念的支配，以儒家学说为核心的法律文化，其主要特质"在于德、礼的支配和对法学家的不信任，在于与其采用司法手段（审判），莫不如通过调停手段来解决纠纷这一观念。而且这一观念早在中国古代思想中就已经根深蒂固了"[4]。儒家理论并非仅仅是家族伦理，更是传统社会的支配性政治法律哲学。治理社会的方法，以治家的思想为深层根据。这种理论追求的精神理想，最为鲜明地表达在"修身、齐家、治国、平天下"[5]的公式里。儒家的伦理观念注重个人主观德性的培养。在中国古代社会的文化理想里，不以民族界限为文化界限，而是以极为开放的观念去想象所有的文化。其中，显然有缺乏对其他不同文化的了解的原因，但更为根本的缘由还在于中国传统文化对自身的高度自信和文化本身的

1　赵汀阳：《天下体系：世界制度哲学导论》，江苏教育出版社，2005，第63页。

2　〔日〕大木雅夫：《东西方的法观念比较》，华夏等译，北京大学出版社，2004，第79页。

3　在古代成文法典里，关于亲属、财产和刑律与刑法的规定地位最重、数量最多，多以刑律确定违法者的责任，不同于现代的法律部门划分体系。参见蔡枢衡：《中国刑法史》，中国法制出版社，2005，第五、六章关于刑罚体系演变的阐述。

4　〔英〕克拉勃：《近代国家观念》，商务印书馆，1957，第6页。

5　《礼记·大学》。

高度成熟。以"天下"观念为文化/政治理想，表达出来的是中国传统文化的生命力，以及接受和同化其他文化的能力。"大同"作为最终的社会理想，是东西方古代社会里最具和平心态的政治方案。由于儒家哲学的支配地位，中国古代法的精神表达的是一种开放性的和谐理想。当然，并不能因此而无视古代法律的压制性结构和刑罚的严酷性，而更为关键的是认识这种精神所具有的历史合理性。法的精神表达出来的是一种民族精神、文化理想和价值追求。中国的传统法律文化以儒家学说为思想基础，从家伦理的亲情和谐关系推出理想的政治法律制度，在文化价值哲学上这具有超越性和开放性。致力于民族复兴和文化复兴，需要认真对待传统法律文化。对法律传统进行系统梳理、分析和扬弃，能够获得对于当代法治建设和文化建设具有积极价值的精神意义和历史资源。

第二节　伦理型法律传统的现代意义

把政治置于伦理语境中进行思考和评判，是儒家伦理政治哲学最鲜明的特征，也是儒家优越于墨法诸家的深刻之处。以家庭的自然伦理情感为基点来建构政治社会秩序，家庭伦理是个人进行思考和行为的最重要的生活场景，家庭内部稳定的血缘关系能够顺利地为建立社会秩序提供可靠的基础，这些是矫治现代社会伦理/政治分离危机的重要思想资源。其中，真正的问题不在于儒家的自然主义政治哲学是否能够开出现代方案，而在于儒家创立的伦理政治观对现代的政治正当性是否仍然具有矫正意义。

一、从天下观念到国家观念的转化

农耕经济塑造出一种以土地为核心的固着的生活方式，社会交往大多发生于熟悉的环境里。土地即财富成为最根本的生活观念，由此形成了以家族为核心的共同生产和共同消费的形式。家庭成员同居共财、彼此依赖，家族成员之间凭靠天然的血缘等级关系，发展出宗法和族规。这些规范不断地从家族向外推展，逐步成为社会性的基本行为准则，具有了公共规范的性质。由于整个社会生活方式的同质性和同构性，家族伦理能够拓展成为公共规则体系。从家伦理到公共伦理规范的过渡，是自然而然地生发出来的，其根本原因在于农耕生活世界本身的特性。儒家对这种生活方式的特质具有极为深刻的认识，同时深知，如果单纯依赖家族伦理来治理整个社会，并不能建立起理想的政治社会秩序。家族伦理在本质上是由农耕经济决定的，重心在于维系家族的存在和发展；无法超越单纯的经济利益考虑和计算，最终则无法建立有力的社会秩序。为此，就必须在家族的经济利益追求之外，悬设一个更高的价值理想，以此消解家族利益追求的局限性和限度。这就是儒家从家族伦理到天下理想的伦理政治哲学思路，其最终目的是矫正个人把家族利益视为至上的弊端。"修身、齐家、治国、平天下"的逻辑序列，尽管"壹是皆以修身为本"[1]，但其价值排序的终点落在了"天下"上。天下理想恰恰构成了对家族唯经济利益至上的一种价值论超越。在这个价值体系中，家是起点和基础，"天下"才是最高的伦理理想。儒家在肯定个人的经济利益追求合理性的同时，更加强调社会公共生活的必要性和至上性。对家族内部等级伦理的强调，绝非在辩护家的至上性，而是为了给"天下理想"建构一个稳固的正当性基础（尽管儒家从来没有对这个理念做出清晰的解释）。

《礼记·大学》充分表达了这种政治哲学："古之欲明明德于天下者，先治其国；欲治其国者，先齐其家；欲齐其家者，先修其身；欲修其身者，先正其心；欲正其心者，先诚其意。"[2]一切生活制度和社会秩序都受到儒家理论的支配，"在中国的宗的观念历经长久的历史而毫不减弱地一直维持到最近的最大的原因，大概应在并非是权力而是植根与对血脉这种自然性的事物

1《礼记·大学》。

2《礼记·大学》。

所具有的一定看法这一点上来求得，中国家族法应该视为这样的自然观和人生观的反映"[1]。儒家理论并非仅仅是家族伦理，更是传统社会的支配性政治法律哲学。治理社会的方法，以治家（齐家）思想为深层根据。"儒家的政治观时有强烈理想主义的倾向，个人主观德性的培养，若能及于全社会每个人，则社会不治而自治。"[2] 并且，"作为中国思想主流的儒家的思考单位系列通常表达得更为简练，称做家、国、天下。一般而言，'家'和'天下'这两个概念在中国思维中最具支配性地位，并且以此形成基本的解释框架，就是说，'家'和'天下'这两个概念被赋予比其他所有可能设想的思考单位以更大的解释能力或解释权力"[3]。其中，"天"既是道德秩序的源泉，又是规范社会政治秩序的基础；基本逻辑序列是：家、国、天下。其中，"天下"是一个超民族／国家概念，既是一种文化理想，又是一种政治理想和未来社会的政治设计理念；其对未来社会的政治思想，不同于现代社会的政治观念。近代主权学说是民族国家的理论根据，"它是国家观念所固有的统治的基础"[4]。以天下主义为终极指向，是一种德性伦理的政治理想。"儒家的政治理想——仁政，建立在对人性的信任与维护的基础之上，其焦点是对弱者的同情。"[5]

二、文明冲突中的社会伦理与政治分离

近代以来在东西方具有不同文化特质的文明冲突中，中国知识场域的言说方式、阐述逻辑和话语形态都发生了巨大的西方化转换。东／西方的思考模式和解释框架，成为理解中国传统文化问题和进行叙事活动的"元语境"。西方化的思维方式和话语系统，成为思考、解释社会文化问题的主导性知识

1〔日〕滋贺秀三：《中国家族法原理》，张建国、李力译，法律出版社，2002，第32页。
2 张灏：《幽暗意识与民主传统》，新星出版社，2010，第80页。
3 赵汀阳：《天下体系：世界制度哲学导论》，江苏教育出版社，2005，第63页。
4〔英〕克拉勃：《近代国家观念》，王检译，商务印书馆，1957，第6页。
5 陈少明：《经典世界中的人、事、物》，上海三联书店，2008，第191页。

格局。在文化自信逐步失衡的矛盾心态和文化焦虑中，西方文化一直被过度地（或想象性的神圣化、非反思性地）解释了；适成对照，中国的传统文化常常被非理性地、虚无化和游戏化地解释了。"其中最大原因，正为国人失却自信，不自尊重，把自身文化传统看得太轻了，甚至对自己文化产生一种轻蔑而排斥的心理，这是一切原因中之最大主要的原因。"[1] 如何看待历史是一个严肃的文化问题，历史传统是每个民族国家都将从中传承民族精神、对未来生活集体想象的思想之源。历史传统承载的意义，是作为社会生活中每个人的心态、价值观念和行动的"底色"的深层精神背景。"历史是人类的集体生命，所以它的意义必定与个人的生命意义是同构的。"[2] 更重要的原因还在于："只有忠实于自己的起源，在艺术、文学、哲学和精神性方面有创造性的一种有生命力的文化，才能承受与其他文化的相遇，而且也能够给予这种相遇一种意义。当相遇是一种创造性冲动的较量、是一种冲动的较量时，相遇本身就是创造性的"[3]。传统社会的生产方式和经济形态，塑造出了农耕式的生活世界和一整套独特的规范体系。"中国古代是沿着由家而国的途径进入阶级社会的，因此宗法血缘关系对于社会和国家的许多方面都有着强烈的影响，尤其是宗法与政治的高度结合，造成了家国一体、亲贵合一的特有体制。家是国的缩微，国是家的放大，国家的组成、政治结构与国家活动，都以血缘与政治的二重原则为依据"[4]，形成了特殊的伦理观念、法律制度与生活制度。家族是政治社会的基本单位，个人的责任更多的是在家的范围内予以实践。家族综合了伦理、经济和宗教的功能，个人责任相应地具有伦理、经济和宗教性质。"凡是在家庭伦理真正付诸实行的地方，宗族纽

---

1 钱穆：《中华文化十二讲》，九州出版社，2011，第2页。

2 赵汀阳：《没有世界观的世界》，中国人民大学出版社，2005，第116页。

3 〔法〕利科：《历史与真理》，姜志辉译，上海译文出版社，2004，第286页。

4 张晋藩：《中国法律的传统与近代转型》（第3版），法律出版社，2009，第141页。

带就被认为是为社会秩序的和谐提供了最强有力的基础。"[1]伦理责任最根本、最重要，是个人责任的核心。依据儒家伦理建构起来的家族宗法制度细致地规定了个人在财产、婚姻、宗教上的责任。伦理化的法律制度强化了家的地位和价值。"依靠礼而把它们凝聚到一起的秩序并不只是一种仪式性的秩序，还是地地道道的社会政治秩序，它包括等级制、权威与权力在内。"[2]传统社会把家族伦理予以理论化和制度化，使社会制度具有明显的家族底色。"在中国传统语境里，家庭是一个具有自身绝对性的、不可还原的最小生活形式，而且任何个体都必须通过他在家庭中的存在而获得作为这个特定个体的意义。如果不在家庭中存在，那么一个人就无法被定义为某人。"[3]理解传统法律文化的精神，在于家族自然主义伦理的社会化和制度化。家族伦理以及在此基础上展开的天下观念，具有深厚的社会基础与合理性。

东西方文明冲突最重要的影响，是中国民族国家观念的兴起。20世纪早期的思想家们认识到，西方之所以取得世界性霸权地位，根本原因在于建立了维护和促进经济全面发展的政治前提即民族国家的政治形式。传统中国若要取得西方的成就，或者获得与西方抗衡的力量就必须终结帝国模式，建立民族国家的新政治形式。与此相关，终结帝制就必须摧毁传统的家族制度，把个人从依附于家族中解放出来，成为国家的要素。在这种思维范式里，家族成为建构民族国家的最大阻碍，必须被消除。民族国家建构过程就是消解家族制度、解放个人，并由国家进行组织化和控制的过程。杜赞奇把这个过程描述为"国家政权的内卷化"，即："所有的中央和地方政权，都企图将国家权力伸入到社会基层，不论其目的如何，它们都相信这些新延伸的政权机构是控制乡村社会的最有效的手段。"[4]当然，这个国家权力与地方权威互相

1〔美〕史华兹：《古代中国的思想世界》，程钢译，江苏人民出版社，2008，第155页。
2〔美〕史华兹：《古代中国的思想世界》，程钢译，江苏人民出版社，2008，第155页。
3 赵汀阳：《天下体系：世界制度哲学导论》，江苏教育出版社，2005，第65页。
4〔美〕杜赞奇：《文化、权力与国家：1900—1942年的华北农村》，王福明译，江苏人民出版社，2008，第3页。

博弈的过程是极为繁复、艰难的，在许多方面并非一种"愉快的合作"，而是受到地方权威的反抗。最后，民族国家取得了胜利。民族国家作为一种新的政治模式建立起来，但并未由此获得与西方匹敌的力量，尽管其中的原因极为复杂，但与家族制度同步被消解的天下理想显然是最重要的因素之一。因为传统中国社会秩序的维系和发展，依赖于儒家的伦理政治，即从家族伦理到天下理想的政治哲学。民族国家的公共精神，无法在家族基础上生成，必然需要新的制度基础。当家族伦理被压制在极小的范围内，仅仅是个体修身养性的渠道，那么，新的政治伦理就必须另求根据而与家族伦理无涉，由民族主义和现代化意识形态来提供合法性的证明。儒家伦理政治哲学的价值体系无法适应现代政治模式的需要，被完全而彻底地消解掉了。同时被消除的还有儒家建构和评判政治正当性的伦理维度。这既是现代社会伦理与政治分离的标志，也是现代民族国家对儒家政治哲学的最后判决。现代技术性官僚政治如何获取正当性的证成？单纯依赖政治权力的支配和经济利益的分配，无法提供可靠的正当性基础。

三、儒家对社会伦理和政治分离矫正之功效

儒家德性伦理是中华法系的价值基础，政治社会是扩大了规模的"家"，家伦理完全能够为有序的社会生活奠定伦理的保障。儒家把家庭伦理视为最重要的伦理关系，认为通过对家庭内部成员进行的德性教化，必然能够建立发达的公共精神生活和有序化的社会制度。从家伦理到社群伦理和天下理想的推演，都能够通过不断地回溯到家伦理而获得坚实的基础。儒家深刻地思考了己身与他人的社会合作与信任问题，作为答案的德性伦理现代社会不断强化的伦理与政治分离的发展趋向迥异。这种异化表现在诸多方面：家庭伦理被压制在极为狭小的范围之内，无法与社会建立有效的联系，仅仅成为个人修养的培育和养成。与家伦理断裂的公共伦理被物质化、利益化和庸俗化，"社会人"则唯利是图、躲避着崇高、回避着责任。个人被高度齐一

化、平面化和平庸化，不再有高贵和天下精神，每个人的自我都成为终极，由此消解了一切超越性价值理想。政治与伦理的分离，使现实政治摆脱了伦理评判，政治正当性的唯一来源是意识形态化的辩护与自我证成；政治远离了德性，成为社会公众利益满足的工具。政治则提供物质生活的承诺来获得支持。缺少了家伦理的一切特质，表现为一种冰冷的人际关系，其实质是由利益、权力和财富编织的社会关系网络，整个社会被利益化。家庭伦理被压制在狭小的范围和空间，并且，与社会中的人际关系失去了有效联系。"欲求的目的达到了，国家赢得了完全的自治。这个结果是以付出高额代价得到的。国家完全是独立的，但同时它又是完全孤立的。"并且，"政界不仅失去了同宗教、形而上学的联系，而且也失去了与人道德生活和文化生活的一切其他形式的联系。它孤零零地站立在一个空寂的空间里"[1]。这是一个充满合法性危机的现代，是由技术理性统治的"单向度的社会"[2]。公共伦理不可能由被压制的家庭伦理中培育出来，政治成为公共伦理的最终决定力量。受到现实政治本性的支配，公共伦理同样被物质化、利益化，个人的高贵修养被庸俗化为利益夺取。政治与伦理的分离导致的更为重要的后果是，政治正当性的评判尺度不再是伦理的，伦理失去了对政治的最高和最终解释权，被各种意识形态来决定和支配。政治脱离了伦理，仅仅成为利益分配与满足的手段和工具。政治正当性不是由伦理来评价，而是建立在物质生活水平的许诺上。现实社会失去了伦理根基，不再是追求德性的善的艺术，而是利益满足的最佳媒介。政治与伦理的分离是导致现代社会所有危机的最终根源。

对于现代社会伦理和政治分离造成的危险，儒家伦理能够给予有效的矫正。儒家对政治的伦理思考，以及从家伦理出发对公共伦理的生发和培育，都被严重低估了。当然，对现代社会危机的矫正，并非仅仅依赖于儒家的原

1〔德〕卡西尔：《国家的神话》，范进等译，华夏出版社，1998，第173页。
2〔美〕赫伯特·马尔库塞：《单向度的人》，刘继译，重庆出版社，2016，第3页。

初观念，需要沿着儒家的伦理政治思考方向，进行创造性的改进。其中，具有启发意义的是儒家对现实政治所作的伦理思考。在儒家的伦理政治哲学里，现实政治的最高评判标准必然是伦理的，伦理成为政治的最终解释。这是现实政治获得正当性与合法性的坚实基础，也是传统政治法律文化最重要的特质。但是，伦理与政治的分化和分离导致了政治正当性缺乏稳固的基础，政治成了强者即胜利者的压迫性结构，异化为利益分配和权力博弈的纯粹工具。政治的善和公共伦理被利益和强权取代，是现代政治合法性危机的根源。"新的政治神话不是自由生长的，也不是丰富想象的野果，它们是能工巧匠编造的人工之物。它为二十世纪这一我们自己伟大的技巧时代所保留下来，并发展为一种新的神话技巧。"同时，"十分严重的是，所有这一切都在我们现代世界里重新发生了。如果我们研究现代的政治神话及其运营，我们就会在其中出乎意料地不仅发现我们道德价值的某种转换，而且还会发现一种人类语言的变化：巫术的言语重于语义的言语"[1]。现代思想提供了诸多反思性的矫正方案，但都建立在伦理与政治分立的框架内，无法提出有效的解释和解决。儒家德性伦理从家庭出发推演政治社会秩序，为政治正当性奠定了伦理解释和评判标准，这一思路仍然具有极为重要的现代意义。

第三节　家庭伦理的时代价值

中国传统社会的家族不同于现代家庭，除人数和代际构成方面的差异之外，最重要的差别还在于，在传统社会里家族是全部社会关系的核心，是以义务本位为基础的社会构成要素。通过家族宗法制度来具体地规定家族内部成员的关系，并由国家法予以保障。家族成员之间相互指向的义务和责任，表达着特殊的生命观念与生活实践。在封建王权国家因经济和财政等方面的

---

1 〔德〕卡西尔：《国家的神话》，范进等译，华夏出版社，1998，第342-343页。

原因而造成制度供给不足时，家族起到了极为重要的制度化功能，主要包括组织经济生产活动、教育、人口繁衍和祭祀以及"社会保障体系"等诸多方面。传统中国的家族功能形式随着社会变迁而发生了显著变化，但其影响仍然广泛存在于当代社会里。

一、家庭之义务

传统社会形态的形成，基于农耕经济和生活世界的相对固定与封闭。农业社会依赖土地的生活方式，决定了社会生活制度的基本格局具有相对的封闭性和对自然界的依附性。在此基础上，发展出家族主义的经济模式和伦理体系。"在中国文化的大领域下，宗教、法律、政治、哲学、艺术都是配合和谐而无此疆彼界的，这是一种'和合'文化。"[1]其中，生产的家庭化需要动员和集中全部家族成员的协同劳作，由此巩固并增强了家族意识。由于生活世界的规模有限，家族成员的内部关系，同时也是建立对外社会关系的根据。社会关系在彼此熟知的范围内展开，家族本位模式成为社会中的通用模式，促使家族伦理成为传统社会的核心观念。"在中国古代，一切社会组织，甚至国家本身，都是依血缘家族的宗法原则建立起来的，都是家族或家庭的摹本（甚至江湖集团、手工业行会、帮会、宗教寺观等的内部关系也是家族的翻版）。"[2]农耕的社会形态决定了人的固着于土地的生活方式和以相对稳定的地域为中心的社会生活形式和经济生产活动。由此发展出的家族主义的经济模式和伦理体系又催生出家族成员之间相互指向的义务与责任。第一，维系家族的经济义务。传统社会的家族多由直系血亲组成，不包括旁系和姻亲，至少有三代以上的直系血亲构成的垂直关系。"举整个社会各种关系而一概家庭化之，务使其情益亲，其义益重。由是乃使居此社会中者，每一个人对于其四面八方的伦理关系，各负有其相当义务；同时，其四面八方与他

---

1 龙大轩：《道与中国法律传统》，山东人民出版社，2004，第101页。
2 范忠信：《中西法文化的暗合与差异》，中国政法大学出版社，2001，第59页。

有伦理关系之人，亦各对他负有义务。"[1] 农耕经济的现实发展状况要求家族成员共同生产、共同劳作，以维持和繁荣家族经济作为每个家族成员最根本的义务。在传统的农耕生活世界，生产的家庭化使公共领域与家庭生活合一，形成了特殊的生活规则、伦理观念和法律制度。由于交通不发达和土地的非移动性，塑造出相对有限的人际格局。家意味着"共同保持家系或家计的人们的观念性或现实性集团，或者是意味着支撑这个集团生活的财产总体的一个用语"[2]。家族成员共同劳动、共同积累家族财富，作为维系家族发展和繁衍的基础。第二，祖先崇拜、祭祀和延续香火义务。在不同的文明系统中，尽管具体的文化价值理念和表达方式有别，但都共同地表现出了对生与死亡的敬畏和尊重。在传统中国社会里，具有完全不同于西方的生命观念和理解。"祖先崇拜以及与此有关联的亲属关系占据着中心的地位，这一现象也许还以种种直接的和关键的方式造就了政治秩序。"[3] 西方生命观主要表达在空间维度里，比如基督教设定的天堂、人间和地狱的三重世界。在中国传统社会，生命观则以时间维度为基本表达方式，是一种特殊的生命觉解和体悟方式。致力于对有限者自身生命的延续以达到对永恒的追求，以孝道和祭祀为核心的家族伦理成为生命延续自身的文化规定，这就是中国人的祭祀先祖和延续香火义务。

二、家庭于个人、家族之意义

中国的文化生命观，也集中表达在时间维度里。每个人的生命都会延续在后代人身上。这种延续往前可追溯至先祖，向后则存在于后代。"从孝道的立场来讲，人人皆应当慎终追远，生则敬养，死则敬享，原当奖励，不加禁止，但从另外一方面来讲，在一个任何生活方式都有阶级限制的社会

---

1 梁漱溟：《中国文化要义》（第2版），上海人民出版社，2011，第79页。
2 〔日〕滋贺秀三：《中国家族法原理》，张建国、李力译，法律出版社，2002，第92页。
3 〔美〕史华兹：《古代中国的思想世界》，程钢译，江苏人民出版社，2008，第35页。

里，祭祀也不能例外，于是'德厚者流光，德薄者流卑'。德厚者不但所祀者远，同时祀仪也特加隆重。"[1] 在这种独特的生命观和文化价值观里，人才实现了自身存在意义的延续。作为传统社会基本构成单元，每个家族极为强调祭祀先祖的崇敬之心和延续香火的神圣义务。于是，在每个家族成员的内心世界，都非常注重这种义务神圣性。在很多重要的时日，往往以极为崇敬和严肃的心态，对先祖给予的生命表达自身最虔敬的尊崇。农耕经济的社会生活现实，决定了传统中国以土地（财富）和人丁兴旺为生活中至为重要的生活理想和对生命延续的特殊理解方式。第三，赡养尊长义务。家族的功能除生活保障和教育子女之外，还承担着履行赡养的功能。这是传统中国农耕世界里特定的"社会保障体系"，由晚辈直系卑亲属承担对家族中尊长的赡养义务。这种义务在传统社会里，是家族共同的财富积累的结果，更是家族共财制度的必然选择。更深层次的原因在于，以农业经济为基础建立起来的国家没有相应的巨大财政能力建立普遍的社会保障制度，即公共服务体系不发达。因此，对家族中尊长的赡养义务，不但由家族宗法予以规定，也是国家法中的重要内容。这种义务具有双重属性：以宗法规范形式表现的道德伦理义务和以国家法规范形式表达的法律义务。第四，荣耀家族义务。与祭祀先祖和延续香火的时间生命观相连，家族成员另一项重要的义务是荣耀家族。这是一项家族成员必须承担的神圣义务，是在其生命过程中须始终铭记于心的道德义务和精神理想。这种文化价值观决定了每个人的思维方式、生活谋划以及对未来生活世界的可能想象。个人荣誉观念的首要追求，往往以义务形态表现为荣耀家族义务以及从中生发出来的"兼济天下"理想。荣耀祖先首先是家族义务，由家族能够持续地繁荣延续下去的观念影响，由家族宗法予以规定，这种特点在家族祭祀活动中具有非常明显的表达。这是传统社会家族观念的产物，也是特殊文化观念的结果。在每个人身上荷载的荣誉

---

[1] 瞿同祖：《中国法律与中国社会》，中华书局，2003，第208页。

观念，即"扬名声、显父母"[1]，源自中国人特定的价值理想。以家族义务为本位建立的社会制度，受家族宗法观念的影响极深。家族是政治单元和基本的社会单位，是个人生活世界的核心场景。社会组织以家为中心和模板，人与人的关系表现为家伦理的放大与拓展。家族是共同生产的经济组织，是休戚与共的生活共同体，更是"一荣俱荣、一损俱损"[2]的精神共同体。这种文化所追求的理想，鲜明地表达在"修身、齐家、治国、平天下"的观念中。"儒家的政治观时有强烈理想主义的倾向，个人主观德性的培养，若能及于全社会每个人，则社会不治而自治。"[3]以"天下"观念为文化／政治理想，构成了传统文化的重要发展动因。荣耀家族的义务和从家到天下的理想，是具有逻辑关联的义务观念。在以家族伦理为基础建立起来的政治制度中，荣耀家族和兼济天下共同成为个人的伦理义务和法律义务，更是文化精英阶层的理想追求。作为传统社会构成单元的家族，在经济、政治和公共领域中都发挥着极为重要的作用。家族义务观念的培育和履行，既是家族得以延续的根本，又是以家族伦理为摹本建立起来的整个社会能够演进的动力以及文化传统延传的基础。

三、家庭于社会之意义

无论在传统中国还是在当代社会，家庭都具有重要的社会功能。"在中国乡土社会中，不论政治、经济、宗教等功能都可以利用家族来负担，并且，为了要经营着许多事业，家的结构不能限于亲子的小组合，必须扩大。"[4]在封建王权国家因现实的经济生产能力、财政状况以及行政组织化等方面的限制，导致制度供给不足时，家族（或宗族）在实质上就作为一种替代性的国家制度发达起来，在经济、政治、社会等方面发挥作用。

1《三字经》。

2（清）曹雪芹：《红楼梦》上册，江苏凤凰文艺出版社，2017，第46页。

3 张灏：《幽暗意识与民主传统》，新星出版社，2010，第80页。

4 费孝通：《乡土中国》，江苏文艺出版社，2007，第43页。

第一，经济活动的组织化功能。农耕经济的现实培育出了家族化的经济组织和生产方式。家族是以血亲关系为核心的经济组织、同居共财，每个家族成员都参与共同的劳动。农耕经济是分散化的以家和户为单元的自然经济。由于土地资源的有限性、不可移动性和生产效益的相对固定，家族经济也相对稳固，是家族成员维续的生活来源和基础。家族由直系血亲按照亲等尊卑组织的生活共同体，也是休戚与共的精神共同体和归宿。由于农业经济的特性，个人除与家族成员共同生产、共同劳动和消费分配之外，无法获得更多的生存机会。即使是国家也主要依赖农业收入进行管理和维持。农业生产方式直接决定了每个人只有把主要精力投入家族中，才能获得稳定的生活。家族的构成以家长权为最高，以长幼尊卑的等级秩序为基本结构，全部家族成员共同劳动。家长的权力由宗法族规与国家法予以保护。在宗法和国家法保障下的家长制，有能力和权力组织家族成员从事经济生产活动，维系家族存在和繁荣发展。家长有权力决定子女的婚姻、继承、财产分配和施行惩罚训诫。正是由于家长拥有对所有重要事务的决定权和惩戒权，其才能够把家族成员动员、组织起来，维系家族稳固并充分发挥家族的经济生产功能。

第二，政治伦理功能。家族化的经济生产方式和生活方式，使家族成为最基本的政治单位。国家通过对家族的管理和控制，使政治意识形态和主流价值观念能够直达于每个人。在这个意义上，家族又承担着重要的政治功能、意识形态功能和伦理功能。建立在农耕社会形态之上的国家，以家族作为塑造帝国意识形态和伦理价值观念的基地。国家尊奉的政治哲学和伦理观念，必须且只能借助于家族这一中介实现。传统中国的基本政治伦理观念，往往深入家族教育的每个环节，并且能够非常有效地推行开来。其更深层的原因是帝制国家是以家族为模板予以建构的，是家族观念的拓展和放大。家族之内的等级秩序和长幼尊卑，外化为社会公共领域之中的国家政治格局。

自汉代以来，儒学逐步取得了支配性地位而成为帝国的正统意识形态。儒学倡导的家族观念，也自然而然地上升为正统的政治哲学。家族中的尊奉尊长、孝道和服从，转换为民众对帝国皇权的尊重和崇敬。在此意义上，传统帝制国家实质上是家族的政治化和制度化发展的最高阶段和逻辑结果。

第三，人口繁衍功能。与祖先崇拜和宗教祭祀相连，促进人丁兴旺被奉为一种崇敬祖先和延续生命的重要义务。在传统社会里注重人口繁衍，既表达了一种独特的生命观念，也是一种农耕经济对劳动力（主要是男丁）的实际需求。在形而上的意义上，人口繁衍是先祖崇拜的生命观，是对超越有限生命的一种永恒追求；在时间维度上，人口繁衍是对有限性的超越性精神追求；在现实意义上，人口繁衍则是受农业经济制约的结果。与现代工商经济不同，围绕土地展开的农业经济，需要壮年男丁从事繁重的体力劳动，应对诸多不可预测的生活难题，这些都是传统社会对家族中男丁更为看重的缘由。农业经济往往以家族为单位独立进行，科学技术水平和农艺水平还很低，只有通过增加劳作人员数量的办法，才有可能获取更多的必需的生活资料。人口数量不足会导致劳动力供给减少，直接影响家族经济的水平，甚至威胁到家族的生存、导致家族解体。另外，人口繁衍的需求除保障家族正常发展之外，对帝国统治而言更为重要。以农业为基础的政治治理，需要稳固的财政收入和国防安全，二者都依赖于税收。人口数量的增长既能增加税收，又能提供大量的兵役。由此，不论在家族之内还是在国家立场上，人口繁衍和数量增长都有功利性的实际需要。

第四，教育子女的功能。中国传统社会差序化的社会格局，尊奉儒家的长幼尊卑、人有等差伦理哲学，在公共领域里逐步发展为士农工商的"四民社会"[1]。因社会政治地位的显著差别，士的生活成为社会民众向往的理想。农耕经济的社会现实为改变身份提供的制度形式稀少，通过读书博取功名自

---

[1] 钱穆：《中国历史研究法》，九州出版社，2012，第39页。

汉代以后成为主要通道。读书成为平民阶层改变社会地位的首要选择。在开科取士成为正式国家制度之后，读书往往与功名富贵、荣耀祖先、改变身份和整个家族的命运紧密联系在一起，因此，每个家族都极为重视子女的教育。在教育的具体形式上包括家训（洒扫应对的生活规矩）、开明绅士创办私塾和书院教育。读书教育不是单纯的提升个人修养，而是被附加了许多功利目标。国家重视教育，目的在于选择优秀人才和文化精英来管理社会。但国家受财政能力所限不能提供更多的教育，家族遂成为教育的主要力量。

第五，"社会保障"功能。农业国家无力提供发达的公共服务、建立相对完善、普遍的社会保障体系，这项任务必然只能由家族来承担。社会中通行的"养儿防老"观念，也是由农耕经济的生活方式和国家的社会保障能力低下决定的。在传统社会里，以家族宗法和国家法的形式，对家族中男丁的赡养义务以及对过继和嗣子均有详细的规定。这些规定既是伦理义务，又是法定义务。在家族内部，由子奉养父母是同居共财的结果，在宗教伦理观念上则是中国人生命观的要求。家族的保障功能，是一种对国家社会保障体系的替代性制度选择，也是农耕社会里一种必然的制度选择。

要言之，传统中国的家族是基本社会生活秩序和政治秩序的主要维护者，这种状况的出现有国家在政治、经济和社会保障等方面力量薄弱的原因，更是由农业自然经济的特性决定的。家族制度有效地弥补了国家正式制度不足的缺陷，具有极为重要的现实意义。随着传统社会的近现代转型和新兴民族国家的建立，家族的性质和功能发生了显著变化。但传统家族或现代的家庭仍然在政治经济、教育和伦理方面具有十分重要的作用，其为个人提供了重要的生活场景，是培育每个人的伦理价值观念、政治观念和公共责任观念的重要力量。

第四节 修己安人的做人伦理

人是社会性存在，社群是个人存在论意义上的前提，唯有在群体的"坐标系"中，个人才能获得准确的"定位"。社群和谐并非仅仅是利益交换过程，也非权力役使的支配性结构，而是建立在信任基础上的互惠性的对等回报。离开了信任，任何一种社群的公共生活都会呈现出冷漠、缺乏温情的气氛。在儒家传统中，人首先是伦理意义上的人，不是西方现代人权理论所言的先验意义上的人。人的本质是逐步"做成"的。儒家传统强调"做人"的伦理，即如何成为一个道德的人，这是一种极为深刻的思路，对现代社会生活的理性发展善莫大焉。群体生活是人的存在论形式，只有在社群中人的生活才能得以展开，在与他者的交互性关系里，个人获得了一个意义确认的反观"镜像"；离开社群，则一切都无所指，也无法得到回应。社群赋予了个体存在论和价值论的双重意义。因此，个体都具有鲜明的群体性特质，由此形成了共同意义载体的文化。

一、群己之辨

社群生活是个体的存在论基础和先验的确证形式，也是个体获得明确的意义和自我认同的社会基础。个人的自我认同源于社群，否则，不但个人的存在论难以成立，并且，个体的尊严、价值和生活都是无所依凭的自我指向。"人的存在方式是有意义的'生活'而不是生物学的'活着'，人的存在场域远远溢出身体之外，人是在与他人的相互关系中被定义的，因此说，关系先于个人，关系之外无个人，关系为实，个人为虚。在关系中，他人始终是优先的，因为他人总是一个多数集合，远大于'我'，而且是'我'的存在环境和条件，相对于'我'，他人总是无限大。"[1]原子化的独立自存，不

---

[1] 赵汀阳:《论可能生活》，中国人民大学出版社，2009，第332页。

过是类同于物理化的存在，远远不是生活，无法凸显出人的超越性、精神性和价值意义。社群是个体获得生活意义的基础，只有在社群中，在自我与他者的关系中，个人的生活才能得以展开，也才能形成有真实生活意义的交互性指涉。对个体和社群关系的讨论，不是要否认社群的意义和价值，而是涉及社群与个体的边界，即"群己权界"[1]的问题。人的群体性存在方式是无须争论的，核心问题是社群在何种程度和范围上可以正当地干预个体的存在。在人类的不同文化体系中，对社群与个体即己身与他者的关系，形成了不同的伦理模式。这些模式的差异，表明了社群与个体的不同关系，背后是不同的价值取向和生活样式。人天然是归属于社群的，社群是个体获得意义确认的前提，只有在社群中，个体的意义才是明确的。个体的意义只有在群体中才能得到确定，生物学意义上的物种，只能在同种类中得到确定，不能在差异性的种类中得到确认。种类的差异，只有直观比较的意义，没有本质认同和确认的价值。人的意义是在群体中得到确定和确认的，否则，必然会导致评判"尺度"的混乱。人天然是要过群体生活的，只有在"群"之中，个体才能获得充分的意义界定。然而，在社会群体之中，如何生活，怎样建立彼此的关系才是合理、正当的？原子主义的生存，根本无法建构出有意义的生活。生活恰恰需要由伦理来支撑，合目的性的生活本质上是伦理性的，因为人就是一种道德性的存在，而不是物化的存在物。为此，就需要重新认识人。人究竟是一种什么样的存在？个人生活世界的展开，只能在"群"中进行，需要在现实的社群关系中获得真实的意义。群体化生活是人的基本存在方式，每个人在群体网络中都有一个特定位置，社群是确定个体的社会"坐标"。在这个坐标系中，个体获得了明确的自我意识，并与他者形成有效的沟通与交往。人是一个关系性的存在，首先，以社群为基础的外在指向，通过社群确定的位置与他者相互联结，具有属己的空间，表现为以自身为核心

1〔英〕约翰·穆勒:《群己权界论》，严复译，北京时代华文书局，2014。

的，与他者的利益关系和人格关系。其次，以自我为中心的内在指向，建构自我与心灵的时间维度，它是反思性的，是心灵的净化和纯化。

儒家德性伦理对个体的自我和社会联结提出了修身、静思和反观式的做人主义，它构成了极具特色的德性伦理传统，是推进社会发展的精神动力。在儒家看来，人不是自然生成的演化过程，是道德性的、精神性的存在，需要在社群生活中通过与他人的联结获得本真意义。人经由一系列行为表现出这种本真性，人是"做"出来的，"做人"之道成为具有原点意义的核心问题。从孔孟到阳明心学，儒家发展出一套完整的做人主义伦理，这种德性传统是传统文化的最大特质，包括君子和小人的分立、修己安人的处世观念、兼济天下的情怀等，这种思路无论是在农耕文明时期还是在工商时代都有重要意义。

二、"信"之伦理

"人而无信，不知其可也。"[1]人以信为立身处世的基础。在儒家经典里随处可见"信"、"德"与"诚"的互指。"道千乘之国，敬事而信，节用而爱人，使民以时。"[2]又如，"弟子入则孝，出则弟，谨而信，泛爱众而亲仁。行有余力，则以学文"[3]。诚、信和德，既是个人必须修炼的功夫，也是"涵盖中国古文化所肯定的一切政治美德"[4]。《论语·颜渊》有一段经典对话："子贡问政。子曰：'足食，足兵，民信之矣。'子贡曰：'必不得已而去之，于斯三者何先？'曰：'去兵。'子贡曰：'必不得已而去，于斯二者何先？'曰：'去食。自古皆有死，民无信不立。'"[5]并且，"传统伦理范畴中的'信'，具备一定的条件，它既是中国人民所熟悉和长期认可的价值标准，同时又具

---

[1]《论语·为政》。
[2]《论语·学而》。
[3]《论语·学而》。
[4] 陈来：《古代宗教与伦理：儒家思想的根源》，生活·读书·新知三联书店，2009，第324页。
[5]《论语·颜渊》。

有改造和扩充的余地"[1]。

对于信任的思考，西方最早见于亚里士多德《尼各马可伦理学》，认为信任是构成"善"和"公正"的形式和实质要素之一，"虚伪是可谴责的，诚实则是高尚（高贵）的和可称赞的"[2]。社会生活的维系，有赖于两个系统：一是法律的强制性秩序，依靠法律的强制力在社会成员之间建构一种稳定的、可预测的秩序，对人的行为具有明显的要求，以权利、义务和责任为基本要素；二是以信任为核心的关系伦理，通过对基本道德修养的强调，尤其是诚信的尊奉，建立彼此间的信任，进而促进有效的、可期待的合作。其中，信任是一种能够把复杂社会现实予以简化的机制，"信任强化现有的认识和简化复杂的能力，强化与复杂的未来相对应的现在的状态。信任增加了对不确定性的宽容，从而增加了人们行动的勇气和可能性"[3]。信任不仅是一种德性美德，与个人的修养和高贵追求有关，而且是建立社会合作的必备要素。不论人们身处何种时代和现实的生活状态怎样，信任都有益于形成一种好的风尚、习俗，是人们应对高度复杂的社会、不确定性和风险的有效机制。"每一个在这世上曾经有过任何名气的道德理论体系，最终也许都源自某一个或另一个人性原理。由于它们建立在人性的原理上，所以就这一点而言，它们确有几分是正确的。但是，由于它们当中有许多是源自某一局部的、不完整的人性观点，所以它们当中有许多在某些方面是错的。"[4]建立在信任基础上的社会合作更持久，更易于建立合理的生活秩序。

信任是社会联结的纽带，更是社群生活得以维系的根本。每一种文化都极为注重以信任为基石的德性伦理。比如，伦理学中的"金规则"，言明了信任是生活和谐的根基，信任具有自我指涉和涉他的双重属性，是互惠的

1　苏亦工：《天下归仁：儒家文化与法》，人民出版社，2015，第250页。
2　〔古希腊〕亚里士多德：《尼各马可伦理学》，廖申白译，商务印书馆，2003，第119页。
3　郑也夫：《信任论》，中国广播电视出版社，2001，第102页。
4　〔英〕亚当·斯密：《道德情操论》，谢宗林译，中央编译出版社，2008，第340页。

对等回报和建立好生活的根基。人天然是群体性存在，其意义和价值必然而且只能在社群生活中获得清晰的确证。社群是定位个人的"坐标系"，这种"坐标系"以自我与他者的共生为存在形式，并且，更重要的是"他者"对"自我"永远是先验性的存在。由"他者"编织起来的社群关系，逻辑地先于"自我"而存在。无论是时间的先在性，还是逻辑的先在性，优质的社群关系都是在自我与他者之间持续展开的，个人的一切追求都与他者有着必然的联系。信任是一种互惠的人际关系，是社群生活中最重要的规范。信任或者是建立在彼此熟悉的基础上，或者是由长期合作中形成的信誉为保障，或者是由强制性制度作为基础。信任大致有三种形式："基于个性特征的信任、基于制度的信任和基于名誉的信任"[1]。其中，"道德规范及惯例的约束力要比法律的约束力小，但是这些规范和惯例实际上却起着极为重要的、不可或缺的作用，而且在推动和维护社会活动方面，道德规范和惯例很可能与严格的法律规则具有同样重要的作用"[2]。不同的社群观念塑造了相异的社群模式和成事做人方式。源自古希腊的自然法观念，经过中世纪基督教的加工和启蒙运动，形成了个人主义化的社会生活制度。儒家基于血缘关系和地域的自然主义，推演出从家到国与天下的社群观念，是界定个体的价值的评判标尺。西方人权观念以个人主义为基础，强调个人的绝对性、主体性和独一无二性。社群只有在满足个体的生活需求的前提下，才是必需且必要的。个人与社群的关系，是满足和被满足的单向关系，也是个人加入社群，成为社群一员的唯一理由。这种对立的思维，导致了个人的实体化和社群的虚无化。尤其是在现代人权理论中，原子主义的个人主义加剧了个体与社群的紧张。在西方，人是存在论意义上的"是"，个人的自由，从自我与他者的空间关系来界定。这是一种外向指向的人的观念，是空间意义的，用来确定个人与群

---

1 张维迎：《信息、信任与法律》，生活·读书·新知三联书店，2003，第10页。
2 〔英〕哈耶克：《自由秩序原理》，邓正来译，生活·读书·新知三联书店，1997，第181页。

体的关系，而不是内向指向的，不是自我的反思关系。

儒家的社群伦理则强调"做"人，其含义和指称均较人权更为丰富，具有两个基本指向：一是空间意义上的人我关系，即在社群中考虑个体自我的所思、所行，以符合社会公共规范为标准，以获得他人的承认为伦理结局。在这一方面，儒家传统文化的"做人"与西方的人权观颇为相近。二是人的内在维度，即反思性的指向。其要求是：一个人除了要在外在行为上在社群中尊重公共规范，更重要的是遵守内在心灵的律令，即对待自身是反思性的。这种内在的反思性指向，是西方人权理论所不具备的，是儒家德性伦理传统中德性伦理的最深刻之处。"按照儒家的学习和自我修养的传统，人首先不是一个生物学或物理学的概念，而是一个道德伦理的观念。一方面，人者，仁也。在儒家看来，取义成仁才是人之为人的第一要义和首要目的；另一方面，成仁乃是一个过程，儒家传统中既不存在着一个普遍超越的，也不存在着一个目的论的自我概念。"[1] 人是不断生成的伦理概念，是通过不断地追求"仁""义"的过程中"做"出来的，这就是儒家倡导的"做人"伦理。生物学意义上的人，并不是一个完善的人，不是一个道德性的自为存在，仅仅是一个物理事实。"儒家对于人的理解是多样性的、具体的、复杂的、变动不居的，有一些相当深刻的看法。儒家的这个传统，后来变成了定义中国文化特色的主流思想，即不从归约主义的方式来了解人，不简单地定义人为理性的动物、政治的动物，而是对活生生的人这个具体现象从各种不同的侧面、不同层次加以理解。"[2] 人不是自我生成的过程，而是德性伦理指引之下的"成"人，否则，就无法成为"大写"的人。[3]

1　王庆节：《解释学、海德格尔与儒道今释》，中国人民大学出版社，2004，第276页。

2　杜维明：《现代精神与儒家传统》，生活·读书·新知三联书店，2013，第468页。

3　儒家政治哲学是在德性伦理的角度发展起来的。儒家不是在对普通民众发言，其所言说的对象，或者说是听众，不是大众，而是立志成为君子的人以及君王们。其期望通过君子和君王的示范效应间接地影响、教育和引导大众。概言之，在儒家的观念世界里，首先对人进行了一个基本的划分，普通民众必然以衣食住行等日常俗务为主；君子们则必须秉承超越性的天下理想，去兼济天下，而不能受那些俗务所累。因此，我们在理解儒家思想的时候，应对此保有必要的注意。

三、"德性"之伦理

儒家重视道德教化，坚信"人生来就有实现充分的道德生活的内在秉性。这一不具反思能力的自发秉性首先要借助于某些藏在人心之中的自然道德情感（四端）的形式展现其自身，这些情感包含有实现最高道德成就的力量，而那些成就又体现为'四种德性'。假如不受阻碍，发挥这些潜力是有可能实现的。然而，在个体自身之外都存在着阻碍这一演变过程的强大力量"[1]。儒家的"做"人伦理，在坚信人可教化的同时，注重家训、家诫、学校教育以及法律等形式，致力于挖掘和培养人的自然向善情感。在儒家的德性论传统中，孟子信奉人具有先天的向善特质，需要细心呵护使其茁壮成长，才能使美德之花处处盛开。"恻隐之心，仁之端也；羞恶之心，义之端也；辞让之心，礼之端也；是非之心，智之端也。人之有是四端也，犹其有四体也。"[2]此"四端"人皆有之，是人的自然情感，没有不可教化的人，如果教育方法得当，那么，每个人都可以成为德性高贵的人。这种乐观主义的思路，始终是儒家传统的内在支点。"在儒家思想的世界中，直到一千年后，在宋代的新儒学中孟子才赢得了主导的地位。当它最早赢得优势时，并非是孟子的启示录类型的希望，而是个体道德生活的形而上学成了关注的焦点。"[3]在个体寻求外在的承认和尊重与寻求内在的反思和批判中，内在化的维度才是更重要的，它是个人获得外在承认与尊重的基础和根据。一个人只有在内心深处时刻保有警醒、反思和自我批判精神，才能获得真实、真正的尊重和尊严；如果失去内在的反思性，个人所获得的一切外在承认、名誉和财富、社会地位等等，都只是功利主义的结果，是缺乏真正伦理根据的单纯的获利。儒家德性伦理重视修身，即修己以安人。自我认同的根源不是外在的、从公共领域中获得的，而是内在的、通过深层的心灵反思而获致。

----

1 王庆节：《解释学、海德格尔与儒道今释》，中国人民大学出版社，2004，第276页。

2《孟子·公孙丑上》。

3〔美〕史华兹：《古代中国的思想世界》，程钢译，江苏人民出版社，2008，第377–378页。

四、"义利"之伦理

对欲望进行伦理规制，是传统儒家关注的核心问题之一。从义利之辨到天理与人欲之争，显示了儒家传统的思想深度和现实主义。对欲望与德性伦理的思考，是支撑传统社会政治制度和生活制度的力量。传统中国塑造出了农耕式的生活世界和一整套独特的规范体系。农耕的生活世界和生产家庭化，使公共领域与家庭生活合一。

从家族伦理出发，推出政治制度的方案，具有深厚的社会基础和思想根据。如果不是完全偏执于现代社会的立场，"我们看历史上一切制度，都该注意到每一制度之背后的当时人的观念和理论"[1]。家族基于血缘的亲等关系就自然地成为确立家族制度的唯一标准和理想尺度。家族内部的重要制度和规范性习惯，逐步演化为家族外部的社会规范。"儒家把人类共同体分成三个范畴：己、家和群。对于儒家来说，重点主要落在家上，由于这个缘故，儒家伦理在家庭的层次上发展了一个精细的角色系统。"[2]家是个人的最大生活场景，家庭内的关系最具亲情性和归属感。在逻辑上把家观念作为社会规范的根基，显然也是建立最合理的社会秩序的基础。《大学》有云："壹是皆以修身为本"[3]，"修身"到底意指何在？"修身"修的究竟是什么？这是理解儒家德性伦理的关键之处。所谓的"修身"，是通过读书、历练、见贤思齐、人伦观念培育，最终形成的一种对欲望的合理认识，"修身"的核心是限制不合理的欲望。为何要对人的欲望进行限制？或者说，为什么"修身"成为儒家关注的焦点？与霍布斯持有相近的人性观的荀子，对欲望、修身和德性伦理的关系，给出了重要解释："礼起于何也？曰：人生而有欲，欲而不得，则不能无求；求而无度量分界，则不能不争；争则乱，乱则穷。先王恶其乱也，故制礼义以分之，以养人之欲，给人之求，使欲必不穷于物，物必

---

1 钱穆：《中国历代政治得失》，生活·读书·新知三联书店，2001，第21页。

2 金耀基：《中国现代化的终极景愿》，上海人民出版社，2013，第101页。

3 《礼记·大学》。

不屈于欲，两者相持而长，是礼之所起也。"[1] 如果没有制度（礼实质上是一种生活制度）予以规范，那么，欲望无限度的膨胀和扩张会造成社群生活的崩解。

儒家强调的修身，正是通过限制欲望的方法，去成就君子的道德人格理想和天下主义情怀，而不要受物欲之累，成为一个逐利的"小人"，不要成为欲望的奴隶，更不要被物欲所奴役，也就是荀子所言的不要"屈于物"，要用德性美德化去纯粹的物欲之求。荀子言明了身与心、物与德（义）的关系："志意修则骄富贵，道义重则轻王公，内省而外物轻矣。传曰：'君子役物，小人役于物。'此之谓矣。身劳而心安，为之；利少而义多，为之；事乱君而通，不如事穷君而顺焉。故良农不为水旱不耕，良贾不为折阅不市，士君子不为贫穷怠乎道。"[2] 儒家德性伦理强调，要用君子之道去规训欲望的非理性膨胀，绝非要消解掉人的基本生活欲望。生活不是苦行禁欲，对于必要的生活之需的满足，在儒家那里是被尊重的。并非如某些庸俗论者所言的，儒家追求苦行，看不起包括农商在内的"贱业"，而是强调君子的道德人格和人生最高理想的实现，不能局限在吃饭穿衣之类的俗务中，要有远大的理想抱负，去经国济世。比如，"君子务本，本立而道生"[3]。又如，"君子谋道不谋食"[4]，"君子忧道不忧贫"[5]，"君子喻于义，小人喻于利"[6]等等。原初儒家的"义利之辨"到了宋明理学那里，转换为"天理与人欲"的辩证，是儒家德性伦理的新形式，更具哲学思辨性。伦理主义是思考政治、法律和社会生活问题的主导性框架。在政治社会领域，道德思考和评判始终具有优先性。宋理学重新建构了一个思考现实政治和社会问题的框架，即天理观。在

1《荀子·礼论》。
2《荀子·修身》。
3《论语·学而》。
4《论语·卫灵公》。
5《论语·卫灵公》。
6《论语·里仁》。

天理思维框架中，天理是统合政治思想和物质生活的最大概念，人的欲望必须尊崇天然之理，把人（包括人之所欲的一切）纳入天理的原理中。人欲不再是可以无限度膨胀的，而是有着一个显明的边界。同时，弘扬天理观，并不是要否定人的合理欲望，而是予以充分的肯定。"存天理、去人欲"[1]这一观念，应在儒家做人伦理的框架里进行诠释，"去人欲"所限制的是没有限度的欲望，以及放弃了君子理想追求的、单纯满足于物欲求取的道德堕落。

群体生活必须依赖某种伦理规范，来确立人们彼此之间的关系。它或源于对古老传统的沿袭，或基于对某种神秘力量的尊奉，或出自统治集团有意识地制定。不论何种来源或性质的规则，都对群体成员的行为、预期和追求产生决定性影响。儒家的做人伦理，强调通过修己安人、教育和道德教化，使人成为一个道德化的存在，由此建立和谐的社会生活，是一种极为深刻的思路，意义深远。

第五节　伦理法精神的现代性转换

一、从家庭伦理责任走向社会公共责任

儒家哲学是传统法律文化的核心，是中国古代法制架构的理论基石。在这个基础上建立起来的法律制度、社会生活制度具有极为鲜明的伦理特质。无论是治国理想、现实方案，还是地方乡治以及个人思想和行为，莫不以儒家伦理为宗旨。"儒家的终极关切，是要在复杂的人际关系、政治网络、有着权力色彩的凡俗世界中另外创造一套精神领域，就像教堂、庙宇、西天、净土、天堂一样，来对现实世界作一个全面的否定和批判。"[2]儒家政治哲学是以家族伦理为模板而推演出来的，是家族伦理的社会化类推的结果。中国

1《朱子语类》卷12。

2 杜维明：《现代精神与儒家传统》，生活·读书·新知三联书店，2013，第447页。

传统社会形态的形成，基于农耕经济的现实和生活世界的相对固定、狭小与封闭。农业社会以土地为生活根据的生产方式，决定了社会生活制度的基本格局。传统中国围绕着以土地为核心的生存方式，催生出家族主义的经济模式和伦理价值体系。生产的家庭化，需要动员和集中全部家族成员的协同劳作。家族发展为以血缘或亲缘关系组成较小的、但相对自足的家族化的社会领域。生活世界的规模有限，家族成员的内部关系，同时也是公共性的社会关系的基础。社会关系在彼此熟知的范围内展开，家族关系模式成为社会领域的通用模式，家族伦理成为古代法时期核心观念。"儒家学说大部分是论证这种社会制度合理，或者是这种制度的理论说明。"[1] 理解中国传统法律文化和生活世界的奥秘，即在于探明儒家伦理方案的本义。把家族伦理关系推广开来，使其超越于家庭之外构造社会模式和人际关系，是中国法律传统的核心。每种伦理方案都有一个美好的想象，但同时也因其过度美好的愿望，总会因时代的变迁而难以实现。

儒家的政治方案，从家伦理出发建立社会秩序，推演出整个生活制度和社会格局。从家族伦理推出普遍化的公共性社会规范，其宗旨在于把社会关系家族伦理化，从而使社会领域的所有关系具有亲情性，实现最合理的社会秩序。然而，这种理论构想存在非常大的困难。"儒家曾经长期成功地成为主流话语，但这一成功却又使儒家失去了思想挑战，没有机会面对外部世界提出问题，也就在理论建构上没有推进。"[2] 这种困境表现在两个相互制约的向度上：第一，推己及人构想的逻辑困难。首先把家族中的成员关系伦理化，亲属等差关系是展开社会关系的前提条件；然后，以推己及人的思考路线推出公共领域的行为规则。实际上，这种理论设计的核心基点就是一种"己／人结构"，即从家族伦理观念出发，以自我为尺度来设想现实的社会关

1　冯友兰：《中国哲学简史》，北京大学出版社，1996，第19页。

2　赵汀阳：《身与身外：儒家的一个未决问题》，《中国人民大学学报》2007年第1期，第15页。

系。己／人结构以个人自我的思想、价值观念和偏好为标准，去想象所有人的思想、情感和欲望。"推己及人"使得一切思考都以各人自己为出发点，其结果就是造成了传统中国长期存在的"个人即终极"的思想局面。第二，家族伦理推行为社会公共伦理的现实困难。如果把家族伦理关系无限制地设想为社会关系，那么，如何解决不具有血缘亲属关联的其他社会成员？儒家的己／人结构，只能把社会关系缩小至彼此熟悉的范围之内，从而形成无数的"小世界"，在圈内通用家族伦理规范，不同的"小世界"之间难以形成信任。以己／人结构为基础的差序格局，使个人的义务、责任和荣誉观念，更多地局限在家族之内。以宗法制度和家族本位为中心，适应了农耕经济的现实，但也同步地造成了公共精神的匮乏。家族伦理责任的聚合，并不能自然地形成强有力的公共责任观念。个人在社会中的义务和责任仍然是模糊和分散的。公共精神的缺乏导致了公共领域的散沙化状态。于是，当发生巨大社会变迁时，一整套制度体系便陷入困境中。这种状况在近代以来的东西方文明冲突中表现得极为明显。己／人结构的自我主义，是传统政治法律制度的核心特征。在这种结构之下，并没有培育出理性化的公共精神，反而使家族亲等关系逐步地巩固起来。只见无数的"社会圈"重重叠叠，却培育不出发达的公共精神。

二、从传统伦理本位的己／人结构走向现代平等的人／人结构

现代法治精神其人际基础是一种人／人结构，在彼此承认和尊重对方为平等权利主体的前提下，建构社会结构和基本生活制度。如果以"己所不欲，勿施于人"[1]模式表达儒家的政治方案，现代法治则尊崇"人所不欲，勿施于人"的理想。在承认他人是一个与自身共在的前提下，尊重每个人的平等人格，由此假定出发确定每个人的自由权利、义务与责任。以人／人结

1《论语·颜渊》。

构为基础的法治社会，"坚信个人自由的时代，始终亦是诚信个人责任的时代"[1]。现代法治思考的基本问题之一，是如何形成良好的社会秩序，其正当性何以证成。任何一种社会都需要成员的彼此合作，才能使整个社会得以维系而不陷于无序。如何进行合作，就成为首要问题。每种社会形态，都构造出了一种文化模式和社会合作方案。每个社会合作的背后，都隐含一种价值观念和正义理想。中国传统文化以家族关系来设计社会制度，在理论和实践上都无法超越自我主义的局限。现代法治方案力图解决的核心问题是个人与他者、个人与社群的关系，即在彼此尊重和相互承认的前提下，建立基本社会生活制度。法治的社会结构，是以人/人结构为基础的社会合作模式。在此法律框架内，每个人都具有他人需予以尊重、无正当理由不得干预的私人领域；在公共领域之中，每个人又具有权利表达个人观点以及承担相应的法律责任和道德义务。人/人结构的社会关系，以权利的形态表达出来，成为每个人行动的正当性与合法性的根据。以家族血缘为基础的伦理社会，具有明显的人格化色彩，对个人所课加的道德义务无所不在地制约着个人自由。

在中国传统社会，受制于农耕化的生活世界，以血缘宗族为特质的家族伦理，塑造出来的是家族本位的生活制度。个人并非社会的基本单位，被吸收、淹没在家族之中。把家族内部的伦理等级观念，确立为社会的公共行为规范，以"己"为思考个人与他人关系的基点。在维护和巩固家族制度的同时，并没有成功地发展出合理的公共责任观念和公共精神。社会的逻辑不同于家族的伦理逻辑。现代法治社会是一种人/人结构，把每个人都视为平等的权利主体。尊重每个人的权利，由法律划定彼此的边界和公共责任。现代公民社会和法治精神的培育，应当从传统伦理本位的己/人结构向现代平等的人/人结构转换，并由此推进中华法系精神在现代社会的精神意义和价值理念。

---

1 〔英〕哈耶克：《自由秩序原理》，邓正来译，生活·读书·新知三联书店，1997，第84页。

总之，中华法系的悠久传统应当予以认真地对待和深入地研究。重新认识中华法系的特质，阐扬其义理、精神和价值，是时代的需要，民族复兴的需要，也是拓展和丰富人类法律文明史的内在要义。

结　语
大经大法：中华法系的精神指引

　　上古夏商周作为礼刑时代，是中国法律传统的肇始之基。三代之法，法在礼中，礼外无法。自周公姬旦兴事造功，制礼作乐，驯致太平开始，西周时期便开始形成"礼法"制度和"礼法"文化。"礼法"作为秉承天道人情的根本大法，具有最高法、正义法的属性，统率各种国家法律形式、地方法规和家族规范；同时也是具体法、有效法、实施中的法。这段时期的礼具有道德与法律的双重属性，礼既具备了道德规范的形式，又具备法律规范的形式。其时并不存在独立于礼的法，其法律形式主要是"礼"与"刑"。礼乃行为规范，刑为制裁手段，即刑罚。刑依赖于礼而存在，囊括在礼的范围之中。所以上古夏商周，法在礼中，礼外无法，出礼入刑，这是中国古代法律体系的原生状态。夏商周礼乐刑政"大统"的确立，既是中国法律传统的肇始，也是后世道统所源与"大经大法"所本。

　　周公所创制的礼法，为孔子和儒家所继承和发扬。荀子曾云："故学也者，礼法也。"[1]"百王之所以同也，而礼法之枢要也。""百王之所同而礼法之大分也。"[2]谭嗣同尝言："二千年来之学，荀学也。"其"学"之本，实在"礼法"，史上首提"礼法"作为"礼乐政刑"治国方式的统称之人，正是荀子。可以说，儒家所开创的"礼法"是为后世设范立制。其对礼的重视和构

1《荀子·修身》。
2《荀子·王霸》。

建，不仅立足于追求"为政以德""得乎丘民"的政治合法性，也立足于"为国以礼"的统治秩序和"非礼无法""出礼入刑"的法律强制。"礼法"不是"礼"与"法"、"礼"与"刑"、"礼"与"律"的简单相加，而是礼中有法、纳法于礼。"律令"生自"礼法"，合于"礼法"，"礼法"统摄"律令"。律、令、科、比、格、式、例等，莫不唯"礼法"是从，莫不匡之以"礼法"。

在此作用下，"礼"被视为超越"律令"的"大分"和"纲纪"，成为法的渊源和纲宪。故《左传》云："礼，经国家，定社稷，序民人，利后嗣者也。"[1] "礼，上下之纪、天地之经纬也，民之所以生也，是以先王尚之。"[2] "夫礼，天之经也，地之义也，民之行也。"[3] 荀子有云："礼者，法之大分，类之纲纪也。"[4] 毁之"大分"，失之"纲纪"，则是"非礼"，"是无法也"[5]。故礼者，不仅是人兽之别，也是天地之序，也是"国之干"[6] "政之舆"[7] "王之大经"[8]，是为政者不可须臾或离的大经大法，国家非礼不治，社会得礼乃安。[9] 职是之故，礼的构建、礼典的编撰也因此成为历代王朝的首要大政。

春秋时代，诸侯纷争，礼坏乐崩。进入战国，"法""刑""律""宪""令"等法律形式登上政治舞台，礼与法、礼与刑开始分离，这种趋势到秦代达到高峰。自秦汉以降，莫不以律典作为刑事立法的主体，这种固定性的刑事法律规范与令典、则例等一同发挥辅助、维护礼典的功能，即古人所谓"出于礼"者则"入于刑"，"礼之所去"者则为"刑之所取"[10]；"失礼"则"入刑"，

---

1 《左传·隐公十一年》。

2 《左传·昭公二十五年》。

3 《左传·昭公二十五年》。

4 《荀子·礼论》。

5 《荀子·修身》。

6 《左传·僖公十一年》云："礼，国之干也。"

7 《左传·襄公二十一年》云："礼，政之舆也。"

8 《左传·昭公十五年》云："礼，王之大经也。"

9 （晋）杜预注，（唐）孔颖达疏《春秋左传正义》卷4《隐公十一年》孔颖达疏云："国家非礼不治，社稷得礼乃安，故礼所以经理国家，安定社稷。以礼教民则亲戚和睦，以礼守位则泽及子孙，故礼所以次序民人，利益后嗣。"

10 （汉）王充撰《论衡·谢短篇》云："出于礼，入于刑，礼之所去，刑之所取。"

二者"相为表里"[1]。

中国古代法之不限于律令体系，早有严复揭橥于百年前。这位深通中西法学的启蒙思想大师在译著孟德斯鸠《法意》卷一"按语"中说："然法之立也，必以理为之原。先有是非而后有法，非法立而后以离合见是非也。……盖在中文，物有是非谓之理，国有禁令谓之法，而西文则通谓之法，故人意遂若理法同物，而人事本无所谓是非，专以所许所禁为是非者，此理想之累于文字者也。中国理想之累于文字者最多，独此则较西文有一节之长。西文'法'字，于中文有理、礼、法、制四者之异译，学者审之。"因此，"礼入于律"只是中华法系的一个方面，是其律（令）典体系；另一个方面是未完成"礼法的分化"的礼，是其礼典体系。在这两个子体系之外，还存在着产生这两个子体系并又得到这两个子体系维护而不断固化的第三个子系统——礼法社会的习俗、习惯法、家法族规等民间法规则体系。礼典是礼法之礼典，是礼法的载体；律典是礼法之律典，同样是礼法的载体；礼典则与律典一起孕育了民间法律规则，三者皆为礼法之法。中华法系作为礼法体系，是由礼典体系、律（令）典体系、民间法律规则体系三者有机组成的。

礼与法合二为一，正如唐太宗所说："失礼之禁，著在刑书"[2]，违反礼的禁忌的行为，要尽量写进法典中去。不仅如此，唐律中专门设置了"诸不应得为罪"，意思是各种不应该做的行为，凡是法律上没有规定，依情理又不该做的行为，都可依此定罪量刑，有了这一条规定，法律与道德之间简直就达到了无缝连接。另外，历朝历代还要编撰专门的礼典，作为人们遵守的行为规范，同样受法律的保护。礼法的统一，用今天的话来说就是道德与法律的高度统一，凡是道德所反对的，法律就要打击；凡是道德所赞扬的，法律

1《晋书》卷30《刑法志》载陈宠言："礼之所去，刑之所取，失礼即入刑，相为表里者也。"

2（唐）吴兢撰《贞观政要》卷6《俭约第十八》。

就要保护。孔子曾言："道之以政，齐之以刑，民免而无耻。道之以德，齐之以礼，有耻且格。"[1]荀子曾言："治之经，礼与刑，君子以修百姓宁。明德慎罚，国家既治四海平。"[2]《唐律疏议》明确规定："德礼为政教之本，刑罚为政教之用。"通过道德的内在约束和法律的外在强制，奠定了"德礼"优于"政刑"，以"德礼"为主、为本，以"政刑"为辅、为末的文化根基。有赖于此种根基，德礼政刑因而成为古人论治之常经、致治之正道，成为中国古代最基本的治国方略；儒家思想因而成为中华法系之灵魂；"礼法"因而成为中国古代秉承天道人情的根本大法和中华法系的"法统"形式与载体；中国传统法因而成为一种礼法体系。

那么我们不禁要问，中华法系作为礼法体系延绵几千年，是何种力量指引古人为这种体系之下的道路选择、制度设计、理论探索和文化践行，付诸持续不断的努力并以此为国家和个人的事业担当？当中的精神价值和力量指引就是大经大法。

一、从韩愈的"大经大法"说起

韩愈在《原道》一文中曾推究本原仁义道德，倡道统之说，作为"先王之教"的"法"："礼乐刑政"四者，自尧、舜、禹、汤、文、武、周公等圣王代代相传至孔孟，孟子之后，不得其传。[3]对于道统不传的痛心疾首，韩愈在《与孟尚书书》一文中表现得更为淋漓尽致，其云："夫杨墨行，正道废，且将数百年，以至于秦，卒灭先王之法，烧除其经，坑杀学士，天下遂

---

1 《论语·为政》。

2 《荀子·成相》。

3 韩愈《原道》云："尧以是传之舜，舜以是传之禹，禹以是传之汤，汤以是传之文、武、周公，文、武、周公传之孔子，孔子传之孟轲，轲之死，不得其传焉。"又，韩愈《送浮屠文畅师序》一文，同样阐述了其道统观："民之初生，固若禽兽夷狄然。圣人者立，然后知宫居而粒食，亲亲而尊尊，生者养而死者藏。是故道莫大乎仁义，教莫正乎礼乐刑政。施之于天下，万物得其宜；措之于其躬，体安而气平。尧以是传之舜，舜以是传之禹，禹以是传之汤，汤以是传之文武，文武以是传之周公孔子，书之于册，中国之人世守之。"

大乱。及秦灭，汉兴且百年，尚未知修明先王之道；其后始除挟书之律，稍求亡书，招学士，经虽少得，尚皆残缺，十亡二三。故学士多老死，新者不见全经，不能尽知先王之事，各以所见为守，分离乖隔，不合不公，二帝三王群圣人之道，于是大坏。后之学者，无所寻逐，以至于今泯泯也，其祸出于杨墨肆行而莫之禁故也。孟子虽贤圣，不得位，空言无施，虽切何补？然赖其言，而今学者尚知宗孔氏，崇仁义，贵王贱霸而已。其大经大法，皆亡灭而不救，坏烂而不收。"这里所言"大坏"的"二帝三王群圣人之道"正是尧、舜、禹、汤、文、武、周公、孔、孟等所传的道统，也是二帝三王群圣人治天下之"大经大法"。"大经大法，皆亡灭而不救，坏烂而不收"，不仅指二帝三王群圣人的道统的陨落，也是指二帝三王群圣人所倡所建礼乐之毁废。

孔子云："入其国，其教可知也。其为人也，温柔敦厚，《诗》教也。疏通知远，《书》教也。广博易良，《乐》教也。絜静精微，《易》教也。恭俭庄敬，《礼》教也。属辞比事，《春秋》教也。故《诗》之失，愚。《书》之失，诬。《乐》之失，奢。《易》之失，贼。《礼》之失，烦。《春秋》之失，乱。其为人也，温柔敦厚而不愚，则深于《诗》者也。疏通知远而不诬，则深于《书》者也。广博易良而不奢，则深于《乐》者也。絜静精微而不贼，则深于《易》者也。恭俭庄敬而不烦，则深于《礼》者也。属辞比事而不乱，则深于《春秋》者也。"[1]荀子亦云："圣人也者，道之管也。天下之道管是矣，百王之道一是矣，故《诗》、《书》、《礼》、《乐》之归是矣。"[2]可以说，孔子对六经的整理、删定，为后世寻求治道的大经大法指明了方向。

就资料所见，极力推崇二帝三王群圣人之道统，而将"大经""大法"

1《礼记·经解》。

2《荀子·儒效》。又，《荀子·荣辱》亦云："况夫先王之道，仁义之统，《诗》《书》《礼》《乐》之分乎！彼固天下之大虑也，将为天下生民之属长虑顾后而保万世也，其流长矣，其温厚矣，其功盛姚远矣。"《劝学》亦云："《礼》之敬文也，《乐》之中和也，《诗》《书》之博也，《春秋》之微也，在天地之间者毕矣。"

合称之人是为韩愈，即其《与孟尚书书》所言"大经大法，皆亡灭而不救，坏烂而不收"云云。韩愈被视为六经道统或者说寻求治道的大经大法的承继者，就其理论阐述而言，最突出的表现即为《原道》《与孟尚书书》二文。在时间点上，以韩愈为首的儒学复古运动，是发生在贞元至元和年间，故史有云："至贞元、元和间，愈遂以《六经》之文为诸儒倡，障堤末流，反刓以朴，划伪以真。"[1] 尽管学界对这段时期的儒学复古以及与韩愈唱和的群体已有相当充分的研究，在此仍想举一例以说明当时寻求治道的大经大法，并非韩愈独唱。[2]《新唐书·韦处厚传》记载："处厚以帝（注：指唐穆宗）冲怠不向学，即与路随合《易》、《书》、《诗》、《春秋》、《礼》、《孝经》、《论语》，掇其粹要，题为《六经法言》二十篇上之，冀助省览。"[3] 韦处厚，元和初年进士；路随，曾以通经及第。史载二人皆通经之人，唐穆宗时同被召任侍讲学士、中书舍人，在文宗朝相继登位宰相。二人与韩愈正属贞元、元和之际的儒学团体，也有所交集。《六经法言》一书，今已失传；若仅据《新唐书》之言，似此书属一般子部儒家著作。然观其《进〈六经法言〉表》，则不能不感叹韩、韦、路等在思想上的仿佛之处："臣闻三皇讲道，五帝讲德，三

1　《新唐书》卷101《韩愈传》史臣赞。

2　后世称与韩愈唱和者有李翱、皇甫湜、孙樵等，可参（宋）王称撰《东都事略》卷115《艺文传九十八》云："韩愈以六经之文为诸儒倡，李翱、皇甫湜和之。"

3　《旧唐书·韦处厚传》亦载："处厚以幼主荒怠，不亲政务，既居纳诲之地，宜有以启导性灵，乃铨择经义雅言，以类相从，为二十卷，谓之《六经法言》，献之。"《旧唐书·路隋传》亦载："与韦处厚同入翰林为侍讲学士。采三代皇王兴衰，著《六经法言》二十卷奏之。"韦、路二人在儒学复古运动中虽不如韩愈盛名，然古人早有中肯评价，如《宋史·贾昌朝传》载："天禧初，真宗尝祈谷南郊，昌朝献颂道左，召试，赐同进士出身，主晋陵簿。赐对便殿，除国子监说书。孙奭判监，独称昌朝讲说有师法。他日书路随、韦处厚示昌朝曰：'君当以经术进，如二公。'"可见韦、路已成后人治经辅政的标榜。又，在当时，与韦、路同劝穆宗重视六经的尚有薛放，可参《旧唐书·薛放传》所载："遇宪宗以储皇好书，求端士辅导经义，选充皇太子侍读。及穆宗嗣位，未听政间，放多在左右，密参机命。……穆宗常谓侍臣曰：'朕欲习学经史，何先？'放对曰：'经者，先圣之至言，仲尼之所发明，皆天人之极致，诚万代不刊之典也。史记前代成败得失之迹，亦足鉴其兴亡。然得失相参，是非无准的，固不可为经典比也。'帝曰：'《六经》所尚不一，志学之士，白首不能尽通，如何得其要？'对曰：'《论语》者《六经》之菁华，《孝经》者人伦之本。穷理执要，真可谓圣人至言。是以汉朝《论语》首列学官，光武令虎贲之士皆习《孝经》，玄宗亲为《孝经》注解，皆使当时大理，四海乂宁。盖人知孝慈，气感和乐之所致也。'上曰：'圣人以孝为至德要道，其信然乎。'"

王讲仁，五霸讲义。所讲不同，同归于理。理道之极，备于《六经》。虽质文相变，忠敬交用，损益因时，步骤不一，然而释三纲越五常而致雍熙者，未之有也。自秦火荡稿，孔壁穿蠹，曲学异辨，专门多惑。营道之轨并驰，希圣之堂盖寡。芜文错起，浮义互生，简册混散，篇卷繁积。劳神于累代，弊形于当年。其知愈博，其得愈少。夫然，通方之士，达识之儒，且犹不为也。况南面之尊，司道之契，岂不贪其精而遗其粗者乎？伏惟文武孝德皇帝陛下精义神授，博识天资，山峻词峰，泉蓄学海。膺休运则混六合而不让，思屈己则舞两阶而不疑。故当希皇踵帝，肩王轹霸，可以区区近躅，拟于圣德哉！臣处厚臣随采合《易》、《诗》、《书》、《左氏春秋》、《孝经》等，因其本篇，掇其精粹，论纪先师微旨，今亦附于篇末，总题曰《六经法言》，合二十卷献上。取诸身必本于五事，通诸物兼畅于三才。始九族以及于百姓，刑室家以仪于天下。圣君良主之住行，哲人壮士之前言，天人相与之际，幽明交感之应，穷理尽性之辨，药石攻磨之规，尧舜禹汤文武理乱之道尽在，君臣父子夫妇朋友之义必举。其兴可以劝，其违可以戒，此其所存者也。"韦、路所言尧舜禹汤文武的"理道之极""理乱之道"，不正是韩愈"二帝三王群圣人之道"乎！韦、路以此"道""备于《六经》"而编"法言"，不正是韩愈欲从六经道统所寻求的大经大法乎！

二、"大经大法"与礼法体系

就法律史相关词汇而言，提及"大经大法"，以往的一般认识，是指向明清《会典》。明清《会典》作为涵盖当时国家基本法律制度的法典，被称为"大经大法"，这是一般的法史常识。且这种常识之形成，并非今人依据现代法学理论所作的定性，而是来源于当时社会或者说统治阶层对其的性质界定。明清《会典》之所以被称为"大经大法"，究其原因有三：一是所蒐集的典章在形式和内容上的赅备，二是所蒐集的典章是实在施行与可操作的制度，三是所蒐集的典章在思想和观念上体现了统治者对"大经大法"治道的追求。再概括言之，是谓明清《会典》体现了两个方面的"大经大法"，一是制度操作层面的"大经大法"，二是思想观念层面的"大经大法"。

明清《会典》作为传统法律制度构建于晚期的定鼎高峰，就其制度传统和思想文化传承而言，其必然是"大经大法"在制度操作层面的定鼎高峰，也必然是"大经大法"在思想观念层面的定鼎高峰。换言之，明清《会典》作为涵盖当时国家基本法律制度的法典，被称为"大经大法"，是传统法律在特定时代的产物，同时有其形成的必然性。因此，我们认为，厘清传统法律中的"大经大法"观点，对于重新认识中华法系有着至关重要的意义，一是在制度操作层面，有助于我们加深理解古代法律体系的演变，特别是每个时代法制建设的特色；二是在思想观念层面，有助于我们加深理解古代法律体系的特点，特别是每个时代法制建设特色之形成，是受到何种潜力的推动或支配。

但在明清以前，"大经大法"又会指向何处呢？我们认为，就制度操作层面而言，如明清《会典》一样，魏晋开始构建初步的律典、令典，至唐宋的"律典"和"令典"，南宋的《庆元条法事类》，西夏的《天盛改旧新定律令》，元代的《大元通制》，分别是各代的国家大经大法。但这些律典、令典以及典章制度汇编也只是"大经大法"的一个方面，属于制度操作层面。与律典、令典以及典章制度汇编相较，在时间上，礼和礼典的形成与构建则更显久远，也是由魏晋开始起步，礼和礼典开始实现"典"化，而这两者同样被视为古代社会经国安邦的"大经大法"，也恰恰是思想观念层面"大经大法"的突出体现，毕竟谁能忽视"礼，王之大经也"[1]"夫孝者，天下之大经也"[2]这样的不刊之论？！由此而言，思想观念层面的"大经大

---

[1]《左传·昭公十五年》。
[2]《大戴礼记·曾子大孝》。

法"不管是其起源还是影响力，都比制度操作层面的"大经大法"的更为深远。质言之，思想观念层面的"大经大法"是推动制度操作层面"大经大法"得以形成、发展的重要力量，也是中华法系得以持续几千年的内生动力。

1. 何谓"大经大法"者？宏观而言，即道统，即二帝三王群圣人之道，即二帝三王群圣人所倡所建的礼乐。作为具体的实践，就是一代代儒家、一代代统治者对礼乐的精神弘扬传承和对礼乐精神的制度固化——礼典编撰。由此言之，礼典承载了二帝三王群圣人之道统，承载了礼乐之精神，是为"大经"；体现了先王之教，体现了仁义道德规范，是为"大法"。乘此意义，"礼法"得以成为中华法系之"道统"在法律体制上的外在表现和"法统"形式或曰载体。

2. 中华法系是礼法体系，大经大法，不一定专指某部"典"，在各个时代，都有其所属的大经大法。就礼这一层次而言，礼和礼典作为礼法体系中的礼典子系统，是居于首位的，是古代社会经国安邦的"大经大法"。它是礼典，礼制，礼的原则、大义、精神的集合；作为形成具体文字和规则的历代礼典及相关礼仪制度典籍，是其有机构成。因此，历代礼典及相关礼仪制度典籍是为思想观念层面的"大经大法"最突出的表现。

3. 礼典，礼制，礼的原则、大义、精神，这些皆源自儒家经典，即所谓"礼出六经"。古人以六经为先王之法、治道之本、治世之具，即所谓"六经治世"。世崇六经，实际上就是寻求治道的大经大法。古人视礼、礼乐为治世大经大法，是建立在视六经为治道大经大法的基础上的。因此，古人有关于礼、礼乐为治世大经大法的直接表述，但更多表现在对六经的评价当中。[1]

---

1 当然，很多评价并不一定用"大经大法"来表述，但其意皆同，举几例便可明之。（宋）汪藻《浮溪集》卷17《序跋·吴园先生春秋指南序》云："六经惟《春秋》为仲尼作，圣人见其所志之书也，学而不明乎是非，何以为人治；而不明乎赏刑，何以为国，此书之所以作而为万世法也。"（明）丘濬《大学衍义补自序》云："臣惟《大学》一书，儒者全体大用之学也。原于一人之心，该夫万事之理而关系乎亿兆人民之生，其本在乎身也，其则在乎家也，其功用极于天下之大也。圣人立之以为教，人君本之以为治，士

即通过推崇六经，来彰显六经当中的礼，以明"六经同归，其指在礼"[2]。通过推崇六经，来彰显礼、礼乐、礼治的价值，以明"六经皆载道之书"[3]。六经治世，实际上就是以礼治世。

4. 历史上随着立法技术、水平的提高和立法指导思想的逐步同一，在恪守大经大法的前提下，汇编国家基本法律规范，以诸法合编的方式整合相关典章制度，以实现经权结合，实现制度的高度统一，不仅是对长久治道的追求，也是每一朝代治政能力的重要考量和法制构建的重要手段。因此，自宋以来至清所出现的综合性的典章制度汇编，是为制度操作层面的"大经大法"最突出的表现。如果没有思想观念层面"大经大法"作为支撑，制度操作层面的"大经大法"必然难以落实。可以说，制度操作层面的"大经大法"是思想观念层面的"大经大法"的制度化、实践化，思想观念层面的"大经大法"则是制度操作层面的"大经大法"的内生动力和根本指导，没有思想观念层面的"大经大法"的指引，制度操作层面的"大经大法"将难以顺利构建。

中华法系作为礼法体系，律令只是其中的重要载体。如果只从律令体系的角度来看中华法系，"大经大法"也就很难成为这种体系下的讨论范围和命题。不管是从律令体系还是从礼法体系视角，"德礼为政教之本，刑罚为政教之用，犹昏晓阳秋相须而成者也"，这样的经典表述和历史沉淀，都是必须接受的事实。这个事实就是：律令制度虽然一直在现实生活

子业之以为学，而用以辅君，是盖六经之总要，万世之大典，二帝三王以来传心经世之遗法也。孔子承帝王之传以开百世儒教之宗，其所以立教垂世之道，为文二百有五言，凡夫上下古今百千万年所以为学为教为治之道皆不外乎是。曾子亲受其教，既总述其言，又分释其义，以为《大学》一篇。汉儒杂之《礼记》中，至宋，河南程颢兄弟始表章之，新安朱熹为之《章句》《或问》，建安真德秀又剟取经传子史之言以填实之，各因其言以推广其义，名曰《大学衍义》。献之时君以端出治之本，以立为治之则，将以垂之后世以为君天下者之律令格式也。"（清）焦循《礼记补疏·序》云："《周官》、《仪礼》，一代之书也。《礼记》，万世之书也。必先明乎《礼记》，而后可学《周官》、《仪礼》。《记》之言曰：'礼以时为大'。此一言也，以蔽千万世制礼之法可矣。"

2 曹元弼撰《复礼堂文集》卷4《礼经会通大义论略》。

3（明）黄宗羲撰《黄梨洲文集》卷1《序类·学礼质疑序》。

中发挥作用，并对政治运作、经济发展、社会生活等诸多方面产生最直接影响，但这种影响并不代表律令制度可以超越某些东西，从而成为社会意识形态与观念上层建筑的核心，进而言之，律令制度的构建，也并非任何一代君臣治国理政最根本和最终的追求。就此点而言，以律令体系来窥视中华法系的全貌，并不能合理解释中华法系得以构建并延续千年的维系所在。

无疑，将"中华法系"称为或概括、定性为"礼法体系"，也是用现代人的法学知识结构、法学思维、法学价值判断来分析中国传统法律制度，这一点和用"律令体系"来概括、定性中国传统法律制度毫无二致。但"礼法体系"这种表述和分析、考察视角的相对合理性在于：回归到古人的礼法传统中去认识中华法系，回归到古人治国理政，乃至任何制度构建的根本追求和价值判断中去认识中华法系。

三、失落的"大经大法"

按照通说，中华法系自鸦片战争以来逐步瓦解，人们对浸淫已久的大经大法开始了另眼相看；西学西法传来之后，人们对大经大法陷入了或此或彼、或中或西、或折中或调和的矛盾选择当中。以下就资料搜集所及，谈谈古人曾经推崇的大经大法在近代以来，如何失落于世道人心，世人对其又有何见解。

如果要以1840年这个时间点来考察世人对大经大法的态度，可以从以下一则资料中看到其微妙之处。

程含章《复林若洲言时务书》开篇即云："足下素抱贾生之心，作为时务一书，其论五忧也切而中，其解七驳也详而辨，崇论宏议，迭出不穷。而仆前书谓其必乱天下，则何也？《诗》曰：'不愆不忘，率由旧章'。孟子释之以为遵先王之法而过者未之有也。大抵开创之君，类皆有英明雄圣神天授之才，又以手夷大难，斯世之险阻艰难，身所备尝；天下之土俗人情，目所亲；前代之善败得失，耳所熟闻。其时佐命之臣，又多虎变龙骧，识微见远之士。故其坐论庙堂，垂诸典则，以贻子孙者，类非后贤后王之所能及。昔宋神宗欲变法，司马君实侍经筵，读曹参代萧何传。神宗曰：'汉常守萧何之法可乎？'对曰：'宁独汉也。使三代继君，皆守禹汤文武之旧，虽至今存可也。'由是言之，祖宗之法，惟小有缺坠者，随时损益。之至于大经大法，不可变也。汉晋以来，唐宋元明有不变乱旧章而亡国者乎，无有也。我朝圣祖宗，继继承承，一切官礼兵刑，监前明而精之，法度纪纲悉具备，诚能守而弗失，虽万年未有艾也。"[1]中间与林若洲探讨者有三方面，一为海防之计，二为取士之法，三为用人之道，皆与林若洲所议相作而一一驳正。程大人的满篇"生气之言"以这样的感叹作为结尾："若仍执旧说也，仆愿且卷而怀之。理愈求精，义愈求熟。俟夫事理通达，心气和平，再出而谈天下事，未为晚也。"

这篇文字被收入贺长龄、魏源所编《皇朝经世文编》卷一二《治体六·治法下》，是作为整个"治法"文编的终结。魏源在文末有这样的评价："以魏叔子《答增君有书》及此篇，殿诸法之末，所以戒妄谭策略、喜事纷更之弊也，苟非其人法不虚行。"

此段文字值得玩味之处有三：一是林若洲何许人，《时务书》言何。二是程含章何以言其必乱天下，程含章又何许人。三是贺、魏以此文殿后以及评价的寓意何在。此三点的详细考证可暂且搁置。因为程含章（？—1832），这个被称为最早"认识到中国的白银流出来自鸦片"的中国人[2]，曾经在《论洋害》中疾呼"天下之大利在洋，而大害亦在洋"之人，在鸦片

1（清）贺长龄、魏源编《皇朝经世文编》卷12《治体六·治法下·（程含章）复林若洲言时务书》。原文出程含章撰《岭南集》卷5。又见邵之棠编《皇朝经世文统编》卷27《内政部一·治·（程含章）复林若洲言时务书》。

2 参见〔日〕矢野仁一：《中国的鸦片问题》，《近代中国的政治与文化》，弘文堂，1926，第419页。

战争来临之际，就匆匆离世了。他留给世人的，既有"谈天下事，未为晚也"的"从容"；也有"天下之大利在洋，而大害亦在洋"的"先见"；更有"祖宗之法，惟小有缺坠者，随时损益"，但"大经大法，不可变也"的"自信"。

但自此以后，"天下事"已非昔日之"天下事"。程含章的"从容"变成了"焦虑"，"先见"变成了"现实"，"自信"变成了"固守"，很多人也就不能像程含章"谈天下事，未为晚也"那般"心气和平"了。以下就近代以来关于"大经大法"的材料作一举摘，以说明体现当时的"焦虑""现实"与"固守"。

光绪二十一年（1895年），清政府与日本签订《马关条约》，甲午战争结束。同年，汪康年参加强学会，成为《时务报》的重要主笔，其在《中国自强策》中誓言："吾国经甲午一战败于日本后，洞明时事之流，已金知非变法不足以图存，非将教育、政治，一切经国家治人民之大经大法改弦易辙，不足以言变法。"[1]

光绪二十四年（1898年），康有为、梁启超在北京成立保国会。同年，清廷颁布《明定国是诏》，正式开始变法。诏云："数年以来，中外巨工，讲求时务，多主变法自强。迩者诏书数下，如开特科、裁冗兵、改武科制度、立大小学堂，皆经再三审定，筹之至熟，甫议施行。惟是风气尚未大开，论说莫衷一是，或托于老成忧国，以为旧章必应墨守，新法必当摈除，众喙哓哓，空言无补。试问今日时局如此，国势如此，若仍以不练之兵，有限之饷，士无实学，工无良师，强弱相形，贫富悬绝，岂真能制梃以挞坚甲利兵乎？朕维国是不定，则号令不行，极其流弊，必至门户纷争，互相水火，徒蹈宋、明积习，于时政毫无裨益。即以中国大经大法而论，五帝三王，不相

---

1 汪康年撰《中国自强策》，《时务报合编》第4册，中华书局，1967，第203页。又见汪诒年：《汪康年年谱》，《戊戌变法》（四），上海人民出版社，1957，第204页。

沿袭，譬之冬裘夏葛，势不两存。用特明白宣示，嗣后中外大小诸臣，自王公以及士庶，各宜努力向上，发愤为雄，以圣贤义理之学植其根本，又须博采西学之切于时务者实力讲求，以救空疏迂谬之弊。专心致志，精益求精，毋徒袭其皮毛，毋竞腾其口说，总期化无用为有用，以成通经济变之才。"同年，文悌上折参奏康党："谈治术则专主西学，欲将中国数千年相承大经大法一扫刮绝，事事时时以师法日本为长策。"[1] 同年，张之洞发表《劝学篇》，其序云："中国学术精致，纲常名教，以及经世大法，无不毕具，但取西人制造之长、补我不逮足矣。其礼教政俗，已不免予夷狄之陋，学术义理之微，则非彼所能梦见矣。"

光绪二十七年（1901 年），政务处、礼部会奏《变通科举事宜折》，将变通科举各项考试事宜恭呈御览言："本朝之钜典，宏纲别著为《皇朝通典》、《皇朝通志》、《皇朝文献通考》，政治源流，罔不赅备，至《御批通监纲目》、《御批通鉴辑览》，历经宸断折衷，尤足昭示万古，拟请嗣后首场命题谨按《通典》、《通志》、《通考》及《通鉴》诸书，庶大经大法，海内咸知遵守。"[2] 同年，时任出洋学生总监督的夏偕复上《学校刍言》，云及日本改革并提出向其学习，又引用了"其教育之敕语有曰：尔臣民其孝于父母，友于兄弟，夫妇相和，朋友有信，恭俭以持久，博爱以及众。修学习业，以启发智能；成就德器，进而广公，益开世务；常则重国宪遵国法，变则以义勇奉公，以扶翼天壤无穷之皇运"；其认为："此非即我先圣先王垂世之大经大法乎。"[3]

光绪二十八年（1902 年），何启、胡礼垣的合著政论集《新政真诠》出版，对于权（权利），有着这样的解释："夫权者，非兵威之谓也，非官势之

1（清）文悌撰《文仲恭侍御严劾康有为折》，苏舆编《翼教丛编》，上海书店，2002，第 33 页。

2（清）甘韩编《皇朝经世文新编续编》卷 5 上《学校上·政务处礼部会奏变通科举事宜摺》。

3 朱有瓛主编《中国近代学制史料》第 2 辑上册，华东师范大学出版社，1987，第 36 页。按，此为日本明治二十三年（1890 年）所颁发的教育敕语。

谓也。权者，谓所执以行天下之大经大法，所持以定天下之至正至中者耳。执持者必有其物，无以名之，名之曰权而已矣。"[1]

民国二年（1913 年），清前督办军务陕甘总督升允发布《檄告天下文》，号召世人讨伐袁世凯："光绪季年，我孝钦显皇后春秋既高，我德宗景皇帝有疾弗豫，斯时执政大臣又非其人，于是奸人乘之，邪说惑之，引用者多新党，推行者皆新政，大经大法荡然无存，纲纪于是坏，民生于是困矣。所谓奸人者何？孙文、袁世凯之徒是也。邪说者何？变法之类是也。天不变，道亦不变。道存则存，道亡则亡。法也者，本乎道而为条理者也，积久不能不敝，损益之可也，何变之云乎！"[2]

民国三年（1914 年），严复发表《〈民约〉平议》，其云："（甲）民生而自由者也，于其群为平等而皆善，处于自然，则常如此。是故自由平等而乐善者，其天赋之权利也。（乙）天赋之权利皆同，无一焉有侵夺其余之权利。是故公养之物，莫之能私。……（丙）群之权利，以公约为之基：战胜之权利，非权利也。凡物之以力而有者，义得以力而夺之。民约之大经大法具如此，以其所系之重，不佞既谨而译之，于其义不敢有毫厘之增损。"并云这是："试举卢梭民约之大经大法而列之。"[3]

民国六年（1917 年），旅沪国会议员敦促陆荣廷等人讨伐张勋电云："唯共和组织根于约法，今约法失败，则共和业已覆亡。总统作用在乎职权，今职权被夺，则总统仅存虚号。若非置叛贼于典刑，回约法之效力，复总统之职权，则此后一切大经大法，皆可由叛徒等假借名义以行之，名虽共和，实则二三叛徒之私产。我公艰难缔造之共和民国，乃被二三叛徒一纸空文夺之

1 （清）何启、胡礼垣：《新政真诠——何启、胡礼垣集》，辽宁人民出版社，1994，第 397 页。
2 郑孝胥撰，劳祖德整理《郑孝胥日记》第 3 册，中华书局，1993，第 1468 页，宣统皇帝退位后第二年（民国二年，1913 年），岁在癸丑，6 月 23 日日记引其文。
3 严复撰《〈民约〉平议》，《严复集》第 2 册，中华书局，1986，第 335 页。

以去，痛心之事，孰过于此。"[1]是年，陈宝琛七十大寿，严复为之作寿序云："今夫民生而有群，其邃初太古，不可知已。至若唐虞以来，其所以弥纶天地，纲纪万方，而为民制为相生养之道者，可谓至矣。树仁义，广教化，即穷而必变，亦将有因革损益之道焉。至于大经大法，不可此不独中国为然，乃至五洲殊俗，其能久安而长治者，必于吾法有阴合也。尧以是传之舜，舜以是传之禹，禹以是传之汤，汤以是传之文武周公，文武周公以是传之孔子。孔子殁而周道衰，杨墨之说塞路矣，则孟子辞而辟之。终秦涉汉，急之则有申韩，缓之则有黄老，而天下又大敝，则于是有董生黜功 利而明道谊。汉亡，历魏晋以至于隋唐，夷狄之迹交于中国矣，佛乃大炽于其间，则于是有韩愈。五季坏乱，民生之敝，可谓极已，而开有宋道学于群子之先者，则有胡安定。金、元、明、清，循而守之，其所以扰民持世者，虽各不同，要大归范于程朱氏所称述已耳。乃洎于今举悉废之，而大用西人之学说，此真天下之大变也。"[2]

天下未有大变，"再出而谈天下事"，似是"未为晚也"；然天下经已大变，"再出而谈天下事"，已是晚之又晚，"大经大法"也就此失落！

自孔子以来，古人对律令的认识在不断深化，对礼乐的认识也在不断增强。但具体到治国理政层面，礼乐与律令之间的界限和所起到的作用却可谓"泾渭分明"。这种"分明"，就是何者方是治天下的大经大法。这一点，古人早就一语道破，元人杨维桢曾言："古者帝王恃以治天下者，大经大法而已，未所谓律也。"[3]可见，作为治具的律令，尽管可以称之为"法"，但这种"法"，并非"百世所不变"的"经"[4]，并非治天下之根本，也不能称之

1《旅沪国会议员促陆陈谭三公讨逆》，上海《民国日报》1917年6月29日。按：时倪嗣冲与张勋叛逆，进军北京。

2 严复撰《太保陈公七十寿序》，《严复集》第2册，中华书局，1986，第350页。陈公，陈宝琛，时七十大寿。此序作于1917年。

3（元）杨维桢撰《东维子集》卷1《序·刑统赋释义序》。

4（宋）吕大临撰《礼记解·中庸第三十一》云："经者，百世所不变也。"

为"大经大法"。清人汪由敦又言:"韩愈谓经之所明者,制有司者也。要之,经者,圣人觉世之大法。律者,圣人治世之大权。"[1]这同样说明,律令只是治世之"权",而不是"经"也并非"常"。关于律令在传统制度当中所充当的"权"的角色,也是"经"的产物,薛允升在《唐明律合编》后序中有着更为详细的阐释:"余合编唐明律竟,作而言曰:古律之为书,原根极于君臣、父子、夫妇之经。而使事事物物之各得其宜也,岂真谓贼盗斗讼之繁且多也,而始为此哉。《易·系辞》曰:有夫妇然后有父子,有父子然后有君臣,有君臣然后有上下,有上下然后礼义有所错。《记》曰:凡听五刑之讼,必原父子之情,立君臣之义以权之。律书之义,此数语尽之矣。"如前所揭示,礼乐方是古人观念当中的"大经大法",是治国理政之大本大原,是经久常行之道。故清人高钊中言:"礼经三百,曲礼三千,圣人治世之大道也,而法即凝于道之中。名律三百,条例三千,圣王治世之大法也,而道即寓于法之内。"[2]礼作为治天下大经大法,不仅仅是古人的思想观念表达,也是具体实践追求;同时古人又以"大经大法"这样的抽象概念和"根本法"形式,传承先王的治道并以之作为制度构建和发展的精神指引。故《周易·系辞上传》中说:"形而上者谓之道,形而下者谓之器,化而裁之谓之变,推而行之谓之通,举而措之天下之民谓之事业。"儒者又云:"所谓事业,皆在制礼作乐之中。礼不以玉帛,治臻皇极则礼作矣;乐不以声器,仁及飞走则乐作矣。又在仁义礼智中,仁无为而治,智与礼防于未乱之前,义制于已然之后。《易》曰利物足以和义。思其所行必合于义,则自然之利必及于物。为高必因邱陵,为下必因川泽,非计利而为之也,不反天地之性与自然之位也。治天下而行善政,亦自然之位与天地之性也。是以入人甚深而共为君子,此顺命成性之效也。其或措置无法,使纲纪文章荡然泯然,群臣

1（清）汪由敦撰《松泉集》卷6《策问·丙辰科山东乡试策问五道》。

2（清）高钊中撰《律例略记序》。

百姓无所遵守，人自为政，各行其私，则无以救一世于汤火。或内极嗜欲，外假嬖幸，下恣掊克，缓急不得宜，始终不一致，群臣百姓皆以文法相应、智巧相欺、货赂相狗，则无以垂法制于永久。"[1] 在增强历史自觉、坚定文化自信，弘扬中华优秀传统法律文化，已成为当今时代的课题与事业之一时，古人所走过的独特道路、所尊崇的精神价值和"事业"，也就不应只是"来路"的文化沉淀，而应成为"去路"的文化底气和"垂法制于永久"的历史镜鉴！

1（清）胡承诺撰《读书说》卷4上《治化》。

主要参考文献

一、古籍文献

1. 二十四史，中华书局标点本。

2. 十三经注疏，中华书局，1980。

3. 《诸子集成》，中华书局，2006。

4. 《新编诸子集成》，中华书局出版，2013。

5. （南朝梁）萧统编，（唐）李善注《昭明文选》，中华书局，1977。

6. （唐）长孙无忌等撰，刘俊文点校《唐律疏议》，中华书局，1983。

7. （唐）张说、萧嵩等撰《大唐开元礼》，民族出版社，2000。

8. （唐）李林甫等撰，陈仲夫点校《大唐六典》，三秦出版社，1991。

9. （唐）杜佑撰，王永兴、刘俊文等点校《通典》，中华书局，1988。

10. （唐）虞世南撰《北堂书钞》，中国书店，1989。

11. （唐）吴兢撰《贞观政要》，上海古籍出版社，1978。

12. （唐）韩愈撰，马其昶校注，马茂元整理《韩昌黎文集校注》，上海古籍出版社，1987。

13. （宋）窦仪等撰，薛梅卿点校《宋刑统》，法律出版社，1999。

14. （宋）窦仪等撰，吴翊如点校《宋刑统》，中华书局，1984。

15. （宋）谢深甫编撰，戴建国点校《庆元条法事类》，黑龙江人民出版社，2002。

16. （宋）欧阳修等撰《太常因革礼》，江苏古籍出版社，1988。

17.（宋）叶宗鲁撰（清）徐松辑《中兴礼书续编》，上海古籍出版社，2002。

18.（宋）林虑编，楼昉续编《两汉诏令》，文渊阁四库全书本。

19.（宋）王溥撰《唐会要》，中华书局，1990。

20.（宋）王溥撰《五代会要》，中华书局，1985。

21.（宋）宋敏求编《唐大诏令集》，文渊阁四库全书本。

22.（宋）朱熹等撰，陈智超点校《名公书判清明集》，中华书局，1987。

23.（宋）黎靖德编，王星贤点校《朱子语类》，中华书局，2004。

24.（宋）陆九渊撰，钟哲点校《陆九渊集》，中华书局，1980。

25.（宋）司马光撰，（元）胡三省音注《资治通鉴》，中华书局，1987。

26.（宋）王钦若等撰《册府元龟》，中华书局，1994。

27.（宋）李昉等修《太平御览》，中华书局，1985。

28.（宋）郑樵撰《通志》，浙江古籍出版社，2007。

29.（宋）李心传撰，徐规点校《建炎以来朝野杂记》，中华书局，2000。

30.（宋）李心传撰，胡坤点校《建炎以来系年要录》，中华书局，2013。

31.（元）佚名撰，李之亮点校《宋史全文》，黑龙江人民出版社，2005。

32.（宋）李焘撰，上海师大古籍所、华东师大古籍所点校《续资治通鉴长编》，中华书局，2004。

33.（宋）王应麟撰《玉海》，上海书店，1987。

34.（宋）赵汝愚辑《国朝诸臣奏议》，北京图书馆出版社，2004。

35.（宋）真德秀撰《西山文集》，文渊阁四库全书本。

36.（宋）袁燮撰《絜斋集》，文渊阁四库全书本。

37.（宋）王谠撰，周勋初校证《唐语林校证》，中华书局，1987。

38.（宋）范祖禹撰《唐鉴》，上海古籍出版社，1984。

39.（宋）谢维新撰《古今合璧事类备要》，上海古籍出版社，1992。

40.（西夏）官修，史金波等译注《天盛改旧新定律令》，法律出版社，2000。

41.（金）佚名撰《大金集礼》，文渊阁四库全书本。

42.（金）刘祁撰，崔文印点校《归潜志》，中华书局，1983。

43.（金）赵秉文撰《闲闲老人滏水文集》，中华书局，1985。

44.（元）官修，陈高华等注释《元典章》，天津古籍出版社，2011。

45.（元）官修《沈刻元典章》，中国书店，2011。

46.（元）官修，郭成伟点校《大元通制条格》，法律出版社，2000。

47.（元）官修，黄时鉴点校《通制条格》，黑龙江人民出版社，2005。

48.（元）马端临撰《文献通考》，中华书局，1986。

49.（元）方逢辰撰《蛟峰文集》，文渊阁四库全书本。

50.（元）苏天爵编《元文类》，上海古籍出版社，1993。

51.（元）孔克齐撰，庄敏等点校《至正直记》，上海古籍出版社，1987。

52.（元）苏天爵撰，陈高华等点校《滋溪文稿》，中华书局，1997。

53.（元）虞集撰《道园学古录》，文渊阁四库全书本。

54.（元）许有壬撰《至正集》，文渊阁四库全书本。

55.（元）欧阳玄撰《圭斋文集》，文渊阁四库全书本。

56.（元）胡祇遹撰《紫山大全集》，文渊阁四库全书本。

57.（元）苏天爵编《国朝名臣史略》，文渊阁四库全书本。

58.（元）王恽撰《秋涧集》，文渊阁四库全书本。

59.（明）官修，杨一凡校勘《皇明制书》，社会科学文献出版社，2013。

60.（明）戴金编《皇明条法事类纂》，文海出版社，1981。

61.（明）官修，怀效锋点校《大明律》，法律出版社，1999。

62.（明）雷梦麟撰，怀效锋、李俊点校《读律琐言》，法律出版社，2000。

63.（明）徐一夔撰《大明集礼》，文渊阁四库全书本。

64.（明）李东阳等重校《（正德）大明会典》，文渊阁四库全书本。

65.（明）申时行等重修《（万历）大明会典》，中华书局，1989。

66.（明）官修《明实录》，台北"中研院"历史语言研究所据北京图书馆红格钞本。

67.（明）朱勤美撰《王国典礼》，上海古籍出版社，1995。

68.（明）王守仁撰，吴光等编校《王阳明全集》，上海古籍出版社，1992。

69.（明）陈子龙等辑《明经世文编》，中华书局，1987。

70.（明）姚士观等编校《明太祖文集》，文渊阁四库全书本。

71.（明）丘濬撰《大学衍义补》，文渊阁四库全书本。

72.（明）程敏政编《明文衡》，文渊阁四库全书本。

73.（明）张居正撰《张太岳文集》，文渊阁四库全书本。

74.（明）夏言撰《南宫奏稿》，文渊阁四库全书本。

75.（明）黄佐、廖道周撰《殿阁词林记》，文渊阁四库全书本。

76.（明）王锡爵编《增定国朝馆课经世宏辞》，明万历十八年（1590年）金陵周曰校万卷楼刻本。

77.（明）钟芳撰《筠溪文集》，明嘉靖二十七年（1548年）钟允谦刻本。

78.（明）冯从吾撰《少墟集》，上海古籍出版社，1993。

79.（明）张卤撰《浒东先生文集》，上海古籍出版社，1997。

80.（明）张瑽撰《太师张文忠公集》，明万历四十三年（1615年）刻本。

81.（明）莫如忠撰《崇兰馆集》，齐鲁书社，1997。

82.（明）沈鲤撰《亦玉堂稿》，文渊阁四库全书本。

83.（明）何乔新撰《椒丘文集》，文渊阁四库全书本。

84.（明）徐一夔撰《始丰稿》，文渊阁四库全书本

85.（明）于慎行撰，张德信等点校《谷山笔麈》，中华书局，1994。

86.（明）闵元衢撰《欧余漫录》，齐鲁书社，1997。

87.（明）王夫之撰，舒士彦点校《读通鉴论》，中华书局，1975。

88.（明）黄淮、杨士奇等编《历代名臣奏议》，上海古籍出版社，2012。

89.（明）黄宗羲编，沈芝盈点校《明儒学案》，中华书局，1985。

90.（明）黄宗羲撰，陈乃乾编《黄梨洲文集》，中华书局，2009。

91.（清）官修，郑秦、田涛点校《大清律例》，法律出版社，1999。

92.（清）吴坛纂，马建石、杨育棠等校注《大清律例通考校注》，中国政法大学出版社，1992。

93.（清）清宪政编查馆辑《大清法规大全》，上海政学社清宣统三年（1911年）印本。

94.（清）沈之奇撰，怀效锋、李俊点校《大清律辑注》，法律出版社，2000。

95.（清）薛允升撰《读例存疑》，光绪三十一年（1905年）京师刊本。

96.（清）薛允升撰，怀效锋等点校《唐明律合编》，法律出版社，1999。

97.（清）官修《大清五朝会典》，线装书局，2006。

98.（清）允裪等撰《（乾隆）大清会典则例》，文渊阁四库全书本。

99.（清）托津等撰《（嘉庆）大清会典事例》，文海出版社，1992。

100.（清）托津等撰《（嘉庆）大清会典图》，文海出版社，1992。

101.（清）崑冈等续修《（光绪）大清会典事例》，上海古籍出版社，1995。

102.（清）崑冈等续修《（光绪）大清会典图》，上海古籍出版社，1995。

103.（清）来保等撰《大清通礼》，文渊阁四库全书本。

104.（清）允禄等撰《皇朝礼器图式》，文渊阁四库全书本。

105.（清）允禄等撰《钦定满洲祭神祭天典礼》，文渊阁四库全书本。

106.（清）清实录馆撰《清实录》，中华书局，1988。

107.（清）蒋良骐撰，林树惠等校点《东华录》，中华书局，1980。

108.（清）朱寿朋撰，张静庐等校点《光绪朝东华录》，中华书局，1958。

119.（清）永瑢、纪昀等撰《四库全书总目提要》，中华书局，1965。

110.（清）谷应泰撰，河北师范学院历史系点校《明史纪事本末》，中华书局，1977。

111.（清）谈迁撰，张宗详点校《国榷》，中华书局，1988。

112.（清）谈迁撰，汪北平点校《北游录纪闻》，中华书局，1960。

113.（清）王先慎撰，钟哲点校《韩非子集解》，中华书局，2004。

114.（清）徐松辑《宋会要辑稿》，中华书局，1957。

115.（清）孙承泽撰，王剑英点校《春明梦余录》，北京古籍出版社，1992。

116.（清）王鸣盛撰，黄曙辉点校《十七史商榷》，上海古籍出版社，

2013。

117.（清）黄宗羲编《明文海》，中华书局，1987。

118.（清）董浩等编《全唐文》，中华书局，1983。

119.（清）秦蕙田撰《五礼通考》，文渊阁四库全书本。

120.（清）凌廷堪撰，王文锦点校《校礼堂文集》，中华书局，1998。

121.（清）钱谦益撰，（清）钱曾笺注，钱仲联标校《牧斋初学集》，上海古籍出版社，2009。

122.（清）沈家本撰，邓经元、骈宇骞点校《历代刑法考》，中华书局，1985。

123.（清）郝懿行：《尔雅义疏》，郝氏遗书同治五年（1866年）重刊本。

124.（清）王引之：《经义述闻》，江苏古籍出版社，2000。

125.（清）阮元撰，邓经元点校《揅经室集》，中华书局，1993。

126.（清）崔述撰，顾颉刚编订《崔东壁遗书》，上海古籍出版社，1983。

127.（清）孙荣编《古今法制表》，清光绪三十二年（1906年）四川泸州学正署刻本。

128.（清）章震福撰《古刑法质疑》，清光绪三十四年（1908年）铅印本。

129.（清）曹元弼撰《复礼堂文集》，文史哲出版社，1973。

130.（清）贺长龄编《皇朝经世文编》，文海出版社，1969。

131.（清）盛康编《皇朝经世文续编》，清光绪二十三年（1897年）刻本。

132.（清）葛士浚编《皇朝经世文续编》，光绪十七年（1891年）上海广百宋斋校印本。

133.（清）盛康编《皇朝经世文续编》，清光绪二十三年（1891 年）刻本。

134.（清）严可均校辑《全上古三代秦汉三国六朝文》，中华书局，1965。

135.（清）嵇璜等撰《皇朝通典》，浙江古籍出版社，2000。

136.（清）嵇璜等撰《皇朝通志》，浙江古籍出版社，2000。

137.（清）嵇璜等撰《续通典》，浙江古籍出版社，2000。

138.（清）嵇璜等撰《续通志》，浙江古籍出版社，2000。

139. 甘肃省博物馆、中国科学院考古研究所编著《武威汉简》，文物出版社，1964。

140. 官箴书集成编委会编《官箴书集成》，黄山书社，1997。

141. 黄彰健编著《明代律例汇编》，台北“中研院”史语所专刊之七十五，1979。

142. 黄时鉴辑《元代法律资料辑存》，浙江古籍出版社，1988。

143. 连云港博物馆、东海县博物馆、中国文物研究所编《尹湾汉墓简牍》，中华书局，1997。

144. 林梅村、李均明编《疏勒河流域出土汉简》，文物出版社，1984。

145. 清华大学出土文献研究与保护中心编，李学勤主编《清华大学藏战国竹简（贰）》，中西书局，2011。

146. 睡虎地秦墓竹简整理小组整理《睡虎地秦墓竹简》，文物出版社，1978。

147.《明清史料（甲编第一册）》，北京图书馆出版社，2008。

148. 天一阁博物馆、中国社会科学院历史研究所天圣令整理课题组校证《天一阁藏明钞本天圣令校证》，中华书局，2006。

149. 杨一凡、刘海年编《中国珍稀法律典籍集成》，科学出版社，1994。

150. 杨一凡、田涛编《中国珍稀法律典籍续编》，黑龙江人民出版社，2002。

151. 杨一凡主编《古代乡约与乡治法律文献十种》，黑龙江人民出版社，2005。

152. 杨一凡、徐立志编《历代判例判牍》，中国社会科学出版社，2005。

153. 杨一凡、王旭编：《古代榜文告示汇存》，黑龙江人民出版社，2006。

154. 杨一凡、刘笃才编《中国古代地方法律文献》甲编，世界图书出版公司，2006。

155. 杨一凡、刘笃才编《中国古代地方法律文献》乙编，世界图书出版公司，2006。

156. 杨一凡、刘笃才编《中国古代地方法律文献》丙编，社会科学文献出版社，2011。

157. 杨一凡主编《中国律学文献》第一、二辑，黑龙江人民出版社，2005。

158. 杨一凡主编《中国律学文献》第三辑，黑龙江人民出版社，2006。

159. 杨一凡主编《中国监察制度文献辑要》，红旗出版社，2007。

160. 杨一凡主编《历代珍稀司法文献》，社会科学文献出版社，2012。

161. 张家山二四七号汉墓竹简整理小组：《张家山汉墓竹简（二四七号墓）》，文物出版社，2001。

162. 中国文物研究所、湖北省文物考古研究所编《龙岗秦简》，中华书局，2001。

163. 中国科学院考古研究所编《居延汉简甲编》，北京科学出版社，1959。

164. 中国社会科学院考古研究所编《居延汉简乙编》，中华书局，1980。

二、著作

1. 白寿彝主编《中国通史》，上海人民出版社，1989。

2. 白钢主编《中国政治制度通史》，人民出版社，1996。

3. 蔡枢衡：《中国刑法史》，中国法制出版社，2005。

4. 陈寅恪：《金明馆丛稿二编》，生活·读书·新知三联书店，2015。

5. 陈寅恪：《隋唐制度渊源略论稿》，生活·读书·新知三联书店，2009。

6. 陈顾远：《中国文化与中国法系》，三民书局，1969。

7. 陈戍国：《中国礼制史》，湖南教育出版社，2002。

8. 陈来：《古代宗教与伦理：儒家思想的根源》，生活·读书·新知三联书店，2009。

9. 程树德：《九朝律考》，中华书局，2006。

10. 戴炎辉：《中国法制史》，三民书局，1966。

11. 戴炎辉：《唐律通论》，元照出版公司，2010。

12. 戴建国：《宋代法制初探》，黑龙江人民出版社，2000。

13. 邓勇：《试论中华法系的核心文化精神及其历史运行：兼析古人法律生活中的"情理"模式》，法律出版社，2010。

14. 丁凌华：《五服制度与法律传统》，商务印书馆，2013。

15. 杜维明：《现代精神与儒家传统》，生活·读书·新知三联书店，2013。

16. 范忠信：《中西法文化的暗合与差异》，中国政法大学出版社，2001。

17. 范忠信：《中国法律传统的基本精神》，山东人民出版社，2001。

18. 费孝通：《生育制度》，北京大学出版社，1998。

19. 费孝通：《乡土中国》，江苏文艺出版社，2007。

20. 费成康主编《中国的家法族规》，上海社会科学院出版社，1998。

21. 冯友兰：《中国哲学史》，中华书局，1961。

22. 冯友兰：《中国哲学史新编》，人民出版社，1982。

23. 冯友兰：《中国哲学简史》，北京大学出版社，1996。

24. 甘怀真：《皇权、礼仪与经典诠释：中国古代政治史研究》，华东师范大学出版社，2008。

25. 高恒：《秦汉简牍中法制文书辑考》，社会科学文献出版社，2008。

26. 高明士：《律令法与天下法》，上海古籍出版社，2013。

27. 高其才：《中国习惯法论》，中国法制出版社，2008。

28. 桂齐逊：《国法与家礼之间——唐律有关家族伦理的立法规范》，龙文出版社，2007。

29. 郭沫若：《十批判书》，东方出版社，1996。

30. 郭成伟主编《中华法系精神》，中国政法大学出版社，2001。

31. 郝铁川：《中华法系研究》，复旦大学出版社，1997。

32. 何勤华编《律学考》，商务印书馆，2004。

33. 何勤华：《法律文化史谭》，商务印书馆，2004。

34. 何勤华：《中国法学史》，法律出版社，2006。

35. 何勤华主编《法的移植与法的本土化》，法律出版社，2001。

36. 霍存福：《复仇·报复刑·报应说：中国人法律观念的文化解说》，吉林人民出版社，2005。

37. 侯欣一主编《中国法律思想史》，中国政法大学出版社，2012。

38. 怀效锋：《明清法制初探》，法律出版社，1999。

39. 胡旭晟：《解释性的法史学》，中国政法大学出版社，2005。

40. 黄彰健：《明清史研究丛稿》，"商务印书馆"，1978。

41. 黄正建主编《天圣令与唐宋制度研究》，中国社会科学出版社，2011。

42. 金耀基：《中国现代化的终极景愿》，上海人民出版社，2013。

43. 江山：《中国法理念》，山东人民出版社，2000。

44. 居正：《法律哲学导论》，商务印书馆，2012。

45. 赖亮郡：《唐代律令法制考释》，元照出版公司，2010。

46. 栗劲：《秦律通论》，山东人民出版社，1985。

47. 李钟声：《中华法系》，台北华欣事业文化中心，1985。

48. 李玉福主编《中华法系的形与魂》，中国人民公安大学出版社，2010。

49. 李玉生：《唐令与中华法系研究》，南京师范大学出版社，2005。

50. 梁启超：《饮冰室合集》，中华书局，1989。

51. 梁启超：《清代学术概论》，上海古籍出版社，1998。

52. 梁启超：《先秦政治思想史》，商务印书馆，2014。

53. 梁启超著，范忠信选编《梁启超法学文集》，中国政法大学出版社，2004。

54. 梁漱溟：《中国文化要义》，上海人民出版社，2011。

55. 梁满仓：《魏晋南北朝五礼制度考论》，社会科学文献出版社，2009。

56. 梁治平：《清代习惯法：社会与国家》，中国政法大学出版社，1996。

57. 林咏荣：《中国法制史》，永裕印刷厂，1976。

58. 刘俊文主编《日本学者研究中国史论著选译》，高明士等译，中华书局，1993。

59. 刘俊文主编《日本中青年学者论中国史》，上海古籍出版社，1995。

60. 刘广安：《中华法系的再认识》，法律出版社，2002。

61. 楼劲：《魏晋南北朝隋唐立法与法律体系》，中国社会科学出版社，2014。

62. 孟森：《明史讲义》，上海古籍出版社，2001。

63. 马小红：《礼与法：法的历史连接》，北京大学出版社，2004。

64. 马小红：《中国古代法律思想史》，法律出版社，2004。

65. 倪正茂主编《批判与重建：中国法律史研究反拨》，法律出版社，2002。

66. 彭林：《儒家礼乐文明讲演录》，广西师范大学出版社，2008。

67. 彭林：《中国古代礼仪文明》，中华书局，2004。

68. 潘丽萍：《中华法系的和谐理念》，法律出版社，2006。

69. 钱穆：《国学概论》，商务印书馆，1997。

70. 钱穆：《中国历代政治得失》，生活·读书·新知三联书店，2001。

71. 钱大群：《唐律研究》，法律出版社，2000。

72. 瞿同祖：《中国法律与中国社会》，中华书局，2003。

73. 瞿同祖：《瞿同祖法学论著集》，中国政法大学出版社，1998。

74. 任爽：《唐代礼制研究》，东北师范大学出版社，1999。

75. 苏亦工：《天下归仁：儒家文化与法》，人民出版社，2015。

76. 苏亦工：《明清律典与条例》，中国政法大学出版社，2000。

77. 孙中山：《孙中山全集》，中华书局，1981。

78. 童书业：《春秋左传研究》，上海人民出版社，1983。

79. 汪世荣：《中国古代判例研究》，中国政法大学出版社，1997。

80. 汪世荣：《判例与法律发展》，法律出版社，2006。

81. 汪世荣、陈金全主编《中国传统司法与司法传统》，陕西师范大学出版社，2009。

82. 王国维：《观堂集林》，中华书局，1959。

83. 王志强：《法律多元视角下的清代国家法》，北京大学出版社，2003。

84. 武树臣：《中国传统法律文化》，北京大学出版社，1994。

85. 徐燕斌：《礼与王权的合法性建构——以唐以前的史料为中心》，中国社会科学出版社，2011。

86. 杨鸿烈：《中国法律发达史》，商务印书馆，1933。

87. 杨鸿烈：《中国法律思想史》，商务印书馆，1936。

88. 杨鸿烈：《中国法律对东亚诸国之影响》，中国政法大学出版社，1999。

89. 杨伯峻：《春秋左传注》，中华书局，1990。

90. 杨宽：《战国史》，上海人民出版社，1980。

91. 杨志刚：《中国礼仪制度研究》，华东师范大学出版社，2001。

92. 杨一凡：《明大诰研究》，江苏人民出版社，1988。

93. 杨一凡总主编《中国法制史考证》，中国社会科学出版社，2003。

94. 杨一凡主编《中国法制史考证续编》，社会科学文献出版社，2009。

95. 杨一凡、刘笃才编《百年法史考证重要论文选编》，中国社会科学出版社，2003。

96. 杨一凡主编《中国古代法律形式研究》，社会科学文献出版社，2011。

97. 杨一凡、刘笃才：《历代例考》，社会科学文献出版社，2012。

98. 杨一凡：《重新认识中国法律史》，社会科学文献出版社，2013。

99. 杨国桢：《明清土地契约文书研究》，人民出版社，1988。

100. 杨志刚：《中国礼仪制度研究》，华东师范大学出版社，2001。

101. 严复：《严复集》，中华书局，1986。

102. 俞荣根、龙大轩、吕志兴编《中国传统法学述论——基于国学视角》，北京大学出版社，2005。

103. 俞荣根：《儒家法思想通论》，广西人民出版社，1998。

104. 俞荣根：《礼法传统与现代法治》，孔学堂书局，2014。

105. 俞荣根：《礼法传统与中华法系》，中国民主法制出版社，2016。

106. 章太炎：《章太炎全集》，上海人民出版社，1984。

107. 张鹏一编著，徐清廉校补《晋令辑存》，三秦出版社，1989。

108. 张岱年：《中国哲学史大纲》，中国社会科学出版社，1982。

109. 张晋藩等：《中国刑法史新论》，人民法院出版社，1992。

110. 张晋藩总主编《中国法制通史》，法律出版社，1999。

111. 张晋藩：《中国法律的传统与近代转型》（第 3 版），法律出版社，2009。

112. 张晋藩：《中华法系研究论集》，中国政法大学出版社，2010。

113. 张晋藩：《中华法系的回顾与前瞻》，中国政法大学出版社，2007。

114. 张晋藩主编《制度、司法与变革：清代法律史专论》，法律出版社，2015。

115. 张晋藩：《清朝法制史》，法律出版社，1994。

116. 张中秋编《中华法系国际学术研讨会文集》，中国政法大学出版社，2007。

117. 张国刚：《从中西初识到礼仪之争》，人民出版社，2003。

118. 张建国：《帝制时代的中国法》，法律出版社，1999。

119. 张建国：《中国法系的形成与发达》，北京大学出版社，1997。

120. 张文昌：《制礼以教天下——唐宋礼书与国家社会》，台大出版中心 2012 年。

121. 张忠炜：《秦汉律令法系研究初编》，社会科学文献出版社，2010。

122. 张维新：《中国古代法制史学史研究》，上海人民出版社，2012。

123. 赵晓耕：《宋代法制研究》，中国政法大学出版社，1994。

124. 赵晓耕：《观念与制度：中国传统文化下的法律变迁》，湘潭大学出版社，2012。

125. 赵九燕、杨一凡编《百年中国法律史学论文著作目录》，社会科学文献出版社，2014。

126. 赵丽娱：《终极之典——中古丧葬制度研究》，中华书局，2012。

127. 赵丽娱：《唐礼撷遗——中古书仪研究》，商务印书馆，2002。

128. 赵汀阳：《天下体系：世界制度哲学导论》，江苏教育出版社，2005。

129. 郑秦：《清代法律制度研究》，中国政法大学出版社，2000。

130. 郑显文：《律令时代中国的法律与社会》，知识产权出版社，2007。

131. 郑显文：《唐代律令制研究》，北京大学出版社，2004。

132. 朱勇：《中国法律的艰辛历程》，黑龙江人民出版社，2002。

133. 朱勇：《清代宗族法研究》，湖南教育出版社，1988。

134. 朱勇主编《中华法系》（第1—7卷），法律出版社，2010—2016。

135. 中国社会科学院古代文明研究中心编《禹会村遗址研究：禹会村遗址与淮河流域文明研讨会论文集》，科学出版社，2014版。

136. 中国社会科学院法学研究所法制史研究室编《中国法律史学的新发展》，中国社会科学出版社，2008。

137. 中国政法大学法律史学研究院编《日本学者中国法论著选译》，中国政法大学出版社，2012。

138. 〔日〕浅井虎夫：《中国法典编纂沿革史》，陈重民译，李孝猛点校，中国政法大学出版社，2007。

139. 〔日〕穗积陈重：《祭祀及礼与法律》，岩波书店，1928。

140. 〔日〕仁井田陞：《唐令拾遗》，栗劲等编译，长春出版社，1989。

141. 〔日〕大庭脩：《秦汉法制史研究》，林剑鸣等译，上海人民出版社，1991。

142. 〔日〕宫崎市定：《宫崎市定中国史》，焦堃、瞿柘如译，浙江人民出版社，2015。

143.〔日〕滋贺秀三：《中国家族法原理》，张建国、李力译，法律出版社，2003。

144.〔日〕池田温编《中国礼法と日本律令制》，东方书店，1992。

145.〔日〕谷川道雄主编《魏晋南北朝隋唐史学的基本问题》，中华书局，2010。

146.〔日〕大木雅夫：《东西方的法观念比较》，华夏等译，北京大学出版社，2004。

147.〔美〕柯文：《在中国发现历史（增订本）》，林同奇译，中华书局，2002。

148.〔美〕史华兹：《古代中国的思想世界》，程钢译，江苏人民出版社，2008。

149.〔美〕D.布迪、C.莫里斯：《中华帝国的法律》，朱勇译，江苏人民出版社，2010。

150.〔法〕孟德斯鸠：《孟德斯鸠法意》，严复译，商务印书馆，1981。

151.〔法〕孟德斯鸠：《论法的精神》，张雁深译，商务印书馆，1959。

152.〔英〕李约瑟：《四海之内》，劳陇译，生活·读书·新知三联书店，1987。

三、论文

1.艾永明：《中华法系并非"以刑为主"》，《中国法学》2004年第1期。

2.戴克光：《关于研究中国法制史的几个问题》，《人民日报》1956年12月30日。

3.戴建国：《唐宋专卖法的实施与律令制的变化》，《文史哲》2012年第6期。

4.范忠信：《中华法系的亲伦精神——以西方法系的市民精神为参照系来认识》，《南京大学法律评论》1999年春季号。

5. 范忠信：《反思与超越——中国法制史学"革命史观"之初省》，《中国法律评论》2014 年第 3 期。

6. 范忠信：《律令关系、礼刑关系与律令制法律体系演进——中华法系特征的法律渊源角度考察》，《法律科学》2014 年第 4 期。

7. 郭世佑、李在全：《"中华法系"话语在近代中国的建构》，《江苏社会科学》2008 年第 6 期。

8. 何勤华：《新中华法系的诞生——从三大法系到东亚共同体法》，《法学论坛》2005 年第 4 期。

9. 何勤华：《清代法律渊源考》，《中国社会科学》2001 年第 2 期。

10. 何勤华：《魏晋时期多元化法学世界观论析》，《西南政法大学学报》2000 年第 1 期。

11. 何勤华：《唐代律学的创新及其文化价值》，《政治与法律》2000 年第 3 期。

12. 胡永恒：《法律史研究的方向：法学化还是史学化》，《历史研究》2013 年第 1 期。

13. 胡兴东：《判例法传统与中华法系》，《法学杂志》2012 年第 5 期。

14. 黄震：《中华法系与世界主要法律体系——从法系到法律样式的学术史考察》，《法学杂志》2012 年第 9 期。

15. 霍存福：《论礼令关系与唐令的复原——〈唐令拾遗〉编译余墨录》，《法学研究》1990 年第 4 期。

16. 霍存福：《"断狱平"或"持法平"：中国古代司法的价值标准——"听讼明"、"断狱平"系列研究之一》，《华东政法大学学报》2010 年第 5 期。

17. 霍存福、张靖翊、冯学伟：《以〈大明令〉为枢纽看中国古代律令制体系》，《法制与社会发展》2011 年第 5 期。

18. 栗劲、王占通：《略论奴隶社会的礼与法》，《中国社会科学》1985

年第 5 期。

19. 李军:《徐松〈中兴礼书〉及〈中兴礼书续编〉论略——南宋国家典礼及礼书编纂的珍贵资料》,《辽东学院学报(社会科学版)》2016 年第 1 期。

20. 梁治平:《法律史的视界:方法、旨趣与范式》,《中国文化》2002 年第 19.20 期。

21. 刘笃才:《律令法体系向律例法体系的转换》,《法学研究》2012 年第 6 期。

22. 刘艺工:《试论中华法系的基本特征》,《文化学刊》2012 年第 4 期。

23. 刘广安:《中华法系生命力的重新认识》,《政法论坛》2011 年第 2 期。

24. 刘广安:《〈大清会典〉三问》,《华东政法大学学报》2015 年第 6 期。

25. 刘厚琴、田芸:《汉代"不孝入律"研究》,《齐鲁学刊》2009 年第 4 期。

26. 楼劲:《"法律儒家化"与魏晋以来的"制定法运动"》,《南京师大学报(社会科学版)》2014 年第 6 期。

27. 楼劲:《宋初礼制沿革及其与唐制的关系——兼论"宋承唐制"说之兴》,《中国史研究》2008 年第 2 期。

28. 吕志兴:《宋令的变化与律令法体系的完备》,《当代法学》2012 年第 2 期。

29. 马小红:《中国古代法思想与先秦儒家的法律理想主义》,《人大法律评论》2016 年第 1 期。

30. 马小红:《中国法思想研究的应有之义》,《孔学堂》2015 年第 2 期。

31. 马小红:《中国法史及法史学研究反思——兼论学术研究的规律》,《中国法学》2015 年第 2 期。

32. 马小红:《中华法系中"礼""律"关系之辨正——质疑中国法律史研究中的某些"定论"》,《法学研究》2014 年第 1 期。

33. 马小红：《"中华法系"中的应有之义》，《中国法律评论》2014 年第 3 期。

34. 马小红：《中国古代的"权力"理念——兼论中国古代社会的政体与法律》，《法学杂志》2012 年第 2 期。

35. 马小红：《中国传统法律研究中的"关键词"》，《河北法学》2011 年第 2 期。

36. 马小红：《试论中国传统法中的"和谐"观——兼论古今法理念的连接》，《中国人民大学学报》2010 年第 5 期。

37. 马小红：《中华法系特征的再探讨》，《中外法学》1994 年第 2 期。

38. 马小红：《确定性与中国古代法》，《政法论坛》2009 年第 1 期。

39. 马小红：《法治的历史考察与思考》，《法学研究》1999 年第 2 期。

40. 马小红：《释"礼不下庶人，刑不上大夫"》，《法学研究》1987 年第 2 期。

41. 马小红：《格的演变及其意义》，《北京大学学报》1987 年第 3 期。

42. 马小红：《试论中国封建社会的法律形式》，《中国法学》1992 年第 2 期。

43. 乔治忠、王鸿雁：《清代官修史书与〈大清会典事例〉》，《史学史研究》1997 年第 3 期。

44. 商传：《〈明会典〉及其史料价值》，《史学史研究》1993 年第 2 期。

45. 苏基朗：《现代法学诠释中的"中华法系"——以产权与合约为中心》，《法学》2006 年第 12 期。

46. 史广超：《〈中兴礼书〉及〈续编〉版本考述》，《图书馆杂志》2013 年第 5 期。

47. 王绍棠：《法系、中国法系再议论》，《南京大学法律评论》1999 年春季号。

48. 王涛：《中华法系研究的后现代话语检视》，《政法论坛》2011年第4期。

49. 王慎荣：《〈元史〉诸志与〈经世大典〉》，《社会科学辑刊》1990年第2期。

50. 王记录、赵静：《乾隆〈大清会典〉编纂述论》，《史学史研究》2015年第3期。

51. 汪世荣：《中国古代的民事诉讼习惯》，《法律科学（西北政法大学学报）》2012年第4期。

52. 汪世荣：《中国古代的判例研究：一个学术史的考察》，《中国法学》2006年第1期。

53. 汪世荣：《判例在中国传统法中的功能》，《法学研究》2006年第1期。

54. 魏建国：《法律史研究进路的法学化：重申与再构——兼与胡永恒先生商榷》，《法学评论》2015年第6期。

55. 魏训田：《元代政书〈经世大典〉的史料来源》，《史学史研究》2010年第1期。

56. 魏训田，王治国：《元代政书〈经世大典〉之史料来源与史学价值探析》，《哈尔滨学院学报》2010年第4期。

57. 吴羽：《论中晚唐国家礼书编撰的新动向对宋代的影响——以〈元和曲台新礼〉、〈中兴礼书〉为中心》，《学术研究》2008年第6期。

58. 武树臣：《齐鲁法文化与中华法系的精神原点》，《法学论坛》2011年第6期。

59. 武树臣：《儒家法律传统与中华法系》，《政法论丛》2012年第3期。

60. 武树臣：《论中华法系的社会成因和发展轨迹》，《华东政法大学学报》2012年第1期。

61. 武树臣：《中华法系的原生形态、发展轨迹和基本特征》，《法学杂志》

2012 年第 1 期。

62. 武建敏:《孔子思想的法哲学意蕴——关于中华法系理论基础的几点思考》,《法学论坛》2011 年第 6 期。

63. 武建敏:《儒学与古希腊思想相通性的法哲学阐释——兼及中华法系复兴的理论前提》,《法学杂志》2012 年第 3 期。

64. 徐世虹:《秦汉法律研究百年(一)——以辑佚考证为特征的清末民国时期的汉律研究》,《中国古代法律文献研究》第 5 辑,社会科学文献出版社,2012。

65. 徐忠明:《中华法系研究的再思》,《南京大学法律评论》1999 年春季号。

66. 杨师群:《中华法系"刑法"主体形成原因辨析》,《探索与争鸣》2010 年第 6 期。

67. 俞荣根、龙大轩:《中华法系学述论》,《上海政法学院学报》2005 年第 4 期。

68. 俞荣根:《罪刑法定与非法定的和合——中华法系的一个特点》,《中西法律传统》2003 年卷。

69. 俞荣根:《法治中国视阈下中华礼法传统之价值》,《孔学堂》2015 年第 2 期。

70. 俞荣根:《正本清源 折中融西——重建新的中华法系》,《中国政法大学学报》2010 年第 2 期。

71. 俞江:《明清州县细故案件审理的法律史重构》,《历史研究》2014 年第 2 期。

72. 原瑞琴:《〈大明会典〉的社会影响》,《中国社会科学院研究生院学报》2008 年第 5 期。

73. 原瑞琴:《弘治〈大明会典〉纂修考述》,《中国社会科学院研究生院学报》2009 年第 3 期。

74. 原瑞琴：《〈大明会典〉性质考》，《史学史研究》2009 年第 3 期。

75. 原瑞琴：《万历〈大明会典〉纂修成书考析》，《历史教学（高校版）》2009 年第 12 期。

76. 原瑞琴：《大明会典版本考述》，《中国社会科学院研究生院学报》2011 年第 1 期。

77. 原瑞琴：《张居正与万历〈大明会典〉纂修》，《江南大学学报（人文社会科学版）》2013 年第 2 期。

78. 张晋藩：《中国法制史学研究六十年》，《中国社会科学报》2009 年 9 月 5 日。

79. 张晋藩：《多元一体法文化：中华法系凝结少数民族的法律智慧》，《民族研究》2011 年第 5 期。

80. 张晋藩：《解读中华法系的本土性》，《中国检察官》2011 年第 1 期。

81. 张晋藩：《中国古代监察法的历史价值——中华法系的一个视角》，《政法论坛》2005 年第 6 期。

82. 张晋藩：《重塑中华法系的几点思考：三论中华法系》，《南京大学法律评论》1999 年春季号。

83. 张中秋：《回顾与思考：中华法系研究散论》，《南京大学法律评论》1999 年春季号。

84. 张中秋：《中华法系道德文化精神及对未来大中国法的意义》，《法学》2011 年第 5 期。

85. 曾宪义、马小红：《中国传统法的结构与基本概念辨正——兼论古代礼与法的关系》，《中国社会科学》2003 年第 5 期。

86. 曾代伟：《民族法文化与中华法系——以金代为例》，《现代法学》2003 年第 5 期。

87. 赵丽娱：《唐朝的礼仪变革与中唐社会》,《文史知识》2004 年第 1 期。

88. 赵丽娱：《礼用之辨：〈大唐开元礼〉的行用释疑,《文史》2005 年第 2 辑。

89. 赵丽娱：《新制入礼：〈大唐开元礼〉的最后创作》,《燕京学报》2005 年新 19 期。

90. 赵丽娱：《营造盛世：〈大唐开元礼〉的撰作缘起》,《中国史研究》2005 年第 3 期。

91. 赵丽娱：《从〈天圣令〉对唐令的修改看唐宋制度之变迁》,《唐研究》2006 年 12 卷。

92. 赵丽娱：《关于〈贞观礼〉的一些问题——以所增"二十九条"为中心》,《中国史研究》2008 年第 2 期。

93. 赵晓耕、时晨：《传统司法的"以刑统罪"再议》,《黑龙江社会科学》2016 年第 5 期。

94. 赵晓耕、王茗祎：《传统司法的当代启示》,《中国审判》2013 年第 8 期。

95. 赵晓耕、卢楠：《〈唐律疏议〉之不孝制度——"得意忘形"》,《广东社会科学》2012 年第 4 期。

96. 赵克生：《修书、刻图与观礼：明代地方社会的家礼传播》,《中国史研究》2010 年第 1 期。

97. 赵克生：《大明集礼的初修与刊布》,《史学史研究》2003 年第 3 期。

98. 赵晶：《近代以来日本中国史研究的源流》,《比较法研究》2012 年第 2 期。

99. 春杨：《民事习惯及其法律意义——以中国近代民商事习惯调查为中心》,《南京大学法律评论》2005 年卷。

100. 周东平：《律令格式与律令制度、律令国家——二十世纪中日学者唐代法制史总体研究一瞥》,《法制与社会发展》2002 年第 2 期。

101. 周少川:《〈经世大典〉辑佚考论》,《文史》2016 年第 2 期。

102. 朱金甫:《略论〈大清会典〉的纂修》,《故宫博物院院刊》1995 年 S1 期。

索　引

K

L

X

后　记

　　《重新认识中华法系》是 2013 年国家社科基金重点项目"重新认识中华法系"（批准号：13AFX003）的结项成果。该项目立项后，由龙大轩、梁健、秦涛、邓长春、朱祥海五人分工合作进行研究，撰写文稿，成书 40 余万字。现入选 2022 年度《国家哲学社会科学成果文库》（批准号：22KFX001），实为幸事。

　　值此付梓之际，为示殊荣共享、文责自负，兹对具体写作情况交代如下（以章节目次为序）：

　　绪　论：龙大轩（西南政法大学行政法学院教授、博士研究生导师）；

　　第一章：秦涛（西南政法大学行政法学院讲师、法学博士）；

　　第二章：梁健（西南政法大学行政法学院讲师、法学博士）、龙大轩；

　　第三章：龙大轩、邓长春（洛阳师范学院法学与社会学院副教授、法学博士）；

　　第四章：朱祥海（石家庄学院法学院副教授、法学博士）；

　　结　语：梁健。

　　以上作者对各自写作的内容享有知识产权。由于全国哲学社会科学工作办公室对文库成果出版有"统一标识、统一风格、统一版式、统一标准"的总体要求，各位作者的信息无法以封面使用"等著"字样加扉页上一一具名的形式予以体现，特此说明。

　　该项目在申报立项、论证实施过程中，得到了项目课题组成员中国社会科学院荣誉学部委员、博士研究生导师杨一凡教授，西南政法大学博士研究生导师俞荣根教授，上海师范大学博士研究生导师陈灵海教授，西南政法大学原立荣副教授、袁春兰副教授、徐振华讲师的大力支持，在此致以诚挚谢意！

　　特此说明。

2022 年 12 月 10 日